2025

# DIREITO DO CONSUMIDOR APLICADO

**2**

CLAUDIA LIMA **MARQUES**

FERNANDO RODRIGUES **MARTINS**

GUILHERME MAGALHÃES **MARTINS**

ROSÂNGELA LUNARDELLI **CAVALLAZZI**

COORDENADORES

JONAS **SALES**

ORGANIZADOR

**GARANTIAS DO CONSUMO**

Dados Internacionais de Catalogação na Publicação (CIP) de acordo com ISBD

D598

Direito do consumidor: garantias de consumo / Claudia Lima Marques...[et al.] ; coordenado por Claudia Lima Marques...[et al.]. - Indaiatuba, SP : Editora Foco, 2025.

456 p. ; 17cm x 24cm. - ( v.2)

Inclui bibliografia e índice.

ISBN: 978-65-6120-248-0

1. Direito. 2. Direito do Consumidor. I. Sampaio, Alan. II. Jabra, Alexandre. III. Oliveira, Amanda Flávio de. IV. Silva, Ana Clara Suzart Lopes da. V. Ramos, André de Carvalho. VI. Rangel, Andréia Fernandes de Almeida. VII. Oliveira, Andressa Jarletti Gonçalves de. VIII. Bergamo, Beatriz. IX. Ponich, Bruno. X. Ruzon, Título. XI. Pereira, Carla da Silva de Britto. XII. Gonçalves, Caroline Visentini Ferreira. XIII. Lima, Clarissa Costa de. XIV. Marques, Claudia Lima. XV. Schmitt, Cristiano Heineck. XVI. Jambor, Daniela Guarita. XVII. Verbicaro, Dennis. XVIII. Carvalho, Diógenes. XIX. Santin, Douglas Roberto Winkel. XX. Peres, Fabiana Prietos. XXI. Sousa, Fabio Torres de. XXII. Barbosa, Fernanda Nunes. XXIII. Azevedo, Fernando Costa de. XXIV. Martins, Fernando Rodrigues. XXV. Canto, Flávia do. XXVI. Maimone, Flávio Henrique Caetano de Paula. XXVII. Mânica, Gabriela. XXVIII. Carmo, Glauber S. Tatagiba do. XXIX. Martins, Guilherme Magalhães. XXX. Mucelin, Guilherme. XXXI. Britto, Igor Rodrigues. XXXII. Homci, Janaina Vieira. XXXIII. Rosin, Joana. XXXIV. Longhi, João Victor Rozatti. XXXV. Silva, Jonas Sales Fernandes da. XXXVI. Carvalho, Jorge Morais. XXXVII. Silva, Joseane Suzart Lopes da. XXXVIII. Oliveira, Júlio Moraes. XXXIX. Bertoncello, Káren Rick Danilevicz. XL. Ferreira, Keila Pacheco. XLI. Bergstein, Laís. XLII. Garcia, Leonardo. XLIII. d'Aquino, Lúcia Souza. XLIV. Vieira, Luciane Klein. XLV. Vedovato, Luís Renato. XLVI. Miranda, Luiz Fernando Baby. XLVII. Estevam, Marcelo Henrique de Sousa. XLVIII. Calixto, Marcelo Junqueira. XLIX. Nogueira, Marco Aurélio. L. Dessaune, Marcos. LI. Targa, Maria Luiza Bailla. LII. Oliveira, Maria Miguel. LIII. Gregori, Maria Stella. LIV. Palmeira, Mariana. LV. Fragata, Mariângela Sarrubbo. LVI. Sampaio, Marília de Ávila e Silva. LVII. Frota, Mario. LVIII. Maia, Maurilio Casas. LIX. Ghani, Najua Samir Asad. LX. Baquero, Pablo Marcello. LXI. Maximilian, Paulo. LXII. Kretzmann, Renata Pozzi. LXIII. Wada, Ricardo Morishita. LXIV. Feiten, Roberta. LXV. Cantali, Rodrigo. LXVI. Mourão, Samuel Augusto de Freitas. LXVII. Magalhães, Simone Maria Silva. LXVIII. Vial, Sophia Martini. LXIX. Squeff, Tatiana Cardoso. LXX. Freitas, Thiago Augusto de. LXXI. Nunes, Tiago. LXXII. Rehbein, Veridiana. LXXIII. Frainer, Victória Maria. LXXIV. Guglinski, Vitor. LXXV. Amaral, Vítor Hugo do. LXXVI. Título.

2025-33                                                        CDD 342.5     CDU 347.451.031

Elaborado por Odilio Hilario Moreira Junior - CRB-8/9949

**Índices para Catálogo Sistemático:**

1. Direito do Consumidor 342.5     2. Direito do Consumidor 347.451.031

# DIREITO DO CONSUMIDOR APLICADO

**2**

CLAUDIA LIMA **MARQUES**
FERNANDO RODRIGUES **MARTINS**
GUILHERME MAGALHÃES **MARTINS**
ROSÂNGELA LUNARDELLI **CAVALLAZZI**
COORDENADORES

JONAS **SALES**
ORGANIZADOR

**GARANTIAS DO CONSUMO**

2025 © Editora Foco

**Coordenadores:** Claudia Lima Marques, Fernando Rodrigues Martins, Guilherme Magalhães Martins e Rosângela Lunardelli Cavallazzi

**Organizador:** Jonas Sales

**Autores:** Alan Sampaio, Alexandre Jabra, Amanda Flávio de Oliveira, Ana Clara Suzart Lopes da Silva, André de Carvalho Ramos, Andréia Fernandes de Almeida Rangel, Andressa Jarletti Gonçalves de Oliveira, Beatriz Bergamo, Bruno Ponich Ruzon, Carla da Silva de Britto Pereira, Caroline Visentini Ferreira Gonçalves, Clarissa Costa de Lima, Claudia Lima Marques, Cristiano Heineck Schmitt, Daniela Guarita Jambor, Dennis Verbicaro, Diógenes Carvalho, Douglas Roberto Winkel Santin, Fabiana Prietos Peres, Fabio Torres de Sousa, Fernanda Nunes Barbosa, Fernando Costa de Azevedo, Fernando Rodrigues Martins, Flávia do Canto, Flávio Henrique Caetano de Paula Maimone, Gabriela Mânica, Glauber S. Tatagiba do Carmo, Guilherme Magalhães Martins, Guilherme Mucelin, Igor Rodrigues Britto, Janaina Vieira Homci, Joana Rosin, João Victor Rozatti Longhi, Jonas Sales Fernandes da Silva, Jorge Morais Carvalho, Joseane Suzart Lopes da Silva, Júlio Moraes Oliveira, Káren Rick Danilevicz Bertoncello, Keila Pacheco Ferreira, Laís Bergstein, Leonardo Garcia, Lúcia Souza d'Aquino, Luciane Klein Vieira, Luís Renato Vedovato, Luiz Fernando Baby Miranda, Marcelo Henrique de Sousa Estevam, Marcelo Junqueira Calixto, Marco Aurélio Nogueira, Marcos Dessaune, Maria Luiza Bailla Targa, Maria Miguel Oliveira, Maria Stella Gregori, Mariana Palmeira, Mariângela Sarrubbo Fragata, Marília de Ávila e Silva Sampaio, Mario Frota, Maurilio Casas Maia, Najua Samir Asad Ghani, Pablo Marcello Baquero, Paulo Maximilian, Renata Pozzi Kretzmann, Ricardo Morishita Wada, Roberta Feiten, Rodrigo Cantali, Samuel Augusto de Freitas Mourão, Simone Maria Silva Magalhães, Sophia Martini Vial, Tatiana Cardoso Squeff, Thiago Augusto de Freitas, Tiago Nunes, Veridiana Rehbein, Victória Maria Frainer, Vitor Guglinski e Vitor Hugo do Amaral

**Diretor Acadêmico:** Leonardo Pereira
**Editor:** Roberta Densa
**Assistente Editorial:** Paula Morishita
**Revisora Sênior:** Georgia Renata Dias
**Revisora Junior:** Adriana Souza Lima
**Capa Criação:** Leonardo Hermano
**Diagramação:** Ladislau Lima e Aparecida Lima
**Impressão miolo e capa:** FORMA CERTA

**DIREITOS AUTORAIS:** É proibida a reprodução parcial ou total desta publicação, por qualquer forma ou meio, sem a prévia autorização da Editora FOCO, com exceção do teor das questões de concursos públicos que, por serem atos oficiais, não são protegidas como Direitos Autorais, na forma do Artigo 8º, IV, da Lei 9.610/1998. Referida vedação se estende às características gráficas da obra e sua editoração. A punição para a violação dos Direitos Autorais é crime previsto no Artigo 184 do Código Penal e as sanções civis às violações dos Direitos Autorais estão previstas nos Artigos 101 a 110 da Lei 9.610/1998. Os comentários das questões são de responsabilidade dos autores.

**NOTAS DA EDITORA:**

**Atualizações e erratas:** A presente obra é vendida como está, atualizada até a data do seu fechamento, informação que consta na página II do livro. Havendo a publicação de legislação de suma relevância, a editora, de forma discricionária, se empenhará em disponibilizar atualização futura.

**Erratas:** A Editora se compromete a disponibilizar no site www.editorafoco.com.br, na seção Atualizações, eventuais erratas por razões de erros técnicos ou de conteúdo. Solicitamos, outrossim, que o leitor faça a gentileza de colaborar com a perfeição da obra, comunicando eventual erro encontrado por meio de mensagem para contato@editorafoco.com.br. O acesso será disponibilizado durante a vigência da edição da obra.

Impresso no Brasil (1.2025) – Data de Fechamento (1.2025)

**2025**
Todos os direitos reservados à
Editora Foco Jurídico Ltda.
Rua Antonio Brunetti, 593 – Jd. Morada do Sol
CEP 13348-533 – Indaiatuba – SP

E-mail: contato@editorafoco.com.br
www.editorafoco.com.br

# APRESENTAÇÃO

É com imensa satisfação que o Instituto Brasileiro de Política e Direito do Consumidor – BRASILCON traz aos leitores a obra coletiva 'Direito do Consumidor Aplicado: garantias do consumo – Volume 02', como resultado das publicações havidas no sítio jurídico CONJUR (conjur.com.br) no período compreendido entre janeiro de 2021 a agosto de 2024.

O BRASILCON mantém na festejada e distinta estrutura digital a (re)conhecida coluna semanal "garantias do consumo', através da qual infindáveis temas relacionados ao direito do consumidor são desenvolvidos e divulgados contribuindo não apenas com o saber científico dirigido à dogmática consumerista, mas essencialmente com a contextualização crítica de acontecimentos, proposições legislativas, efemérides, julgamentos de tribunais, posturas do mercado de consumo, enfim, múltiplos pontos de reflexão que culminam na análise de conquistas e retrocessos que respeitam às políticas públicas de consumo.

Este livro, portanto, reproduz de modo impresso e atualizado as reiteradas produções jurídicas digitais naquele canal e que agora saem fortalecidas e padronizadas no formato brochura.

Obra compartilhada em quase uma centena de artigos elaborados pelo método do 'direito aplicado' que busca apresentar soluções mais rápidas, sólidas e propositivas aos imbricados problemas que surgem na sociedade de mercado e que atentam e colocam em risco os vulneráveis. Daí a constatação de que o acervo de manifestações constante do semanário é referência em citação em inúmeros documentos científicos, julgados e demais manifestações pragmáticas.

Mas não é só: o leitor mais atento poderá verificar a transversalidade dos assuntos tratados na medida em que os artigos desenvolvem problematização e aplicação jurídica devida a questões do dia a dia do consumidor brasileiro: plataformização digital humana no comércio eletrônico, regime jurídico de publicidades, superendividamento, racismo e mercado, crédito digital, direitos humanos e Mercosul, proteção de dados e direitos da personalidade, crédito consignado, assédio ao consumo etc.

Atente-se que entre os compromissos do BRASILCON com a coluna foi o democratizar o 'espaço' ali constituído há mais de seis anos incentivando e permitindo aos diversos professores e operadores a publicação das respectivas anotações científicas e críticas como modo de aprimoramento do direito do consumidor.

Ficam os agradecimentos ao canal CONJUR pela parceria existente e profícua ao longo de tantos lustros, à editora FOCO pela excelência em matéria de produção e científica, bem como ao ilustre e querido Professor Jonas Sales Fernandes da Silva pela competente organização desta obra.

*Claudia Lima Marques*
*Fernando Rodrigues Martins*
*Guilherme Magalhães Martins*
*Rosângela Lunardelli Cavallazzi*

# SUMÁRIO

APRESENTAÇÃO ................................................................................................. V

A RELAÇÃO DA MULTA DO PROCON COM O PREÇO DO PRODUTO/SERVIÇO
Leonardo Garcia ................................................................................................. 1

OPERADORES DO DIREITO NÃO PRECISAM DE POESIA: JURISTAS, SIM!
Jonas Sales Fernandes da Silva ........................................................................ 5

PLANOS DE SAÚDE NÃO PODEM SER CANCELADOS POR INADIMPLÊNCIA SEM NOTIFICAÇÃO PRÉVIA
Joseane Suzart Lopes da Silva .......................................................................... 9

FUNÇÕES DO MÍNIMO EXISTENCIAL NO CONTEXTO DO SUPERENDIVIDAMENTO DO CONSUMIDOR
Leonardo Garcia ................................................................................................. 15

POSSIBILIDADE DE TUTELA DE URGÊNCIA NA AÇÃO DE REPACTUAÇÃO DE DÍVIDAS
Leonardo Garcia ................................................................................................. 21

PERDÃO DE DÍVIDAS NO SUPERENDIVIDAMENTO: ANÁLISE À LUZ DA LEI E DOUTRINA
Leonardo Garcia ................................................................................................. 25

PROCONS DEVEM FISCALIZAR PRESENÇA DE ENSINO AFRO-BRASILEIRO EM ESCOLAS PARTICULARES
Jonas Sales Fernandes da Silva e Igor Rodrigues Britto ................................. 29

DESBUROCRATIZAÇÃO NO TURISMO NÃO PODE ATENTAR CONTRA DIREITO DE PASSAGEIRO PCD
Fernando Rodrigues Martins e Maria Luiza Bailla Targa ............................... 35

O ÁLCOOL NO PÃO DE FORMA E O DIREITO DO CONSUMIDOR

Marcelo Junqueira Calixto e Alan Sampaio .................................................................. 41

APLICAÇÃO DA EQUIDADE NO COMÉRCIO ELETRÔNICO: PROTEÇÃO E VULNERABILIDADE DO CONSUMIDOR

Marcelo Henrique de Sousa Estevam e Keila Pacheco Ferreira ............................... 45

JUROS, SEGURANÇA JURÍDICA E OPÇÃO PELA ECONOMIA DE MERCADO

Fernando Rodrigues Martins e Guilherme Magalhães Martins .............................. 51

TELEMEDICINA E PRINCÍPIO DA INAFASTABILIDADE DO ATENDIMENTO PRESENCIAL

Marcelo Junqueira Calixto e Alan Sampaio ................................................................. 57

INSATISFAÇÃO GERAL: PLANOS DE SAÚDE NA BERLINDA

Maria Stella Gregori ......................................................................................................... 63

IMPACTOS DAS ENCHENTES NO RS E AS RELAÇÕES DE CONSUMO (PARTE 2)

Flávia do Canto, Roberta Feiten e Beatriz Bergamo ................................................... 67

IMPACTOS DAS ENCHENTES NO RS E AS RELAÇÕES DE CONSUMO (PARTE 1)

Flávia do Canto, Roberta Feiten e Beatriz Bergamo ................................................... 73

TRÊS ANOS DE VIGÊNCIA DA LEI DO SUPERENDIVIDAMENTO. O QUE MUDOU?

Leonardo Garcia .............................................................................................................. 81

A FORÇA DO CÓDIGO DE DEFESA DO CONSUMIDOR NO COMBATE AO RACISMO NAS RELAÇÕES DE CONSUMO

Jonas Sales Fernandes da Silva ...................................................................................... 87

QUESTÃO CENTRAL NO TEMA 1.156 DO STJ: DANO ANÍMICO OU DANO EXTRAPATRIMONIAL PRESUMIDO?

Marcos Dessaune ............................................................................................................. 95

CONTRATOS FORA DO ESTABELECIMENTO: AS DIFERENÇAS DE REGIME

Mario Frota ..................................................................................................................... 101

CASO 123 MILHAS: LEI N. 5.768/71 DISCIPLINA CAPTAÇÃO DE POUPANÇA POPULAR E GARANTIRIA CONSUMIDOR

Ricardo Morishita Wada e Fernando Rodrigues Martins .................................................. 109

REGULAÇÃO DO CONSUMO GLOBAL E DIGITAL: ACESSO À JUSTIÇA E ELEIÇÃO DE FORO

André de Carvalho Ramos............................................................................................. 113

APLICAÇÃO DA TEORIA MENOR DO CDC EM CENÁRIO CONCURSAL

Flávia do Canto, Gabriela Mânica e Rodrigo Cantali ...................................................... 119

PRECISAMOS CONVERSAR SERIAMENTE SOBRE AUTORREGULAÇÃO PRIVADA

Amanda Flávio de Oliveira e Diógenes Carvalho............................................................ 125

VITÓRIA DOS CONSUMIDORES NOS EMBARGOS DE DECLARAÇÃO NO ARE 766.618/SP

Claudia Lima Marques, Tatiana Cardoso Squeff e Maria Luiza Targa ........................... 129

PÓS-COLONIALISMO DIGITAL E JUSTIÇA DESCOLONIAL: DESIDENTIDADE, DATIFICAÇÃO E ALIENAÇÃO

Fernando Rodrigues Martins, Guilherme Magalhães Martins e Marco Aurélio Nogueira .... 135

ALIMENTOS À BASE VEGETAL: ADEQUAÇÕES CONSUMERISTAS E REGULATÓRIAS

Daniela Guarita Jambor................................................................................................. 141

APLICAÇÃO SIMULTÂNEA DO CDC E DAS NORMAS NO ACESSO AO CRÉDITO CONSIGNADO

Veridiana Rehbein ......................................................................................................... 143

A FALÁCIA DO TERMO 'LITIGÂNCIA PREDATÓRIA'

Samuel Augusto de Freitas Mourão, Thiago Augusto de Freitas e Vitor Guglinski........ 149

O CASO DA 123 MILHAS E A RESPONSABILIDADE DOS ANUNCIANTES

Tatiana Cardoso Squeff e Lúcia Souza d'Aquino ......................................................... 153

CONSTITUCIONALIDADE DA REGULAÇÃO DE ADITIVOS EM PRODUTOS DE TABACO

Luís Renato Vedovato.................................................................................................... 159

MERCOSUL E A PROTEÇÃO DO CONSUMIDOR CONTRA O SUPERENDIVIDA-MENTO

Luciane Klein Vieira .................................................................................................... 165

LEI GERAL DO ESPORTE SUPRIME DIREITOS DOS CONSUMIDORES NO ESTATUTO DO TORCEDOR

Joseane Suzart Lopes da Silva e Ana Clara Suzart Lopes da Silva ......................... 171

INTELIGÊNCIAS ARTIFICIAIS GENERATIVAS PERSONALIZADAS E A 'PESSOA ALGORÍTMICA'

Guilherme Mucelin e Mariana Palmeira .................................................................. 177

CPF NAS FARMÁCIAS PARA DESCONTOS FICTÍCIOS E USO DE DADOS SENSÍVEIS

Júlio Moraes Oliveira.................................................................................................. 183

RESPONSABILIDADE DE PLATAFORMAS SEGUNDO O STJ – APLICAÇÃO FORNECEDORA

Guilherme Mucelin e Alexandre Jabra ..................................................................... 187

O FINANCIAMENTO DAS AÇÕES COLETIVAS E OS FUNDOS ABUTRES

Mário Frota................................................................................................................... 193

RESPONSABILIDADE CIVIL DAS INSTITUIÇÕES FINANCEIRAS NAS FRAUDES ELETRÔNICAS

Marília de Ávila e Silva Sampaio e Najua Samir Asad Ghani ................................ 199

OS CASOS HURB E 123 MILHAS: A NECESSIDADE DE SE MANTER OS PÉS NO CHÃO

Maria Luiza Baillo Targa........................................................................................... 205

ENTENDENDO O PL QUE TUTELA O TEMPO DO CONSUMIDOR E PREVINE SEU DESVIO PRODUTIVO

Marcos Dessaune........................................................................................................ 211

O MERCADO DE APOSTAS E O EXÍLIO DOS CONSUMIDORES NEGATIVADOS

Cristiano Heineck Schmitt......................................................................................... 217

CASO 123 MILHAS: O QUE CONSUMIDORES E OPERADORES DO DIREITO PRECISAM SABER

Vitor Guglinski............................................................................................................ 221

## OS RISCOS DO DESENVOLVIMENTO E A REVOGAÇÃO DA LEI 14.125/2021
Marcelo Junqueira Calixto .................................................................................... 227

## ATUALIZAÇÃO DO CDC POR MEIO DA APROVAÇÃO DO PROJETO DE LEI 3.514
Renata Pozzi Kretzmann ........................................................................................ 231

## COMO A ÁREA DE CUSTOMER EXPERIENCE PODE CONTRIBUIR PARA O COMPLIANCE CONSUMERISTA
Flávia do Canto e Joana Rosin .............................................................................. 237

## TEORIA FINALISTA MITIGADA E COMPROVAÇÃO DA VULNERABILIDADE DO CONSUMIDOR
Marcelo Junqueira Calixto e Alan Sampaio............................................................ 241

## DA RESPONSABILIDADE EFETIVA DE PRESTADORES DO MERCADO EM LINHA
Mario Frota............................................................................................................ 247

## DESAFIO DA ADEQUADA INFORMAÇÃO NA ROTULAGEM DE ALIMENTOS INTEGRAIS
Simone Maria Silva Magalhães............................................................................. 255

## CONSUMIDORES COM AUTISMO E AS PRÁTICAS ABUSIVAS DOS PLANOS DE SAÚDE
Fernando Costa de Azevedo e Douglas Roberto Winkel Santin ........................... 259

## GREENWASHING, SUSTENTABILIDADE E OS DIREITOS DOS CONSUMIDORES
Maria Miguel Oliveira e Jorge Morais Carvalho .................................................... 265

## PUBLICIDADE DE ALIMENTOS ULTRAPROCESSADOS E A DEFESA DO CONSUMIDOR NO BRASIL
Carla da Silva de Britto Pereira e Fernanda Nunes Barbosa ............................... 269

## A NECESSÁRIA DESJUDICIALIZAÇÃO DA RELAÇÃO DE CONSUMO
Fabio Torres de Sousa........................................................................................... 275

## PLANOS SÃO OBRIGADOS A CUSTEAR CIRURGIA DE ESTERILIZAÇÃO PARA PLANEJAMENTO FAMILIAR
Joseane Suzart Lopes da Silva.............................................................................. 279

**IMPRESSÕES SOBRE A PROPOSTA BRASILEIRA PARA UM MARCO LEGAL DA IA**
Claudia Lima Marques e Pablo Marcello Baquero .................................................... 285

**A PROTEÇÃO DO CONSUMIDOR CONTRA FRAUDES BANCÁRIAS E DIGITAIS**
Andressa Jarletti Gonçalves de Oliveira .................................................................. 289

**NECESSIDADE DE INTERVENÇÃO ESTATAL NA RELAÇÃO DO CONSUMO DE COMBUSTÍVEL**
Tiago Nunes ............................................................................................................. 295

**IMPLEMENTAR UMA PLATAFORMA VIRTUAL DO SUPERENDIVIDAMENTO É NECESSIDADE**
Leonardo Garcia ...................................................................................................... 301

**DAS RESOLUÇÕES DO PARLAMENTO EUROPEU À PROPOSTA DE REPARAÇÃO DE BENS**
Mário Frota .............................................................................................................. 309

**JURISPRUDÊNCIA DA RESPONSABILIDADE CIVIL POR RACISMO ESTRUTURAL NAS RELAÇÕES DE CONSUMO**
Jonas Sales Fernandes da Silva ............................................................................... 317

**A MERA INTERMEDIAÇÃO, O DEVER DE CONTROLE E A RESPONSABILIDADE DAS PLATAFORMAS**
Guilherme Mucelin e Fabiana Prietos Peres ........................................................... 323

**A RESPONSABILIDADE CIVIL DOS INFLUENCERS SOB A ÓTICA DO CDC**
Paulo Maximilian .................................................................................................... 329

**VULNERABILIDADE TEMPORAL NO STJ: RECURSO ESPECIAL REPETITIVO 1.962.275**
Maurilio Casas Maia ................................................................................................ 335

**GONZÁLEZ VS. GOOGLE E TWITTER VS. TAAMNEH: PROVEDORES DE INTERNET NA MIRA DA SCOTUS**
Guilherme Magalhães Martins e João Victor Rozatti Longhi ................................. 339

O ESTADO FORNECEDOR DE JOGOS DE APOSTAS
Cristiano Heineck Schmitt .................................................................................... 345

CONSUMO SUSTENTÁVEL E CONSCIENTE E OS RISCOS DO BLUEWASHING
André de Carvalho Ramos..................................................................................... 353

A EFETIVAÇÃO DO ATENDIMENTO AO SUPERENDIVIDADO: A EXPERIÊNCIA DE MG (PARTE 2)
Glauber S. Tatagiba do Carmo ............................................................................. 357

O FUTURO DOS PLANOS DE SAÚDE: PROPOSTAS NO ÂMBITO DA DEFESA DO CONSUMIDOR
Maria Stella Gregori .............................................................................................. 361

AS SURPRESAS DE FINAL DE ANO: PL 596/22 PODE ENFRAQUECER O PROCON-SP
Luiz Fernando Baby Miranda e Mariângela Sarrubbo Fragata........................... 365

CONSUMIDOR TERÁ MAIS INFORMAÇÕES NA ROTULAGEM NUTRICIONAL DE ALIMENTOS
Simone Maria Silva Magalhães ............................................................................ 371

REPACTUAÇÃO DE DÍVIDA DO CONSUMIDOR SUPERENDIVIDADO E DESCONTO EM CONTA
Káren Rick Danilevicz Bertoncello e Andréia Fernandes de Almeida Rangel................. 377

PAUTA NECESSÁRIA A POLÍTICAS PÚBLICAS DE PROMOÇÃO AO CONSUMIDOR
Fernando Rodrigues Martins, Clarissa Costa de Lima, Guilherme Magalhães Martins e Sophia Martini Vial............................................................................................... 383

O PROJETO DE LEI 3.514/15 E O CONCEITO DE CONSUMIDOR COMUNIDADE-GLOBAL
Dennis Verbicaro e Janaina Vieira Homci ........................................................... 389

A INFORMAÇÃO QUALIFICADA NA CONCESSÃO RESPONSÁVEL DO CRÉDITO
Andressa Jarletti Gonçalves de Oliveira .............................................................. 393

PL 3.514/2015 E FORTALECIMENTO DA PROTEÇÃO DO CONSUMIDOR NO COMÉRCIO ELETRÔNICO
Laís Bergstein e Caroline Visentini Ferreira Gonçalves...................................... 399

TALCO JOHNSON E JOHNSON: ATÉ QUANDO?
Marcelo Junqueira Calixto e Alan Sampaio ................................................................ 405

EFETIVAÇÃO DOS PROGRAMAS DE ATENDIMENTO AO SUPERENDIVIDADO (PARTE 1)
Glauber S. Tatagiba do Carmo ..................................................................... 411

DECRETO 11.150/2022 E A MISERABILIDADE NO MÍNIMO EXISTENCIAL
Vitor Hugo do Amaral ................................................................................ 415

"PACOTE DO VENENO" E AS ORIENTAÇÕES DA ONU EM MATÉRIA DE PRODUÇÃO SUSTENTÁVEL
Luciane Klein Vieira e Victória Maria Frainer............................................... 419

SHARENTING EXIGE PROTEÇÃO DAS CRIANÇAS COMO CONSUMIDORAS POR EQUIPARAÇÃO
Joseane Suzart Lopes da Silva ..................................................................... 423

DANOS DECORRENTES DE VIOLAÇÃO À LGPD POR PROFISSIONAL LIBERAL
Flávio Henrique Caetano de Paula Maimone e Bruno Ponich Ruzon........................... 429

CRÉDITO CONSIGNADO CONTRATADO SEM A SOLICITAÇÃO DO CONSUMIDOR
Ricardo Morishita Wada.............................................................................. 433

# A RELAÇÃO DA MULTA DO PROCON COM O PREÇO DO PRODUTO/SERVIÇO

*Leonardo Garcia*

Mestre em Direitos Difusos e Coletivos pela PUC-SP. Professor de diversos cursos e autor de diversas obras jurídicas. Membro do GT do CNJ para acompanhamento da efetividade da Lei do Superendividamento. Procurador do Estado do Espírito Santo. Ex-assessor do relator no Senado dos projetos de lei de atualização do CDC.

As multas aplicadas pelo Procon são essenciais para a efetividade da legislação consumerista, atuando como um desestímulo para práticas abusivas por parte dos fornecedores e incentivando a adequação às normas de defesa do consumidor. O objetivo principal não é o caráter ressarcitório, mas sim a proteção da coletividade, prevenindo a reincidência de infrações que prejudicam os consumidores e garantem a ordem pública e o interesse social.

A eficácia das multas está diretamente ligada à sua capacidade de impactar economicamente o infrator. Por isso, o valor da multa é graduado levando em consideração a gravidade da infração, a vantagem obtida pelo fornecedor e sua condição econômica.

Desta forma, a multa aplicada pelo Procon não deve ser vinculada ou relacionada ao preço do produto ou serviço, objeto da autuação administrativa. O foco da dosimetria deve ser a gravidade da infração cometida pelo fornecedor, a qual causa prejuízo aos direitos dos consumidores e à sociedade como um todo.

A desconsideração do preço do produto ou serviço como fator determinante para o valor da multa aplicada pelo Procon é crucial para a efetividade da legislação consumerista. Embora o senso comum possa levar a uma associação simplista entre o valor do bem e a penalidade por sua utilização indevida, tal raciocínio ignora a essência da proteção ao consumidor e a finalidade precípua da multa: coibir práticas abusivas e garantir a harmonia nas relações de consumo.

A lógica de vincular a multa ao valor do produto/serviço é falha e pode gerar situações extremamente prejudiciais aos consumidores e à harmonia das relações de consumo. O Código de Defesa do Consumidor (CDC) visa proteger o consumidor em sua vulnerabilidade, buscando equilibrar a relação entre este e o fornecedor.

Apegando-se ao valor do produto ou serviço como balizador da multa, estar-se-ia criando um cenário de impunidade para infrações envolvendo bens de baixo valor, ainda que estas causem danos significativos à coletividade. A título de exemplo, a venda de alimentos vencidos ou deteriorados, medicamentos fora da validade ou produtos perigosos, como cosméticos sem a devida segurança, poderiam ser punidas com multas irrisórias, caso o valor da multa fosse atrelado ao preço desses produtos, incentivando a reincidência por parte dos fornecedores e colocando em risco a saúde e segurança da população.

Vejamos os argumentos que demonstram a impropriedade da vinculação entre a multa e o preço do produto/serviço:

*Irrelevância do preço na abordagem da infração*: A sanção aplicada pelo Procon tem como objetivo reprimir a prática abusiva e evitar a reincidência, atuando na defesa de um interesse social. O valor do produto/serviço, nesse contexto, é um fator de menor relevância. O que se busca coibir é a infração em si, como a venda de produtos com prazo de validade vencido, a falta de informação clara e precisa, ou a recusa injustificada na execução da garantia, independentemente do valor do bem.

*Risco de penas insignificantes*: Se a multa for fixada com base em produtos de baixo valor, a penalidade se torna ineficaz para coibir as práticas abusivas. Imagine, por exemplo, um fornecedor que comercializa alimentos vencidos em grande escala. Se a multa for irrisória, ele não terá incentivo para cumprir a legislação, colocando em risco a saúde de inúmeros consumidores.

*Isonomia e justiça social*: A vinculação da multa ao valor do produto/serviço pode gerar situações de injustiça, punindo de forma desigual fornecedores que cometeram a mesma infração. A capacidade econômica do fornecedor deve ser considerada na aplicação da multa, e não o valor do produto. Uma multa aplicada a uma grande rede de supermercados, por exemplo, deve ter um efeito dissuasório maior do que a mesma multa aplicada a um pequeno comerciante.

*Existência de critérios legais para dosimetria*: O CDC, no artigo 57, já define critérios claros para a dosimetria da multa, considerando a gravidade da infração, a vantagem auferida e a condição econômica do fornecedor. Vincular a multa ao preço do produto seria ignorar esses parâmetros já estabelecidos em lei.

Ademais, a baixa quantia das multas aplicadas pelos Procons, principalmente se atreladas ao valor do produto/serviço, acaba por incentivar a prática infrativa, desencadeando a judicialização e desestimulando acordos extrajudiciais. A penalidade branda torna-se um custo operacional insignificante, principalmente para grandes empresas, como bancos e empresas de telecomunicação, incentivando a continuidade das infrações, já que o valor da multa não impacta significativamente seus lucros.

Essa situação configura o chamado "ilícito lucrativo", em que a empresa prefere arcar com a multa a mudar sua conduta, pois o lucro obtido com a prática abusiva supera o valor da penalidade. Diante da possibilidade de reduzir ainda mais as multas na esfera judicial, utilizando argumentos genéricos de razoabilidade e proporcionalidade, as empresas se sentem incentivadas a judicializar as autuações, ao invés de buscarem a conciliação e o acordo extrajudicial.[1]

---

1. Como exemplo: "Acórdão ementa: apelação cível. Ação anulatória. Auto de infração. Multa imposta pelo Procon. Redução. Adequação aos critérios de razoabilidade e de proporcionalidade. 1. – O Procon, na

A judicialização, por sua vez, além de sobrecarregar o Judiciário, torna o processo mais demorado e oneroso para o Estado, que acaba por arcar com os custos da ação e, muitas vezes, com honorários advocatícios que podem até mesmo superar o valor da multa, inicialmente reduzida. Esse ciclo vicioso fragiliza a atuação dos Procons, enfraquecendo o caráter punitivo e pedagógico das multas e perpetuando as práticas abusivas contra o consumidor.

Assim, a vinculação da multa do Procon ao preço do produto ou serviço é uma proposta que enfraquece o CDC e coloca em risco a defesa dos direitos dos consumidores. A punição pela infração deve ser justa, proporcional à gravidade da conduta, e considerar a capacidade econômica do fornecedor. Somente assim a multa terá um efeito pedagógico e preventivo, desestimulando a reincidência e contribuindo para um mercado de consumo mais ético.

A atuação firme e coerente do Judiciário, em consonância com a legislação consumerista, é fundamental para garantir a efetividade das sanções administrativas, coibindo a prática de ilícitos lucrativos e incentivando a resolução de conflitos de consumo de forma célere e justa.

## MAIS RIGOR.

O Procon de São Paulo, por exemplo, aplica multas milionárias a empresas que cometem infrações, independentemente do valor do bem. A jurisprudência do Tribunal de Justiça de São Paulo (TJ-SP), reconhecendo a importância da proteção aos direitos do consumidor, tem se mostrado mais rigorosa na análise de recursos contra multas do Procon, priorizando a punição adequada aos infratores e a mudança de comportamento por meio de penalidades que reflitam a gravidade de seus atos.[2]

Assim, espera-se que outros Tribunais de Justiça sigam o exemplo do Tribunal de Justiça de São Paulo (TJSP) ao manterem as multas aplicadas pelos Procons e ao não vincularem o valor dessas multas ao preço do produto ou serviço objeto da autuação.

A jurisprudência do TJ-SP, ao manter as multas aplicadas pelo Procon e ao considerar a gravidade da infração, a capacidade econômica da empresa e o efeito

---

condição de órgão de defesa do consumidor, exerce poder de polícia em relação às normas protetivas estabelecidas na Lei 8.078, de 11 de setembro de 1990 (Código de Defesa do Consumidor), o que o habilita a impor multas em casos de transgressões daquelas regras. 2. – As multas aplicadas pelo Órgãos de Defesa do Consumidor estão sujeitas a controle de razoabilidade e de proporcionalidade a ser realizado pelo Poder Judiciário. 3. – No caso, o valor da multa aplicada pelo Procon foi reduzido de R$ 102.267,10 (cento e dois mil duzentos e sessenta e sete reais e dez centavos) para R$ 10.000,00 (dez mil reais). Tal redução deve ser mantida porque está em harmonia com a jurisprudência do egrégio Tribunal de Justiça do Estado do Espírito Santo. 4. – Recurso desprovido" (TJ-ES – AC: 00010596420148080024, Relator: Dair José Bregunce de Oliveira, Data de Julgamento: 05.10.2021, Terceira Câmara Cível, Data de Publicação: 19.10.2021).

2. TJ-SP mantém multa de mais de R$ 10 milhões imposta pelo Procon-SP a operadora de telefonia. https://portal.tjsp.jus.br/Noticias/Noticia?codigoNoticia=88393&pagina=3#:~:text=NOT%C3%8DCIAS-,T-JSP%20mant%C3%A9m%20multa%20de%20mais%20de%20R%24%2010%20milh%C3%B5es%20imposta,SP%20a%20operadora%20de%20telefonia&text=Verificadas%20irregularidades%20contra%20consumidores. Acesso em: 26 set. 2024.

pedagógico da punição, contribui para a segurança jurídica e para a efetividade da legislação consumerista.

É essencial que a dosimetria da pena seja fundamentada em critérios objetivos, garantindo a punição adequada aos infratores e a mudança de comportamento por meio de penalidades que reflitam a gravidade de seus atos. Afinal, o objetivo da multa do Procon não é gerar lucro, mas sim proteger o consumidor e garantir a harmonia nas relações de consumo.

# OPERADORES DO DIREITO NÃO PRECISAM DE POESIA: JURISTAS, SIM!

*Jonas Sales Fernandes da Silva*

Advogado, conselheiro da diretoria executiva do Idec e diretor de Igualdade Racial do Brasilcon.

Metaforicamente, certa feita um poeta encontrou-se com um operador do direito no centro de uma cidade agitada, ao passo que este, engravatado, carregando mala e com sapatos lustrosos, dirigiu-se ao poeta como se já o conhecesse de algum lugar e em dado momento verbalizou "acho que já nos vimos, senhor". O poeta, *sofisticado a ponto de ser simples*,[1] olhou com *olhar de azul-perdão*[2] para o operador do direito e arrematou: "eu o vi nascer, garoto". É como se o poeta dissesse: primeiro os fatos, depois o direito; primeiro *pessoas humanas*, depois suas categorizações sociais e econômicas e por aí vai.

Explica-se com a ciência do Direito. Se a teoria tridimensional de Miguel Reale registra que Direito é fato, valor e norma,[3] então esse *caminho* do fato à norma carece de uma conduta *animada* que só o ser humano pode operar (melhor seria: concretizar, como fazem juristas), o que se faz por meio da *hermenêutica jurídica*,[4] procedimento

---

1. Leonardo da Vinci.
2. BARROS, Manoel. *O fotógrafo*. Meu quintal é maior do que o mundo: Rio de Janeiro: Objetiva, 2015, p. 115.
3. "A compreensão tridimensional do Direito sugere que uma norma adquire validade objetiva integrando os fatos nos valores aceitos por certa comunidade num período específico de sua história. No momento de interpretar uma norma é necessário compreendê-la em função dos fatos que a condicionam e dos valores que a guiam. A conclusão que nos permite tal consideração é que o Direito é norma e, ao mesmo tempo, uma situação normatizada, no sentido de que a regra do Direito não pode ser compreendida tão somente em razão de seus enlaces formais". *Revista Estudos Filosóficos* n. 14/2015 – versão eletrônica – ISSN 2177-2967. Disponível em: http://www.ufsj.edu.br/revistaestudosfilosoficos DFIME – UFSJ – São João del-Rei-MG, p. 201-212.
4. "A palavra hermenêutica deriva do grego *hermeneuein*, adquirindo vários significados no curso da história. Por ela, busca-se traduzir para uma linguagem acessível aquilo que não é compreensível. Daí a ideia de Hermes, um mensageiro divino, que transmite – e, portanto, esclarece – o conteúdo da mensagem dos deuses aos mortais. Ao realizar a tarefa de bermeneus, Hermes tornou-se poderoso. Na verdade, nunca se soube o que os deuses disseram. Trata-se, pois, de uma inter(mediação). Desse modo, a menos que se acredite na possibilidade de acesso direto às coisas (enfim, a essência das coisas), é na metáfora de Hermes que se localiza toda a complexidade do problema hermenêutico. Trata-se de traduzir linguagens e coisas atribuindo-lhes um determinado sentido." In: STRECK, Lenio. *Dicionário de Hermenêutica*: 50 verbetes fundamentais da Teoria do Direito à luz da Crítica Hermenêutica do Direito. Casa do Direito, 2020, p. 120. Já sobre a hermenêutica jurídica, Luís Roberto Barroso: "A hermenêutica jurídica consiste na atividade de revelar ou atribuir sentido a textos ou outros elementos normativos (como princípios implícitos, costumes; precedentes), notadamente para fins de solucionar problemas". BARROSO, Luís Roberto. *Curso de Direito Constitucional Contemporâneo: os Conceitos Fundamentais e a Construção do Novo Modelo*. 3. ed. São Paulo: Saraiva, 2011. (Malheiro, 2023).

de interpretação e aplicação do direito a casos concretos (quando se verifica o fato e se valora de acordo com o direito posto e pressuposto).

Ocorre que, em se tratando de *operador de direito*, como o nome sugere, a ação passa a ser *operacionalizada* no modo autômato e, a bem da verdade, poderia inclusive ser trocada em algum momento da história mundial e do avanço das tecnologias generativas por máquinas (não é novidade que pululam notícias sobre *machine learning*, decisões automatizadas, IA no Judiciário etc.[5]). Aqui entende-se que operadores do direito são, como diz Eros Grau em *Por que tenho medo dos juízes*,[6] apenas operários de chão de fábrica (sem demérito a esta *classe operária*), despidos de qualquer valoração do serviço que precisam fazer dentro de um contexto pré-determinado (algo como Charles Chaplin no filme Tempos Modernos).[7]

Esses operadores, já se pode intuir, verdadeiramente não carecem de poesias, de versos, de humanidade para bem procederem ao seu mister. Portanto, se o caro leitor ou leitora dessas breves divagações não se contenta em ser operador do direito, aí ele precisará, invariavelmente, de poetas e de suas poesias, como passo a tentar convencê-lo.

Pois bem: a ministra do Supremo Tribunal Federal (STF), Cármen Lúcia, em seu recente livro *Direito de/para todos*, aponta que "os animais não fazem escolhas contra sua condição: a onça não 'desonça', o lobo não 'desloba', a serpente não 'desserpenta'. O ser humano desumaniza-se!"[8] Ou seja, ao contrário dessas constatações de que a natureza não perde sua essência ao longo da existência, o ser humano é o único que consegue se desumanizar. A existência de uma Declaração Universal dos Direitos Humanos (1948) – para ficar em um único exemplo – e os horrores que a antecederam em grande medida por conta de operadores de textos jurídicos (fatos valorados e com resultado norma) é prova cabal da capacidade que tem o ser humano de perder sua essência.

Mas o leitor ou a leitora, com razão, pode estar se perguntando: mas textos normativos não têm como uma de suas características exatamente serem genéricos? Pois é, mas direitos humanos se afirmam não por sua formalidade, mas sim por sua materialidade.[9] É dizer: no plano individual a menina dos olhos de ouro da Constituição Federal Brasileira (reproduzindo a Declaração Universal dos Direitos

---

5. Sobre o tema: *Decisões automatizadas no Judiciário*: a necessidade de revisão humana. Disponível em https://www.conjur.com.br/2023-dez-21/decisoes-automatizadas-no-judiciario-a-necessidade-de-revisao-humana/. Acesso em: 06 out. 2024.
6. GRAU, Eros Roberto. *Por que tenho medo dos juízes (a interpretação/aplicação do direito e os princípios)*. 6. ed. São Paulo: Malheiros Editores. 2013.
7. *Tempos Modernos* é um filme de 1936 idealizado por Charles Chaplin. A produção se tornou um clássico do cinema e é uma das mais conhecidas do cineasta.
8. ROCHA, Carmén Lúcia Antunes. *Direitos de/para todos*. Ilustração Candido Portinari. Rio de Janeiro: Bazar do tempo, 2024, p. 190.
9. ROCHA, Carmén Lúcia Antunes. *Direitos de/para todos*. Ilustração Candido Portinari. Rio de Janeiro: Bazar do tempo, 2024, p. 10.

Humanos, artigo 1º) é a dignidade da pessoa humana, e não por outro motivo é o *princípio continente* do qual todo o mais é conteúdo.

E de que forma poetas e suas poesias podem auxiliar juristas no campo do Direito, nomeadamente na interpretação e aplicação *humanizada* de textos normativos? Ora, enquanto o direito é geral e genérico, e os operadores acabam por coisificar não raras vezes até sujeitos de direitos, os poetas tudo personalizam, em absoluto, razão pela qual não existe condição de existência de diálogo profícuo entre poetas e operadores do direito.

Confirma o que ora afirmo o constitucionalista alemão Peter Haberle, no livro *Poesia e Direito Constitucional*, quando aponta que enquanto o direito é campo fechado para interpretações, a poesia persegue holisticamente analisar possibilidades, sempre com personalidade e singularidade.[10] Com este entendimento, adentrou-se ao ordenamento jurídico brasileiro o instituto jurídico/poético das *amici curiae*.

Também, no Brasil, o ministro do STF Gilmar Mendes, quando reflete: "que têm a ver poesia e Direito? Tudo. Afinal, se pela via das definições, a jurisprudência persegue a certeza, é a indeterminação da poesia que possibilita a abertura e transformação do sentido necessárias à apreensão dos conceitos jurídicos, principalmente numa sociedade aberta de intérpretes constitucionais".[11]

Dito isto, trago à baila duas hipóteses para que o jurista ou a jurista (aqui os operadores saem da conversa) perceba a importância da personificação, da singularização, na medida do possível, do direito posto, em busca mesmo de melhor ouvir (escuta qualificada) para interpretar/aplicar dispositivos normativos.

1. Há uma poesia do insuperável Mario Quintana, chamada Marciano (publicada no livro Esconderijos do Tempo", em 1980) que lá pelas tantas registra *"Uma cadeira? Não. A cadeira. Tudo é singular! "*. O poeta gaúcho estava a se referir a uma coisa, a um bem, e ainda assim se percebe o cuidado ao tirar o trecho do artigo indefinido para o definido "a".

2. Novamente Mario Quintana. O poeta gaúcho escreveu "Seiscentos e sessenta e seis", versos que refletem, digo eu, acerca da importância de sermos *pessoas de fazer*, de ação, em detrimento de somente *cadáveres adiados que procriam* (Fernando Pessoa, mas poderia ser Machado de Assis em sua fase realista):

*A vida é uns deveres* que nós trouxemos para fazer em casa.

Quando se vê, já são 6 horas: há tempo...

Quando se vê, já é 6ª-feira...

Quando se vê, passaram 60 anos!

Agora, é tarde demais para ser reprovado...

---

10. HABERLE, Peter. *Um diálogo entre poesia e direito constitucional*. Trad. Gercélia Batista de Oliveira Mendes. São Paulo: Saraiva, 2017.
11. MENDES, Gilmar. Da apresentação à edição brasileira. HABERLE, Peter. *Um diálogo entre poesia e direito constitucional*. Trad. Gercélia Batista de Oliveira Mendes. São Paulo: Saraiva, 2017, p. 5.

E se me dessem – um dia – uma outra oportunidade,
eu nem olhava o relógio
seguia sempre em frente...
E iria jogando pelo caminho a casca dourada e inútil das horas.

Não confessei entre parênteses o destaque que fiz logo após a última palavra, como manda a norma de regência, mas agora explico que coloquei em itálico o trecho "a vida é uns deveres" para mostrar que, ao contrário do que fez, p. ex., Antônio Abujamra, em sua declamação destes versos[12] (começou por alterar "a vida é uns deveres" para "a vida são deveres", talvez com preocupações terrenas, gramaticais), o poeta (digo eu novamente), que sempre personifica tudo, nunca deixaria a vida, logo a vida, em plural: a vida é.

Em uma frase: *a poesia vence o direito*[13] se o assunto é humanizar-se, e este, por meio de seus agentes transformativos (expressão da ministra Carmen Lúcia[14]) precisa ouvir e aprender muito com aquele sempre que não admitir ser operador, mas jurista que intenta concretizar (aqui você faz parte da criação, caro leitor ou leitora que conseguiu ler até aqui em tempos de *bet*) uma sociedade livre, justa e solidária.

---

12. *Antônio Abujamra declara Mario Quintana*. Disponível em: https://www.youtube.com/watch?v=473CuobszBc. Acesso em: 06 out. 2024.
13. "(...) uma balança, em que o prato que contém uma rosa é mais pesado que o que contém um código: a poesia vence o direito". CALAMANDREI, Piero. *Eles, os juízes, vistos por um advogado*. Introdução de Paolo Barile. Trad. Eduardo Brandão. 2. ed. São Paulo Editora WMF Martins Fontes, 2015, p. 18.
14. "Hoje, queremos 'ações transformativas'. É preciso transformar para humanizar", acrescentou. Isso inclui, segundo ela, "conceder espaços para que sejam igualados aqueles que foram segregados historicamente, como negros, indígenas e mulheres". "Que nós possamos nos igualar na nossa condição humana, que é única", conclamou. " *Constituição de 1988 foi marco da 'recriação' do Estado brasileiro, diz ministra Cármen Lúcia*. Disponível em: https://ufmg.br/comunicacao/noticias/constituicao-de-1988-foi-marco-da-recriacao-do-estado-brasileiro-diz-ministra-carmen-lucia. Acesso em: 06 out. 2024.

# PLANOS DE SAÚDE NÃO PODEM SER CANCELADOS POR INADIMPLÊNCIA SEM NOTIFICAÇÃO PRÉVIA

*Joseane Suzart Lopes da Silva*
Promotora de Justiça do MP-BA e professora FDUFBA.

A judicialização na seara da saúde suplementar, conforme dados registrados pelo Fórum Nacional do Judiciário para a Saúde (Fonajus),[1] tem sido exacerbada por diversos fatores, destacando-se as rescisões unilaterais que não se coadunam com a legislação vigente. A despeito de a Lei Federal 9.656/98 prever que a inadimplência do usuário pode ensejar a fulminação do negócio jurídico, desde que haja a sua prévia notificação, abusividades têm sido detectadas, acarretando a crescente busca pelo aparato jurisdicional.

Objetiva-se, assim, examinar as Resoluções Normativas 593/2023 e 613/2024, editadas pela Agência Nacional de Saúde Suplementar, acerca do tema, *pari passu* com as regras protetivas dos interesses e direitos dos consumidores. Tenciona-se apontar a evolução das salvaguardas, mas também identificar as lacunas a serem colmatadas e as falhas que suscitam correção.

Os contratos de assistência suplementar à saúde são intitulados "cativos de longa duração", como apontam Ghersi, Weingarten e Ippolito, eis que os beneficiários não pretendem usufruir dos serviços prestados por um exíguo espaço temporal, mas, sim, de modo contínuo e indefinido após o cumprimento das carências previstas.[2]

Em virtude dessa nota essencial, o artigo 13, parágrafo único, inciso II, da Lei 9.656/98, estabelece que, em casos de não pagamento por período superior a 60 dias, será viável o desfazimento do vínculo.[3] No entanto, fixou-se o dever das operadoras de prévia notificação do consumidor até o 50º dia de inadimplência, comprovando-a. A ausência de quitação, nos últimos 12 meses de vigência do contrato, poderá ser de forma consecutiva ou não.

---

1. Fórum do Judiciário para a Saúde sugere medidas para reduzir judicialização. *Conjur*, Melhorias em Debate. 2 de abril de 2024. Disponível em: https://www.conjur.com.br/2024-abr-02/forum-do-judiciario-para-a--saude-aprova-medidas-para-reducao-da-judicializacao/. Acesso em: 20 ago. 2024.
2. GHERSI, Carlos Alberto; WEINGARTEN, Celia; IPPOLITO, Silvia C. *Contrato de medicina prepaga*. 2. ed. atual. e ampl. Buenos Aires: Astrea, 1999, p. 55.
3. BOTTESINI, Maury Ângelo.; MACHADO, Mauro Conti. *Lei dos Planos e Seguros de Saúde*. 3. ed. rev. atual. e ampl. Rio de Janeiro: Gen Forense, 2017, p. 132-138.

## NORMAS DA ANS SOBRE NOTIFICAÇÃO

Com o desiderato de tratar da suspensão e rescisão unilateral de contratos individuais nas hipóteses de inadimplência, a Agência Nacional de Saúde Suplementar editou a Súmula Normativa 28/2015, fixando os pressupostos materiais e formais para que o ato de cientificação fosse considerado válido.

Diante da não localização do beneficiário no endereço fornecido à operadora, o enunciado sumular admitia que a sua notificação fosse formalizada por edital, publicado em jornal de grande circulação do último domicílio conhecido.

Ocorre que, na prática, muitas empresas não atentavam para as exigências impostas pela autarquia reguladora, acarretando a intensificação das demandas judiciais que deságuam no Superior Tribunal de Justiça.[4]

Nesse emaranhado de volume processual oriundo das irresignações dos consumidores, a ANS optou por editar a Resolução Normativa (RN) 593/2023, disciplinando a matéria mediante o cancelamento da sobredita súmula.

Sem embargo do propósito da autarquia de mitigar os impactos das rescisões unilaterais em descompasso com a legislação vigente, o teor daquela RN apresenta-se limitado. Nos termos do seu artigo 2º, restringe-se aos contratos celebrados após 1º de janeiro de 1999 ou que foram adaptados à Lei de Planos de Saúde (LPS), deixando à margem todos os demais vínculos jurídicos anteriores, impactando na excessiva judicialização.

Ademais, determina que os planos de saúde, firmados antes do início da sua vigência, devem atender às regras estabelecidas no próprio instrumento, exceto se houver o aditamento. Não havendo a atualização do contrato, se a operadora utilizar os meios de notificação previstos na RN, mesmo que não dispostos no instrumento, será considerada válida, desde que o destinatário confirme a sua ciência. Nessa senda, poderá haver a suspensão ou rescisão do plano de saúde, ou seja, visualiza-se regra contraditória e que corrobora com a assertiva do atendimento às demandas mercadológicas.[5]

Outra restrição diz respeito ao não alcance de todas as espécies de planos de saúde, aplicando-se tão somente aos individuais, familiares e aos coletivos empresariais contratados por empresário individual. Incidirá também nas hipóteses em que o beneficiário da modalidade coletiva efetiva o pagamento das mensalidades diretamente à operadora, mesmo que haja uma pessoa jurídica contratante, como, por exemplo, nos casos de autogestões, administradoras de benefícios e ex-empregados em exercício do direito previsto nos artigos 30 e 31 da LPS.

---

4. Cf.: STJ, AgInt. no AREs. 2133286/SP 2022/0152311-4, 4ª Turma, Relatora Ministra Maria Isabel Gallotti, julgado em 15.05.2023, T DJe 18.05.2023. STJ, AgInt no AREs.: 2445180/PA 2023/0304171-0, 4ª Turma, Relator Ministro Raul Araújo, julgamento em 15.04.2024, DJe 18.04.2024.
5. BAIRD, Marcello Fragano. *Saúde em Jogo: atores e disputas de poder na Agência Nacional de Saúde Suplementar (ANS)*. Rio de Janeiro: Fiocruz, 2020. p. 50-60.

Para cumprir a missão de regulamentar o setor, a ANS deveria atentar para maximizar o espectro da aludida RN, abarcando todas as modalidades contratuais.

## PRAZO PARA NOTIFICAÇÃO E PERÍODO DE INADIMPLÊNCIA

Dispõe o mencionado artigo 13 da LPS que a notificação deverá ser efetivada até o 50º dia de inadimplência e o artigo 4º da Resolução Normativa 593/23 reitera esta mesma regra. Todavia, será considerada válida quando recebida após tal prazo "se for garantido, pela operadora, o prazo de 10 dias, contados da notificação, para que seja efetuado o pagamento do débito".

Ora, constitui benesse que revela a pressão dos agentes econômicos na atuação da ANS, posto que a autarquia reguladora não poderia instituir regra dissonante do texto legal e em prejuízo dos usuários. A expressão "captura das agências reguladoras", cunhada por Joseph Stigler, infelizmente, tem sido detectada em situações nas quais se identificam posicionamentos contrários aos interesses da coletividade consumerista.[6]

De acordo com a Lei de Planos de Saúde, a inadimplência do usuário deverá configurar-se por período superior a 60 dias, consecutivos ou não, nos últimos 12 meses de vigência do contrato. O § 3º do artigo 4º da RN 593/23 admite a suspensão e/ou a rescisão unilateral do contrato mesmo quando apenas duas mensalidades não tenham sido pagas em um mesmo período anual, de forma consecutiva ou não.

Ora, o ideal seria que a autarquia reguladora estabelecesse um maior número de parcelas não quitadas, para admiti-las, optando, assim, por adotar a Teoria de Adimplemento Substancial,[7] pois não é cabível que o consumidor – que venha quitando os valores durante anos – seja excluído por causa do débito de número exíguo de parcelas.

## CONTEÚDO E OBJETIVO DA CIENTIFICAÇÃO

O conteúdo mínimo da notificação por inadimplência encontra-se delineado no artigo 10 da RN 593/23, qual seja: 1) a identificação dos sujeitos do negócio jurídico e do respectivo objeto; 2) os meios de contato com a operadora; 3) o *quantum debeatur*; e 4) as condições para a quitação.

O artigo 12 contempla inovação que não se encontrava presente naquele enunciado sumular, prevendo-se que, na cobrança de mensalidade em atraso, a multa poderá ser de, no máximo, 2%, e os juros de mora não devem ultrapassar o patamar de 1% ao mês, sem prejuízo da correção monetária.

---

6. STIGLER, G. J. *The Citizen and the State*: essay on regulation. Chicago: University of Chicago Press, 1975, p. 67-87.
7. ERRANTE, Edward. *Le droit anglo-américain des contrats*/The Anglo-American Law of Contracts. 2. éd. Paris : LGDJ – Jupiter, 2001, p. 56; SILVA, Clóvis do Couto e. *A obrigação como processo*. Rio de Janeiro: Editora FGV, 2006, p. 69.

Contudo, na parte final, observa-se a expressão "desde que previstos em contrato" e, no plano fático, os contratos de assistência suplementar à saúde, a despeito de passarem previamente pelo crivo da ANS, em regra, não albergam disposições nesse sentido. Mesmo com esta disposição restritiva, os usuários devem se valer do microssistema consumerista, para que obtenham a proteção cabível e o equilíbrio contratual.

O principal objetivo da cientificação por inadimplência deverá ser a sua desconstituição, permitindo que o usuário possa saná-la, razão pela qual a forma e o prazo para a quitação do débito e a regularização da situação do contrato são elementos que devem estar explicitados de modo claro e preciso.

De acordo com o § 3º do multicitado artigo 4º da RN em análise, a modalidade de pagamento oferecida deve ser, ao menos, a usualmente utilizada para a quitação das mensalidades, possibilitando que o débito seja eliminado, no mínimo, dez dias, a partir da notificação.

A ANS poderia avançar na proteção dos usuários, prevendo parcelamento dos montantes em atraso, evitando-se, assim, a suspensão e/ou rescisão contratual. Relembre-se a incidência do princípio da vulnerabilidade dos consumidores, sobretudo intensificado na seara da saúde suplementar.

Admite-se que, na notificação, sejam registradas outras informações, tais como a possibilidade de inscrição do devedor em cadastros restritivos de crédito e de cobrança da dívida. Será possível também prever a imputação de novas contagens de carência e de cobertura parcial temporária, desde que sejam factíveis.

Ressalta-se que esta última regra contrapõe-se com a redação atribuída pelo inciso XVIII do artigo 51 do CDC, instituído pela Lei 14.181/2021, contribuindo para o superendividamento dos consumidores. Vedou-se a recontagem de carências após a purgação da mora com o intento de não gerar prejuízos para os destinatários finais de bens no mercado.[8] A ANS não pode estabelecer *contra legem* e prejudicial aos vulneráveis.

## MEIOS DE NOTIFICAÇÃO E PERMISSÃO PARA RESCINDIR O CONTRATO

A evolução do universo digital, nomeadamente após o período pandêmico, conduziu a autarquia reguladora do setor a admitir avançados meios para a efetivação do comunicado sobre inadimplência. As operadoras poderão optar pela notificação presencial, por via postal, mediante áudio e pelos meios informatizados.

A remessa de carta pressupõe o aviso de recebimento dos Correios, mas não será necessária a assinatura do beneficiário. Como se trata de situação que poderá

---

8. MARQUES, Claudia Lima.; LIMA, Clarissa Costa de. *Do Crédito Responsável*: a prevenção ao Superendividamento do Consumidor: os novos paradigmas no crédito ao consumidor. In: BENJAMIN, Antônio Herman et al. *Comentários à Lei 14.181/2021*: A Atualização do CDC em Matéria de Superendividamento. São Paulo: RT, 2021, p. 216 a 224.

acarretar o cancelamento contratual, caso o usuário não quite o montante em atraso, o mais correto e justo seria que fosse exigida a subscrição no respectivo AR, harmonizando-se com o direito do consumidor à informação.

Concorda também a ANS que, de forma complementar, seja feita em área restrita da página institucional da operadora na Internet e/ou por meio de aplicativo para dispositivos móveis. São condições que não se congraçam com o direito do consumidor à informação, pois não colimam com o intento de o cientificar satisfatoriamente.[9]

Esgotadas, de forma comprovada, as tentativas de notificação por todos os meios comentados nas linhas precedentes, após dez dias da última diligência, a operadora poderá suspender ou rescindir unilateralmente o contrato por inadimplência. Compete-lhe a demonstração inequívoca do exaurimento das diligências, para que não seja invalidado o ato em face do beneficiário.

Caso o consumidor indague acerca do montante devido, a empresa deverá esclarecê-lo e conceder novo e idêntico *lapus temporis* para o pagamento do valor em aberto, se efetivamente houver. A negociação e o parcelamento do montante contam como possibilidades, mas o ideal seria que a autarquia reguladora garantisse tais diligências, com vistas a prevenir o cancelamento e/ou a suspensão.

A suspensão e a rescisão unilateral de contrato individual são condutas que constituem infrações tipificadas pelo artigo 106 da Resolução Normativa 489/22, sob pena de multa no importe de R$ 80 mil. De acordo com o artigo 17 da RN 593/23, o mencionado dispositivo passa a prever a dita penalidade também para a exclusão indevida de beneficiário de plano coletivo.

A ANS não aumentou a sanção pecuniária e não avançou para vedar o cancelamento arbitrário dos contratos coletivos, deixando de cumprir a sua missão a contento. Malgrado a RN 593 tenha sido editada em 19 de dezembro de 2023, somente iniciaria a sua vigência em 1º de abril de 2024. No entanto, a RN 613/24 a postergou para 1º de dezembro de 2024.

Apesar das críticas tecidas, observa-se que este conjunto normativo poderá servir para refrear as práticas arbitrárias empreendidas pelas operadoras mediante a aplicação conjunta com o CDC e a efetiva fiscalização pelo Sistema Nacional de Defesa do Consumidor.

---

9. Cf.: RAYMOND, G. *Droit de la consommation*. 5. ed. Paris: Lexis Nexis S.A., 2019, p. 37-55.

# FUNÇÕES DO MÍNIMO EXISTENCIAL NO CONTEXTO DO SUPERENDIVIDAMENTO DO CONSUMIDOR

*Leonardo Garcia*

Mestre em Direitos Difusos e Coletivos pela PUC-SP. Professor de diversos cursos e autor de diversas obras jurídicas. Membro do GT do CNJ para acompanhamento da efetividade da Lei do Superendividamento. Procurador do Estado do Espírito Santo. Ex-assessor do relator no Senado dos projetos de lei de atualização do CDC.

O conceito de mínimo existencial desempenha um papel crucial na proteção da dignidade do consumidor em situações de superendividamento. O mínimo existencial transcende uma definição única e engloba a parcela da renda do consumidor que deve ser protegida para garantir suas necessidades básicas e o acesso a bens e serviços essenciais. Sua importância reside em garantir a dignidade da pessoa humana, impedindo que o indivíduo seja privado do mínimo necessário para viver com dignidade, mesmo em situações de endividamento.

A Lei do Superendividamento (Lei 14.181/21) trouxe o conceito de mínimo existencial para o centro do debate, determinando sua regulamentação. A pedido da Febraban, logo após o aparecimento na lei da expressão "mínimo existencial", foi incluída a expressão "nos termos da regulamentação".

Em audiência pública realizada pelo Ministério da Justiça antes da regulamentação do mínimo existencial, das 25 autoridades que se manifestaram oralmente, ao menos 20 defenderam categoricamente que a regulamentação não deveria adotar um valor fixo, principalmente em razão da realidade socioeconômica diversificada que existe em nosso país.

O Brasil é um país com grande desigualdade social e econômica, com realidades muito distintas entre as regiões e mesmo dentro de uma mesma cidade. Um valor fixo para o mínimo existencial não seria capaz de atender às necessidades básicas de todos os cidadãos, desconsiderando as particularidades de cada indivíduo e família, como custo de vida regional, composição familiar, faixa etária, condições de saúde, entre outros fatores relevantes.

Ademais, o conceito de mínimo existencial é dinâmico e evolui ao longo do tempo, acompanhando as mudanças sociais, econômicas e tecnológicas. O que era considerado essencial para uma vida digna há alguns anos pode não ser mais suficiente hoje. Fixar um valor implicaria em desatualizações constantes, tornando a lei obsoleta e injusta.

Desconsiderando a grande maioria das autoridades e estudiosos que se manifestaram na audiência pública no Ministério da Justiça, o Decreto Presidencial 11.150/2022, posteriormente alterado pelo Decreto 11.567/2023, definiu o mínimo existencial como R$ 600, valor este alvo de críticas por ser considerado insuficiente para garantir uma vida digna. A crítica reside no fato de que R$ 600 se mostra insuficiente para cobrir as despesas básicas de uma família, como alimentação, moradia, saúde e educação, não garantindo uma vida digna e tornando a lei ineficaz em sua principal função: proteger o consumidor superendividado.

Há, atualmente, duas ações diretas de inconstitucionalidade (ADI) e uma ADPF (Descumprimento de Preceito Fundamental) em relação ao Decreto 11.150/2022 no STF.

Enquanto o STF não se manifesta sobre a (in)constitucionalidade do decreto em questão, o magistrado, ao se deparar com uma ação de repactuação de dívidas, poderá exercer o controle difuso de constitucionalidade, afastando, por ora, a aplicação da limitação do decreto, analisando o caso concreto, tendo o poder e o dever de assegurar a proteção do consumidor e garantir que o valor do mínimo existencial seja suficiente para atender às suas necessidades básicas.

Alguns tribunais, sensíveis ao tema, não tem aplicado a regulamentação do decreto do mínimo existencial, justamente por considerar o valor de R$ 600 insuficiente para a manutenção digna do consumidor, tornando a lei inefetiva.

> A preservação do mínimo existencial foi incluída como direito básico do consumidor pela Lei 14.181/2021 (Lei do Superendividamento), que entrou em vigor em 2 de julho de 2021, alterando o Código de Defesa do Consumidor para disciplinar o fornecimento de crédito responsável e dispor sobre a prevenção e o tratamento do superendividamento. Em 26 de julho de 2022, foi editado o Decreto 11.150/2022, que regulamenta a Lei do Superendividamento indica, após modificação, irrisórios 600 reais como o valor que conferiria existência digna ao superendividado. (…) Apesar da sensível diferença entre os critérios propostos para a fixação de um valor que expresse o mínimo existencial, os que se adequam à teleologia do entendimento do STJ sobre a preservação da vida digna por meio da proteção do valor de natureza alimentar para a provisão das necessidades básicas de uma família é o do salário necessário para isso, portanto o valor indicado pelas pesquisas tradicionalmente feitas pelo Dieese, valor esse corroborado normativamente na resolução da Defensoria Pública sobre a necessidade de assistência judiciária gratuita. Fixo, portanto, o valor relativo ao mínimo existencial alimentar em cinco salários-mínimos, atualmente correspondentes a R$ 7.060,00 (sete mil e sessenta reais), valores portanto impenhoráveis (TJ-DF 0718027-81.2024.8.07.0000, voto do relator: Roberto Freitas Filho, 3ª Turma Cível, data de publicação: 10.05.2024).

Ainda que não se exerça o controle difuso de constitucionalidade, é importante entender quais as funções que a regulamentação do mínimo existencial exerce. O mínimo existencial possui três funções principais no contexto brasileiro, especialmente em relação ao superendividamento do consumidor:

## 1. PARÂMETRO PARA A DEFINIÇÃO DE SUPERENDIVIDAMENTO

A Lei 14.181/21, conhecida como Lei do Superendividamento, define o superendividamento como a "impossibilidade manifesta de o consumidor pessoa natural, de boa-fé, pagar a totalidade de suas dívidas de consumo, exigíveis e vincendas, sem comprometer seu mínimo existencial". Nesse sentido, o mínimo existencial funciona como um elemento essencial na própria definição legal de superendividamento, estabelecendo um limite para a cobrança de dívidas e garantindo que o consumidor não seja privado dos recursos mínimos para sua subsistência digna.

## 2. ORIENTAÇÃO PARA CONCESSÃO RESPONSÁVEL DE CRÉDITO

O princípio do mínimo existencial, intrinsecamente ligado à dignidade da pessoa humana, transcende a mera definição de superendividamento e serve como um importante parâmetro para a concessão responsável de crédito. As instituições financeiras, ao analisar a concessão de crédito, devem considerar a capacidade do consumidor de arcar com a dívida sem comprometer seu mínimo existencial. Isso significa que a análise de crédito deve ir além da simples comprovação de renda, levando em conta as despesas básicas do consumidor para garantir que o crédito concedido não o leve a uma situação de superendividamento.

## 3. LIMITAÇÃO AO PODER DOS CREDORES NA REPACTUAÇÃO DE DÍVIDAS

Em situações de superendividamento, o mínimo existencial atua como um limitador do poder dos credores na repactuação de dívidas. Durante o processo de repactuação, o mínimo existencial do devedor deve ser preservado. Isso significa que o plano de pagamento negociado não pode comprometer os recursos mínimos necessários para que o consumidor e sua família mantenham uma vida digna, garantindo o acesso a bens e serviços essenciais como alimentação, saúde, educação e moradia.

A inserção da expressão "nos termos da regulamentação", após a expressão "mínimo existencial" na lei foi uma exigência da Febraban, justamente porque ela queria ter uma certeza, através de um patamar objetivo, de que não estaria ofendendo o princípio do crédito responsável quando da concessão do crédito. Ou seja, a finalidade da regulamentação do mínimo existencial seria permitir que as concedentes de crédito tivessem uma segurança na avaliação da capacidade de pagamento do consumidor na concessão do crédito, através de um valor fixo (e, portanto, objetivo), de modo a respeitar o princípio do crédito responsável.

Assim, a restrição da regulamentação do decreto somente pode aplicado para a concessão do crédito (para o fornecedor ter conhecimento da capacidade de pagamento do consumidor na hora da concessão do crédito, de modo a não sofrer as sanções do artigo 54-D, parágrafo único), mas jamais para a definição de quando o consumidor está superendividado ou para elaboração do plano de pagamento na repactuação das dívidas.

Para a configuração do consumidor superendividado e a quantificação do mínimo existencial, para efeitos de tratamento (artigo 104-A, B e C), será o caso concreto que definirá os valores para manutenção da vida digna do consumidor e de sua família.

O Enunciado 40 do Fonamec atesta nesse sentido:

Na pactuação do plano de pagamento das dívidas do consumidor superendividado deverá ser respeitado o mínimo existencial, considerando a situação concreta vivenciada pelo consumidor e sua entidade familiar, de modo a não comprometer a satisfação de suas necessidades básicas, observados os parâmetros estabelecidos no artigo 7º, inciso IV, da Constituição da República.

A justificativa apresentada para este enunciado foi a seguinte:

A leitura do Decreto 11.150, de 26 de julho de 2022, confrontou o superprincípio da dignidade da pessoa, cuja função precípua era conferir-lhe unidade material. O princípio da dignidade atua como fundamento à proteção do consumidor superendividado e criador do direito ao mínimo existencial, cuja previsão infraconstitucional foi sedimentada pelo Poder Legislativo na Lei 14.181/21, que atualizou o Código de Defesa do Consumidor, instalando um microssistema de crédito ao consumo. Para além da redação do regulamento determinado no Código do Consumidor atualizado, artigo 6º, XI, a eficácia horizontal direta dos direitos fundamentais nas relações privadas, para a preservação da dignidade da pessoa, era avanço doutrinário e jurisprudencial pátrios já reconhecidos, a partir da previsão do art. 5º, parágrafo 1º, da CF/88. Afinal, a garantia de 25% do salário mínimo a qualquer família brasileira, sem considerar a situação socioeconômica e individualizar as necessidades que comportam as despesas básicas de sobrevivência, não representa interpretação harmônica com os valores constitucionais. Assim, resta evidente a possibilidade de composição sem incidência do Decreto 11.150/22, em controle difuso de constitucionalidade (Obs.: o valor do mínimo existencial foi alterado para R$ 600 em 2023).

Somente para exemplificação, veja caso real que aconteceu no estado do Espírito Santo:

## Caso prático real

| VALOR TOTAL DO CONTRATO | QUANTIDADE DE PARCELAS | VALOR DOS DÉBITOS MENSAIS |
|---|---|---|
| R$ 1.220,70 | Não sabido | R$ 60,50 (Consignado) |
| R$ 710,20 | Não sabido | R$ 47,70 (Não consignado) |
| R$ 40,19 (RCC) | Não especificado (Sem cópia do contrato) | R$ 40,19 (Consignado) |
| R$ 1.903,89 | Não especificado (Sem cópia do contrato) | R$ 66,00 (Consignado) |
| R$ 7.086,24 | 24 - (05 Parcelas pagas) | R$ 295,26 (Boleto Bancário) |
| R$ 15.289,19 | 84 Parcelas | R$ 319,36 (Consignado) |
| R$ 9.237,86 | Não especificado | R$ 248,92 (Não consignado) |
| R$ 2.765,06 | 24 Parcelas | R$ 147,06 (Não consignado) |
| R$ 5.609,40 | 36 Parcelas | R$ 228,68 (Não consignado) |
| R$ 996,09 | 72 Parcelas | R$ 28,04 (Consignado) |
| R$ 1.513,64 | 82 Parcelas | R$ 34,68 (Consignado) |
| R$ 1.473,29 | 84 Parcelas | R$ 33,39 (Consignado) |
| R$ 2.646,00 | 84 Parcelas | R$ 31,50 (Consignado) |
| | | **VALOR TOTAL DESCONTADO MENSALMENTE DO BENEFÍCIO DA REQUERENTE (SOMA DOS DÉBITOS) R$ 1.581,31** |
| | | **VALOR PERCEBIDO MENSALMENTE PELA REQUERENTE - R$ 1.320,00** |

No caso real acima ilustrado, mesmo a autora tendo sido descontada em valores maiores do que a integralidade do montante recebido mensalmente (assim, ela não dispõe de nenhum recurso para pagar o restante das dívidas e nem para sobreviver!) – o que demonstra claramente a sua situação de superendividamento – aplicando o decreto para configuração de superendividamento neste caso, considerando que vários empréstimos são consignados e que o montante destes ultrapassam o valor de R$ 600,[1] consideraríamos que esta consumidora não estaria superendividada e, o pior, não mereceria o tratamento destinado pela lei, o que seria um absurdo, atestando, assim, a ineficácia da lei.

Assim, por razões de justiça e visando atender à finalidade maior da lei (que é o tratamento do consumidor superendividado, restabelecendo sua dignidade), o magistrado deverá não aplicar o Decreto 11.150/2022 para definição de superendividamento, sob pena de esvaziamento da lei (por ineficácia) ou que, ao menos, limite sua aplicação para apenas a concessão do crédito.

---

1. Isso porque o Decreto 11.150/2022, além de estipular o valor de R$ 600, retirou os valores do empréstimo consignado da análise do mínimo existencial.

# POSSIBILIDADE DE TUTELA DE URGÊNCIA NA AÇÃO DE REPACTUAÇÃO DE DÍVIDAS

*Leonardo Garcia*

Mestre em Direitos Difusos e Coletivos pela PUC-SP. Professor de diversos cursos e autor de diversas obras jurídicas. Membro do GT do CNJ para acompanhamento da efetividade da Lei do Superendividamento. Procurador do Estado do Espírito Santo. Ex-assessor do relator no Senado dos projetos de lei de atualização do CDC.

O superendividamento é um problema crescente na sociedade contemporânea, levando o legislador brasileiro a criar mecanismos para proteger o consumidor em situação de vulnerabilidade, como a Lei 14.181/2021, conhecida como Lei do Superendividamento.

Essa lei introduziu no Código de Defesa do Consumidor (CDC) o artigo 104-A, que trata da repactuação de dívidas, um procedimento especial que visa a renegociar as dívidas do consumidor superendividado, com o objetivo de garantir a sua dignidade e o mínimo existencial.

Diante da urgência que a situação de superendividamento impõe, surge o questionamento sobre a possibilidade de concessão de tutela de urgência no âmbito da ação de repactuação de dívidas. A tutela de urgência, prevista no Código de Processo Civil (CPC), visa a garantir a efetividade da jurisdição, permitindo ao juiz conceder medidas que protejam o direito da parte autora antes mesmo da prolação da sentença.

Algumas decisões judiciais têm se posicionado contrariamente à possibilidade de concessão de tutela de urgência na ação de repactuação de dívidas, argumentando que não seria cabível a liminar na fase inicial do procedimento de repactuação. Só seria possível a apreciação da medida após a audiência conciliatória.[1]

Contudo, a análise do microssistema jurídico processual do CDC e do CPC, em especial do artigo 300 do CPC, demonstra que não há impedimento legal para a concessão da tutela de urgência na ação de repactuação de dívidas, desde que preenchidos os requisitos legais, quais sejam, a probabilidade do direito e o perigo de dano ou o risco ao resultado útil do processo.

---

1. TJ-MG – AI: 10000211949383007 MG, Relator: Claret de Moraes, Data de Julgamento: 07.06.2022, Câmaras Cíveis / 10ª Câmara Cível, Data de Publicação: 08.06.2022. No mesmo sentido: TJDFT, Acórdão 1399664, Relator: Getúlio de Moraes Oliveira, 7ª Turma Cível, data de julgamento: 09.02.2022, publicado no DJE: 24.02.2022.

## URGÊNCIA DIANTE DA VULNERABILIDADE DO CONSUMIDOR

A urgência, na situação de superendividamento, decorre da própria natureza da vulnerabilidade do consumidor, que se vê impossibilitado de arcar com suas dívidas e manter o mínimo existencial. O risco de dano se materializa na possibilidade de constrição de bens e salários, inefetividade do plano de pagamento a ser celebrado (principalmente nos casos em que o salário está quase todo comprometido para pagamento das dívidas), dentre outras medidas que agravam ainda mais a situação de fragilidade do consumidor.

A lei, ao prever a conciliação e a repactuação das dívidas, busca justamente soluções céleres e eficazes para o problema do superendividamento, o que se coaduna com a finalidade da tutela de urgência. Assim, a tutela de urgência, nos casos em que a preservação da dignidade do consumidor está comprometida, garante a proteção do superendividado até que se encontre uma solução definitiva para o caso.

Nesse sentido, a recente decisão do TJ-DFT da lavra do desembargador Leonardo Bessa, no Agravo de Instrumento TJ-DF 07138102920238070000 (08 ago. 2023), reconhece a possibilidade da concessão da tutela de urgência antes mesmo da audiência de conciliação.

O caso envolveu uma consumidora que estava em situação de superendividamento, tendo realizado diversos empréstimos junto ao Bradesco, comprometendo sua única fonte de renda: a pensão alimentícia de seus três filhos. O banco, desconsiderando a situação de vulnerabilidade da consumidora, realizava descontos diretamente em sua conta-corrente, impactando diretamente a subsistência da família.

O julgado destacou a importância e a possibilidade da tutela de urgência em alguns casos de superendividamento, mesmo durante a fase conciliatória do processo. Segundo o desembargador, os contratos não devem impedir que as partes garantam suas necessidades básicas.

## FUNÇÃO SOCIAL É RESGUARDADA

Quando um contrato impede o acesso a essas necessidades, ele viola sua função social, prejudicando não apenas o devedor, mas também aqueles que dependem dele economicamente. Ademais, foi ressaltado a responsabilidade das instituições financeiras na concessão de crédito, uma vez que a instituição financeira agiu em desacordo com a boa-fé objetiva ao conceder empréstimos à consumidora, mesmo ciente de sua situação financeira fragilizada.

No mesmo sentido do julgado do TJ-DF, vários tribunais também vêm aplicando a tutela de urgência, independentemente do momento processual, se presente os requisitos.[2]

---

2. TJ-GO – Agravo de Instrumento: 5100040-21.2024.8.09.0006 Goiânia, Relator: Des(a). Roberta Nasser Leone, 10ª Câmara Cível; TJ-SP – Agravo de Instrumento: 2342713-77.2023.8.26.0000 Olímpia, Relator:

O Enunciado 41 do Fonamec também reconhece a possibilidade da concessão da tutela de urgência desde a fase inicial do procedimento:

> Caso o consumidor ingresse diretamente em juízo, sem o cumprimento da fase obrigatória do art. 104-A do Código de Defesa do Consumidor, após a análise de eventual tutela de urgência, o juiz poderá suspender o andamento do feito e remeter os autos ao CEJUSC para a realização da audiência autocompositiva prevista no referido dispositivo legal.

Diante do exposto, conclui-se que a tutela de urgência é uma ferramenta fundamental para garantir a efetividade da ação de repactuação de dívidas, assegurando a proteção do consumidor superendividado e a realização dos princípios basilares do Código de Defesa do Consumidor.

A possibilidade de concessão da tutela de urgência, desde que preenchidos os requisitos legais e observados os princípios da proporcionalidade e razoabilidade, garante a efetividade do processo e a justiça no caso concreto, impedindo que a demora na solução do litígio cause danos irreparáveis ou de difícil reparação ao consumidor.

---

Júlio César Franco, Data de Julgamento: 10/06/2024, 22ª Câmara de Direito Privado, Data de Publicação: 10/06/2024; TJ-DF 07200339520238070000 1747158, Relator: Leonardo Roscoe Bessa, Data de Julgamento: 16.08.2023, 6ª Turma Cível, Data de Publicação: 1º.09.2023.

# PERDÃO DE DÍVIDAS NO SUPERENDIVIDAMENTO: ANÁLISE À LUZ DA LEI E DOUTRINA

*Leonardo Garcia*

Mestre em Direitos Difusos e Coletivos pela PUC-SP. Professor de diversos cursos e autor de diversas obras jurídicas. Membro do GT do CNJ para acompanhamento da efetividade da Lei do Superendividamento. Procurador do Estado do Espírito Santo. Ex-assessor do relator no Senado dos projetos de lei de atualização do CDC.

O superendividamento, um problema crescente no Brasil e no mundo, tem motivado debates acalorados sobre suas causas, consequências e, principalmente, soluções. Uma das questões mais complexas que o tema suscita é a possibilidade de perdão das dívidas, um assunto controverso que divide opiniões e esbarra em diferentes interpretações jurídicas. Este texto, portanto, se propõe a analisar a viabilidade do perdão de dívidas no contexto do superendividamento no Brasil, à luz da legislação vigente, doutrina especializada e casos concretos.

O superendividamento, como bem define o artigo 54-A, § 1º, do Código de Defesa do Consumidor (CDC), atualizado pela Lei 14.181/2021, caracteriza-se pela "impossibilidade manifesta de o consumidor pessoa natural, de boa-fé, pagar a totalidade de suas dívidas de consumo, exigíveis e vincendas, sem comprometer seu mínimo existencial". Tal conceito, como se pode observar, é central na discussão sobre o perdão de dívidas, pois coloca em questão a colisão entre o direito de crédito e a dignidade da pessoa humana.

A lei, nesse ponto, é clara ao estabelecer a preservação do mínimo existencial como um princípio fundamental. Isso significa que, mesmo em situação de superendividamento, o consumidor tem direito a uma parcela de sua renda e patrimônio destinada a garantir sua subsistência e de sua família, assegurando acesso a condições mínimas de vida digna, como moradia, alimentação, saúde e educação.

Surge então o questionamento: como conciliar a exigibilidade das dívidas com a proteção do mínimo existencial, especialmente quando este já se encontra comprometido pela situação de superendividamento? É nesse contexto que a possibilidade de perdão de dívidas ganha força, ainda que de forma tênue e controversa no ordenamento jurídico brasileiro.

## CÍRCULO VICIOSO

A doutrina, em sua análise do superendividamento, aponta para a necessidade de se buscar soluções que extrapolem o mero caráter punitivo-patrimonial, comumente aplicado em casos de inadimplência. Afinal, o superendividamento não se configura, na maioria das vezes, por má-fé ou intenção deliberada do consumidor em não honrar seus compromissos, mas sim por uma conjunção de fatores que o levam a um círculo vicioso de impossibilidade de pagamento.

Fatores como a oferta indiscriminada de crédito, a falta de educação financeira, o consumismo exacerbado e os "acidentes da vida" (desemprego, doença, divórcio etc.), contribuem significativamente para o crescimento do número de superendividados, colocando o consumidor em uma posição de extrema vulnerabilidade.

Nesse cenário, o perdão de dívidas, ainda que ausente de previsão legal expressa no Brasil, surge como um importante instrumento de justiça social, ao possibilitar ao consumidor superendividado a oportunidade de um "fresh start", ou seja, um recomeço financeiro livre do peso de dívidas impagáveis.

É preciso reconhecer que a renegociação e a repactuação de dívidas, mecanismos amplamente defendidos pela Lei 14.181/2021, são o primeiro passo para a superação do superendividamento.

Contudo, em determinados casos, tais medidas podem se mostrar insuficientes para garantir a efetiva recuperação financeira do consumidor e a preservação de sua dignidade, especialmente quando o montante da dívida é exorbitante e ultrapassa em muito a capacidade de pagamento, mesmo a longo prazo.

A ideia do perdão de dívidas, apesar de seus benefícios sociais, encontra resistência em parte da doutrina, principalmente por aqueles que defendem a necessidade de garantir a segurança jurídica e evitar o chamado "risco moral". Assim, argumenta-se que a ausência de previsão legal expressa para o perdão de dívidas gera insegurança jurídica, tanto para credores quanto para devedores, pois abre margem para interpretações subjetivas e decisões judiciais contraditórias. Já o argumento do "risco moral" sustenta que a possibilidade de perdão de dívidas pode incentivar o comportamento irresponsável por parte dos consumidores, que, sabendo da possibilidade de não ter que arcar com suas dívidas, tenderiam a se endividar de forma descontrolada.

## PERDÃO PARCIAL

A nossa Lei do Superendividamento foi nitidamente inspirada no sistema de tratamento de superendividamento da França. O sistema francês de tratamento de superendividamento, estabelecido em 1989, inicialmente se concentrava em planos de pagamento em vez de perdão de dívidas. O objetivo era reabilitar os devedores, responsabilizando-os pelo reembolso de suas dívidas, mesmo que isso significasse um compromisso de longo prazo de sua renda futura. No entanto, essa abordagem mostrou-se inadequada para lidar com casos graves de superendividamento, nos quais os devedores não tinham bens ou renda para pagar suas dívidas dentro de um prazo razoável.[1]

---

1. LIMA, Clarissa Costa de. *O Tratamento do superendividamento e o direito de recomeçar dos consumidores*. São Paulo: RT, 2014, p. 101.

Assim, o conceito de perdão parcial de dívidas foi introduzido na legislação francesa em 1998 como uma medida extraordinária para casos de "superendividamento-insolvência". Essa medida, concedida após um período de moratória de dois anos, visava lidar com situações em que as medidas ordinárias de parcelamento de dívidas e redução de juros não eram suficientes para aliviar o fardo do devedor.[2]

Nos mesmos moldes que na França, o perdão de dívidas pode ser adotado no Brasil como uma medida excepcional, aplicada apenas em casos extremos, quando comprovada a boa-fé do consumidor e a impossibilidade de pagamento, mesmo após a aplicação de outros mecanismos de renegociação e repactuação.

A construção de um sistema justo e eficaz de tratamento do superendividamento exige, portanto, um debate amplo e aprofundado entre os diversos atores envolvidos (legisladores, magistrados, advogados, economistas e a própria sociedade civil), com o objetivo de se encontrar soluções equilibradas que, ao mesmo tempo em que garantam a segurança jurídica e a saúde do mercado de crédito, assegurem a dignidade da pessoa humana e a justiça social.

O perdão de dívidas no superendividamento, embora seja um tema complexo e que gera divergências, não pode ser simplesmente ignorado pelo ordenamento jurídico brasileiro. A Lei do Superendividamento, apesar de não prever expressamente o perdão, abre caminhos para que, em situações excepcionais e mediante análise criteriosa do caso concreto, o juiz possa determinar a redução da dívida, com base na onerosidade excessiva e na necessidade de se garantir a dignidade da pessoa humana e o mínimo existencial do consumidor superendividado. Afinal, o objetivo maior da lei é a reinclusão do consumidor superendividado na sociedade de consumo novamente, principalmente em virtude do princípio da dignidade da pessoa humana.

---

2. LIMA, Clarissa Costa de. *O Tratamento do superendividamento e o direito de recomeçar dos consumidores*. São Paulo: RT, 2014.

# PROCONS DEVEM FISCALIZAR PRESENÇA DE ENSINO AFRO-BRASILEIRO EM ESCOLAS PARTICULARES

*Jonas Sales Fernandes da Silva*
Advogado, conselheiro da diretoria executiva do Idec e diretor de Igualdade Racial do Brasilcon.

*Igor Rodrigues Britto*
Professor de direito do consumidor e direitos dos contratos do Centro Universitário IESB. Diretor executivo do Idec. Autor de livros e artigos sobre direitos das crianças consumidoras.

Nelson Mandela, em *Long Walk to Freedom* (1995), afirmou que "ninguém nasce odiando outra pessoa pela cor de sua pele, por sua origem ou ainda por sua religião. Para odiar, as pessoas precisam aprender, e se podem aprender a odiar, elas podem ser ensinadas a amar". Frisemos: tanto para odiar quanto para amar, é preciso aprender.

Talvez com o espírito de ensinar a igualdade por meio da diversidade, e a partir desta o amor, no Brasil, em 9 de janeiro de 2003, entrou em vigor a Lei 10.639, que altera a Lei 9.394/1996 (Lei de Diretrizes e Bases da Educação Nacional), especificamente para incluir no currículo oficial da Rede de Ensino a obrigatoriedade da temática *História e Cultura Afro-Brasileira*.

Em síntese, nos estabelecimentos de ensino fundamental e médio, oficiais e particulares, desde 2003 tornou-se obrigatório o ensino sobre História e Cultura Afro-Brasileira (artigo 26-A da Lei 9.394/96). Dentro deste eixo temático, o conteúdo programático deve *incluir o estudo da História da África e dos africanos, a luta dos negros no Brasil, a cultura negra brasileira e o negro na formação da sociedade nacional, resgatando a contribuição do povo negro nas áreas social, econômica e política pertinentes à História do Brasil* (§ 1º do art. 26-A da Lei 9.394/96).

Mas, como no Brasil não basta a publicação de uma lei, mas especialmente que esta passe pelo complexo paradigma da *Law-In-Books vs. Law-In-Action*,[1] inescapável é o questionamento: esta lei *pegou* ou é *lei para inglês ver*?[2]

---

1. PUASCHUNDER, Julia M., *Behavioral International Law*: Law-In-Books vs. Law-In-Action Resembling the Neoclassical Economics Vs. Behavioral Economics Debate (8 de agosto de 2022). Puaschunder, JM (2022). Behavioral International Law: Law-in-books vs. Law-in-action Resembling the Neoclassical Economics vs. Behavioral Economics Debate. Anais da 28ª conferência da Research Association for Interdisciplinary Studies (RAIS), p. 1-9, junho de 2022. Disponível em: SSRN: https://ssrn.com/abstract=4183996.
2. *Para inglês ver*. Academia Brasileira de Letras. Disponível em: https://www.academia.org.br/artigos/para-ingles-ver. Acesso em: 12 ago. 2024.

Aos dados – para quem ainda acredita: em janeiro de 2024 estudo denominado Avaliação da Qualidade da Educação Infantil, realizado pelo Itaú Social e pela Fundação Marica Cecília Souto Vidigal deduziu que *aprendizagens relacionadas à educação étnico-racial não estão presentes em 89,8% das turmas de creche e pré-escola*. É dizer: 9 em cada 10 escolas não abordam aspectos étnico-raciais nas aulas.[3]

Aos dados novamente: de acordo com pesquisa do Instituto Alana em parceria com o Geledés Instituto da Mulher negra, *sete em cada dez secretarias municipais de educação não fizeram nenhuma ação ou tomaram poucas providências para adotar o ensino da história e da cultura afro-brasileira nas escolas*.[4]

Ora, se a origem de qualquer forma de preconceito é a desinformação; e se ninguém nasce odiando ninguém, como ensinou Mandela; a ausência de implementação de estudos afro-brasileiros em escolas, tema que é central na construção do Brasil, acaba por perpetuar o crime de *racismo*. A corroborar o que aqui afirmamos, veja, por exemplo, o relatório da UNICEF denominado *O impacto do racismo na infância (2020)*,[5] ou, mais recentemente, matéria do Folha de São Paulo datada de 12 de agosto de 2024 denominada *professor viraliza com pesquisa sobre falta de fotos de alunos no Instagram*. A enquete feita com 93 alunos aponta baixa autoestima e racismo como inibidores de presença nas redes.[6] Ou seja: racismo como afetação direta na personalidade de cada criança, a qual já cresce em ambiente de total desrespeito ao princípio dos princípios constitucionais: a dignidade da pessoa humana (inciso III do artigo 1.º da Constituição Federal de 1988).

Esperando sinceramente tê-lo convencido, caro leitor ou leitora, passamos ao segundo questionamento chave deste artigo: e o que os Procons têm a ver com isso? Adianta-se o final, ao estilo Memórias Póstumas de Brás Cubas: tudo! Em absoluto!

Em primeiro lugar, a Constituição Federal registra na cabeça do artigo 206 que *a educação é um direito de todos e dever do Estado e da família* e, para os fins aqui visados, dois princípios sobressaem: III – pluralismo de ideias e de concepções pedagógicas, e coexistência de instituições públicas e privadas de ensino; IV – gratuidade do en-

---

3. *Nove em cada dez escolas não abordam aspectos étnico-raciais*. Disponível em: https://www.correiobraziliense.com.br/euestudante/educacao-basica/2024/01/6787065-nove-em-cada-10-escolas-nao-abordam-aspectos--etnico-raciais-nas-aulas.html. Acesso em: 12 ago. 2024.
4. *Especialistas pedem cumprimento da lei sobre ensino da cultura afro-brasileira*. Disponível em: https://www12.senado.leg.br/noticias/materias/2023/10/19/especialistas-pedem-cumprimento-da-lei-sobre-ensino-da--cultura-afro-brasileira. Acesso: 12 ago. 2024.
5. *10 maneiras de contribuir para uma infância sem racismo*. 1. Eduque as crianças para o respeito às diferenças. Ela está nos tipos de brinquedos, nas línguas faladas, nos vários costumes entre os amigos e pessoas de diferentes culturas, raças e etnias. As diferenças enriquecem o nosso conhecimento. 2. Textos, histórias, olhares, piadas e expressões podem ser estigmatizantes com outras crianças, culturas e tradições. Indigne-se e esteja alerta se isso acontecer – contextualize e sensibilize!. Disponível em: https://www.unicef.org/brazil/comunicados-de-imprensa/racismo-e-discriminacao-contra-criancas-e-adolescentes-sao-comuns-em-paises-de-todo-o-mundo. Acesso em: 12 ago. 2024.
6. *Professor viraliza com pesquisa sobre falta de fotos de alunos no Instagram*. Disponível em: https://www1.folha.uol.com.br/blogs/hashtag/2024/08/professor-viraliza-com-pesquisa-sobre-falta-de-fotos-de-alunos--no-instagram.shtml. Acesso em: 12 ago. 2024.

sino público em estabelecimentos oficiais; VII – garantia de padrão de qualidade. Ou seja: podem coexistir estabelecimentos de ensino públicos (oficiais) e privados e ambos devem ter garantia de padrão de qualidade. Nos estabelecimentos públicos, o ensino é gratuito e, no privado, pode haver remuneração como contrapartida da prestação de serviço.

Ora, prestação de serviço em que de um lado há um consumidor (aluno, artigo 2º do Código de Defesa do Consumidor – CDC) e de outro um fornecedor de serviços educacionais (fornecedor, artigo 3.º, CDC) que os presta mediante *remuneração* a um *destinatário final*, estamos evidentemente a falar de relação jurídica de consumo.[7]

Característica essencial dessa relação jurídica de consumo, como se pode intuir, é a alta carga de regulação da prestação dos serviços educacionais privados pelo poder público, haja vista a enorme vulnerabilidade do educado, nomeadamente no que diz respeito ao atendimento do princípio constitucional da garantia do padrão de qualidade (inciso VII do artigo 206 da Constituição Federal de 1988), geralmente ao longo de anos a fio (prestação de serviços de execução continuada).

A rigor, este necessário *dirigismo contratual*[8] (para que seja cumprida a função social do contrato) conduz todo e qualquer prestador de serviço educacional (escola não pública) a uma *condição de prestatividade*, isto é, ao dever de garantir que seu conteúdo programático, seu projeto pedagógico, sua grade curricular, enfim, cumpram as exigências do órgão oficial. É dizer: não basta prestar serviço de educação, tem de prestar com respeito ao princípio de garantia do padrão de qualidade (mandamento constitucional), o que descamba naturalmente para a estrita observância do que dispõe a Lei de Diretrizes e Bases da Educação (Lei 9.394/96), nomeadamente no artigo 26-A, que prescreve, como já dito e redito, *a obrigatoriedade do ensino do estudo da história e da cultura afro-brasileira nos estabelecimentos de ensino fundamental e de ensino médio privados*.

Na esteira do dever de garantia de qualidade apontado na Constituição Federal de 1988, o Código de Defesa do Consumidor igualmente possui, na parte final do parágrafo segundo do artigo 20, disposição normativa sobre essa temática:

> CDC. Art. 20. O fornecedor de serviços responde pelos vícios de qualidade que os tornem impróprios ao consumo ou lhes diminuam o valor, assim como por aqueles decorrentes da disparidade com as indicações constantes da oferta ou mensagem publicitária, podendo o consumidor exigir, alternativamente e à sua escolha: (...) § 2º São impróprios os serviços que se mostrem inadequados

---

7. Assim o STJ: Enunciado 595 STJ: As instituições de ensino superior respondem objetivamente pelos danos suportados pelo aluno/consumidor pela realização de curso não reconhecido pelo Ministério da Educação, sobre o qual não lhe tenha sido dada prévia e adequada informação.
8. "(...) espécie de elemento mitigador da autonomia privada, fazendo presente a influência do direito público no direito privado pela interferência estatal na liberdade de contratar". NERY JÚNIOR, Nelson; NERY, Rosa. 65. Dirigismo contratual e decadência do voluntarismo: morte do contrato? In: NERY JÚNIOR, Nelson; NERY, Rosa. *Instituições de Direito Civil*: contratos. São Paulo: RT, 2016. Disponível em: https://www.jusbrasil.com.br/doutrina/instituicoes-de-direito-civil-contratos/1499798131. Acesso em: 13 ago. 2024.

para os fins que razoavelmente deles se esperam, *bem como aqueles não atendam as normas regulamentares de prestabilidade*. (Itálico nosso)

É como se o CDC dissesse, dizemos nós: é impróprio o serviço educacional prestado por estabelecimento não oficial que ignora a Lei de Diretrizes de Bases da Educação (Lei 9.394/96), especialmente no que é atinente ao ensino obrigatório de história afro-brasileira.

Vamos além: é ilegal, e novamente viola o Código de Defesa do Consumidor, a conduta de colocar no mercado de consumo serviço em desacordo com as normas expedidas pelos órgãos oficiais competentes, como é o caso, uma vez mais, da Constituição Federal (artigo 206) e da Lei de Diretrizes de Bases da Educação (Lei n. 9.394/96). Assim:

> CDC. Art. 39. É vedado ao fornecedor de produtos ou serviços, dentre outras práticas abusivas (...) VIII – colocar, no mercado de consumo, qualquer produto ou serviço em desacordo com as normas expedidas pelos órgãos oficiais competentes ou, se normas específicas não existirem, pela Associação Brasileira de Normas Técnicas ou outra entidade credenciada pelo Conselho Nacional de Metrologia, Normalização e Qualidade Industrial (Conmetro)

Ora bem, com base neste *diálogo de fontes*[9] o que se verifica é violação direta a diversos dispositivos normativos postos no amplo plexo de defesa do cidadão, o que não se pode admitir de sobremaneira em tema que possui conexão direta com a perpetuação do *racismo estrutural*,[10] *institucional*[11] e *multidimensional*[12] notado nas relações jurídicas de consumo brasileiras.

E aqui acionamos, como uma convocação ao combate ao *racismo nas relações de consumo*, os mais de 5.000 Procons espraiados por estas terras de dimensões continentais, já que são os Procons (arts. 9º, 10 e 11 do Decreto 2.181/1997), não exclusivamente, mas com maior proximidade e por vezes estrutura, os responsáveis pela fiscalização das relações de consumo de que tratam a Lei 8.078/1990, o Decreto 2.181/1997 e as demais normas de defesa do consumidor. E isto por dever legal, já que o artigo 56 do Código de Defesa do Consumidor aponta que qualquer ofensa à *norma de defesa do consumidor* (mais amplo do que somente ao CDC, percebam[13]) enseja a aplicação de sanções administrativas.

---

9. "O diálogo das fontes é um método de interpretação, de integração e de aplicação das normas que contempla os principais desafios de assegurar a coerência e efetividade do direito a partir do projeto constitucional e do sistema de valores que impõe". BENJAMIN, Antonio; MARQUES, Claudia; BESSA, Leonardo. *IV. Diálogo das Fontes* In: BENJAMIN, Antonio; MARQUES, Claudia; BESSA, Leonardo. *Manual de Direito do Consumidor*. São Paulo: RT, 2021. Disponível em: https://www.jusbrasil.com.br/doutrina/manual-de-direito-do-consumidor/1250397051. Acesso em: 13 ago. 2024.
10. ALMEIDA, Silvio Luiz de. *Racismo estrutural*. São Paulo: Sueli Carneiro; Editora Jandaíra, 2021, p. 32.
11. SODRÉ, Muniz. *O fascismo da cor*: uma radiografia do racismo nacional. Petrópolis, Rio de Janeiro: Vozes, 2023, p. 56.
12. In: SOUZA, Jessé. *Como o racismo criou o Brasil*. Rio de Janeiro: Estação Brasil, 2021, p. 27-28.
13. Assim: "Destaque-se que não é apenas a violação a direito do consumidor estabelecido na Lei 8.078/1990 que faz incidir a sanção administrativa, mas a infração a qualquer norma que objetiva a tutela dos interesses materiais e morais do consumidor. O *caput* do art. 56 é claro no sentido de que as sanções são aplicadas em

Ao assim procederem, atenderão, a um só tempo, ao que dispõe a Constituição Federal (art. 206), ao que dispõe o Código de Defesa do Consumidor (art. 20, § 2º; art. 39, VIII) ao que prescreve a Nota Técnica da Secretaria Nacional de Do Consumidor do Ministério da Justiça e Segurança Pública;[14] aos *10 princípios para o enfretamento do racismo nas relações de consumo (Procon-SP Racial)*[15] e, ademais, ao ensinamento de Martin Luther King Jr. em sua autobiografia, quando anota que ainda jovem percebeu que o enfrentamento ao racismo e a força de movimento dos direitos civis (os Procons não podem fugir dessa marca, que a propósito é historicamente a de sua criação) deveriam necessariamente passar não só pela luta por publicação, via parlamento, de dispositivos normativos que pregassem a igualdade; mas também, e especialmente, pela educação:

> (...). Pela educação, buscamos mudar atitudes e sentimentos internos (preconceito, ódio etc.); pela legislação e por determinação dos tribunais, buscamos regulamentar o comportamento. Qualquer um que parta da convicção de que o caminho para a justiça social tem uma única via inevitavelmente criará um congestionamento e tornará a viagem infinitamente mais demorada.[16]

Mãos à obra!

---

face de 'infrações das normas de defesa do consumidor', e não de violações do CDC. Na verdade, a delimitação dos deveres do fornecedor decorre de análise conjunta de diversas normas, em diálogo das fontes, com relevo para a Constituição Federal e o CDC (art. 7º, *caput*). BESSA, Leonardo Roscoe. *Código de Defesa do Consumidor Comentado*. 2. Rio de Janeiro: Forense, 2022, p. 493.

14. *Nota Técnica da Senacon apresenta sugestões para o enfrentamento ao racismo nas relações de consumo*. Disponível em: https://www.gov.br/mj/pt-br/assuntos/noticias/nota-tecnica-da-senacon-apresenta-sugestoes-para-o-enfrentamento-ao-racismo-nas-relacoes-de-consumo. Acesso: 13 ago. 2024.
15. *Procon Racial São Paulo*. Disponível em: https://www.procon.sp.gov.br/procon-racial/. Acesso: 13 ago. 2024.
16. KING, Martin Luther. *A autobiografia de Martin Luther King*. Org. Clayborne Carson. Trad. Carlos Alberto Medeiros. Rio de Janeiro: Zahar, 2014, p. 68.

# DESBUROCRATIZAÇÃO NO TURISMO NÃO PODE ATENTAR CONTRA DIREITO DE PASSAGEIRO PCD

*Fernando Rodrigues Martins*

Doutor e mestre em Direito pela PUC-SP. Professor da graduação e pós-graduação da Faculdade de Direito da Universidade Federal de Uberlândia. Presidente do Instituto de Política e Direito do Consumidor (Brasilcon). Procurador de Justiça do Ministério Público de Minas Gerais.

*Maria Luiza Bailla Targa*

Doutoranda e Mestre em Direito pela UFRGS (Universidade Federal do Rio Grande do Sul), especialista em Direito Francês e Europeu dos Contratos pela Université Savoie Mont Blanc, em Direito do Consumidor e Direitos Fundamentais pela UFRGS e em Direito Público pelo UniCeub e advogada.

O Projeto de Lei 1.829, ainda em trâmite no Congresso, propõe significativas alterações em diversas legislações relativas ao turismo, com especial destaque à Lei Geral do Turismo (Lei 11.771/08), ao Código Brasileiro de Aeronáutica (Lei 7.565/86), à Lei de Utilização e Exploração dos Aeroportos (Lei 6.009/73) e ao Estatuto da Pessoa com Deficiência (Lei 13.146/15).[1]

De acordo com a mensagem inicial, seu escopo é a "modernização" deste setor no Brasil, qualificando-o com "segurança jurídica" mediante aprimoramento legislativo. Dentre as mudanças propostas, duas são temerárias e controversas, pois afetam direitos de consumidores e pessoas com deficiência.

A primeira consiste na inserção, ao Código Brasileiro de Aeronáutica, do artigo 251-B, o qual veda que a indenização por dano moral decorrente de falha na prestação do serviço de transporte aéreo tenha caráter presumido, punitivo ou que de qualquer forma não vise compensar o dano sofrido e comprovado.

E a segunda diz respeito à introdução do § 3º no artigo 45 do Estatuto da Pessoa com Deficiência, dispensando os estabelecimentos de hospedagem já existentes da obrigação de disponibilizar pelo menos 10% de seus dormitórios acessíveis aos hóspedes com deficiência caso comprovada a impossibilidade técnica em razão de riscos estruturais da edificação por meio de laudo técnico estrutural.

---

1. SENADO FEDERAL. Projeto de Lei 1.829, de 2019. Disponível em: https://www25.senado.leg.br/web/atividade/materias/-/materia/136000. Acesso em: 02 ago. 2024.

Em síntese, aquela evidente tentativa de dificultar a reparação do dano ao passageiro lesado e esta, em vez de fixar prazo razoável para adequação predial, estimula a continuidade de falta de acessibilidade.

As proposições, num só tempo, afrontam a Constituição, a Convenção Internacional sobre os Direitos das Pessoas com Deficiência, bem como são altamente díspares ao Código de Defesa do Consumidor (CDC) e ao Estatuto da Pessoa com Deficiência (EDP), enquanto microssistemas transversais, assim entendidos como 'legislações afirmativas', caracterizadas por: (i) *novos direitos*; (ii) *direitos a tratamento metodológico diferenciado*; (iii) *direitos de sujeitos identificados constitucionalmente*; (iv) *direitos derivados de rede normativa* (convenções, tratados, dispositivos constitucionais); (v) *direitos multidisciplinares*, com nítidos objetivos relacionais entre sustentabilidade, socialidade e efetividade.[2]

O PL foi remetido à Câmara de Deputados para aprovação final porquanto tais emendas foram realizadas durante a tramitação no Senado e sua análise põe em evidência a percepção de que o legislador se desviou do necessário '*dever de harmonização*' entre interesses, eis que o fortalecimento do setor do turismo não pode pressupor a mitigação de direitos fundamentais democraticamente conquistados e preconizados tanto na Constituição quanto em fontes de direito internacionais.

A vedação ao caráter presumido do dano moral ou à possibilidade de lhe atribuir um caráter punitivo (decorrente da sua função pedagógica) a passageiros lesados e a dispensa de estabelecimentos adaptados e acessíveis às pessoas com deficiência não somente revelam atrocidades legislativas como extravasam a esfera do direito para alcançar outros campos como a ética, as relações internacionais e, principalmente, a economia.

Com efeito, a mitigação em abstrato da responsabilidade civil das transportadoras aéreas e a atenuação de deveres de acessibilidade quanto às acomodações de passageiros contribuem fortemente para o "desestímulo" ao necessário controle de qualidade e segurança de produtos e serviços inseridos no mercado.

*Mas não é só.*

Outro problema (e mais grave) está situado no âmbito da promoção da transparência quanto aos temas postos em discussão no parlamento e o básico respeito às partes interessadas (*stakeholders*).[3] As entidades de direitos civis dos consumidores não foram ouvidas em sua maioria. Não foram chamadas a verificar o 'substitutivo' do PL apresentado em instantes finais.

---

2. MARTINS, Fernando Rodrigues; FERREIRA, Keila Pacheco. Verticalidade digital e direitos transversais: positivismo inclusivo na promoção dos vulneráveis. *RDC*. v. 147. São Paulo: RT, 2023, p. 15-50.
3. MELLO, Celso Antônio Bandeira de. *O conteúdo jurídico do princípio da igualdade*. 3. ed., 8. tir. São Paulo: Malheiros, 2004, p. 18. Com apoio em Pimenta Bueno: "A lei deve ser uma e a mesma para todos; qualquer especialidade ou prerrogativa que não for fundada só e unicamente em uma razão muito valiosa do bem público será uma injustiça e poderá ser uma tirania".

Há, neste recorte, o aviltamento não mais a direitos ou o desrespeito a consumidores ou pessoas com deficiência. O ponto de estrangulamento é mais amplo e letal: a mitigação do *processo democrático legislativo* que deveria ser praticado pelas casas parlamentares, considerando que '*todo poder emana do povo, que o exerce por meio de representantes eleitos ou diretamente*' (CF, artigo 1º, parágrafo único).

Veladamente, percebe-se que, sob o manto envernizado da 'burocracia institucional', os eixos estruturantes e funcionais do regime pluralista são desconsiderados, de forma a permitir, sem qualquer legitimidade, a adoção de modelos diferenciados (globalistas)[4] que fulminam na prática os direitos fundamentais e desnudam a '*democracia totalitária*'.[5]

Quanto à mitigação da responsabilidade civil das transportadoras aéreas, a iniciativa legislativa apresenta dois problemas semânticos que desafiam enfrentamento.

O primeiro, quando menciona 'danos morais' em vez de 'danos extrapatrimoniais'. Não se deve descurar que a dogmática evoluiu na formulação da chamada função compensatória da responsabilidade civil. Danos morais eram assim designados por não serem danos emergentes ou lucros cessantes, ou seja, eram 'danos não patrimoniais' (visão negativa que contemplava a natureza da lesão).

Posteriormente, foram compreendidos não pela natureza, mas pela 'repercussão' na esfera de proteção da vítima (visão crítica, que contempla efeitos da lesão).[6] Para, via de consequência e com arrimo na legalidade constitucional (visão valorativa), se associarem às lesões ofensivas à 'cláusula geral de tutela da pessoa humana',[7] entre nós, representativa dos direitos da personalidade.[8]

Ora, o PL deixa de esclarecer se a alteração diz respeito 'danos morais puros' (causadores de sofrimento, dor, exposição indevida, constrangimento, angústia) ou à ideia de "danos extrapatrimoniais". A diferenciação é essencial porque, no transporte aéreo, ambos podem ocorrer: não apenas o sofrimento ou angústia pelo voo cancelado ou atrasado (dano moral puro), mas também danos decorrentes de discriminações indevidas (orientação sexual, religião), danos à integridade física (malas que caem dos compartimentos), danos à utilização de imagem (sem consentimento), os quais se enquadram como espécie do gênero dano extrapatrimonial. E como a redação é truncada, *o intérprete não pode tomar um pelo outro*.

---

4. BECK, Ulrich. *O que é globalização?* equívocos do globalismo: respostas à globalização. São Paulo: Paz e Terra, 1999.
5. OTERO, Paulo. *A democracia totalitária*. Parede: Principia, 2001. p. 151-157.
6. FACCHINI NETO, Eugênio; Goldschmidt, Rodrigo. Tutela aquiliana do empregado: considerações sobre o novo sistema de reparação civil por danos extrapatrimoniais na esfera trabalhista. *RT*. v. 984. São Paulo: RT, 2017, p. 219-254.
7. Nesta perspectiva, a reforma da CLT, inserindo o art. 223-A e ss., definiu danos extrapatrimoniais como gênero que alberga os danos específicos à honra, imagem, intimidade, liberdade de ação, autoestima, sexualidade, saúde, lazer, integridade física, dentre outros direitos da personalidade.
8. MORAES, Maria Celina Bodin de. *Danos à pessoa humana*: uma leitura civil-constitucional dos danos morais. Rio de Janeiro: Renovar, 2003.

O segundo problema se refere à prova da lesão, pois o texto da proposição veda o 'caráter presumido' ou 'punitivo' ou 'que de qualquer forma não tenha por objetivo compensar um dano comprovado'. A iniciativa estabelece regra abstrata para vedar a aplicação *in re ipsa* do dano, não bastando apenas *violação a dever* sobre o qual a companhia aérea não atendeu ou adimpliu, mas exigindo prova da lesão e sua extensão (em complemento ao também controvertido artigo 251-A, do Código de Aeronáutica).[9]

A tentativa de criação de tal regra prejudica os consumidores visto que a análise de eventual presunção do dano deve ser feita concretamente, a partir da análise dos fatos, porque plenamente possível a ocorrência de dano presumido em situações como cancelamento de voo sem informações prévias e assistência material adequada ou situações de *overbooking* sem o oferecimento de alternativas e assistência material.

Igualmente a proibição da função punitiva é alarmante, em função de, nestes termos, restarem afastados os '*danos morais coletivos*' (LACP) que têm caráter sancionatório e repreensivo (inclusive *in re ipsa*), como no caso de ação civil pública do MPMG contra empresa que captava recursos para viagens aéreas e não entregam o serviço contratado.[10]

A mitigação da responsabilidade civil das aéreas por danos morais, conforme proposto, viola o fundamento da dignidade da pessoa humana, princípio-motriz e valor fonte do ordenamento jurídico brasileiro, e base dos direitos da personalidade e direitos fundamentais. Não à toa que a Excelsa Corte Suprema, ao manter as indenizações por danos materiais de passageiros nos limites das Convenções de Varsóvia e Montreal,[11] reafirmou, de outro lado, a compensação integral dos danos extrapatrimoniais, sem quaisquer limites indenizatórios, com fulcro no CDC (Tema 210).[12]

Vale o destaque que a compensação por danos extrapatrimoniais é expressão concreta da dignidade humana, servindo como funcional aríete para mitigar as lesões aos direitos da personalidade. Assim, atenuar, por lei, o direito à indenização não só avilta tal fundamento como conspurca o dever do Estado na proteção dos consumidores (CF, artigo 5º, inciso XXXII), fazendo tábua rasa do 'princípio da vulnerabilidade' como elemento de conexão entre a Constituição e o CDC.

---

9. Acerca da impropriedade da inserção do art. 251-A no Código Brasileiro de Aeronáutica pela Lei 14.034/2020 em virtude da falta de pertinência temática com a MP 925/2020 e com os impactos causados ao setor aéreo pela pandemia da Covid-19, ver: TARGA, Maria Luiza Baillo. O dano moral nas relações de consumo: os pressupostos para reparação, a judicialização e a criação de obstáculos a partir do exemplo do transporte aéreo. In: GUERRA, Alexandre de Mello; BIBÁ, Ana Rita; et. al. (Org.). *Dano moral na prática*. São Paulo: Thomson Reuters Brasil, 2024, v. 1, p. 255-276.
10. STJ. Agravo Em Recurso Especial 2130178 – MG (2022/0146868-5). Rel. Min. Moura Ribeiro.
11. MARQUES, Claudia Lima; TARGA, Maria Luiza Baillo. https://www.conjur.com.br/2023-jan-24/marques-targa-danos-extrapatrimoniais-transporte-aereo/. Acesso em: 1º ago. 2024.
12. STF ARE 766618. Tema 210 de Repercussão Geral: "Nos termos do art. 178 da Constituição da República, as normas e os tratados internacionais limitadores da responsabilidade das transportadoras aéreas de passageiros, especialmente as Convenções de Varsóvia e Montreal, têm prevalência em relação ao Código de Defesa do Consumidor. O presente entendimento não se aplica às hipóteses de danos extrapatrimoniais".

No mais, a própria Constituição assegura a responsabilidade civil como 'garantia' à prevalência dos direitos fundamentais: sendo a relação passageiro-transportador assimétrica e vertical e havendo norma que tutela os direitos do sujeito reconhecidamente vulnerável, a responsabilidade civil opera como *relação jurídica jusfundamental*, contribuindo para a preservação dos direitos fundamentais e relevando a prática de ilícitos constitucionais.[13]

Ainda, inconstitucional a 'tolerância' do legislador com o estabelecimento hospedeiro que comprove impossibilidade técnica decorrente de riscos estruturais da edificação para atender os passageiros com deficiência e mesmo assim permitir a hospedagem. Na realidade, o que deveria estar interditado, por ser considerado uma verdadeira barreira social, é, precisamente, a opção inserta na iniciativa legislativa.

A entrada em vigor do EPD já ultrapassa oito anos e, dentre seus maiores significados, está a inclusão e a acessibilidade. Ora, tratando-se de *dever fundamental* da operadora acomodar seus passageiros nas hipóteses de cancelamento ou atraso de voo (o que por si só já configura dano), a utilização, para tanto, de hospedarias sem acessibilidade representa outra lesão, outro dano, evidenciando claramente o desrespeito à pessoa hipervulnerável que necessita de maior proteção. O direito fundamental à locomoção urbana da pessoa com deficiência não pode ser violado tão acintosamente por legislação infraconstitucional ordinária.

Se não inconstitucional, cabe *"controle de convencionalidade"* contra referido dispositivo, já que a Convenção Internacional sobre os Direitos das Pessoas com Deficiência estatui no artigo 9º que é dever dos Estados membros assegurar às pessoas com deficiência viver de forma independente e participar plenamente de todos os aspectos da vida, garantindo igualdade de oportunidades com as demais pessoas, ao meio físico, ao transporte, à informação e comunicação, inclusive aos sistemas e tecnologias da informação e comunicação, bem como a outros serviços e instalações abertos ao público ou de uso público, tanto na zona urbana como na rural, aplicáveis inclusive, a edifícios, rodovias, meios de transporte e outras instalações internas e externas, inclusive escolas, residências, instalações médicas e local de trabalho.

Realmente há necessidade de "segurança jurídica" no Brasil, especialmente para 'efetividade dos direitos fundamentais', vedando-se o retrocesso e fazendo valer os deveres fundamentais a que o Poder Público, em especial o Legislativo, está vinculado.

---

13. Disponível em: https://www.migalhas.com.br/depeso/370099/ilicitos-constitucionais-e-responsabilidade-civil. Acesso em: 1º ago. 2024.

# O ÁLCOOL NO PÃO DE FORMA E O DIREITO DO CONSUMIDOR

*Marcelo Junqueira Calixto*
Doutor e Mestre em Direito Civil (Uerj). Professor adjunto da PUC-Rio e advogado.

*Alan Sampaio*
Mestre em Direito Civil Contemporâneo pela PUC-Rio.

Recentemente, a Associação Brasileira de Defesa do Consumidor, conhecida como Proteste, relatou que algumas marcas de pães de forma possuem concentrações de álcool que ultrapassam o limite aceitável de consumo.[1]

A notícia sobre a existência de álcool nos pães de forma se espalhou nos meios de comunicação,[2] chamando a atenção especialmente pelo risco de motoristas excederem o limite legal de álcool no teste do bafômetro (0,04 mg/1), o que poderia constituir um crime de trânsito (artigo 306 do CTB). Nesse contexto, é sabido que a presença de álcool no pão resulta da fermentação natural do produto, mas é certo que alguns fornecedores buscam aumentar a vida útil do produto mediante o uso de determinadas substâncias que, apesar legalmente permitidas, precisam ser monitoradas de maneira a garantir a segurança dos consumidores.

De outra banda, a Abimapi (Associação Brasileira das Indústrias de Biscoitos, Massas Alimentícias, Pães e Bolos Industrializados) rebateu a análise realizada pela Proteste alegando que houve falhas metodológicas significativas acerca dos procedimentos e as conclusões do estudo realizado.[3]

Sobre a situação narrada, o estudo da Proteste destacou que "o álcool não pode ser considerado uma substância inerte; pelo contrário, a sua utilização em preparações farmacêuticas está associada a questões de segurança, que envolvem o risco de toxicidade aguda e crônica. Trabalhos na literatura apontam para a necessidade de investigar a questão da exposição dos consumidores, em especial das crianças, ao

---

1. Disponível em: https://www.temalcoolnopao.com.br/. Acesso em: 24 jul. 2024.
2. Disponível em: https://oglobo.globo.com/saude/noticia/2024/07/18/desesperou- detran- esclarece- detalhes-sobre-quantidade-de-alcool-no-pao-de-forma-entenda.ghtml. Acesso em: 24 jul. 2024.
3. Disponível em: https://noticias.uol.com.br/cotidiano/ultimas-noticias/2024/07/13/associacao-rebate-teste-que-apontou-alcool-em-pao-de-forma-incoerencias.htm. Acesso em: 24 jul. 2024.

etanol através de produtos alimentares que não estejam rotulados como contendo álcool e em formulações farmacêuticas".[4]

## DISPARIDADE INFORMATIVA

Não obstante a questão ainda estar sob a análise da Anvisa (Agência Nacional de Vigilância Sanitária),[5] constatado ou não o alto teor alcoólico nos pães de forma relacionados pela Proteste, o fato é que a notícia pegou a população de surpresa, visto que grande parte dos consumidores não sabia sobre a existência de álcool no produto mencionado. Essa dedução é bastante coerente, haja vista a falta de informação no rótulo ou na embalagem dos pães de forma.

Nesse sentido, importa ressaltar que o direito à informação insculpido no inciso III do artigo 6º do Código de Defesa do Consumidor[6] revela um dever de conduta do fornecedor com a finalidade de preservar e promover a boa-fé objetiva na relação contratual consumerista (artigo 4º, III).[7] Em outras palavras, numa relação contratual consumerista, o fornecedor tem a obrigação de informar adequadamente o consumidor, prezando pela lealdade e a transparência da informação.

Sobre o tema, ao tratar do vício do produto, inicialmente, o artigo 18 do CDC versa sobre os vícios de qualidade por inadequação,[8] ou seja, aqueles que tornam o produto impróprio para o consumo. Nessa linha, em primeiro lugar, deve ser lembrado que o artigo 18 do CDC trouxe previsão expressa acerca da existência de vício quando ocorrer disparidade informativa, quer dizer, quando houver desconformidade entre "as indicações do recipiente, da embalagem, rotulagem ou da mensagem publicitária".

## RECOMENDAÇÃO DA ANVISA E O ARTIGO 18 DO CDC

Numa primeira análise, parece que a existência de álcool no produto, além de precisar ser adequada à concentração permitida pelo órgão regulador, deveria ser

---

4. Disponível em: https://www.proteste.org.br/. Acesso em: 24 jul. 2024.
5. Disponível em https://minhasaude.proteste.org.br/anvisa-investiga-alto-teor-alcoolico-paes-de-forma-apos- alerta- proteste/#:~:text=Anvisa%20investiga%20alto%20teor%20alco%C3%B3lico%20em%20p%C3%A3es%20ap%C3%B3s%20alerta%20da%20Proteste,- A%20Anvisa%20avalia&text=A%20Ag%C3%AAncia%20Nacional%20de%20Vigil%C3%A2ncia,marcas%20de%20p%C3%A3o%20de%20forma. Acesso em: 24 jul. 2024.
6. "Art. 6º São direitos básicos do consumidor: (...) III – a informação adequada e clara sobre os diferentes produtos e serviços, com especificação correta de quantidade, características, composição, qualidade, tributos incidentes e preço, bem como sobre os riscos que apresentem".
7. "Art. 4º (...) III – harmonização dos interesses dos participantes das relações de consumo e compatibilização da proteção do consumidor com a necessidade de desenvolvimento econômico e tecnológico, de modo a viabilizar os princípios nos quais se funda a ordem econômica (art. 170, da Constituição Federal), sempre com base na boa-fé e equilíbrio nas relações entre consumidores e fornecedores".
8. Sobre os vícios de qualidade por inadequação, a doutrina versa que "estes se caracterizam pela inservibilidade do produto aos seus fins, pelo seu inferior desempenho, violando unicamente a integridade patrimonial do consumidor" (CALIXTO, Marcelo Junqueira. *A responsabilidade civil do fornecedor de produtos pelos riscos do desenvolvimento*. Rio de Janeiro: Renovar, 2004, p. 90).

destacada no rótulo ou na embalagem. Nesse rumo, cabe recordar que a Anvisa, em 2002, editou a RE 1/02, em complementação ao disposto na Resolução RE 543/01, mantendo a proibição da presença de etanol em todos os produtos fortificantes, estimulantes de apetite e crescimento, bem como determinou que os produtos polivitamínicos destinados a crianças com idade inferior a 12 anos ou de uso pediátrico apresentassem uma concentração máxima de etanol não superior a 0,5% em suas formulações.

Já para os adultos, foi permitida uma concentração de etanol não superior a 2,0%.[9] Além disso, a referida norma também determinou que os produtos deste gênero deveriam apresentar em destaque no seu rótulo a seguinte expressão: "Produto de uso exclusivo em adultos. O uso em crianças representa risco à saúde". Então, naquela oportunidade, a Anvisa já enfrentou, de certo modo, o assunto ora em debate, possuindo parâmetros de ajuste caso seja necessário.

Noutro giro, merece destaque o inciso segundo do artigo 18 do CDC, o qual dispõe que "os produtos deteriorados, alterados, adulterados, avariados, falsificados, corrompidos, fraudados, nocivos à vida ou à saúde, perigosos ou, ainda, aqueles em desacordo com as normas regulamentares de fabricação, distribuição ou apresentação". Percebe-se que esse dispositivo legal também poderá ter aplicação no caso em tela se constatado o excesso de álcool no produto, visto que o produto poderia ser caracterizado como nocivo à saúde, bem como restaria configurada uma violação da norma regulamentar.

## VULNERABILIDADE

Ademais, lembrando que o princípio da vulnerabilidade ilumina todo o caminho da relação de consumo (artigo 4º, I do CDC),[10] cabe considerar que o consumo do aludido produto também é realizado por crianças e idosos, os quais apresentam uma vulnerabilidade agravada, fincada na tutela constitucional que ambos possuem (artigos 227 e 230 da Constituição).[11] Nesse sentido, cabe abrir um parêntese para mencionar sobre a consumidora gestante, a qual, nesta hipótese, parece também apresentar uma vulnerabilidade agravada, pois a exposição ao álcool pode afetar o desenvolvimento do feto (síndrome alcoólica fetal[12]).

---

9. Disponível em: https://bvsms.saude.gov.br/bvs/saudelegis/anvisa/2002/rdc0001_25_01_2002.html#:~:text=2001)%2C%20resolve%3A-,Art.,Art. Acesso em: 24 jul. 2024.
10. "A noção de vulnerabilidade no direito associa-se à identificação de fraqueza ou debilidade de um dos sujeitos da relação jurídica em razão de determinadas condições ou qualidades que lhe são inerentes ou, ainda, de uma posição de força que pode ser identificada no outro sujeito da relação jurídica" (MIRAGEM, Bruno. *Curso de Direito do Consumidor*. São Paulo: RT, 2016, p. 131-133).
11. Idem, p. 128.
12. Sobre o assunto, ver: https://www.cremesp.org.br/?siteAcao=Pareceres&dif=s&ficha=1&id=13851&tipo=PARECER&orgao=Conselho%20Regional%20de%20Medicina%20do%20Estado%20de%20S%E3o%20Paulo&numero=17791&situacao=&data=19-04-2016. Acesso em: 25 jul. 2024.

Por qualquer ângulo que se observe o caso ventilado, havendo ou não excesso de álcool nos pães de forma, a informação acerca desta substância no rótulo ou na embalagem do produto parece se aproximar mais daquela *segurança* exigida pelo diploma consumerista.[13]

---

13. Art. 4º A Política Nacional das Relações de Consumo tem por objetivo o atendimento das necessidades dos consumidores, o respeito à sua dignidade, saúde e segurança, a proteção de seus interesses econômicos, a melhoria da sua qualidade de vida, bem como a transparência e harmonia das relações de consumo, atendidos os seguintes princípios: V – incentivo à criação pelos fornecedores de meios eficientes de controle de qualidade e segurança de produtos e serviços, assim como de mecanismos alternativos de solução de conflitos de consumo".

# APLICAÇÃO DA EQUIDADE NO COMÉRCIO ELETRÔNICO: PROTEÇÃO E VULNERABILIDADE DO CONSUMIDOR

*Marcelo Henrique de Sousa Estevam*

Mestre e bacharel em Direito pela Universidade Federal de Uberlândia. Especialista em Direito Digital e Compliance pelo Ibmec-SP. Organizador e autor de obras jurídicas. Advogado.

*Keila Pacheco Ferreira*

Doutora em Direito Civil pela USP (Universidade de São Paulo). Mestre em Direito Civil pela PUC-SP e associada ao Brasilcon. Professora dos cursos de graduação e mestrado em Direito da Universidade Federal de Uberlândia.

A abordagem jurídica da equidade neste estudo está ligada à concepção culturalista do Direito de Miguel Reale,[1] que adapta a teoria dos valores às mudanças sociais. Assim, operar com as leis positivadas em harmonia com os valores do ordenamento jurídico é essencial para alcançar justiça e isonomia. Até porque, no civil *law* brasileiro, é importante determinar se a interpretação jurídica deve se limitar ao texto normativo ou incluir elementos externos.

Considerando a influência dos direitos fundamentais nas relações privadas e a regência do direito privado por normas constitucionais, o estudo explora a aplicação da equidade no comércio eletrônico. Ele traça um paralelo entre a teoria clássica da equidade de Aristóteles e sua implementação atual, examinando sua aplicação na dogmática jurídica brasileira, especialmente em textos normativos e decisões judiciais nas relações de consumo.[2]

## EQUIDADE: DIREITO PRIVADO E TEORIA ARISTOTÉLICA

No Direito Privado brasileiro, a equidade passou a ser fundamental, reconhecendo que o Direito Civil deve proteger a pessoa humana e ser orientado por valores de justiça, além de apenas regular a liberdade das partes e proteger o patrimônio.

---

1. REALE, Miguel. *Teoria do Direito e do Estado*. 5. ed. São Paulo: Saraiva, 2000, p. 08.
2. Esta pesquisa será estruturada por meio de uma revisão bibliográfica, utilizando como base o livro "A formação do pensamento jurídico moderno" de Michel Villey, especialmente o capítulo III, "A filosofia do direito de Aristóteles", além de textos, artigos e livros sobre o pensamento aristotélico. A revisão de literatura será feita através de um reexame narrativo, focando na contextualização multidisciplinar e sistêmica do tema. O método científico utilizado será o dedutivo, com abordagem qualitativa e cunho exploratório.

Esse movimento de publicização do direito privado é conhecido como a constitucionalização do Direito Civil.[3]

Este movimento reflete o neoconstitucionalismo e o pós-positivismo jurídico, que buscam aproximar o Direito da moral e evitar formalismos excessivos. Assim, a interpretação do direito privado considera não só o Código Civil, mas especialmente a Constituição da República etc., que fundamenta e orienta todos os ramos do direito – direito público e privado estão apenas metodologicamente separados.

O Direito deve refletir valores como igualdade, liberdade e dignidade humana. Normas principiológicas e conceitos indeterminados permitem interpretações criativas, aumentando a discricionariedade do juiz na resolução de conflitos. No Código Civil, a equidade se expressa por meio da operabilidade, eticidade e socialidade, permitindo ao intérprete aplicar princípios e cláusulas gerais ao caso concreto.

O Código de Processo Civil de 2015 admite decisões por equidade quando previstas em lei, enquanto o Código de Defesa do Consumidor invalida cláusulas contratuais contrárias à equidade. A equidade também está implícita na Lei de Introdução às Normas do Direito Brasileiro, orientando juízes a considerar fins sociais e o bem comum. Juízos de razoabilidade e proporcionalidade também são consequências desse princípio.[4]

A filosofia de Aristóteles, influenciada por Sócrates e Platão, é original e superadora de seus mestres. Sócrates fundou racionalmente a autoridade do Direito em resposta à sofística. Platão via a missão política como a descoberta do justo e das leis, associando o Direito à justiça.[5]

Aristóteles concorda e identifica duas funções da justiça: distribuição dos bens e correção das trocas. Ele distingue Direito de Moral e valoriza tanto o justo natural quanto o justo positivo, argumentando que as leis escritas favorecem a imparcialidade do juiz.[6] Sua teoria da equidade[7] complementa as leis escritas, permitindo correções para alcançar a justiça, refletindo uma investigação contínua da natureza e uma flexibilidade que se adapta ao caso concreto.

## EQUIDADE NO COMÉRCIO ELETRÔNICO

A relação de consumo é marcada pelo desequilíbrio, onde o fornecedor possui superioridade informacional, técnica e jurídica sobre o consumidor. Essa vulnera-

---

3. FARIAS, Christiano Chaves de. ROSENVALD, Nelson. *Direito Civil* – Teoria Geral. 7. ed. Rio de Janeiro: ed. Lumen Juris. 2008, p. 25.
4. CUNHA, José Ricardo Cunha. O juízo de equidade como antecedente e base para os conceitos de razoabilidade e proporcionalidade. *Revista UNIFESO* – Humanas e Sociais Teresópolis/RJ, v. 2, n. 3, p. 186-211. 2016.
5. No entanto, não se pode concluir exatamente o que Sócrates compreendia por Direito, se seria as Leis do Estado ou de uma Justiça superior. VILLEY, Michel. *A formação do pensamento jurídico moderno*. São Paulo: Martins Fontes. 2005, p. 20-21.
6. Ibidem, p. 41-43.
7. VILLEY, Michel. *A formação do pensamento jurídico moderno*. São Paulo: Martins Fontes. 2005, p. 47.

bilidade é central na regulamentação para equilibrar as partes, garantindo direitos, deveres e proteções. O Código de Defesa do Consumidor exemplifica a equidade no direito brasileiro ao corrigir desigualdades jurídicas e incorporar valores constitucionais ausentes no Código Civil anterior.

A equidade no CDC permite ao julgador buscar a plena efetivação dos direitos do consumidor, mesmo não previstos detalhadamente na lei, enquanto no Código Civil sua aplicação é mais restrita, focando principalmente na fixação do valor indenizatório.

O crescimento do comércio eletrônico impulsionou os atos de consumo, demandando uma resposta regulatória estatal diante das novas práticas tecnológicas. Os ensinamentos de Aristóteles ressurgem, evidenciando a incompletude da lei diante da realidade variada. Sua Teoria da Equidade permite ao julgador complementar a lei, assegurando soluções justas, como reflete o artigo 7º do CDC. Registra-se que a equidade é crucial para decisões judiciais em contratos eletrônicos, especialmente diante do artigo 51 do CDC, que anula cláusulas contratuais contrárias à boa-fé e à equidade. O Marco Civil da Internet e a Lei Geral de Proteção de Dados fortalecem a regulação jurídica para proteger a pessoa humana frente a interesses puramente econômicos.

A internet é uma presença onipresente na sociedade moderna, configurando o que se chama de "sociedade da informação".[8] Diante disso, empresas precisam agir com cautela, especialmente em relação às normas de proteção de dados pessoais, que agora têm um valor econômico significativo. O comércio eletrônico, ou *e-commerce*, é central nesse contexto, sendo definido como transações comerciais realizadas por meio de equipamentos eletrônicos, como computadores.[9]

Empresas como a Amazon destacam-se nesse setor, oferecendo uma vasta gama de produtos e serviços através de plataformas online. No ambiente digital, as relações de consumo se concretizam por meio de contratos eletrônicos, frequentemente de adesão, onde o consumidor aceita cláusulas previamente estabelecidas de forma unilateral pela empresa.

Em um contexto de comércio eletrônico, é crucial que as relações de consumo respeitem os princípios da informação, transparência e confiança, especialmente devido à maior vulnerabilidade digital. Contratos eletrônicos muitas vezes são elaborados unilateralmente pelas empresas, exigindo que os consumidores aceitem todas as cláusulas previamente estabelecidas.

---

8. MARTINS, Fernando Rodrigues. Sociedade da informação e promoção à pessoa: empoderamento humano na concretude de novos direitos fundamentais. *Revista de Direito do Consumidor*, v. 96, p. 225-257, nov./dez. 2014.
9. ANDRADE, Marta Cleia Ferreira de; SILVA, Naiara Taiz Gonçalves da. O comércio eletrônico (e-commerce): um estudo com consumidores. *Revista Perspectivas em Gestão & Conhecimento*, João Pessoa-PB, v. 7, n. 1, p. 98-111, jan./jun. 2017 apud ALMEIDA JR., E. *Comércio eletrônico (e-commerce)*, 1998. Disponível em: http://blog.segr.com.br/wp-content/uploads/2013/09/Com%C3%A9rcioEletr%C3%B4nico.pdf. Acesso em: 07 jul. 2024.

Normativas como o CDC, especialmente seu art. 46, e o Decreto 7.962/2013 regulamentam o comércio eletrônico, impondo deveres de informação aos fornecedores e garantindo direitos aos consumidores, fundamentados no princípio da equidade e na proteção à dignidade da pessoa humana. Claudia Lima Marques e Bruno Miragem[10] destacam que o paradigma aristotélico da igualdade implica tratar igualmente os iguais e desigualmente os desiguais, reconhecendo que os consumidores merecem proteção especial do Estado, incluindo interpretações favoráveis em prol de sua defesa.[11]

O Decreto-lei 4.657/1942 (LINDB) adapta normas ao bem comum e permite aplicar a lei mais protetiva ao consumidor em transações internacionais, guiado pela equidade do CDC para assegurar justiça. Usando o Diálogo de Fontes, as legislações podem ser integradas para proteger consumidores no comércio eletrônico, alinhando-se ao pensamento aristotélico sobre equidade. Essa necessidade de proteção é essencial tanto do Estado quanto da sociedade civil.

Um caso[12] do Superior Tribunal de Justiça (STJ) discutiu o desequilíbrio na relação de consumo no comércio eletrônico, enfatizando a vantagem desproporcional do fornecedor sobre o consumidor. A equidade foi aplicada como critério para proteger os direitos do consumidor.

Na seara consumerista, incluindo o comércio eletrônico, a equidade permite ao juiz buscar a solução mais justa, alinhada ao conceito aristotélico, dentro dos limites do Código de Defesa do Consumidor. Este código não autoriza o afastamento de normas sem respaldo na legislação ou na Constituição, mantendo a imparcialidade exigida pelo Estado de Direito. Logo, embora o juiz tenha liberdade na interpretação para alcançar justiça no caso concreto, esta deve ser fundamentada em técnicas normativas e princípios consagrados.

---

10. MARQUES, Claudia Lima; MIRAGEM, Bruno. *O novo direito privado e a proteção dos vulneráveis*. 2. ed. São Paulo: RT, 2014, p. 120.
11. A jurista Claudia Lima Marques diz ainda que a vulnerabilidade do consumidor pode ser entendida como um estado, melhor dizendo, uma "ferida" capaz de ser facilmente atingida, visto que o ente vulnerabilizado caracteriza-se como uma fácil vítima a ser prejudicada por certo fato ou circunstância. In: MARQUES, Claudia Lima. Estudo sobre a vulnerabilidade dos analfabetos na sociedade de consumo: o caso do crédito consignado a consumidores analfabetos. *Revista de Direito do Consumidor*. v. 95, p. 107, 2014.
12. No processo AREsp 1127506, a Ministra Assusete Magalhães decidiu a favor do PROCON, revertendo uma decisão que havia anulado um auto de infração contra Nova Potocom Comércio Eletrônico S.A. por prática contrária ao Código de Defesa do Consumidor. A decisão original do Tribunal de Justiça de São Paulo foi considerada incorreta, pois a Ministra entendeu que a vantagem manifestamente excessiva deve ser interpretada como desproporcional e incompatível com os princípios da boa-fé e da equidade. Superior Tribunal de Justiça – STJ. Decisão Monocrática. Processo AREsp 1127506. Relator(a) Ministra Assusete Magalhães. Data da Publicação DJe 08.08.2017. Decisão Agravo Em Recurso Especial 1.127.506 – SP (2017/0157688-0). Agravante: Fundação de Proteção e Defesa do Consumidor – PROCON. Agravado: Nova Potocom Comércio Eletrônico S.A.

## CONSIDERAÇÕES FINAIS

O estudo revela que os princípios da filosofia de Aristóteles têm influência no direito privado brasileiro, especialmente na teoria clássica da equidade.

A aplicação da equidade no direito do consumidor, particularmente no comércio eletrônico, reflete conceitos semelhantes aos de Aristóteles, permitindo aos juízes interpretar e aplicar a lei de forma justa, a fim de proteger e promover a pessoa humana frente às relações de consumo. No entanto, essa aplicação está estritamente vinculada à legislação vigente, como o CDC, que explicitamente reconhece a equidade como fonte de direitos e fundamentação para anular cláusulas abusivas.

# JUROS, SEGURANÇA JURÍDICA E OPÇÃO PELA ECONOMIA DE MERCADO

*Fernando Rodrigues Martins*

Doutor e Mestre em Direito pela PUC-SP. Professor da graduação e pós-graduação da Faculdade de Direito da Universidade Federal de Uberlândia. Presidente do Instituto de Política e Direito do Consumidor (Brasilcon). Procurador de Justiça do Ministério Público de Minas Gerais.

*Guilherme Magalhães Martins*

Pós-doutor em Direito pela USP. Professor associado de Direito Civil na Faculdade Nacional de Direito – Universidade Federal do Rio de Janeiro (UFRJ). Segundo vice-presidente do Instituto Brasileiro de Política e Direito do Consumidor (Brasilcon). Procurador de Justiça no Estado do Rio de Janeiro.

"A quantia ou quantias não pagardes, concordais em ceder, por equidade, uma libra de vossa bela carne, que do corpo vos há de ser cortada onde bem me aprouver" Willian Shakespeare "O mercador de Veneza".

Passou a vigorar entre nós a Lei 14.905/24, que alterou as redações dos artigos 389, 406, 407, 417, 418 e 772 do Código Civil, bem como reduziu a aplicabilidade do Decreto 22.626/33, norma especial que veda a prática de usura nos contratos. Estamos diante novo capítulo na tentativa de "regular" institutos hipercomplexos como "juros" e "correção monetária" no Brasil e que, em alguns aspectos, mais prejudica do que avança.

Trata-se, na origem, do PL 6.233/2023, de autoria do Poder Executivo Federal, objetivando aplicação modificada dos juros nas relações jurídicas no país. Matéria espinhosa, no campo das obrigações, porque não está afeta tão somente ao direito, mas igualmente à economia e a tão almejada "segurança jurídica" exigida pelo mercado, com reflexos para toda a sociedade.[1] Não podemos esquecer, todavia, que todas as ciências envolvidas (política, direito e economia, especialmente) derivam exclusivamente da ética.[2]

Na mensagem de encaminhamento ao Congresso, os autores da iniciativa legislativa advertiram quanto à necessidade de definição "clara" sobretaxa legal de juros para uniformização das decisões do Poder Judiciário, mesmo porque notória a

---

1. SCAVONE JUNIOR, Luiz Antonio. *Juros no Direito Brasileiro*. 3. ed. São Paulo: RT, 2009. p. 87 e s.
2. CAFFÈ, Federico. Diritto ed economia: un difficile ma pur necessario incontro. *Problemi attuali dell'impresa in crisi, studi in onore di Giuseppe Ferri*. Padova: Cedam, 1983

ausência de consenso nas decisões judiciais quanto à aplicação da anterior disposição do artigo 406 do Código Civil, agora já alterado.

Na menção dos proponentes, referido dispositivo, ao vincular os juros à taxa de mora de pagamento de impostos devidos à Fazenda Pública, propiciou verdadeira clivagem ao Judiciário: ou se aplicando a Selic, nos termos do artigo 13 da Lei 9.065/95 e § 4º do artigo 39 da Lei 9.250/1995; ou utilizando a taxa de 1% ao mês, prevista no §1º do artigo 161 do Código Tributário Nacional.

Para abstrair da Selic, a iniciativa apresentou a seguinte proposta a respeito da taxa legal: "§ 1º A taxa legal corresponderá à média aritmética simples das taxas para o prazo de cinco anos da estrutura a termo da taxa de juros real das Notas do Tesouro Nacional Série B – NTN-B, apuradas diariamente, dos doze meses que antecedem a sua definição, acrescida de cinco décimos por cento ao mês".[3]

A proposição, na base, não aliviou. Se era para proporcionar clareza e objetividade às obrigações civis, apresentou 'métrica' de redação obscura e longe desse escopo na apuração da taxa legal para os juros moratórios, com difícil acompanhamento e quase nenhuma sindicabilidade pelos envolvidos. Num país com milhões de pessoas que interagem através de relações jurídicas privadas, de variadas condições sociais e níveis diferenciados de cognoscibilidade, a redação chega a ser acintosa.

Também é de destacar que, igualmente nas razões da iniciativa legislativa, consta textualmente que os mencionados índices alternativamente utilizados pelo Judiciário não favorecem ao "credor" e nem mesmo ao "mercado".[4] Portanto, "a lei de juros" deixou de lado o princípio "*favor debitoris*".

## SELIC E IPCA

Qual, no entanto, é a surpresa quando da aprovação do projeto. A Lei 14.905/24 trouxe para a legislação (diga-se, para o "macrossistema" do Código Civil) a introdução do parágrafo primeiro no artigo 406, redefinindo a taxa legal como aquela "referencial do Sistema Especial de Liquidação e de Custódia (Selic), deduzido o índice de atualização monetária". E nesse propósito, foi acrescido ao artigo 389 parágrafo único que vincula a correção monetária à "variação do Índice Nacional de Preços ao Consumidor Amplo (IPCA), apurado e divulgado pela Fundação Instituto Brasileiro de Geografia e Estatística (IBGE)", caso não outra legislação específica ou índice convencionado pelas partes.

---

3. Disponível em: https://www.camara.leg.br/proposicoesWeb/prop_mostrarintegra?codteor=2382584&filename=PL%206233/2023.

4. Disponível em: https://www.camara.leg.br/proposicoesWeb/prop_mostrarintegra?codteor=2382584&filename=PL%206233/2023. Conforme texto enviado ao Congresso Nacional: "Além da ausência de uniformidade, considera-se que ambas as taxas não se mostram mais adequadas para os fins aqui mencionados: a taxa Selic não remunera o credor adequadamente pelos riscos a que está exposto, ao passo que a taxa real de 1% ao mês não responde às condições de mercado, podendo ser relativamente alta ou baixa a depender de aspectos conjunturais".

Enfim, a causa subjacente do projeto de lei, que era exatamente a ausência de uniformização, inclusive pela utilização da *Selic*, assim como a insuficiência desse índice para atendimento ao mercado e ao credor, num passe de mágica tomou outro rumo, outra "valoração". De rejeitada, a *Selic* passou a ser a opção, estorvando o argumento de ingresso.

Observe que os já conhecidos brados de exigência de "segurança jurídica" cada vez mais presentes nas férreas leis econômicas não são muito 'seguros', porque a iniciativa fulcrada "para resolver o problema", adotou o "problema como resolução". Parodiando Windscheid quanto à "pressuposição" na revisão dos contratos, mas substituindo-a pela Selic: "expulsa pela porta, voltará pela janela".[5]

Eis séria questão do sistema político nacional nos últimos anos: o desvio finalístico da teoria da confiança (esfera subjetiva) e da boa-fé (perspectiva objetiva) quando das iniciativas legislativas. As legítimas expectativas lançadas quanto a determinado projeto de lei para auxiliar na decidibilidade frente aos "dramas humanos" é fugidia. É como se deduz de necessária doutrina:

"Os cidadãos têm direito à proteção da confiança, da confiança que podem pôr nos atos do poder político que contendam com suas esferas jurídicas. E o Estado fica vinculado a um dever de boa-fé (ou seja, de cumprimento substantivo, e não meramente formal, das normas e de lealdade e respeito pelos particulares)".[6]

Enquanto o Código Civil de 1916 pré-fixava a taxa de juros moratórios, quando não convencionada pelas partes, em 6% ao ano (artigo 1.062), com a possibilidade máxima de 12% ao ano, nos termos do artigo 1º e 5º do Decreto 22.626/33, o Código Civil atual, antes da vigência em 2003, tomou cuidado em atrelar os juros das obrigações civis à taxa que estivesse em vigor para a mora do pagamento de impostos devidos à Fazenda Nacional.

Na época, era consenso ser ideal, ao invés de fixar a taxa legal, atrelá-la a índices governamentais porque se aproximariam das evoluções fiscais já sedimentadas, conhecidas e previstas no ordenamento. Contudo, o fizeram não levando em consideração a *Selic*, senão o Código Tributário Nacional, no artigo 161, § 1º, que até a presente data está em vigência.[7]

A *Selic,* para muitos, é inadequada, por questões tanto relativas à ilegalidade como à inconstitucionalidade, sem prejuízo de dois severos problemas: contém no conteúdo a abrangência da correção monetária e é bastante flutuante.

Quanto à primeira questão, permitida a *Selic*, haverá "*bis in idem*" sobre o saldo a pagar pelo devedor em mora, pois o texto legal remete a juros, correção monetária

---

5. Apud: AZEVEDO, Antônio Junqueira de. *Negócio jurídico e declaração negocial*. São Paulo, Saraiva, 1986, p. 221.
6. MIRANDA, Jorge. *Direitos fundamentais*. 2. ed. Coimbra: Almeida, 2018, p. 339. Na argumentação.
7. RIZZARDO, Arnaldo. Juros no Código Civil de 2002. *Revista de Direito Bancário e do Mercado de Capitais*. v. 22. São Paulo: RT, 2003, p. p. 53-77.

e honorários de advogado. Nesta situação, utilizada como régua para apuração dos juros, a *Selic* alberga consigo a correção monetária, que é rubrica a ser considerada.

É verdade que a nova redação ao artigo 406, para escolha da *Selic*, consignou a dedução do índice de '*atualização monetária*' de que trata o parágrafo único do artigo 389. Entretanto, a pretendida clareza que era objeto da legislação não se verá cumprida, pois os obrigados deverão lançar mão de cálculos financeiros para apuração, com sérias perspectivas de dúvidas.

O que claudica, todavia, demasiado contra a "segurança jurídica" é justamente a característica de 'flutuação' da *Selic*. É que referida taxa, na realidade, serve como ferramenta para o cenário macroeconômico, estando afinada com as intervenções que o Estado (ordem pública de orientação) deve fazer para controle inflacionário, de recessão e riscos, podendo variar de modo "majorado" ou "minorado", mas sempre com intensa movimentação. A doutrina especializada confere:

> Em suma, o uso da taxa Selic para o propósito em análise é de todo inconveniente, pois imprecisa e flutuante para atuar em relações civis, subtraindo qualquer sorte de previsibilidade.[8]

No Código Civil, enquanto os artigos 389, 395, 404, 406, 407, 418 e 772 versam sobre *juros moratórios*, os artigos 591, 677, 706 e 869 disciplinam os *juros compensatórios*. As modificações acabam atingindo ambas as modalidades, mesmo porque cumuláveis, dadas as naturezas diversas, salvante vedações havidas em leis especiais. Há a favor da alteração, ao menos em parte, as decisões das cortes superiores, especialmente do Superior Tribunal de Justiça, como no repetitivo afetado pelo Tema 112.[9]

Contudo, um *plus* deve ser enfrentado: a desafetação da Lei de Usura quanto a inúmeras relações jurídicas. Neste ponto, mesmo que os juros representem a "remuneração" para aquele que ficou sem a utilização monetária por certo período temporal em razão de empréstimo a terceiro, não caberia retirar a tutela jurídica.

A legislação de combate à usura, mesmo que projetada para época tão diferente do quadro socioeconômico nacional atual, não perdeu relevante contribuição para concreção da "justiça contratual". Não apenas tem valor "simbólico" pela estatura ética em censurar comportamentos lucrativos desprovidos de transparência e equivalência, como ainda notável projeção de solidariedade para estancar situações de aproveitamento.

Basta perceber que mencionada legislação veda a estipulação, em quaisquer contratos, de taxas de juros superiores ao "dobro" da taxa legal (artigo 1º). Ou trata como delito a simulação ou prática tendente a 'ocultar' a verdadeira taxa do juro ou a fraudá-la, para o fim de sujeitar o devedor a maiores prestações ou encargos, além

---

8. NANNI, Giovanni Ettore. *Comentários ao Código Civil*: Direito Privado Contemporâneo. 3. ed. São Paulo: RT, 2023, p. 541.
9. "A taxa de juros moratórios a que se refere o art. 406 do CC/2002 é a taxa referencial do Sistema Especial de Liquidação e Custódia – Selic" (STJ, 1ª Seção, REsp 1.110.547/PE, 2009/0000390-8, Rel. Min. Castro Meira, DJe 04.05.2009).

dos estabelecidos no respectivo título ou instrumento (artigo 13). A primeira, clara hipótese abuso. A segunda punição à fraude ou à prevaricação quanto ao dever de informar.

Como se percebe, a Lei 14.905/24, no artigo 3º, retira a eficácia do Decreto 22.626/33 nas seguintes obrigações: i – contratadas entre pessoas jurídicas; ii – representadas por títulos de crédito ou valores mobiliários; iii – contraídas perante: a) instituições financeiras e demais instituições autorizadas a funcionar pelo Banco Central; b) fundos ou clubes de investimento; c) sociedades de arrendamento mercantil e empresas simples de crédito; d) organizações da sociedade civil de interesse público de que se dedicam à concessão de crédito; ou iv – realizadas nos mercados financeiro, de capitais ou de valores mobiliários.

Os critérios para inaplicabilidade da Lei de Usura são subjetivos e funcionais. As obrigações derivadas de relações entre pessoas jurídicas ficaram sem proteção legal, ao passo que aquelas caracterizadas pela utilização de crédito bancário ou financeiro estariam fora da esfera de abrigo. Preocupante supressão.

Os "critérios funcionais" para o afrouxamento protetivo em parte encontram abrigo na Súmula – STF 596,[10] todavia em relação aos 'critérios subjetivos', desde já se anote certa perplexidade. Mesmo nos contratos celebrados entre pessoas jurídicas, há necessidade de tutela, sendo incabível desprezar a proteção ou o estabelecimento de garantias para prevenir ou precaver prejuízos maiores, como a insolvência e a recuperação judicial.

O fato de os celebrantes serem pessoas jurídicas provoca, grosso modo, três observações inquietantes. A primeira, referente ao fenômeno da "pejotização" da maioria das atividades singulares e não propriamente coletivas: na realidade, são pessoas naturais inscritas em CNPJs justamente para ter acesso a realocações no mercado, na tentativa de vida digna, precarizando os vínculos trabalhistas no Brasil.[11] Hoje são quase treze milhões de interessados desassistidos. Certamente engrossarão a fila de superendividados.

A segunda, relaciona-se com as pessoas jurídicas de pequeno porte, geralmente empresas de subsistência do núcleo familiar ou caracterizadas estritamente pela vulnerabilidade e o abuso de posição dominante de forte agente econômico, o que, aliás, autoriza a aplicação do Código de Defesa do Consumidor, ante a verificabilidade da teoria do *finalismo aprofundado*. Igualmente, sem proteção contra a usura.

---

10. BRASIL. STF. Súmula 596. "As disposições do Decreto 22.626/33 não se aplicam às taxas de juros e aos outros encargos cobrados nas operações realizadas por instituições públicas ou privadas que integram o Sistema Financeiro Nacional".
11. TOURINHO. Rita. A pejotização como precarização do vínculo trabalhista e sua indevida utilização pela Administração Pública na prestação de serviços de saúde. *Revista de Direito Administrativo e Infraestrutura*. v. 18. São Paulo: RT, 2021, p. 71-96.

A terceira: a lei nada arrematou sobre os efeitos externos e reflexos do contrato, pois a ausência de proteção contra usura, mesmo em contratos empresariais, acarreta situações de empobrecimento e exclusão que extravasam o interesse das partes.

Registre-se, por questão metodológica, que com a tramitação dos trabalhos para atualização do Código Civil, não fazia sentido a aprovação de lei modificativa isolada e distante do contexto geral representativo do macrossistema. Vivemos um momento legislativo atécnico e desfocado da realidade desigual brasileira, exigente do retorno de um "constitucionalismo das necessidades".[12]

---

12. RODOTÀ, Stefano. *El derecho a tener derechos*. Madrid: Trotta, 2014.

# TELEMEDICINA E PRINCÍPIO DA INAFASTABILIDADE DO ATENDIMENTO PRESENCIAL

*Marcelo Junqueira Calixto*
Doutor e Mestre em Direito Civil (Uerj). Professor adjunto da PUC-Rio e advogado.

*Alan Sampaio*
Mestre em Direito Civil Contemporâneo pela PUC-Rio.

De acordo com recente pesquisa na área de serviços de saúde, foi constatado que 64% dos centros de saúde fizeram atendimentos mediante a utilização da telemedicina,[1] o que demonstra o desenvolvimento do uso desta tecnologia pela comunidade médica e pela sociedade.

Nesse passo, vale lembrar que a Lei da Telessaúde (n. 14.510/2022) trouxe as regras gerais sobre o atendimento telepresencial, cabendo ao Conselho Federal de Medicina dispor sobre as regras específicas acerca da telemedicina, mediante a edição da Resolução CFM 2.314/2022. Ademais, importa mencionar que o uso desta tecnologia ganhou impulso após a pandemia da Covid-19, pelo que, por se tratar de um assunto novo, o tratamento desta temática ainda é incipiente no Judiciário brasileiro.

Em que pese o exposto, o TJ-SP (Tribunal de Justiça de São Paulo) julgou um interessante caso envolvendo uma situação jurídica contemporânea relacionada à telemedicina, especificamente sobre uma de suas modalidades, a teleconsulta.[2]

Em síntese, o caso analisado pelo tribunal paulista tratou de uma ação de obrigação de fazer com um pedido de antecipação de tutela, proposta por um menor, de três anos de idade, com suspeita de apresentar o Transtorno do Espectro Autista (TEA), em face de uma operadora de plano de saúde. No caso, após ser avaliado por um neurologista pediátrico, o paciente foi encaminhado para realizar uma triagem neurocognitiva, via telemedicina, de modo a possibilitar o diagnóstico. No entanto, após diversos contatos com a operadora, os representantes do paciente não conseguiram promover o agendamento da teleconsulta, requerendo, por sua vez, o

---

1. Disponível em: https://tinyurl.com/34xs6krc. Acesso em: 24 jun. 2024.
2. TJ-SP – Agravo de Instrumento: 2294692-70.2023.8.26.0000, São Paulo, Relator: João Batista Vilhena, Data de Julgamento: 17.11.2023, 5ª Câmara de Direito Privado, Data de Publicação: 17.11.2023.

atendimento presencial, o que foi negado pela operadora sob o argumento de que o pedido realizado era tão somente para o atendimento via telemedicina.

Com efeito, o juízo de primeiro grau deferiu a tutela pleiteada, destacando, em suma, que era manifesto o risco de dano ao autor diante da impossibilidade de se aguardar o desfecho da demanda para que somente então fosse realizado o atendimento presencial. Por conseguinte, a operadora interpôs o respectivo agravo de instrumento em face da decisão, argumentando que o pedido médico lançado pelo autor nos autos do processo foi expresso em indicar a realização do atendimento via telepresencial, de modo que a determinação judicial para que o atendimento ocorresse de modo presencial transcenderia a jurisdição e a atuação do magistrado.

Antes de tratar do julgamento do recurso interposto pelo plano de saúde, cumpre citar algumas questões jurídicas relacionadas à matéria a fim de esclarecer a incidência das normas que envolvem o tema. Em primeiro lugar, cabe trazer o disposto no parágrafo primeiro do artigo 6º da Resolução CFM 2.314/2022:

> Art. 6º A teleconsulta é a consulta médica não presencial, mediada por TDICs, com médico e paciente localizados em diferentes espaços.
> § 1º A consulta presencial é o padrão ouro de referência para as consultas médicas, sendo a telemedicina ato complementar.

Assim, pode-se concluir que a *natureza jurídica* da telemedicina (teleconsulta) é de *ato complementar*, tendo em vista que o critério considerado mais adequado para o atendimento médico (padrão ouro) permanece sendo a consulta presencial.

Do mesmo modo, ratificando a natureza complementar da telemedicina, o artigo 19 da Resolução CFM 2.314/2022 dispõe que:

> Art. 19. Os serviços médicos à distância jamais poderão substituir o compromisso constitucional de garantir assistência presencial segundo os princípios do SUS de integralidade, equidade, universalidade a todos os pacientes.

Nesse contexto, considerando o novo ambiente introduzido pela telemedicina, a literatura jurídica reforça a importância do atendimento presencial, destacando que:

> A possível potencialização da subjetividade do médico na seara da telemedicina, diante das peculiaridades deste atendimento, parece ter sido amenizada com a inclusão do que foi denominado neste trabalho de "princípio da inafastabilidade do atendimento presencial" (art. 19), enfatizando-se que a telemedicina é um ato complementar, a qual, portanto, não tem o objetivo de se tornar a regra para o atendimento médico. De outro modo, o apontamento da Resolução no que toca à fixação do atendimento presencial como a regra, assegura a qualidade na prestação do serviço médico e o respeito ao princípio bioético da beneficência.[3]

---

3. CAMPOS, Alan Sampaio. *A responsabilidade civil pela ausência do consentimento informado do paciente no âmbito da telemedicina*. Rio de Janeiro: Ed. Processo, 2024, pp. 233/234.

## PRINCÍPIO DA INAFASTABILIDADE

Desta forma, o *princípio da inafastabilidade do atendimento presencial* revela uma importância nodal na relação do paciente com os estabelecimentos de saúde, com os profissionais de saúde e com os planos de saúde, de modo a preservar a sua dignidade,[4] evitando que a qualidade do atendimento médico seja prejudicada em decorrência de eventual interesse econômico envolvido.

Por outro ângulo, cumpre enfatizar que o presente tema aborda uma relação consumerista, pelo que devem ser observados os princípios insculpidos no artigo 4º do CDC, notadamente a necessidade de harmonização dos interesses dos participantes da relação de consumo, compatibilizando a proteção do consumidor com a busca pelo desenvolvimento econômico e tecnológico.[5]

Por óbvio, a norma consumerista reforça o *princípio da inafastabilidade do atendimento presencial* ao deixar clara a necessidade de equilibrar a tutela da dignidade do paciente consumidor com os anseios econômicos e tecnológicos do fornecedor, de maneira que o interesse existencial do primeiro (saúde, vida) prevaleça em detrimento do interesse patrimonial do último.

Nessa linha de raciocínio, alargando ainda mais a incidência do *princípio da inafastabilidade do atendimento presencial*, a Lei da Telessaúde versa expressamente sobre o princípio do direito de recusa,[6] ou seja, que o paciente tem a garantia (e a faculdade) de requerer o atendimento presencial sempre que entender necessário. Ainda nessa linha, a norma deontológica corrobora que o paciente ou o médico podem interromper o atendimento telepresencial e requerer o atendimento presencial (artigo 6º, 5º da Resolução CFM 2.314/2022).[7]

Retornando à análise do julgamento do agravo de instrumento interposto pela operadora de plano de saúde, pode ser verificado que o TJ-SP aplicou, parcialmente, a

---

4. Nas palavras do saudoso Antônio Junqueira de Azevedo, "a dignidade da pessoa humana como princípio jurídico pressupõe o imperativo categórico da intangibilidade da vida humana e dá origem, em sequência hierárquica, aos seguintes preceitos: 1. respeito à integridade física e psíquica das pessoas; 2. consideração pelos pressupostos materiais mínimos para o exercício da vida; e 3. respeito às condições mínimas de liberdade e convivência social igualitária" (AZEVEDO, Antônio Junqueira. Caracterização jurídica da dignidade da pessoa humana. São Paulo: *Revista USP*, 2001, p. 123).
5. "Art. 4º A Política Nacional das Relações de Consumo tem por objetivo o atendimento das necessidades dos consumidores, o respeito à sua dignidade, saúde e segurança, a proteção de seus interesses econômicos, a melhoria da sua qualidade de vida, bem como a transparência e harmonia das relações de consumo, atendidos os seguintes princípios: (...) III – harmonização dos interesses dos participantes das relações de consumo e compatibilização da proteção do consumidor com a necessidade de desenvolvimento econômico e tecnológico, de modo a viabilizar os princípios nos quais se funda a ordem econômica (art. 170, da Constituição Federal), sempre com base na boa-fé e equilíbrio nas relações entre consumidores e fornecedores".
6. Lei 8.080/1990: "Art. 26-A. A telessaúde abrange a prestação remota de serviços relacionados a todas as profissões da área da saúde regulamentadas pelos órgãos competentes do Poder Executivo federal e obedecerá aos seguintes princípios: III – direito de recusa ao atendimento na modalidade telessaúde, com a garantia do atendimento presencial sempre que solicitado" (artigo incluído pela Lei 14.510/2022).
7. "Art. 6º (...) § 5º É direito, tanto do paciente quanto do médico, optar pela interrupção do atendimento a distância, assim como optar pela consulta presencial, com respeito ao Termo de Consentimento Livre e Esclarecido pré-estabelecido entre o médico e o paciente".

normativa relativa ao tema, negando provimento ao recurso, baseado no fundamento de que "não é prerrogativa do médico determinar atendimento via telemedicina".

> É direito, tanto do paciente quanto do médico, optar pela interrupção do atendimento à distância, assim como optar pela consulta presencial, com respeito ao Termo de Consentimento Livre e Esclarecido pré-estabelecido entre o médico e o paciente – Aplicação do artigo 6º, §§ 1º e 5º, da Resolução CFM 2.314.

Outrossim, o aludido acórdão destacou também que a conduta da operadora foi abusiva, visto que contrária à boa-fé objetiva e à equidade, colocando o consumidor em uma desvantagem exagerada frente à imposição da fornecedora de serviços.[8]

Considerando que ainda não houve o julgamento do mérito do processo pelo juízo de primeiro grau, além das questões já suscitadas, deve ser observado que o contrato de prestação de serviços de saúde possui um caráter eminentemente existencial,[9] haja vista que o seu objeto é a tutela da pessoa, motivo pelo qual essa relação contratual deve ser pautada não somente na autonomia privada, mas, prioritariamente, na dignidade da pessoa humana.

Nessa direção, ao avaliar a negativa do atendimento presencial pela Operadora do Plano de Saúde pelo simples fato de que o pedido continha uma indicação para a teleconsulta, observa-se uma flagrante violação da boa-fé objetiva (artigo 4º, III do CDC),[10] baseada na tutela da confiança, nos deveres de lealdade e cooperação, atributos indispensáveis numa relação contratual desta espécie.

No mais, cabe pontuar que a avaliação do magistrado a respeito do caso deverá considerar que o paciente possui uma vulnerabilidade agravada,[11] pois, além de consumidor, é uma criança, com a indicação de um possível diagnóstico de uma condição grave de ordem psicológica e/ou mental.

Por qualquer prisma que se observe, não obstante o caso em apreço ainda não ter sido julgado definitivamente, o desrespeito às regras estabelecidas na norma específica atinente ao tema (Resolução CFM 2.314/2022 e Lei 8.080/1990), entoadas pelo *princípio da inafastabilidade do atendimento presencial*, refletem que a conduta

---

8. "Art. 51. (...) IV – estabeleçam obrigações consideradas iníquas, abusivas, que coloquem o consumidor em desvantagem exagerada, ou sejam incompatíveis com a boa-fé ou a equidade; (...) § 1º Presume-se exagerada, entre outros casos, a vantagem que: I – ofende os princípios fundamentais do sistema jurídico a que pertence; II – restringe direitos ou obrigações fundamentais inerentes à natureza do contrato, de tal modo a ameaçar seu objeto ou equilíbrio contratual".
9. PEREIRA, Paula Moura Francesconi de Lemos. *Relação médico-paciente*: o respeito à autonomia do paciente e a responsabilidade civil do médico pelo dever de informar. Rio de Janeiro: Lumen Juris, 2012, p. 28.
10. "(...) boa-fé objetiva significa uma atuação 'refletida', uma atuação refletindo, pensando no outro, no parceiro contratual, respeitando-o, respeitando seus interesses legítimos, suas expectativas razoáveis, seus direitos, agindo com lealdade, sem abuso" (MARQUES, Claudia Lima. A abusividade nos contratos de seguro-saúde e assistência médica no Brasil. *Revista da Ajuris*, Porto Alegre: Ajuris, v. 64, n. 34, p. 55, 1995).
11. "No caso da criança, a vulnerabilidade é um estado *a priori*, considerando que vulnerabilidade é justamente o estado daquele que pode ter um ponto fraco, que pode ser "ferido" (vulnerare) ou é vítima facilmente" (MIRAGEM, Bruno. *Curso de Direito do Consumidor*. RT, São Paulo: 2016, p. 131).

da fornecedora de serviços frustrou a legítima expectativa do paciente consumidor,[12] causando um *acidente de consumo*.

É fato que a telemedicina proporciona vantagens incríveis ao atendimento médico, especialmente pela possibilidade de atingir regiões desprovidas de hospitais ou de determinada especialidade médica, mas, de outro lado, o caso narrado demonstra que a expansão da sua utilização deve ser cautelosa a fim de que a qualidade da prestação do serviço de saúde não sofra prejuízo e a dignidade do paciente consumidor seja preservada.

Nessa linha de compreensão, conclui-se este breve artigo com a advertência do papa Francisco ao expor que "o benefício inquestionável que a humanidade pode obter do progresso tecnológico dependerá da medida em que as novas possibilidades disponíveis forem utilizadas de modo ético".[13]

---

12. "Percebe-se, assim, que o conceito de defeito está relacionado não propriamente com a inaptidão do produto para seus fins, mas, antes, com a violação de uma legítima expectativa de segurança, que é capaz de provocar danos aos consumidores" (CALIXTO, Marcelo Junqueira. *A responsabilidade civil do fornecedor de produtos pelos riscos do desenvolvimento*. Rio de Janeiro: Renovar, 2004, p. 134).

13. Discurso do Papa Francisco aos participantes no seminário "bem comum na era digital" promovido pelo Pontifício Conselho para a cultura e o dicastério para o serviço do desenvolvimento humano integral. Sala Clementina, 27 de setembro de 2019. Disponível em: https://www.vatican.va/content/francesco/pt/speeches/2019/september/documents/papa-francesco_20190927_eradigitale.html. Acesso em: 25 jun. 2024.

# INSATISFAÇÃO GERAL: PLANOS DE SAÚDE NA BERLINDA

*Maria Stella Gregori*

Professora de Direito do Consumidor da PUC-SP. Diretora do Brasilcon e foi diretora da ANS (Agência Nacional de Saúde Suplementar). Advogada de Gregori Sociedade de Advogados.

A regulação dos planos de saúde completou 26 anos, sendo importante revisitá-la para aperfeiçoá-la à luz do Código de Defesa do Consumidor. Deve-se comemorar que no Brasil há lei específica, a Lei 9.656, de 3 de junho de 1998, e uma agência reguladora, a ANS (Agência Nacional de Saúde Suplementar), incumbida de regulamentar, fiscalizar e monitorar o mercado de saúde suplementar, com foco na qualidade da assistência à saúde.

A relação entre os consumidores e as operadoras de planos de saúde, que oferecem serviços de assistência à saúde, está amparada pelo CDC. A Lei 14.454, de 21 de setembro de 2022, determina que o Código de Defesa do Consumidor tem aplicação cumulativa e complementar à Lei dos Planos de Saúde. Da lei geral extraem-se os comandos principiológicos aplicáveis à proteção do consumidor, ao passo que à legislação específica caberá reger, de forma minudenciada, os planos de saúde.

O legislador veio pacificar positivamente, o que sempre defendemos, que o CDC se aplica complementarmente a todos os contratos de planos de saúde, sejam antigos ou novos, sem nenhuma ressalva. Portanto, os consumidores de planos de saúde têm o direito de ver, reconhecidos, todos os direitos e princípios assegurados pela lei consumerista.

Nesse diapasão, a ANS deve observar os ditames do CDC ao regular e fiscalizar o setor de saúde suplementar, especialmente seus princípios que se destacam, em primeiro plano, a vulnerabilidade do consumidor, o direito à informação e transparência, a boa-fé objetiva e o equilíbrio dos contratos, além de interagir com o Sistema Nacional de Defesa do Consumidor, na busca de um mercado sustentável, eficiente e socialmente justo e que o consumidor seja beneficiário de suas ações.

Claro que além dessa vitória, avanços são inegáveis nesses anos, como por exemplo, também, recentemente positivado, o Rol de Procedimentos e Eventos em Saúde da ANS, ser dinâmico, isto é, admitir a cobertura de procedimentos não listados nele, desde que o médico ou odontólogo assistente comprovem a eficácia de acordo em evidências científicas e plano terapêutico ou forem recomendados pelo Conitec/SUS ou órgão de avaliação em tecnologia em saúde internacional.

Entretanto, a regulação do setor de saúde suplementar ainda necessita de aperfeiçoamentos, especialmente em pontos que não se coadunam com o CDC, tais como os planos de saúde coletivos, que têm reajustes não autorizados pela ANS, podem suspender ou rescindir unilateralmente seus contratos, e não são obrigados a fornecerem aos consumidores as condições gerais dos contratos.

Por conta disso, nestes anos os conflitos têm aumentado consideravelmente e o Poder Judiciário vem sendo provocado a dirimir as ações judiciais de consumidores em face das operadoras de planos de saúde.

Desde 2006, encontram-se inúmeros Projetos de Lei em tramitação na Câmara dos Deputados apensados ao PL 7.419, inclusive com relatório satisfatório elaborado pelo deputado Duarte Junior, para apreciação.

Ocorre que as operadoras há muito tempo insatisfeitas com as regras vigentes têm tido comportamento alheio aos interesses de seus consumidores, alegando estratégias empresariais. Isto é, deixaram de comercializar planos individuais ou familiares devido às regras serem mais exigentes; têm rescindido unilateralmente contratos coletivos de consumidores, especialmente de idosos e portadores de doenças raras; vêm dificultando autorizações de coberturas assistenciais; não têm cumprido decisões judiciais. Além de defenderem publicamente proposta de alteração legislativa, permitindo a comercialização de planos subsegmentados, acessíveis ou populares, que são planos com coberturas assistenciais reduzidas.

Diante disso, há descontentamento dos consumidores, a Senacon (Secretaria Nacional do Consumidor) notificou empresas para se manifestarem e o presidente da Câmara dos Deputados convocou somente as operadoras para reunião e informou pelas redes sociais que firmou verbalmente um acordo. Sabe-se que este acordo deu-se, em contrapartida, à abertura de uma CPI, desde que elas readmitam os consumidores cancelados e que a casa legislativa retornará a analisar o tema em regime de urgência.

## INSATISFAÇÃO GERAL

Infelizmente, mais uma vez os planos de saúde voltaram à berlinda, o descontentamento é geral. Entende-se que é óbvio haver sustentabilidade social, econômica e ambiental, com todos os atores satisfeitos.

Nesse diapasão, é importante o aperfeiçoamento do marco regulatório dos planos de saúde, o qual deve se dar a partir de um debate amplo com todos os atores envolvidos na saúde suplementar e, também, não deve haver retrocessos referentes às conquistas alcançadas até o momento.

Ressalta-se que, as operadoras têm que compreender que prestam no mercado de consumo assistência à saúde, isto quer dizer, que seus clientes devem ter um atendimento assistencial de qualidade de todas as doenças previstas pela OMS (Organização Mundial de Saúde) e os consumidores devem utilizar seus planos de saúde com responsabilidade além de pagar em dia suas mensalidades.

Causa tristeza o setor regulado há tantos anos continuar a desrespeitar seus consumidores, portanto é imprescindível que o debate se inicie imediatamente de forma transparente.

*Sugere-se alguns desafios para tentar alcançar consensos*

1. A ministra da Saúde deve estar alinhada com os membros do Consu (Conselho da Saúde Suplementar) para estabelecer diretrizes para o setor da saúde suplementar;
2. A ANS deve fiscalizar com afinco as operadoras infratoras;
3. O Poder Legislativo deve convocar toda a sociedade para um diálogo transparente;
4. A necessidade da integração informacional entre o SUS e o sistema privado, justamente para definir as políticas públicas do setor de saúde;
5. A indicação de diretores para a ANS e para os seus cargos comissionados de profissionais técnicos capacitados de notório saber e ilibada reputação;
6. No que se refere, especialmente, à possível proposta de regulação de planos subsegmentados, acessíveis ou populares, com cobertura reduzida e custos mais baixos, seria oportuno ouvir o Ieps (Instituto de Estudos em Políticas de Saúde), criado pelo economista Arminio Fraga, que tem estudo sobre o tema e entende que esta ideia sobrecarregará o SUS e aumentará a desigualdade no acesso e na judicialização da saúde.

É importante também a adequação das normas de defesa do consumidor na regulação dos planos de saúde, isto é, a compatibilização ao CDC. Os principais pontos: a entrega do contrato para os consumidores de planos coletivos; vedar a possibilidade de rescisão ou suspensão do contrato de planos coletivos; o reajuste financeiro dos planos coletivos deve também ser autorizado pela ANS, como já acontece com os planos individuais.

Em relação ao Rol de Procedimentos e Eventos em Saúde da ANS, que trata da cobertura mínima obrigatória pelas operadoras de planos de saúde, entende-se que foi um avanço a aprovação recente da Lei 14.454/2022, mas vê-se com preocupação a possibilidade da indicação de um procedimento ou medicamento, indicado por um médico, que possa não ter comprovação científica ou não aprovação de um órgão técnico regulador (ex: pílula do câncer ou cloroquina). O legislador deveria ter utilizado a locução aditiva (e) e não a alternativa (ou).

Outro tema que merece atenção é a necessidade do atendimento integrado com prontuário eletrônico pessoal e, também, tornar definitiva as práticas de telemedicina e teleconsultas.

Aperfeiçoar modelos de remuneração dos profissionais de saúde vinculados à qualidade e à eficácia, como alternativa ao *fee for service*, que é muito utilizado e gera desperdício.

É muito importante tipificar crimes contra fraude e de desvios de recursos na saúde.

Seria oportuno criar um órgão técnico único para avaliar a incorporação de novas tecnologias, pautado na medicina baseada em evidência, tanto para o SUS como para saúde suplementar.

Por fim, todo o debate da saúde deve ser focado no cidadão e consumidor, lembrando sempre que o atendimento deve ser humanizado, respeitando a dignidade humana. É fundamental para construirmos um país mais justo, igualitário e solidário, estarmos todos unidos, dialogando para encontrarmos um caminho com políticas públicas eficazes.

Mãos à obra!

# IMPACTOS DAS ENCHENTES NO RS E AS RELAÇÕES DE CONSUMO (PARTE 2)

*Flávia do Canto*
Pós-doutora em Direito pela UFRGS. Professora universitária e sócia consultora da área de consumidor e *product liability* no Souto Correa Advogados.

*Roberta Feiten*
Especialista em Direito Empresarial pela PUC-RS e sócia da área de consumidor e *product liability* de Souto Correa Advogados

*Beatriz Bergamo*
Pós-graduada pela Fundação Getúlio Vargas (São Paulo) em Direito dos Contratos e sócia consultora da área de Resolução de Conflitos de Souto Correa Advogados.

## CONTINUAÇÃO DA PARTE 1

Estamos há mais de 15 dias da maior tragédia registrada no Rio Grande do Sul desde 1941, data da última enchente. Hoje, ainda não temos uma previsão exata de quando a água baixará completamente. Os dados atualizados pelo serviço de defesa civil do estado contabilizam 467 municípios afetados, 68.345 pessoas em abrigos, 581.633 alojados, 806 pessoas feridas, 82 desaparecidas e 161 óbitos confirmados. Os números demonstram o tamanho de todo o impacto das enchentes em um estado que, para se reerguer economicamente, dependerá de muita ajuda do governo federal e da sociedade civil.

No que concerne às relações de consumo, como podemos perceber em artigo anteriormente publicado, são diversos setores da economia que foram atingidos, o que fez com que a Secretaria Nacional do Consumidor, o Procon-RS e alguns Procons municipais se preocupassem em propor ações governamentais a fim de equilibrar essas relações de consumo, visando minimizar os prejuízos de consumidores e fornecedores.

Na segunda parte do nosso artigo, iremos analisar mais alguns setores impactados pelas enchentes.

## AVIAÇÃO CIVIL

O aeroporto de Porto Alegre, na capital gaúcha, está fechado e sem previsão de retorno das atividades, pois também foi atingido pela enchente. Diversos voos foram cancelados ou tiveram que ser remarcados para outros aeroportos mais próximos.

Assim, muitos consumidores estão sem condições de viajar, pois, além do aeroporto fechado, muitas estradas estão bloqueadas.

Diante do cenário atual e como medida emergencial, a Senacon reuniu-se por meio da Associação Brasileira das Empresas Aéreas (Abear) para dialogar com o setor e estabelecer regras a fim de que os consumidores pudessem ser atendidos.

Dessa maneira, a Senacon solicitou a flexibilização de normas para mitigar impactos da crise aérea no RS e garantir proteção e direitos dos consumidores. "Neste momento, por exemplo, é inviável a utilização do Aeroporto Internacional Salgado Filho, em Porto Alegre (RS), e a malha aérea foi comprometida em todo o estado, destaca o diretor do Departamento de Proteção e Defesa do Consumidor (DPDC)".[1]

Amaral refere que "É uma medida necessária adaptar as normas para atender às necessidades excepcionais dos consumidores. Estaremos não apenas garantindo os seus direitos, mas, também, fortalecendo a confiança no setor aéreo".

As medidas sugeridas pela Secretaria Nacional do Consumidor foram de: (i) alteração do contrato de transporte aéreo com modificação do destino dentro do Rio Grande do Sul e de Santa Catarina, sem custo adicional para o passageiro, (ii) remarcação sem custo, dentro do prazo de 1 ano a partir do voo original, mantendo o local de origem e destino, (iii) reembolso total ou crédito com a empresa aérea, sem a cobrança da taxa de cancelamento, para os passageiros que não aceitarem a modificação do destino; (iv) flexibilização de assistência material, incluindo hospedagem e transporte rodoviário, (v) eficiência no atendimento ao passageiro, especialmente por telefone, considerando as dificuldades de comunicação virtual devido à falta de energia em algumas áreas do Rio Grande do Sul, (vi) opção de reembolso do valor da passagem em dinheiro, não apenas em crédito, conforme estabelece o artigo 256, § 4º, do Código Brasileiro de Aeronáutica, (vii) fornecimento ou custeio do transporte rodoviário até o aeroporto indicado pela companhia aérea para decolar até o destino contratado, (viii) possibilidade de endosso para outras companhias aéreas em locais aptos para pouso e decolagem.

O documento com as sugestões de medidas foi enviado à Anac[2] para orientar as companhias aéreas. Ou seja, são medidas que contemplam necessidades momentâneas e excepcionais, mas não são obrigatórias.[3] Diferentemente do cenário da pandemia, não há nenhuma medida provisória em vigor até o momento.[4]

---

1. AMARAL, Vitor Hugo do. Em resposta à crise, a Secretaria entrou em contato com a Associação Brasileira das Empresas Aéreas (Abear), enfatizando a necessidade urgente de equilibrar a relação entre fornecedores e consumidores do setor aéreo. Fonte: https://www.gov.br/mj/pt-br/assuntos/noticias/mjsp-solicita-a-anac-alteracao-nas-regras-de-reembolso-e-cancelamento-em-voos-para-o-rs. Acesso em: 15 maio 2024.
2. A ANAC criou um portal no site oficial destinado apenas ao Rio Grande do Sul: https://www.gov.br/anac/pt-br/assuntos/transporte-aereo-no-rio-grande-do-sul-orientacoes-da-anac.
3. Em relação a julgados sobre o tema, o TJSP formou entendimento pela ausência de ato ilícito por parte das companhias aéreas em relação ao cancelamento dos voos em decorrência da pandemia, caracterizada como força maior, realizando uma análise caso a caso para a definição de eventual cabimento de indenização por danos materiais ou morais.
4. A Medida Provisória 925/2020 convertida na Lei 14.034 de 2020 estabeleceu medidas emergenciais para a aviação civil brasileira e deliberou sobre a possibilidade de remarcação de voos referente a passagens aéreas

Diante da referida solicitação por parte da Senacon, a Anac, na condição de agência reguladora do transporte aéreo, flexibilizou regras previstas na Resolução 400 durante o período de paralisação das atividades no aeroporto Salgado Filho.

As flexibilizações abrangem os seguintes pontos: (i) autorizada a alteração do contrato de transporte aéreo, com modificação do destino final, dentre cidades dos Estados de Santa Catarina e Rio Grande do Sul, sem nenhum custo adicional ao passageiro; (ii) companhias aéreas deverão envidar esforços para, dentro do possível, transportar os passageiros para o aeroporto mais próximo do local de seu interesse, mediante definição do próprio passageiro; (iii) autorizada a remarcação do bilhete aéreo sem custo ao passageiro, até o prazo de 1 ano a contar do voo original, com o mesmo local de origem e destino; (iv) autorizado o reembolso total ou em crédito, sem a cobrança de taxa de cancelamento, sendo possível o reembolso tanto em crédito quanto em dinheiro, conforme escolha do passageiro; (v) flexibilização do dever de assistência material no tocante à hospedagem dos passageiros que tiveram seus voos cancelados e que aceitaram o transporte para local diverso do inicialmente contratado.

A fim de resguardar os interesses dos usuários do transporte aéreo, a Anac determinou a suspensão imediata da comercialização de passagens aéreas para voos com origem e destino no aeroporto de Porto Alegre. A proibição da comercialização de passagens, que vigorará até nova avaliação pela Agência, abrange todos os canais de comercialização, inclusive sistemas que disponibilizem vendas por terceiros, como agências de viagem e outros intermediários que possam comercializar os bilhetes.

## PRESTAÇÃO DE SERVIÇOS CONTINUADOS

Conforme a região em que consumidores e fornecedores se encontram, certamente muitos serviços continuados deixam de ser usufruídos ou prestados, conforme o caso. Daí surgem discussões sobre o cancelamento ou abatimento proporcional da mensalidade devida.

À época da pandemia, muito se discutiu sobre o cabimento de descontos relacionais aos serviços educacionais, dado o modelo remoto de ensino instituído por bastante tempo. Na presente situação das enchentes, será preciso avaliar caso a caso a capacidade das partes para prestar ou usufruiu dos serviços contratados, bem como as previsões contratuais estabelecidas ente as partes, sem deixar de lado a possibilidade de aplicação da força maior, se for o caso, e sempre com atenção à boa-fé.

Em relação ao serviço público de fornecimento de água, extremamente atingido em diversos locais, cabe trazer o exemplo da Prefeitura de Porto Alegre, que anunciou acordo emergencial sobre a tarifa de água, prevendo algumas isenções para estabelecimentos em áreas alagadas, conforme a categoria.

---

compradas entre 01 de março de 2020 até 31 de dezembro de 2020 e canceladas em razão do agravamento da pandemia, com observância também a regulamentação da Agência Nacional da Aviação Civil (ANAC).

Além disso, a prefeitura solicitou às instituições financeiras a suspensão dos pagamentos das dívidas, prorrogação do prazo total de amortização dos contratos firmados por dois anos, além da transferência desses pagamentos para os últimos anos de contrato. De acordo com a estimativa da Secretaria Municipal da Fazenda, a medida pode resultar em uma economia de aproximadamente R$ 550 milhões, garantindo recursos para a reconstrução da cidade.[5]

## SETOR DE SERVIÇOS/ATENDIMENTOS

Diante do estado de calamidade e da vasta área com acessos comprometidos, é natural prever o atraso na devolução de produtos submetidos a reparos em assistências técnicas. Igualmente, será preciso que consumidores e fornecedores avaliem cada situação concreta de modo a encontrar a solução mais adequada. Apesar do prazo de 30 dias para reparo previsto no CDC,[6] as partes podem convencionar a ampliação do prazo em 180 dias.

Ademais, consumidores também ficam sujeitos à invocação, por fornecedores, do evento de força maior como excludente de eventual responsabilização por atrasos deste tipo, como entendeu o TJ-SP em situação de atraso no reparo durante a epidemia do Covid-19, aplicando o princípio da conservação e continuidade dos negócios jurídicos e da boa-fé objetiva. Decidiu-se, no caso, que devem ser consideradas as excepcionais e singulares condições geradas pela pandemia de Covid-19, que gerou restrição ao funcionamento de estabelecimentos e à circulação de pessoas.[7]

Também não se pode esquecer que o setor de atendimento ao consumidor de diversas empresas diretamente afetadas pelas enchentes atuais sofreu e ainda poderá sofrer falta ou escassez de pessoas, também atingidas, para seguir realizando a atividade de atendimento ao cliente. Embora grandes organizações com várias unidades e/ou estabelecimentos no país, ou com empresas terceiras contratadas, possam gerir tudo isso com viabilidade e eventual facilidade, é certo que diversos fornecedores tendem a levar mais tempo para se reorganizarem, o que pode gerar falhas ou demora no atendimento.

## E-COMMERCE

Uma das consequências imediatas de uma situação de calamidade pública é o atraso na entrega de produtos adquiridos, seja porque a logística está comprometida, seja porque o fornecedor pode ter suspendido suas atividades em decorrência

---

5. Disponível em: https://prefeitura.poa.br/gp/noticias/porto-alegre-solicita-suspensao-de-dividas-para-reconstrucao-pos-enchente. Acesso em: 23 maio 2024.
6. Art. 18, § 2º Poderão as partes convencionar a redução ou ampliação do prazo previsto no parágrafo anterior, não podendo ser inferior a sete nem superior a cento e oitenta dias. Nos contratos de adesão, a cláusula de prazo deverá ser convencionada em separado, por meio de manifestação expressa do consumidor.
7. TJSP, Apelação Cível 1002678-80.2020.8.26.0127.

do evento. Assim como em outras situações, cabe a demonstração de que o atraso é decorrente do evento de força maior.

Exemplificativamente, o TJ-SP concluiu que, não obstante a promessa de entrega de veículo adaptado a necessidades físicas, a negociação não se concretizou devido ao advento de causa externa de força maior, devido à pandemia COVID-19, tendo havido paralisação parcial das atividades empresariais da cadeia produtiva de automóveis, havendo ausência de infração contratual pela empresa.[8]

## CONCLUSÃO

O momento é de cautela e solidariedade. É importante analisar todos os casos e a particularidade de cada problema apresentado pelos consumidores em meio ao impacto dessa magnitude na economia. Há a necessidade de considerarmos que muitas empresas foram devastadas pelas enchentes, produtos e mercadorias foram perdidos, e funcionários estão em alojamentos e sem acesso às suas casas, ou até mesmo sem casa. Logo, como ensina Claudia Lima Marques: "aqui cooperar é manter os contratos de consumo, mesmo frente aos desastres e às dificuldades",[9] porém com as adaptações necessárias que o momento exige.

---

8. TJSP Apelação Cível 1002847-02.2021.8.26.0008.
9. MARQUES, Claudia Lima. Vulnerabilidade agravada do consumidor no desastre e dever de cooperar. Disponível em: https://www.conjur.com.br/2024-mai-23/vulnerabilidade-agravada-do-consumidor-nos-desastres-e-o-dever-de-cooperar-o-principio-da-manutencao-do-contrato/. Acesso em: 23 maio 2024.

# IMPACTOS DAS ENCHENTES NO RS E AS RELAÇÕES DE CONSUMO (PARTE 1)

*Flávia do Canto*

Pós-doutora em Direito pela UFRGS. Professora universitária e sócia consultora da área de consumidor e *product liability* no Souto Correa Advogados.

*Roberta Feiten*

Especialista em Direito Empresarial pela PUC-RS e sócia da área de consumidor e *product liability* de Souto Correa Advogados

*Beatriz Bergamo*

Pós-graduada pela Fundação Getúlio Vargas (São Paulo) em Direito dos Contratos e sócia consultora da área de Resolução de Conflitos de Souto Correa Advogados.

Diante da maior catástrofe climática do estado do Rio Grande do Sul que atingiu 447 municípios e 2.115.703[1] pessoas que foram diretas ou indiretamente afetadas,[2] devemos nos voltar para os impactos que este evento pode exercer na sociedade de consumo, causando efeitos dos mais diversos e avassaladores.

Apesar das diferenças entre a atual situação de calamidade devido às enchentes e a crise da pandemia, é inevitável comparar os dois cenários. Na pandemia, foram diversas as modificações na vida dos consumidores, as quais implicaram, por consequência, em mudanças no seu comportamento e nas suas escolhas. Além da quarentena obrigatória, os impactos na economia forçaram consumidores a se adaptarem a uma nova realidade, reacomodando preferências e prioridades.[3] Da mesma forma, os fornecedores públicos e privados de produtos e serviços sofreram modificações diversas em suas operações.

Nesse momento, em decorrência das enchentes, a escassez de produtos e serviços, os aumentos de preços, a paralisação de atividades industriais e comerciais, o cancelamento de voos, os atrasos na entrega de produtos são alguns dos problemas que o Rio Grande do Sul está enfrentando. Tal como ocorreu na pandemia, hoje não

---

1. Dados publicados pelo Governo do Estado do Rio Grande do Sul em 13 de maio de 2024. Disponível em: https://www.estado.rs.gov.br.
2. Aqui estamos diante de mais uma espécie de vulnerabilidade: a ambiental.
3. VIEIRA, Luciana Klein, CIPRIANO, Ana Cândida. Covid-19 e Direito do Consumidor: Desafios atuais e perspectivas para o futuro. *Revista de Direito do Consumidor*, v. 135, p. 103-124, maio/jun. 2021.

há um horizonte preciso de quando o cenário será normalizado, visto que a retomada das atividades depende essencialmente de um fator externo e verdadeiramente imprevisível – o volume das chuvas –, além do tempo que será necessário para a limpeza e até mesmo reconstrução das estruturas físicas (não só das próprias empresas, como também das vias, aeroportos etc.).

## REVISÃO DE CLÁUSULAS CONTRATUAIS

Dentro desse cenário de exceção (excepcionalidade ou situação extraordinária), o artigo 393 do Código Civil prevê que o devedor não responde pelos prejuízos resultantes de caso fortuito ou força maior, a menos que tenha expressamente se responsabilizado por eles.

No caso de inadimplemento por ocorrência de caso fortuito de ou de força maior, não há obrigação de indenizar a qualquer uma das partes. Contudo, a teoria da imprevisão enseja a possibilidade de revisão das cláusulas pactuadas, podendo gerar uma repactuação da avença, com ressarcimento de valores pagos ou desembolsados, bem como indenização pela extinção do contrato.[4]

Desta maneira, além da previsão no Código Civil, o Código de Defesa do Consumidor dispõe no artigo 6º, V: "Art. 6º São direitos básicos do consumidor: V – A modificação das cláusulas contratuais que estabeleçam prestações desproporcionais ou sua revisão em razão de fatos supervenientes que as tornem excessivamente onerosas". Para situações excepcionais, ou seja, os fatos supervenientes que ensejam prestações excessivamente onerosas, permite-se a revisão contratual em favor do consumidor.

Importa salientar que as excludentes de responsabilidade aplicam-se também aos fornecedores em situações como esta. Mediante análise caso a caso e comprovação do nexo causal entre o descumprimento contratual e o evento de calamidade, determinadas obrigações dos fornecedores podem ser revistas ou afastadas, como, exemplificativamente, entenderam os tribunais na ocasião da pandemia de Covid-19.

## CONSUMIDORES ATINGIDOS

E, dentro das peculiaridades do atual cenário, quem são aqueles que podem vir a ser incluídos dentro do conceito de consumidor e se beneficiar da proteção do Código de Defesa do Consumidor (CDC)? A definição constante no artigo 2 do CDC traz que consumidor "É toda pessoa física ou jurídica que adquire ou utiliza produto ou serviço como destinatário final",[5] isto é, consumidor é o destinatário

---

4. SOUZA, José Fernando Vidal, MENESES, Heloisa Corrêa, DE MIRANDA E SILVA, Enedino Januario. Impactos na quebra dos contratos de consumo oriundos dos desdobramentos econômicos decorrentes da Covid-19. *Revista de Direito do Consumidor*. v. 139, p. 241-266, jan./fev. 2022.
5. Art. 2º do Código de Defesa do Consumidor.

final econômico. No entanto, recentemente a jurisprudência do Superior Tribunal de Justiça[6] vem, de forma excepcional, entendendo que as regras do CDC também devem ser aplicadas a consumidores profissionais, desde que comprovada, no caso concreto, a vulnerabilidade técnica, jurídica ou econômica.

O conceito de consumidor no atual cenário é, então, importante porque, para além daquelas pessoas físicas que adquirem produtos e usufruem serviços como destinatário final, é possível que até mesmo empresas, quando adquirem produtos ou usufruem serviços ainda que para direta ou indiretamente empregar na sua atividade econômica, possam ser consideradas como consumidores se preencherem os novos contornos estabelecidos pela jurisprudência do CDC. Considerando que as notícias veiculadas na imprensa indicam que a sociedade como um todo foi atingida pelas enchentes, não é difícil supor que profissionais liberais como costureiras, motoristas de caminhões[7] e empresas familiares também busquem a tutela do CDC na relação com os seus próprios fornecedores e parceiros.

Nesse sentido, é fundamental buscar soluções para lidar com os desafios que surgem nesse contexto e a atuação da Secretaria Nacional do Consumidor[8] (Senacon) é de extrema importância nesse momento.[9]

---

6. Teoria do finalismo mitigado ou aprofundado que reconhece o consumidor pessoa jurídica ou pessoa física que adquire produto ou serviço como incremento em sua atividade negocial, porém, possui vulnerabilidade comprovada. Assim, em diversos julgados do STJ, em especial da Ministra Nancy Andrighi: "O princípio da vulnerabilidade, insculpido no inciso I do art. 4º do CDC, direciona a interpretação no sentido de que o profissional deve ser considerado consumidor desde que evidenciado o nexo de sujeição em face do vínculo de dependência e de vulnerabilidade, em face da insuficiência técnica, jurídica ou econômica". Recurso Especial 1.080.719 – MG (2008/0179393-5).
7. Nesse sentido, no voto da Min. Nancy Andrighi no julgamento do REsp 1.080.719/MG: "No processo em exame, o que se verifica é o conflito entre um motorista (pessoa física) que adquire caminhão para fazer fretes em prol da sua sobrevivência, ficando evidenciada a sua vulnerabilidade, dada a incapacidade de apontar ou de precisar qual o defeito técnico do caminhão. Motorista não é qualificação capaz para decifrar qual o defeito mecânico. Observa-se, nos autos, que nem mesmo o fabricante conseguiu de pronto consertar o veículo que fabricou. Se para o fabricante não foi possível detectar e consertar o defeito, muito mais difícil se revela esta tarefa para o comprador. Diante deste quadro fático é inexorável a conclusão de hipossuficiência do comprador, o qual não tem condições de conhecer a concepção, o desenvolvimento, e a tecnologia utilizadas na fabricação. Exigir do profissional leigo que aponte e demonstre o defeito é criar desequilíbrio inaceitável para o devido processo legal".
8. Sobre a proteção administrativa do consumidor: PEREIRA, Flávia do Canto. *Proteção Administrativa do Consumidor*: Sistema Nacional de Defesa do Consumidor e a ausência de critérios uniformes para aplicação de multas. São Paulo: Thompson Reuters Brasil, 2021.
9. Bruno Miragem explica que "o Sistema Nacional de Defesa do Consumidor, neste sentir, atende ao que dispunha a Recomendação da ONU 39/248, de 1985, a qual desafiava os governos a estabelecer e manter uma infraestrutura adequada que permitisse formular, aplicar e vigiar o funcionamento das políticas de proteção ao consumidor. Em relação a este aspecto, há o entendimento de parte da doutrina, de que não apenas os órgãos administrativos integrantes do SNDC têm competência para fiscalização das relações de consumo de que tratam a Lei 8.078/90. Os órgãos administrativos de controle e regulação setorial da atividade econômica privada, no âmbito de suas competências, teriam igualmente o dever de aplicar o Código de Defesa do Consumidor às relações que lhes compete regular, se caracterizassem como relações de consumo". MIRAGEM, Bruno. *A defesa Administrativa do Consumidor no Brasil*. Alguns Aspectos. *RDC*, v. 46, p. 120-164, 2003.

A Senacon[10] tem papel fundamental de orientação e coordenação do Sistema Nacional de Defesa do Consumidor, e é nesse sentido que imediatamente aos primeiros impactos enfrentados em função das enchentes que assolam o Rio Grande do Sul, a secretaria firmou termo de cooperação e emitiu nota técnica relacionado a temas relevantes.

No dia 4 de maio, foi emitida nota técnica que traz orientações para defender os interesses e direito dos consumidores do estado do Rio Grande do Sul visando coibir preços abusivos que sejam praticados por comerciantes na venda de itens de primeira necessidade, como água, alimentos e produtos de higiene. Em ato contínuo, a Senacon firmou termo de cooperação com o Procon do Rio Grande do Sul (Procon/RS) e criou um canal único junto aos Procons municipais para orientar sobre práticas abusivas e fraudes. Além disso, atuou em conjunto com o Procon do Estado do Rio Grande do Sul, orientou os Procons municipais para suspenderem os prazos administrativos e recomendou à Anac algumas medidas para minimizar os danos dos consumidores em decorrência dos cancelamentos dos voos.

Ou seja, muitos setores foram afetados, incluindo turismo e cultura, aviação, varejo, entretenimento, agropecuária, entre tantos outros e, assim como em momentos anteriores, alguns direitos dos consumidores foram fortemente impactados. É importante considerar quais foram esses direitos e como conciliar os interesses de consumidores e fornecedores.

## VAREJO/PREÇOS DOS PRODUTOS

A mídia também noticia uma crise de abastecimento de água potável e são demandados, em especial, produtos de higiene e alimentos não perecíveis, sendo possível supor que houve uma verdadeira corrida aos supermercados no Rio Grande do Sul e que uma limitação para aquisição de produtos já está sendo imposta por alguns estabelecimentos comerciais e um aumento do preço dos produtos.

O artigo 39, inciso I, do Código de Defesa do Consumidor determina que o fornecedor não pode condicionar a venda de produtos ou serviços a limites quantitativos sem justa causa, classificando essa prática como abusiva. Assim, a imposição de limitação à compra de produtos por consumidor exige a demonstração de justa causa, além da atenção a critérios de razoabilidade e bom senso entre os consumidores.

O Código de Defesa do Consumidor, no artigo 39, inciso X, prevê como prática abusiva a elevação de preço sem justa causa. Observamos que muitos Procons notificaram as empresas para identificar a ocorrência dessa prática abusiva – e a verdadeira interrupção da produção agropecuária no Rio Grande do Sul pode elevar os preços não só o estado do Rio Grande do Sul, mas também em diversos outros

---

10. Conquista do movimento consumerista, como menciona Claudia Lima Marques. Importante reconhecer a importância da unidade do sistema para facilitar a atuação. (MARQUES; BENJAMIN; MIRAGEM, 2016, p. 263).

estados. Compreender que existem exceções e abusos em momentos de calamidade pública é fundamental, inclusive já houve experiência no passado recente com a pandemia. No entanto, é necessária a interpretação das cláusulas abusivas listadas no artigo 39 do CDC.

Bruno Miragem indica como critério de interpretação dessas práticas a anormalidade ou excesso concernente à elevação de preço sem justa causa. Esse critério é orientador e útil para a identificação da suposta prática. Ou seja, a anormalidade identifica-se quando a atuação do fornecedor na relação negocial de consumo não é razoável, inclusive quando comparado ao mercado concorrencial em que ele está inserido.

Nesse sentido, a anormalidade ocorre em situações nas quais fornecedores de produtos e serviços elevam os preços de produtos e serviços que ofertam no mercado de consumo, "gerando ampla reprovação social, sobretudo quando identificados propósitos egoísticos, ou ainda, certo oportunismo em vista da situação de dificuldade ou extrema necessidade dos consumidores pelo acesso a estes bens".[11]

Para alguns setores, há regulação e tabelamento de preços, ou seja, o aumento se dá apenas nos limites estabelecidos em normas regulatórias. Porém, devemos considerar a elevação de preço de ordem natural, ou seja, em razão de fatores econômicos (oferta e demanda), portanto, não caracterizando elevação sem justa causa. Por exemplo, se em relação a determinados produtos a elevação do preço no varejo ocorre na origem da cadeia de consumo, o comerciante naturalmente irá elevar o preço para obter lucro.

Assim, de acordo com Bruno Miragem, "é natural que diante deste fato não se possa exigir do fornecedor que mantenha estável ou reduza seu lucro, o que só pode ser adotado, em limites racionais, de modo voluntário, como estratégia para atração de clientela".[12] No mesmo sentido, o Tribunal de Justiça de São Paulo (TJ-SP) entendeu que a elevação do preço de venda de arroz pelo supermercado durante o período da Pandemia da Covid-19 não se amolda à vedação do artigo 39, inciso X do Código de Defesa do Consumidor, pois a elevação do preço de venda ocorreu devido ao aumento do custo do produto, inclusive, com redução da margem de lucro do autor.[13]

Em suma, não se trata de critério objetivo, mas de análise de caso a caso, sem que haja imputação sumária de prática abusiva. O sistema de proteção do consumidor é capaz de verificar o comportamento dos fornecedores a fim de que sejam identificados e responsabilizados aqueles que infringirem as normas de proteção do consumidor com a finalidade de incrementar significativamente os seus lucros

---

11. MIRAGEM, BRUNO. O ilícito e o abusivo: propostas para uma interpretação sistemática das práticas abusivas nos 25 anos do Código de Defesa do Consumidor. *Revista de Direito do Consumidor*, v. 104, p. 99-127, mar./abr. 2016, p. 6.
12. Idem, p. 9.
13. TJ-SP Apelação/Remessa Necessária 1003966-45.2023.8.26.0196.

às custas da extrema vulnerabilidade e fragilidade dos consumidores.[14] Todavia, a análise merece cuidado, pois não se pode pressupor que todo e qualquer aumento de preços seja irrazoável ou descabido em cenários de calamidade.

## EVENTOS

As enchentes e o atual cenário impactam também eventos e festas em geral. A crise instalada certamente impedirá que shows, casamentos, feiras aconteçam tal como inicialmente previsto. Aqui é imprescindível que o fornecedor informe imediatamente o consumidor sobre o atual cenário, buscando chegar a um acordo com uma nova data para sua realização. Diante do atual cenário de incertezas (seja com relação ao período em si que levará para que a água escoe e para que as empresas se reestruturem e possam retomar suas atividades), é de esperar que uma remarcação imediata não seja possível; porém, o fornecedor tem o dever de prestar informações claras e precisas[15] mantendo o consumidor atualizado sobre a questão.

Os parâmetros estabelecidos com a recente experiência vivida na pandemia, e estabelecidos na Lei 14.046 de 24 de agosto de 2020, podem vir a ser utilizados como balizadores para a conduta a ser adotada pelos prestadores de serviços que adiarem ou cancelarem os eventos. Naquela oportunidade, os prestadores de serviços não foram obrigados a reembolsar os valores pagos pelo consumidor, desde que assegurassem (1) a remarcação dos serviços, das reservas e dos eventos adiados; ou (2) a disponibilização de crédito para uso ou abatimento na compra de outros serviços, reservas e eventos disponíveis nas respectivas empresas. Com isso, se prioriza a manutenção dos contratos sempre que possível.

Nessa linha, julgados referentes à situação da pandemia merecem ser analisados. Por exemplo, o TJ-SP entendeu que a rescisão do contrato de prestação de serviços de realização de festa de casamento por iniciativa dos contratantes, em virtude de cobrança de preço adicional pela remarcação da data por parte dos contratados, ante a impossibilidade de realização de eventos decorrente da pandemia de Covid-19, enseja a restituição do montante pago pelos consumidores, em razão da vedação de cobrança de valor adicional, por ser a pandemia caso fortuito ou força maior, não atribuível aos contratantes.[16] Em outro julgado exemplificativo, o mesmo TJ-SP concluiu que, dada a comprovação pela fornecedora de buffet que, na verdade, os noivos optaram por realizar a festividade do casamento com outros fornecedores, por razões financeiras pessoais, embora tenha procedido a duas remarcações do evento sem cobrança de multa em razão da pandemia de Covid-19, devem os contratantes

---

14. SOUZA, Rodrigo Tissot de; BAHIA, Carolina Medeiros. Elevação Abusiva de preços na pandemia de covid-19: a função dissuasória do dano moral coletivo. *Revista de Direito do Consumidor*, v. 136, p. 257-278, jul./ago. 2021, p. 6.
15. Artigo 30 do CDC.
16. TJ-SP Apelação Cível 1004909-07.2021.8.26.0625.

pagar a multa contratual pela rescisão do contrato, dada a ausência de nexo causal entre o pretendido descumprimento contratual com a pandemia.

## CONCLUSÃO

O fato é que a atual situação enfrentada no estado do Rio Grande do Sul reflete em todo o país, e diversas relações de consumo impactadas merecem uma avaliação individual e casuística. Ainda, a excepcionalidade nos contratos de consumo, diante de eventual inadimplemento, exige uma avaliação baseada na confiança e na boa-fé entre as partes.

Na próxima semana, iremos analisar os impactos nos setores de aviação civil, e-commerce, setor imobiliário e serviços continuados/atendimento.

# TRÊS ANOS DE VIGÊNCIA DA LEI DO SUPERENDIVIDAMENTO. O QUE MUDOU?

*Leonardo Garcia*

Mestre em Direitos Difusos e Coletivos pela PUC-SP. Professor de diversos cursos e autor de diversas obras jurídicas. Membro do GT do CNJ para acompanhamento da efetividade da Lei do Superendividamento. Procurador do Estado do Espírito Santo. Ex-assessor do relator no Senado dos projetos de lei de atualização do CDC.

No dia 2 de julho de 2024, a Lei 14.181/2021 (Lei do Superendividamento) fará três anos de sua publicação e vigência. Depois do Código de Defesa do Consumidor, foi a lei mais importante que já tivemos em nosso país. E por quê? Porque dificilmente tivemos uma lei que possua a capacidade de alterar significativamente e de modo tão direto a vida de quase 1/5 da população de um país (quantidade de superendividados no Brasil).[1]

É sabido que o superendividamento causa uma exclusão social, acarretando sérias consequências sociais como desemprego, divórcio, baixa escolaridade dos filhos nas famílias atingidas, aumento de moradores de rua, aumento da criminalidade, abuso de substâncias ilícitas, suicídios etc.[2-3]

Além da mudança drástica que a lei pode promover na vida de 20% da população e da repercussão social gerada pela solução dessa "doença social", a lei instituiu um *estatuto geral da concessão do crédito* no Brasil, com especificações claras de deveres a serem observados pelo concedente de crédito, de modo a respeitar a boa-fé objetiva (informação, transparência, lealdade etc.) e o princípio do crédito responsável, em que o crédito não pode mais ser concedido de maneira aleatória e irrestrita, havendo responsabilidades na concessão, de modo a ajudar o cidadão/consumidor a manter uma vida digna (não entrando no superendividamento).

---

1. Após dois anos de histórica lei, superendividamento salta e especialistas procuram soluções. Disponível em: https://valorinveste.globo.com/produtos/credito/noticia/2023/07/19/apos-dois-anos-de-lei-historica-superendividamento-da-salto-no-brasil-e-especialistas-procuram-solucoes.ghtml. Acesso em: 08 maio 2024:
2. LIMA, Clarissa Costa de. *O Tratamento do superendividamento e o direito de recomeçar dos consumidores*. São Paulo: RT, 2014, p. 27.
3. A pesquisa realizada em 2018 pela Confederação Nacional de Dirigentes e Logistas (CNDL) e SPC Brasil intitulada "Inadimplência: Impactos nas Emoções", demonstrou que as pessoas inadimplentes há 90 dias tiveram vários sentimentos maléficos como ansiedade, estresse, angústia, culpa, depressão, tristeza, desânimo, vergonha, sentimentos de derrota e fracasso, falta de paciência, irritação, entre outros. Disponível em: https://www.spcbrasil.org.br/wpimprensa/wp-content/uploads/2018/10/analise_perfil_inadimplente_emocoes.pdf. Acesso em: 11 nov. 2021.

Dessa forma, considerando que somos um país de endividados (que necessita de créditos para aquisição de bens em vez de poupar para adquirir), a lei, ao tratar da concessão de crédito, sobretudo com o seu viés preventivo, tem uma capacidade de influenciar a vida de quase todos os brasileiros (se não, de todos!).

Mas, passados três anos, o que mudou?

Será que a lei conseguiu atingir o seu objetivo maior, prevenindo as situações de superendividamento e tratando os consumidores que se encontram nessa situação degradante de exclusão social?

Infelizmente, a resposta é negativa.

Percebe-se que muito pouco foi feito (pelo menos considerando a expectativa que se tinha com relação à sua efetividade.)

Então, o que está faltando para que a lei consiga atingir a sua real finalidade, promovendo uma revolução na concessão do crédito e "curando/tratando" essa doença social chamada de "superendividamento"?

## A DIMENSÃO SOCIAL DA LEI

Primeiramente, é preciso conhecer a lei a fundo. Percebe-se, infelizmente, que muitos magistrados simplesmente desconhecem a lei e a sua correta aplicação. A lei do superendividamento trouxe um novo procedimental no tocante ao tratamento judicial (artigo 104-A do CDC). Assim, é preciso que os juízes e tribunais se atualizem, principalmente buscando entender a *ratio* da lei (que busca como finalidade, ao menos no tocante ao artigo 104-A, tratar o consumidor superendividado, resgatando a sua dignidade na sociedade).

São várias decisões de ações de repactuação de dívidas impondo requisitos inexistentes (como a necessidade de o plano de pagamento apresentado pelo consumidor na petição inicial contemplar o principal da dívida; a exigência de apresentação de todos os contratos celebrados quando é sabido que, na maioria das vezes, os contratos não são entregues aos consumidores; extinção da ação sem a realização da audiência conciliatória; necessidade de indicação de ordem cronológica das dívidas para conhecimento do procedimento; obrigatoriedade do consumidor apresentar o plano de pagamento na petição inicial etc.).

Ao contrário do espírito da lei, percebe-se que o tratamento do consumidor superendividado, no âmbito judicial, só acontece de modo excepcional, quando, na verdade, uma vez superendividado, todo consumidor merece ser tratado (com a definição do plano de pagamento de acordo com a realidade da vida econômica do consumidor e de sua família – manutenção do mínimo existencial).

Nesse sentido, uma premissa é fundamental para ser melhor compreendida. O superendividamento causa exclusão social, causando enormes males sociais como os já citados. O tratamento do superendividamento passa, antes de mais nada, por uma solução social, de conotação coletiva e que precisa ser resolvida urgentemente.

Enquanto considerarmos o tratamento do consumidor superendividado como meramente uma questão humanitária, de respeito somente à pessoa do cidadão que busca o Judiciário para resolver os seus problemas financeiros, não teremos a dimensão correta para aplicarmos a lei de maneira efetiva.

O confronto a ser feito não é o *direito de crédito X dever de pagar* (ao menos o principal) para que credores não tenham prejuízos, mas sim "tratar" o consumidor que superendividou, de modo a resgatar a dignidade do mesmo, evitando as mazelas advindas do superendividamento e que atingem a toda a sociedade.[4]

## UMA NOVA POSTURA INSTITUCIONAL

Outro aspecto que precisa ser alterado é com relação à atuação mais efetiva dos órgãos do Sistema Nacional de Defesa do Consumidor, principalmente os Procons, inseridos no artigo 104-C do CDC.[5],[6]

É necessário um novo agir destes órgãos. Realmente é um grande desafio! Atender 20% da população que está superendividada e que já merece o tratamento não é fácil, principalmente pensando em estrutura física, pessoal, logística etc., sem falar que o tratamento é multidisciplinar, carecendo de outros profissionais para a sua realização (economistas, contadores, psicólogos, assistentes sociais etc.).

Ao mesmo tempo que é um grande desafio, é uma grande oportunidade de esses órgãos, principalmente os Procons, se estruturarem e assumirem o protagonismo em um problema que irá impactar profundamente toda a sociedade brasileira (principalmente considerando a resolução de várias mazelas sociais, como a diminuição dos moradores de rua, entre outros).

Mas como os Procons, que em sua grande maioria, não possuem servidores suficientes nem para os problemas cotidianos e estrutura compatível com um órgão de defesa do consumidor conseguirá dar vazão a esse enorme desafio, possibilitando o tratamento multidisciplinar de centenas e até milhares de consumidores em sua localidade?

---

4. Como base nesta premissa e no princípio da dignidade da pessoa humana é que defendemos que o plano de pagamento pode conter valores abaixo do principal ou até mesmo que o consumidor não pague nada durante o período de 5 anos, caso não tenha condições de efetuar o pagamento de nenhuma prestação.
5. O tratamento do consumidor superendividamento está sendo feito majoritariamente pelo judiciário (art. 104-A) porque os órgãos do SNDC não têm se estruturado para realizar este desafio.
6. O art. 104-C não constava inicialmente do Projeto de Lei dos juristas. Foi incluído, logo no primeiro relatório no Senado Federal por mim e pela Dra. Sandra Lengruber, com base nas sugestões do Brasilcon.

## PLATAFORMA

Em artigo publicado no ConJur e quando da minha participação no grupo de trabalho instituído pelo CNJ, defendi a necessidade do uso de uma plataforma, com utilização de banco de dados e uso da inteligência artificial.

Rememorando, trago as inúmeras vantagens que uma plataforma de tratamento do consumidor superendividamento implementada pelos Procons traria:

1) A possibilidade de a plataforma abranger todo um município ou estado (e até mesmo o país inteiro), sem necessidade de ter, necessariamente, um Procon, defensoria pública ou ministério público na localidade;

2) A facilidade de o consumidor enviar todos os dados das dívidas (contratos), bem como inserir os dados dos custos de vida através de um site ou aplicativo, não precisando se deslocar presencialmente para solicitar o tratamento;

3) Possibilidade, caso o consumidor requeira ou a própria plataforma sugira, de atuação de um psicólogo ou assistente social, que poderá atender o consumidor de maneira online (pela própria plataforma);

4) Possibilidade de o consumidor, de modo fácil, através do celular, enviar uma denúncia de abuso na concessão do crédito (podendo enviar fotos, documentos etc.), e a plataforma notificar o fornecedor imediatamente da reclamação/denúncia (caso este fornecedor já esteja cadastrado). A participação do consumidor como "fiscal da concessão do crédito", denunciando os abusos praticados no mercado, é importante para concretizarmos a fase preventiva da lei;

5) Possibilidade de o envio das intimações e/ou notificações dos credores pela própria plataforma, com comprovação de recebimento, não necessitando do envio de cartas por AR, gerando economia de tempo e custo;

6) Possibilidade de elaboração de um plano de pagamento automatizado, a partir dos dados inseridos pelo consumidor superendividado (dívidas e renda), com parâmetros do mínimo existencial, não necessitando de um profissional de economia para a realização de cada plano;

7) Possibilidade de a plataforma mostrar, com base no *big data* disponível, gráfico que indique propostas, considerando o credor e o tipo de dívida, com maiores chances de êxito;

8) A possibilidade, embora a lei não preveja, de o credor poder enviar uma proposta de pagamento (os termos em que aceitaria uma repactuação), mesmo antes da apresentação do plano de pagamento, gerando praticidade e transparência;

9) Possibilidade de realização de audiências assíncronas (as partes não precisam estar em contato ao mesmo tempo – simultaneamente), com o envio do plano de pagamento para todos os credores, possibilitando em um determinado prazo que cada um se manifeste pela anuência ou não e, em caso negativo, que esclareça as razões pelo não aceite do plano apresentado. Dentro deste prazo, cada credor terá tempo

suficiente para avaliar os dados e a proposta enviada pelo consumidor, podendo aferir, por exemplo, a veracidade das informações.

10) A realização da audiência assíncrona é eficiente porque:

a) O consumidor e os credores não precisam se deslocar até a sede do Procon ou defensoria pública para a realização da audiência;

b) Facilita a participação dos credores que não precisam manter representantes e advogados em cada cidade do país;

c) Possibilita um tempo para que os credores avaliem a veracidade das informações prestadas pelo consumidor;

d) Possibilita um tempo de análise do plano de pagamento por parte dos credores;

e) Evita o constrangimento de o consumidor estar por algumas horas sendo exposto aos credores;

f) Gera economia porque não necessita de estrutura física para as audiências globais e nem de servidores (conciliadores e mediadores) para os atos;

g) Em caso de aceite do credor ao plano de pagamento, é gerado automaticamente termo de acordo, não necessitando de servidor para redigir o termo;

h) Em caso de não aceite do credor ao plano, há possibilidade (em caso de convênio) de envio direto ao poder judiciário para o ajuizamento da ação de revisão e repactuação de dívidas (artigo 104-B) com atuação de um advogado ou defensor público;

11) Possibilidade de registro do resumo histórico da negociação, principalmente em caso de não acordo, para subsidiar o magistrado na definição do plano de pagamento compulsório (artigo 104-B), avaliando principalmente se o credor se portou com boa-fé ao tentar conciliar;

12) Possibilidade de acompanhamento do pagamento das prestações do plano acordado e/ou do plano compulsório instituído pelo magistrado.

13) A desjudicialização do tratamento do superendividamento. Sendo efetiva e com acesso facilitado, o consumidor irá optar pelo tratamento extrajudicial, deixando o judiciário somente para as hipóteses de não acordo (plano judicial compulsório), gerando economia de custos para a sociedade, uma vez que o processo judicial é extremamente caro.

Assim, essas são algumas das inúmeras vantagens que o uso de uma plataforma pode proporcionar no tratamento do consumidor superendividado.

A contratação da plataforma poderia ser feita no âmbito estadual (com recursos do fundo estadual), disponibilizando o seu acesso para todos os residentes daquele estado da federação. Uma só contratação atendendo a todo o Estado. Assim, não seria preciso estruturar, física e pessoalmente, cada Procon de determinado estado para que possibilite o tratamento do consumidor superendividado de forma ampla e rápida.

Espera-se com isso que os Procons possam assumir, verdadeiramente, o protagonismo na resolução deste problema social, uma vez que envolve a temática da qual é *expert* e para o qual foi criado: atuar nas relações de consumo, protegendo os consumidores que precisam de sua ajuda.

# A FORÇA DO CÓDIGO DE DEFESA DO CONSUMIDOR NO COMBATE AO RACISMO NAS RELAÇÕES DE CONSUMO

*Jonas Sales Fernandes da Silva*

Advogado, diretor do Conselho Executivo do IDEC e diretor de Igualdade Racial do Brasilcon.

Noticiou este portal, no último dia 14 de abril, que um *Shopping foi condenado a indenizar homem negro retirado do local por seguranças*.[1] A condenação é proveniente da 27ª Câmara de Direito Privado do Tribunal de Justiça do Estado de São Paulo (TJSP) e se deu em reforma de sentença que julgou improcedentes os pedidos autorais. No acórdão, o valor da indenização por danos morais se deu no importe de R$ 25.000,00 (vinte e cinco mil reais).

Mas voltemos duas casas, pois a grandeza deste julgado e da força normativa do Código de Defesa do Consumidor no combate ao racismo encontra-se precipuamente nos detalhes (na *ratio decidendi*, se se preferir).

Pois bem: se você é negro (preto ou pardo) e já se aventurou em passear por um *shopping* qualquer para realizar compras, certamente já presenciou a seguinte situação: dentro e fora das lojas habita não raras vezes o *racismo institucional*[2] (ou *líquido*[3]), isto é, aquele traduzido neste verso do poeta Leminski: "repara bem no que eu não digo": medem-no com o olhar de surpresa por você frequentar tais ambientes; por vezes percebe-se desprezo no olhar, indiferença... Já por parte da segurança do ambiente–você vai ler o óbvio se for negro ou um antirracista não importando a sua cor – prepondera a hostilidade, a segregação de consumidores por cor e de forma expressa o *racismo aberto*,[4] aquele que se apresenta por meio de agressões verbais e até mesmo físicas em algumas situações.

---

1. *Shopping é condenado a indenizar homem negro retirado do local por seguranças*. Disponível em: https://www.conjur.com.br/2024-abr-14/shopping-e-condenado-a-indenizar-homem-negro-retirado-do-local-por-segurancas/. Acesso em: 20 abr. 2024.
2. O termo foi elaborado no final dos anos 1960 por Stokely Carmichael e Charles V. Hamilton, ativistas e intelectuais do grupo Panteras Negras. In: RIOS, Flávia. SANTOS, Marcio André dos e RATTS, Alex (Org.). *Dicionário das relações étnico-raciais contemporâneas*. São Paulo: 2023, p. 301. Já no contexto brasileiro, por todos, SODRÉ, Muniz. *O fascismo da cor*: uma radiografia do racismo nacional. Petrópolis, Rio de Janeiro: Vozes, 2023.
3. "Racismo Líquido nas Relações de Consumo" no episódio 116 do EADCast. Disponível em: https://www.youtube.com/watch?v=_nJLCF0tzvg. Acesso: 21 abr. 2024.
4. In: RIOS, Flávia. SANTOS, Marcio André dos e RATTS, Alex (Org.). *Dicionário das relações étnico-raciais contemporâneas*. São Paulo: 2023, p. 302.

Discorda? Então, saiba ao menos que esses acontecimentos são descritos há muito pela arte, através do *rap nacional*, por exemplo, no Brasil; e do *hip hop*, nos Estados Unidos da América. Assim: o grupo Racionais MCs, na música *Vida Loka II*, lançada em 2006, inicia a canção com garotos negros que, ao chegarem em uma loja, veem um determinado tênis e questionam a vendedora: "ô moça, quanto tá esse tênis aqui?". A vendedora pratica o *racismo líquido*, a saber, olha para eles de cima para baixo, finge não ter ouvido e sai de perto dos *consumidores* (e olha que *consumidores somos todos*, hein?![5]); e o segurança pratica o racismo aberto, manda os garotos saírem de perto da loja;[6] já nos Estados Unidos da América, toma-se como exemplo a música *Window Shopper*,[7] do *rapper* 50 Cent, lançada em 2004, onde se percebe cena muito similar a acima retratada – de maneira completa a cena se encontra no filme *Get Rich or Die Tryin'*.[8]

Mas se você é do tipo de leitor que só se filia a dados, ou como diz Fernando Pessoa (*é cego, vendo*[9]), vai aqui uma pesquisa realizada – e publicada – pelo Globo, de outubro de 2023, que chegou, entre outras, a estas duas conclusões: (i) *racismo durante compras impacta saúde mental e autoestima de 79% dos negros*;[10] (ii) *54% das pessoas negras evitam estabelecimentos onde possam se sentir discriminadas pela cor da pele*.

Dito isso, e para avançar uma casa, os fatos levados à Justiça paulista foram assim resumidos no processo:

> Alega o autor, em síntese, que, em 26.10.2021, por volta das 17 horas, no estabelecimento da ré ("Mauá Plaza Shopping"), de forma inesperada e estranha, *os seguranças passaram a segui-lo*, primeiro à distância por homens uniformizados e, depois, à paisana. Afirma que os seguranças o seguiam ao adentrar em lojas ou quando se sentou em um banco. A perseguição evoluiu para uma *abordagem direta e incisiva, com a solicitação para que se retirasse do local*. Ainda, afirma que, "Com a recusa do autor, que indagou: "Porque tenho que sair? Não estou fazendo nada de errado,", sem entender o que estava acontecendo, *os seguranças o empurraram aos gritos de "sai fora daqui!!"*". Informa que foi a *única pessoa tratada dessa forma* no local. Afirma que a única explicação para esse ódio é a cor de sua pele ou vestimento (por ser cantor de Rap). Esclarece que "Aos empurrões o autor foi obrigado a se retirar do ambiente, não conformado com tanto

---

5. Em crítica a este pensamento: SILVA, Jonas Sales Fernandes da. Capítulo 15 – Nem todos somos Consumidores! *Estudos contemporâneos de direito do consumidor*. Santo Ângelo: Metrics, 2023, p. 224-245.
6. *Racionais* – Vida Loka II (Clipe Oficial – HD). Disponível em: https://www.youtube.com/watch?v=Fu5kcgz73TY. 1min44seg a 2min07seg Acesso em: 21 abr. 2024.
7. *50 Cent – Window Shopper*. Disponível em: https://youtube.com/watch?v=ylbPnGOrpoo. Acesso em: 21 abr. 2024.
8. *Fique Rico ou Morra Tentando*. Disponível em: https://www.primevideo.com/dp/amzn1.dv.gti.d59c-c7e7-f881-47e7-b84f-5b57a1ac6dc2?autoplay=0&ref_=atv_cf_strg_wb. Acesso em: 21 abr. 2024.
9. Arquivo Pessoa. Disponível em: http://arquivopessoa.net/info/bibliografia. Acesso em: 21 abr. 2024.
10. "A pesquisa entrevistou 1.667 pessoas, todas acima de 18 anos e pertencentes das classes ABC. O estudo foi produzido pelo departamento Sintonia com a Sociedade, da área de Pesquisa e Conhecimento da Globo, e está disponível no Gente, plataforma de pesquisas e tendências do grupo". Disponível em: https://www.terra.com.br/nos/racismo-durante-compras-impacta-saude-mental-e-autoestima-de-79-dos-negros,3905c-09d6a0bc83d391099954554066a5350pq5w.html#:~:text=Pesquisa%20realizada%20pela%20Globo%20revela,negros%20apareceu%20primeiro%20em%20AlmaPreta. Acesso em: 21 abr. 2024.

constrangimento e humilhação, fez um Boletim de Ocorrência (anexo). Porém, além do B.O, o autor procurou a administração do Shopping, que não deu tanta importância ao caso, não tomando as providências necessárias, como aponta a transcrição do áudio gravado (anexo) quando o requerente acionou a administração.". Narra ter recebido o contato, via aplicativo whatsapp, da representante do marketing da ré, após a repercussão do episódio em sua página. Acusa a ré de discriminação racial, em razão da abordagem discriminatória. Reclama do tratamento recebido quando denunciou o fato à administração da ré, especialmente pela preferência dada a uma pessoa branca. Afirma que pediram para se retirar do local: "foram palavras e expressões ofensivas, racistas, pedindo para o autor se retirar do local: "sai fora daqui!!!! Sai fora daqui!!". Pede a condenação da ré em danos morais.[11]

Registre-se que, juntamente com a inicial, juntou o autor da ação: "a) Boletim de Ocorrência (fls. 15-16); b) troca de mensagens pelo aplicativo "Messenger" com a ré (fls. 18/23); c) transcrição de áudio gravado após a ocorrência no shopping (fls. 24-26)". Por aqui, se consegue perceber a complexidade do racismo institucional no campo das provas, ou seja, não há documento juntado pelo consumidor do momento da prática de discriminação racial, pois que prova impossível – mais do que diabólica.[12]

Em sentença consta julgamento improcedente dos pedidos iniciais, conforme se pode observar deste trecho:

> De fato, a *versão dos fatos conforme deduzida na inicial não encontra eco em qualquer elemento de prova*. Aliás, *nem mesmo a prova documental produzida pela parte autora dá respaldo ao quanto alega*, já que do histórico do boletim de ocorrência consta expressamente: "Por fim, o declarante desconhece os motivos de ter sido submetido a tamanho constrangimento, mas afirmou que não foi injuriado verbalmente por nenhum dos seguranças patrimoniais" (fl. 15). Mesmo nos prints de diálogos travados com prepostos da ré, *inexiste indício das alegadas ofensas ou condutas discriminatórias*, e a parte autora não se *animou* a produzir provas adicionais que as demonstrassem. Muito embora não tenha este magistrado sido capaz de visualizar via link (fl. 203) as imagens do dia do evento, os prints de imagens acostados igualmente não denotam nenhuma movimentação anormal em relação à parte autora. Em suma, a falta de consistência das provas produzidas se é que há alguma milita em desfavor da versão da inicial. Não há na espécie defeito do serviço a ser reconhecido, nos termos do art. 14, § 1º, CDC.

Ou seja: o destinatário das provas (magistrado) observou se tratar de uma *questão singela* em que o consumidor deveria apresentar as imagens do *shopping*, trazer provas e tirar dos seguranças em audiência confissões de que houve prática

---

11. TJSP. Apelação Cível 1002028-78.2022.8.26.0348 – Voto 22247, p. 4.
12. "Em sua dimensão subjetiva, de regra de instrução, o ônus da prova serve para orientar a conduta probatória das partes, visando levar ao processo todos os elementos de prova necessários para justa resolução do caso concreto. O desiderato que se assinala ao ônus da prova, nessa perspectiva, está em possibilitar que se alcance a justiça do caso concreto. Eis aí a sua razão motivadora. E, evidentemente, não se pode imaginar que se chegará a uma solução justa atribuindo-se a produção de prova diabólica a uma das partes, ainda mais quando a outra parte, dadas as contingências do caso, teria melhores condições de provar. Tal ocorrendo, não pode incidir o art. 373, *caput*, CPC, podendo então ser aplicado o art. 373, § 1º, CPC". MARINONI, Luiz; ARENHART, Sérgio; MITIDIERO, Daniel. Seção I. Disposições Gerais In: MARINONI, Luiz; ARENHART, Sérgio; MITIDIERO, Daniel. *Código de Processo Civil Comentado*. São Paulo: RT, 2023. Disponível em: https://www.jusbrasil.com.br/doutrina/codigo-de-processo-civil-comentado-ed-2023/1916544450. Acesso em: 21 abr. 2024.

de racismo. Simples, não? Algo como Ulisses na Odisseia de Homero (10 anos em guerra e mais 17 para voltar para casa).

Já quanto ao direito aplicável ao caso, o juízo *a quo* registrou que "não há na espécie *defeito do serviço* a ser reconhecido, nos termos do art. 14, § 1º, do Código de Defesa do Consumidor".[13]

Direto ao ponto: o artigo 14 do Código de Defesa do Consumidor, como trazido em sentença, se aplica ao caso por se tratar de responsabilidade civil em decorrência de *fato do serviço*, isto é, de danos que se atrelam, de um modo ou de outro, à saúde ou à segurança do consumidor no mercado de consumo.

Neste sentido, ensina Bruno Miragem que "a responsabilidade pelo fato do produto ou do serviço decorre da violação de um dever de segurança, ou seja, quando o produto ou serviço não fornece a segurança que o consumidor deveria legitimamente esperar".[14] Situação distinta seria de *vício do serviço*, hipótese em que "a responsabilidade decorre da violação de um dever de adequação, qual seja, o dever dos fornecedores de oferecerem produtos ou serviços no mercado de consumo que sirvam aos fins que legitimamente deles se esperam".[15]

Ocorre que, com todas as escusas de estilo, o juízo de primeiro grau não se atentou à força normativa das regras do Código de Defesa do Consumidor, nomeadamente no campo da dinâmica probatória decorrente do instituto da *responsabilidade civil pelo fato do serviço*. A bem da verdade, não deu ouvidos a admoestação de Machado de Assis no romance Helena: "convém não confundir alhos, que são a metade prática da vida; com bugalhos, que são a parte ideológica (...)".[16]

É que, como anotado no acórdão que acertadamente reformou a sentença do processo que ora se discute, o Código de Defesa do Consumidor estipula dois regramentos diversos quanto à inversão do ônus da prova. Se, por um lado, prevê a inversão *ope legis* para as hipóteses do art. 12, § 3º,[17] art. 14, § 3º (...),[18] e art. 38,[19] e

---

13. TJSP. Apelação Cível 1002028-78.2022.8.26.0348 – Voto 22247, p. 5.
14. MIRAGEM, Bruno. *Curso de direito do consumidor*. 6. ed. rev., atual. e ampl. São Paulo: RT, 2016, p. 575.
15. MIRAGEM, Bruno. *Curso de direito do consumidor*. 6. ed. rev., atual. e ampl. São Paulo: RT, 2016, p. 575.
16. ASSIS, Machado de. *Helena*. São Paulo, Penguin Classics Companhia das Letras, 2018, p. 102.
17. CDC. Art. 12. O fabricante, o produtor, o construtor, nacional ou estrangeiro, e o importador respondem, independentemente da existência de culpa, pela reparação dos danos causados aos consumidores por defeitos decorrentes de projeto, fabricação, construção, montagem, fórmulas, manipulação, apresentação ou acondicionamento de seus produtos, bem como por informações insuficientes ou inadequadas sobre sua utilização e riscos. (...) § 3º O fabricante, o construtor, o produtor ou importador só não será responsabilizado quando provar: I – que não colocou o produto no mercado; II – que, embora haja colocado o produto no mercado, o defeito inexiste; III – a culpa exclusiva do consumidor ou de terceiro.
18. CDC. Art. 14. O fornecedor de serviços responde, independentemente da existência de culpa, pela reparação dos danos causados aos consumidores por defeitos relativos à prestação dos serviços, bem como por informações insuficientes ou inadequadas sobre sua fruição e riscos. (...) § 3º O fornecedor de serviços só não será responsabilizado quando provar: I – que, tendo prestado o serviço, o defeito inexiste; II – a culpa exclusiva do consumidor ou de terceiro.
19. CDC. Art. 38. O ônus da prova da veracidade e correção da informação ou comunicação publicitária cabe a quem as patrocina.

consequentemente como regra de julgamento; por outro lado determina que, nos demais casos, como na hipótese de vício do produto ou do serviço (art. 18 e seguintes[20]) a inversão será *ope judicis* – e como regra de instrução, nos termos do art. 6º, VIII, a ser enfrentada, preferencialmente, em decisão saneadora (art. 357, III, do Código de Processo Civil[21]).

Sendo assim, e por ser a hipótese dos autos de *fato do serviço*, deveria se ter invertido o ônus probatório independentemente da *ajuda do juiz* (*ope judicis*) – o qual analisaria a presença de um dos elementos autorizadores desta inversão, *i.e.*, *hipossuficiência* ou *verossimilhança das* alegações, por força do inciso VIII do artigo 6º do CDC[22] – mas tão somente observando-se a *ajuda já consentida pelo legislador* (*ope legis*). Não é demais dizer que esta facilitação da defesa do consumidor decorre não de doutrina ou jurisprudência – embora estas a abracem em sua maioria —, mas diretamente de escolha constitucional.[23]

Eis a força da Lei 8.078/1990, o Código de Defesa do Consumidor, no combate ao racismo, sobretudo aquele praticado na modalidade indireta, institucional, na defesa de consumidores e consumidoras negras que se *aventuram* (porque ainda é assim) no mercado de consumo.

É com base nesta força que, com muita sensibilidade (afinal direito não é só coisa que se só sabe, mas também que se sente[24]), o TJSP, primeiramente, reconheceu que o caso cuidava de acidente de consumo (*fato do serviço*): "(...) há, no caso, acusação de discriminação racial e agressão dirigida ao autor por funcionários da ré (acidente de consumo). Portanto, cabia ao autor a prova do nexo de causalidade e à ré a prova de que, tendo prestado o serviço, o defeito inexiste, ou a culpa exclusiva do consumidor ou de terceiro. A inversão, assim, é *ope legis* e como regra de julgamento".[25]

Consequentemente, inverteu o ônus da prova e solicitou que a empresa, ainda que em segunda instância, tivesse a oportunidade de apresentar as imagens das câmeras de vídeo, bem assim que demonstrassem quais são os cursos ou procedimentos adotados pela empresa de segurança para combater o *racismo institucional em suas relações com consumidores* (a rigor, o TJSP denominou de fenômeno de *Perfilamento*

---

20. CDC. Seção III. Da Responsabilidade por Vício do Produto e do Serviço.
21. CPC. Art. 357. Não ocorrendo nenhuma das hipóteses deste Capítulo, deverá o juiz, em decisão de saneamento e de organização do processo: (...) III – definir a distribuição do ônus da prova, observado o art. 373; Art. 373. O ônus da prova incumbe: I – ao autor, quanto ao fato constitutivo de seu direito; II – ao réu, quanto à existência de fato impeditivo, modificativo ou extintivo do direito do autor.
22. CDC. Art. 6º São direitos básicos dos consumidores: (...) VIII – a facilitação da defesa de seus direitos, inclusive com a inversão do ônus da prova, a seu favor, no processo civil, quando, a critério do juiz, for verossímil a alegação ou quando for ele hipossuficiente, segundo as regras ordinárias de experiências.
23. Constituição Federal de 1988. Art. 5º (...) XXXII – O Estado promoverá, na forma da lei, a *defesa* do consumidor. Art. 170. A ordem econômica, fundada na valorização do trabalho humano e na livre iniciativa, tem por fim assegurar a todos existência digna, conforme os ditames da justiça social, observados os seguintes princípios: (...) V – defesa do consumidor.
24. BARRETO, Tobias. *Monografias em alemão*. Sergipe: Secretaria de Educação e Cultura, 1978.
25. TJSP. Apelação Cível 1002028-78.2022.8.26.0348 – Voto 22247, p. 6.

Racial nas Relações de Consumo, o que vai ao encontro, em grande medida, ao que nos Estados Unidos da América se chama *Consumer Racial Profiling*[26]). Veja-se:

> Este Relator, a fls. 319/325, determinou que fossem prestados alguns esclarecimentos às partes, para o fim de se evitar alegação de nulidade ou de cerceamento de defesa, *até porque os vídeos sequer foram analisados na sentença*, e a ré se restringiu solicitar a oitiva do apelante em depoimento pessoal e testemunhas, sem apontar quais, bem como prazo suplementar para a juntada de novas imagens, restringindo-se a argumentar que o autor alterou sua versão em diversas vezes, *bem como a defender a inexistência de qualquer defeito na prestação do serviço, nos termos do art. 14, § 3º*, do CDC, além da denunciação da lide de seguradora. Não informou, ainda, a realização de cursos, treinamentos ou orientações a seus funcionários, relacionadas a abordagens aos consumidores, muito embora tenha sido determinado, no despacho, que fossem prestadas informações nesse sentido.[27]

> Cabe ressaltar, ainda, que a ré *não comprovou realizar orientações específicas a seus seguranças, como treinamentos, e muito menos com perspectiva racial. E não se argumente que tais deveres, isto é, a realização de cursos e treinamento a agentes de segurança privada não seriam de observância obrigatória à ré, especialmente considerado o contexto de discriminação racial no Brasil*.[28]

Nada apresentado por quem realmente competia nos termos do Código de Defesa do Consumidor (a fornecedora), o TJSP arrematou por reconhecer a prática de perfilamento racial nas relações de consumo, reformando a sentença na íntegra:

> Assim, está claro, pelas provas produzidas e pelo cenário brasileiro de discriminação racial, que, de fato, a irresignação inicial do autor procede, isto é, foi seguido pelos seguranças da ré, sem qualquer motivação aparente, senão em razão de se tratar de pessoa negra, bem como pelos seus trajes e, após, foi determinada a sua retirada do local por outro segurança.[29]

Acerca do dano moral, por fim, o TJSP o fixou no importe de R$ 25.000,00 (vinte e cinco mil reais), o que, a um só tempo, vai além do que as pesquisas[30] têm demos-

---

26. Neste sentido, por exemplo: "55 African Americans residing in the New York City area to examine African Americans' experiences of consumer racial profiling or "Shopping While Black." I find that racial discrimination alters African Americans' experiences as consumers. Racial stigma in retail settings impacts the consumptive process for Blacks in two central ways. First, retail settings are often sites where anti-Black bias is made evident, requiring Black shoppers to navigate racial hierarchies while procuring goods. Second, discrimination alters the experience of shopping, arguably raising the costs and reducing the rewards derived from consumption. When a store's sales staff is hesitant to serve Black shoppers or suspects that they are prospective shoplifters, shopping no longer becomes a form of leisure. A qualitative assessment of Blacks' reports of racial stigma and discrimination in retail settings reveals that race can change the meaning and status attached to goods, when they are sought out or owned by racial minorities. By examining Blacks' experiences of retail racism and the cultural strategies they adopt in responding to occasions when they are treated discriminatorily, this research brings to light Blacks' experiences of discrimination on the ground, while also examining how racism impacts the quality of Black consumers' experiences". PITTMAN, Cassi. "Shopping while Black": Black consumers' management of racial stigma and racial profiling in retail settings. *Journal of Consumer Culture*. v. 20, Issue 1, February 2020, p. 3-22.
27. TJSP. Apelação Cível 1002028-78.2022.8.26.0348 – Voto 22247, p. 30.
28. TJSP. Apelação Cível 1002028-78.2022.8.26.0348 – Voto 22247, p. 31.
29. TJSP. Apelação Cível 1002028-78.2022.8.26.0348 – Voto 22247, p. 34.
30. *Por direitos iguais*. Revista Idec. Edição 251, nov./dez. 2023, p. 16-19. Em igual sentido: *Quanto custa ser racista? Dimensão civil*. Núcleo de Justiça Racial e Direito da Fundação Getúlio Vargas São Paulo. Organi-

trado que se concede (*quantum debeatur*) em casos similares (a média fica entre R$ 5 e 7 mil reais), bem assim se distancia, felizmente, do que aponta o método bifásico adotado pelo Superior Tribunal de Justiça para fixação de danos morais.[31]

Tal decisão demonstra, por um lado, a força das regras do Código de Defesa do Consumidor no combate ao racismo na sociedade de consumo; e, de outro, traz esperança a pessoas que, como o autor deste texto, acreditam que "se as coisas são inatingíveis, ora, não é motivo para não querê-las; que tristes os caminhos se não fora a presença distante das estrelas".[32] A poesia vence o direito.[33]

---

zadores: Marta Rodriguez de Assis Machado e Thiago Amparo. Novembro de 2023. Disponível em: https://repositorio.fgv.br/items/7bf5e228-ef3d-4433-8b82-20b016e4bbb4. Acesso em: 21 abr. 2024.

31. *O método bifásico para fixação de indenizações por dano moral*. Superior Tribunal de Justiça. Disponível em: https://www.stj.jus.br/sites/portalp/Paginas/Comunicacao/Noticias-antigas/2018/2018-10-21_06-56_O-metodo-bifasico-para-fixacao-de-indenizacoes-por-dano-moral.aspx. Acesso em: 21 abr. 2024.
32. Poema extraído do livro *Espelho Mágico* de Mário Quintana, publicado em 1951.
33. "(...) uma balança, em que o prato que contém uma rosa é mais pesado que o que contém um código: a poesia vence o direito". CALAMANDREI, Piero. *Eles, os juízes, vistos por um advogado*. Introdução de Paolo Barile; tradução de Eduardo Brandão. 2. ed. São Paulo Editora WMF Martins Fontes, 2015, p. 18.

# QUESTÃO CENTRAL NO TEMA 1.156 DO STJ: DANO ANÍMICO OU DANO EXTRAPATRIMONIAL PRESUMIDO?

*Marcos Dessaune*

Advogado, autor da Teoria do Desvio Produtivo do Consumidor e membro do Instituto Brasilcon.

Após um pedido de vista da ministra Nancy Andrighi, a 2ª Seção do Superior Tribunal de Justiça (STJ) deverá retomar no dia 18.04.2024 o julgamento do Recurso Especial (REsp) 1.962.275/GO, afetado ao rito dos recursos repetitivos sob o Tema 1.156, cuja relatoria é do ministro Villas Bôas Cueva.

De acordo com os autos, a 2ª Seção vai definir "se a demora na prestação de serviços bancários superior ao tempo previsto em legislação específica gera dano moral individual *in re ipsa* apto a ensejar indenização ao consumidor", diante da divergência de entendimentos existente entre tribunais de segunda instância, bem como entre as próprias Turmas especializadas em Direito Privado da Corte Superior

Todavia, sob a perspectiva defendida pelo Instituto Brasileiro de Política e Direito do Consumidor (Brasilcon) em sua manifestação como *amicus curiae*, a questão central que o STJ precisará dirimir neste julgamento é que, no Brasil, os danos extrapatrimoniais são tradicionalmente chamados de "danos morais"[1] e com eles são confundidos. Isso se soma ao fato de que, numa parcela da doutrina e em grande parte da jurisprudência, ainda persiste o entendimento bastante ultrapassado de que o dano moral configura-se somente com a dor, o sofrimento, o abalo psicológico da pessoa.[2]

## LIÇÕES DA DOUTRINA

Em face dessa controvérsia, Anderson Schreiber[3] leciona que "a definição do dano moral não pode depender do sofrimento, [da] dor ou [de] qualquer outra repercussão sentimental do fato sobre a vítima, cuja efetiva aferição, além de moralmente questionável, é faticamente impossível". Para o autor, a definição hodierna

---

1. SANSEVERINO, Paulo de Tarso V. *Princípio da reparação integral*: indenização no código civil. 2. tir. São Paulo: Saraiva, 2011. p. 189.
2. Veja-se, por todos, CAVALIERI FILHO, Sergio. *Programa de responsabilidade civil*. 8. ed. rev. e ampl. 3. reimp. São Paulo: Atlas, 2009. p. 83-84, e STJ, REsp 844736/DF, j. 27.10.2009, rel. Min. Luis Felipe Salomão, rel. p/ acórdão Min. conv. Honildo Amaral de Mello Castro.
3. SCHREIBER, Anderson. *Direitos da personalidade*. São Paulo: Atlas, 2011. p. 17.

do dano moral deve centrar-se no "objeto atingido (o interesse lesado)", e não nas "consequências emocionais, subjetivas e eventuais da lesão".

Adicionalmente, Fernando Noronha[4] afirma que, no Brasil, existe uma "tradicional confusão entre danos extrapatrimoniais e morais [...] presente em praticamente todos os autores justamente reputados como clássicos nesta matéria, desde Aguiar Dias até Carlos Alberto Bittar e Yussef S. Cahali". Buscando superar esse problema, Noronha propõe que os danos extrapatrimoniais sejam chamados de "danos morais em sentido amplo" e que os danos anímicos sejam chamados de "danos morais em sentido estrito".

Na atualidade, juristas de escol como Francisco Amaral (2018) e o próprio Noronha (2013) convergem no entendimento de que o *dano moral em sentido estrito*, enquanto espécie de dano extrapatrimonial, pode ser definido como o prejuízo não econômico que resulta da lesão à integridade psicofísica da pessoa, ao passo que o *dano moral em sentido amplo*, enquanto gênero que corresponde ao dano extrapatrimonial, conceitua-se como o prejuízo não econômico que decorre da lesão a bem extrapatrimonial juridicamente tutelado[5] – onde a *Teoria do Desvio Produtivo* inseriu o "tempo do consumidor".[6]

## TEORIA DO DESVIO PRODUTIVO

Contudo, a prática judicial brasileira revela uma grande dificuldade no reconhecimento de novas categorias de danos extrapatrimoniais para além da esfera anímica da pessoa, o que vem contribuindo para a manutenção de uma jurisprudência anacrônica baseada no argumento do "mero aborrecimento".[7]

Com efeito, a *Teoria do Desvio Produtivo*, ao identificar e valorizar pioneiramente o "tempo do consumidor" (em sua dimensão estática) como um bem jurídico, demonstra que não se sustenta a compreensão jurisprudencial de que a "peregrinação" a que o consumidor é submetido, diante de um problema de consumo criado e imposto pelo próprio fornecedor, representaria "mero dissabor ou aborrecimento" normal na vida do consumidor.[8]

Partindo da noção de que *dano* é o prejuízo decorrente da lesão a um bem jurídico, material ou imaterial,[9] a *Teoria* sustenta que, em situações como as esperas excessivas por atendimento bancário, o bem jurídico imediatamente violado é o "tempo do consumidor", e não a sua "integridade psicofísica". Por esse motivo, é descabido

---

4. NORONHA, Fernando. *Direito das obrigações*. 4. ed. rev. e atual. São Paulo: Saraiva, 2013. p. 591.
5. DESSAUNE, Marcos. *Teoria ampliada do desvio produtivo do consumidor, do cidadão-usuário e do empregado*. 3. ed. rev., modif. e ampl. Vitória: Edição Especial do Autor, 2022. p. 135.
6. DESSAUNE, 2022, p. 172-173.
7. DESSAUNE, Marcos. A superação do argumento do "mero aborrecimento" promovida pela Teoria do Desvio Produtivo do Consumidor na jurisprudência brasileira. *Revista IBERC*, Belo Horizonte, v. 6, n. 3, p. 113-132, set./dez. 2023. passim.
8. DESSAUNE, 2022, p. 305.
9. AMARAL, Francisco. *Direito civil*: introdução. 10. ed. rev. e modif. São Paulo: Saraiva, 2018. p. 954.

cogitar se tais esperas excessivas geram sentimentos negativos – como "dissabores ou aborrecimentos" –, pequenos ("meros") ou grandes ("mega").

De fato, o consumidor que passa – ou melhor, que perde – uma, duas, três horas aguardando por atendimento bancário não sofre dano anímico (ou moral em sentido estrito), mas sim dano extrapatrimonial de natureza existencial (ou moral em sentido amplo), em razão da lesão ao seu tempo vital e a consequente alteração prejudicial e indesejada do seu cotidiano ou planejamento de vida.

Afinal, o *tempo*, enquanto bem personalíssimo, é o suporte implícito da vida, que dura certo tempo e nele se desenvolve, e a vida, enquanto direito fundamental, constitui-se das próprias atividades existenciais que cada um escolhe nela realizar.[10] Logo um evento de desvio produtivo traz como resultado um dano que, mais do que temporal, é *existencial* pela alteração prejudicial do cotidiano ou do projeto de vida do consumidor.[11]

## PRESUNÇÃO DO DANO EXISTENCIAL

Outra questão central que o STJ também precisará dirimir, neste julgamento, refere-se à presunção do dano existencial (ou moral em sentido amplo) que se verifica nas situações de esperas excessivas por atendimento bancário. Nos termos da referida *Teoria*, o dano extrapatrimonial de natureza existencial resultante de um evento de desvio produtivo é necessariamente *presumido*, porque o prejuízo existencial é deduzido de dois *postulados* que representam fatos notórios, a saber: 1º) em sua dimensão estática, o tempo é um recurso produtivo limitado, que não pode ser acumulado nem recuperado ao longo da vida das pessoas; e 2º) ninguém pode realizar, ao mesmo tempo, duas ou mais atividades de natureza incompatível ou fisicamente excludentes, do que resulta que uma atividade preterida/adiada no presente, em regra, só poderá ser realizada no futuro deslocando-se no tempo outra atividade.[12]

Conforme bem observou Alexandre Freitas Câmara,[13] não se trata aqui de aplicação da presunção legal (absoluta ou relativa), mas sim da *praesumptio hominis* – também denominada presunção simples ou judicial.

Leonard Ziesemer Schmitz[14] explica a diferença entre os dois institutos: "Na presunção legal, o legislador antecipa efeitos probatórios a certos fatos, que se têm por demonstrados até prova em contrário; na judicial [,] essa eficácia probatória só ocorre por conta da demonstração específica de relação entre fatos. Nas presunções

---

10. DESSAUNE, 2022, p. 367.
11. SOARES, Flaviana Rampazzo. *Responsabilidade civil por dano existencial*. Porto Alegre: Livraria do Advogado Editora, 2009. p. 42-46, passim.
12. DESSAUNE, 2022, p. 363-364.
13. CÂMARA, Alexandre Freitas. *Debate sobre o PL 2856/22 do Senado que positiva a Teoria do desvio produtivo do consumidor*, realizado com DESSAUNE, Marcos em 01.09.2023, no auditório da OAB/RJ no Rio de Janeiro/RJ.
14. SCHMITZ, Leonard Ziesemer. *Raciocínio probatório por inferências*: critérios para o uso e controle das presunções judiciais (Tese de doutorado). PUC-SP: São Paulo, 2018. p. 186.

legais há um deslocamento do ônus de prova [...]; nas inferências judiciais o que ocorre é uma circunstância específica, que autoriza a suficiência da produção de uma prova não relacionada diretamente ao fato que se quer conhecer".

De acordo com Schmitz,[15] a presunção "não é exatamente um meio de prova – embora o Código Civil assim o trate, no artigo 212, IV –, mas sim um processo de compreensão para que se dê por provado um fato. O que resulta da presunção não é de forma alguma um fato provado, mas o instrumento da presunção atribui a esse fato a mesma eficácia dos fatos provados – aliás, é essa a utilidade do raciocínio presuntivo: dispensar prova do fato e mesmo assim tê-lo por demonstrado".

Schmitz[16] ensina que as presunções simples ou judiciais "são inferências probatórias que independem de juízos prévios legislativos, e tradicionalmente se apoiam naquilo que ordinariamente acontece (art. 375, do CPC)". O autor acrescenta que, "em certa medida[,] se poderá dizer que o fato notório, cujo conhecimento é indispensável para que sirva de fato instrumental a uma presunção, [...] serve, mesmo que indiretamente, à demonstração daquilo que compõe o objeto de prova".

Mas Schmitz[17] distingue as regras de experiência dos fatos notórios. As regras de experiência "são juízos universais a respeito daquilo que ordinariamente acontece" e "servem para determinar o modo de ocorrência de fatos cujo inteiro conhecimento por provas diretas não é possível", enquanto os fatos notórios "são constatações de fatos concretos, ainda que tenham impacto generalizado sobre uma determinada comunidade ou população".

O autor acrescenta que pode existir certa confusão entre regras de experiência e fatos notórios, visto que "a doutrina é firme na ideia de que as regras da experiência devem surgir como generalizações notórias em si mesmas, no sentido de que sua veracidade ou pertinência não precise ser justificada". Porém, Schmitz esclarece que o que acontece aí é uma confusão sobre "a verdadeira função do art. 374, I, [do CPC] que se presta apenas a dispensar prova de determinados fatos".[18]

Portanto, na questão controvertida ora em análise, a presunção simples, judicial ou *hominis* permite ao juiz, com base nas regras de experiência, desenvolver um raciocínio probatório por inferência observando aquilo que ordinariamente acontece – no caso, o modo de ocorrência dos dois postulados existenciais anteriormente enunciados (fato-base notório) –, relacionando-o a outro fato que se quer conhecer – no caso, o prejuízo existencial (fato presumido) que ordinariamente resulta de um evento provado de desvio produtivo –, para que ele, juiz, possa concluir e assim reconhecer que o dano extrapatrimonial ou moral em sentido amplo está demonstrado no caso concreto (presunção em si).

---

15. SCHMITZ, 2018, p. 183.
16. SCHMITZ, 2018, p. 193 e 195-196.
17. SCHMITZ, 2018, p. 206 e 234.
18. SCHMITZ, 2018, p. 234.

## CONSIDERAÇÕES FINAIS

Diante do que foi exposto e, ainda, com respaldo na *Teoria do Desvio Produtivo do Consumidor*, é possível então se chegar às seguintes conclusões:

1º) Que a prestação de serviços bancários, em tempo superior ao máximo estipulado na legislação específica, caracteriza o vício de qualidade do serviço por "não atender as normas regulamentares de prestabilidade", conforme prevê o artigo 20, § 2º, do CDC;

2º) Que a prestação de serviços bancários em desacordo com tais normas, sempre que verificada de modo reiterado ou excessivo, caracteriza a omissão ou recusa do fornecedor quanto à sua responsabilidade de sanar o vício, representando prática abusiva vedada pelo CDC;

3º) Que o tempo perdido pelo consumidor em esperas excessivas por atendimento bancário, somada à alteração indesejada do seu cotidiano ou projeto de vida, caracteriza a lesão danosa à sua autodeterminação temporal e existencial;

4º) Que uma vez provada a lesão ao tempo do consumidor, presume-se o prejuízo existencial dela decorrente – sendo tal prejuízo inferido pelo juiz com base no que ordinariamente acontece a partir daqueles dois postulados, que são fatos notórios;

5º) Que o tempo vital e as atividades existenciais do consumidor são bem e interesses jurídicos personalíssimos; logo, sua lesão atinge o consumidor enquanto indivíduo, legitimando-o a mover ação em nome próprio – paralelamente à legitimação das entidades que podem promover ação coletiva.

Consequentemente o Instituto Brasilcon, sob nosso patrocínio, pediu ao STJ que negue provimento ao REsp 1.962.275/GO e, no mérito, que fixe a *tese* assim proposta: a demora reiterada ou excessiva na prestação de serviços bancários, em tempo superior ao previsto na legislação específica, caracteriza vício de qualidade do serviço por não atender às normas regulamentares de prestabilidade, o que gera dano extrapatrimonial de natureza existencial presumido (ou seja, dano moral *lato sensu in re ipsa*) pela lesão ao tempo e às atividades existenciais personalíssimos do consumidor, ensejando sua reparação tanto em ação individual quanto em tutela coletiva.

# CONTRATOS FORA DO ESTABELECIMENTO: AS DIFERENÇAS DE REGIME

*Mario Frota*

Antigo professor da Universidade de Paris d'Est, director do CEDC (Centro de Estudos de Direito do Consumo de Coimbra) e fundador e primeiro presidente da AIDC (Associação Internacional de Direito do Consumo).

## I). DOS CONTRATOS FORA DO ESTABELECIMENTO NO BRASIL

### 1. A formulação Do Código de Defesa do Consumidor brasileiro

Art. 49. O consumidor pode desistir do contrato, no prazo de 7 dias a contar de sua assinatura ou do ato de recebimento do produto ou serviço, sempre que a contratação de fornecimento de produtos e serviços ocorrer fora do estabelecimento comercial, especialmente por telefone ou a domicílio.

Parágrafo único. Se o consumidor exercitar o direito de arrependimento previsto neste artigo, os valores eventualmente pagos, a qualquer título, durante o prazo de reflexão, serão devolvidos, de imediato, monetariamente atualizados.

## II) DOS CONTRATOS FORA DE ESTABELECIMENTO NA UNIÃO EUROPEIA

### 1. Conceito

Contrato de compra e venda de consumo é, conforme a lei:

"o contrato pelo qual... o fornecedor... transfere a propriedade dos bens para o consumidor, em que se inclui qualquer [outro] que tenha simultaneamente por objecto bens e serviços*"

*No caso, os bens com conteúdos ou serviços digitais.

Os objecto mediato tanto pode revestir

- coisas físicas como
- coisas físicas com elementos digitais

Um smartphone pode vir com uma aplicação normalizada pré-instalada, nos termos do contrato, v.g., uma aplicação de alarme ou de uma câmara.

Um relógio inteligente, p.e.: no caso, o próprio relógio seria a coisa que integra elementos digitais, que só desempenharão as suas funções com uma aplicação fornecida nos termos do contrato, descarregada pelo consumidor em um smartphone.

Eis a formulação legal do contrato fora de estabelecimento:

*No caso, os bens com conteúdos ou serviços digitais.

Os objecto mediato tanto pode revestir

- coisas físicas como
- coisas físicas com elementos digitais

Um smartphone pode vir com uma aplicação normalizada pré-instalada, nos termos do contrato, v.g., uma aplicação de alarme ou de uma câmara.

Um relógio inteligente, p.e.: no caso, o próprio relógio seria a coisa que integra elementos digitais, que só desempenharão as suas funções com uma aplicação fornecida nos termos do contrato, descarregada pelo consumidor em um smartphone.

Eis a formulação legal do contrato fora de estabelecimento:

2.5. no local indicado pelo fornecedor, a que o consumidor se desloque, por sua conta e risco, na sequência de comunicação comercial que se lhe dirija (contrato por convite a contratar) (ou celebrados em instalações de Bombeiros, Cáritas, Cruz Vermelha, precedidos de falsos rastreios para lhes 'impingirem' colchões "ortopédicos", equipamentos, acessórios médicos do mais diverso jaez, numa efabulação sem limites...);

2.6. no *estabelecimento comercial do fornecedor*, através de meios de comunicação à distância, imediatamente após o consumidor ter sido, pessoal e expressamente, contatado em local que não o do estabelecimento (contatos de rua ou por meios de comunicação à distância para dados estabelecimentos onde as negociações decorrem e os contratos se concretizam): tais contratos são havidos como se fora fora de estabelecimento, com os direitos daí emergentes.

3.  Exclusões

O regime estatuído não se aplica a todas as espécies contratuais ou a contratos com determinado escopo.

Aplica-se, na medida e nas condições previstas nas suas disposições, aos contratos celebrados entre um fornecedor (que exerça habitual e reiteradamente uma atividade económica de escopo egoístico, de pendor lucrativo) e um consumidor (por consumidor se entendendo a pessoa física, singular, que adquire bens e serviços para consumo próprio e do seu círculo familiar, em noção que contrasta com a do Código de Defesa do Consumidor que vigora nessas paragens desde 11 de Março de 1991).

Aplica-se ainda aos contratos de fornecimento de água, gás, eletricidade ou aquecimento urbano, ainda que se incluam, como fornecedores, entidades públicas ou municipais, na medida em que os produtos de base ou os serviços sejam dispensados mediante base contratual.

Do seu âmbito se excluem, por imperativo legal, determinadas espécies, cumprindo, pois, aclarar o ponto: há, com efeito, exceções ao regime, sem que tal constitua menor pendor protetivo aos consumidores nas espécies contratuais versadas.

Exatamente porque, em dados termos, o regime de tais contratos logra assento em distintos diplomas em que se lhes dispensa um lastro protetivo de assinalar ante as especificidades de que se revestem.

A disciplina de um tal instrumento normativo não se aplica a contratos que por objeto mediato hajam:

- Os serviços sociais, nomeadamente no sector da habitação social, da assistência à infância e do apoio às famílias e pessoas permanente ou temporariamente necessitadas, inclusive nos cuidados continuados;
- Os cuidados de saúde prestados ou não no âmbito de uma estrutura de saúde;
- Os jogos a dinheiro que impliquem apostas pecuniárias em jogos de fortuna ou azar, incluindo lotarias, jogos de casino e apostas;
- Os serviços financeiros à distância (há um diploma distinto a reger, em particular, este domínio);
- A criação, aquisição ou transferência de bens imóveis ou de direitos sobre bens imóveis, regrada noutros instrumentos em vigor no ordenamento pátrio;
- A construção de novos edifícios, à reconversão substancial dos edifícios existentes e ao arrendamento para fins habitacionais, que relevam do Código Civil ou de leis avulsas;
- As viagens organizadas, férias organizadas e os circuitos organizados a que se consagra um diploma autónomo;
- Os contratos de utilização periódica de bens (time share), de aquisição de produtos de férias de longa duração, de revenda e de trocas, versados de análogo modo e com acrescida tutela em diploma próprio;
- Os certificados por um titular de cargo público obrigado por lei à autonomia e imparcialidade, bem como a garantir, fornecendo informações jurídicas pormenorizadas, que o consumidor apenas celebre o contrato após uma ponderação jurídica cuidada e com pleno conhecimento do seu alcance jurídico;
- O fornecimento de géneros alimentícios, bebidas ou outros bens destinados ao consumo corrente do agregado familiar, entregues fisicamente pelo profissional em turnos frequentes e regulares ao domicílio, residência ou local de trabalho do consumidor;
- Os serviços de transporte de passageiros com especificidades que se realçam em nota destacada.[1] (1)

---

1. Consoante o preâmbulo da Directiva 'Direitos do Consumidor' (27), impõe-se uma precisão, a saber, "os serviços de transporte incluem o transporte de passageiros e o transporte de bens. O transporte de passageiros deverá ser excluído do âmbito de aplicação da presente diretiva, atendendo a que já está sujeito a outras disposições legislativas da União ou, no caso dos transportes públicos e táxis, a uma regulamentação a nível nacional. No entanto, as disposições da presente diretiva destinadas a proteger os consumidores em

## 4. Contratos fora de estabelecimento: forma legal

Os contratos celebrados nestes termos, de harmonia com o que prescreve a lei, obedecem a forma, não são meramente consensuais (DL 24/2014: artigo 9º):

"1 – O contrato celebrado fora do estabelecimento comercial é reduzido a escrito e deve, sob pena de nulidade, conter, de forma clara e compreensível e na língua portuguesa, as [cláusulas impostas por lei].

2 – O fornecedor... deve entregar ao consumidor uma cópia do contrato assinado... ou, se o consumidor concordar, noutro suporte duradouro, ..."

Se se inobservar a forma, os contratos são nulos e de nenhum efeito: a nulidade, de harmonia com o regime geral, é susceptível de invocação por qualquer interessado, podendo ser declarada oficiosamente pelo tribunal.

## II. DO PERÍODO DE PONDERAÇÃO OU REFLEXÃO

### 1. Peculiares cautelas no domínio de contratos prenhes de surpresas

De há muito que se entende a especificidade de contratos do jaez destes e das habilidades dos que promovem as vendas ao intentarem explorar as fragilidades de quem atraído por métodos de venda quiçá insinuantes e sinuosos: daí que se exija que o consentimento seja reforçado, mais refletido, mais ponderado.

Ao período de reflexão ter-se-á sucedido um genuíno período de retratação tendente à eliminação de um dado contrato do giro comercial, após cuidada ponderação dos seus termos.

Hoje, na Europa, tal período uniformizado se acha na ordem dos *14 dias* consecutivos, com exceção, em princípio, de determinados contratos de seguro e, mais recentemente, em razão da Diretiva *Omnibus* – 2019/2161, de 27 de novembro – cujo lapso é de *30 dias*, a saber, nos *contratos celebrados no domicílio* ou no *decurso de uma excursão promovida pelo fornecedor* de molde a que possam fundamentadamente contratar, com inteira liberdade e livre de pressões e precipitações de qualquer origem.

O *período de reflexão* visa ainda permitir se evite a precipitação a que negócios do jaez destes tendem e se obste a que a exposição dos consumidores a estratégias mercadológicas perturbadoras surta perniciosos efeitos.

O consumidor, desprovido de formação para o consumo e sem resistências anímicas, cede facilmente perante artifícios, sugestões e embustes de que se povoa o mercado: e os operadores exploram hábil e exponencialmente a sua ligeireza, a le-

---

caso de aplicação de taxas e pela utilização de meios de pagamento ou em caso de custos ocultos deverão ser igualmente aplicadas aos contratos de transporte de passageiros. No que se refere ao transporte de bens e ao aluguer de automóveis, que constituem serviços, os consumidores deverão beneficiar da protecção proporcionada pela presente diretiva, exceto no que diz respeito ao direito de retratação".

viandade ou a precipitação, num cabal aproveitamento de situações de inexperiência, candura, inocência, se não mesmo de dependência psicológica a que o consumidor se expõe.

O direito de retratação, ainda que sob uma enorme mancha de heterónimos, mal conseguidos, tem de assumir papel de notória relevância na arquitetura do iter negocial, em prol do consumidor, por definição vulnerável ou, quiçá, hipervulnerável.

## 2. Direito de retratação: noção

Nos negócios jurídicos, ainda que presenciais, como é o caso, e como forma de prevenir eventuais precipitações ante uma menor ponderação das consequências dos contratos em que se enleiem, confere-se aos consumidores um período de reflexão dentro do qual é lícito exerça o direito de retratação.

A um tal direito o ordenamento já denominou indistintamente como

rescisão;

livre revogação;

revogação unilateral;

livre resolução;

resolução;

resolução unilateral.

Trata-se, porém, de um direito que outros cognominam de arrependimento ou desistência.

E que a Diretiva de 2011, ora em apreciação, designa, ao que se nos afigura com propriedade, como "direito de retratação".

Retratar-se significa, de modo corrente, segundo os dicionários, "v.t. dar por não dito; v.p. desdizer-se; mostrar arrependimento público".

O povo, na sua linguagem chã, diz simplesmente: "dar o dito por não dito", "voltar com a palavra atrás".

## 3. Características

Em regra, o direito de retratação tem como características essenciais as que se enunciam como segue:

irrenunciabilidade;

imotivabilidade;

inindemnizabilidade, em tese de princípio.

O direito de retratação é insusceptível de renúncia.

Não é lícito ao consumidor renunciar a um tal direito que se tem por injuntivo, dada a sua natureza.

A renúncia, a ocorrer, é havida como não escrita.

Outra das características é a sua imotivabilidade, vale dizer, a insuscetibilidade de só valer se for motivado, se houver fundamento que o suporte.

Para se exercer não terá de ser motivado, fundamentado, de se mobilizarem razões ou se arregimentarem argumentos que consubstanciem e tornem viável o exercício do direito.

E, por último e em princípio, pelo facto de se exercer o direito não se sujeitará o consumidor a indemnizar o fornecedor por eventuais prejuízos daí resultantes.

O mero exercício do direito não importará, pois, eventual penalidade.

## 4. Exceções ao regime-regra

Hipóteses em que o direito de retratação não subsiste:

O direito de retratação previsto nas hipóteses para que verte a diretiva comporta um sem-número de exceções, a saber:

- Nos contratos de prestação de serviço, depois de integralmente satisfeito, caso a execução haja sido iniciada com o prévio consentimento expresso do consumidor, e com o reconhecimento de que o direito de retratação se esvanece quando o contrato tiver sido plenamente executado;
- No fornecimento de bens ou prestação de serviços cujo preço dependa de flutuações do mercado financeiro que o fornecedor não possa controlar e sejam susceptíveis de ocorrer durante o prazo de retratação;
- No fornecimento de bens produzidos segundo as especificações do consumidor ou claramente personalizados;
- No fornecimento de bens susceptíveis de se deteriorarem ou de ficarem rapidamente fora de prazo;
- No fornecimento de bens selados não susceptíveis de devolução por motivos de proteção da saúde ou de higiene quando abertos após a entrega;
- No fornecimento de bens que, após a entrega e pela sua natureza, fiquem inseparavelmente misturados com outros artigos, como no caso dos combustíveis líquidos;
- No fornecimento de bebidas alcoólicas cujo preço tenha sido acordado aquando da celebração do contrato de compra e venda e cuja entrega apenas possa ocorrer após um período de 30 dias, de que o valor real dependa de flutuações do mercado insusceptíveis de controlo pelo fornecedor;

- Nos contratos para os quais o consumidor tenha solicitado especificamente ao fornecedor que se desloque ao seu domicílio para efetuar reparações ou operações de manutenção. Se, porém, por ocasião de tal deslocação, o fornecedor se propuser executar serviços para além dos especificamente solicitados pelo consumidor ou empregar bens diferentes das peças de substituição imprescindíveis à manutenção ou reparação, o direito de retratação como que renasce, aplicando-se a esses serviços ou bens adicionais;
- No fornecimento de gravações áudio ou vídeo seladas ou de programas informáticos de análogo modo selados a que tenha sido retirado o selo após a entrega;
- No fornecimento de um jornal, periódico ou revista, com exceção dos contratos de assinatura para o envio dessas publicações;
- Nos contratos celebrados em hasta pública;
- No fornecimento de alojamento, para fins não residenciais, transporte de bens, serviços de aluguer de automóveis, restauração ou serviços relacionados com atividades de lazer se o contrato previr uma data ou período de execução específicos;
- No fornecimento de conteúdos digitais que não sejam fornecidos num suporte material, se a execução tiver início com o consentimento prévio e expresso do consumidor e o seu reconhecimento de que deste modo perde o direito de retratação.

## 5. Exercício do direito de retratação

O consumidor que, após ponderação, pretenda exercer o direito de retratação, transmite ao fornecedor uma tal decisão antes do termo do prazo para o efeito assinado. Para tanto, é lícito ao consumidor:

– Utilizar o modelo de retratação previsto no anexo da diretiva em apreciação, que consta de análogo modo do anexo ao presente escrito; ou

– Efetuar qualquer outra declaração inequívoca em que comunique a sua decisão de retratação do contrato.

– Os Estados-membros ficam inibidos de impor eventuais requisitos formais suplementares ao modelo de formulário de retratação, para além dos que nele figuram.

– O consumidor exerce o seu direito dentro do prazo de retratação de 14 ou 30 dias (ou nos 14 ou 30 dias subsequentes, se a comunicação referente ao exercício do direito se expedir antes dos 12 meses imediatos: ou, a subsistir a omissão, nos 12 meses subsequentes aos 14 ou 30 dias iniciais após a entrega ou a celebração do contrato, consoante os casos, de harmonia com as modulações da lei.)

– O fornecedor pode, para além dos meios facultados no passo procedente, dar ao consumidor a possibilidade de preencher e apresentar por via electrónica o modelo de formulário de retratação padronizado, ou qualquer outra declaração inequívoca através do respectivo portal da Rede Mundial de Informação.

Em tais casos, o fornecedor remete ao consumidor, sem quaisquer compassos de espera e em suporte duradouro, um aviso de recepção da comunicação presente.

## 6. Omissão de informação sobre o direito de retratação: efeitos

Se o fornecedor não tiver habilitado o consumidor com informação atinente ao direito de retratação, nem assim o contrato é nulo por violação de disposição legal de carácter imperativo.

Com efeito, a lei confere uma dilação para o efeito: o prazo passa, como se assinalou, a expirar 12 meses após o termo do prazo de retratação inicial, determinado de harmonia com o que as diretivas e a lei dispõem.

Se o fornecedor oferecer ao consumidor a informação pertinente no lapso de 12 meses a contar da data em que o prazo se conta, em consonância com a diretiva e a lei, o prazo de retratação expira 14 ou 30 dias, consoante os casos, após o dia em que o consumidor tiver tido acesso a tal informação.

# CASO 123 MILHAS: LEI N. 5.768/71 DISCIPLINA CAPTAÇÃO DE POUPANÇA POPULAR E GARANTIRIA CONSUMIDOR

*Ricardo Morishita Wada*

Doutor em Direito pela PUC-SP. Professor de Direito do Consumidor no IDP-Brasília.

*Fernando Rodrigues Martins*

Mestre e Doutor em Direito pela Pontifícia Universidade Católica de São Paulo (PUC-SP). Professor da graduação e da pós-graduação da Universidade Federal de Uberlândia (UFU) e membro do Ministério Público do Estado de Minas Gerais.

A compra de passagens aéreas baratas é um sonho do consumidor brasileiro. O exercício da liberdade de ir e vir em um país continental carente de meios de transportes eficientes ajuda a explicar esta imensa necessidade.

Parte deste sonho se tornou um pesadelo para mais de meio milhão de consumidores que contrataram com a 123 Milhas e suas empresas agregadas. Após o pagamento do preço, os consumidores foram surpreendidos com a notícia de que não seria possível emitir o bilhete aéreo.[1]

A solução dada pela empresa seria a emissão de um voucher que poderia ser parcialmente utilizado para compra de um novo direito de emissão do bilhete aéreo. Em outras palavras, o que foi pago não seria restituído. Para viajar, os consumidores poderiam utilizar parcialmente o voucher e teriam que complementar com um novo pagamento.

Há muitos aspectos que merecem uma análise mais detida, como vem sendo realizado pelo Sistema Nacional de Defesa do Consumidor. Senacon, Procons, Ministério Público, Defensoria Pública e Associações de Consumidores têm trabalhado intensamente para atender e endereçar as inúmeras reclamações dos consumidores.

Da mesma forma, a Câmara dos Deputados, representada por seus parlamentares, trouxe o tema para debate e emprestou a visibilidade necessária para o drama de meio milhão de consumidores.

---

1. Ver o nosso Sentença Recuperação Judicial 123 Milhas, *RDC*. v. 150. p. 423.

## VENDA DE BILHETES

Entre os debates, um nos pareceu fundamental. A venda de direitos de emissão de bilhetes aéreos é diferente da venda de bilhetes aéreos. A emissão do bilhete é a materialização do contrato de transporte aéreo. É ele que assegura ao consumidor o direito de embarcar na aeronave no dia, horário e assento indicado e assim realizar a viagem pretendida.

A venda de direitos de emissão do bilhete é uma promessa de venda de direitos que foi ofertada aos consumidores. A publicidade era muito clara e quase onipresente nos diversos canais da mídia, inclusive nos aeroportos, um espaço público regulado, o que contribuía para sua credibilidade.

O pagamento do preço da oferta promocional prometia o direito de indicar datas e horários, em um momento futuro, para emissão do bilhete aéreo. Não havia a emissão dos bilhetes, mas apenas a expectativa de um direito.

O Código de Defesa do Consumidor estabeleceu há 33 anos o princípio da vinculação (artigo 30). O que foi prometido, desde que suficientemente preciso, deve ser cumprido pelo fornecedor. Para que o direito fosse efetivo, foi instituída no artigo 35 a execução específica da oferta, isto é, aquilo que foi ofertado poderia ser exigido pelos consumidores, inclusive judicialmente.

Da mesma forma e tão importante quanto tais direitos, temos o artigo 7º, da norma de proteção do consumidor. Nele está previsto, nas lições de Claudia Lima Marques, o diálogo das fontes, o que assegura aos consumidores a aplicação da norma mais protetiva aos seus direitos.

## LEI DE 1971

Neste sentido, nos parece fundamental resgatar a Lei 5.768, de 20 de dezembro de 1971, que estabelece, entre outras, a disciplina de captação de poupança popular.

Receber dos consumidores pagamentos com a promessa de realizar direitos no futuro, mediante oferta pública, depende de prévia autorização do Ministério da Fazenda ou de outras autoridades e órgãos oficiais, conforme prevê de forma expressa seu artigo 7º e inciso III.

Trata-se de uma medida protetiva da sociedade e sobretudo de sua boa-fé. Captar dinheiro no momento presente para entrega de direitos futuros, com oferta pública, representa um imenso risco para a sociedade. Por isso, a necessidade de prévia autorização que examina as garantias e a forma de gestão dos recursos captados dos consumidores.

A autorização governamental é uma medida preventiva. Ela tenta preservar a poupança, isto é, a reserva de dinheiro que o consumidor aplicou na empresa com a expectativa de ver realizado o seu direito.

Caso a medida de prevenção não funcione, a lei vai além e estabelece o principal mecanismo para proteção do dinheiro dos consumidores. No artigo 11, a lei declara que os sócios, diretores, gerentes e prepostos com função de gestão são depositários do dinheiro do consumidor até o cumprimento da obrigação contratada.

A proteção da poupança dos consumidores implica na impossibilidade de utilização dos recursos até que ocorra o cumprimento da obrigação. Por esta razão, a lei estabelece a solidariedade dos sócios, diretores, gerentes e prepostos com função de gestão com a empresa. São as pessoas físicas, que não se confundem com a empresa, que também passam a responder pelos valores que foram entregues pelos consumidores.

De forma acertada, a lei estabelece uma blindagem do dinheiro do consumidor. Impede que a empresa utilize estes recursos e estabelece de forma expressa a solidariedade com as pessoas que participam da gestão da empresa e destes recursos, implicando, de forma expressa, os sócios, diretores, gerentes e prepostos.

## POUPANÇA POPULAR

A captação de recursos dos consumidores é protegida pelo Código de Defesa do Consumidor e pela Lei de Captação de Poupança Popular. A engenharia jurídica é precisa e simples. Ela blinda o dinheiro do consumidor e atribui responsabilidade para a pessoa jurídica e física que captam e fazem a gestão destes recursos.

Seria fundamental, diante de nossa história, que o caso 123 Milhas representasse um exemplo em que os direitos dos consumidores fossem assegurados. Que aqueles que acreditaram nas ofertas realizadas sejam protegidos e tenham sua boa-fé prestigiada.

Toda crise é fonte genuína de oportunidades. Se há o risco de retrocesso, há possibilidades imensas de avanços. Após 33 anos, o Código de Defesa do Consumidor nos deixou uma sociedade e um Sistema Nacional de Defesa do Consumidor mais maduro.

Instituições de Estado como Senacon, Procons, Ministério Público, Defensoria Pública e as associações de consumidores, que representam a sociedade, possuem imensa experiência e expertise para tratar casos complexos e graves para os direitos dos consumidores.

O Poder Judiciário, tão fundamental para o avanço do direito do consumidor, assegura a concretização diária de incontáveis direitos dos consumidores.

O mercado também amadureceu e desenvolveu seus compromissos e responsabilidades. Não é o mesmo de 33 anos atrás. Já não discutem a aplicação e o respeito dos direitos dos consumidores.

Há uma oportunidade genuína para que o Caso 123 milhas seja um exemplo positivo de respeito aos direitos e normas de proteção ao consumidor. Espera-se uma saída que considere todo o patrimônio de valores que foram construídos ao longo dos 33 anos de defesa do consumidor.

E que a conta não seja paga ou suportada pelas pessoas que acreditaram e confiaram seus recursos para a empresa. Pessoas que não se confundem com sócios, parceiros ou investidores, mas consumidores.

# REGULAÇÃO DO CONSUMO GLOBAL E DIGITAL: ACESSO À JUSTIÇA E ELEIÇÃO DE FORO

*André de Carvalho Ramos*

Professor da Faculdade de Direito da Universidade de São Paulo (Largo São Francisco). Professor e coordenador de mestrado em Direito da Unialfa. Procurador regional da República. Membro e antigo diretor do Instituto Brasileiro de Política e Direito do Consumidor (Brasilcon).

No Dia Internacional do Consumidor (15 de março) é importante destacar a valorização do consumidor no contexto globalizado atual, em que os fornecedores buscam atrair consumidores em todo o mundo, promovendo relações transfronteiriças de consumo com apenas um clique.

Essa sociedade de consumo *global* e *digital* faz nascer duas questões regulatórias da ordem econômica e que podem dificultar (ou impedir) o acesso à Justiça dos consumidores: qual jurisdição deve conhecer as lides consumeristas globais e digitais (lides transnacionais digitais), nas quais o fornecedor está em um Estado e o consumidor em outro? E, em seguida, qual é a lei que deve ser aplicada: a lei do Estado do domicílio ou residência do consumidor ou a lei do Estado de sede do fornecedor?

No que tange à jurisdição (pela limitação de espaço, não abordarei a difícil questão regulatória da escolha da lei), o CPC de 1973 e a Lei de Introdução às Normas do Direito Brasileiro (LINDB) não previram nenhum tratamento especial às relações de consumo transnacionais, sendo aplicável a regra geral do *actor sequitur forum rei*, que exigia que o consumidor domiciliado ou residente no Brasil processasse o fornecedor estrangeiro no outro Estado, o que – pelos custos – fatalmente gerava denegação de justiça.

Por isso, o artigo 22, II, do CPC de 2015 trouxe novidade na temática da jurisdição internacional, prevendo que compete à autoridade judiciária brasileira processar e julgar as ações decorrentes de relações de consumo, quando o consumidor tiver domicílio ou residência no Brasil.

Exige-se, assim, que a demanda seja baseada nas (1) relações de consumo e (2) tenha o consumidor domicílio ou residência no Brasil.

A hipótese de o consumidor ser processado (réu) no Brasil já estava abarcada na regra do CPC de 1973 e na LINDB, ao dispor que a jurisdição internacional brasileira seja fixada em virtude do "domicílio do réu". Com este dispositivo, basta a residência do réu consumidor e não sendo necessário o seu domicílio no país.

## DEFINIÇÃO DA JURISDIÇÃO INTERNACIONAL

A grande novidade está na aceitação da jurisdição brasileira no caso de ser o autor da ação de consumo aquele domiciliado ou residente no Brasil. Com o CPC de 2015, atendeu-se, assim, a antigo anseio do movimento consumerista brasileiro para estender a jurisdição brasileira sobre lides consumeristas transnacionais (como as oriundas do comércio eletrônico, turismo etc.), assegurando o acesso à justiça ao consumidor. A qualificação do que vem a ser "relações de consumo" segue a lei do foro (lei brasileira), ou seja, incide o Código de Defesa do Consumidor, que enumera os diferentes tipos de consumidor.

Atende-se a uma demanda do Direito Internacional Privado (DIPr) contemporâneo de atualização das regras de delimitação da jurisdição em face da vulnerabilidade do consumidor no contexto de fornecedores globais. Portanto, o consumidor que adquirir produto no exterior e for domiciliado ou residente no Brasil pode se socorrer da proteção do Judiciário nacional.

Não se trata aqui de discutir a lei a ser aplicável à lide, se o Código de Defesa do Consumidor brasileiro (Lei 8.078/90) é norma de aplicação imediata,[1] mas sim de definição da jurisdição internacional.

Essa definição de jurisdição é importante, pois elimina as barreiras de acesso à justiça (custos proibitivos ao consumidor domiciliado ou residente no Brasil para processar o fornecedor no Estado estrangeiro) e ainda permite que o consumidor aproveite as regras processuais protetivas vigentes no Brasil, em especial a inversão do ônus da prova.

Com isso, o novo marco regulatório do CPC está em linha com a tendência de proteção da parte vulnerável (consumidor) no desenvolvimento contemporâneo do DIPr, tendo estendido nossa jurisdição para abarcar também as ações propostas pelo consumidor aqui domiciliado ou residente, além da tradicional fixação do foro do domicílio do réu.

Essa inovação é ainda mais consistente por não ter se restringido às relações de consumo nas quais o fornecedor dirigiu seus esforços de vendas ao mercado brasileiro.

Assim, a partir do novo CPC, os custos de defesa no Brasil por parte de um fornecedor domiciliado em outro Estado passam a ser um risco do seu negócio. O acesso ao mercado consumidor brasileiro (com os lucros a ele associados) não pode ser desprovido de custos aos fornecedores globais.

---

1. Defendo ser o CDC norma de aplicação imediata. CARVALHO RAMOS, André de. *A construção do Direito Internacional Privado*: heterogeneidade e coerência. Salvador: JusPodivm, 2021, p. 271 e ss.

## CLÁUSULA DE ELEIÇÃO DE FORO

Por outro lado, de acordo com o artigo 25 do CPC de 2015, não compete à autoridade judiciária brasileira o processamento e o julgamento da ação quando houver cláusula de eleição de foro exclusivo estrangeiro em contrato internacional, arguida pelo réu na contestação. De modo expresso, o § 1º do artigo 25 anuncia que essa derrogação de jurisdição não se aplica às hipóteses de jurisdição internacional exclusiva.

Além disso, o § 2º do mesmo artigo faz incidir as limitações às cláusulas de eleição de foro domésticas, previstas no artigo 63, §§ 1º a 4º, do CPC, à eleição de foro estrangeiro. Com isso, a eleição de foro estrangeiro *só* produz efeito quando constar de instrumento escrito e aludir expressamente a determinado negócio jurídico, obrigando os herdeiros e sucessores das partes.

Também é possível que seja discutida a abusividade da cláusula de eleição de foro, adaptando-se o previsto no artigo 63, §§ 3º e 4º. Assim, para que a cláusula de eleição de foro estrangeiro seja válida e modifique a jurisdição internacional cível brasileira, deve (1) constar de instrumento escrito e (2) não ser considerada abusiva.

Essa inovação é ainda mais consistente por não ter se restringido às relações de consumo nas quais o fornecedor dirigiu seus esforços de vendas ao mercado brasileiro.

Assim, a partir do novo CPC, os custos de defesa no Brasil por parte de um fornecedor domiciliado em outro Estado passam a ser um risco do seu negócio. O acesso ao mercado consumidor brasileiro (com os lucros a ele associados) não pode ser desprovido de custos aos fornecedores globais.

## CLÁUSULA DE ELEIÇÃO DE FORO

Por outro lado, de acordo com o artigo 25 do CPC de 2015, não compete à autoridade judiciária brasileira o processamento e o julgamento da ação quando houver cláusula de eleição de foro exclusivo estrangeiro em contrato internacional, arguida pelo réu na contestação. De modo expresso, o § 1º do artigo 25 anuncia que essa derrogação de jurisdição não se aplica às hipóteses de jurisdição internacional exclusiva.

Além disso, o § 2º do mesmo artigo faz incidir as limitações às cláusulas de eleição de foro domésticas, previstas no artigo 63, §§ 1º a 4º, do CPC, à eleição de foro estrangeiro. Com isso, a eleição de foro estrangeiro *só* produz efeito quando constar de instrumento escrito e aludir expressamente a determinado negócio jurídico, obrigando os herdeiros e sucessores das partes.

Também é possível que seja discutida a abusividade da cláusula de eleição de foro, adaptando-se o previsto no artigo 63, §§ 3º e 4º. Assim, para que a cláusula de eleição de foro estrangeiro seja válida e modifique a jurisdição internacional cível brasileira, deve (1) constar de instrumento escrito e (2) não ser considerada abusiva.

Há, contudo, regra de revogação tácita da cláusula de eleição de foro: caso o réu, citado, não alegar a existência da cláusula de eleição de foro estrangeiro na contestação, o processo desenvolve-se regularmente ao abrigo das hipóteses de jurisdição internacional concorrente.

Com a cláusula de eleição de foro, há o *forum shopping* predeterminado e, consequentemente, reduzem-se as incertezas, gerando previsibilidade sobre os efeitos gerados pela contratação internacional. A expressão "contrato internacional" do marco regulatório do CPC retrata o contrato que possui vínculos – de ordem objetiva ou subjetiva – com outro ordenamento jurídico, o que exclui os contratos relacionados exclusivamente ao Brasil.[2]

Essa interpretação da expressão "contratos internacionais" é útil porque (1) compatível com a ausência de uma definição legal clara sobre a expressão e (2) adequada em face da finalidade do CPC, que foi editado justamente para permitir – sem as divergências jurisprudenciais do passado – a utilização da autonomia da vontade em cláusulas de eleição de foro estrangeiro.

Resta agora compatibilizar a liberdade de escolha dos contratantes em derrogar a jurisdição concorrente com a proteção dos vulneráveis, que também é um dos valores do DIPr. Isso porque há contratos internacionais que são, em geral, contratos de adesão, como os contratos internacionais de *consumo*, não existindo nenhuma margem de manobra dada ao consumidor, que deve aceitar o foro imposto nos contratos padronizados (e, naqueles contratos eletrônicos, basta um "clique").

Não há, então, qualquer liberdade ou autonomia da vontade (valorizada pelo novo CPC) no que tange à derrogação da jurisdição em contratos de adesão.

## CONCLUSÃO

Assim, entendo que o artigo 25 do CPC (derrogação da jurisdição internacional relativa ou concorrente) só se aplica aos contratos internacionais de consumo que não sejam de adesão.

Outra interpretação levaria ao seguinte paradoxo: o novo CPC, na busca da proteção de direitos humanos e da parte vulnerável, estendeu a jurisdição internacional brasileira para abarcar as ações propostas pelos consumidores domiciliados ou residentes no Brasil, mas, ao mesmo tempo, teria tornado tal extensão inócua, pois a esmagadora maioria de contratos internacionais de consumo são de adesão e suas cláusulas impõem a jurisdição do Estado do fornecedor ou outra que lhe seja ainda mais favorável.

---

2. COSTA, José Augusto Fontoura; SANTOS, Ramon Alberto. Contratos internacionais e a eleição de foro estrangeiro no novo CPC. *Revista de Processo*, v. 253, 2016, p. 109-128.

Nesse sentido, o § 2º do artigo 25, ao proibir a abusividade nas cláusulas de foro estrangeiro, impede, consequentemente, que os contratos internacionais de consumo imponham (como usualmente ocorre nos contratos de adesão) cláusulas de eleição de foro estrangeiro, o que desnaturaria o novo critério de fixação da jurisdição concorrente brasileira nos casos envolvendo relações de consumo (artigo 22, II, do CPC de 2015).[3]

O consumidor brasileiro, envolvido nas lides consumeristas transnacionais no âmbito da sociedade global e digital, agradece.

---

3. Conforme defendi em CARVALHO RAMOS, André de. *Curso de Direito Internacional Privado*. 3. ed. São Paulo: Saraivajur, 2023, p. 260.

# APLICAÇÃO DA TEORIA MENOR DO CDC EM CENÁRIO CONCURSAL

*Flávia do Canto*

Pós-doutora em Direito pela Universidade Federal do Rio Grande do Sul. Professora universitária e advogada.

*Gabriela Mânica*

Mestre em Direito Civil e Empresarial pela Universidade Federal do Rio Grande do Sul e advogada

*Rodrigo Cantali*

Advogado da área de contratos de Souto Correa Advogados.

No final de 2023, a 3ª Turma do Superior Tribunal de Justiça, no julgamento do REsp 2.034.442/DF,[1] decidiu, por unanimidade, que:

(*1*) o deferimento do processamento de pedido de recuperação judicial de empresa que tenha sua personalidade jurídica desconsiderada não impede o andamento da execução redirecionada aos sócios;(2) eventual constrição de bens dos sócios não afeta o patrimônio da empresa em recuperação; e (3) é possível aplicar a desconsideração da personalidade jurídica com base na teoria menor, prevista no artigo 28 do Código de Defesa do Consumidor (CDC), para responsabilizar acionistas de sociedade anônima.

A desconsideração da personalidade jurídica pode ocorrer no próprio processo de falência[2] ou no de recuperação judicial (ou extrajudicial), sendo necessária a instauração de incidente de desconsideração de personalidade jurídica (IDPJ). Não se deve aplicar, contudo, a suspensão do processo prevista no artigo 134, § 3º, do Código de Processo Civil (CPC), diante de sua incompatibilidade com os processos concursais.[3]

---

1. REsp 2.034.442/DF, relator ministro Ricardo Villas Bôas Cueva, 3ª Turma, julgado em 12.09.2023, DJe de 15.09.2023.
2. Art. 82-A, da Lei 11.101/05 – "LREF".
3. SCALZILLI, João Pedro; SPINELLI, Luis Felipe; TELLECHEA, Rodrigo. *Recuperação de empresas e falência*: teoria e prática na Lei 11.101/2005. 4. ed. São Paulo: Almedina, 2023, p. 255.

Recentemente, cada vez mais tem sido permitida, na via judicial, a arrecadação de bens particulares de sócios de empresas falidas, desde que presentes as condições fáticas e jurídicas suficientes para atingir o patrimônio pessoal.

A desconsideração da personalidade jurídica é tratada em diversos diplomas legais – a exemplo do artigo 28 do CDC, do artigo 50 do Código Civil, do artigo 4º da Lei 9.605/1998 (a Lei do Meio Ambiente) e o artigo 34 da Lei 12.529/2011 (a Lei da Defesa da Concorrência).

Este é o aspecto a ser considerado no que tange especificamente aos efeitos patrimoniais, pois a aplicação da teoria da desconsideração não é hábil a determinar a falência de qualquer sócio, mesmo que possa redundar na arrecadação de todos os seus bens particulares.

Aliás, o artigo 82-A da LREF proíbe taxativamente a extensão da falência aos sócios de responsabilidade limitada, admitindo, porém, a desconsideração da personalidade jurídica.[4]

## A EXECUÇÃO REDIRECIONADA AOS SÓCIOS

Em sendo desconsiderada a personalidade jurídica de empresa recuperanda, acerta o STJ ao entender que isso não impede o andamento da execução redirecionada aos sócios. Isso porque o próprio tribunal já consolidou entendimento de que, em que pese a recuperação judicial tenha como efeito a suspensão das ações e execuções contra a recuperanda, não há nenhum impedimento ao prosseguimento de ações ou execuções ajuizadas contra terceiros solidários.

E a razão parece bastante óbvia: os credores conservam seus direitos e privilégios contra os coobrigados, fiadores e obrigados de regresso (artigo 49, §1º, da LREF e Súmula 581 do STJ), além de não haver afetação direta ao patrimônio do devedor principal (a empresa em recuperação), de modo que inexistiria prejuízo ao processo, ao soerguimento desta e à segurança jurídica.[5]

Os efeitos protetivos da recuperação judicial (inclusive a novação) não salvaguardam sócios, administradores e outras pessoas (inclusive sociedades grupadas que não estejam em recuperação), as quais podem ser eventualmente atingidas pela *disregard doctrine*.

Logo, havendo comprovação do abuso da personalidade jurídica e do prejuízo ao credor, a teoria da desconsideração pode ser aplicada tanto em ambiente recuperatório quanto falimentar, redirecionando a execução contra pessoas que não necessariamente estejam em recuperação, como ocorre frequentemente (e de forma um pouco banalizada) na Justiça do Trabalho.

---

4. BEZERRA FILHO, Manoel Justino. *Lei de recuperação de empresas e falência [livro eletrônico]*: Lei 11.101/2005: comentada artigo por artigo. 7. ed. São Paulo: Thomson Reuters Brasil, 2022. p. RL-1.16.
5. Exemplificativamente: REsp n. 2.072.272/DF, relator ministro Ricardo Villas Bôas Cueva, 3ª Turma, julgado em 12.09.2023, DJe de 28.09.2023.

Todavia, importante ressaltar que, na sistemática recuperacional, se determinado bem de pessoa atingida pela desconsideração já tiver sido direcionado para o cumprimento do plano de recuperação judicial, posterior aplicação da teoria da desconsideração não pode afetá-lo porque ausente prejuízo dos credores – e, também, para não prejudicar o esforço recuperatório.[6]-[7]

## DESCONSIDERAÇÃO DA PJ PELA APLICAÇÃO DA TEORIA MENOR

É interessante notar que, fora do âmbito do processo concursal, a depender do caso, a desconsideração da personalidade jurídica pode se dar também pela aplicação da teoria menor, a exemplo da aplicação do artigo 28, § 5º, do CDC.

Por meio dessa vertente da teoria, "sempre que a autonomia patrimonial da sociedade servir de obstáculo ao ressarcimento de prejuízos causados aos consumidores",[8] a separação patrimonial entre sócio e sociedade torna-se ineficaz qualquer, sem que para isso seja preciso demonstrar a existência de qualquer outro requisito.[9]

Nos termos do voto proferido no acórdão aqui tido como paradigma, por meio dessa regra, imputa-se aos sócios a

> responsabilidade patrimonial por dívidas da sociedade sempre que a sua personalidade for, de alguma forma, obstáculo ao ressarcimento de prejuízos causados aos consumidores, e foi a partir dessa relevante distinção que esta Corte Superior passou a interpretar a referida regra com maior rigor, restringindo o âmbito de sua aplicação.

A adoção da teoria menor pelo CDC "deixa bem clara a opção legislativa pela proteção do consumidor através da desconsideração sempre que a 'personalidade' atribuída à sociedade for obstáculo ao ressarcimento dos danos sofridos pelo consumidor".[10]

O seu fundamento reside no princípio da confiança, de modo a garantir "a efetiva reparação dos danos sofridos pelos consumidores, mesmo que, para isto, casuisticamente, se deva desconsiderar um dos maiores dogmas do Direito Comercial e Civil".[11]

---

6. SCALZILLI, João Pedro; SPINELLI, Luis Felipe; TELLECHEA, Rodrigo. *Recuperação de empresas e falência*: teoria e prática na Lei 11.101/2005. 4. ed. São Paulo: Almedina, 2023, p. 609.
7. STJ, 2ª Seção, CC 121.487/MT, Rel. Min. Raul Araújo, j. 27.06.2012.
8. REsp 2.034.442/DF, relator ministro Ricardo Villas Bôas Cueva, 3ª Turma, julgado em 12.09.2023, DJe de 15.09.2023. Até por isso, o min. relator destacou que "*a rigor, a considerar as origens históricas da disregard doctrine, não se poderia* afirmar que tais hipóteses tratam do mesmo instituto, a despeito das expressões utilizadas pelo legislador, tendo em vista que a desconsideração propriamente dita está necessariamente associada à fraude e ao abuso de direito, com desvirtuamento da função social da pessoa jurídica, criada com personalidade distinta da de seus sócios".
9. RODRIGUES FILHO, Otávio Joaquim. *Desconsideração da personalidade jurídica e processo* [livro eletrônico]. São Paulo: Thomson Reuters Brasil, 2023, p. RB-4.16.
10. MARQUES, Claudia Lima. *Contratos no Código de Defesa do Consumidor* [livro eletrônico]: o novo regime das relações contratuais. 3. ed. São Paulo: Thomson Reuters Brasil, 2019, RB-5.1.
11. MARQUES, Cláudia Lima; BENJAMIN, Antonio Herman V.; MIRAGEM, Bruno. *Comentários ao Código de Defesa do Consumidor* [libro eletrônico]. 4. ed. São Paulo: Thomson Reuters Brasil, 2021, RL-1.9.

Ainda que a doutrina da desconsideração tenha seu fundamento em princípios que vedam o abuso de direito, no âmbito do Direito do Consumidor há um acréscimo em razão da vulnerabilidade do consumidor, razão pela qual o CDC, a partir de um método tópico e funcional, pretende endereçar "o problema concreto do conflito de valores entre a manutenção do dogma da separação patrimonial e os interesses da outra parte contratante com a pessoa jurídica insolvente".[12]

## O RECURSO ESPECIAL 279.273/SP

Esse processo de restrição no âmbito de atuação da regra do artigo 28, § 5º,[13] do CDC tem início ainda em 2003, no julgamento do REsp 279.273/SP. Naquela oportunidade, o STJ firmou tese no sentido de que a teoria menor da desconsideração da personalidade jurídica "incide com a mera prova de insolvência da pessoa jurídica para o pagamento de suas obrigações, independentemente da existência de desvio de finalidade ou de confusão patrimonial".

Esse entendimento decorreria do fato de que "o risco empresarial normal às atividades econômicas não pode ser suportado pelo terceiro que contratou com a pessoa jurídica, mas pelos sócios e/ou administradores desta, ainda que estes demonstrem conduta administrativa proba, isto é, mesmo que não exista qualquer prova capaz de identificar conduta culposa ou dolosa por parte dos sócios e/ou administradores da pessoa jurídica".[14]

Ainda que essa seja a tese que prevalece atualmente no âmbito do STJ, julgamentos proferidos em anos posteriores foram adicionando cores próprias à discussão – por exemplo, quando se decidiu que

(1) o artigo 28, § 5º, do CDC "não dá margem para admitir a responsabilização pessoal de quem não integra o quadro societário da empresa, ainda que nela atue como gestor";[15] (2) não há "previsão expressa no código consumerista quanto à possibilidade de se atingir os bens do administrador não-sócio", de modo que, quanto a este, é necessária comprovação dos requisitos para a aplicação da teoria maior da desconsideração da personalidade jurídica;[16] e (3) o artigo 28, § 5º, do CDC "não dá margem para admitir a responsabilização pessoal de quem, embora ostentando

---

12. MARQUES, Cláudia Lima; BENJAMIN, Antonio Herman V.; BESSA, Leonardo Roscoe. *Manual de Direito do Consumidor*. 5. ed. São Paulo: RT, 2013, p. 81.
13. Art. 28. O juiz poderá desconsiderar a personalidade jurídica da sociedade quando, em detrimento do consumidor, houver abuso de direito, excesso de poder, infração da lei, fato ou ato ilícito ou violação dos estatutos ou contrato social. A desconsideração também será efetivada quando houver falência, estado de insolvência, encerramento ou inatividade da pessoa jurídica provocados por má administração. § 5º Também poderá ser desconsiderada a pessoa jurídica sempre que sua personalidade for, de alguma forma, obstáculo ao ressarcimento de prejuízos causados aos consumidores.
14. REsp 279.273/SP, relator ministro Ari Pargendler, relatora para acórdão ministra Nancy Andrighi, 3ª Turma, julgado em 04.12.2003, DJ de 29.03.2004, p. 230.
15. REsp 1.862.557/DF, relator ministro Ricardo Villas Bôas Cueva, 3ª Turma, julgado em 15.06.2021, DJe de 21.06.2021.
16. REsp 1.658.648/SP, relator ministro Moura Ribeiro, 3ª Turma, julgado em 07.11.2017, DJe de 20.11.2017.

a condição de sócio, não desempenha atos de gestão, ressalvada a hipótese de que contribuiu, ao menos culposamente, para a prática de atos de administração".[17]

Esse processo histórico, demonstrado no acórdão aqui adotado como paradigma, permitiu alcançar uma interessante síntese acerca da possibilidade de aplicação da teoria menor da desconsideração da personalidade jurídica prevista no artigo 28, § 5º, do CDC:

> a despeito de dispensar a prova de fraude, abuso de direito ou confusão patrimonial", a teoria menor "não possibilita a responsabilização pessoal i) de quem não integra o quadro societário da empresa, ainda que nela atue como gestor e ii) de quem, embora ostentando a condição de sócio, não desempenha atos de gestão e tampouco contribui para a sua prática.[18]

Ademais, o acórdão assentou que "o tipo societário não é o que define a aplicabilidade da denominada Teoria Menor", de modo que a desconsideração da personalidade jurídica com fundamento no artigo 28, § 5º, do CDC pode ser admitida em sociedades anônimas, desde que seus efeitos se restrinjam às pessoas que detenham o efetivo controle sobre a gestão da companhia,[19] não se podendo confundir desconsideração da personalidade jurídica com a hipótese de responsabilidade dos acionistas controladores prevista nos artigos 116, 117 e 158 da Lei de Sociedades Anônimas.

Discussão que vem à tona também é a incidência – ou não – do artigo 6º-C, da LREF,[20] para aplicação da Teoria Menor. Pelo acórdão:

> a inovação de que trata o art. 6º-C da LREF, introduzida pela Lei 14.112/2020, não afasta a aplicação da norma contida no art. 28, § 5º, do CDC, ao menos para efeito de aplicação da Teoria Menor pelo juízo em que se processam as ações e execuções contra a recuperanda, ficando a vedação legal de atribuir responsabilidade a terceiros em decorrência do mero inadimplemento de obrigações do devedor em recuperação judicial restrita ao âmbito do próprio juízo da recuperação.

Quanto ao tema, ainda são escassos os julgados. Assim, o artigo 6º-C, para parte da doutrina, veda a atribuição de responsabilidade a terceiros em decorrência de mero inadimplemento de obrigações do devedor falido ou em recuperação judicial, ressalvadas eventuais garantias prestadas por tais sujeitos ou na hipótese de desconsideração da personalidade jurídica.[21]

---

17. REsp 1.900.843/DF, relator ministro Paulo de Tarso Sanseverino, relator para acórdão ministro Ricardo Villas Bôas Cueva, 3ª Turma, julgado em 23.05.2023, DJe de 30.05.2023.
18. REsp 2.034.442/DF, relator ministro Ricardo Villas Bôas Cueva, 3ª Turma, julgado em 12.09.2023, DJe de 15.09.2023.
19. O que, aliás, já havia sido destacado no AgInt no AgInt no AREsp 1.811.324/DF, relator ministro Luis Felipe Salomão, julgado em 09.08.2022, DJe de 19.08.2022.
20. Art. 6º-C. É vedada atribuição de responsabilidade a terceiros em decorrência do mero inadimplemento de obrigações do devedor falido ou em recuperação judicial, ressalvadas as garantias reais e fidejussórias, bem como as demais hipóteses reguladas por esta Lei. (Incluído pela Lei 14.112, de 2020).
21. SACRAMONE, Marcelo. *Comentários à lei de recuperação de empresas e falência*. 4. ed. São Paulo: Saraiva, 2023, p. 67; SCALZILLI, João Pedro; SPINELLI, Luis Felipe; TELLECHEA, Rodrigo. *Recuperação de empresas e falência: teoria e prática na Lei 11.101/2005*. 4. ed. São Paulo: Almedina, 2023, p. 239.

Para outros, o dispositivo afasta a aplicação da Teoria Menor.²² O recente julgado do STJ indica um caminho a ser seguido – mas ainda não se pode afirmar que a questão está pacificada.

---

22. SACRAMONE, Marcelo. *Comentários à lei de recuperação de empresas e falência*. 4. ed. São Paulo: Saraiva, 2023, p. 67; SCALZILLI, João Pedro; SPINELLI, Luis Felipe; TELLECHEA, Rodrigo. *Recuperação de empresas e falência*: teoria e prática na Lei 11.101/2005. 4. ed. São Paulo: Almedina, 2023, p. 239.

# PRECISAMOS CONVERSAR SERIAMENTE SOBRE AUTORREGULAÇÃO PRIVADA

*Amanda Flávio de Oliveira*

Doutora e Mestre em Direito Econômico pela Universidade Federal de Minas Gerais (UFMG). Professora dos cursos de graduação, mestrado e doutorado da Faculdade de Direito da Universidade de Brasília (UnB). Advogada e sócia fundadora da Advocacia Amanda Flávio de Oliveira.

*Diógenes Carvalho*

Pós-doutor em Direito e Psicologia. Doutor em Psicologia. Mestre em Direito e diretor jurídico do Conselho Nacional de Autorregulamentação Publicitária (Conar). Professor associado da Universidade Federal de Goiás, Centro Universitário Alves Faria (Unialfa), Faculdade Autônoma de Direito de São Paulo (Fadisp).

*Deus está morto.* Desde a afirmação categórica de Nietzsche que se discute seu alcance, seu real significado, suas implicações. Entre disputas de correntes de interpretação, estudiosos compartilham o espanto com o diagnóstico incômodo que a sentença revela. Não o negam, antes procuram conferir-lhe alcance.

*O Estado regulador agoniza.* Neste caso, apesar da realidade contundente, correntes de estudiosos dividem-se quanto às soluções que propõem para frustrações decorrentes do modelo, em todos os casos ainda apostando na solução regulatória estatal, que precisaria apenas de ajustes. Desapontamentos são compartilhados, mas evita-se o incômodo diagnóstico.

Desde a construção de uma concepção de Estado regulador, no âmbito do processo de desenvolvimento do capitalismo, percebe-se um esforço de aprimoramento e ajustes na proposta, ao qual se seguem novas frustrações e novos reparos, em um ciclo de ineficiência e desperdício de recursos sociais de toda ordem.

## INSATISFAÇÃO COM OS RESULTADOS DA REGULAÇÃO

No bojo dos Estados republicanos que fizeram opção pela separação de Poderes, de um modelo tradicional de *intervenção estatal na economia* por meio de *leis*, sucedeu-se um paradigma de *regulação*, realizada por agências compostas por *experts*. No âmbito dessas agências, de um modelo regulatório que se vale da técnica de *comando e controle*, identifica-se a defesa de propostas de *corregulação*, de *regulação responsiva*, de *sandboxes*, em um persistente trabalho de corrigir erros de rota. Em comum, em todos os casos, a insatisfação com os resultados insuficientes da regulação empreendida, seus eventuais efeitos negativos, com seus custos e/ou com os incentivos inesperados que geraram se faz presente. Seja por apego, por ideologia ou por convicção acrítica, a realidade revela que não se pretende, todavia, abdicar do modelo tão cedo.

*O Estado regulador pode ser sintetizado, neste ponto, como a atuação do Estado para nortear o comportamento dos agentes econômicos em um dado mercado, movido pelo propósito de alcançar valores por ele definidos.*

Em primeiro lugar, é de se considerar quais seriam os tais valores que justificam a ação do Estado na atividade econômica das empresas. Esses valores – os objetivos da regulação – não são de livre definição pelos agentes públicos: eles são previamente determinados e limitados pela Constituição e dizem respeito à existência digna dos indivíduos, o que está intrinsecamente dependente de uma economia desenvolvida. Acesso ao mercado, direitos de escolha do consumidor, competitividade entre as empresas são elementos centrais nesse cenário.

## AUTORREGULAÇÃO PRIVADA

Em segundo lugar, urge identificar que o modelo do Estado regulador está sendo repensado também em outras jurisdições, inclusive naquelas mais maduras no tema.

É o caso dos Estados Unidos, considerado o idealizador e primeiro executor de um modelo de intervenção estatal por meio de agências formadas por *experts*. Aspecto considerado quase-indispensável do modelo – a deferência judicial pelas decisões técnicas produzidas por elas – vem sendo questionado severamente naquele país,[1] com consequentes debates públicos e oficiais sobre a necessidade de se resgatar a separação entre os Poderes da República,[2] tema que o modelo de Estado regulador, discretamente, despreza.

Também em organismos internacionais se verifica uma abertura a outras soluções.

No que concerne às políticas regulatórias da economia na internet, por exemplo, a Organização para a Cooperação e o Desenvolvimento Econômico (OCDE) tem promovido discussões e incentivos para soluções regulatórias mais eficientes a partir da sociedade civil numa espécie de ação global em cooperação, que associa os governos, as empresas, os consumidores e os seus representantes.[3]

---

1. Recomenda-se: https://www.conjur.com.br/2024-fev-06/revisao-da-doutrina-chevron-e-o-desequilibrio-entre-os-poderes-nos-eua/.
2. Confira: https://www.cbo.gov/publication/59241.
3. Organização para a Cooperação e Desenvolvimento Econômico. Recomendação do Conselho relativa às linhas directrizes que regem a protecção dos consumidores no contexto do comércio electrónico. Disponível em: https://www.oecd.org/sti/consumer/34023696.pdf. Acesso em: jan. 2023.

Além disso, tem proposto modelos de autorregulação privada como uma opção para participação direta e protagonista dos agentes privados na disciplina da atividade econômica e como forma de correção de rumos e adaptação ao digital.

A *autorregulação privada* costuma ser avaliada ou referenciada com doses equivalentes de desconfiança e desconhecimento. Apriorística e preconceituosamente considerada engodo, a autorregulação privada ainda merece crédito e estudo sério, inclusive empírico, que avalie seus resultados para o atingimento dos tais valores sociais relevantes que movem – ou deveriam mover – a ação dos reguladores estatais.

Na dimensão digital, em especial, a autorregulação privada pode deixar de ser uma das opções possíveis, para se tornar a única viável. O ritmo frenético das evoluções tecnológicas, a incapacidade concreta de o Estado acompanhá-las para adequadamente discipliná-las, parece conduzir a um desfecho que a imporá apesar dos apegos à ação regulatória que parta do Estado. É o que advertia Richard Posner, ainda no ano de 2000, em relação à política antitruste aplicável ao novo mundo digital: doutrina adequada para lidar com os problemas haveria, capacidade técnica específica institucional seria o problema. E ele não fazia ideia de como solucioná-lo.[4]

De fato, a já não tão recente disciplina do tratamento de dados propicia reflexão tanto no Brasil quanto fora daqui. No país, passados cinco anos da lei, foram necessários outro par de anos para ser possível fazê-la entrar em vigor, seguido de uma dificuldade concreta de realizar o seu *enforcement*, tudo isso acompanhado por escândalos que informavam problemas de dados vivenciados pelo próprio Estado no tratamento de dados públicos. A trajetória errática da política tem conduzido alguns a considerarem-na uma bolha, já superada.[5]

## AUTORREGULAÇÃO REGULADA

Num exercício de reconhecer fragilidades da regulação estatal e de não reconhecer a autorregulação privada como possível solução, vem ganhando certo prestígio na doutrina a chamada *autorregulação regulada*, que poderia ser considerado modelo regulatório misto, isto é, uma combinação de autorregulação privada com a regulação derivada do Estado e por ele fiscalizada.

A ideia seria a de aproveitar "o melhor" de dois mundos: a autorregulação privada tem a vantagem da eficiência pela disponibilidade do conhecimento interno e pela dinâmica de constante revisão de conceitos. Por outro lado, a ela lhe faltaria a capacidade de coerção que só o Estado possui.[6]

---

4. Confira: https://papers.ssrn.com/sol3/papers.cfm?abstract_id=249316.
5. Confira: https://www.jota.info/justica/estourou-a-bolha-da-lgpd-as-apostas-para-o-futuro-do-mercado-de-protecao-de-dados-102023#:~:text=Uma%20das%20explicações%20para%20o,a%20"gestão%20de%20terceiros".
6. MARANHÃO, Juliano; CAMPOS, Ricardo. Fake News e autorregulação regulada das redes sociais no Brasil: fundamentos constitucionais. In: ABBOUD, Georges; NERY JR., Nelson; CAMPOS, Ricardo (Org.). *Fake news e regulação*. 3. ed. São Paulo: Thomson Reuters Brasil, 2021. RB-1.15.

No plano governamental, diversas iniciativas do governo federal, a partir de 2019, fazem opção pelo fomento à autorregulação, à autorregulação regulada ou à corregulação, em mercados tão centrais como o de telecomunicações, por exemplo.[7] Embora ainda se identifique uma clara dificuldade de lidar com o tema do abrandamento ou do abandono de iniciativas regulatórias claramente insuficientes ou ineficientes, a participação da iniciativa privada no atual momento intervencionista brasileiro parece ser um movimento sem volta.

O tópico da confiança em um modelo de autorregulação privada ainda segue sendo negligenciado, entretanto. Admiti-lo como alternativa, estudar modelos já vigentes, mensurar seus resultados, constitui agenda ainda em aberto no Brasil. Pode ser que, em alguns casos, o caráter eminentemente anárquico do novo modelo de negócios, produto ou serviço o imponha, desautorizando a ação estatal. Que o diga o modelo de serviços variados ofertados via aplicativo, em que empresas disruptivas conseguiram endereçar expectativas e entregar bem-estar à população como nenhum modelo correlato da economia tradicional havia conseguido, mesmo com o estado na condição de guardião de valores sociais e com poder coercitivo à espreita. Aguardemos. O estado regulador agoniza.

---

7. OLIVEIRA, Amanda Flávio de. 25 anos de regulação no Brasil. In: MATTOS, César (Org.). *A revolução regulatória na nova lei das agências*. São Paulo: Singular, 2021.

# VITÓRIA DOS CONSUMIDORES NOS EMBARGOS DE DECLARAÇÃO NO ARE 766.618/SP

*Claudia Lima Marques*

Doutora pela Universidade de Heidelberg (Alemanha). Mestre em Direito (L.L.M.) pela Universidade de Tübingen (Alemanha). Diretora da Faculdade de Direito e professora titular do da UFRGS (Universidade Federal do Rio Grande do Sul). Presidente da IACL (International Association of Consumer Law e do ILA (Committee on International Protection of Consumers), Londres. Professora permanente do PPGD UFRGS e da Uninove. Pesquisadora 1 A do CNPq e membro do CA Direito. Advogada.

*Tatiana Cardoso Squeff*

Doutora em Direito Internacional pela UFRGS, com período-sanduíche junto à University of Ottawa, membro da ILA-Brasil e do Brasilcon. Mestre pela Unisinos. Professora de Direito Internacional e Direito do Consumidor da UFRGS e professora do PPGD/UFU e do PPGRI/UFSM.

*Maria Luiza Targa*

Doutoranda e Mestre em Direito pela UFRGS (Universidade Federal do Rio Grande do Sul). Especialista em Direito Francês e Europeu dos Contratos pela Université Savoie Mont Blanc, em Direito do Consumidor e Direitos Fundamentais pela UFRGS e em Direito Público pelo UniCeub e advogada.

Após mais de seis anos aguardando apreciação, no dia 30 de novembro de 2023, *foram finalmente julgados os Embargos de Declaração opostos*[1] em face de decisão prolatada nos autos do Recurso Extraordinário com Agravo (ARE) 766.618. Enfim, mudou a Tese 210 do STF para ressalvar que as Convenções de Varsóvia e Montreal se aplicam apenas a danos materiais.

O Pleno, por 10 votos a 1 (o ministro Ricardo Lewandowski já havia votado anteriormente pela rejeição dos declaratórios), deu parcial provimento ao recurso, com efeitos infringentes, confirmando o atual entendimento do Supremo Tribunal Federal (Tese 1.240) no sentido de que as Convenções de Varsóvia e de Montreal não disciplinam danos extrapatrimoniais[2] e, com isso, ressalvou a aplicação plena do CDC a estes temas não regulados pelas Convenções.

---

1. Os Declaratórios estão disponíveis em: MARQUES, Claudia Lima; SQUEFF, Tatiana de A.F.R. Cardoso; TARGA, Maria Luiza Baillo. Embargos de Declaração no Recurso Extraordinário 766.618. *Revista de Direito do Consumidor*, São Paulo, v. 115, p. 561-598, jan./fev. 2018.
2. A decisão do STF: (processo destacado do Plenário virtual) O Tribunal, por maioria, deu parcial provimento aos embargos de declaração, com efeitos infringentes, e negou provimento ao recurso extraordinário, reconhecendo a inaplicabilidade do prazo prescricional das Convenções de Varsóvia e Montreal ao caso em

Realmente, as Convenções de Varsóvia e Montreal – como os títulos dessas afirmam – aplicam-se somente *a alguns* danos materiais que regulam especialmente. Estas convenções não se aplicam a danos morais, nem a *overbooking*, muito menos a cláusulas e práticas abusivas, temas aos quais se aplica o Código de Defesa do Consumidor (Lei 8.078,1990), assim como estão excluídas do campo de aplicação destas convenções comerciais as violações de direito humanos, como muito bem alertou o ministro Gilmar Mendes em sua decisão.

Se a mudança da Tese 210 não foi completa nestes Embargos de Declaração, que interpusemos *pro bono* em nome da consumidora de São Paulo, a decisão representa uma importante vitória para os consumidores: os embargos impediram o trânsito em julgado da Tese 210 do STF e agora a mudança permite rescisórias nos casos que, como a da consumidora defendida, só tinha ganho danos morais no Tribunal de Justiça São Paulo. Com a decisão de 30 de novembro de 2023, o texto da Tese 210 ganhou segunda frase, excluindo os danos morais. Justiça foi feita e a Tese 210 foi reduzida! Vejamos.

## RETROSPECTO DO CASO

O ARE 766.618, de relatoria do ministro Roberto Barroso, foi convertido em Recurso Extraordinário para que fosse submetido ao crivo do Plenário em conjunto com o RE 636.661, de relatoria do Ministro Gilmar Mendes, *leading case* do Tema 210, cujo objeto girava em torno de indenização por danos morais e materiais decorrentes de extravio de bagagem em viagem internacional realizada pela Air France.

Em ambos os recursos, o cerne da questão era analisar a aplicabilidade dos limites indenizatórios preconizados pelas Convenções de *Varsóvia e Montreal* e do prazo prescricional bienal para interposição de ação indenizatória face às disposições do Código de Defesa do Consumidor (CDC), que preconiza o princípio da reparação integral (art. 6º, VI) e obsta a limitação de indenização nas relações de consumo em que o consumidor for pessoa física (art. 51, I, *in fine*).

De um lado, a argumentação era no sentido de que (*i*) o artigo 178 da Constituição estabelece que a ordenação do transporte aéreo deve observar os acordos firmados pela União, o que inclui as Convenções de Varsóvia e de Montreal, impondo a compatibilização entre a competência legislativa interna em matéria de transporte internacional e o cumprimento das normas internacionais adotadas pelo Brasil, bem

---

julgamento, em que só houve condenação por danos morais, vencido o Ministro Ricardo Lewandowski, que votara em assentada anterior rejeitando os embargos de declaração. Em seguida, foi fixada a seguinte tese de julgamento: "Nos termos do art. 178 da Constituição da República, as normas e os tratados internacionais limitadores da responsabilidade das transportadoras aéreas de passageiros, especialmente as Convenções de Varsóvia e Montreal, têm prevalência em relação ao Código de Defesa do Consumidor. *O presente entendimento não se aplica às hipóteses de danos extrapatrimoniais"*. Tudo nos termos do voto do Relator, Ministro Luís Roberto Barroso (Presidente). Não votou o Ministro Cristiano Zanin, sucessor do Ministro Ricardo Lewandowski. Plenário, 30.11.2023. Veja: *Ação por dano moral em voos internacionais pode ser ajuizada em até 5 anos, diz STF (conjur.com.br)*. 17.12.2023.

como de que (*ii*) a Convenção de Montreal é diploma posterior ao CDC e especial quanto à matéria (critérios cronológico e de especialidade).

De outro lado, o argumento era no sentido de que (*i*) o *CDC* estabelece normas de ordem pública e interesse social (art. 1º) e consagra o dever constitucional do Estado de promover a defesa do consumidor (art. 5, XXXII); (*ii*) a reparação integral é a regra da responsabilidade civil do direito brasileiro (art. 5º, V e X, da CF/1988); e (*iii*) o art. 178 da Constituição está inserido no capítulo I do título VIII que trata da Ordem Econômica, a qual é fundada em certos princípios, dentre os quais está a defesa do consumidor (art. 170, V), devendo com ele ser compatível.

No dia 25 de maio de 2017, por maioria (vencidos os Ministros Marco Aurélio e Celso de Mello), o Pleno deu provimento ao recurso extraordinário interposto pela empresa Air Canada para, reformando o acórdão recorrido, julgar improcedente o requerimento de consumidora de indenização por danos morais decorrentes de atraso de 12 horas em voo internacional sob o argumento de que a pretensão indenizatória estava prescrita porquanto aplicável o prazo bienal disciplinado pelas convenções internacionais (artigo 35 (1) da Convenção de Montreal) em detrimento do prazo quinquenal constante no Código de Defesa do Consumidor (artigo 27).

Após julgamento conjunto, que culminou no provimento de ambos os recursos interpostos pelas transportadoras aéreas, o Tribunal fixou a seguinte tese de repercussão geral: "Nos termos do artigo 178 da Constituição da República, as normas e os tratados internacionais limitadores da responsabilidade das transportadoras aéreas de passageiros, especialmente as Convenções de Varsóvia e Montreal, têm prevalência em relação ao Código de Defesa do Consumidor". A partir da formação do precedente, a tese teve de ser imediatamente aplicada pelos demais tribunais à luz do artigo 1.040 do Código de Processo Civil.[3]

## APLICAÇÃO IMEDIATA DO PRECEDENTE E DÚVIDAS ACERCA DOS DANOS EXTRAPATRIMONIAIS

Apesar de rechaçar o argumento em prol da necessária aplicação das normas de ordem pública e de interesse social do CDC, os ministros, ao longo de seus votos proferidos em maio de 2017, pontuaram que as convenções internacionais não disciplinam danos extrapatrimoniais, de modo que a tese em repercussão geral teria de ser aplicável exclusivamente em relação aos pedidos de indenização por danos materiais. Todavia, a tese, tal qual firmada, nada mencionava a esse respeito, tam-

---

3. Destaque-se que prevalece, no âmbito do STF, entendimento no sentido de que a aplicação da tese de repercussão geral independe do seu trânsito em julgado, devendo ser aplicada desde logo, independente ainda de sua publicação (BRASIL. Supremo Tribunal Federal. Reclamação 30.996. Reclamante: União. Reclamado: Tribunal Regional Federal da 3ª Região. Relator: Min. Celso de Mello. Brasília, 9 ago. 2018. DJe 13 ago. 2018; e *ibidem*. Agravo Regimental no Recurso Extraordinário 612.375. Agravante: União. Agravado: Município de São José do Xingu. Relator Min. Dias Toffoli. Brasília, 21 ago. 2017, DJe 1º set. 2017).

pouco fazia qualquer ressalva nesse sentido. Ressalvadas também foram as violações a direitos humanos.

Considerando que o precedente teve de ser imediatamente aplicado por todos os tribunais brasileiros, dúvidas começaram a surgir acerca do seu alcance, mormente porque um dos paradigmas utilizados para firmar a tese (precisamente o ARE 766.618) tinha como objeto indenização por danos morais e foi reconhecida a prescrição da pretensão indenizatória ante o decurso do prazo de dois anos entre os fatos ocorridos e o ajuizamento da demanda.

No âmbito do Superior Tribunal de Justiça (STJ), em 9 de junho de 2020, ao apreciar o REsp 1.842.066, a 3ª Turma reputou que os limites indenizatórios previstos nas convenções internacionais não englobam danos extrapatrimoniais. Em seu voto, o ministro Relator, Moura Ribeiro, ressaltou que a Convenção de Montreal representa mera atualização da Convenção de Varsóvia, de 1929, período em que sequer se cogitava a possibilidade de indenização de danos de cunho extrapatrimonial. Outrossim, os prejuízos de ordem não patrimonial não admitem tarifação pela sua própria natureza. A partir desta decisão, consolidou-se o entendimento no âmbito da referida Corte no sentido de que deve ser observada a efetiva reparação do consumidor preceituada pelo CDC, consoante edição 164 da Jurisprudência em Teses – *Direito do Consumidor VIII*.

Por seu turno, no âmbito do STF, embora o Pleno tenha, no julgamento do *AgRg nos EmbDiv no AgRg no RE 1.221.934* afastado por unanimidade a tese do Tema 210 relativamente aos danos extrapatrimoniais, inclusive no tocante ao prazo bienal, sucederam-lhe decisões que aplicaram o prazo bienal também para casos de danos extrapatrimoniais (vide AgRg nos EmbDecl no RE 1.158.691 e Ag no RE 1.213.708).

## TEMA 1.240

Em meio a decisões divergentes quanto ao alcance da tese no Tema 210, em sessão 16 de dezembro de 2022, o STF julgou o Recurso Extraordinário 1.394.401 em que a Lufthansa – empresa aérea que figurava no polo passivo de uma ação em que se pleiteou danos morais por falha na prestação de serviço de transporte aéreo internacional pela ocorrência de atraso de voo e extravio de bagagem – havia recorrido de acórdão que reformou a sentença e a condenou ao pagamento de indenização por danos morais. Na oportunidade, o STF rejeitou a argumentação da companhia aérea alemã, sustentando que os danos morais não se submeteriam ao teto indenizatório previsto na Convenção de Varsóvia e sua sucessora, aplicando-se, portanto, o CDC.

Por unanimidade, o Pleno firmou a seguinte tese de repercussão geral, dando origem ao Tema 1.240: "Não se aplicam as Convenções de Varsóvia e Montreal às hipóteses de danos extrapatrimoniais decorrentes de contrato de transporte aéreo internacional".

## TEMA 210 E O OBJETO DOS EMBARGOS DE DECLARAÇÃO

No caso da consumidora de São Paulo, que passara 12 horas no aeroporto pelo atraso e sem falar a língua, a justiça paulista condenara a companhia aérea a pagar R$ 6 mil de danos morais, mas considerara improcedente o pedido de danos materiais.

O nosso argumento nos Embargos de Declaração, opostos em face do acórdão prolatado no ARE 766.618, era no sentido de que haveria uma grave contradição entre (i) o entendimento dos Ministros exposto durante o julgamento em 2017 no sentido de afastar a aplicação das convenções internacionais aos danos morais, (ii) a escolha como paradigma para firmar a tese de um processo cujo requerimento era tão somente de danos morais, assim como obscuridade, (iii) uso da Convenção de Varsóvia, mesmo se a volta ao país coincidia com a entrada em vigor da Convenção de Montreal e (iv) o texto da Tese 210 nada mencionava sobre reciprocidade (critério limitador imposto pelo artigo 178 da CF/1988) e o fato da Convenção de Montreal se aplicar a apenas "alguns temas" do contratos de transporte aéreo (não se aplica a danos morais, nem a *overbooking*, nem a cláusulas e práticas abusivas, para dar alguns exemplos).

Após a prolação da tese no Tema 1.240, como os Embargos de Declaração do ARE 766.618 ainda aguardavam julgamento, ganharam em relevância. Não é por outra razão que, onze dias antes de ser julgado o RE 1.394.401 (que deu azo à tese no Tema 1.240), a ministra então presidente, Rosa Weber, ao verificar que o Pleno, por maioria, havia rejeitado os Embargos de Declaração durante sessão virtual (vencidos os Ministros Edson Fachin e Luiz Fux), fez pedido de destaque, o que significa que teria de ser realizado um novo julgamento na modalidade presencial.[4]

E assim, finalmente, foi consolidado o entendimento de que as convenções internacionais não se aplicam aos danos de natureza extra ou não patrimonial, e acrescentou-se uma frase final ao *Tema 210*, agora lido da seguinte forma: "Nos termos do artigo 178 da Constituição da República, as normas e os tratados internacionais limitadores da responsabilidade das transportadoras aéreas de passageiros, especialmente as Convenções de Varsóvia e Montreal, têm prevalência em relação ao Código de Defesa do Consumidor. *O presente entendimento não se aplica às hipóteses de danos extrapatrimoniais*".

O provimento dos Embargos de Declaração, a partir do recente julgamento e por unanimidade dos Ministros votantes, e o consequente acréscimo à tese no Tema 210, finalmente retira da zona nebulosa a questão da inaplicabilidade dos limites indenizatórios das convenções internacionais e do prazo prescricional bienal aos danos de cunho extrapatrimonial, e representa significativo avanço na defesa dos interesses dos passageiros-consumidores. E esclarece que se aplica, em diálogo das fontes, para danos morais o prazo do Código de Defesa do Consumidor, de 5 anos!

---

4. Vide artigo 4º da Resolução 642/2019 do STF.

# PÓS-COLONIALISMO DIGITAL E JUSTIÇA DESCOLONIAL: DESIDENTIDADE, DATIFICAÇÃO E ALIENAÇÃO

*Fernando Rodrigues Martins*

Doutor e Mestre em Direito pela Pontifícia Universidade Católica de São Paulo (PUC-SP). Professor da graduação e da pós-graduação da Universidade Federal de Uberlândia (UFU) e membro do Ministério Público do Estado de Minas Gerais.

*Guilherme Magalhães Martins*

Pós-doutor em Direito pela USP. Professor associado de Direito Civil na Faculdade Nacional de Direito – Universidade Federal do Rio de Janeiro (UFRJ). Segundo vice-presidente do Instituto Brasileiro de Política e Direito do Consumidor (Brasilcon). Procurador de Justiça no Estado do Rio de Janeiro.

*Marco Aurélio Nogueira*

Doutor e mestre em Direito das Relações Sociais. Professor de Direito Civil e de Direito Eleitoral da Faculdade de Direito da Universidade Federal de Uberlândia. Coordenador Direito/Imepac – Araguari/MG. Promotor de Justiça em Minas Gerais.

Os "confins"[1] do poder tecnológico e a hiperutilização da economia da informação, quer seja através das *plataformas online* (*bigs techs* ou não) ou outros canais de "interação" cibernética, criados e radicados genuinamente em países líderes destas inovações, muito embora tenham significativa importância em diversos pontos (redução de custos, tempo e distâncias), operam, de outro lado, destrutivamente sobre culturas regionais, identidades coletivas e individuais e, muitas vezes (e o pior), em face dos costumes. O costume, hoje, é não ter costume.

Nessa medida vão impondo, em descontrolado ritmo, outro modelo de "pós-colonialismo":[2] o digital (disruptivo, desconstrutivo-criativo, autotransformador).

As questões postas pelos fenômenos digitais afetam drasticamente a qualidade *existencial* do humano, já que várias "arquiteturas" retiram a posição de decidibilidade da pessoa (ou do usuário), tornando-a meramente partícipe de conteúdos propostos pelas redes. Se antes os computadores serviam de "meio" no auxílio para diversas

---
1. RODOTÀ, Stefano. *El derecho a tener derechos*. Trad. José Manuel Revuelta López. Madrid: Editorial Trotta, 2014, p. 28.
2. COULDRY, Nick; MEJIAS, Ulises A. *The costs of connection*: how data is colonizing human life and appropriating it for capitalism. Stanford: Stanford University Press, 2019.

atividades comunicacionais, gráficas, matemáticas ou textuais, hoje os "devices" são "fim", consolidando o conhecimento informático no domínio exclusivo de seus criadores, através de suas próprias regras (algoritmos).

Transparece ser época de múltiplos e incessantes (sub)paradigmas considerando as transformações 'sem freios' proporcionada pela "virada digital". Numa primeira fase: a *conectividade* (rompendo limites, aproximando usuários e abrindo caminho para comunicação geral e imediata). Na segunda fase: a *digitalização* (consolidação do mundo virtual frente ao mundo real e físico, com multiplicidade de arranjos negociais e extensão da "*Internet* das coisas"). Na terceira fase, a *plataformização* e *datificação* (trata-se de capítulo à parte do capitalismo digital, já que se refere ao capitalismo de vigilância pelo mineração, coleta, armazenamento de dados e controle do comportamento humano). Claramente passamos da *condição humana* à *condição informática*.

O colonialismo, arraigado ao eurocentrismo, verticalizou sentidos e padrões a partir de "métodos" reservados aos colonizados conforme três domínios hegemônicos de sustentação: o *poder* (através das instituições); o *conhecimento* (mediante o domínio epistemológico e do saber); e o *ser* (pelo fatiamento das pessoas considerando raças, etnias, gêneros, sexualidade).

Junto aos domínios significativos acima descritos, o "forjar" da *subjetividade* talvez seja a principal demonstração de êxito do colonialismo, porque aos poucos os colonizados passaram a absorver e internalizar as "atividades especializadas que hierarquizam valores e saberes".[3]

Há maneiras de controlar o colonizado que se opõe à proeminência colonizadora? A indagação encontra resposta justamente nas superestruturas sociais criadas, com especial supremacia ao Direito legislado, nomeadamente através da criminalização de condutas próprias da cultura local substituída ou mesmo com a inclinação normativa em apagar a consciência dos colonizados, mediante institutos jurídicos, como a "capacidade civil". Há um nome para isso: "a gestão dos indesejáveis".[4]

Os adventos das independências das ex-colônias (sul-americanas, asiáticas e africanas) do domínio europeu possibilitaram o marco inicial do "pós-colonialismo". Esta designação foi igualmente atribuída à criação de teoria crítica (escola de pensamento) centrada no discurso social, na observação do 'lugar' das narrativas, na compreensão da tensão entre sujeitos (colonizadores *versus* colonizados) e na reorientação da epistemologia.

Pós-colonialismo extremamente fragmentário do ponto de vista de continentes, como pode ser visto nas pesquisas de Franz Fanon em 1961, abordando a violência colonial na África e as repressões criminológicas.[5] Na escrita do autor palestino Edward

---

3. FERRAZ JÚNIOR, Tercio Sampaio; BORGES, Guilherme Roman. *A superação do direito como norma*: uma revisão descolonial do direito brasileiro. São Paulo: Almedina Brasil, 2020, p. 31.
4. CASARA, Rubens R. R. *Estado pós-democrático*: neo obscurantismo e gestão dos indesejáveis. Rio de Janeiro: Civilização Brasileira, 2017.
5. FANON, Franz. *Os condenados da terra*. Trad. Ligia Fonseca Ferreira e Regina Salgado Campos. São Paulo: Zahar, 2022.

Said, quando atribui ao intelectualismo ocidental a criação do 'oriente' (verdadeiro *apartheid*);[6] assim como na memorável contribuição da filósofa indiana Gayatri Chakrabarty Spivak explorando o universo daqueles sem voz (*subaltern studies*).[7]

Contudo, mesmo com países já independentes, restaram marcas:[8] via de consequência, é correto separar a noção de *colonialismo* (histórico, expansionista e territorialista) de *colonialidade* (relacional, contínuo, contemporâneo, estrutural, excludente e neoliberal). A colonialidade do poder, tendo por estratégias a economia; a autoridade; a natureza dos recursos naturais; o direito legislado; os saberes e conhecimento; o gênero, a taxonomia por raças; a sexualidade; e, finalmente, a subjetividade.

Na América Latina a teoria "pós-colonial" ganhou intensa dedicação de pesquisadores, inclusive com a criação do programa de investigação "modernidade-colonialidade", que aos poucos foi se desprendendo das influências de pensadores europeus em estudos correlatos (pós-modernidade, pós-estruturalismo, pós-marxismo) e distanciando-se de outras facetas pós-colonialistas (como as indianas e africanas) para alcançar autonomia, "conforme" as circunstâncias próprias da Sul América. No Brasil, proposta epistemológica assemelhada pode ser vista na "carnavalização do direito".[9]

O escopo centra-se em promover o colonizado em face da colonialidade, buscando "filtragem" das superestruturas derivadas da colonialidade (epistemológicas, culturais, econômicas, políticas, sociais, jurídicas, raciais) e revelando os "saberes".[10] Por isso, aqui se emenda outra conceituação e aplicação: a "descolonialidade" que, sobretudo, é transversal, transgressora e transmoderna.

E a partir daí permitir a "inclusão normativa" daqueles tantos ainda "sem-direitos" e invisíveis à luz da vida jurídica digna em diversas situações subjetivas: *gênero* (a questão dos trans, dos homossexuais, das tantas diversidades sociais frente ao clássico heteronormativismo); *integridade corporal, psíquica e mental* (o tormento das pessoas com deficiência frente às exigências capacitistas e com barreiras, a começar da própria justiça); *raça e etnia* (a enorme disparidade de acesso, de discurso, de oportunidades entre negros, pretos e pardos com brancos, o mesmo quanto aos índios); *não-livres* (o estado de coisas inconstitucionais que anulam totalmente os encarcerados no Brasil); *sexualidade* (os inúmeros desrespeitos à dignidade sexual).

---

6. SAID, Edward. *Orientalismo*: o oriente como invenção do ocidente. Trad. Rosaura Eichenberg. São Paulo: Companhia das Letras, 2007.
7. SPIVAK, Gayatri Chakrabarty. *Pode o subalterno falar?* Belo Horizonte: UFMG, 2018.
8. QUIJANO, Aníbal. Colonialidade do poder, cultura e conhecimento na América Latina. In: LANDER, Edgardo (Org.). *A colonialidade do saber*: eurocentrismo e ciências sociais. Perspectivas latino-americanas. Colección Sur Sur, CLACSO, Ciudad Autônoma de Buenos Aires, Argentina. setembro 2005.
   WARAT, Luis Alberto. *Manifesto do Surrealismo Jurídico*. São Paulo: Editora Acadêmica, 1988.
9.
10. BALLESTRIN, Luciana. América latina e o giro decolonial. *Revista Brasileira de ciência Política*. v. 11, p. 89-117. Brasília: maio/ago. 2013. O texto desenvolve o historicismo do giro 'decolonial', fazendo recortes desde a origem até a chegada na América Latina.

A esfera digital hoje é produtora de larga distribuição de conteúdo, sem prejuízo da ampla capacidade de controle de comportamentos humanos por algoritmos e inteligência artificial, além de armazenadora de informações e dados pessoais (e sensíveis) de quase toda população. É justamente essa hegemonia global (verticalidade) que lhe garante a destruição ou opacidade da condição humana e dos valores coletivos.

Adotando a linha de pesquisa crítica da *epistemologia do sul*, torna-se essencial tecer análise, mesmo que mínima, frente aos três domínios pelos quais a colonialidade nos torna ainda "colonizados" e "colonizáveis" nesta perspectiva digital. Via de consequência, o cotejo dá-se sobre: o "ser"; o "poder"; e o "saber".

(i) *Quanto ao ser*: a percepção nas plataformas é unificação de indivíduos em "bolhas seletivas", presos numa só linguagem, acondicionados à produção de saberes externos e literalmente 'estimulados' a estereótipos de consumo, perdendo a cada instante a identidade pessoal e, sobretudo, o lugar-coletivo: assumindo o "eu digital", residem num "mundo paralelo".

Nesta situação, há claro fenômeno que salta aos olhos: a "desidentificação" da pessoa, geralmente porque o "eu-digital" é um simulacro da "pessoa real". É que o virtual não é falso, entretanto não é o atual, sempre demandando sincronização. A "desidentidade" ocorre não somente porque o corpo físico em muitas vezes não se faz condizente com o *eu-digital* (a imagem), mas também porque as narrativas em redes sociais não sejam atualizadas, com destaque à permanência do *eu-digital* após a morte do titular e a utilização de inteligência artificial para interação nas redes: a *imortalidade digital*.

Outra reflexão se faz necessária. Se com muito esforço, através dos direitos humanos (mobilização-resistência-emancipação), da legalidade constitucional e de estatutos identitários, possibilitamos a *inclusão* de crianças, adolescentes, mulheres, idosos, consumidores, raças, etnias e analfabetos perante políticas públicas, mercado, mediante deveres fundamentais de proteção, de outro lado, é fácil perceber que as plataformas não fazem o mesmo: tratam com homogeneização aqueles que compõem as "diversidades" e merecem reconhecimento diferenciado, permitindo a discriminação acintosa.

(ii) *Quanto ao poder*: há seleto grupo mundial que detém valores informáticos, políticos e, sobretudo, econômicos (muito acima de PIBs de inúmeros países), sendo que a respectiva atividade se desenvolve no maior ativo atual: a coleta, o armazenamento e o tratamento de dados pessoais e dados sensíveis. Tais dados representam, na contemporaneidade, a base econômica do capitalismo de plataformas, porque através deles se criam mercados e, o que é mais importante, se controla comportamentos humanos, afora o excessivo alargamento das possibilidades de compartilhamento (inclusive para fins eleitorais).

Tanto a *mineração de dados* como a *datificação* são figuras de aprisionamento das pessoas para fins exclusivamente lucrativos, isto porque "nossa vida social tornou-se recurso que pode ser extraído e utilizado pelo capital como forma de acumulação de riquezas".[11] A "mineração de dados" não significa apenas coleta de signos ou símbolos, mas a transformação de dados brutos, cuja informação quase nenhuma valia tem, lapidando-a a fim de torná-la economicamente interessante ao mercado. Tais dados permitirão aos "players", não apenas o conhecimento sobre o usuário, mas a manipulação da "tomada de decisão", através de algoritmos.

Em outras situações, a coleta é feita sob os auspícios da "irresistibilidade", já que caso o titular não compartilhe seus dados, não terá acesso à plataforma. Se o colonialismo clássico era perfilhado pelo extrativismo de recursos naturais, agora se trata do 'extrativismo digital'.

A *datificação*, ao seu turno, reúne amálgama que, em *primeiro lugar*, consubstancia a pessoa humana em dados numerados, mediante a utilização de diversos desenhos, arquiteturas, aplicativos, plataformas etc. e, em *segundo lugar*, destina a transformação realizada para diversas funcionalidades, com destaque ao controle público, aos interesses de mercado, às instituições financeiras, sem perder de vista a monetização. Por isso, que a colonialidade ressuscita superadas práticas, dentre elas a pulverização da dignidade humana para, num só "click", promover a "escravidão digital".[12]

(ii) *Quanto ao saber*: O domínio tecnológico dos "países" sede das plataformas digitais (com destaque ao Vale do Silício) estampa dois *dogmas* que representam obstáculos à nova e necessária independência dos "subalternos" desta colonialidade do poder. *O primeiro*: que não se vive mais sem as plataformas digitais e o mundo das redes. *O segundo*: apenas os estudiosos do 'norte' são capazes de produzir tecnologia.

Enquanto alguns defendem a preservação daqueles que por extrema vulnerabilidade ou objeção de consciência não fazem parte do mundo digital, outras opiniões, compreendem que a opção pela *vida analógica*, quer seja por critérios ideológicos, religiosos ou dificuldades cognitivas sobre o manuseio das plataformas, não pode ser obstáculo para acesso ao mundo digital.[13]

Por fim, significativamente exsurge ao lado das considerações analógicas, o tema da "alienação técnica": pela crença, sem comprovação, de que os países colonizados não teriam condições de criar, explorar e desenvolver tecnologias, o que em consequência levaria à hipótese apenas de nações meramente consumidoras ou usuárias das inovações importadas.

---

11. CASSINO, João Francisco. O Sul global e os desafios pós-coloniais na era digital. In: CASSINO, João Francisco; SOUZA, Joyce; SILVEIRA, Sérgio Amadeu da (Org.).*Colonialismo de dados*: como opera a trincheira algorítmica na guerra neoliberal. São Paulo: Autonomia Literária, 2021, p. 22.
12. FERREIRA, Keila Pacheco. Corpo eletrônico e escravidão digital: do conceito em construção à utilização indevida na esfera da proteção de dados pessoais. In: MARQUES, Claudia Lima et al. (Coord.). *5 anos de LGPD*: estudos em homenagem a Danilo Doneda. São Paulo: Thomson Reuters Brasil, 2023.
13. RODRIGUES JÚNIOR., Otavio Luiz; TOLEDO, Claudia Mansani Queda de. Direito fundamental a uma vida analógica? Um debate entre o direito civil e o direito constitucional a partir da hipótese de Lorenz. R. bras. Est. const. – RBEC. Belo Horizonte, ano 16, n. 50, p. 213-236, jul./dez. 2022.

# ALIMENTOS À BASE VEGETAL: ADEQUAÇÕES CONSUMERISTAS E REGULATÓRIAS

*Daniela Guarita Jambor*

Mestre em Direito Civil pela Faculdade de Direito da Universidade de São Paulo. Advogada na área de *life sciences & healthcare*.

A presença dos alimentos à base vegetal ("produtos") no mercado faz mais do que parte da realidade do Brasil. Diversos supermercados já destinam algumas gôndolas e setores para os produtos, inclusive em espaços dedicados usualmente a produtos de origem animal propriamente ditos. Números brasileiros do mercado dos produtos impressionam: nos supermercados Extra e Pão de Açúcar, notou-se um crescimento de 150% no consumo dos produtos.[1] Ainda em pesquisa realizada em 2020, o Ibope concluiu: *metade dos brasileiros reduziu o consumo de carne; e 39% dos entrevistados já consumiam os produtos em substituição aos produtos de origem animal por, pelo menos, três vezes na semana.*[2]

Mas o que são os produtos? Os produtos são alimentos que procuram se aproximar de produtos de origem animal, buscando atingir semelhantes aparência e textura, dentre outras características. A maioria dos produtos é feita a partir de soja, ervilha e batata, sendo os principais desenvolvedores e fabricantes dos produtos empresas dos Estados Unidos, Holanda, Israel e Japão.

A questão a que se propõe aqui discutir é a regulamentação dos produtos sob a perspectiva de defesa do consumidor e de direito regulatório. Já vale a advertência: não existe resposta unânime, desprovida de críticas, tendo em vista interesses (conflituosos) entre a indústria de produtos de origem animal e a indústria dos produtos à base vegetal. Ainda assim, a nosso ver, alguma medida deve ser adotada para distinguir, devidamente, essas duas categorias de alimentos.

Defendemos que a(s) medida(s):

- deve ser adotada a todos os produtos (independente de "categorias", tais como carne, leite, queijo), ser obrigatória e constar informação no rótulo;
- possibilitar apenas o uso das expressões de denominações "alimento vegetal" ou "bebida vegetal" aos produtos à base vegetal porque não induzem o con-

---

1. Disponível em: https://www.beefpoint.com.br/venda-de-alimento-plant-based-cresce-150-no-pao-de-acucar/. Acesso em: 25 out. 2023.
2. Disponível em: https://revistagloborural.globo.com/Noticias/Pesquisa-e-Tecnologia/noticia/2020/12/pesquisa-inedita-aponta-que-metade-dos-brasileiros-reduziu-o-consumo-de-carne.html. Acesso em: 25 out. 2023.

sumidor a erro e não os relacionam aos produtos de origem animal, tendo em vista a impossibilidade de substituição "pura, simples e direta" dos produtos de origem animal (seja por conta nutricional – produtos seriam alimentos processados –, seja pelo fato de os produtos não poderem ser denominados propriamente ditos de "leite", "carne", etc. por não terem atributos específicos de qualidade e identidade dos alimentos de origem animal);

- ser desprovida de inserção de símbolo ou signo na rotulagem dos produtos à base vegetal – muita informação não auxilia na compreensão e entendimento pelo consumidor do que está adquirindo e consumindo. Imagine-se alimento, especificamente produto que contenha ingrediente transgênico e possua alergênico. Então, esse produto teria advertências e símbolos que podem levar a hipereficiência informativa;
- deve-se impor a diferenciação na embalagem dos produtos frente aos alimentos de origem animal, proibindo embalagens puramente transparentes (que podem confundir o consumidor quanto ao seu conteúdo, já que os produtos são semelhantes visualmente aos alimentos de origem animal) e impedir que signos, elementos, figuras ou demais formas de ilustração/transmissão de mensagens remetam diretamente a produtos de origem animal (por exemplo, em uma "carne vegetal" inserir uma figura de uma vaca). Deve-se tratar o produto como ele é: alimento de origem vegetal.

Em outras palavras, medidas são necessárias para o direito à informação do consumidor ser observado e para, paralelamente, afastar a indução do consumidor a erro, quando adquirir e consumir os produtos, visando, principalmente, à livre e consciente escolha.

E qual o tipo de consumidor que se visaria a alcançar? Principalmente aquela pessoa que trabalha o dia todo e corre rapidamente ao mercado/supermercado antes de pegar seus filhos em escola/atividades; a pessoa que vê comercial dos produtos na televisão ou em mídias sociais, sem conhecimento aprofundado sobre o tema; a pessoa que raramente lê rótulos e, se vier a ler, não entende as consequências dos fatos nutricionais para a saúde. Em resumo, é o consumidor apressado, desinformado e/ou com pouco conhecimento. De certa maneira, em algumas situações, podemos nos solidarizar e nos identificar com essas personagens.

Por fim, o Ministério da Agricultura e Pecuária (Mapa) promoveu consulta pública sobre o tema, especificamente sobre os requisitos de identidade e qualidade dos produtos, abarcando também denominação e rotulagem. O texto proposto visa a regular o mercado de maneira uniforme, mas apresentaria falhas em defesa do consumidor, principalmente por permitir que diferentes denominações dos produtos, acrescidas de signos ou desígnios, ainda que defenda e ressalte a proibição de erro do consumidor. É de se esperar que a futura norma reveja tais posicionamentos que, a nosso ver, são inconsistentes.

# APLICAÇÃO SIMULTÂNEA DO CDC E DAS NORMAS NO ACESSO AO CRÉDITO CONSIGNADO

*Veridiana Rehbein*

Mestre em Direito. Professora universitária da graduação e da pós-graduação da Universidade de Santa Cruz do Sul (Unisc). Coordenadora do projeto de extensão Tratamento do Superendividamento do Consumidor e mediadora judicial do TJ-RS. Advogada.

No último dia 9 de outubro foi publicado o acórdão da Ação Direta de Inconstitucionalidade 7.223/DF, ajuizada pelo Partido Democrático Trabalhista contra os artigos 1º e 2º da Lei 14.431 (de 3 de agosto de 2022), que ampliaram a margem de crédito consignado e autorizaram a realização desses empréstimos aos titulares do benefício de prestação continuada (BPC). O pedido foi julgado improcedente, com o reconhecimento da constitucionalidade dos dispositivos.

Em análise aos fundamentos da decisão do STF percebe-se significativa semelhança com os argumentos da petição inicial, embora a decisão tenha sido pela improcedência da ação. Em síntese, observa-se que a proteção da dignidade do consumidor e o acesso a recursos que garantam a sua subsistência são argumentos que podem ser utilizados tanto para defender a ampliação do acesso ao crédito, como para justificar a necessidade de políticas restritivas. Essa peculiaridade demonstra que, não obstante o reconhecimento da constitucionalidade dos dispositivos, a relação entre a ampliação do acesso ao crédito e a proteção da dignidade desses consumidores permanece controversa.

A aplicação simultânea das normas que disciplinam o acesso ao crédito e do Código de Defesa do Consumidor, especialmente dos princípios e regras introduzidos pela Lei 14.181/2021, deverá acontecer com observância da teoria do Diálogo da Fontes, assegurando a conformidade valorativa, "de forma a dar efetividade aos mandamentos constitucionais, em especial o da proteção dos mais fracos".[1]

Mostra-se oportuno mencionar que a teoria do Diálogo das Fontes foi introduzida no Brasil pela professora Claudia Marques justamente para "ajudar na solução do caso da Ação Direta de Inconstitucionalidade 2.591 frente ao STF",[2] oportunidade em que

---

1. MARQUES, Claudia Lima. A teoria do 'diálogo das fontes' hoje no Brasil e seus novos desafios: uma homenagem à magistratura brasileira. In: MARQUES, Claudia Lima; MIRAGEM, Bruno. *Diálogo das fontes* [livro eletrônico]: novos estudos sobre a coordenação e aplicação das normas no direito brasileiro. São Paulo: Thomson Reuters Brasil, 2020.
2. Ibidem.

o STF "concluiu pela constitucionalidade da aplicação do CDC a todas atividades bancárias e reconheceu a necessidade atual do diálogo das fontes".[3]

Dentre os três tipos de diálogos das fontes identificados pela professora Claudia Marques, aponta-se, neste estudo, a pertinência do "diálogo sistemático de coerência", de forma que o Código de Proteção e Defesa do Consumidor possa servir de base conceitual para a aplicação das normas que disciplinam os empréstimos consignados.[4] Desse modo, sugere-se iniciar a análise dessa base conceitual pelo novo princípio da Política Nacional das Relações de Consumo, o da prevenção e tratamento do superendividamento como forma de evitar a exclusão social do consumidor.[5]

O tratamento busca reverter ou remediar a exclusão social já consumada ou em vias de se concretizar. Logo, é a prevenção do superendividamento que de fato impede a exclusão social do consumidor, que decorre da sua exclusão da sociedade de consumo, pois na economia de livre mercado é o consumo que lhe garante o acesso aos bens essenciais. O "consumo é, para as pessoas físicas, a realização plena de sua liberdade e dignidade, no que podemos chamar de verdadeira cidadania econômico-social".[6]

A inclusão social pressupõe a possibilidade de consumir. "Efetivamente, trata-se de 'princípio do combate à exclusão social', pois bem caracteriza que 'consumo' é inclusão, inclusão no acesso a produtos e serviços, sem discriminação, sem contratos de escravidão, pois o consumo é também realização dos direitos fundamentais, e traz pertencimento à nossa sociedade globalizada e de conhecimento. Os sociólogos destacam que há muitas formas de 'ver' esta exclusão, seja como divisão (o virtual divide, das tecnologias digitais, por exemplo), por meio da exclusão em si da sociedade pelo 'nome sujo', pela vergonha da dívida, pelo sentimento de 'falência' econômica e psicológica, pela falta de acesso a bens básicos, mas também pela perda da liberdade".[7]

E é dessa premissa, de que o acesso ao consumo é também realização de direitos fundamentais, que decorre a identidade de fundamentos para entendimentos opostos, mencionada no início deste texto.

Se consumo é inclusão, seria a ampliação do acesso ao crédito uma estratégia adequada para a prevenção da exclusão?

A petição inicial da Ação Direta de Inconstitucionalidade tem entre os seus fundamentos o argumento de que o aumento da margem de renda que pode ser retida para pagamento de empréstimos irá comprometer a subsistência dessas pessoas, considerando a sua natureza "de verbas alimentares e indisponíveis, alcançando mais

---

3. Ibidem.
4. Ibidem.
5. Art. 4º, inc. X, da Lei 8.078/1990, incluído pela Lei 14.181/2021.
6. MARQUES, Claudia Lima. Consumo como igualdade e inclusão social, *Revista Jurídica da Presidência*, Brasília v. 13 n. 101 out. 2011/jan. 2012.
7. MARQUES, Claudia Lima. Mudanças Principiológicas e no Título I do CDC. In: BENJAMIN, Antonio Herman et al.. *Comentários à Lei 14.181/2021* [livro eletrônico]: a atualização do CDC em matéria de superendividamento. São Paulo: Thomson Reuters Brasil, 2022.

de 52 milhões de pessoas que já vivem em situação de pobreza ou miserabilidade, o que releva a extensão do possível dano propiciado pela medida".[8] Afirma que "não será sustentável a manutenção de um estado de dignidade social com a redução de até 45% da única renda de milhares de famílias".[9] Alega o autor que "a Lei publicada não teria o condão de promover o aquecimento da economia, mas, sim, o agravamento do superendividamento dos brasileiros, visto que, caso findos os recursos necessários à sua subsistência, a tomada de crédito por outros meios será, inevitavelmente, uma opção para as famílias".[10]

Já o ministro relator, em seu voto, argumenta que os titulares de benefícios previdenciários e de programas de transferência de renda "necessitam de recursos financeiros para subsistência, em especial no contexto de crise econômica potencializada pela pandemia de Covid-19 e por conflitos geopolíticos no Leste Europeu".[11] Endossa que "a política pública de expansão de crédito está inserida num contexto de promoção de assistência às famílias mais duramente atingidas pela pandemia de covid-19, nas quais os titulares do BPC e de programas federais de transferência de renda, assim como os beneficiários do RGPS, tiveram reforçada sua condição de arrimo de família e possuem, muitas vezes, o benefício previdenciário ou assistencial como única fonte de renda".[12]

Verifica-se que, na compreensão do autor, a subsistência será garantida com a manutenção da renda do consumidor – ou ao menos com um percentual maior dela –, enquanto na decisão do STF o entendimento foi de que o acesso ao crédito pode garantir essa subsistência.

O acórdão menciona ainda que "não há fórmulas intrinsecamente corretas ou intrinsecamente errôneas de mitigar a situação de vulnerabilidade socioeconômica das famílias".[13]

De fato, parece não existir uma fórmula única que possa ser aplicada indistintamente a todos os consumidores. Aqueles que recebem apenas um salário mínimo não podem comprometer quase a metade da renda com empréstimos, porque o restante não será suficiente para as suas despesas básicas. Já aqueles que têm uma renda maior, não comprometida substancialmente com despesas fixas, podem suportar um percentual maior de descontos para pagamento de empréstimos. Essa análise deve ser feita pelo fornecedor de serviços de crédito e integra o conceito de crédito responsável.

A Lei 14.181/2021 acrescentou novos direitos básicos ao rol do artigo 6º, do CDC, como o direito à garantia de práticas de crédito responsável e a preservação

---

8. Petição Inicial da ADI 7223/DF, disponível em: https://pdt.org.br/wp-content/uploads/2022/08/PETICAO.INICIAL-4.pdf. Acesso em: 25 out. 2023.
9. Ibidem.
10. Ibidem.
11. Acórdão da ADI 7223/DF, disponível em: https://portal.stf.jus.br/processos/detalhe.asp?incidente=6455850. Acesso em 25 out. 2023.
12. Ibidem.
13. Ibidem.

do mínimo existencial. O fornecimento de crédito de forma responsável pressupõe, além do dever de informar e esclarecer – agora mais severo –, o dever de avaliar, de forma responsável, as condições de crédito do consumidor. "O cumprimento do novo dever de esclarecimento sobre os custos e riscos do crédito demanda uma análise mais personalizada das condições individuais de cada consumidor, como idade, escolaridade etc."[14]

Aposentados e beneficiários do BPC são hipervulneráveis. As características físicas e psicológicas dos idosos e das pessoas com determinadas deficiências comprometem a sua capacidade de compreensão, não apenas sobre a complexidade e onerosidade dos contratos, mas também sobre os impactos gerados pela redução de renda por um longo período.

Ao vetar o dispositivo do projeto de lei que viria a ser o artigo 54-E, da Lei 8.078/1990, que, entre outras disposições, limitava a soma das parcelas reservadas para pagamento de dívidas a 30% de sua remuneração mensal, o presidente da República citou que a proposta contrariava o interesse público "ao restringir de forma geral a trinta por cento o limite da margem de crédito".[15] A preocupação, naquela oportunidade, com a padronização ou generalização de um limite menor reforça o entendimento de que a análise do limite de crédito a ser concedido deve ser individualizada.

Se as condições econômicas do consumidor são tradicionalmente objeto de análise para a apreciação do risco ao fornecedor, o princípio do crédito responsável introduziu um dever de análise das mesas condições, só que agora com o objetivo de prevenir riscos ao consumidor. A concessão de crédito não pode por em risco a dignidade do consumidor.

A proteção do mínimo existencial e a proteção das condições mínimas de sobrevivência do consumidor pessoa natural respeita o princípio da 'dignidade da pessoa humana' (Art. 1º, III, da CF/1988), da proteção especial e ativa do consumidor (Art. 5º, XXXII, da CF/1988) e concretiza o objetivo fundamental da República de 'erradicar a pobreza e a marginalização e reduzir as desigualdades sociais e regionais' (Art. 3º, III, da CF/1988), assim como realiza a finalidade da ordem constitucional econômica de 'assegurar a todos existência digna' (Art. 170 da CF/1988).[16]

A Universidade de Santa Cruz do Sul (Unisc) desenvolve, desde março de 2022, o projeto de extensão "Tratamento do Superendividamento do Consumidor" em parceria com o TJ-RS (Cejusc de Santa Cruz do Sul). As atividades do projeto restringe-se à fase autocompositiva do tratamento: a) atendimento ao consumidor;

---

14. OLIVEIRA, Andressa Jarletti Gonçalves de. A informação qualificada na concessão responsável de crédito. Disponível em: https://www.conjur.com.br/2022-nov-16/garantias-consumo-informacao-qualificada-concessao-responsavel-credito. Acesso em: 23 out. 2023.
15. Disponível em: https://www2.camara.leg.br/legin/fed/lei/2021/lei-14181-1-julho-2021-791536-veto-163127-pl.html. Acesso em: 24 out. 2023.
16. MARQUES, Claudia Lima. Breve introdução à Lei 14.181/2021 e a nova ação de superendividamento do consumidor. In: BENJAMIN, Antonio Herman et al. *Comentários à Lei 14.181/2021* [livro eletrônico]: a atualização do CDC em matéria de superendividamento. São Paulo: Thomson Reuters Brasil, 2022.

b) triagem e identificação do superendividamento; c) estruturação do diagnóstico do consumidor; d) elaboração do plano de pagamento e f) acompanhamento na audiência conciliatória.

Grande parte das pessoas atendidas no projeto são aposentadas ou beneficiárias do BPC e tem como única renda mensal o salário mínimo. Invariavelmente demonstram pouquíssima compreensão dos contratos que fizeram, assim como não entendem a razão de estarem recebendo uma parte tão ínfima de seu benefício. A título de exemplo, veja-se a síntese do diagnóstico de uma atendida de 69 anos, divorciada e com vários problemas de saúde.

> Renda: R$ 1.320,00 (aposentadoria por invalidez previdenciária)
> Causa do superendividamento: despesas inesperadas com medicamentos e tratamentos.
> Comprometimento mensal com nove contratos de empréstimo consignado (a maioria em 84 parcelas): R$ 458,00.
> Comprometimento mensal com dois contratos de crédito pessoal com débito em conta: R$ 534,00.
> Valor aproximado que ela saca junto ao banco pagador: R$ 328,00.
> Montante total da dívida do superendividamento: R$ 63.500.

Em suma, receber um "dinheiro extra" em algumas oportunidades a fim de obter "liquidez imediata para sanar dívidas, gastar em despesas inadiáveis ou investir em algum plano sempre adiado"[17] não mitigou a vulnerabilidade socioeconômica da atendida, do contrário, tornou-a superendividada. O que passou a restar da sua renda após o comprometimento da margem consignável não foi o suficiente para a sua subsistência, não preservou o mínimo existencial. Quando essa consumidora foi receber o seu benefício previdenciário e percebeu que com o que lhe foi pago não iria conseguir satisfazer suas despesas básicas recorreu, junto ao próprio banco pagador do benefício, a outras linhas de crédito muito mais onerosas, tornando a situação insustentável.

Conclui-se que o reconhecimento da constitucionalidade dos percentuais máximos de comprometimento da renda com empréstimos consignados não afasta o dever do fornecedor de oferecer crédito de forma responsável, o que pode ocasionar, em alguns casos, a disponibilização de crédito em percentual inferior ao teto legal.

Em outras palavras, a aplicação das normas que regulam o acesso ao crédito consignado não afasta a aplicação dos princípios e regras do Código de Proteção e Defesa do Consumidor. O diálogo entre as diferentes fontes deve preservar os valores constitucionais.

---

17. Acórdão da ADI 7.223 / DF. Disponível em: https://portal.stf.jus.br/processos/detalhe.asp?incidente=6455850. Acesso em: 25 out. 2023.

# A FALÁCIA DO TERMO 'LITIGÂNCIA PREDATÓRIA'

*Samuel Augusto de Freitas Mourão*

Advogado, presidente da Comissão de Defesa do Consumidor da 84ª Subseção OAB-MG (Pitangui) e membro da Comissão de Defesa do Consumidor da OAB-MG.

*Thiago Augusto de Freitas*

Professor de Direito Civil e Direito do Consumidor e presidente da Comissão de Defesa do Consumidor da OAB-MG e advogado.

*Vitor Guglinski*

Professor de Direito do Consumidor do curso de pós-graduação em Direito da Universidade Cândido Mendes (RJ), do curso de pós-graduação em Direito do Consumidor na Era Digital do Meu Curso (SP) e do curso de pós-graduação em Direito do Consumidor da ESA (Escola Superior da Advocacia da OAB) e advogado.

A profissão de advogado é uma das mais antigas do mundo. A precisa antiguidade das profissões – com a jocosa exceção da primeira delas – é disputada entre os historiadores, mas é possível dizer, com relativa certeza, que desde os primórdios da relação entre líder e liderado houve a função de defensor. Os primeiros indícios da existência de uma profissão, ou ofício, que consistia no patrocínio e defesa de outrem, remontam à Suméria antiga, três milênios antes do nascimento de Jesus Cristo.

É compreensível que essa função exista; afinal, há um claro desbalanço de poder entre aquele que sentencia e aquele que é sentenciado. Deve haver, então, alguém que fala em favor do sentenciado, pleiteando sua causa diante do juiz de forma a apresentar eloquentemente seu argumento e, se possível, reduzir ou impedir sua condenação.

Os romanos davam especial importância à eloquência de seus defensores. Dentre eles, um dos maiores políticos da história do mundo,[1] Marco Túlio Cícero, dedicou-se ao ofício com tamanha capacidade que fez com que essa habilidade o levasse a ser senador, cônsul e, quando do assassinato de Júlio César, o único homem com coragem e virtude para impedir o completo caos e destruição da nação romana.

A longa introdução do assunto de que trata este artigo é necessária não só para demonstrar o indiscutível valor e prestígio de que já gozou o ofício de advogado,

---

1. Paralelamente à carreira mais influente da política, discutivelmente, de todos os tempos, Cícero inventou a prosa e dominou-a a tal nível que a redescoberta de seus escritos é um dos fatores preponderantes do Renascimento.

mas também, e principalmente, como forma de chamar ao testemunho esses grandes homens, em cujos ombros hoje põem-se de pé não só os contemporâneos patronos, como também os juízes, promotores, doutrinadores, delegados e operadores do Direito, que participam de um sistema construído sob a inarredável premissa de que todo homem merece defesa, e esta cabe a alguém capaz de prestá-la.

O termo "litigância predatória" é uma junção de palavras com curiosa função; não se trata de um termo jurídico – não deixe a *litigância* te enganar, leitor; não existe nada que se possa conceituar como litigância predatória. O Código de Processo Civil até fala em litigância de má-fé, capitulada nos artigos 79 a 81. Da primeira leitura, o intérprete pode entender que litigância predatória é o patrocínio de causas envolvendo leões, tubarões ou outras feras.

Não é isso; litigância predatória é o nome dado pelo Tema Repetitivo 1.198 à defesa dos direitos dos consumidores em face de atitudes ilegais, inconstitucionais, inescrupulosas e predatórias – talvez daí o nome – praticadas em desaforo ao consumidor e ao microssistema consumerista.

Diz o Tema Repetitivo 1.198: "possibilidade de o juiz, vislumbrando a ocorrência de litigância predatória, exigir que a parte autora emende a petição inicial com apresentação de documentos capazes de lastrear minimamente as pretensões deduzidas em juízo, como por exemplo: procuração atualizada, declaração de pobreza e de residência, cópias do contrato e dos extratos bancários".

À primeira vista, o leitor pode questionar-se acerca da *necessidade* do presente Tema Repetitivo; ora, apresentar procuração,[2] comprovante de residência,[3] prova dos fatos que alega[4] (ou pelo menos evidência suficiente para a apreciação rarefeita[5] dos fatos): estas são todas exigências fundamentais da lei processual pátria já em vigor, de desnecessária repetição, especialmente pela via de Tema Repetitivo.

Em continuada análise, o leitor traria à memória a famigerada "indústria do dano moral", aquele termo usado para transformar os escalabros contra o consumidor em "mero aborrecimento", e dar às ofensas um ar de normalidade, como se fossem culpa do ofendido e não fruto direto da ação do ofensor.

Por fim, o leitor compreende: chamar a atuação do profissional do Direito de "litigância predatória" é uma *pecha*. Mais uma horrorosa pecha lançada contra o consumidor, contra o ofendido, contra o enganado, o lesado na relação de consumo. Além de ter seus direitos aviltados, o consumidor ainda tem que ouvir que a culpa é sua, especialmente num contexto em que os grandes fornecedores desenvolvem suas atividades no mercado de consumo com foco no que a doutrina conceitua como

---

2. Art. 104, Código de Processo Civil.
3. Art. 77, V, Código de Processo Civil.
4. Art. 373, Código de Processo Civil.
5. Art. 300, Código de Processo Civil; Art. 6º, VIII, Código de Defesa do Consumidor.

"dano eficiente".[6] É a cereja do bolo, a última alcunha do consumidor que tenta lutar por seus direitos.

Falar em litigância predatória é colocar o advogado como um charlatão, um desonesto, um predador em busca de carne fresca. Como já citado neste artigo, o Tema Repetitivo não acrescenta nenhuma exigência que já não conste da lei hoje. Ele só dá aos infringentes da lei consumerista um escape, uma nova frase, um bordão para usarem em suas contestações padrão.

Ademais, com tal subterfúgio, o poder judiciário deita-se em berço esplêndido, ao passo que ao invés de buscar meios efetivos de prestação jurisdicional, independente da demanda, se esconde atrás de um termo sem qualquer lógica fonética para simplesmente extinguir processos e dar vasão às demandas.

Há que se frisar que eventuais problemas éticos de patronos e patronas são de única competência dos tribunais de ética da OAB e por lá devem ser tratados. Agora, reduzir a um predador o advogado(a) que possui elevada demanda ou mesmo atua em vários estados da federação é desconhecer a ausência de limites impostos pelas novas tecnologias, dentre elas o PJe.

Ou seja, a criação do termo nos aparenta mais uma manobra do sistema em resposta às demandas cada vez mais legítimas dos consumidores que estão, dia após dia, sendo lesados e devorados (para entrar na piada do termo) pelas práticas legitimadas pelo Poder Judiciário, que não pune de forma adequada os ataques (mais um termo legal) do sistema fornecedor.

Ademais, a litigância só existe pela preexistência do litígio, ou seja, punir a consequência ao invés da causa é mais uma demonstração de ineficácia do sistema de justiça brasileiro.

Palavras têm sentido. Significante, significado, impostos ao signo que conhecemos como palavra, elas têm correspondente no mundo real. Taxar, estigmatizar,

---

6. "Fala-se, outrossim, em dano eficiente e dano ineficiente. Ocorre dano eficiente, quando for mais compensador para o agente pagar eventuais indenizações do que prevenir o dano. Se uma montadora verificar que uma série de automóveis foi produzida com defeito que pode causar danos aos consumidores, e se esta mesma empresa, após alguns cálculos, concluir ser preferível pagar eventuais indenizações pelos danos ocorridos, do que proceder a um recall para consertar o defeito de todos os carros vendidos que lhe forem apresentados, estaremos diante de dano eficiente. O dano ineficiente, por seu turno, é o dano eficiente tornado ineficiente pela ação dos órgãos administrativos do Estado e/ou do Judiciário. Na medida em que o juiz condenar a montadora a uma altíssima indenização, ao atuar em ação indenizatória proposta por um dono de automóvel, vitimado pelo dano causado pelo defeito de produção, estará transformando o dano eficiente em dano ineficiente. As eventuais indenizações que a montadora terá que pagar serão tão altas, que será preferível o recall, por ser mais barato. A questão relativa ao dano ineficiente é equacionar duas questões. Por um lado, o valor da condenação há de ser alto, para que o dano seja de fato ineficiente para seu causador. Por outro lado, deve-se ter em conta que indenização não deve ser fonte de enriquecimento, mas de reparação de danos. O problema é de difícil solução, exigindo do juiz um enorme exercício de bom-senso e, às vezes, de coragem. O legislador poderia pôr fim ao dilema, editando norma, segundo a qual parte do valor da condenação iria à vítima, a título de reparação pelos danos sofridos, enquanto a outra parte reverteria aos cofres públicos, sendo afetada à utilização em programas sociais" (FIUZA, César. *Direito civil*: curso completo. 11. ed. rev., atual. e ampl. Belo Horizonte: Del Rey, 2008, p. 720).

rotular e afins são práticas conhecidas em sistemas antidemocráticos, e a advocacia não pode jamais aceitar ser rotulada como predadora, sim, pois se existe a litigância predatória, deve necessariamente existir o predador. Não! Isso não colará!

A pauta da vez é chamar de litigante predador aquele que tenta defender seus direitos. Falhando isto, imaginamos, o próximo passo é chamar o consumidor que ver seus direitos – constitucionalmente garantidos! – aviltados, de bobo, feio, cara de pastel e mané.

Destarte, como defensores por natureza, temos uma nova batalha na trincheira – ou seria selva – que é a luta contra essa falácia do termo litigância predatória. E saibam todos os que aviltam os consumidores: o espírito de Marco Túlio Cícero resiste nos corações de cada patrono dedicado à defesa não só de seu cliente, mas de toda a Justiça.

# O CASO DA 123 MILHAS E A RESPONSABILIDADE DOS ANUNCIANTES

*Tatiana Cardoso Squeff*

Doutora em Direito Internacional pela UFRGS, com período-sanduíche junto à University of Ottawa. Mestre pela Unisinos. Professora de Direito Internacional e Direito do Consumidor da UFRGS e professora do PPGD/UFU e do PPGRI/UFSM. Membro da ILA-Brasil e do Brasilcon.

*Lúcia Souza d'Aquino*

Doutora e Mestra em Direito pela Universidade Federal do Rio Grande do Sul (UFRGS). Especialista em Direito Francês e Europeu dos Contratos pela Université de Savoie-Mont Blanc/UFRGS. Professora adjunta na Universidade Federal Fluminense (UFF – Campus de Macaé). Líder do Grupo de Pesquisa CNPq "Vulnerabilidades no Novo Direito Privado" e diretora do Instituto de Direitos Humanos 'José do Nascimento'.

O caso do cancelamento de passagens e reservas feitas por meio da 123 Milhas desencadeou uma série de problemas ao consumidor, desde a impossibilidade de viajar tal como planejado a não devolução, pela empresa, dos valores desembolsados para tanto.

A intenção da empresa era realmente oferecer um serviço diferente, popularizando as viagens nacionais e internacionais pelo oferecimento de valores baixos de pacotes turísticos no mercado, considerando que o cenário pré-pandêmico possibilitava tal conduta, especialmente diante do crescimento do mercado de milhas no país. Contudo, manter a venda desses pacotes promocionais durante a pandemia, partindo do pressuposto de que o mercado iria voltar ao cenário anterior foi temerário, não só porque a própria forma de fazer turismo poderia mudar, como também outras variantes poderiam emergir.

Pesquisas realizadas sobre o setor turístico apontam que os consumidores-turistas, hoje, estão atuando com mais cuidado e planejamento para fazer turismo, optando por pacotes com distâncias mais curtas (chamado de turismo de entorno), as quais podem ser realizadas de carro, assim como por pacotes que envolvam um maior contato com a natureza ou mesmo para algum entretenimento cultural (religioso, musical ou esportivo).[1]

---

1. Disponível em: https://americachip.com/turismo-pos-pandemia/; https://gente.globo.com/pesquisa-infografico-turismo-pos-pandemia-o-que-esperar-para-o-setor/; https://www1.folha.uol.com.br/turismo/2023/03/quem-sao-e-para-onde-vao-os-novos-viajantes-que-estao-turbinando-o-turismo-pos-pandemia.shtml.

As viagens mais longas, porém, não desapareceram, pois aqueles que tinham o hábito de viajar para destinos mais afastados ou mesmo fora do país queriam voltar a realizá-las.[2] Todavia, esse tipo de viagem depende de uma maior oferta de rotas aeronáuticas por parte das empresas, de uma queda do valor do querosene (que, diante da guerra russo-ucraniana, não há perspectiva de melhora), além da própria oferta de hotéis e passeios no destino, os quais restaram largamente afetados durante a pandemia, tendo sido fechados ou mesmo descontinuados.

A própria Organização Mundial para o Turismo (UNWTO) teceu que em 2022 seriam alcançados apenas 65% dos níveis turísticos pré-pandêmicos.[3] As projeções da organização para 2023 são de apenas 80%.[4]

Ou seja, a manutenção de ofertas promocionais, como fez a 123 Milhas, foi evidentemente uma aposta, à qual qualquer empresário que opera no mercado está susceptível. A empresa, notando que o preço exerce um papel fundamental na influência das escolhas dos consumidores-turistas,[5] optou por manter essa forma de negócio, sendo uma escolha unicamente sua, recaindo contra si os riscos intrínsecos inerentes ao mesmo.[6]

Culpar o 'comportamento do mercado' tal como fez o sócio da empresa, Ramiro Júlio Soares Madureira, diante da Comissão Parlamentar de Inquérito sobre as Pirâmides Financeiras no dia 6 de setembro de 2023,[7] não poderia servir como justificativa para que ela se esquive das responsabilidades assumidas perante os consumidores-turistas. Não há aqui, pois, uma culpa exclusiva do consumidor, como o Código de Defesa do Consumidor traz no artigo 14, inciso II, mesmo que seus preços fossem muito mais baixos do que aqueles oferecidos por outras operadoras de turismo.

Entretanto, diante da impossibilidade de cumprir com os contratos de consumo assumidos, a empresa suspendeu em 18 de agosto de 2023 os pacotes vendidos na categoria promocional com embarque previsto de setembro a dezembro deste mesmo ano, impondo ao consumidor-turista que resgatasse um *voucher* no valor do pacote, com correção monetária de 150% do CDI, para ser utilizado na própria empresa[8]

---

2. Disponível em: https://www1.folha.uol.com.br/turismo/2023/03/quem-sao-e-para-onde-vao-os-novos-viajantes-que-estao-turbinando-o-turismo-pos-pandemia.shtml.
3. Disponível em: https://www.unwto.org/news/tourism-recovery-accelerates-to-reach-65-of-pre-pandemic-levels.
4. Disponível em: https://www.unwto.org/news/tourism-on-track-for-full-recovery-as-new-data-shows-strong-start-to-2023.
5. Disponível em: https://gente.globo.com/pesquisa-infografico-turismo-pos-pandemia-o-que-esperar-para-o-setor/.
6. Como bem explica Maria Luiza Traga, trata-se da teoria 'risco-proveito', "que significa que, em virtude do proveito econômico obtido a partir da disponibilização do serviço ou produto no mercado de consumo (bônus), arcam com os riscos inerentes ao seu negócio (ônus)". Disponível em: https://www.conjur.com.br/2023-set-13/garantias-consumo-hurb-123-milhas-necessidade-manter-pes-chao#author.
7. Disponível em: https://www.poder360.com.br/congresso/socio-da-123milhas-culpa-comportamento-do-mercado-por-polemica/#:~:text=O%20s%C3%B3cio%20da%20123Milhas%20Ramiro,comunicada%20pela%20123Milhas%20em%20agosto.
8. Disponível em: https://veja.abril.com.br/economia/123-milhas-suspende-pacotes-promocionais-e-sugere-voucher-como-compensacao.

– uma medida explicitamente ilegal consoante o CDC, que impõe, à escolha do consumidor, por exemplo, em seu artigo 19, a restituição imediata da quantia paga, monetariamente atualizada, sem prejuízo de eventuais perdas e danos, que poderiam emergir de reservas feitas com outros fornecedores no destino final.

Por força disso, diversas solicitações foram feitas pelos Procons de diversas cidades e estados do Brasil, como Porto Alegre,[9] São Paulo,[10] Rio de Janeiro,[11] Amazonas,[12] Acre,[13] Paraná,[14] Espírito Santo,[15] Santa Catarina,[16] para citar alguns. A intenção era não só questionar a proposta de reembolso via *voucher*, mas também de tentar efetivar os contratos, com base nos artigos 30 e 35 do CDC. Note-se que a 123 Milhas não compareceu às audiências de conciliação,[17] tendo contra si aplicadas diversas multas ancoradas no artigo 56, inciso I, do CDC, a exemplo de São Paulo, onde a sanção administrativa do Procon chegou a R$ 2,5 milhões.[18]

Como os problemas persistiram, muitos consumidores optaram por ingressar na via judicial contra a empresa, buscando assegurar a viagem (com base nos já aludidos artigos 30 e 35 do CDC) ou mesmo seu crédito junto à empresa. Isso porque, em 31 de agosto de 2023, a 123 milhas solicitou recuperação judicial junto à justiça mineira, onde está sua sede, suspendendo quaisquer ações e execuções contra ela pelo prazo de 180 dias.[19] Outrossim, pautando-se no artigo 28 do CDC, em 13 de setembro de 2023, a justiça mineira igualmente determinou o bloqueio de R$ 50 milhões dos sócios da 123 Milhas, antecipando-se à eventual liquidação de bens, para garantir a eventual execução das obrigações da empresa[20] – valor este que, no entanto, não chega perto dos R$ 1,6 bilhão em débito que a empresa atualmente detém.[21]

---

9. https://prefeitura.poa.br/smdet/noticias/procon-investiga-quantas-viagens-empresa-de-milhas-suspendeu-partir-de-porto-alegre.
10. Disponível em: https://g1.globo.com/sp/sao-paulo/noticia/2023/08/19/procon-sp-diz-que-notificara-123-milhas-apos-suspensao-de-pacotes-de-viagem-e-emissao-de-passagens-promocionais.ghtml.
11. Disponível em: https://g1.globo.com/rj/rio-de-janeiro/noticia/2023/08/24/procon-rj-vai-a-justica-contra-a-123-milhas.ghtml.
12. http://www.procon.am.gov.br/procon-am-notifica-123-milhas-apos-cancelamento-de-pacotes-de-viagens/.
13. Disponível em: https://agencia.ac.gov.br/procon-notificara-123-milhas-apos-anuncio-de-suspensao-de-pacotes-aereos/.
14. Disponível em: https://www.aen.pr.gov.br/Noticia/Procon-PR-notifica-123milhas-por-descumprimento-de-contrato-com-consumidores.
15. Disponível em: https://procon.es.gov.br/Not%C3%ADcia/procon-es-notifica-123-milhas-por-cancelamento-de-viagens.
16. Disponível em: https://estado.sc.gov.br/noticias/procon-sc-notifica-empresa-de-passagens-aereas-123-milhas/.
17. Disponível em: https://www.colunaesplanada.com.br/caso-da-123-milhas-continua-apos-empresa-se-recusar-a-participar-de-audiencias-de-conciliacao/.
18. Disponível em: https://www.infomoney.com.br/consumo/123milhas-recuperacao-judicial-procon-sp-pede-informacoes-para-auxiliar-consumidores-com-ressarcimentos/#:~:text=Multa,defesa%20dos%20interesses%20dos%20consumidores.
19. Disponível em: https://g1.globo.com/turismo-e-viagem/noticia/2023/09/01/123-milhas-recuperacao-judicial-congela-processos-contra-empresa-temporariamente.ghtml.
20. Disponível em: https://g1.globo.com/mg/minas-gerais/noticia/2023/09/13/bloqueio-socios-da-123-milhas.ghtml.
21. Disponível em: https://agenciabrasil.ebc.com.br/justica/noticia/2023-09/justica-suspende-recuperacao-judicial-da-123milhas.

Embora a recuperação judicial tenha sido suspensa a pedido de um dos credores, mais especificamente, o Banco do Brasil, no dia 20 de setembro de 2023, em virtude de inconsistências documentais no processo de recuperação judicial,[22] os consumidores-turistas não conseguem ainda rever o montante investido ou ter a sua viagem realizada.

Assim, pensando em alternativas a essa situação, entende-se que poderia haver outro caminho a seguir. Indagamo-nos se os anunciantes da 123 Milhas poderiam ser responsabilizados. Mais especificamente, quando empresas como a Trivago anunciam os preços da 123 Milhas em suas publicidades televisionadas e transmitidas pela internet, não poderiam ser elas responsabilizadas?

Trata-se de uma questão interessante, pois o que se vislumbra na atual jurisprudência pátria é que anunciantes, em geral, por não operarem como intermediadores do negócio jurídico, tal como ocorre com outras plataformas, como Airbnb, Expedia, Mercado Livre e Americanas, elas não poderiam ser responsabilizadas. Isso porque entende-se que essas empresas precisariam estar na cadeia de consumo de alguma maneira para que fossem solidariamente responsáveis, nos termos do artigo 7º, parágrafo único, e do artigo 25, § 1º, do CDC. O argumento utilizado é sempre que, para ser responsabilizada, a empresa possibilite a realização da contratação e aufira lucro com a operação,[23] atuando como intermediador do negócio firmado entre o hotel, o site de reserva e os consumidores.

Ocorre que, mesmo cientes que o Superior Tribunal de Justiça (STJ) entenda que o provedor de busca não seja intermediário,[24] acreditamos que se a reserva foi feita via Trivago ou qualquer outro *anunciante*, este também deveria integrar a relação de consumo, mesmo que se trate de um site de busca e comparação de preços. Isso porque já há inclusive jurisprudência do STJ reconhecendo que o veiculador de anúncio publicitário que não age com a devida diligência e apresenta anúncios fraudulentos é solidariamente responsável pelos danos causados aos consumidores.[25]

Veja-se que o Código de Defesa do Consumidor, como microssistema de proteção da parte vulnerável, possui uma interpretação mais aberta no sentido de ser mais flexível ao identificar os possíveis fornecedores, que serão responsabilizados em caso de danos aos consumidores.

O fator primordial, já abordado no presente texto, é a percepção de lucro a partir do anúncio, configurando uma cadeia de fornecimento. Veja-se que é exatamente o caso da Trivago que, em seu site na internet, afirma que "os sites pagam uma taxa ao

---

22. Disponível em: https://agenciabrasil.ebc.com.br/justica/noticia/2023-09/justica-suspende-recuperacao-judicial-da-123milhas.
23. TJPE. Recurso Inominado Cível n. 0030661-85.2019.8.17.8201. Rel. Anamaria de Farias Borba Lima Silva, Julgado em 15.07.2022.
24. STJ. Recurso Especial n. 1444008/RS. Rel. Min. Nancy Andrighi, 3ª Turma, julgado em 25.10.2016, DJe 09.11.2016.
25. STJ. Recurso Especial n. 1.391.084/RJ, Rel. Ministro Paulo de Tarso Sanseverino, 3ª Turma, julgado em 26.11.2013, DJe 25.02.2014.

Trivago se o usuário clicar em uma oferta específica".[26] Ora, a partir do momento em que existe a obtenção de lucro pela empresa, deve ela atuar com a diligência necessária para não induzir o consumidor a erro ou levá-lo a uma publicidade enganosa ou a uma empresa que não tem condições de cumprir as ofertas realizadas, o que parece ser o caso da 123 Milhas.

Ainda no que diz respeito ao modelo de negócios da empresa, a Trivago afirma que mostra ofertas que seu algoritmo recomenda como uma *boa opção*, o que leva em consideração "diversos fatores importantes, como os critérios de busca (localização e datas da estadia), o preço da oferta e a sua atratividade geral, além da precisão das tarifas fornecidas pelos sites de reserva". "Também levamos em consideração a remuneração paga pelos sites de reserva quando um usuário clica em uma oferta".[27]

Veja-se que é evidente a participação ativa da Trivago na decisão a respeito de quais anúncios veicula, de sua posição nos resultados e na previsão de precisão das tarifas, além de classificar os resultados enquanto bons com base na remuneração percebida, o que o coloca na posição de não um mero exibidor de anúncios, mas uma empresa que faz parte de uma cadeia de consumo, ao decidir quais critérios o algoritmo levará em consideração ao apresentar as ofertas.

Não por outra razão, já se reconheceu a responsabilidade de empresas deste tipo por falha na prestação do serviço de publicidade, eis que "o tipo de serviço prestado pela ré atrai inúmeros consumidores justamente porque a ideia transmitida é *garantir a segurança*, por meio da sua plataforma, na operação de compra e verificação da hospedagem. É justamente essa razão que motiva o surgimento de empresas como a da ré, assim como, por exemplo, Trivago, Hoteis.com, Decolar, Hurb, etc. Assim, não há que se falar em isenção de responsabilidade, independente (sic) de ser ou não intermediadora. Em outros termos, se *todos lucram* com o negócio, *todos respondem* por ele (quem aufere o bônus, também arca com o ônus)".[28]

Dessa forma, e tomando em consideração a teoria do risco-proveito, os anunciantes como a empresa Trivago devem, a partir da identificação de sua atuação não-diligente na qualidade de anunciantes, ser responsabilizados pelos danos experimentados pelos consumidores, por fazerem parte de inequívoca cadeia de fornecimento que captura e direciona os consumidores ao anunciante que paga pelo clique, utilizando como critérios a precisão no preço e atratividade da oferta, questões subjetivas e que diferem de um mero buscador que apresenta resultados de buscas objetivos.

---

26. Disponível em: https://support.trivago.com/hc/pt-br/articles/360016002114-O-que-%C3%A9-o-trivago-.
27. Disponível em: https://support.trivago.com/hc/pt-br/articles/360016108153-Como-o-trivago-determina--o-filtro-Sugest%C3%B5es-.
28. TJSP. Juizado Especial Cível, Foro de Campo Limpo Paulista. Proc. 0000342-88.2022.8.26.0115 – Juiz Marcel Nai Kai Lee. Julgado em 30.11.2022.

# CONSTITUCIONALIDADE DA REGULAÇÃO DE ADITIVOS EM PRODUTOS DE TABACO

*Luís Renato Vedovato*

Doutor em Direito Internacional pela Faculdade de Direito da Universidade de São Paulo. Professor-doutor da Universidade Estadual de Campinas (Unicamp) e pesquisador Fapesp do projeto "Direito das migrações nos Tribunais – a aplicação Nova Lei de Migração Brasileira diante da mobilidade humana internacional". Advogado.

Em 2018, seis anos após a publicação da Resolução de Diretoria Colegiada 14/2012, da Agência Nacional de Vigilância Sanitária (Anvisa), que regula o uso de aditivos, como os de sabor e aromas, em produtos de tabaco, o plenário do Supremo Tribunal Federal derrubou a liminar que suspendia a sua aplicação no território nacional.

A Ação Direta de Inconstitucionalidade (ADI) 4.874, em cujos autos tinha sido concedida a liminar, em 2013, foi proposta pela Confederação Nacional da Indústria e visava a declaração de inconstitucionalidade artigo 7º, III e XV, da Lei 9.782/1999, além de, por arrastamento, como pedido sucessivo, a declaração de inconstitucionalidade de artigos da RDC 14/2012 por suposta violação à livre iniciativa (artigo 170 da Constituição) e ao princípio da legalidade (artigo 5, II, e artigo 37, *caput*, ambos da CF).

Em suma, a CNI pretendeu a declaração de inconstitucionalidade da competência da Anvisa para proibir a fabricação, a importação, o armazenamento, a distribuição e a comercialização de produtos e insumos, em caso de violação da legislação pertinente ou de risco iminente à saúde, o que afetaria não só os produtos de tabaco, mas todos os outros produtos regulados pela agência, como agrotóxicos.

A ADI 4.874 foi julgada improcedente. No que toca à competência da Anvisa (artigo 7º, III e XV, da Lei 9.782/1999), o resultado foi pela improcedência por 9 votos a 1, o que impõe efeito vinculante à decisão nesse ponto. Com relação aos artigos da RDC 14/2012, o resultado foi empate por 5 votos, o que garantiu a constitucionalidade da norma atacada, sem, todavia, emprestar efeito vinculante ao acórdão do STF nesse quesito. Ressalte-se que o total de dez votos, não de 11, deve-se ao fato de que o ministro Luís Roberto Barroso declarou-se impedido para julgar, tendo em vista já ter dado parecer jurídico sobre a temática, antes de se tornar ministro do STF.

A constitucionalidade da RDC 14/2012, reconhecida pelo plenário do STF, não foi suficiente, entretanto, para obstar outras ações em curso pelo Brasil. Por conta desse fato, liminares concedidas em sede de controle difuso de constitucionalidade permaneceram em vigor, apesar da importante decisão do STF, em 2018.

Agora, e é esse fato que move o presente artigo, está-se às portas de um novo julgamento sobre o mesmo tema no STF, agora no formato de Recurso Extraordinário com Agravo (ARE) 1.348.238-DF 1.348.238, com repercussão geral (Tema 1252).

Nesse ponto, é importante começar por um fato inatacável: a RDC 14/2012 é essencial para que o Brasil cumpra a Convenção Quadro para o Controle do Tabaco (CQCT, tratado internacional que ratificou, em 2 de janeiro de 2005, conforme Decreto Presidencial 5.658/2006.

Nesse sentido, precisa ser dito que a RDC 14/2012 é decorrência do compromisso internacional assumido pelo Brasil para defesa de direitos humanos de todas e todas que vivem no Brasil.

Tal compromisso se funda na efetiva ligação entre o cumprimento da Constituição do Brasil e os Tratados Internacionais, além de ser estampada no Preâmbulo da CQCT, nos seguintes termos: "Recordando ainda o preâmbulo da Constituição da Organização Mundial de Saúde, que afirma que o gozo do mais elevado nível de saúde que se possa alcançar é um dos direitos fundamentais de todo ser humano, sem distinção de raça, religião, ideologia política, condição econômica ou social".

Assim, confirma-se que a CQCT visa a proteção dos direitos fundamentais, o que reforça a importância de se fazer cumprir internamente as normas da Convenção Quadro de Controle do Tabaco, pois faz parte do bloco de constitucionalidade do ordenamento jurídico brasileiro.

Declarar a inconstitucionalidade da RDC 14/2012 é uma afronta ao compromisso internacional vinculante que o Brasil firmou. Uma decisão que afasta a RDC 14/2012 do nosso ordenamento representará, também, um retrocesso no campo da promoção da saúde, abrindo caminho para que crianças comecem a fumar e passem a se tornar viciadas em produtos comprovadamente nocivos à saúde. Vale lembrar que os aditivos, restringidos pela RDC 14/2012, tornam o tabaco mais atraente e palatável e fazem que se inicie a experimentação e o vício em idades cada vez menores, fato que fez o tabagismo ser classificado como doença pediátrica pela Organização Mundial de Saúde. Nesse sentido, manter a constitucionalidade da RDC 14/2012 da Anvisa é garantir a proteção inclusive de crianças e adolescentes, que não vão se sentir atraídos pelo tabaco por conta desse ter sabores variados, o que fará que elas se tornem viciadas cada vez mais cedo.

Em suma, para proteger o direito à saúde das pessoas que estão no Brasil, nos moldes estabelecidos pela CQCT, o Brasil precisa da RDC 14/2012, da ANVISA, um órgão regulador de produtos de tabaco do Poder Executivo, tendo em vista que, no país, reconhece-se que tratado internacional tem, no mínimo, força de lei federal. Somente assim o Brasil poderá cumprir a CQCT e dar amparo a quem quer ter seus direitos protegidos diante das violações causadas pelo consumo precoce do tabaco e que tornou o tabagismo uma doença pediátrica, atingindo pessoas cada vez mais jovens. Ao restringir os aditivos do tabaco, a RDC 14/2012 pavimentou o caminho de proteção dos direitos fundamentais de todas e todos.

Olhando especificamente para a decisão proferida na ADI 4.874, destaca-se que o STF já assentou entendimento de que o artigo 7º, incisos III e XV, da lei 9782 é constitucional, superando, assim, o debate sobre a competência da Anvisa para proibir a fabricação, a importação, o armazenamento, a distribuição e a comercialização de produtos e insumos, em caso de violação da legislação pertinente ou de risco iminente à saúde.

Na ADI 4.874, houve debate sobre uma suposta violação à livre iniciativa, porém, tal tese foi afastada, como indicado no item 7 da Ementa, nos seguintes termos:

> 7. A liberdade de iniciativa (artigos 1º, IV, e 170, *caput*, da Lei Maior) não impede a imposição, pelo Estado, de condições e limites para a exploração de atividades privadas tendo em vista sua compatibilização com os demais princípios, garantias, direitos fundamentais e proteções constitucionais, individuais ou sociais, destacando-se, no caso do controle do tabaco, a proteção da saúde e o direito à informação. O risco associado ao consumo do tabaco justifica a sujeição do seu mercado à intensa regulação sanitária, tendo em vista o interesse público na proteção e na promoção da saúde.

Dessa forma, o STF se mantém firme aos seus precedentes. De fato, a Suprema Corte reiteradamente assevera que as intervenções indiretas na economia são constitucionais e não representam violação ao princípio da livre iniciativa, como feito na ADI 319-4 (DF), que teve brilhante voto proferido pelo ministro Celso de Mello, nos seguintes termos:

> Todas as atividades econômicas estão sujeitas à ação fiscalizadora do Poder Público. O ordenamento constitucional outorgou ao Estado o poder de intervir no domínio econômico (...). A liberdade econômica não se reveste de caráter absoluto, pois seu exercício sofre, necessariamente, os condicionamentos normativos impostos pela Lei Fundamental da República. A própria noção de intervenção regulatória ou indireta do Estado, cuja prática legitima o exercício do poder de controle oficial de preços, constitui uma categoria jurídica a que não se tem revelado insensível o legislador constituinte brasileiro. Quaisquer que sejam as modalidades ditadas pelo sistema de controle oficial de preços ou qualquer que seja o momento em que esse sistema opere e se concretize (a priori ou a posteriori), as limitações que dele derivam, desde que fundadas na lei, incluem-se na esfera de abrangência constitucional do poder de intervenção regulatória do Estado. Desse modo, inexiste apoio jurídico, em nosso sistema constitucional, para a tese que pretende ver subtraídas, à ação regulatória do Estado, as atividades empresariais de exploração econômica do ensino.

E continua o ministro Celso de Mello:

> As atividades empresariais – qualquer que seja o campo em que se exerçam, inclusive na área de exploração econômica das atividades educacionais – não têm, nos princípios da liberdade de iniciativa e da livre concorrência, instrumentos de proteção incondicional. Esses postulados – que não ostentam valor absoluto – não criam, em torno dos organismos empresariais, qualquer círculo de imunidade que os exonere dos gravíssimos encargos cuja imposição, fundada na supremacia do bem comum e do interesse social, deriva do texto da própria Carta da República. O princípio da liberdade de iniciativa não tem, desse modo, caráter irrestrito e nem torna a exploração das atividades econômicas um domínio infenso e objetivamente imune à ação fiscalizadora do Poder Público.

Outro exemplo é a ADI 1.950-3 (SP), em que o STF mais uma vez reafirmou a possibilidade de limitação à livre iniciativa. Nas palavras do ministro Eros Grau:

> É certo que a ordem econômica na Constituição de 1988 define opção por um sistema, o sistema capitalista, no qual joga um papel primordial a livre-iniciativa. Essa circunstância não legitima, no entanto, a assertiva de que o Estado só interviá na economia em situações excepcionais. Muito ao contrário.

Logo, não há como sustentar que haveria intervenção indevida na economia, sendo possível asseverar que restou incólume o princípio da livre iniciativa, especialmente com relação à regulação de produtos de tabaco, posto que são nocivos à saúde, causam forte dependência, mais de 50 doenças e mortes precoces. Aliás, é esperado de uma agência reguladora que faça seu papel de, como seu nome diz, regulamentar o setor, como estabelecido em controle concentrado de constitucionalidade, na ADI 4.874.

Com base nisso, na decisão proferida na citada ADI, o STF reafirmou a competência normativa da Anvisa para "proibir a fabricação, a importação, o armazenamento, a distribuição e a comercialização de produtos e insumos, em caso de violação da legislação pertinente ou de risco iminente à saúde".

Além disso, ressalte-se, como a regulação do uso de aditivos em produtos de tabaco, por meio da RDC 14/2012, está fundamentada no artigo 9º, da CQCT, que tem, no mínimo, *status* de lei ordinária, de acordo com o RE 466.343, cai por terra qualquer alegação de violação do princípio da legalidade, inscrito no artigo 5º, II, e no artigo 37, caput, da CF, valendo destacar que os demais princípios da administração pública, inscritos nesse último artigo, não foram afrontados pela RDC 14/2012.

Declarar inconstitucional a RDC é romper com o compromisso internacional assumido pelo país com a ratificação da CQCT, e também com os precedentes do STF, e isso não se espera da Corte, que tanto realiza pela proteção à saúde das pessoas, mormente como se viu durante a pandemia da Covid-19. Nesse ponto, vale lembrar que o tabagismo é reconhecido pela OMS como uma epidemia, responsável pela morte de mais de 8 milhões de pessoas no mundo por ano. As ações que se conectam com a efetivação da Convenção Quadro de Controle do Tabaco, como é o caso da RDC 14/2012, fazem com que a contagem de mortos pelo tabaco não se alastre, fazem com que se impeça o desenvolvimento de doenças e, principalmente, impede que crianças e adolescentes se tornem dependentes do tabaco e venham a desenvolver doenças tabaco-relacionadas.

Em suma, a RDC 14/2012 é uma das muitas "vacinas" que temos para conter o avanço do tabagismo. Enquanto as vacinas nascem da pesquisa científica no campo da saúde, a RDC 14/2012 e toda a regulamentação de proteção frente ao tabagismo é fruto da construção normativa de proteção de direitos fundamentais.

Que o STF, mais uma vez, não permita que o negacionismo, disfarçado de proteção à liberdade, cause danos à saúde e faça com que cada vez mais pessoas tenham de seus entes queridos apenas lembranças e fotos.

Que o valioso esforço regulatório brasileiro não seja em vão e que as presentes e futuras gerações sejam protegidas das estratégias de negócio da indústria do tabaco que buscam arrebanhar fumantes cada vez mais jovens.

# MERCOSUL E A PROTEÇÃO DO CONSUMIDOR CONTRA O SUPERENDIVIDAMENTO

*Luciane Klein Vieira*

Doutora em Direito (área: Internacional) pela Universidade de Buenos Aires (UBA). Professora do programa de pós-graduação em Direito da Universidade do Vale do Rio dos Sinos (Unisinos) e diretora para o Mercosul do Brasilcon.

O Mercado Comum do Sul (ou, simplesmente, Mercosul), bloco econômico criado em 26 de março de 1991, pelo Tratado de Assunção,[1] procura implementar entre Argentina, Brasil, Paraguai e Uruguai (Estados fundadores) um mercado comum, que implique nas chamadas quatro liberdades de circulação: mercadorias, serviços, capitais e pessoas.

Para poder tornar realidade as liberdades de circulação referidas – com relação às quais, é necessário dizer, somente a primeira (de mercadorias) é a que está em processo de consolidação –, o Mercosul necessita apoiar-se em estruturas jurídicas sólidas que permitam o cumprimento das finalidades propostas. Neste ponto, insere-se a preocupação com o estabelecimento de normas destinadas a harmonizar a legislação doméstica dos Estados, consoante determina o artigo 1º do Tratado de Assunção, conforme o qual, o mercado comum também implica no (…) "compromisso dos Estados Partes de harmonizar suas legislações nas áreas pertinentes, para lograr o fortalecimento do processo de integração".

Com relação ao tema, tal como já expressamos em outra oportunidade, "não se encontra, no tratado constitutivo, nenhuma referência expressa ou direta à harmonização legislativa em matéria de direito do consumidor, constando, tão somente, uma menção genérica sobre a ampliação 'da oferta e qualidade de bens e serviços disponíveis, a fim de melhorar as condições de vida dos habitantes', inserida no inciso 7º do Preâmbulo do Tratado de Assunção. Do mesmo modo, o art. 4º do Tratado referido, que impõe a necessidade de organização da estrutura geral de concorrência e transações comerciais na região, tampouco se ocupa da matéria referida, ainda que, obrigatoriamente, abarque de forma indireta as relações de consumo. De qualquer forma, como se observa, o certo é que o Tratado de Assunção, de 1991, não dirigiu sua atenção à proteção do consumidor, mas tão somente à necessidade do

---

1. MERCOSUL. Tratado para a Constituição de um Mercado Comum entre a República Argentina, República Federativa do Brasil, a República do Paraguai e a República Oriental do Uruguai. [Tratado de Assunção]. Assunção, [1991]. Disponível em: https://www.mre.gov.py/tratados/public_web/DetallesTratado.aspx?id=0GXnoF+V0qWCz+EoiVAdUg%3d%3d. Acesso em: 15 set. 2023.

estabelecimento de normas e políticas macroeconômicas destinadas a colocar em funcionamento o bloco".[2]

Pese ao exposto, ainda que o tratado fundador tenha omitido a necessidade de se conferir proteção ao consumidor mercosulino, como sendo o principal agente ou destinatário da integração, responsável inclusive pelo regular andamento do comércio *intra* bloco, já que sem consumo, não há estímulo à circulação internacional das mercadorias, desde 23 de abril de 1994, quando se deu a assinatura da Declaração Conjunta dos Ministros de Economia, deu-se o pontapé inicial para o início do processo de harmonização legislativa neste âmbito, com o intuito aproximar o direito interno dos Estados em busca de um nível elevado de proteção ao consumidor, conforme as orientações e padrões internacionais.

Para levar a cabo esse desiderato, em 15 de fevereiro de 1995 criou-se o Comitê Técnico 7 (CT 7), composto pelas autoridades nacionais de defesa do consumidor dos Estados partes, responsável pela criação de propostas de harmonização legislativa e de uniformização de políticas públicas, visando desenvolver a proteção dos consumidores no Mercosul e, com isso, contribuir para a consolidação do mercado comum.

De 1995 até a presente data, muitas propostas de harmonização normativa foram realizadas a partir do trabalho do CT 7, várias das quais se converteram em resoluções aprovadas pelo Grupo Mercado Comum (GMC) ou em decisões aprovadas pelo Conselho do Mercado Comum (CMC).

É justamente com relação a esse trabalho de harmonização de legislações que cabe trazer à colação o Projeto de Resolução que vem sendo discutido no âmbito do CT 7 sobre "Proteção do Consumidor contra o Superendividamento",[3] cuja primeira versão foi elaborada pela presidência *pro tempore* Argentina e apresentada em 26 de março de 2021, em ocasião da XCVI Reunião Ordinária do CT 7, levada a cabo em Buenos Aires.

O projeto, inspirado nas consequências advindas do endividamento excessivo dos consumidores, observadas sobretudo no período da pandemia de Covid-19, no seu artigo 2°, qualifica o superendividamento do consumidor como sendo a situação caracterizada pela impossibilidade de cumprir com as obrigações exigíveis ou de imediata exigibilidade, sem comprometer o acesso e o gozo de bens essenciais. Nesse sentido, determina que os Estados partes do Mercosul devem estabelecer políticas de prevenção, tratamento e mitigação do superendividamento, à luz de princípios

---

2. VIEIRA, Luciane Klein. O Mercosul como foro de codificação em matéria de direito do consumidor: estado da arte e perspectivas para o futuro. In: STRECK, Lenio Luiz; ROCHA, Leonel Severo; BRAGATO, Fernanda Frizzo (Org.). Constituição, Sistemas Sociais e Hermenêutica: *Anuário do Programa de Pós-Graduação em Direito da UNISINOS*. Mestrado e Doutorado. n. 15. São Leopoldo: Editora Karywa, 2019. p. 236.
3. O inteiro teor da proposta normativa pode ser consultado em: MERCADO COMUM DO SUL. CT 7. Anexo V – Proyecto de Resolución CT 7 n. 02/2021. Protección al consumidor frente al sobreendeudamiento: assinado em 26 de março de 2021, em Buenos Aires, Argentina. Disponível em: https://documentos.mercosur.int/simfiles/proynormativas/83525_CCM-CT7_2021_ACTA02_ANE05_ES_P.Res.pdf. Acesso em: 14 set. 2023.

que deverão guiar a implementação destas medidas, tanto de ordem judicial quanto administrativa, visando superar a insolvência do consumidor. Entre eles, encontram-se: o respeito à dignidade da pessoa humana e da família; o crédito responsável; a proteção especial do consumidor em situação de hipervulnerabilidade; a boa-fé; a prevenção de riscos; o imediatismo, a simplicidade, a celeridade e o baixo custo dos procedimentos, entre outros (artigo 7º). Para tanto, os princípios referidos deverão estar presentes nas ações que recaem sobretudo nos fornecedores de crédito e nos Estados.

Com relação aos fornecedores creditícios, o projeto mercosulino lhes impõe, no seu artigo 3º, o respeito ao princípio do crédito responsável. Nesse sentido, determina que estes deverão informar o consumidor acerca dos alcances do compromisso patrimonial derivado do crédito solicitado, levando em consideração os recursos existentes para afrontá-lo, a partir de uma avaliação dos antecedentes creditícios e da solvência patrimonial do consumidor. Essa análise deve ser realizada sem a intermediação de métodos automatizados e deve resultar num aconselhamento ao consumidor, abstendo-se o fornecedor de qualquer prática que induza a parte vulnerável da relação de consumo a um endividamento excessivo.

No que toca aos Estados, o projeto determina que estes deverão adotar medidas para a efetiva proteção dos consumidores de serviços financeiros, por meio do desenvolvimento de campanhas de informação; supervisão e regulação da publicidade, das práticas comerciais abusivas e das cláusulas abusivas contidas nos contratos de financiamento; adoção de mecanismos destinados a prevenir os riscos próprios do mercado de crédito; e implementação de programas especiais para proteger consumidores em situação de hipervulnerabilidade, como é o caso do consumidor idoso ou analfabeto (artigo 4º).

Ainda, no artigo 5º, o projeto aposta na educação financeira como instrumento para empoderar o consumidor, determinando que os Estados partes do Mercosul deverão incluir esse eixo temático nos planos gerais de educação para o consumo, como forma de se incentivar a gestão razoável da economia doméstica e a própria prevenção do superendividamento, sem prejuízo de que se invista na informação ao consumidor como medida para reduzir o estado de insolvência deste último (artigo 6º).

Como é facilmente verificável, o projeto está voltado inteiramente à prevenção do superendividamento, a partir de medidas e políticas públicas que devem ser tomadas pelas instituições financeiras e pelos Estados.

Pese ao exposto, até a presente data, ainda não temos a aprovação do texto no âmbito do CT 7, o qual, se aprovado, ainda deve ser submetido ao GMC, órgão com capacidade decisória e com competência para a aprovação de resoluções. E mais, depois de superadas essas fases, o texto aprovado ainda necessita ser internalizado no ordenamento jurídico doméstico de cada um dos Estados partes para finalmente poder ser aplicado.

Diante deste cenário, paira uma dúvida de óbvia resolução: não existem mais consumidores superendividados na Argentina, no Brasil, no Paraguai e no Uruguai, o que explicaria o descaso das delegações dos Estados com a aprovação do texto proposto?[4] Esta dúvida leva a outra: por que o Uruguai e o Brasil, especificamente, ainda estão "deliberando" internamente em torno da aprovação da proposta argentina?[5] Especialmente no caso brasileiro, agora que temos, finalmente, a aprovação da Lei do Superendividamento do Consumidor, Lei 14.181, de 1º de julho de 2021 (que foi aprovada alguns meses depois da propositura do projeto mercosulino), não precisamos pensar nas hipóteses de superendividamento do consumidor promovidas no âmbito do Mercosul, considerando que o Brasil é um dos sócios fundadores do bloco econômico? E no caso uruguaio, país que ainda não tem lei que regule o tema, não seria a aprovação do Projeto de Resolução do CT 7, no âmbito do Mercosul, uma fonte para impulsionar a adoção de norma interna destinada a prevenir e tratar o superendividamento dos consumidores?

Parece evidente que a aprovação do projeto mercosulino serviria de base para a implementação de legislação doméstica sobre o superendividamento do consumidor, no âmbito dos Estados partes que ainda não a possuem e que, infelizmente, são a maioria. Nesse sentido, cabe destacar que a Argentina[6] possui projetos de lei para regular o tema, assim como o Uruguai[7]. Já o Paraguai, nem sequer possui projeto

---

4. Só no Brasil, conforme a Pesquisa de Endividamento e Inadimplência do Consumidor (Peic), realizada mensalmente pela Confederação Nacional do Comércio de Bens, Serviço e Turismo (CNC), em junho de 2023, 78,5% das famílias brasileiras estão em situação de endividamento, sendo que deste total, 18,5% estão superendividadas, maior índice da série histórica iniciada em janeiro de 2010. (AGÊNCIA BRASIL. Pesquisa mostra que 78,5% das famílias brasileiras estão endividadas. Disponível em: https://agenciabrasil.ebc.com.br/economia/noticia/2023-07/pesquisa-mostra-que-785-das-familias-brasileiras-estao-endividadas. Acesso em: 14 set. 2023).
5. Na ata da CVIII Reunião Ordinária do CT 7, levada a cabo em 12 de maio de 2023, em Montevidéu, consta a informação de que Brasil e Uruguai estão procedendo a consultas internas, a fim de verificar se é possível a aprovação do Projeto de Resolução proposto. Para mais detalhes, ver: Mercado Comum do Sul. CT 7. Acta 02/2023. CVII Reunión Ordinaria del Comité Técnico 7 "Defensa del Consumidor": assinada em 12 de maio de 2023, em Montevidéu, Uruguai. Disponível em: https://documentos.mercosur.int/public/reuniones/doc/9491. Acesso em: 14 set. 2023.
6. Na Argentina, foram apresentados dois Projetos de Código de Defesa do Consumidor, que incluem a questão do superendividamento, com regulações bastante semelhantes. Trata-se dos Projetos reconhecidos como "Expediente 3143-D-2020", elaborado por uma Comissão de Juristas e apresentado em 26 de junho de 2020, na Câmara de Deputados do Congresso Nacional. O outro, que ingressou na mesma Casa Legislativa, toma parte da proposta anterior, tendo recebido a designação de "Expediente 5156-D-2020", apresentado em 30 de setembro de 2020. Ambos projetos abordam a prevenção do superendividamento, a reabilitação financeira do consumidor e de sua família, impulsando a renegociação da dívida creditícia com as instituições financeiras. (JAPAZE, María Belén. La protección de los consumidores sobreendeudados en el MERCOSUR. Acciones del Comité Técnico 7. La regulación en los Estados Parte. La situación en Argentina. In: MARQUES, Claudia Lima; VIEIRA, Luciane Klein; BAROCELLI, Sergio Sebastián (Dir.). *Los 30 años del Mercosur*: avances, retrocesos y desafíos en materia de protección al consumidor. Buenos Aires: IJ Editores, 2021. Disponível em: https://latam.ijeditores.com/index.php?option=publicacion&idpublicacion=836. Acesso em: 15 set. 2023).
7. O projeto de lei uruguaio foi apresentado pelo Senado do Congresso Nacional, identificado como "Expediente 319/2020" sobre "Procedimiento de reestructuración de deudas de personas físicas". O projeto, que teve como base o modelo de regulação vigente na Nova Zelândia, cria um procedimento judicial para reestruturar o passivo das pessoas físicas, que deve ser precedido por um procedimento de conciliação em

normativo apresentado. Em outras palavras, somente o Brasil possui legislação interna regulando o endividamento excessivo do consumidor, o que também deveria estimular os demais sócios a adotarem legislação na matéria.

Por fim, fazer parte de um processo de integração regional significa comprometer-se com a consecução de seus objetivos, em conjunto, em sintonia com os demais Estados que o integram. Nesse âmbito, medidas destinadas a proteger o consumidor, sobretudo para evitar que este e sua família fiquem desprovidos do mínimo existencial para viver com dignidade, são imprescindíveis para o próprio sucesso da integração e, por conseguinte, para o desenvolvimento econômico da região.

---

sede administrativa. Nos termos do art. 2º do projeto, os destinatários do procedimento especial referido serão os devedores de boa-fé, que não sejam titulares de bens ou que o seu patrimônio esteja composto por um único bem imóvel, com valor equivalente ao estabelecido como bem de família, e/ou cujos ingressos anuais sejam inferiores à soma de UI 120.000, o que equivaleria, hoje, a aproximadamente 17.800 dólares. (JAPAZE, María Belén. La protección de los consumidores sobreendeudados en el Mercosur. Acciones del Comité Técnico 7. La regulación en los Estados Parte. La situación en Argentina. In: MARQUES, Claudia Lima; VIEIRA, Luciane Klein; BAROCELLI, Sergio Sebastián (Dir.). *Los 30 años del Mercosur*: avances, retrocesos y desafíos en materia de protección al consumidor. Buenos Aires: IJ Editores, 2021. Disponível em: https://latam.ijeditores.com/index.php?option=publicacion&idpublicacion=836. Acesso em: 15 set. 2023).

# LEI GERAL DO ESPORTE SUPRIME DIREITOS DOS CONSUMIDORES NO ESTATUTO DO TORCEDOR

*Joseane Suzart Lopes da Silva*
Promotora de Justiça do MP-BA e professora da Faculdade de Direito da UFBA.

*Ana Clara Suzart Lopes da Silva*
Mestre pelo PPGD-UFBA e estagiária de pós-graduação na Defensoria Regional dos Direitos Humanos da DPU-Bahia.

O Estatuto de Defesa do Torcedor (EDT) – instituído pela Lei 10.671/2003 – encontrava-se alicerçado em dois principais pilares: segurança e informação para todos os espectadores dos certames esportivos.

Após 20 anos de vigência, em 14 de junho de 2023, foi revogado pela Lei 14.597/2023, denominada de Lei Geral do Esporte (LGE), que reuniu parte do citado diploma legal com outros conjuntos normativos concernentes à temática.[1] Além de dificultar a compreensão do povo dada à confluência de várias normas, eliminou importantíssimos direitos dos consumidores, no que tange à proteção da sua incolumidade e ao direito de se inteirar de relevantes aspectos das competições.

Conflita a LGE com a Lei 8.078/90, cuja essência se assenta na prevenção de vícios, que possam causar acidentes em prejuízo do público presente e na transparência nas relações jurídicas de natureza consumerista.

Esta coluna objetiva tratar especificamente dos referidos direitos básicos dos consumidores que versam sobre a prerrogativa de serem recebidos com segurança nos locais abertos ao público e de terem acesso a todos os dados sobre os produtos e os serviços contratados. O microssistema vigente no Brasil, no artigo 6º, incisos I a III, coadunando-se com a Teoria da Qualidade dos bens, oriunda dos sistemas norte-americano[2] e europeu,[3] valoriza a vida, a saúde e a segurança dos indivíduos.

---

1. Além de parte do Estatuto do Torcedor, a LGE alberga aspectos da "Lei Pelé" e das Leis 8.650/93, 10.891/04 e 12.867/13.
2. Cf.: VULKOWICH, William T. *Consumer Protection in the 21st Century*: A Global Perspective. New York: Transnational Publishers, 2002, p. 150. PHILLIPS, Jerry. *Products Liability*. 5. ed. St. Paul, Minn. West Group, 1998, p. 22.
3. Cf.: BOURGOIGNIE, T. Droit de la consommation: un droit rebelle. *Revista de Direito do Consumidor*, 113, 26, p. 19-27, 2017. PAISANT, G. *Défense et illustration du droit de la consommation*. Paris: LexisNexis, 2015, p. 7-15; 16-22.

Tenciona-se, assim, *a priori*, apontar em que medida a Lei Geral do Esporte não se harmoniza com tais premissas basilares. Em seguida, transpõe-se a abordagem para se identificar e denunciar as supressões que prejudicam sobremaneira o direito à informação dos torcedores, desvelando-se a explícita desconformidade com esta viga do Código de Defesa do Consumidor (CDC).

A segurança dos torcedores se alicerça em três conjuntos de providências essenciais, que englobam a comunicação aos órgãos públicos competentes, a presença de recursos materiais e humanos competentes e a elaboração do plano de ação com vistas a efetivá-la adequadamente. No que diz respeito à salvaguarda dos espectadores, o artigo 149 da LGE determina que consiste em providência de responsabilidade da entidade esportiva organizadora do evento. Todavia, não estabelece prazo para que as diligências necessárias sejam realizadas, inclusive a promoção de inspeções na arena, com a indicação das inadequações para a devida correção.

A presença de profissionais da área de saúde nos eventos esportivos, indubitavelmente, trata-se de providência de suma importância para assegurar o atendimento preliminar aos que dele necessitem. O artigo 16, inciso III, da Lei 10.671/03 estabelecia que a entidade responsável pela organização da competição detinha o dever de disponibilizar um médico e dois enfermeiros-padrão para cada 10 mil torcedores presentes. O artigo 149, inciso IV, da LGE, contudo, modificou parcialmente essa exigência, ao substituir o termo "enfermeiros" por "profissionais de enfermagem", expressão que abrange o enfermeiro, o técnico de enfermagem, o auxiliar de enfermagem e a parteira, consoante o artigo 2º, parágrafo único, da Lei Federal 7.498/86.

No entanto, existem atividades privativas do enfermeiro extremamente relevantes, como os cuidados diretos a pacientes graves com risco de vida e aqueles de maior complexidade técnica, que exijam conhecimentos de base científica e capacidade de tomar decisões imediatas. Nesta toada, constata-se uma nítida involução da Lei 14.597/2023, eis que, provavelmente, em busca da redução de custos em favor das organizações, absteve-se de primar, satisfatoriamente, pela saúde e segurança dos espectadores.[4]

Preceituava, ainda, o inciso IV do artigo 16 do EDT que incumbia à entidade responsável pela organização da competição providenciar uma ambulância para cada 10 mil torcedores presentes. O artigo 149, parágrafo 1º, da LGE, modificou a normativa anterior, prevendo que a dita obrigação pertence ao detentor do direito de arena ou similar. Nota-se que o legislador mitigou a responsabilidade da instituição que estrutura o evento, possivelmente, para atender aos seus reclamos, violando o artigo 51, III, do CDC.[5]

---

4. Cf.: BARENGHI, A. *Diritto dei consumatori*. Milano: Wolters Kluwer Italia, 2018, p. 283-320.
5. Cf.: MARQUES, Claudia Lima. Comentários ao art. 51 do CDC. In: MARQUES, Claudia Lima; BENJAMIN, Antonio Herman V.; MIRAGEM, Bruno. *Comentários ao Código de Defesa do Consumidor*. São Paulo: RT, 2021, p. 1071-1187.

De todo modo, diante da eventual ausência de disponibilização dos meios de translado em quantidade compatível com o público local, remanesce a possibilidade de responsabilizá-la de modo objetivo e solidário com as demais pessoas jurídicas envolvidas, nos termos do artigo 7º, parágrafo único, e 25, parágrafo 1º, do CDC.[6] Isto porque se trata de regra aplicável a qualquer negócio jurídico regido pelo microssistema consumerista.

A elaboração e a implementação de planos de ação para proporcionar segurança local constituíam providências obrigatórias que deveriam ser concretizadas pelas entidades organizadoras das competições. O artigo 17 da legislação revogada determinava, como direito dos torcedores, a sua estruturação e a execução em prol da segurança, do transporte e demais contingências passíveis de ocorrer durante a realização do certame.

O parágrafo 1º, inciso I, previa que seriam elaborados com a participação das agremiações que o disputariam, devendo ser apresentados aos órgãos responsáveis pela segurança pública da localidade. Considera-se pertinente a exigência legal da postura ativa e diligente dos referidos entes, isto porque é razoável que utilizem parte dos vultuosos lucros obtidos para custear o pagamento de profissionais responsáveis por colaborar na promoção da segurança dos torcedores.[7]

A despeito da inquebrantável relevância e da utilidade dos planos de ação em prol da segurança dos presentes, o artigo 151, *caput*, da Lei 14.597/2023, apesar de haver mantido a participação da entidade organizadora do certame, bem como dos órgãos responsáveis pela segurança pública, pelo transporte e por eventuais contingências, restringiu a referida obrigação para os eventos com público superior a 20 mil pessoas.[8] Com efeito, trata-se de diligência de extrema importância para se evitar e combater eventuais acidentes e demais ocorrências nefastas que não poderiam, em atendimento às pressões dos agentes econômicos, ter sido minimizadas pelo legislador.

A informação, no âmbito desportivo, apresenta-se vinculada a três principais aspectos, quais sejam: i) os dados prévios sobre a competição; ii) a renda das partidas; e iii) os resultados obtidos entre os contendores. No decorrer da vigência do Estatuto do Torcedor, o regulamento, as tabelas e o nome do ouvidor deveriam ser apresentados com 60 dias de antecedência, tendo a LGE reduzido o prazo para 45 dias.

Verifica-se que, com a nova legislação, quaisquer alterações propostas pelos torcedores somente poderão ser aceitas após passar pelo crivo de um conselho arbitral, integrado pelas organizações participantes da competição e, ainda, mediante

---

6. Tratam do tema: SERRABONA, J. L. P. (Dir.). *Derecho Privado, Responsabilidad y Consumo*. Pamplona: Editorial Aranzad, 2018, 742 p. SANTIAGO, P. G. La Responsabilidad Civil por daños causados por produtos defectuosos. In S. D. Alabart (Coord.) *Manual de Derecho de Consumo*. Madrid: Editorial Reus, S.A, 2016, p. 43-68.
7. SILVA, Joseane Suzart Lopes da. *Estatuto do Torcedor*. Coleção Leis Especiais para Concursos. Salvador: Editora JusPodivm, 2019, p. 33.
8. Cf.: MIRANDA, M. B. Obrigação Geral de Segurança e Responsabilidade Civil. *Estudos de Direito do Consumidor*. Coimbra: Centro de Direito do Consumo, 2018, p. 300 e ss.

a deliberação por maioria – exigências que não constavam no EDT, que priorizava o atendimento muito menos burocratizado.[9] Ademais, antes, o documento final da competição era divulgado com a precedência de 45 dias e, agora, com 30 dias, dificultando uma maior fiscalização por parte dos torcedores.

O Estatuto do Torcedor, em seu artigo 10, enunciava que a participação das entidades de prática desportiva em competições deveria ocorrer, exclusivamente, em virtude de critério técnico previamente definido. Tratava-se de sua habilitação, em razão da colocação obtida em competição anterior, bem como em decorrência do cumprimento dos requisitos estabelecidos, após as alterações promovidas pela Lei 13.155/2015, quais sejam: i) regularidade fiscal, atestada por meio de Certidão Negativa de Débitos relativos a Créditos Tributários Federais e à Dívida Ativa da União (CND); ii) apresentação de certificado de regularidade do Fundo de Garantia do Tempo de Serviço (FGTS); e iii) comprovação de pagamento dos vencimentos acertados em contratos de trabalho e de imagem dos atletas. Além disso, vedava-se a adoção de qualquer outro preceito, especialmente o convite, observado o disposto no artigo 89 da Lei 9.615, de 24 de março de 1998.

A LGE, por outro lado, limitou-se a considerar como critério técnico a habilitação de organização esportiva, em razão de colocação obtida em competição anterior, extirpando a obrigatoriedade do cumprimento dos encargos supracitados. Em adendo, reiterou a proibição da adoção de qualquer outro preceito não previsto no regulamento da organização esportiva, especialmente o convite. Outrossim, os referidos aspectos conflitam com os direitos dos consumidores à transparência e à informação.[10]

Os artigos 5º a 8º do EDT asseguravam a publicidade e a transparência na organização das competições, competindo às entidades divulgar, em sítio eletrônico, importantes dados, mas que foram extirpados pela LGE.

Os borderôs completos das partidas deveriam ser publicizados e, durante a sua realização, os torcedores tinham resguardado o direito à exposição da renda obtida. Esse dado seria disponibilizado pela entidade organizadora da competição por intermédio dos serviços de som e imagem, instalados no local, coadunando-se com o direito à informação dos consumidores.[11]

Nesta perspectiva, o EDT esmiuçava o direito de o torcedor manter contato com o ouvidor, a arbitragem, a justiça desportiva e as entidades participantes, como se depreende da análise dos revogados artigos 6º e 32 a 36. Contudo, não foram man-

---

9. Cf.: PINTO, Ronaldo Batista; GOMES, Luiz Flávio; OLIVEIRA, Gustavo Vieira de. *Estatuto do Torcedor Comentado*. São Paulo: RT, 2011, p. 88.
10. No que concerne à precisão e à clareza nas relações de consumo, conferir: CALAIS-AULOY, Jean; TEMPLE, Henri. *Droit de la consommation*, Paris: Dalloz, 2010, p. 55-90. RAYMOND, Guy. *Droit de la Consommation*. 5. ed. Paris: LexisNexis, 2019, p. 343-356.
11. Cf.: ALABART, S. D.; ÁLVAREZ MORENO, M. T. In: ALABART, S. D. (Coord.). *Manual de Derecho de Consumo*. Madrid: Editorial Reus, S.A, 2016, p. 21-41.

tidas as regras sobre o amplo acesso a tais profissionais e a prerrogativa de se receber respostas diante de pleitos formulados.

Os árbitros desempenham um papel fundamental para que as competições se desenvolvam com lisura e sejam finalizadas com resultados embasados na ética, sendo que irregularidades na sua seleção e atuação geram alterações nos resultados esperados, acarretando descontentamento nos torcedores e prejuízos para o campo desportivo. Em prestígio à relevância ínsita à atividade desenvolvida, a revogada Lei 10.671/03 estabelecia a seleção prévia dos árbitros que atuariam nas partidas do evento, dentre os comprovadamente capacitados para desempenhar as funções e precedentemente indicados na lista organizada pelas entidades.

Deveria ser feito sorteio, no mínimo, 48 horas antes de cada rodada, em local e data previamente definidos, devendo ser aberto ao público, garantindo-se assim a sua ampla divulgação, bem como a devida divulgação para o público torcedor, logo após a escalação. Ulteriormente, a Lei 13.155/15 alterou o EDT passando a prever, inclusive, a realização de sorteio ou audiência pública, transmitida ao vivo pela rede mundial de computadores, sob pena de nulidade.

Desta maneira, evitava-se que a seleção mediante critérios obscuros e aleatórios,[12] haja vista que as entidades organizadoras não poderiam escolher, ao seu bel-prazer, qualquer indivíduo para atuar como árbitro da partida, pois deveria haver uma lista previamente elaborada. No entanto, em completa dissonância com o princípio da transparência e o direito à informação dos consumidores,[13] a Lei Geral do Esporte, no artigo 197, limitou-se a prever que os referidos profissionais "serão escolhidos de acordo com critérios definidos pelos regulamentos de cada organização que administra e regula a modalidade esportiva", abstendo-se de exigir a prévia publicização da sistemática de escolha do profissional.

Diante do exposto, conclui-se que, quanto à segurança e à informação dos torcedores, a Lei Geral do Esporte não se compatibiliza com o Código de Defesa do Consumidor e, com fulcro na "teoria do diálogo das fontes",[14] preponderam as regras mais protetivas para os destinatários finais.

---

12. Tratam da informação nas relações de consumo: OSSOLA, Federico; VALLESPINOS, Carlos Gustavo. *La obligación de informar*. Córdoba: Advocatus, 2001.
13. Quanto à informação e transparência, consultar: BARENGHI, Andrea. *Diritto dei Consumatori*. Milano: Wolters Kluwer, 2018, p. 135-164. LE GAC-PECH, S. *Droit de la consommation*. Paris: Dalloz, 2017, p. 101-111.
14. Cf.: JAYME, Erik. Direito internacional privado e cultura pós-moderna. *Cadernos da Pós-Graduação em Direito da UFRGS*, Edição Especial Dr. Honoris Causa, v, I, n. 1, Porto Alegre, Nova Prova, março 2003, p. 60.

# INTELIGÊNCIAS ARTIFICIAIS GENERATIVAS PERSONALIZADAS E A 'PESSOA ALGORÍTMICA'

*Guilherme Mucelin*

Doutor, com período na Nova de Lisboa, e mestre em Direito Privado pela UFRGS. Pós-doutorando em Direito, Instituições e Negócios pela UFF e em Direito e Novas Tecnologias pela Università degli Studi Mediterranea di Reggio Calabria. Research Fellow no Information Society Law Center da Università degli Studi di Milano. Diretor de e-commerce e plataformização das relações humanas do Brasilcon.

*Mariana Palmeira*

Doutora em Teoria do Estado e Direito Constitucional pela PUC-Rio. Professora da PUC-Rio. Membro do grupo de pesquisa Legalite e Economia Política da Comunicação (EPC-PUC-Rio). Membro da comissão de privacidade e proteção de dados da OAB-RJ e do Conselho Municipal de Proteção de Dados Pessoais e da Privacidade. Advogada.

Personalização é uma peça central quando se pensa na expansão da internet, de produtos e serviços digitais e, especialmente, no avanço da inteligência artificial (IA). E as razões da constatação desse fato são das mais variadas: comodidade, filtragem de acessos, rapidez para encontrar o que se busca, sugestões de bens de consumo novos baseados em interesses externalizados em buscas anteriores e no comportamento *online*, economia de tempo nas tarefas cotidianas e maior produtividade e assim por diante. Não seria ótimo se tivéssemos nossa IA pessoal, capaz de performar diversas tarefas, como classificar por relevância e responder *e-mails* ou programar, convidar amigos e adquirir itens para uma festa de aniversário?

Essa é a promessa de um futuro não muito distante. Há alguns dias, o Google anunciou uma série de novas funcionalidades no Bard, sua inteligência artificial generativa e maior concorrente do ChatGPT. Uma delas em especial chama a atenção se olharmos pela lente da proteção de dados pessoais: a capacidade de conexão do Bard com aplicativos e outros serviços do próprio Google que já são utilizados por nós, consumidores. Isso significa que nossas informações hoje distribuídas entre Gmail, Drive, Docs, Maps, YouTube, entre outros, podem ser recrutadas a nosso comando para que o Bard faça seu trabalho. Trata-se do "Bard Extensions" que, segundo o próprio Google, é uma forma inteiramente nova de "interagir e colaborar com o Bard".[1]

Alguns usos são apontados no blog do Google e ilustram como a integração funciona. É possível pedir ao Bard que verifique, dentro de um determinado con-

---

1. Google AI. Bard: um grande modelo de linguagem. Disponível em: https://support.google.com/bard/answer/13594961?hl=en. Acesso em: 21 set. 2023.

junto de e-mails trocados com pessoas específicas, datas que atenderiam a todas as agendas para que uma reunião seja marcada. Outra situação é a solicitação para que o Bard vasculhe no Google Drive a versão mais recente do currículo do usuário, que o traduza para outro idioma e que faça um breve resumo das qualificações levando em consideração o perfil do empregador em potencial.

A integração também contempla o Google Fotos onde o sistema pode acessar, classificar e analisar não apenas as imagens, mas também os metadados, que carregam em si outro conjunto de informações pessoais. Isso sem mencionar as imagens de terceiros, eventualmente de crianças e adolescentes que por si só demandam outra camada de proteção. Para aqueles que usam o Google Viagens, a promessa é funcionar como um assistente pessoal cruzando, por exemplo, passagens já compradas com as melhores ofertas de hotéis, contratação de translado e identificação de eventos como peças e exposições nos destinos.

Essa nova ferramenta tem como função principal algo... diferente: interessante, tentador, ou, melhor: inebriante, como diria o filósofo sul-coreano Byung-Chul.[2] Isso porque o seu objetivo não é agir somente sobre dados disponíveis na internet, mas em dados pessoais *online* mais "reservados", mas que são constantes da sua grande família de aplicativos. Ou seja, diferentemente dos outros modelos de IAs generativas, o Bard, com esses acessos, saberá mais ainda sobre o seu usuário, tornando a ferramenta, do ponto de vista utilitário, muito melhor para a realização de tarefas do cotidiano. É um passo, sem dúvidas, à personalização da IA.

Porém, antes que estejamos por completo inebriados convém compreender o que essa integração significa em termos de proteção de dados pessoais. A propósito, uma questão antecipada pelo próprio Google ao afirmar que (1) os dados pessoais dos consumidores do "Bard Extensions" não serão usados como fonte de treinamento do sistema, (2) não serão submetidos a revisores humanos, e (3) não serão tomados como insumo para fins de publicidade direcionada.

Todavia, nas políticas atualizadas dessa IA, de 18 de setembro de 2023, ainda persiste um conselho que o próprio Google nos dá sem maiores especificidades de que isso não se aplicaria a suas novas extensões: "por favor, não insira informações confidenciais em suas conversas no Bard ou qualquer dado que você não gostaria que um revisor visse ou que o Google usasse para melhorar nossos produtos, serviços e tecnologias de aprendizado de máquina".[3]

Será que esses três pontos são suficientes para garantir o direito fundamental à proteção dos dados pessoais dos consumidores? É o que analisamos a seguir.

É sabido que o funcionamento dos sistemas de inteligência artificial generativa depende de uma grande quantidade de dados. Os modelos são treinados justamente

---

2. HAN, Byung-Chul. *No enxame:* perspectivas do digital. Petrópolis: Editora Vozes, 2013. p. 9.
3. Suporte do Google Bard. Disponível em: https://support.google.com/bard/answer/13594961?hl=en. Acesso em: 21 set. 2023.

com base em dados, e nesse quesito quantidade e qualidade impactam diretamente nos resultados obtidos. Cabe lembrar que o treinamento é apenas uma das atividades de tratamento de dados pessoais que um sistema de IA, a exemplo do Bard, realiza. De acordo com o artigo 5º, X da Lei Geral de Proteção de Dados Pessoais (LGPD), o tratamento engloba toda operação que envolve dados pessoais, a exemplo de: coleta, produção, recepção, classificação, utilização, acesso, reprodução, transmissão, distribuição, processamento, arquivamento, armazenamento, eliminação, avaliação ou controle da informação, modificação, comunicação, transferência, difusão ou extração.

Logo, afirmar que os dados dos usuários não serão usados para fins de treinamento não significa que outras formas de tratamento não estarão em curso. Inicialmente, seria necessário compreender o conjunto de operações que ocorrem fora da etapa de treinamento do sistema. Afinal, para além de treinar a inteligência artificial, há a entrega efetiva dos resultados prometidos de acordo com a demanda do usuário. A título de ilustração, a integração entre o Bard e o Gmail aponta para o envolvimento de dados pessoais de terceiros na medida em que as solicitações sejam relacionadas à identificação de e-mails trocados entre diferentes titulares. Situação capaz de ensejar violações não apenas relacionadas a dados pessoais, mas também a dados pessoais sensíveis, uma vez que o conteúdo dos e-mails é o mais variado possível.

No que se refere a não submissão das informações tratadas a revisores humanos, a princípio não denota maior relevância para fins da tutela à proteção de dados. Aqui parece se estar diante da lógica já ultrapassada segundo a qual o direito à privacidade se estruturava em torno da pessoa-informação-segredo, e não diante da noção de controle do fluxo dos próprios dados pessoais.[4] Ademais, não fica claro qual seria a finalidade da revisão para que se pudesse avaliar o real impacto sobre a privacidade dos usuários de ter ou não revisores humanos.

Por fim, o terceiro e último ponto antecipado por ocasião do lançamento do "Bard Extensions": a não utilização dos dados pessoais dos usuários para fins de publicidade. Trata-se de um tema especialmente sensível para o Google. Não apenas pela representatividade do negócio de publicidade na receita total da empresa, mas também pela forma como se deu seu desenvolvimento, avançando cada vez mais sobre informações pessoais dos usuários. O que acabou criando uma constante tensão entre a empresa e os órgãos de fiscalização voltados para a proteção da privacidade e dos dados pessoais.

A prática de monitoramento de conteúdo de e-mail, por exemplo, já havia levado a empresa à justiça nos EUA: em setembro de 2015, no caso Mattera vs Google,[5] não usuários de contas G-mails que trocavam e-mails com usuários de contas G-mails

---

4. DONEDA, Danilo. *Da privacidade à proteção de dados pessoais*: fundamentos da Lei Geral de Proteção de Dados. 2. ed. São Paulo: Saraiva Educação, 2022. p. 41.
5. Matera v. Google Inc., 15-CV-04062-LHK, 2016 WL 6769137 (Câmara Distrital dos Estados Unidos para o Distrito Sul da Califórnia, 8 de dezembro de 2016).

foram ao tribunal distrital do norte do estado da Califórnia alegando violação do Federal Electronic Communications Privacy Act e do California Invasion of Privacy Act. Em junho de 2017, o Google anunciou que encerraria a atividade monitoramento de e-mails dos usuários das contas gratuitas do G-mail para fins de envio de publicidade. O anúncio foi publicado no blog oficial da empresa e afirmava que os mais de 1,2 bilhão de consumidores do G-mail continuariam recebendo publicidade personalizada, mas que a fonte de informação para os anúncios deixaria de ser o conteúdo obtido com a prática do escaneamento.[6]

A lembrança desse caso se presta a reforçar a noção de que o monitoramento de e-mails é apenas uma maneira de coletar dados pessoais. No entanto, a não utilização para fins de publicidade não exclui necessariamente outras formas de tratamento diversas, nem que as informações pessoais serão utilizadas para outras finalidades – nem sempre informadas, nem sempre compatíveis com a finalidade originária. Quer dizer tão somente que os dados não serão usados para fins publicitários.

Em uma primeira análise, podemos apontar que a integração pioneira de um produto baseado em Grandes Modelos de Linguagem (LLM) com aplicativos repletos de dados pessoais do próprio usuário e de terceiros representa um agravamento na eventualidade de tratamento irregular. De acordo com o artigo 44, da LGPD, isso pode ocorrer tanto pela inobservância da legislação quanto pela desconformidade no grau de segurança esperada pelo usuário.

Todas estas questões que têm, como pano de fundo, uma pretensa personalização (agora também) de práticas e técnicas, como a IA, podem ter como consequência o agravamento da vulnerabilidade digital dos consumidores. Ela representa uma forma complexa de vulnerabilidade, uma vez que, além das suas características distintas que lhe conferem contornos específicos, incorpora as vulnerabilidades tradicionais bem conhecidas dos consumidores, que são transportadas e codificadas no ambiente *online*. Segundo Canto, a vulnerabilidade típica das relações de consumo se transforma com o advento das novas tecnologias, o que amplia a fragilidade do consumidor.[7]

Podemos então conceituar a vulnerabilidade digital como aquela que "descreve um estado universal de indefesa e suscetibilidade a (exploração de) desequilíbrios de poder que são resultado da crescente automação do comércio, da datificação das relações consumidor-fornecedor e da própria arquitetura dos mercados digitais", sendo multimodal, pois refere-se às dinâmicas, práticas e contratos tecnológicos, à complexidade de produtos e serviços, a qualidades ou circunstâncias específicas dos consumidores descobertas em dados pessoais que são exploradas para fins comerciais. Assim, "a vulnerabilidade é sobre o poder ou a capacidade dos atores comerciais de

---

6. Google. *G Suíte ganha força no mercado corporativo*: G Suítes Gmail e consumidor Gmail para se alinharem mais de perto. Blog Google, 1º de junho de 2023. Disponível em: https://blog.google/products/gmail/g-suite-gains-traction-in-the-enterprise-g-suites-gmail-and-consumer-gmail-to-more-closely-align/. Acesso em: 05 out. 2023.
7. CANTO, Rodrigo Eidelvein. *A vulnerabilidade dos consumidores no comércio eletrônico*: reconstrução da confiança na atualização do Código de Defesa do Consumidor. São Paulo: RT, 2015. p. 91.

afetar as decisões, desejos e comportamentos do consumidor de maneira que o consumidor, tudo considerado, não tolera, mas também não está em posição de impedir".[8]

Personalização e acesso a dados pessoais e seu respectivo tratamento, combinados com o desenvolvimento de poderosas ferramentas tecnológicas, como a IA generativa, que traz a promessa de maior conforto e produtividade, significa maior vulnerabilidade dos consumidores por diferentes razões, mas aqui gostaríamos de destacar um aspecto que merece umas linhas iniciais de pensamento. Falamos da nova catividade digital dos contratos e da dependência: na medida em que uma plataforma central se consolida na corrida por uma tecnologia como o Bard, integrando-a a seus serviços digitais que já são dominantes no mercado, sua posição de poder (*Machtposition*) tende a se solidificar, representando dificuldades a consumidores que, eventualmente, queiram trocar de fornecedor ou que queiram discordar da máquina.

Isso porque a troca de fornecedor tem custos (monetários, pessoais ou outros): se não operacionalizada a portabilidade de dados pessoais em diversos âmbitos, ao se deletar uma conta de e-mail, todos as suas comunicações, fotos e arquivos serão deletados ou, pelo menos, não se terá mais acesso sobre eles. No Drive, todos os arquivos correspondentes assim o serão. E assim por diante. Se já estamos imersos nos serviços Google, dificilmente sairemos deles, considerando ainda que mais e mais camadas de "facilidades" são desenvolvidas, como o "Extensions". Em termos contratuais, isso significa um aprofundamento dos contratos cativos de longa duração, que parecem ser a regra no mundo digital, não a exceção. Do lado prático, conhece-se o fenômeno como "efeito *lock in*", significando justamente o aprisionamento do consumidor a um determinado fornecedor, resultando em maiores níveis de personalização por conta da duração prolongada no tempo da coleta e tratamento de dados pessoais que acompanha, indissociavelmente, a fruição de serviços digitais.

Mas dependência também poderá ser vista pelo prisma da hiperconfiança, no sentido de que a pessoa fica dependente de sistemas inteligentes para tomar decisões, de modo que, com o passar do tempo, fica-se, de fato, como um "selo humano" de decisões de máquinas. Em outros termos, consumidores poderão se guiar progressivamente pelo que o Google decide e mostra em termos de conteúdo, já que "ele me conhece" e tem sistemas avançados de análises de dados ditos mais objetivos, imparciais e mais atentos às necessidades do titular. Daqui também poderemos compreender as alucinações, os resultados inventados, discriminatórios, preconceituosos, injustos ou abusivos, ou mesmo errados e totalmente inventados que podem ser seus *outputs*.

O futuro da internet não sabemos. Mas é possível percebermos que – assim como o mercado automatizou diversas facetas – estamos, agora nós (mas por intermédio do mercado!), automatizando (e moldando) nossas relações, nossa capacidade decisória, nossa comunicação digital e, em última análise, nosso comportamento e nós

---

8. HELBERGER, N.; SAX, M.; STRYCHARZ, J.; MICKLITZ, H.W. Choice Architectures in the Digital Economy: Towards a New Understanding of Digital Vulnerability. *Journal of Consumer Policy*, nov. 2021. DOI: https://doi.org/10.1007/s10603-021-09500-5. p. 9.

mesmos[9] – o que demandará uma apreciação cuidadosa do ordenamento jurídico, como, por exemplo, a análise da má-fé aplicada ao comportamento de agentes puramente informacionais em alguns casos.[10]

---

9. GAL, Michal S.; ELKIN-KOREN, Niva. Algorithmic Consumers. *Harvard Journal of Law & Technology*, v. 30, n. 2, Primavera 2017, 45 p.
10. Veja, nesse sentido, a título de ilustração: "consumidor. Banco. Cobrança indevida. Dívida inexistente e paga. Repetição do indébito. Forma simples. Artigo 42, § único do CDC. Art. 940 do código civil. Má-fé não comprovada. Inteligência artificial. Precedentes do STJ. 1. "A aplicação do art. 42, parágrafo único, do Código de Defesa do Consumidor somente é justificável quando ficarem configuradas tanto a cobrança indevida quanto a má-fé do credor fornecedor do serviço. Precedentes do STJ" ( AgRg no REsp 1200821/RJ, Relator Ministro João Otávio De Noronha, Terceira Turma, julgado em 10.02.2015, DJe 13.02.2015.). 2. Para que haja a devolução em dobro do indébito, é necessária a comprovação de três requisitos, conforme o parágrafo único do artigo 42 do CDC, a saber: 1) que a cobrança realizada tenha sido indevida; 2) que haja o pagamento indevido pelo consumidor; e 3) que haja engano injustificável ou má-fé. Mutatis mutandis, a mesma exigência impõe-se para a repetição ou para a indenização prevista no art. 940 do Código Civil. 3. A má-fé é inerente à atitude humana de quem age com a intenção deliberada de enriquecimento ilícito ao cobrar o que já foi pago, ao receber o que foi cobrado e ao cobrar o que não era devido, sem qualquer engano ou erro justificável. 4. Para a devolução em dobro, não basta a cobrança indevida. As instituições financeiras, conceito que compreende bancos e, também, companhias que administram operações de cartões de crédito, conhecidas como bandeiras, operam com inteligência artificial, a chamada 4ª Revolução Industrial, que é caracterizada pela fusão de tecnologias que puseram em xeque as esferas física, digital e biológica. Não há como se imputar má-fé às cobranças feitas por sistemas computacionais, por robôs eletrônicos. 5. Há que se repensar conceitos que não poderão receber dos juristas as antigas soluções impostas pelo Direito Romano ao vendedor de balcão, com caderneta de apontamentos pessoais dos seus fregueses, contemporânea da 1ª Revolução Industrial, a era da máquina movida a vapor. 6. As inconsistências do emprego de inteligência artificial não podem ser punidas com o rótulo da má-fé, atributo exclusivamente humano, ínsito a quem anota, naquela mencionada caderneta, uma compra que não foi feita ou uma dívida que já foi paga, para dobrar, fraudulentamente, o lucro no fim do mês. 7. Sem os requisitos legais, a devolução do indébito deve ocorrer de forma simples. 8. Recurso conhecido e parcialmente provido. (TJ-DF 07150148120188070001 DF 0715014-81.2018.8.07.0001, Relator: Eustáquio De Castro, Data de Julgamento: 14/03/2019, 8ª Turma Cível, Data de Publicação: Publicado no DJE: 06.05.2019 . Pág.: Sem Página Cadastrada).

# CPF NAS FARMÁCIAS PARA DESCONTOS FICTÍCIOS E USO DE DADOS SENSÍVEIS

*Júlio Moraes Oliveira*

Mestre em Instituições Sociais, Direito e Democracia pela Universidade Fumec. Especialista em Advocacia Civil pela Escola de Pós-Graduação em Economia e Escola Brasileira de Administração Pública e de Empresas da Fundação Getúlio Vargas, professor da Faculdade de Pará de Minas e professor da Faculdade Asa de Brumadinho. Advogado.

Nos últimos anos, todo consumidor de medicamentos ou produtos vendidos nas farmácias brasileiras viu-se diante da seguinte situação: ao fazer a compra de um produto ou medicamento, era coagido a informar o CPF sob pena de não obter altos descontos nos preços dos produtos adquiridos. Essa prática, bastante comum na maioria dos estabelecimentos farmacêuticos, chamou a atenção dos consumidores e, principalmente, das autoridades.

Diante disso, a Drogaria Araújo S/A foi condenada a uma pena de multa no valor de quase R$ 8 milhões por condicionar descontos ao fornecimento do CPF do consumidor no ato da compra, sem oferecer informação clara e adequada sobre abertura de cadastro do consumidor.

A decisão condenatória é do Procon-MG, órgão integrante do Ministério Público de Minas Gerais (MP-MG), e ocorreu após investigação dos fatos e recusa da empresa em ajustar a conduta.

Afirmou o órgão que a prática viola o direito do consumidor à informação clara e adequada sobre o serviço ofertado e sobre os riscos à segurança de dados, especialmente por capturar informações pessoais sem informação prévia ao consumidor. Além disso, conforme o Código de Defesa do Consumidor, a abertura de cadastro, ficha, registro e dados pessoais e de consumo deverá ser comunicada por escrito ao consumidor, quando não solicitada por ele.

Em processo administrativo, Fernando Ferreira Abreu, promotor de Justiça de Defesa do Consumidor de Belo Horizonte, concluiu que "o escopo principal do suposto programa de fidelidade é o de captar e capturar os CPFs dos consumidores e não desenvolver, em si, um programa de vantagens ou fidelidade", o que configura prática abusiva, pois a concessão de descontos não pode estar condicionada ao fornecimento de dados pessoais.

O promotor ainda destacou na decisão que as palavras "capturar" e "captar" os CPFs dos consumidores constam inclusive de documentos internos da empresa.[1] Nessa decisão, ele explica que "a captura constante dos hábitos de consumo do consumidor de forma oculta e sem informação prévia representa severo risco à intimidade e vida privada do consumidor, além de sujeitá-lo a riscos das mais variadas espécies". Em caso de vazamento de dados, os registros de aquisição de medicamentos, por exemplo, podem ser utilizados por uma operadora de plano de saúde ou seguradora para negar cobertura, seguro ou indenização.

Mesmo com essa multa aplicada à Drogaria Araújo, em Minas Gerais, a prática continuou a ocorrer na mesma empresa e em outras pelo país. É o que aponta a notícia publicada em 1º de setembro de 2023, no UOL, por Amanda Rossi.[2]

A jornalista apresenta uma reportagem inédita na qual ela fez uma investigação jornalística nas empresas do Grupo RaiaDrogasil, a maior rede de farmácias do Brasil. Segundo a reportagem, o grupo possui um banco de dados com 15 anos de dados acumulados de 48 milhões de consumidores. A jornalista usa seu caso pessoal como exemplo e descobre que, desde 2009, a rede armazena dados sobre ela, compondo um conjunto de 39 páginas de documentos, com todos os tipos de compras realizadas nesses anos.

Segundo a reportagem, os dados são usados por uma empresa da mesma rede, a *RD Ads*, para ganhar dinheiro com anúncios. A reportagem afirma que o anunciante entra em contato com a *RD Ads*, escolhe qual público quer atingir e a empresa faz a busca no banco de dados da RaiaDrogasil.

A publicidade então é direcionada a depender dos hábitos de consumo dos consumidores. Segundo a jornalista, o procedimento para se abrir o banco de dados da empresa é o mesmo utilizado pela Drogaria Araújo, ou seja, o fornecimento do CPF dos consumidores. A promessa é que se o consumidor fornecer o CPF, o cliente terá descontos de 70% no preço dos produtos. Todavia, esse preço sem desconto é meramente fictício.

A título de exemplo, a reportagem apresenta o preço de uma caixa de um anti-inflamatório genérico (Nimesulida) que sem o referido desconto sai por R$ 31,78, sem CPF e com o CPF, o preço cai para R$ 8,50, isto é, um desconto de 73%. Segundo a reportagem, o preço de R$ 31,78 não existe, já que esse medicamento é bem mais barato. É necessário ressaltar que o preço dos remédios no Brasil é regulado pela Câmara de Regulação de Mercado de Medicamentos (CMED), ligada à Anvisa, e esse preço apresentado pela rede de farmácias é o preço máximo autorizado pela planilha da agência.[3]

---

1. Drogaria Araújo deverá pagar multa de R$ 7 milhões por capturar CPF dos consumidores. Disponível em: https://www.mpmg.mp.br/portal/menu/comunicacao/noticias/drogaria-araujo-devera-pagar-multa-de-r--7-milhoes-por-capturar-cpf-dos-consumidores.shtml. Acesso em: 03 set. 2023.
2. ROSSI, Amanda. O que a farmácia sabe sobre mim? Disponível em: https://noticias.uol.com.br/reportagens-especiais/o-que-a-farmacia-sabe-sobre-mim/#cover. Acesso em: 03 set. 2023.
3. Câmara de Regulação do Mercado de Medicamentos (CMED). Disponível em: https://www.gov.br/anvisa/pt-br/assuntos/medicamentos/cmed. Acesso em: 03 set. 2023.

Segundo Caroline Miranda, pesquisadora da UFRJ (Universidade Federal do Rio de Janeiro), farmácias se aproveitam dos elevados valores da tabela da CMED que são fictícios, e concedem descontos sobre eles, fazendo com que os consumidores tenham a falsa impressão de que estão pagando muito menos.[4]

A reportagem é uma denúncia muito grave contra essas empresas, pois os dados armazenados nelas são extremamente pessoais. No banco de dados de uma farmácia você pode, por exemplo, saber que um consumidor possui doença crônica, doenças sexualmente transmissíveis, doenças degenerativas, qual a orientação sexual dele, se toma medicamentos controlados, se compra medicamentos para impotência sexual, preservativos, anticoncepcionais, se possui problemas de hemorroidas, vaginite, se é depressivo, suicida, além de inúmeras outras informações, já que as drogarias hoje vendem de quase tudo.

A Lei 12.414/11, Lei do cadastro positivo, dispõe no seu artigo 3º, § 3º, II, que ficam proibidas as anotações de informações sensíveis, assim consideradas aquelas pertinentes à origem social e étnica, à saúde, à informação genética, à orientação sexual e às convicções políticas, religiosas e filosóficas. Da análise desse dispositivo, percebe-se que as informações constantes em um cadastro de uma farmácia são informações sensíveis de acordo com a lei, já que lá estarão informações sobre a saúde, genética, orientação sexual, além de outras.

A Lei Geral de Proteção de Dados apresenta como fundamentos, em seu artigo 2º, o respeito à privacidade e a inviolabilidade da intimidade, da honra e da imagem, bem como à autodeterminação informativa e também define, em seu artigo 5º, II, dados sensíveis como "dado pessoal sobre origem racial ou étnica, convicção religiosa, opinião política, filiação a sindicato ou a organização de caráter religioso, filosófico ou político, dado referente à saúde ou à vida sexual, dado genético ou biométrico, quando vinculado a uma pessoa natural".

Ademais, o artigo 11, I, da Lei 13.709/08, dispõe que o tratamento de dados pessoais sensíveis somente poderá ocorrer quando o titular ou seu responsável legal consentir, de forma específica e destacada, para finalidades específicas, o que não ocorre nas farmácias, já que o CPF é concedido para a obtenção de descontos e, em momento algum, o consumidor é informado de que se está criando um banco de dados a seu respeito.

A referida lei também estabelece que a comunicação ou o uso compartilhado de dados pessoais sensíveis entre controladores com objetivo de obter vantagem econômica poderá ser objeto de vedação ou de regulamentação por parte da autoridade nacional, ouvidos os órgãos setoriais do Poder Público, no âmbito de suas competências. Ainda, em seu artigo 11, § 4º, a lei dispõe que é vedada a comunicação ou o uso compartilhado entre controladores de dados pessoais sensíveis referentes à

---

4. ROSSI, Amanda. O que a farmácia sabe sobre mim? Disponível em: https://noticias.uol.com.br/reportagens-especiais/o-que-a-farmacia-sabe-sobre-mim/#cover. Acesso em: 03 set. 2023.

saúde com objetivo de obter vantagem econômica, exceto nas hipóteses relativas à prestação de serviços de saúde, de assistência farmacêutica e de assistência à saúde.

O CDC estabelece que é direito básico do consumidor a informação clara e adequada sobre qualquer aspecto que envolva a relação de consumo. Ainda dispõe que a abertura de cadastro, ficha, registro e dados pessoais e de consumo deverá ser comunicada por escrito ao consumidor, quando não solicitada por ele, artigo 43, § 2º Outro ponto importante da discussão é que a reportagem do UOL apresenta um registro de 15 anos, um prazo muito extenso para se manter um cadastro ou banco de dados. Quanto a isso, a LGPD não diz nada a respeito e o CDC impõe um limite de cinco anos para os arquivos de consumo.

Em suma, várias práticas abusivas são realizadas por esse setor empresarial que guarda informações sensíveis dos consumidores. A exigência de CPF para obtenção de desconto fictício, o próprio desconto fictício, a abertura de um cadastro de consumo sem conhecimento prévio ou consentimento do consumidor somente com o seu CPF, o uso desses dados sem que o consumidor tenha conhecimento, a obtenção de vantagens econômicas com dados sensíveis dos consumidores e a manutenção desses arquivos de consumo por um período tão longo. Falta informação e transparência, princípios basilares do direito do consumidor.

O que se espera é que, com a denúncia dessa reportagem e dos próprios consumidores, essa prática se torne proibida ou mais transparente para todos os envolvidos.

# RESPONSABILIDADE DE PLATAFORMAS SEGUNDO O STJ – APLICAÇÃO FORNECEDORA

*Guilherme Mucelin*

Doutor, com período na Nova de Lisboa, e Mestre em Direito Privado pela UFRGS. Pós-doutorando em Direito, Instituições e Negócios pela UFF e em Direito e Novas Tecnologias pela Università degli Studi Mediterranea di Reggio Calabria. Research Fellow no Information Society Law Center da Università degli Studi di Milano. Diretor de e-commerce e plataformização das relações humanas do Brasilcon.

*Alexandre Jabra*

Mestre em Direito pela Stanford University e em Direito Administrativo pela Pontifícia Universidade Católica de São Paulo (PUC/SP). Pós-graduado em direito público pela Escola Superior do MP/SP e pós-graduando em direito do consumidor pela Pontifícia Universidade Católica do Paraná (PUC/PR). Advogado sênior da área de Direito do Consumidor do escritório Trench Rossi Watanabe.

Que plataformas são um dos agentes sociais mais proeminentes e poderosos da atualidade, ninguém tem dúvidas. As razões deste papel central exercido por elas contemporaneamente são diversas e remontam, pelo menos, à década de 1990. Foi a partir deste período que, devido a escolhas políticas, jurídicas e econômicas, se possibilitou com maior intensidade a exploração comercial da internet, abrindo espaço para o desenvolvimento e o aprimoramento de múltiplos modelos de negócios, adaptados ou nativos digitais.[1]

Esses modelos são diversos e comportam classificações igualmente diferentes. Por exemplo, pode haver comércio eletrônico entre empresas (B2B) e entre fornecedores e consumidores (B2C) – que são modos "tradicionais". Mas com a plataformização – fenômeno referente à interposição de uma camada de plataformas em todos os âmbitos da experiência humana, especialmente no que tange ao consumo –, as relações jurídicas que se estabelecem na economia digital passaram a ficar mais complexas, consagrando "novas" atuações, "novos" atores e "novos" arranjos comerciais e contratuais.[2]

No cerne da novidade, encontra-se a estrutura dessas interações que culminam na contratação de produtos e serviços. Será comum, portanto, que a relação tenha não dois polos (como na B2B ou na B2C), mas três. Ou seja, as relações havidas entre

---

1. DE GREGORIO, Giovanni. *Digital Constitutionalism in Europe*. Reframing Rights and Powers in the Algorithmic Society. Cambridge: Cambridge University Press, 2022. passim.
2. BERGSTEIN, Laís; SEYBOTH, Ricardo. Desafios e Possibilidades da Conexidade Contratual Formadora dos Marketplaces no Brasil. *Revista Científica Disruptiva*, v. IV, n. 1, p. 39-52, jan./jun. 2022.

as partes serão triangulares: quem oferece produto ou serviço, a plataforma e quem contrata, com configurações variáveis. Se pensarmos em consumo compartilhado, temos a plataforma que viabiliza, organiza e controla a relação de cunho econômico subjacente entre duas pessoas (C2B2C); no caso do trabalho por aplicativos, será uma pessoa natural prestando serviços geralmente para empresas por intermédio de um portal (C2B2B).[3]

*Marketplaces* virtuais não fogem dessa mentalidade. Trata-se de fornecedores que se utilizam de uma plataforma, aproveitando-se de sua marca e de seu prestígio (leia-se: a confiança dos consumidores como um ativo comercial) para ofertar ao mercado produtos e serviços de maneira centralizada, possibilitando, com isso, um maior alcance do público e do nicho que pretendem atingir. Daí que se tem um modelo B2B2C: do fornecedor direto, à plataforma, ao consumidor destinatário final. Este é um exemplo da racionalidade *store-in-store* digital que, efetivamente, traz benefícios aos consumidores, como maior comodidade na comparação de preços, avaliações de produtos e serviços mais robustos, maiores opções de escolhas, pagamentos pretensamente seguros, logística integrada e entrega mais rápida e assim por diante.

Mas também traz maiores riscos. Verificação da identidade do fornecedor direto, formas de resolução de controvérsias, atendimento facilitado, assimetrias informacionais e a identificação do responsável por eventual reparação em caso de danos são alguns exemplos. Em outras palavras, além das vantagens, há uma série de situações em que será preciso aprofundar e sofisticar a hermenêutica e a metodologia de aplicação de leis aos casos concretos que sejam levados ao Poder Judiciário – como é a responsabilidade civil – para que o consumidor vulnerável encontre o amparo legal do qual é merecedor por determinação constitucional (artigo 5º, XXXII, CF).

Ausente legislação específica e a atualização do CDC na matéria, aos magistrados e aos tribunais foi dada a tarefa de definir os parâmetros para compreender e determinar pela responsabilização de uma plataforma de *marketplace* quando houver algum dano ao consumidor. Não é empreitada fácil, pois a multimodalidade da economia digital, por vezes hibridizando em um mesmo *locus* diferentes modelos de negócio e dificultando saber a qualificação jurídica das partes contratantes, pode levar a compreensões menos ou mais protetivas. A questão principal, por mais que o tema seja complexo, é simples: *integra ou não integra a cadeia de fornecimento a plataforma de marketplace que oferece produtos e serviços para fins de responsabilização objetiva e solidária nos moldes do CDC?*

Uma linha de entendimento segue uma análise contextual na interpretação do conceito de fornecedor – baseado não na noção de vulnerabilidade do agente econômico, por óbvio, mas na de *atuação*, o que está em consonância com o conteúdo

---

3. Veja sobre direito do consumidor e do trabalho, respectivamente: Mucelin, Guilherme. Conexão online e hiperconfiança: os players da economia do compartilhamento e o *Direito do Consumidor*. São Paulo: RT, 2020; MUCELIN, Guilherme; CUNHA, Leonardo STOCKER P. *Relações trabalhistas ou não trabalhistas na economia do compartilhamento*. São Paulo: RT, 2021.

do artigo 2°, VI, do Marco Civil da Internet, que dispõe sobre a responsabilização dos agentes de acordo com suas atividades, e que parece estar sendo seguida pelo Superior Tribunal de Justiça.

O substrato do caso que deu origem ao acórdão do Recurso Especial 1.836.349-SP, aqui comentado, é bastante comum nas dinâmicas *online*. Por intermédio de uma plataforma de *marketplace* bem estabelecida no cenário nacional, consumidores adquiriram um carro, depositando valores em conta de pessoa física sem tomar medidas de diligência em realizar consultas em registros a respeito do automóvel e dos vendedores, tornando-se vítimas de fraude. Com isso, ingressaram com uma ação, incluindo a plataforma no polo passivo, por entenderem que ela fez parte da cadeia de fornecimento. Na primeira instância, a plataforma foi condenada solidariamente ao pagamento dos valores em favor dos autores; na segunda, o Tribunal de Justiça de São Paulo reverteu essa condenação, compreendendo que a sua atuação se tratava de um mero *site* de buscas.

Importante ressaltar que não se trata de perquirição acerca da natureza da relação jurídica do consumidor com a plataforma nos serviços em si que presta, visto que pacífico se tratar de relação de consumo com todos os consectários da aplicação do CDC. Como constou no acórdão, "a relação da pessoa que utiliza provedor de serviço de busca de mercadorias à venda na internet sujeita-se aos ditames do Código de Defesa do Consumidor, ainda que o serviço prestado seja gratuito, por se tratar de nítida relação de consumo, com lucro, direto ou indireto, do fornecedor".

A controvérsia levada ao STJ foi justamente saber se a plataforma, que disponibiliza espaço para anúncios de mercadorias e serviços, faz parte da cadeia de consumo da relação subjacente, nos moldes dos artigos 3° e 7°, parágrafo único, do CDC. Do acórdão, é possível extrair dois tipos de atuação, a seguir apresentados, os quais podem ocorrer, inclusive, simultaneamente no mesmo provedor de aplicação.

1) *Atuação facilitadora:* uma característica marcante das plataformas de atuação facilitadora é a sua natureza de anúncios e não de intermediadoras dos negócios jurídicos que ocorrem em seu ambiente virtual. Ao contrário de intermediar as transações, essas plataformas oferecem ferramentas de pesquisa e filtragem, permitindo que os consumidores encontrem produtos e serviços de acordo com suas preferências. A contratação, portanto, é realizada diretamente entre o fornecedor e o consumidor, sem a ingerência da plataforma.

Essa abordagem de não intermediar contratos traz consigo algumas implicações legais. Como atuam como meros anunciantes, elas não assumem, em princípio, a responsabilidade pelas obrigações celebradas entre as partes. Isto é, a plataforma não garante o sucesso do negócio jurídico, não se responsabilizando por eventuais fraudes ou descumprimentos contratuais por parte dos fornecedores. No entanto, poderão ser responsabilizadas quando forem identificadas falhas nos serviços da própria plataforma, como atos próprios aptos a dar causa ao dever de indenizar.

Argumento bastante enfatizado é que a simples exposição de produtos e serviços pode ser comparada a uma página de classificados *online*. Essas plataformas não determinam os preços ou a avaliação das características dos produtos e serviços oferecidos, limitando-se a fornecer o espaço de um dado anúncio que é alcançado pelo consumidor conforme os as suas necessidades. Outro ponto relevante é a forma da remuneração da plataforma: diferentemente das de intermediação, que frequentemente cobram comissões ou taxas sobre as transações realizadas, as plataformas facilitadoras geram receitas por meio de anúncios publicitários e do valor econômico dos dados pessoais coletados durante a jornada do consumidor. Isso significa que os fornecedores pagam pela visibilidade de seus produtos e serviços, independentemente de eventual garantia do sucesso das negociações.

B) *Atuação intermediadora*: ao contrário das plataformas facilitadoras ou de anúncios, que apenas facilitam a exposição de produtos e serviços, as plataformas intermediadoras assumem um papel mais ativo, estabelecendo uma conexão direta entre consumidores e fornecedores e, muitas vezes, influenciando profundamente o processo de contratação. Uma característica distintiva das plataformas intermediadoras é sua capacidade de comercializar bens de terceiros, servindo como ponto de encontro virtual onde uma ampla gama de produtos e serviços é disponibilizada para os consumidores. No entanto, o que realmente diferencia essas plataformas é a forma como elas interferem na dinâmica de contratação entre as partes envolvidas.

Em alguns casos, as plataformas intermediadoras adotam uma abordagem de intervenção parcial. Nesse contexto, a plataforma atua como um facilitador inicial da negociação entre consumidores e fornecedores. Ela fornece o espaço virtual onde essas partes podem se encontrar, explorar produtos e serviços, e até mesmo iniciar a negociação. Em outras situações, a intervenção das plataformas intermediadoras é total. Nesses casos, a plataforma não só inicia a negociação como também a conduz até a conclusão, estabelecendo preços e medidas de segurança e de qualidade, como avaliações e ranqueamentos, além de outras atuações que extrapolam a noção de simples anúncio. Isso implica que a plataforma não apenas conecta as partes interessadas, mas também controla e facilita todos os aspectos do processo de contratação, incluindo pagamento, entrega e possíveis resoluções de disputas.

A escolha entre uma intervenção parcial ou total muitas vezes depende da estratégia de negócios do *marketplace*, do tipo de produtos ou serviços oferecidos e das expectativas dos consumidores. A intervenção parcial pode ser preferível em cenários em que a plataforma visa criar um ambiente de descoberta e conexão, mas não deseja assumir o controle total das transações. Por outro lado, a intervenção total pode ser adotada quando a plataforma busca criar um ambiente altamente controlado e de confiança para os consumidores, onde todas as etapas do processo de contratação são conduzidas dentro de sua infraestrutura, mesmo que o cumprimento do avençado se dê de forma "analógica".

Outro ponto de diferença destacado foi a forma de remuneração pelo serviço prestado pelas plataformas intermediadoras, a qual pode variar de acordo com o modelo de negócios adotado. Algumas plataformas optam por gerar receita por meio de publicidade, permitindo que fornecedores paguem por maior visibilidade de seus produtos ou serviços. Além disso, nas viabilizadoras, geralmente se cobrarão taxas ou comissões sobre as transações concluídas além da publicidade, sem falar nos dados pessoais que, sabe-se, muitas das vezes servem de contraprestação no mercado de consumo.

O STJ, ao considerar estes argumentos no caso em destaque, forneceu uma sistematização importante, bem como determinou a análise da responsabilidade civil de forma contextual, a partir da atuação em um caso concreto e não abstratamente, haja vista a maleabilidade e a diversidade dos modelos de negócio digitais: "o regime de responsabilidade civil aplicável dependerá da modalidade de comércio eletrônico adotada na operação e, para defini-lo, é imprescindível que o juiz analise as particularidades de cada hipótese concreta".

Conforme se depreende do julgado – e da observação da realidade fática –, a mesma plataforma de *marketplace* pode ser tanto intermediária quanto facilitadora em diferentes contextos. Por isso que uma abordagem *one fits all* não é a mais aconselhável em análises como essas. O *site* ou *app* deverá ter sua responsabilidade definida caso a caso, na medida do nível de intervenção que tenha exercido na relação jurídica subjacente. Daqui, dois resultados possíveis: um, não lhe caberá responder pelo que tenha sido ajustado entre as partes no caso de se tratar de uma atuação meramente facilitadora, ou; dois, a plataforma responderá pelo fracasso do avençado se tiver realizado publicidade sobre isso ou tenha de fato empregado mecanismos que controlem as performances (dentro e fora do ambiente digital), aufiram a qualidade ou promovam a segurança dos consumidores.[4]

Ao se considerar essa dualidade, fica evidente que esses provedores não podem ser rotulados nem como um, nem como outro sumariamente sem uma detida análise do caso concreto. O foco central será, como muito bem reconheceu o Superior, a atuação e o controle que a plataforma exerce, diretamente ou remotamente, já que, com isso se cria, se mantém, e se administra a confiança dos consumidores nesses arranjos comerciais, sem a qual não há – sequer – o estabelecimento das relações de consumo.

Todavia, não se deve ter este caso como paradigmático com função de balizar todos os outros que, eventualmente, apresentem situações semelhantes (não idênticas) – já ressaltando a importância na análise da pertinência de se utilizar este julgado em ocorrências análogas. No mais, algumas melhorias argumentativas podem ser mais bem exploradas e esclarecidas em outras oportunidades pelo STJ, como, por exemplo, a irrelevância do meio de cumprimento do contrato, se totalmente ou parcialmente *online* ou *offline*, como parâmetro para a análise do controle que a plataforma exerce sobre uma determinada relação subjacente. Ora, no caso de pla-

---

4. MARTINS, Guilherme Magalhães. *Contratos eletrônicos de consumo*. São Paulo: Gen, 2023 [e-book].

taformas de locomoção privada, isso não faz sentido, porque a plataforma controla toda a relação de consumo, desde a solicitação do serviço por um consumidor até eventuais reclamações após a corrida.

Do mesmo modo, do ponto de vista da proteção do consumidor, será irrelevante o modo de remuneração do fornecedor, pois esta não é uma condição para a desconfiguração da relação de consumo,[5] de maneira que não se deve pautar discussões a respeito da responsabilidade civil nesses casos por este parâmetro também. Bastará, em rigor, que ela extrapole a função de meio para que seja possível reconhecê-la como fornecedora da relação de consumo que se estabelece por seu intermédio, enquadrando-se como fornecedora nos moldes tradicionais do artigo 3º, do CDC – com todas as decorrências lógicas e jurídicas desta qualificação.

A atuação dos *marketplaces*, por evidente, não é um absoluto entre controle total e controle mínimo. Existe um amplo espectro contínuo que varia de acordo com algumas condições, como o modelo de negócios, a multimodalidade das performances de uma mesma plataforma, os mecanismos de segurança que oferece, garantias de qualidade etc.

Haverá casos difíceis em que nem sempre será possível visualizar, de pronto, o nível de ingerência das plataformas nas relações subjacentes. Entretanto, será sempre possível reconhecer a vulnerabilidade (também digital) dos consumidores, a qual deve ser o guia da harmonização dos interesses dos partícipes das relações de consumo e da coibição de todos os abusos praticados no mercado de consumo – incluindo o argumento comum de ilegitimidade passiva para fins de isenção de eventual responsabilidade.

---

5. MARQUES, Claudia Lima. *Contratos no Código de Defesa do Consumidor*: o novo regime das relações contratuais. 9. ed. São Paulo: RT, 2019. [e-book].

# O FINANCIAMENTO DAS AÇÕES COLETIVAS E OS FUNDOS ABUTRES

*Mário Frota*

Antigo professor da Universidade de Paris d'Est, director do CEDC (Centro de Estudos de Direito do Consumo de Coimbra) e fundador e primeiro presidente da AIDC (Associação Internacional de Direito do Consumo).

## A DIRETIVA DE 2020 DA AÇÃO COLETIVA EUROPEIA E SEU ESCOPO

A Diretiva que ora rege no domínio da Ação Coletiva Europeia[1] dispõe cautelarmente de medidas susceptíveis de evitar que as ações constituam um meio de locupletamento injusto para os denominados fundos-abutres que as financiam de molde a avantajarem-se com parte significativa do *quantum* indenizatório nelas arbitrado em detrimento dos consumidores efectivamente lesados.[2]

A causa próxima de um redesenho da ação colectiva, outrora circunscrita à vertente inibitória – e tão só –, é a da proliferação de casos como os do Dieselgate (Volkswagen e outras marcas de nomeada), dos voos da Ryanair denegados e de situações análogas com foros de escândalo no espaço da União Europeia.

A diretiva que, entretanto, veio a lume aparelha um sem-número de regras tendentes à consecução de um tal *desideratum, a saber,* o de prover à reparação de consideráveis prejuízos causados na esfera própria dos consumidores europeus.[3]

---

1. Directiva UE 2020/1828, de 25 de Novembro, do Parlamento Europeu e do Conselho, que os Estados-membros deveriam ter transposto para os seus ordenamentos internos até 25 de Dezembro próximo passado. Ocorre, porém, que em Portugal tal não aconteceu por mor de um legislador relapso e contumaz que negligencia as suas obrigações estatutárias face aos Tratados da União, incumprindo sistematicamente as obrigações decorrentes dos instrumentos de adesão ao Bloco Regional em que se integra.
2. Para além das linhas preliminares ensaiadas na directiva de que se trata, realce para uma Resolução emanada Parlamento Europeu e consequente proposta de directiva que tende a ocupar-se exclusivamente do financiamento das acções na União Europeia em vista do incremento que tais operações vêm sofrendo na generalidade dos Estados-membros.
A Resolução do Parlamento Europeu (a que vai apensa a enunciada proposta de directiva) remonta a 13 de Setembro de 2022.
E visa, como se define liminarmente, "estabelecer regras mínimas aplicáveis às entidades comerciais que financiam litígios de terceiros e às suas actividades autorizadas, prevendo um quadro para apoiar e proteger os demandantes financiados e os beneficiários previstos, incluindo, se for caso disso, aqueles cujos interesses são representados por entidades dotadas de legitimidade processual, em processos suportados total ou parcialmente pelo financiamento de litígios por terceiros. E estabelece salvaguardas para evitar conflitos de interesses, litigância abusiva, bem como a atribuição desproporcionada de prémios monetários aos financiadores de litígios, assegurando simultaneamente que o financiamento de litígios por terceiros permita aos demandantes e aos beneficiários previstos o acesso à justiça, garantindo a responsabilidade das empresas".
3. Já em momento anterior, o Parlamento Europeu e o Conselho fizeram publicar a Directiva 2014/104/UE, de 26 de Novembro de 2014, atinente às acções de indemnização por infracção às disposições do direito da concorrência dos Estados-membros e da União Europeia.

No seu preâmbulo se estabelece percucientemente que as entidades dotadas de "legitimatio ad causam" devem primar pela transparência no que tange às fontes de financiamento e, em particular, as das acções ressarcitórias que intentem de modo direto e imediato patrocinar.

Tal exigência é indispensável para que a judicatura avalie se o financiamento por entidades privadas, *na medida em que o direito nacional o permita*, cumpre as condições para o efeito estabelecidas:

– se se verificam eventuais conflitos de interesses entre tais entidades e os legitimados processuais, a fim de se evitar o risco de litigância de má-fé e,

– para além de se excogitar se o financiamento por terceiro com interesse econômico na ação colectiva reparatória ou no seu resultado não desvirtua o escopo de um tal módulo processual no quadro da protecção dos interesses colectivos dos consumidores a que indissociavelmente se atém.

As informações veiculadas aos órgãos de judicatura por quem se ache dotado de legitimidade processual ativa devem permitir se avalie em que medida o terceiro financiador poderia influenciar decisões de índole processual ou extra-processual por si adotadas, em que se inclui naturalmente o teor das transacções a que se chegue,

---

Na lei de transposição para o ordenamento jurídico pátrio – Lei 23/2018, de 05 de Junho – se estatui, no domínio da protecção dos consumidores, o que segue (artigo 19, sob o apodo "acção popular"):

"1) Podem ser intentadas acções de indemnização por infracção ao direito da concorrência ao abrigo da Lei 83/95, de 31 de Agosto, na sua redacção actual, sendo-lhes ainda aplicável o disposto nos números seguintes.

2) Têm legitimidade para intentar acções de indemnização por infracção ao direito da concorrência ao abrigo da Lei 83/95, de 31 de agosto, na sua redacção actual, para além das entidades nela referidas".

a) As associações e fundações que tenham por fim a defesa dos consumidores; e

b) As associações de empresas cujos associados sejam lesados pela infracção ao direito da concorrência em causa, ainda que os respectivos objectivos estatutários não incluam a defesa da concorrência.

3) A sentença condenatória determina os critérios de identificação dos lesados pela infracção ao direito da concorrência e de quantificação dos danos sofridos por cada lesado que seja individualmente identificado.

4) Caso não estejam individualmente identificados todos os lesados, o juiz fixa um montante global da indemnização, nos termos do nº 2 do artigo 9º.

5) Quando se conclua que o montante global da indemnização fixado nos termos do nº 3 não é suficiente para compensar os danos sofridos pelos lesados que foram entretanto individualmente identificados, o mesmo é distribuído pelos mesmos, proporcionalmente aos respectivos danos.

6) A sentença condenatória indica a entidade responsável pela recepção, gestão e pagamento das indemnizações devidas a lesados não individualmente identificados, podendo ser designados para o efeito, designadamente, o autor, um ou vários lesados identificados na acção.

7) *As indemnizações que não sejam reclamadas pelos lesados num prazo razoável fixado pelo juiz da causa, ou parte delas, são afectas ao pagamento das custas, encargos, honorários e demais despesas incorridos pelo autor por força da acção.*

8) As indemnizações remanescentes que não sejam pagas em consequência de prescrição, ou de impossibilidade de identificação dos respectivos titulares revertem para o Ministério da Justiça, nos termos do n. 5 do artigo 22º da Lei n. 83/95, de 31 de Agosto, na sua redacção actual.

É com base no n. 7 da disposição precedentemente transcrita que os Fundos-abutres se vêm avantajando com os remanescentes daí emergentes, já que em regra os lesados ou por insuficiência de prova ou por ignorância ou por qualquer razão mais ou menos plausível não reivindicam a sua quota-parte do bolo indemnizatório, dado o sistema instituído que é o do *opt-out* (Lei da Acção Popular: n. 1 do artigo 15).

susceptíveis de prejudicar o interesse colectivo dos consumidores em presença. E permitam ainda perquirir em que medida o terceiro financiador o faz contra demandado seu concorrente ou do qual eventualmente dependa.

Importará considerar que o financiamento direto por entidade privada de uma dada acção colectiva contra demandado que opere no mesmo segmento de mercado implicará um conflito de interesses, na medida em que o concorrente pode ter interesse económico no resultado da acção distinto do dos consumidores nela abrangidos.

No preâmbulo ainda se adverte para o facto de o financiamento indireto da ação colectiva por instituições financiadas através de contribuições idênticas dos seus membros ou de donativos, em que se incluem os gerados no quadro de iniciativas de responsabilidade social das empresas ou de financiamento colaborativo, dever ser considerado elegível, a título de financiamento por entidades terceiras.

Ponto é que tal financiamento cumpra os requisitos no que tange à transparência, independência e ausência de conflitos de interesse.

Se os conflitos de interesses se confirmarem, as autoridades judiciárias devem poder tomar medidas adequadas, a saber, exigir aos investidos em legitimidade processual que recusem ou alterem o financiamento em causa.

Se necessário, as autoridades judiciárias rejeitam a legitimidade do demandante ou indeferem liminarmente uma determinada ação colectiva ressarcitória.

Tal rejeição ou indeferimento, como se adverte noutro passo, não deverá afetar os direitos dos consumidores abrangidos pela ação colectiva.

## EVITAR CONFLITOS DE INTERESSES, NÃO PROSTITUIR OS PRECÍPUOS FINS DA AÇÃO

A Diretiva de que se trata prevê, no n. 1 do seu artigo 10º, sob a epígrafe "financiamento de ações colectivas para medidas de reparação" que

"Os Estados-Membros asseguram que, caso uma ação colectiva para medidas de reparação seja financiada por um terceiro, na medida em que o direito nacional o permita, se evitem conflitos de interesses e que o financiamento por terceiros que tenham um interesse económico na proposição ou no resultado da acção colectiva para medidas de reparação não [a] desvie da protecção dos interesses colectivos dos consumidores".

E, no passo subsequente, oferece em pormenor a provisão que segue:

Os Estados-Membros asseguram, em particular, que:

– As decisões tomadas pelos legitimados processuais no contexto de uma ação colectiva, incluindo os acordos indenizatórios, não sejam indevidamente influenciadas por um qualquer terceiro, de tal forma que prejudique os interesses colectivos dos consumidores nela abrangidos;

– A ação colectiva não seja intentada contra um demandado, concorrente do financiador, ou de quem o financiador dependa.

## PODERES OUTORGADOS AOS ÓRGÃOS DE JUDICATURA

A Diretiva estatui ainda que aos Estados-Membros incumbe prover a que aos tribunais se outorguem poderes para avaliar, em extensão e profundidade, o cumprimento do que nos passos precedentes se dispõe.

E, para tanto, os que se reclamem de uma qualquer "legitimatio ad causam"[4] apresentarão, de modo circunstanciado, aos órgãos de judicatura uma síntese financeira dos fundos à sua disposição em que se enumere as fontes de financiamento de que se socorrem em apoio da ação colectiva de que em concreto se cura.

Os Estados-Membros conferirão ainda a tais órgãos poderes em vista da adoção de medidas adequadas tendentes a exigir dos dotados de legitimidade processual ativa que recusem ou procedam a alterações ao financiamento em causa.

Ao julgador se conferirá também poderes em ordem à rejeição, se for caso disso, ou ao não reconhecimento da legitimidade processual ao demandante *in casu,* em determinada ação colectiva por tal modo conspurcada.

---

4. Ao invés do que ocorre em Portugal, em que se outorga *legitimatio ad causam* aos cidadãos singularmente considerados e às associações e fundações que por escopo hajam os interesses imbricados na saúde pública, ambiente, qualidade de vida, protecção dos consumidores, património cultural e domínio público, de harmonia com o que prescreve a Lei da Acção Popular – Lei 83/95, de 31 de Agosto –, a Directiva do Parlamento Europeu e do Conselho, de 25 de Novembro de 2020, impõe um vasto conjunto de requisitos, no seu artigo 4º, a saber:
 – Tratar-se pessoa colectiva constituída nos termos do direito nacional do Estado-membro de designação.
 – Ter exercido, ao menos, 12 meses de actividade pública efectiva na protecção dos interesses dos consumidores antes da formulação do pedido de designação.
 – Do objecto social transparecer que se move por interesse legítimo na protecção dos direitos do consumidor;
 – Tratar-se de uma instituição de escopo não egoístico (destituída de qualquer ânimo ou fim lucrativo;
 – Não estar sujeita a eventual processo de insolvência nem haver sido declarada insolvente;
 – Ser independente e insusceptível de influências exercidas por não consumidores, em especial por agentes económicos e outros, que revelem ter um interesse económico nas acções colectivas, nomeadamente no caso de financiamento por terceiros, e, para esse efeito,
 – Revelar que estabeleceu procedimentos para obstar a uma tal influência, e bem assim para impedir conflitos de interesses entre a própria instituição, os seus financiadores e os interesses dos consumidores em presença;
 – Tornar disponíveis publicamente, em linguagem clara e inteligível, por qualquer meio adequado, em especial no seu sítio Web, informações que revelem que a instituição cumpre os critérios precedentemente enunciados e informações acerca das fontes do seu financiamento em geral, a sua estrutura organizativa, de gestão e de participação, o seu objecto social e consequentes actividades.
 Em Portugal, ao invés, a *legitimatio ad causam* de associações e fundações é aferida em razão dos requisitos plasmados no artigo 3º da Lei da Acção Popular, a saber:
 – Personalidade jurídica;
 – O incluírem expressamente nas suas atribuições ou nos seus objectivos estatutários a tutelados interesses em causa no tipo de acção de que se trate;
 – O não exercerem qualquer tipo de actividade económica concorrente com empresas ou titulares de profissões liberais.

Se tal ocorrer, ou seja, se for recusada a legitimidade processual ativa em uma dada ação colectiva a um concreto demandante, tal rejeição não afectará os direitos dos consumidores nela abrangidos.

## AS TRANSAÇÕES: OS ACORDOS RESSARCITÓRIOS

Por transação se entende, de harmonia com os conceitos ínsitos nos códigos civis, o contrato pelo qual os pleiteantes previnem ou terminam litígios mediante recíprocas concessões.

Em geral, os códigos de processo conferem, na circunstância, aos julgadores poderes meramente documentais, dir-se-ia, notariais mediante os quais lhes não cabe indagar das razões de fundo da transação ou acordo e sua justeza, antes lhes cabe aferir só e tão só da legitimidade do objecto e da qualidade dos pleiteantes seus partícipes.

Com efeito, socorrendo-nos do que o Código Civil Português de 2013 prescreve, na esteira, de resto, dos de 1939 e 1966, eis como se estrutura o seu artigo 290 [epígrafe: "como se realiza a... transacção"]:

"1 – A... transacção pode fazer-se por documento autêntico ou particular, sem prejuízo das exigências de forma da lei substantiva, ou por termo no processo.

2 – O termo é tomado pela secretaria a simples pedido verbal dos interessados.

3 – Lavrado o termo ou junto o documento, examina-se se, pelo seu objecto e pela qualidade das pessoas que nela intervieram, ... a transacção é válida, e, no caso afirmativo, assim é declarado por sentença, condenando-se ou absolvendo-se nos seus precisos termos. ....".

E tal é susceptível de se observar em homenagem à natureza do processo e do seu pendor dispositivo, em que prevalece o princípio da disponibilidade dos pleiteantes.

No que tange, porém, ao instituto ora em apreciação, o pendor é marcantemente inquisitório, dominado, pois, pelo *principio da oficialidade ou da inquisitoriedade*.

Eis o que prescreve a Diretiva em epígrafe a tal propósito:

Os Estados-Membros proverão a que:

– Demandante e demandado possam propor em conjunto ao tribunal um acordo quanto ao montante reparatório em favor dos consumidores; ou

– O tribunal, em consequência de consulta formulada aos pleiteantes, a ambos convide a que cheguem a acordo no que tange aos valores da reparação dentro de prazo razoável.

A transação, porém, sujeitar-se-á ao escrutínio do competente órgão de judicatura.

Tal órgão avaliará se deve rejeitar a homologação de uma transação contrária a disposições imperativas do direito nacional, ou que inclua condições insusceptíveis de aplicação, tendo em conta os direitos e interesses dos partícipes envolvidos, e em especial os dos consumidores cuja tutela se ache em causa.

Aos Estados-membros se confere a faculdade de se estabelecerem regras que permitam aos tribunais recusar a homologação de um qualquer acordo com base na injustiça dos seus termos.

Se o tribunal se recusar a homologar a transação que para o efeito lhe haja sido submetida, a ação colectiva em causa prosseguirá os seus termos.

As transações homologadas são vinculativas para demandante, demandado e consumidores individuais abrangidos pela acção colectiva de que se trata.

Os Estados-membros podem estabelecer regras que confiram aos consumidores individuais abrangidos por uma ação colectiva e pelo acordo subsequente a possibilidade de aceitar ou recusar a sua vinculação pelos termos da transação ou acordo firmado.

O *quantum reparatório ou ressarcitório* que resulte de um acordo homologado nos termos precedentemente enunciados não prejudica quaisquer outros meios de ressarcimento à disposição dos consumidores, nos termos tanto direito da União Europeia como dos ordenamentos jurídicos pátrios, que não tenham sido contemplados de modo expresso em um tal ato.

## EM CONCLUSÃO

Cautelas peculiares se adotam, pela vez primeira, para que o financiamento de ações colectivas (ressarcitórias) por terceiros não avantajem em detrimento das vítimas nem subvertam os precípuos fins que com a acção de massa instaurada se tende a almejar.

# RESPONSABILIDADE CIVIL DAS INSTITUIÇÕES FINANCEIRAS NAS FRAUDES ELETRÔNICAS

*Marília de Ávila e Silva Sampaio*

Juíza de Direito do TJ-DF e associada do Instituto Brasileiro de Política e Direito do Consumidor (Brasilcon).

*Najua Samir Asad Ghani*

Mestranda bolsista do programa Diogo Sant'Anna de mestrado profissional em Direito na área de pesquisa sobre Direitos de personalidade, novas Tecnologias de Comunicação e Informação e Responsabilidade Civil do IDP. Pós-graduada em Direito Digital e Compliance pelo Instituto Damásio de Direito; em Processo Civil pelo IDP em Advocacia Empresarial, Contratos, Responsabilidade Civil e Família pelo IDP. Orientadora do Núcleo de Prática Jurídica do UNICeub. Advogada.

Segundo o último estudo feito pelo Centro Regional de Estudos para o Desenvolvimento da Sociedade da Informação (Cetic.br) do Núcleo de Informação e Coordenação do Ponto BR (NIC.br),[1] cujos resultados foram apresentados em 21 de junho de 2022, estima-se que em 2021, 81% da população brasileira com dez anos ou mais acessaram a internet.

Nesse cenário, todos os setores da sociedade, de maneira geral, e as instituições financeiras, de modo particular, aumentaram exponencialmente as atividades executadas de forma online, levando os clientes/consumidores a utilizar cada vez mais serviços digitais e, na mesma proporção, sendo expostos a riscos de perdas financeiras decorrentes de acessos e operações irregulares em suas contas, bem como fraudes.

A facilitação do acesso à internet evidenciou a situação da vulnerabilidade agravada do consumidor dentro do ambiente online. Nessa conjuntura, criminosos deram nova roupagem a crimes já conhecidos e transferiram a sua prática também para o ambiente digital. Assim, mesmo em uma mera transferência bancária onde aparentemente há legitimidade na transação realizada, o consumidor passou a ser vítima dos mais diversos crimes de fraudes.

No caso das instituições bancárias, o processo de digitalização dos serviços foi ostensivamente incentivado pelos próprios bancos, levando até mesmo os clientes mais refratários ao uso de tecnologia a usar meios digitais de realização de suas transações. A tendência é o investimento cada vez maior em tecnologia a fim de propiciar

---

1. Disponível em: https://cetic.br/pt/noticia/cresce-o-uso-de-internet-durante-a-pandemia-e-numero-de-usuarios-no-brasil-chega-a-152-milhoes-e-o-que-aponta-pesquisa-do-cetic-br/. Acesso em: 29 jul. 2023.

uma experiência melhor e mais personalizada aos seus clientes. Todavia, à instituição financeira não cabe apenas melhorar o serviço e a tecnologia envolvida nas operações digitais, mas também conferir segurança e legitimidade a essas operações, com a finalidade de evitar prejuízos aos consumidores.

A atividade desenvolvida pelas instituições bancárias é naturalmente de risco, pois envolve disponibilidade e liquidez de recursos financeiros, tendo a possibilidade de causar danos a outras pessoas. Por isso, às instituições bancárias se aplica a responsabilidade civil objetiva, em virtude do risco da atividade exercida.

O risco da atividade está intimamente atrelado ao que a literatura conceitua como fortuito interno, ou seja, ligado à atividade, cujo risco de dano, ainda que imprevisível ou mesmo inevitável, está jungido à atividade desenvolvida pelo ofensor. No dizer de Rosenvald, Chaves e Braga Neto, "dano, por assim dizer, participa dos riscos do negócio". "(...) Quem usufrui, habitualmente, dos bônus de determinada atividade deve responder pelos riscos que ela causar, ainda que sem culpa".[2]

A teoria do risco da atividade, aplicada às instituições bancárias, tem como objetivo a proteção do interesse de eventuais vítimas que surgirem em virtude do risco inerente à prática daquela atividade. Portanto, a instituição bancária não deve agir na busca exclusiva pela aferição de lucros, mas sim garantir que, para obtenção dos lucros almejados, os bens tutelados de terceiros não podem ser atingidos. Na verdade, as instituições bancárias têm o dever de agir com segurança. A inobservância do dever de segurança torna o produto defeituoso, nos termos do artigo 14, § 1º, do Código de Defesa do Consumidor (CDC).

E mais, as excludentes de responsabilidade do fornecedor, previstas no artigo 14, § 3º do CDC, quais sejam, fato exclusivo da vítima e fato exclusivo de terceiro, somente exoneram a responsabilidade nas operações bancárias, "se estiverem absolutamente dissociadas das condutas omissivas, comissivas ou informativas que competem ao banco".[3]

No caso das instituições bancárias, a discussão em torno da atividade exercida é tanta que o STJ (Superior Tribunal de Justiça) editou a Súmula 479,[4] a qual prevê a responsabilidade objetiva dos bancos por danos gerados em virtude de fortuito interno ou fraude nas operações bancárias. O ônus imposto ao fornecedor de serviços bancários se deve ao fato de que é ele quem tem o controle de todas as operações envolvendo o uso de tecnologias online e, por isso, deve observar a qualidade e segurança de seus produtos e serviços (artigo 8º do CDC), além de suportar os

---

2. FARIAS, Cristiano Chaves de. ROSENVALD, Nelson. BRAGA NETTO, Felipe Peixoto. *Curso de Direito Civil: Responsabilidade civil.* 9 ed. atual. e ampl. São Paulo: JusPodivm, 2022, p. 1018 e 1019.
3. SOARES, Flaviana Rampazzo. Dever de cuidado e responsabilidade das instituições financeiras. *Responsabilidade civil nas relações de consumo.* In: MONTEIRO FILHO, Carlos Edison Rego Monteiro, MARTINS, Guilherme Magalhães, ROSENVALD, Nelson e DENSA, Roberta. Iberc. Indaiatuba: Foco. 2022, p. 413.
4. STJ, Súmula 479. "As instituições financeiras respondem objetivamente pelos danos gerados por fortuito interno relativo a fraudes e delitos praticados por terceiros no âmbito de operações bancárias".

resultados de seu fornecimento, com a responsabilidade de antever aos problemas e tomar medidas preventivas quanto a isso.

Com a finalidade de averiguar como a aplicação da responsabilidade civil tem sido aplicada nas Turmas Cíveis do Tribunal de Justiça do Distrito Federal e para apresentar um panorama geral dos crimes virtuais mais praticados, foi realizada uma pesquisa no sítio eletrônico do TJ-DF com os parâmetros "banco" e "fraude" e com lapso temporal abrangendo os três primeiros meses do ano de 2022 (janeiro até março).

Com esses parâmetros, foram encontrados 41 acórdãos, tratando direta ou indiretamente de golpes bancários. Os golpes mais comuns identificados são a falsa central de atendimento, falso motoboy, roubo de senhas, falsos links e *fishing*, e falso boleto.

Dentro desses acórdãos, apenas dois casos envolviam o "golpe do motoboy". Nesse golpe, o fraudador faz uma ligação para a vítima, se identificando como um funcionário do banco. Na ligação, ele alega que o cartão da vítima estaria sendo utilizado para compras suspeitas e, por isso, precisaria ser cancelado. Durante a ligação, como forma de convencer a vítima de que está falando a verdade, o golpista já tem algumas informações da vítima, como os dados da conta. Além disso, o golpista indaga a vítima sobre a senha do cartão e a orienta a cortá-lo, avisando que um funcionário do banco vai até a casa da vítima para recolher o cartão cortado. Desta forma, com os dados, senha e chip do cartão da vítima, o criminoso faz diversas compras, causando prejuízos ao titular do cartão.

Em relação aos dois acórdãos identificados pela pesquisa realizada, e em um deles foi reconhecida a negligência do consumidor que voluntariamente entregou o cartão e a senha aos fraudadores e que não logrou êxito em demonstrar que os criminosos possuíam dados sigilosos dele e nem que tiveram acesso à central telefônica do banco.[5] No segundo caso, foi reconhecida a culpa concorrente do consumidor, pois os julgadores entenderam que as transações presenciais com cartão e chip só foram possíveis, porque o consumidor forneceu a senha do cartão voluntariamente.[6] O banco, nesse caso, foi responsabilizado, pois as compras realizadas no cartão foram completamente fora do padrão de consumidor do cliente e, por isso, a falha no sistema de segurança do banco foi reconhecida.

O que se tem da análise desses dois acórdãos é que a condenação da instituição bancária depende da demonstração concreta de que os criminosos tiveram acesso a dados sigilosos ou de que houve uma falha nos sistemas de segurança do banco, apesar do CDC impor ao fornecedor o ônus de provar a inexistência do defeito ou de provar o fato exclusivo de terceiro ou da vítima, como excludentes de sua responsabilidade, nos termos do que preconiza o § 3º do artigo 14.

---

5. TJDFT, Acórdão 1392967, 07006933620218070001, Relator: Soníria Rocha Campos D'assunção, 4ª Turma Cível, data de julgamento: 09.12.2021, publicado no PJe: 11.01.2022. p.: Sem Página Cadastrada).
6. TJDFT, Acórdão 1399264, 07055056420218070020, Relator: James Eduardo Oliveira, 4ª Turma Cível, data de julgamento: 16.02.2022, publicado no PJe: 18.02.2022. p.: Sem Página Cadastrada.

Além disso, a pesquisa retornou com apenas um acórdão referente ao golpe do boleto adulterado e que reconheceu a responsabilidade civil da instituição bancária.[7] Esse golpe é aquele em que há o envio de um boleto ao consumidor, o qual acredita que se refere a alguma dívida pendente de pagamento. Todavia, o pagamento é feito a uma terceira pessoa criminosa que é identificado como o beneficiário do pagamento.

Para finalizar, a pesquisa retornou com 35 acórdãos que envolvem transações bancárias fraudulentas. Em apenas quatro situações, o banco conseguiu afastar a caracterização do fortuito interno. Para duas situações,[8] o TJ-DF entendeu que a guarda e a manutenção do sigilo da senha é responsabilidade do titular do cartão e, por isso, não haveria responsabilidade da instituição bancária em virtude de compras realizadas nas funções crédito e débito mediante o uso da senha pessoal do consumidor.

No terceiro caso, o consumidor teria firmado empréstimo consignado com a instituição bancária e transferido o dinheiro para uma terceira empresa e nunca teria sido remunerado por ela. O consumidor alegou que o banco deveria ser responsabilizado, pois não fez nada para evitar que novos golpes fossem aplicados, bem como que o banco teria ligado para ele para confirmar a contratação do empréstimo. A responsabilidade do banco, porém, foi afastada, haja vista que o prejuízo do consumidor não se deu por falha na prestação dos serviços bancários.

No entender do TJ-DF, não se teriam registros de que o empréstimo concedido pela instituição bancária teria alguma vinculação com a terceira empresa, razão pela qual não há nexo de causalidade capaz de ensejar a responsabilização do banco.

No quarto caso,[9] a consumidora contratou um empréstimo bancário e depois desistiu da contratação. Ocorre que a devolução do dinheiro se deu para outra instituição bancária e na conta de titularidade de outra pessoa. Apesar de a consumidora ter alegado que nunca teria feito a contratação do empréstimo, o TJ-DF entendeu que a operação teria sido válida e, por isso, afastou a responsabilidade civil do banco.

O panorama que se tem com a pesquisa realizada é de que o Tribunal de Justiça do Distrito Federal e Territórios entende que, naquelas situações em que o consumidor não age com o dever de cautela mínimo esperado, a responsabilidade civil dos bancos é afastada. Também foi possível identificar que as operações fraudulentas, tais como, compras com cartão de débito e crédito ou contratações de empréstimos são as mais usuais, porém, mesmo assim o tribunal opta pela análise concreta de cada situação a fim de averiguar se algum dever de cautela do consumidor, ou seja, da própria vítima não foi observado para a concretização da fraude praticada.

---

7. TJDFT, Acórdão 1396727, 07049300420218070005, Relator: João Luís Fischer Dias, 5ª Turma Cível, data de julgamento: 09.02.2022, publicado no DJE: 15.02.2022. p.: Sem Página Cadastrada.
8. TJDFT, Acórdão 1395646, 07008557720218070018, Relator: Diaulas Costa Ribeiro, 8ª Turma Cível, data de julgamento: 27.01.2022, publicado no DJE: 09.02.2022. P.: Sem Página Cadastrada; TJDFT, Acórdão 1393678, 07056592520208070018, Relator: Diaulas Costa Ribeiro, 8ª Turma Cível, data de julgamento: 26.01.2022, publicado no DJE: 1º.02.2022. P.: Sem Página Cadastrada.
9. TJDFT, Acórdão 1401390, 07127857420208070003, Relator: Diva Lucy de Faria Pereira, 1ª Turma Cível, data de julgamento: 16.02.2022, publicado no PJe: 08.03.2022. P.: Sem Página Cadastrada.

Ou seja, a despeito do arcabouço protetivo previsto no CDC, incluindo a inversão *ope legis* do ônus da prova em relação ao defeito na prestação do serviço, ainda assim se tem imposto à vítima da fraude o ônus da comprovação de que não descumpriu com o dever de cautela na realização da operação, o subverte a lógica do diploma protetivo consumerista.

Não é demais lembrar que o artigo 4º do CDC impõe o reconhecimento da vulnerabilidade do consumidor no mercado de consumo e de sua posição de inferioridade em relação ao fornecedor, notadamente quando se trata de uso de tecnologia para a realização dos contratos. Essa vulnerabilidade é agravada no ambiente virtual, chegando, em algumas situações, à existência de uma hipervulnerabilidade do consumidor. Por isso mesmo, e ainda na esteira do que determina o art. 4º, II do CDC, a Política Nacional das Relações de Consumo tem como princípio a obrigação de atuar para a efetiva proteção do consumidor, de modo a garantir produtos e serviços com padrões adequados de segurança e desempenho.

É possível, pois, concluir que as instituições bancárias não devem apenas agir com o objetivo de entregar experiências digitais mais ágeis e eficientes, sem garantir que o consumidor seja protegido quando as operações praticadas. As instituições bancárias têm o dever de garantir a segurança e a legitimidade de suas operações com a finalidade de diminuir a possibilidade de causar prejuízos aos seus próprios consumidores. Deveriam, portanto, identificar quais seriam os golpes virtuais mais usuais e arquitetar maneiras de impedir a ação dos criminosos.

# OS CASOS HURB E 123 MILHAS: A NECESSIDADE DE SE MANTER OS PÉS NO CHÃO

*Maria Luiza Baillo Targa*

Doutoranda e mestre em Direito pela UFRGS (Universidade Federal do Rio Grande do Sul). Especialista em Direito Francês e europeu dos Contratos pela Université Savoie Mont Blanc, em Direito do Consumidor e Direitos Fundamentais pela UFRGS e em Direito Público pelo UniCeub e advogada.

A disponibilização de produtos e serviços no mercado de consumo deve ser minuciosamente precedida de pesquisas e estudos que analisem a viabilidade do negócio e os riscos que lhe são inerentes. Antes de realizar ofertas, que muitas vezes são planejadas apenas mirando o presente, é importante que as práticas sejam pensadas para o futuro, especialmente nos casos em que a prestação do serviço ou entrega do produto será realizada em momento muito posterior à data de sua aquisição pelo consumidor. Por essa razão, estratégias de marketing e ofertas promocionais devem refletir situações factíveis, que serão efetivamente cumpridas em momento posterior, sob pena de o risco a ser assumido ser muito grande – e o prejuízo ainda maior. Os casos envolvendo as agências de turismo Hurb (antigo Hotel Urbano) e 123 Milhas ilustram situações de ofertas realizadas sem a necessária análise e reflexão, que causam prejuízos tanto para si quanto para os seus consumidores.

A pandemia da Covid-19 afetou sobremaneira o setor do turismo. Em meio à significativa redução da demanda por viagens domésticas e internacionais, a Hurb optou por utilizar modelo de negócios consubstanciado na oferta de pacotes promocionais com datas flexíveis, possibilitando aos consumidores que adquirissem passagens aéreas e hospedagens sem a necessidade de definir a data da viagem no momento da compra, e sim em momento futuro, desde que encontrados, quando do agendamento, voos e hotéis com tarifas promocionais. Em outros termos, o bilhete aéreo e a reserva da hospedagem adquiridos eram emitidos em data posterior à aquisição. A medida atraiu diversos viajantes e lhe permitiu atingir um volume bruto de mercadorias (GMV) de R$ 1,8 bilhões em 2020 e de R$ 1,9 bilhões em 2021.[1]

A partir da gradativa redução das restrições de viagens e dos riscos de transmissão da Covid-19, os consumidores passaram a agendar seus pacotes. Todavia, o cenário pós-pandemia se mostrou muito diferente daquele em que as vendas foram feitas. Em 2022, o preço médio das passagens aéreas registrou o maior valor na série histórica da Agência Nacional da Aviação Civil (Anac), chegando à quantia de R$ 645, o que

---

1. HURB. Quem somos. Disponível em: https://www.hurb.com/br/about-us. Acesso em: 26 ago. 2023.

corresponde a R$ 126 a mais do que o preço médio de 2019 (R$ 519).[2] Também os preços das diárias de hotéis sofreram aumento significativo.[3] Ante a discrepância entre os valores recebidos de seus clientes e os preços de voos e hospedagem, a Hurb passou a enfrentar dificuldades no cumprimento das ofertas.

Como consequência, o número de reclamações dos consumidores postulando o cancelamento do contrato e reembolso dos valores, ou o simples cumprimento das ofertas, disparou. Após os requerimentos na plataforma consumidor.gov.br chegarem a 7.000 no primeiro trimestre de 2023, volume ainda maior que todo o ano de 2022 (12 mil) – que já era expressivo –, a Secretaria Nacional do Consumidor (Senacon), vinculada ao Ministério da Justiça e Segurança Pública, determinou a abertura de processo administrativo sancionador contra a agência.[4] E, em maio, por entender que a modalidade de oferta não dá garantias suficientes aos consumidores, determinou a suspensão temporária da venda de novos pacotes com data flexíveis[5] da Hurb.[6]

Assim como a mencionada agência de turismo, a 123 Milhas também passou a ofertar passagens e pacotes promocionais com datas flexíveis em meio à crise vivenciada pelo setor do turismo. O viajante, embora tenha de escolher a data da viagem no momento da aquisição do serviço, necessita estar disponível 24h antes e 24h depois da data escolhida, pois a marcação do voo e da hospedagem é realizada pela própria

---

2. FARIAS, Victor; PINHONI, Marina. Preço médio de passagens aéreas bate recorde em 2022 e continua a subir em 2023. *G1*, São Paulo, 19 maio 2023. Disponível em: https://g1.globo.com/economia/noticia/2023/05/19/preco-medio-de-passagens-aereas-bate-recorde-em-2022-e-continua-a-subir-em-2023.ghtml. Acesso em: 26 ago. 2023.
3. Por exemplo, a rede hoteleira da Atlântica, a segunda maior do país, aumentou o valor das diárias em 2022, fechando o ano com faturamento de R$ 1,75 bilhão, 52% mais que no último ano pré-pandemia (SETTI, Rennan. Preços das diárias de hotéis vão subir mais em 2023, diz CEO da Atlântica. *O Globo*, São Paulo, 10 abr. 2023. Disponível em: https://oglobo.globo.com/blogs/capital/post/2023/04/precos-das-diarias-de-hoteis-vao-subir-mais-em-2023-diz-ceo-da-atlantica.ghtml. Acesso em: 26 ago. 2023).
4. MINISTÉRIO DA JUSTIÇA E SEGURANÇA PÚBLICA. Senacon abre processo administrativo sancionador contra plataforma Hurb. Disponível em: https://www.gov.br/mj/pt-br/assuntos/noticias/senacon-abre-processo-administrativo-sancionador-contra-plataforma-hurb. Acesso em: 26 ago. 2023.
5. Em que pese tal medida, a empresa disponibiliza hoje o "pacote de mês fixo", no qual o viajante apenas escolhe o mês que quer viajar no momento da compra (Todas as informações estão disponíveis no link https://help.hurb.com/hc/pt-br/articles/18407382267411-Como-funciona-o-Pacote-M%C3%AAs-Fixo-). Provavelmente, a estratégia continuará a dar problemas, já que o consumidor permanece condicionado à disponibilidade de tarifas promocionais, o que dá margem a um possível não cumprimento da oferta. No site Reclame Aqui, a atual nota do Hurb é 3.3 de 10, e nos últimos seis meses, já foram realizadas 51.168 reclamações contra a empresa (https://www.reclameaqui.com.br/empresa/hotel-urbano/lista-reclamacoes/). Por seu turno, na plataforma consumidor.gov.br, foram registradas 6.364 reclamações durante todo o ano de 2023, e a nota de satisfação com o atendimento é 1,4 de 5. Além disso, o índice de solução é de apenas 43% (https://consumidor.gov.br/pages/empresa/20150105000046168/perfil). Para maiores informações, ver: PILAR, Ana Flávia. Hurb segue vendendo pacotes flexíveis, apesar da proibição da Senacon. *O Globo*, Rio de Janeiro, 21 ago. 2023. Disponível em: https://oglobo.globo.com/economia/defesa-do-consumidor/noticia/2023/08/21/hurb-segue-vendendo-pacotes-flexiveis-apesar-da-proibicao-da-senacon.ghtml. Acesso em: 26 ago. 2023.
6. MINISTÉRIO DA JUSTIÇA E SEGURANÇA PÚBLICA. Senacon suspende vendas de pacotes de viagens flexíveis da Hurb em todo o Brasil. Disponível em: https://www.gov.br/mj/pt-br/assuntos/noticias/senacon-suspende-vendas-de-pacotes-de-viagens-flexiveis-da-hurb-em-todo-o-brasil. Acesso em: 26 ago. 2023.

empresa dentro do período de disponibilidade indicado (destas 72h). Ou seja, não há emissão de bilhete de passagem ou reserva de hospedagem na data da compra.

Durante a pandemia, a empresa investiu fortemente no marketing visando divulgar de maneira ampla as suas ofertas, em especial seus pacotes promocionais com datas flexíveis. Foi a maior anunciante do país em 2021, com aporte de R$ 2,37 bilhões na compra de espaço publicitário, e o segundo maior anunciante do país em 2022, com aporte de R$ 1,28 bilhão.[7] E, tal qual a Hurb, a estratégia atraiu muitos consumidores.

Em virtude da dificuldade de cumprir as ofertas dos pacotes com datas flexíveis pelas mesmas razões da Hurb,[8] a 123 Milhas, no dia 18 de agosto, comunicou a suspensão da emissão de passagens e pacotes da categoria Promo agendados para os meses de setembro a dezembro de 2023.[9] Para além da decisão unilateral, que por si só frustra as legítimas expectativas dos consumidores, a empresa somente se comprometeu a oferecer vouchers acrescidos de correção monetária de 150% do CDI, para compra de quaisquer passagens, hotéis e pacotes na própria agência. Ou seja, não possibilita o cancelamento do contrato com a restituição integral dos valores pagos.

Da mesma forma que ocorreu com a Hurb, como era de se esperar, o número de reclamações de consumidores disparou. No site Reclame Aqui, nos últimos seis meses, já foram realizadas 20.133 reclamações contra a empresa.[10] Por seu turno, na plataforma consumidor.gov.br, foram registradas 7.410 reclamações no ano de 2023, sendo que o índice de solução é de apenas 67,3%, justificando que a nota de satisfação com o atendimento seja hoje correspondente a 2,6 de 5.[11]

Os números se justificam – e provavelmente irão aumentar – porque a alteração unilateral do contrato, subtraindo do consumidor a opção de restituição quantia paga e colocando-o em desvantagem exagerada, além de configurar uma cláusula abusiva (artigo 51, II, e IV, do CDC), viola o disposto no artigo 35 do Código de Defesa do Consumidor, o qual refere que, em caso de recusa de oferta, cabe ao consumidor, alternativamente e à sua livre escolha, (1) exigir o cumprimento forçado da obrigação, nos termos da oferta; (2) aceitar a prestação de serviço equivalente (o voucher); ou (3) rescindir o contrato, com direito à restituição de valores, monetariamente atualizados, além de perdas e danos.[12] No mais, em se tratando de passagem aérea, à

---

7. MADUREIRA, Daniele. Venda de passagem sem data gerou crise da 123milhas, dizem especialistas. *Folha*, São Paulo, 22 ago. 2023. Disponível em: https://www1.folha.uol.com.br/mercado/2023/08/venda-de-passagem-sem-data-gerou-crise-da-123milhas-dizem-especialistas.shtml. Acesso em: 27 ago. 2023.
8. Maiores esclarecimentos estão disponíveis em: https://123milhas.com/imprensa/.
9. O comunicado está disponível no seguinte link: https://123milhas.com/promo123/.
10. Reclame Aqui. 123milhas. Disponível em: https://www.reclameaqui.com.br/empresa/123-milhas/. Acesso em: 27 ago. 2023.
11. CONSUMIDOR.GOV.BR. 123 milhas. Disponível em: https://consumidor.gov.br/pages/empresa/20170608000585401/perfil. Acesso em: 27 ago. 2023.
12. Saliente-se que a decisão da 123 Milhas também pode violar o disposto no art. 12 da Resolução 400/2016 da Anac, o qual trata do prazo de antecedência mínima para a comunicação de alterações realizadas de forma

luz do disposto no artigo 31, *caput,* da Resolução 400/2016 da Anac,[13] o reembolso somente pode ser convertido em crédito para aquisição de nova passagem se o passageiro concordar com tal providência.

Diante da grande repercussão da questão, a Senacon já encaminhou um pedido de esclarecimentos e cogita, tal qual o fez com a Hurb, instaurar processo administrativo em face da 123 Milhas para o fim de proibir a venda dos pacotes promocionais, além de arbitrar multa ou estabelecer outras penalidades.[14]

No dia 29 de agosto, após o ajuizamento de pelo menos 16,4 mil processos judiciais por consumidores, cujos valores envolvidos ultrapassam os R$ 200 milhões,[15] a 123 Milhas entrou com pedido de recuperação judicial sob o argumento de que enfrenta crise financeira e que a suspensão dos pacotes promocionais afetou a sua credibilidade perante o mercado, reduzindo drasticamente o volume de vendas. A medida afeta os interesses dos seus clientes ao dificultar a restituição de valores pagos e reparação de eventuais danos, o que denota, mais uma vez, importantes falhas em toda a sua estratégia de vendas.

Os casos da Hurb e da 123 Milhas mostram ser imprescindível que os fornecedores disponibilizem no mercado de consumo serviços viáveis, que possam de fato ser cumpridos, realizando preliminarmente estudos sérios e comprometidos que permitam concluir que o negócio é de fato praticável e não prejudica os direitos dos consumidores. Inclusive, porque a oferta, que engloba a publicidade e informação suficientemente precisas, bem como quaisquer declarações de vontade manifestadas por escrito, vinculam o fornecedor, que está obrigado a cumpri-las, sob pena inclusive de execução específica (CDC, artigos 30, 48 e 84).

Em relação às agências Hurb e 123 Milhas, mesmo que tenha ocorrido uma mudança no cenário pós-pandemia comparativamente ao período em que grande parte dos pacotes promocionais foram vendidos, isto não é capaz de afastar a sua responsabilidade por danos causados aos seus clientes porque não configura hipótese de caso fortuito ou força maior, já que era previsível o aumento dos preços de hospedagens e passagens em decorrência da queda brusca na demanda por viagens, mormente em meio a uma crise de incertezas nos setores do turismo e aéreo.

Acrescente-se que a responsabilidade dos fornecedores se funda no risco-proveito, o que significa que, em virtude do proveito econômico obtido a partir da dis-

---

programada, referindo que, se a informação ocorrer em menos de 72h de antecedência, devem ser oferecidas ao passageiro as alternativas de reacomodação e reembolso integral, cabendo a escolha ao passageiro.
13. Embora estejam sujeitos a esta Resolução as transportadoras aéreas em si, em se tratando de alteração contratual programada de passagem aérea, possível sua aplicação por analogia.
14. LOPES, Raquel. Senacon pode abrir processo administrativo contra a 123milhas. Folha, Brasília, 25 ago. 2023. Disponível em: https://www1.folha.uol.com.br/mercado/2023/08/senacon-pode-abrir-processo-administrativo-contra-a-123milhas.shtml. Acesso em: 27 ago. 2023.
15. TIENGO, Rodolfo. 123 Milhas: recuperação judicial pode impactar decisões favoráveis a clientes, diz advogado. *G1*, Ribeirão Preto, 1º set. 2023. Disponível em https://g1.globo.com/sp/ribeirao-preto-franca/noticia/2023/09/01/123-milhas-recuperacao-judicial-pode-impactar-decisoes-favoraveis-a-clientes-diz-advogado.ghtml. Acesso em 1º set. 2023.

ponibilização do serviço ou produto no mercado de consumo (bônus), arcam com os riscos inerentes ao seu negócio (ônus). Aos fornecedores é vedado, portanto, colocar no mercado de consumo serviços que sabem ou que deveriam saber que têm alta probabilidade de não serem cumpridos no momento oportuno, e daí exsurge o seu dever de analisar previamente os riscos intrínsecos da sua atividade.

Para as empresas que querem decolar as suas vendas, portanto, vale o alerta: em caso de quaisquer dúvidas na viabilidade de um serviço, é imprescindível manter-se os pés no chão.

# ENTENDENDO O PL QUE TUTELA O TEMPO DO CONSUMIDOR E PREVINE SEU DESVIO PRODUTIVO

*Marcos Dessaune*

Advogado e autor da Teoria do Desvio Produtivo do Consumidor. Membro do Instituto Brasilcon.

Em agosto de 2022, fui procurado pelo senador Fabiano Contarato (PT-ES) para colaborar na elaboração de um projeto de lei para tutelar o tempo do consumidor e prevenir o seu desvio produtivo, fundamentado na *Teoria do Desvio Produtivo*. Propus-lhe, então, que eu reunisse e coordenasse um grupo de juristas especialistas no assunto para desenvolver uma minuta de projeto de lei especial que apresentasse solução para os principais problemas relacionados com a matéria, o que foi aceito.

Portanto, da iniciativa do senador Contarato, com a contribuição dos professores Fernando Antônio de Lima, Laís Bergstein, Maria Aparecida Dutra, Maurilio Casas Maia, Miguel Barreto e Vitor Guglinski, sob minha coordenação, nasceu o Projeto de Lei (PL) 2.856 de 2022 do Senado.

Elaboramos a minuta do PL a partir de um *cenário* que eu havia detalhado na *Teoria ampliada do Desvio Produtivo*: no Brasil, os danos extrapatrimoniais são tradicionalmente chamados de "danos morais". Além disso, em parte da doutrina e da jurisprudência ainda persiste um entendimento já ultrapassado de que o dano moral restringe-se à dor, ao sofrimento, ao abalo psicológico. Ocorre que, na atualidade, o dano moral em sentido amplo, enquanto gênero que corresponde ao dano extrapatrimonial, conceitua-se como o prejuízo não econômico que decorre da lesão a bem extrapatrimonial juridicamente tutelado, no qual entendo que se insere o "tempo do consumidor".

Todavia a prática judicial revela uma dificuldade no reconhecimento de novas categorias de danos extrapatrimoniais para além da esfera anímica da pessoa, o que tem inclusive contribuído para a manutenção de uma jurisprudência anacrônica que ficou conhecida no país como a do "mero aborrecimento".

Diante desse panorama, mostra-se cada vez mais necessário que o legislador brasileiro reconheça que o "tempo do consumidor" é um bem jurídico essencial numa "sociedade de consumidores",[1] como meio para se superar aquela noção ultrapas-

---

1. BAUMAN, Zygmunt. *Vida para consumo...* Rio de Janeiro: Zahar, 2008. passim.

sada de dano moral – que acaba por negar o direito básico do consumidor à efetiva prevenção e reparação integral dos danos.

Em outras palavras, a positivação do "tempo do consumidor" como um bem jurídico mostra-se cada dia mais necessária para se conferir efetividade ao princípio da reparação integral e à defesa desse vulnerável.[2]

Diante da ampla utilização, compreensão e consolidação da expressão neológica "desvio produtivo do consumidor" na jurisprudência nacional (que até 15-12-2022 já havia sido citada em 45.144 acórdãos de todos os tribunais brasileiros, incluindo o STJ),[3] propusemos, de saída, que a *ementa* do PL explicitasse que a nova lei "dispõe sobre o tempo como um bem jurídico, aperfeiçoa a reparação integral dos danos e previne o desvio produtivo do consumidor".

Tal expressão foi por mim criada nos idos de 2005, e identifica um novo "fenômeno socioeconômico que afeta o dia a dia de um número incontável de pessoas no país, cujas consequências ultrapassam o 'mero dissabor ou aborrecimento' normal na vida do consumidor".[4] Conceitualmente, o *desvio produtivo do consumidor* "é o evento danoso [...] que tem origem quando o fornecedor, no curso da sua atividade, cria um problema de consumo e se exime da sua responsabilidade de saná-lo voluntária e efetivamente em prazo compatível com a essencialidade, a utilidade ou a característica do produto ou do serviço".

"Com esse comportamento, o fornecedor leva o consumidor [...] a *desperdiçar* o seu tempo vital e a se *desviar* das suas atividades existenciais para enfrentar o problema que lhe foi imposto, o que resulta na alteração prejudicial e indesejada do cotidiano e/ou do projeto de vida do consumidor, bem como na correspondente perda definitiva de uma parcela do seu tempo total de vida em situações desgastantes perfeitamente previsíveis e evitáveis".[5]

Elaboramos, então, o enunciado normativo mais importante e que inaugura o PL, o qual recebeu no Senado o número 25-A: "O tempo é bem jurídico essencial para o desenvolvimento das atividades existenciais do consumidor, sendo assegurado o direito à reparação integral dos danos patrimoniais e extrapatrimoniais decorrentes de sua lesão".

Relativamente ao "tempo do consumidor", explanamos que "*sob o enfoque ontológico*, esse tempo [...] – que denomino 'tempo vital ou existencial' – é o suporte implícito da existência humana, isto é, da vida, que dura certo tempo e nele se desenvolve. Dito de outra maneira, o tempo total de vida de cada pessoa é um bem finito individual; é o capital pessoal que, por meio de escolhas livres e voluntárias,

---

2. DESSAUNE, Marcos. *Teoria ampliada do desvio produtivo...* 3. ed. rev., modif. e ampl. Vitória: Ed .Autor, 2022. passim.
3. Conforme levantamento que fiz em 15-12-2022 na página de pesquisa de jurisprudência do *site* de todos os tribunais estaduais, federais e distrital, além do STJ.
4. DESSAUNE, 2022, p. 247.
5. DESSAUNE, 2022, p. 363.

pode ser convertido em outros bens materiais e imateriais, do qual só se deve dispor por autodeterminação".

*"Em termos econômicos*, ele é um recurso produtivo limitado – necessário para o desempenho de qualquer atividade – que não pode ser acumulado nem recuperado ao longo da vida das pessoas; ou seja, é um bem econômico. *Na ótica do Direito*, ele é um bem jurídico representado pela duração da vida de cada pessoa, na qual ela faz as suas escolhas existenciais".[6]

Com relação às "atividades existenciais" – que se desenvolvem justamente nesse tempo (de vida) do consumidor –, explicamos que "cada membro da sociedade contemporânea, no desenrolar da sua existência, está constantemente escolhendo as atividades que julga mais relevantes para o seu projeto de vida, cuja prática cotidiana é o meio para o desenvolvimento da sua personalidade e para a promoção da sua dignidade". Entre as principais *atividades existenciais*, das quais o consumidor acaba se desviando diante de problemas de consumo criados pelo próprio fornecedor, destacam-se estudar, trabalhar, descansar, dedicar-se ao lazer, conviver socialmente, cuidar de si, consumir.[7]

Tanto o primeiro artigo do PL quanto os dois seguintes foram muito bem recebidos pela comunidade acadêmica e jurídica, merecendo realce a *opinião* do professor Alexandre Freitas Câmara, que consignou em artigo crítico: "Além do artigo 25-A, já elogiado, são também extremamente bem redigidos o artigo 25-B ('[o] fornecedor de produtos ou serviços deverá empregar todos os meios e esforços para prevenir e evitar lesão ao tempo do consumidor'), e o artigo 25-C ('[as] condutas do fornecedor que impliquem perda indevida do tempo do consumidor são consideradas práticas abusivas'). Do mesmo modo, o texto do parágrafo único do art. 25-C trata de forma adequada de situação que vem se reiterando: '[c]onsidera-se também abusiva a prática de disparar, reiterada ou excessivamente, mensagens eletrônicas, robochamadas ou ligações telefônicas pessoais para o consumidor sem o seu consentimento prévio e expresso, ou após externado o seu incômodo ou recusa'".[8]

Considerando-se i) que a existência humana é indissociável do tempo (ou seja, que a vida dura certo tempo e nele se desenvolve, constituindo-se das próprias atividades existenciais que cada um escolhe nele realizar) e ii) que fornecedores criam problemas de consumo que resultam na alteração prejudicial e indesejada do cotidiano e/ou do projeto de vida do consumidor, o PL, mais do que tutelar o "tempo do consumidor", previne o seu "desvio produtivo" – que é um fenômeno socioeconômico mais abrangente e já amplamente reconhecido pelo Direito pátrio, que impacta o dia a dia dos consumidores ao lhes causar danos patrimoniais e extrapatrimoniais, notadamente o dano existencial.

---

6. DESSAUNE, 2022, p. 186-187.
7. DESSAUNE, 2022, p. 201-202.
8. CÂMARA, Alexandre F. Uma crítica ao PL 2856/2002: o tempo como bem jurídico passível de lesão. *Migalhas*, 2022. Disponível em: https://tinyurl.com/yc8jd498. Acesso em: 1º dez. 2022.

O artigo subsequente do PL, numerado como 25-D, estabelece que "na apuração dos danos patrimoniais e extrapatrimoniais decorrentes da lesão ao tempo do consumidor, deverão ser consideradas as seguintes circunstâncias, entre outras". Nele elencamos circunstâncias que deverão ser verificadas pelo juiz, no caso concreto, para *quantificar* os danos extrapatrimoniais resultantes da lesão ao tempo do consumidor.

Dentre elas, destaco a do inciso V: "o tempo total gasto pelo consumidor na resolução da sua demanda administrativa, judicial ou apresentada diretamente ao fornecedor". Embora o fornecedor não seja responsável pela propalada "morosidade judicial", é a resistência indevida ou injustificada dele (fornecedor), em cumprir um dever legal ou obrigação contratual, que leva o consumidor a gastar tempo e a se desviar de suas atividades propondo e enfrentando uma longa demanda judicial para exigir um direito evidente ou incontroverso, desse modo sobrecarregando o Poder Judiciário desnecessariamente.

A própria jurisprudência já vem reconhecendo tal circunstância, citando-se por todos um acórdão do TRT-17, *in verbis*: "Diante das similaridades existentes entre as relações de consumo e de trabalho, [...] entendo plenamente cabível nessa Especializada a referida *teoria*, impondo-se ao empregador que descumprir dever legal que lhe competia, levando o trabalhador ao desgaste de ajuizar uma ação para obter o bem da vida (incontroverso diga-se de passagem, pois a baixa da CTPS é dever do empregador) ao pagamento de uma reparação por danos morais".[9]

Na sequência, propusemos o artigo numerado como 25-E: "Considera-se presumido o dano extrapatrimonial decorrente da lesão ao tempo do consumidor, podendo sua reparação, em tutela individual ou coletiva, ocorrer concomitantemente com a indenização de dano material ou moral". Justificamos, ao Senado, a necessidade de "diferenciar" o dano extrapatrimonial do moral (anímico) com base em abalizada doutrina. Judith Martins-Costa, por exemplo, leciona que "sendo mais ampla, a expressão 'danos extrapatrimoniais' inclui, como subespécie, os danos à pessoa, ou à personalidade, constituídos pelos danos morais em sentido próprio [...], os danos à imagem, projeção social da personalidade, os danos à saúde, ou danos à integridade psicofísica, inclusos os 'danos ao projeto de vida', e ao 'livre desenvolvimento da personalidade', os danos à vida de relação, inclusive o 'prejuízo de afeição' e os danos estéticos".[10]

Nesse sentido, Francisco Amaral ensina que o *dano extrapatrimonial* "diz respeito ao dano sem valoração pecuniária, em um conceito mais amplo e genérico, que abrange, evidentemente, o sofrimento psicológico da pessoa".[11] Paulo de Tarso

---

9. TRT-17, RO 0000210-16.2018.5.17.0101, j. 10-06-2019, v.u., 3ª Turma, rel. Des. Daniele Santa Catarina.
10. MARTINS-COSTA, Judith. Os danos à pessoa no direito brasileiro... *Revista da Faculdade de Direito da UFRGS*, Porto Alegre, v. 19, p. 194, mar. 2001. Disponível em: https://tinyurl.com/3v33rvkt. Acesso em: 16 fev. 2021.
11. AMARAL, Francisco. *Direito civil*... 10. ed. rev. e modif. São Paulo: Saraiva, 2018. p. 954-957.

Sanseverino explicava que, no direito brasileiro, "os prejuízos sem conteúdo econômico têm sido abrangidos pela denominação genérica de *dano moral*".[12]

Na mesma direção, Fernando Noronha leciona que *danos extrapatrimoniais* são aqueles que decorrem da "violação de quaisquer interesses não suscetíveis de avaliação pecuniária" – os quais, no Brasil, são tradicionalmente denominados "danos morais". Para o autor, no entanto, "verdadeiros danos morais" são apenas os *danos anímicos*, os quais ocasionam "perturbações na alma do ofendido".

A propósito, o autor adverte que, no Brasil, existe uma "tradicional confusão entre danos extrapatrimoniais e morais [...] presente em praticamente todos os autores justamente reputados como clássicos nesta matéria, desde Aguiar Dias até Carlos Alberto Bittar e Yussef S. Cahali".

E, em atenção àquela "designação tradicional" – de se chamar os danos extrapatrimoniais de morais –, Noronha defende que os danos extrapatrimoniais podem então ser denominados "danos morais em sentido amplo", e que os danos morais anímicos podem ser chamados de "danos morais em sentido estrito".[13]

No tocante à "presunção" do dano (*rectius*, do prejuízo) extrapatrimonial que decorre da lesão ao tempo, ressaltamos que *"dano é a lesão a um bem jurídico"*. "Mais propriamente, é o prejuízo decorrente de uma lesão a um bem jurídico, do que nasce uma obrigação de indenizar".[14]

Logo, "a configuração de um dano implica necessariamente a identificação de um *prejuízo* para o titular do direito violado; ou seja, todo dano pressupõe algum prejuízo resultante de um fato antijurídico. [...] O dano extrapatrimonial em questão é presumido (*in re ipsa*) porque o *prejuízo existencial é deduzido de dois postulados* assim enunciados: o tempo é um recurso produtivo limitado, que não pode ser acumulado nem recuperado ao longo da vida das pessoas; e ninguém pode realizar, ao mesmo tempo, duas ou mais atividades de natureza incompatível ou fisicamente excludentes, do que resulta que uma atividade preterida no presente, em regra, só poderá ser realizada no futuro deslocando-se no tempo outra atividade".[15]

Por fim, sugerimos o artigo numerado como 25-F: "A reparação do dano extrapatrimonial decorrente da lesão ao tempo do consumidor deverá ser quantificada de modo a atender às funções compensatória, preventiva e punitiva da responsabilidade civil". A afirmação da "função punitiva" da responsabilidade civil, no PL, pretende dar ao juiz um fundamento legal para que a reparação do dano extrapatrimonial, nessa hipótese, não seja arbitrada em valores irrisórios, como vem ocorrendo na jurisprudência. Consequentemente, se confere efetividade à repressão da principal prática

---

12. SANSEVERINO, Paulo de T. V. *Princípio da reparação integral...* 2. tir. São Paulo: Saraiva, 2011. p. 189.
13. NORONHA, Fernando. *Direito das obrigações*. 4. ed. rev. e atual. São Paulo: Saraiva, 2013. p. 584 e 590-592.
14. AMARAL, 2018, p. 954.
15. DESSAUNE, 2022, p. 106-107 e 332.

abusiva objeto do PL: "as condutas do fornecedor que impliquem perda indevida do tempo do consumidor" (artigo 25-C).

A propósito, Sanseverino ensinava que, nos danos extrapatrimoniais, a função preponderante da responsabilidade civil é *satisfatória*. Nessa modalidade de dano também é possível se observar a função *punitiva* da indenização e, como consectário lógico da sua característica de "pena privada", ainda é possível se verificar sua função *preventiva*. Nesse contexto, a natureza punitiva da indenização dos danos extrapatrimoniais exerce importante função no momento da sua quantificação[16] – exatamente como pretende o artigo 25-F.

O PL 2.856/22 está tramitando regularmente no Senado, o que ainda permite o seu aperfeiçoamento democrático a partir das contribuições da sociedade e dos especialistas.

---

16. SANSEVERINO, 2011, p. 270-271 e 274.

# O MERCADO DE APOSTAS E O EXÍLIO DOS CONSUMIDORES NEGATIVADOS

*Cristiano Heineck Schmitt*

Doutor e mestre em Direito pela UFRGS. Professor de Direito da Escola de Direito da PUC-RS, pós-graduado pela Escola da Magistratura do RS. Secretário-geral da Comissão Especial de Defesa do Consumidor da OAB-RS. Membro do Instituto Brasilcon e do Ibdcont (Instituto Brasileiro de Direito Contratual). Advogado.

Em final de julho de 2023, foi editada a Medida Provisória 1.182, a qual alterou a Lei 13.756/12, que trata do tema da "Aposta de Quota Fixa". Consoante o artigo 29 da referida norma, foi criada tal modalidade lotérica, sob a forma de serviço público, que consiste em um sistema de apostas relativas a eventos reais de temática esportiva, em que é definido, no momento de efetivação da aposta, quanto o apostador pode ganhar em caso de acerto do prognóstico. Ou seja, o sujeito, realizando o seu palpite, poderia saber de antemão quanto receberia se o mesmo se concretizasse. E tal opinião é variável conforme forem sendo oferecidas opções pela empresa de apostas, o que pode compreender desde a vitória de um time sobre outro (se considerarmos o caso do futebol, por exemplo), estendendo-se a situações que envolvam cartões amarelos, erro ou acertos de uma cobrança de pênalti, entre outras situações.

Concedida, permitida ou autorizada, em caráter oneroso, pelo Ministério da Fazenda, a loteria de quota fixa deve ser explorada, exclusivamente, em ambiente concorrencial, sem limite do número de outorgas, com possibilidade de comercialização em quaisquer canais de distribuição comercial, físicos e em meios virtuais. Caberia, conforme a lei, ao Ministério da Fazenda regulamentar, no prazo de até dois anos, prorrogável por até igual período, o funcionamento do referido serviço.

Uma peculiaridade da norma era o fato de as empresas de apostas, que basicamente operam via internet, através de "apps", não poderem ter sede no Brasil. Desde debates morais, sobre a eventual perdição do indivíduo ao vício do jogo, com prejuízo a sua família, até questões que remetem a aumento de criminalidade, lavagem de dinheiro, entre outros, desde o Decreto-Lei 9.215, de 30 de abril de 1946, assinado pelo presidente Eurico Gaspar Dutra, restara proibido o jogo de azar no Brasil. Ou melhor, proibido em tese, e de forma seletiva. O Estado, que acabava agindo como um defensor de valores da família tradicional daquele período, ao proibir o jogo de apostas, é o mesmo que se reservou a si a exclusividade do jogo no país.

O Estado, nas suas três esferas de atuação, é um exímio explorador de jogos de azar. A Caixa Econômica Federal, maior banco público brasileiro, explora vários concursos de apostas, e faz isso ao longo de várias décadas. Quando oferta suas várias modalidades de apostas em jogos de azar, o Estado brasileiro não o faz com vistas ao controle do jogo patológico, por exemplo. À pessoa que contrata a aposta, não é requerido um atestado clínico indicando a falta de controle e pulsão do jogo.

Ao reservar o jogo de forma exclusiva, o Estado garantiu a si uma grande fonte de renda e lucro. Com a 13.756/12, houve um grande passo em legitimar algo que já era real. Os sites de apostas que operaram no Brasil, estimados em mais de quatrocentos, sequer detêm sede aqui. A menos que seja criado um controle de conteúdo de internet, nos moldes de um Estado ditatorial, é impossível impedir as pessoas de apostarem em sites estrangeiros, inclusive sobre jogos que aqui ainda são proibidos, como cassino.

O reconhecimento e legitimação da aposta em quota fixa é uma necessidade de atrair sedes de operações de empresas ao Brasil, para aqui recolherem tributos, e fomentar a economia. Hoje, tais fornecedores têm seus nomes estampados na grande parte das camisas dos times de futebol brasileiros. Existe já uma dependência econômica desses times com o patrocínio que advém dessas casas de apostas, que têm seus nomes em placas dentro dos estádios, mantendo programas do youtube, com apresentadores de renome, comentando jogos, entre outras coisas. Contudo, nesse sentido, estas entidades operavam no Brasil com o registro de empresas de marketing, e não como casas de apostas. Por evidente, estas somente aportarão ao Brasil, sujeitando-se à regulação do Estado, e pagando impostos, se o país for um ambiente interessante para negócios, de maneira que seja mais lucrativo trafegar com regulação, do que somente operar via internet de qualquer lugar do mundo.

Ao reservar o jogo de forma exclusiva, o Estado garantiu a si uma grande fonte de renda e lucro. Com a Lei 13.756/12, houve um grande passo em legitimar algo que já era real. Os sites de apostas que operaram no Brasil, estimados em mais de quatrocentos, sequer detêm sede aqui. A menos que seja criado um controle de conteúdo de internet, nos moldes de um Estado ditatorial, é impossível impedir as pessoas de apostarem em sites estrangeiros, inclusive sobre jogos que aqui ainda são proibidos, como cassino.

O reconhecimento e legitimação da aposta em quota fixa é uma necessidade de atrair sedes de operações de empresas ao Brasil, para aqui recolherem tributos e fomentar a economia. Hoje, tais fornecedores têm seus nomes estampados na grande parte das camisas dos times de futebol brasileiros. Existe já uma dependência econômica desses times com o patrocínio que advém dessas casas de apostas, que têm seus nomes em placas dentro dos estádios, mantendo programas do youtube, com apresentadores de renome, comentando jogos, entre outras coisas. Contudo, nesse sentido, estas entidades operavam no Brasil com o registro de empresas de marketing, e não como casas de apostas. Por evidente, estas somente aportarão ao Brasil, sujeitando-se à regulação do Estado, e pagando impostos, se o país for um ambiente interessante para negócios, de maneira que seja mais lucrativo trafegar com regulação, do que somente operar via internet de qualquer lugar do mundo.

O apostador deve ser considerado como consumidor, sendo seu *status* bastante condizente com a tipicidade do artigo 2°, *caput* do CDC: "Consumidor é toda pessoa física ou jurídica que adquire ou utiliza produto ou serviço como destinatário final". O mesmo está adquirindo e pagando por um serviço de resultado aleatório, sendo um serviço de lazer.

Da redação advinda da MP 1.182/23, o artigo 35-E apresenta proibições de participação direta ou indireta, na condição de apostador, de certos indivíduos, isto é, sujeitos que não podem atuar como consumidores do serviço. No que tange à proibição de agentes públicos com atribuições diretamente relacionadas à regulação, ao controle e à fiscalização da atividade de apostas esportivas, tal preceito contempla um mínimo de moralidade na perspectiva de seriedade do sistema regulatório. Da mesma forma, correta é a vedação de participação em apostas de pessoa que tenha ou possa ter acesso aos sistemas informatizados de loteria, de apostas de quota fixa, entre outros.

Contudo, desperta atenção o inciso VI do referido artigo, ao proibir a participação, como apostador, de pessoa inscrita nos cadastros nacionais de proteção ao crédito. No caso, observa-se uma grande dificuldade de funcionamento imposta ao sistema, na medida em que, mesmo recebendo a aposta à vista, o fornecedor de jogos, antes de concluir o contrato, deveria consultar sistemas como SPC e Serasa acerca da vida econômica do apostador, observando-se se o mesmo detém algum registro negativo de inadimplência. Entendemos que tal medida tornará o serviço mais caro e menos fluido. A menos que se possa construir um algoritmo que resolva tal equação de forma célere, tal medida inibe o próprio contrato via internet, smartphone etc., diante da análise prévia exigida.

O apostador deve ser considerado como consumidor, sendo seu *status* bastante condizente com a tipicidade do artigo 2°, *caput*, do CDC: "Consumidor é toda pessoa física ou jurídica que adquire ou utiliza produto ou serviço como destinatário final". O mesmo está adquirindo e pagando por um serviço de resultado aleatório, sendo um serviço de lazer.

Da redação advinda da MP 1.182/23, o artigo 35-E apresenta proibições de participação direta ou indireta, na condição de apostador, de certos indivíduos, isto é, sujeitos que não podem atuar como consumidores do serviço. No que tange à proibição de agentes públicos com atribuições diretamente relacionadas à regulação, ao controle e à fiscalização da atividade de apostas esportivas, tal preceito contempla um mínimo de moralidade na perspectiva de seriedade do sistema regulatório. Da mesma forma, correta é a vedação de participação em apostas de pessoa que tenha ou possa ter acesso aos sistemas informatizados de loteria, de apostas de quota fixa, entre outros.

Contudo, desperta atenção o inciso VI do referido artigo, ao proibir a participação, como apostador, de pessoa inscrita nos cadastros nacionais de proteção ao crédito. No caso, observa-se uma grande dificuldade de funcionamento imposta ao sistema, na medida em que, mesmo recebendo a aposta à vista, o fornecedor de jogos, antes de concluir o contrato, deveria consultar sistemas como SPC e Serasa acerca da vida econômica do apostador, observando-se se o mesmo detém algum registro negativo de inadimplência. Entendemos que tal medida tornará o serviço mais caro e menos fluido. A menos que se possa construir um algoritmo que resolva tal equação de forma célere, tal medida inibe o próprio contrato via internet, smartphone etc., diante da análise prévia exigida.

# CASO 123 MILHAS: O QUE CONSUMIDORES E OPERADORES DO DIREITO PRECISAM SABER

*Vitor Guglinski*

Professor de Direito do Consumidor do curso de pós-graduação em Direito da Universidade Cândido Mendes (RJ), do curso de pós-graduação em Direito do Consumidor na Era Digital do Meu Curso (SP) e do curso de pós-graduação em Direito do Consumidor da ESA (Escola Superior da Advocacia da OAB). Advogado.

A sociedade empresária 123milhas anunciou, no dia 18.08.2023, que não emitirá passagens já adquiridas da linha "Promo", com embarques previstos de setembro a dezembro de 2023, e que eventual devolução de valores será realizada por meio da disponibilização de voucher (disponível em: https://123milhas.com/promo123/. Acesso em: 20 ago. 2023).

Os meios de comunicação informam que os ministérios da Justiça e do Turismo já trabalham em conjunto para avaliar a instauração de investigação e pedido de esclarecimentos pela 123milhas, de modo que sejam esclarecidos os motivos dos cancelamentos, a identificação de todos os consumidores atingidos pela medida e também como será feita a reparação dos danos sofridos pelos consumidores (disponível em: https://agenciabrasil.ebc.com.br/justica/noticia/2023-08/ministerio-do-turismo-pede-para-investigar-cancelamentos-da-123-milhas%20.%20Acesso%20em%2020/08/2023).

Como visto acima, a 123milhas inseriu em seu site um link para que o consumidor possa solicitar o voucher para a obtenção de crédito na própria plataforma da empresa. Ocorre que o consumidor não é obrigado a aceitar referido voucher, podendo exigir a devolução da quantia paga pelo pacote em dinheiro ou sob a forma de estorno para seu cartão de crédito, conforme o meio de pagamento utilizado para a contratação do serviço.

Em primeiro lugar, cumpre dirimir uma dúvida frequente entre consumidores e profissionais da advocacia no tocante a eventuais consumidores que já aceitaram a restituição de valores em forma de voucher. Será que, mesmo tendo aceitado essa espécie de estorno, o consumidor pode se arrepender e manifestar sua vontade no sentido de que a devolução de valores ocorra em dinheiro ou pela restituição de crédito ao seu cartão?

Para responder a essa indagação, deve-se considerar que o Código de Defesa do Consumidor, conforme enuncia já em seu artigo 1º, "estabelece normas de proteção e defesa do consumidor, de ordem pública e interesse social, nos termos dos arts. 5º, inciso XXXII, 170, inciso V, da Constituição Federal e art. 48 de suas Disposições Transitórias". Para a melhor doutrina consumerista,[1] o conteúdo do referido dispositivo do código traduz a ideia de que as normas do CDC são inderrogáveis pela vontade das partes, ou seja, ainda que o consumidor aceite a restituição por meio de voucher, se essa modalidade for imposta pelo fornecedor – e não uma opção para o consumidor –, não terá validade jurídica, conforme será visto adiante.

Superado o esclarecimento acima, adiante o Código de Defesa do Consumidor traz ao menos mais três importantes dispositivos legais que impedem que a devolução de valores seja imposta ao consumidor por meio de voucher.

Inicialmente, veja-se o que dispõem os incisos II e XIII do artigo 51 do CDC:

> Art. 51. São nulas de pleno direito, entre outras, as cláusulas contratuais relativas ao fornecimento de produtos e serviços que:
>
> (...)
>
> II – subtraiam ao consumidor a opção de reembolso da quantia já paga, nos casos previstos neste código;
>
> (...)
>
> XIII – autorizem o fornecedor a modificar unilateralmente o conteúdo ou a qualidade do contrato, após sua celebração.

Não há dúvidas de que, ao impor a devolução do valor pago pelo pacote de viagem através de voucher, a 123milhas está subtraindo do consumidor a opção de reembolso em desacordo com os casos previstos no CDC. Isso porque o inciso III do artigo 35 do código é claro ao prever expressamente que, se o fornecedor descumprir a oferta, apresentação ou publicidade, é facultado ao consumidor exigir a devolução da quantia paga, monetariamente atualizada, e sem prejuízo de eventuais perdas e danos. Ou seja, a opção é do consumidor. Veja-se:

> Art. 35. Se o fornecedor de produtos ou serviços recusar cumprimento à oferta, apresentação ou publicidade, o consumidor poderá, alternativamente e à sua livre escolha:
>
> (...)
>
> III – rescindir o contrato, com direito à restituição de quantia eventualmente antecipada, monetariamente atualizada, e a perdas e danos.

---

1. "As normas de ordem pública estabelecem valores básicos e fundamentais de nossa ordem jurídica, são normas de direito privado, mas de forte interesse público, daí serem indisponíveis e inafastáveis através de contratos. O Código de Defesa do Consumidor é claro, em seu art. 1º, ao dispor que suas normas se dirigem à proteção prioritária de um grupo social, os consumidores, e que se constituem em normas de ordem pública, inafastáveis, portanto, pela vontade individual. São normas de interesse social, pois as leis de ordem pública são aquelas que interessam mais diretamente à sociedade que aos particulares, daí poderem encontrar aplicação *ex officio*, em especial como a sanção do CDC é a da nulidade taxativa absoluta (art. 128, in fine, do CPC c/c o parágrafo único do art. 168 e art. 166, VII, do CC/2002)" (BENJAMIN, Antonio Herman V.; MARQUES, Claudia Lima; BESSA, Leonardo Roscoe. *Manual de Direito do Consumidor*. 7. ed. São Paulo: RT, 2016, p. 73).

Quanto à cumulação de perdas e danos com a restituição da quantia paga, tal é possível, principalmente, em razão da perda do tempo imposta ao consumidor pela não realização da viagem planejada. Nesse contexto, o consumidor pode ajuizar ação judicial para a reparação de dano moral e pela perda do seu tempo de vida – fato que caracteriza ofensa à sua autodeterminação, atingindo sua liberdade (direito fundamental expresso no *caput* do artigo 5º da Constituição Federal), prejudicando o tempo que reservou para seu descanso e lazer, que também são direitos fundamentais expressos na Constituição (artigo 6º, *caput*, da CF/88).

A respeito do que foi dito acima, há precedentes[2] em nossos tribunais em que se garante a tutela do tempo de vida do consumidor em casos envolvendo o cancelamento de viagem pelo fornecedor, aplicando-se a tais hipóteses a *Teoria do Desvio Produtivo*,[3] criada por Marcos Dessaune, bem como a tese do Menosprezo Planejado, de Laís Bergstein.[4]

Seguindo, outro argumento apto a afastar a imposição de restituição de valores ao consumidor através de voucher encontra fundamento no *princípio da confiança*,

---

2. Por todos, confira-se o seguinte julgado: Cancelamento de Viagem – Pacote de viagem cancelado – falha na prestação de serviço devido a quantia desembolsada não ter sido devidamente devolvida – Aplicação da Lei 11.034/2020 – Responsabilidade objetiva e solidária – Dano moral *in re ipsa* configurado, pela via crucis imposta ao consumidor – Aplicação da Teoria do Desvio produtivo do consumidor e Teoria do Desestímulo – Recurso ao qual se dá parcial provimento, apenas para reduzir o montante fixado a título de danos morais, em atenção aos princípios da razoabilidade e proporcionalidade (TJ-SP – RI: 10023353520228260541 SP 1002335-35.2022.8.26.0541, relator: José Pedro Geraldo Nóbrega Curitiba, data de julgamento: 24.10.2022, 1ª Turma Cível e Criminal, data de publicação: 24.10.2022).
3. "Desvio Produtivo do Consumidor é o fenômeno socioeconômico que se caracteriza quando o fornecedor, ao atender mal, criar um problema de consumo potencial ou efetivamente danoso e se esquivar da responsabilidade de saná-lo, induz o consumidor carente e vulnerável a despender seu tempo vital, existencial ou produtivo, a adiar ou suprimir algumas de suas atividades geralmente existenciais e a desviar suas competências dessas atividades, seja para satisfazer certa carência, seja para evitar um prejuízo, seja para reparar algum dano, conforme o caso" (DESSAUNE, Marcos. *Teoria Aprofundada do Desvio Produtivo do Consumidor*: O Prejuízo do Tempo Desperdiçado e da Vida Alterada. 2. ed. rev. e ampl. Vitória: Edição Especial do Autor, 2017, p. 357).
4. "Em primeiro lugar para se aferir o dever de compensação pelo tempo perdido pelo consumidor, questiona-se, no caso concreto, se o consumidor ou a sua demanda foram menosprezados pelo fornecedor? O ato ou efeito de menosprezar consiste na falta de estima, apreço ou consideração; corresponde ao desdém no tratamento dado a alguém, à desconsideração, à desvalorização, à desqualificação, ao menoscabo. O menosprezo ao consumidor é observado nos casos de fornecedores que ignoram os pedidos e as reclamações do consumidor ou não lhe prestam informações adequadas, claras e tempestivas. O menosprezo é o desrespeito, a desconsideração das legítimas expectativas geradas no consumidor. O menosprezo reside na desvalorização do tempo e dos esforços travados pelo consumidor em relação ao fornecedor dentro de uma relação jurídica de consumo, em qualquer de suas fases, seja para resolução de um vício do produto ou do serviço, seja para compreender as instruções técnicas inadequadamente apresentadas, por exemplo (…). Ao implementar sistemas morosos, pouco eficientes, deixando de investir adequadamente na cadeia produtiva o fornecedor transfere ao consumidor todo o ônus decorrente de sua inércia, os riscos inerentes à sua própria atividade. E tal conduta desidiosa pode gerar danos, inclusive o dano pelo tempo perdido, também chamado de 'dano temporal' ou 'desvio produtivo', que deverão ser reparados. O menosprezo planejado, a tentativa oculta de transferência de riscos ao consumidor, que contraria a boa-fé objetiva, ofende os princípios que regem a política nacional das relações de consumo e constitui prática abusiva" (BERGSTEIN, Laís. A consolidação do dano pela perda do tempo do consumidor no brasil e o duplo critério para sua compensação: o menosprezo planejado. In: BORGES, Gustavo; MAIA, Maurilio Casas (Org.). *Dano Temporal*: O Tempo como Valor Jurídico. 2. ed. rev. e ampl. São Paulo: Tirant lo Blanch, 2019, p. 94-95).

que se relaciona ao princípio da boa-fé objetiva, expressamente previsto no inciso III do artigo 4º do CDC.

Pelo *princípio da confiança*, busca-se proteger as legítimas expectativas do consumidor em relação ao produto adquirido ou ao serviço contratado junto ao fornecedor. Significa, resumidamente, que o consumidor confia que a relação com o fornecedor não lhe trará problemas, ou seja, cria a legítima expectativa para o consumidor de que tudo dará certo.

Voltando-se ao caso em comento, a partir do momento em que a 123milhas cancela, de forma unilateral e deliberada, a viagem contratada pelo consumidor, informando, de forma absolutamente genérica, que tal fato tem como causa "questões de mercado", sem oferecer maiores detalhes, o consumidor perde imediatamente a confiança no fornecedor, e provavelmente não desejará dar continuidade à relação jurídica.

Quem, já tendo sido lesado por um fornecedor, arriscará continuar uma relação que já deu errada?! A pergunta, por óbvio, é retórica.

A encerrar este breve artigo, há reflexão interessante direcionada, particularmente, aos operadores do direito, relacionada ao instituto da desconsideração da personalidade jurídica do fornecedor, em casos semelhantes ao que envolve a 123milhas. O artigo 28 do CDC e seu § 5º enunciam:

> Art. 28. O juiz poderá desconsiderar a personalidade jurídica da sociedade quando, em detrimento do consumidor, houver abuso de direito, excesso de poder, infração da lei, fato ou ato ilícito ou violação dos estatutos ou contrato social. A desconsideração também será efetivada quando houver falência, estado de insolvência, encerramento ou inatividade da pessoa jurídica provocados por má administração.
>
> (...)
>
> § 5º Também poderá ser desconsiderada a pessoa jurídica sempre que sua personalidade for, de alguma forma, obstáculo ao ressarcimento de prejuízos causados aos consumidores.

Nesse contexto, destaca-se que há precedentes[5] em nossos tribunais admitindo a desconsideração da personalidade jurídica do fornecedor em sede de tutela de urgência (artigo 300 e ss. do CPC), em que houve, já no início do processo, a inclusão dos sócios da sociedade empresária no polo passivo da lide, o deferimento de realização

---

5. Ementa: Agravo de instrumento – Ação de rescisão contratual c/c devolução dos valores pagos, cobrança de rendimentos e danos morais com pedido de tutela de urgência – Tutela de urgência – Antecipada – Requisitos do art. 300 do CPC/2015 – Demonstração – Desconsideração da personalidade jurídica – Teoria menor – Obstáculo ao ressarcimento dos prejuízos causados ao consumidor – Deferimento. Para a concessão da tutela de urgência, cumpre à parte que a requerer demonstrar, de forma inequívoca, a probabilidade do direito pretendido e o perigo de dano. Presentes esses requisitos, impõe-se o deferimento da tutela de urgência pleiteada. Em se tratando de relação de consumo, aplica-se a teoria menor, por meio do qual o instituto da desconsideração da personalidade jurídica é devido quando este se configurar como obstáculo ao ressarcimento dos prejuízos sofridos pelo consumidor, nos termos do art. 28, § 5º do Código de Defesa do Consumidor. (TJ-MG – AI: 11378036820238130000, relator: des.(a) Arnaldo Maciel, data de julgamento: 11.07.2023, 18ª Câmara Cível, data de publicação: 11.07.2023).

de bloqueio de contas bancárias via Sisbajud, na modalidade teimosinha, de modo a se buscar ativos em nome daqueles, e também o bloqueio de veículos pelo sistema Renajud, objetivando-se a busca de veículos de propriedade dos sócios.

Em conclusão, reafirme-se: a 123milhas não pode impor ao consumidor a devolução da quantia paga pelo pacote de viagem através de voucher. A disponibilização desse tipo de crédito deve ser apenas uma opção oferecida ao consumidor, pois, como visto, o Código de Defesa do Consumidor garante a este que a restituição da quantia que pagou pela viagem seja realizada em dinheiro, caso o pagamento tenha sido feito através de boleto bancário, Pix ou outra modalidade de transferência bancária, ou por estorno em cartão de crédito, caso tenha sido essa a modalidade de pagamento utilizada.

# OS RISCOS DO DESENVOLVIMENTO E A REVOGAÇÃO DA LEI 14.125/2021

*Marcelo Junqueira Calixto*

Doutor e Mestre em Direito Civil (Uerj). Professor adjunto da PUC-Rio e advogado.

Com o reconhecimento da situação de pandemia de Covid-19 pela OMS e a posterior notícia de que alguns laboratórios tinham obtido sucesso na rápida fabricação de vacinas para o combate ao coronavírus, muitos países iniciaram tratativas para a aquisição dos novos imunizantes. Um desses países foi o Brasil, e a esperança era que, em breve tempo, o país recebesse elevada quantidade de doses como forma de reduzir o número de mortes, que já atingia cifras alarmantes.

As negociações para a compra dos imunizantes, porém, esbarravam na resistência dos laboratórios em assumir os riscos decorrentes da aplicação das vacinas, em especial por serem, a rigor, *riscos do desenvolvimento*, isto é, *riscos* que só o *desenvolvimento técnico e científico* poderá, eventualmente, descobrir.[1] A solução encontrada por muitos países e, dentre estes, novamente o Brasil, foi a celebração de contratos com a *assunção* destes *riscos* por parte do poder público.

No caso brasileiro, essa assunção de riscos foi referendada pela publicação da Lei 14.125, de 10 de março de 2021. Esta lei dispunha sobre a "responsabilidade civil relativa a eventos adversos pós-vacinação contra a Covid-19 e sobre a aquisição e distribuição de vacinas por pessoas jurídicas de direito privado". Por força desse diploma, os entes federativos ficaram "autorizadas a adquirir vacinas e a *assumir os riscos referentes à responsabilidade civil, nos termos do instrumento de aquisição ou fornecimento de vacinas celebrado*, em relação a *eventos adversos pós-vacinação*",

---

1. Sobre o tema seja consentido remeter a Marcelo Junqueira CALIXTO, *A Responsabilidade Civil do Fornecedor de Produtos pelos Riscos do Desenvolvimento*, Rio de Janeiro: Renovar, 2004. Entre os inúmeros artigos jurídicos nacionais específicos sobre o tema dos riscos do desenvolvimento podem ser citados: a) Marcelo Junqueira CALIXTO, "O art. 931 do código civil de 2002 e os riscos do desenvolvimento", in *Revista Trimestral de Direito Civil – RTDC*, v. 21, Rio de Janeiro, Padma, 2005, p. 53-93; b) Marcos CATALAN. "Notas acerca do desenvolvimento tecnológico e do dever de reparar danos ignorados no desvelar do processo produtivo". In: STAUT JÚNIOR, Sérgio Said (Org.). *Estudos em Direito Privado*: uma homenagem ao prof. Luiz Carlos Souza de Oliveira. Curitiba: Luiz Carlos Centro de Estudos Jurídicos, 2014; c) Maria Cândida KROETZ e Luiz Augusto da SILVA, "Um Prometeu 'Pós-Moderno?' Sobre desenvolvimento, riscos e a responsabilidade civil nas relações de consumo". *Revista Brasileira de Direito Civil*, v. 09, jul./set. 2016; d) Juliane Teixeira MILANI e Frederico Eduardo GLITZ, "Anotações sobre o risco de desenvolvimento: análise do caso da Talidomida". *Revista Luso-Brasileira de Direito do Consumo*, v. V, n. 17, mar. 2015, pp. 177-205; e) Tula WESENDONCK, "A responsabilidade civil pelos riscos do desenvolvimento: evolução histórica e disciplina no Direito Comparado". *Direito e Justiça – Revista de Direito da PUC/RS*, v. 38, Porto Alegre, jul./dez. de 2012, p. 213-227.

desde que a Agência Nacional de Vigilância Sanitária (Anvisa) tivesse concedido o respectivo registro ou a autorização temporária de uso emergencial (artigo 1º, *caput*; original não grifado). Além disso, também previa que estes mesmos entes federativos poderiam "constituir garantias ou contratar seguro privado, nacional ou internacional, em uma ou mais apólices, para a cobertura dos riscos de que trata o *caput* deste artigo" (artigo 1º, § 1º).

Essa *assunção do risco*, felizmente até hoje não confirmado, aproxima-se de uma situação de *socialização dos danos*, algo que se observa no Brasil, por exemplo, para os danos decorrentes do uso da *Talidomida*, exemplo clássico de *riscos do desenvolvimento* que, infelizmente, se converteram em *danos*.[2] Quanto ao tema, vale recordar que o Brasil, de fato, de forma distinta do ocorrido em outros países,[3] promulgou a Lei 7.070/1982, a qual atribui ao Instituto Nacional da Seguridade Social (INSS) a obrigação de pagar uma *pensão mensal* a tais pessoas após a realização da competente perícia. Este exame pericial destina-se a estabelecer o "grau da dependência" da vítima, sendo avaliados e graduados *quatro* aspectos, o que determina que o valor da pensão varie entre um e quatro salários mínimos.[4] Esta mesma perícia servirá ainda de fundamento para o pagamento de uma nova parcela, a título de danos *extrapatrimoniais*, a qual variará entre R$ 50 mil e R$ 400 mil, conforme o grau da dependência da vítima.[5] Tal parcela, paga uma única vez pelo INSS, está prevista na

---

2. De origem alemã, tal medicamento foi largamente usado no final dos anos cinquenta e início dos anos sessenta como um eficiente analgésico. Contudo, o avanço dos estudos científicos permitiu afirmar que o seu princípio ativo era capaz de atravessar a placenta e, em consequência, acarretar graves danos ao feto, em especial aos seus membros superiores e inferiores, os quais não se desenvolvem plenamente. Essas pessoas são consideradas como "portadoras da síndrome da Talidomida".
No Brasil, inclusive, foi fundada a Associação Brasileira dos Portadores da Síndrome da Talidomida (ABPST), sediada em São Paulo, e que "está presente em 19 Estados do país e conta com 800 vítimas da talidomida cadastradas" (informações obtidas no site da associação: www.talidomida.org.br, acesso em 21 de julho de 2023).
3. Para um estudo mais aprofundado das leis nacionais europeias seja consentido remeter a Marcelo Junqueira CALIXTO, *A Responsabilidade Civil*, cit., p. 183-190. Na doutrina europeia é recomendável a magnífica obra de João Calvão da SILVA. *Responsabilidade Civil do Produtor*, Coimbra: Almedina, 1990.
4. Veja-se, nesse sentido, o disposto no art. 1º da Lei 7.070/82: "Art. 1º Fica o Poder Executivo autorizado a conceder pensão especial, mensal, vitalícia e intransferível, aos portadores da deficiência física conhecida como 'Síndrome da Talidomida' que a requererem, devida a partir da entrada do pedido de pagamento no Instituto Nacional de Previdência Social – INPS. § 1º – O valor da pensão especial, reajustável a cada ano posterior à data da concessão segundo o índice de Variação das Obrigações Reajustáveis do Tesouro Nacional ORTN, será calculado, em função dos pontos indicadores da natureza e do grau da dependência resultante da deformidade física, à razão, cada um, de metade do maior salário mínimo vigente no País.
§ 2º Quanto à natureza, a dependência compreenderá a incapacidade para o trabalho, para a deambulação, para a higiene pessoal e para a própria alimentação, atribuindo-se a cada uma 1 (um) ou 2 (dois) pontos, respectivamente, conforme seja o seu grau parcial ou total".
A realização da perícia vem prevista no art. 2º da mesma Lei: 'Art. 2º A percepção do benefício de que trata esta Lei dependerá unicamente da apresentação de atestado médico comprobatório das condições constantes do artigo anterior, passado por junta médica oficial para esse fim constituída pelo Instituto Nacional de Previdência Social, sem qualquer ônus para os interessados'.
5. Veja-se, nesse sentido, o disposto no art. 1º da Lei 12.190/2010: "Art. 1º É concedida indenização por dano moral às pessoas com deficiência física decorrente do uso da talidomida, que consistirá no pagamento de valor único igual a R$ 50.000,00 (cinquenta mil reais), multiplicado pelo número dos pontos indicadores

Lei 12.190/2010, a qual também impõe que a vítima assine um "termo de opção" por meio do qual *renuncia* a qualquer *ação judicial* em face do *fabricante* do produto.[6]

Com a entrada em vigor da Lei 14.125/2021, a situação, como dito, seria muito próxima a esta, razão pela qual a lei já autorizava o Poder Executivo federal a "instituir procedimento administrativo próprio para a avaliação de demandas relacionadas a eventos adversos pós-vacinação" (artigo 3º). Contudo, como, felizmente, não se tem notícia de um elevado número de pessoas que tenham sofrido esses "efeitos adversos pós-vacinação", referido "procedimento administrativo" não chegou a ser instituído. Posteriormente, passado o período mais agudo da pandemia, o governo federal editou a Medida Provisória 1.126, de 15 de junho de 2022, a qual teve como única finalidade revogar a Lei 14.125/2021.[7]

A revogação da Lei 14.125/2021 permite, porém, uma oportuna reflexão acerca da responsabilidade civil decorrente de possíveis danos que ainda possam ser atribuídos às vacinas que foram utilizadas no curso da situação de pandemia.[8] Tais danos, como dito, deverão ser considerados como uma consumação dos "riscos do desenvolvimento", pois serão verificados anos após a utilização do produto (vacinas) e confirmados pelas pesquisas posteriormente realizadas. Sendo assim, a eventual responsabilidade do poder público poderá ser afirmada com fundamento no artigo 37, § 6º, da Constituição da República,[9] uma vez que tenha importado e aplicado as vacinas, mas sem prejuízo da responsabilidade civil do fabricante ou do importador privado, nos precisos termos do artigo 12 do CDC.[10] Isso porque, é sempre oportuno

---

da natureza e do grau da dependência resultante da deformidade física (§ 1º do art. 1º da Lei 7.070, de 20 de dezembro de 1982)".

6. É o que se lê no art. 4º do Decreto 7.235/2010, de 19 de julho de 2010, o qual regulamentou a Lei 12.190/2010, *verbis*: "Art. 4º Para o recebimento da indenização por dano moral de que trata este Decreto, a pessoa com deficiência física decorrente do uso da talidomida deverá firmar termo de opção, conforme modelo anexo a este Decreto, declarando sua escolha pelo recebimento da indenização por danos morais de que trata a Lei nº 12.190, de 2010, em detrimento de qualquer outra, da mesma natureza, concedida por decisão judicial. Parágrafo único. O termo de opção poderá ser firmado por representante legal ou procurador investido de poderes específicos para este fim".
7. É necessário recordar que Medida Provisória 1.126/2022 foi, posteriormente, convertida na Lei 14.466, de 16 de novembro de 2022. Ou seja, a rigor desde 15 de junho de 2022 a Lei 14.125/2021 estava revogada.
8. Neste sentido, vale recordar que alguns *sites* noticiaram recentemente que o BioNTech, – laboratório que em conjunto com a Pfizer desenvolveu uma vacina contra a COVID-19 aplicada em milhões de pessoas ao redor do mundo –, está sendo demandado, na Alemanha, por consumidores que teriam sofrido danos decorrentes deste imunizante. Estas notícias foram veiculadas, dentre outros, nos seguintes endereços eletrônicos: https://canaltech.com.br/saude/biontech-vira-alvo-de-processos-devido-a-vacina-contra-covid-252544/; https://www.dn.pt/sociedade/biontech-enfrenta-primeiro-processo-por-alegados-efeitos-colaterais-da-vacina-covid-19-16512242.html e https://www.terra.com.br/byte/biontech-vira-alvo-de-processos-devido-a-vacina--contra-covid,e1ab96c3b5ec519c4319b9e421d62dcbz0d748qz.html, todos acessados em: 15 jun. 2023.
9. Recorde-se o dispositivo: "Art. 37. (…). § 6º As pessoas jurídicas de direito público e as de direito privado prestadoras de serviços públicos responderão pelos danos que seus agentes, nessa qualidade, causarem a terceiros, assegurado o direito de regresso contra o responsável nos casos de dolo ou culpa".
10. Afirma o art. 12, *caput*, do CDC: "Art. 12. O fabricante, o produtor, o construtor, nacional ou estrangeiro, e o importador respondem, independentemente da existência de culpa, pela reparação dos danos causados aos consumidores por defeitos decorrentes de projeto, fabricação, construção, montagem, fórmulas, manipulação, apresentação ou acondicionamento de seus produtos, bem como por informações insuficientes ou inadequadas sobre sua utilização e riscos".

lembrar, o STJ, em recente precedente, considerou a hipótese de risco do desenvolvimento como um *fortuito interno*, não sendo admitida, portanto, a exclusão da responsabilidade civil objetiva do fornecedor.[11]

---

11. 4ª Turma, Recurso Especial 1.774.372/RS, rel. min. Nancy Andrighi, julgado em 5 de maio de 2020. Neste sentido, merece transcrição o seguinte trecho do voto condutor da relatora, ministra Nancy Andrighi: "Ainda que se pudesse cogitar de risco do desenvolvimento, entendido como aquele que não podia ser conhecido ou evitado no momento em que o medicamento foi colocado em circulação, tratar-se-ia de *defeito* existente desde o momento da *concepção* do produto, embora não perceptível a priori, caracterizando, pois, hipótese de *fortuito interno*" (grifou-se).

# ATUALIZAÇÃO DO CDC POR MEIO DA APROVAÇÃO DO PROJETO DE LEI 3.514

*Renata Pozzi Kretzmann*

Mestre em Direito do Consumidor e Concorrencial pela UFRGS. Especialista em Direito dos Contratos e Responsabilidade Civil pela Universidade do Vale do Rio dos Sinos (Unisinos). Pós-graduada pela Escola Superior da Magistratura da Associação dos Juízes do Rio Grande do Sul (Ajuris). Advogada.

O Projeto de Lei 3.514 tem curso atualmente na Câmara dos Deputados após trâmite no Senado, onde teve origem sob o número 281/2012. Desde 2015, algumas movimentações apenas formais no processo foram observadas, como apensamento a outros projetos e encaminhamento para comissões. Sua imediata aprovação, ressalta-se, é de extrema importância para a proteção efetiva dos consumidores na presente sociedade. Embora as estruturas contratuais sejam as mesmas, considerando-se novas modalidades de contratação e não novos contratos em si, como ensina a estimada professora dra. Claudia Lima Marques,[1] é inegável que os modelos contratuais, os ambientes contratuais digitais e as formas de contratação estão cada vez mais diversificadas. Estamos diante de inúmeras formas de contratar e virão muitas outras que ainda nem conhecemos.

Recentemente, foi notícia[2] a decisão de um magistrado canadense da província de Saskatchewan que reconheceu a validade de consentimento fornecido por meio da colocação de um emoji com o polegar para cima (o conhecido emoji de joinha) em uma conversa em meio eletrônico. Um comprador de grãos enviou mensagem de texto em massa a vários possíveis clientes, anunciando que gostaria de comprar 86 toneladas de grãos por determinado preço. Um agricultor respondeu, mostrando interesse. O remetente da mensagem, então, ligou para ele e depois enviou a foto de um contrato pedindo que ele confirmasse a quantidade de grãos de linhaça. O suposto vendedor respondeu com um emoji de polegar para cima, mas, não entregou a mercadoria no prazo. O comprador quis cobrar a entrega e o vendedor dos grãos negou que houvesse consentido com a obrigação e que apenas estava confirmando com o polegar digital que havia recebido o contrato, mas não o havia lido nem com ele acordado. O caso foi judicializado e o julgador canadense entendeu que pelo

---

1. MARQUES, Claudia Lima. *Contratos no Código de Defesa do Consumidor*: o novo regime das relações contratuais. 7. ed. São Paulo: RT, 2014. p. 76.
2. Disponível em: https://www.theguardian.com/world/2023/jul/06/canada-judge-thumbs-up-emoji-sign-contract. Acesso em: jul. 2023.

contexto da conversa e contato (além de contrato) anteriores entre as partes era possível concluir que o *emoji* significava consentimento.

O símbolo foi considerado uma maneira não tradicional, porém eficaz, de assinar um documento, considerando-se as circunstâncias fáticas do caso. Nota-se a importância do contexto e das tratativas entre as partes. No cenário eletrônico, novas formas de contratação surgem a todo momento e, consequentemente, novas maneiras de dizer "sim" são utilizadas.

O atual Código de Defesa do Consumidor não traz suficiente regulamentação no que tange particularmente a esse tipo de contratação. Apesar do arcabouço principiológico do Código, o comércio eletrônico precisa de normas específicas que reforcem a proteção dos ainda mais vulneráveis consumidores desse meio digital. As operações comerciais que se desenvolvam por meios eletrônicos ou informáticos podem envolver produtos e serviços on-line ou a contratação pode ser on-line e o cumprimento das obrigações por canais tradicionais e físicos.[3]

Seja como for, sempre há vulnerabilidade na contratação por meio eletrônico, e ela é acentuada pela desmaterialização, pela despersonalização e pela globalização dos serviços e produtos oferecidos em massa. Os contratos eletrônicos influenciam o conceito de tempo, de território e de local de celebração, uma vez que a oferta é global e está na rede, não tendo limitação nacional ou territorial.[4] O consumidor sabe que de um lado está o fornecedor, ou assim espera, mas não sabe quem exatamente ele é. Quem consome também não é perfeitamente distinguido de pessoas que formam a massificada sociedade de consumo: o ambiente digital pode ser confuso e inseguro.

O PL 3.514 traz importantes princípios a serem incorporados no texto do CDC, como o novo Artigo 3º-A que estipula expressamente a interpretação e a integração contratual de normas e negócios a favor do consumidor e sua priorização como vetor obrigatório. A relação entre meio ambiente e consumo sustentável[5] também é abordada no Projeto, com a proposta de inclusão de incisos nos artigos 4º e 6º do CDC, que buscam conexão com a necessidade de observância da Política Nacional de Resíduos Sólidos.[6]

O dever de informar aparece reforçado no PL 3.514, principalmente no concernente ao direito de escolha e ao respeito à autodeterminação informativa do consumidor, que embora não possa ser compreendida como garantidora de domínio absoluto da pessoa sobre seus dados, funciona como auxílio para tomada de decisões.[7]

---

3. KLEE, Antonia Espíndola Longoni. *Comércio eletrônico*. São Paulo: RT, 2014. p. 72.
4. KLEE, Antonia Espíndola Longoni. *Comércio eletrônico*. São Paulo: RT, 2014. p. 131.
5. A Lei 12.305/2010 e o novo Decreto 10.936/2022 tratam da questão e da logística reversa.
6. Antigamente o resíduo tinha natureza jurídica de coisa móvel abandonada. Gerador de resíduo seria o detentor e após o descarte ocorreria o abandono que não geraria qualquer responsabilidade. No ordenamento contemporâneo há a adoção de princípios da Constituição como meio ambiente e qualidade de vida, como explica Bruno Miragem: MIRAGEM, Bruno. *Curso de Direito do Consumidor*. 8. ed. São Paulo: RT, 2019.
7. MENKE, Fabiano. As origens alemãs e o significado de autodeterminação informativa. In: MENKE, Fabiano; DRESCH, Rafael de Freitas Valle. *Lei Geral de proteção de dados*: aspectos relevantes. Indaiatuba: Foco, 2021. p. 13-22.

Essa ideia de autodeterminação informativa pode ser utilizada no contexto de dados pessoais do consumidor-titular de dados e das informações sobre a contratação que deve acontecer no fluxo da relação de consumo.

Os incisos XI e XII do artigo 6º previstos no PL abordam a privacidade e a segurança das informações e dados pessoais em qualquer ambiente – inclusive o eletrônico – e a liberdade de escolha frente a novas tecnologias e redes de dados, vedada qualquer forma de discriminação e assédio de consumo.

O princípio da finalidade do tratamento de dados aparece no artigo 45-G do PL, determinando que somente dados essenciais à contratação serão exigidos do consumidor. Dados como nome, endereço, dados de pagamento e outros que sejam necessários podem ser solicitados e devem ser armazenados e protegidos conforme a lei. Dados dispensáveis devem ser facultativos, como algumas preferências ou informações adicionais que possam ser utilizadas para outros fins que não a execução do contrato.

Tais dispositivos vão ao encontro da atual legislação de proteção de dados. A LGPD tem como fundamentos a disciplina da proteção de dados pessoais com respeito à privacidade e à autodeterminação informativa, além da liberdade de expressão, inviolabilidade da intimidade, desenvolvimento econômico e tecnológico, direitos humanos e livre iniciativa, livre concorrência e defesa do consumidor. A atualização do CDC, nesse aspecto, além de importante, constrói um elo expresso entre a proteção de dados e a defesa do consumidor, ratificando as normas da LGPD e materializando o direito fundamental à proteção de dados pessoais.[8]

Inclusive, é no Código do Consumidor que se encontram disposições sobre proteção de dados, antes mesmo do surgimento da LGPD. O artigo 43 do CDC já trazia o direito ao acesso às informações dos consumidores. É essencial que o diploma consumerista seja atualizado para que permaneça atual e eficaz, honrando sua história de norma principiológica, moderna e atenta aos diversos aspectos da vulnerabilidade do consumidor na nossa conhecida sociedade da informação.

Esse termo, sociedade de informação, na verdade, consolidou-se na Europa em 1980 por ocasião da Conferência Internacional, evento no qual estudiosos se reuniram para debater o futuro de uma nova sociedade que foi assim denominada em virtude do interesse em regulamentação da liberdade de circulação de serviços e de medidas para a implementação de mecanismos de comunicação que permitiriam aos Estados-membros da União Europeia estarem informados e terem acesso aos bens e serviços.[9]

---

8. Artigo 5º, inciso LXXIX da Constituição da República: "é assegurado, nos termos da lei, o direito à proteção dos dados pessoais, inclusive nos meios digitais".
9. KRETZMANN, Renata Pozzi. *Informação nas relações de consumo*: o dever de informar do fornecedor e suas repercussões jurídicas. Belo Horizonte: Casa do Direito, 2019. p. 22.

A designação também pode ser analisada sob duas perspectivas: a estrutural e a fático-social. A primeira refere-se ao conceito de sociedade de informação como aquela na qual há o desenvolvimento de novas tecnologias e onde há comunicação por meio de fibra ótica e similares, conjugados com recursos a meios informáticos e nova forma de convívio social com a possibilidade da eletrônica pessoal dos celulares e casas, serviços de conteúdo e entretenimento acessíveis por meio da internet.

O segundo enfoque a vê como sociedade contemporânea, da inter-relação do ser humano ao outro ser humano, sendo a máquina e a internet apenas um meio tecnológico dessas novas comunicações, trocas de bens e serviços e direitos envolvidos entre as partes pelos meios eletrônicos. É esse aspecto, ressalta Souza,[10] que interessa para a ciência jurídica, que traz os elementos referidos por Castells condizentes à capacidade de seus membros em obter e compartilhar qualquer informação.

Como observa Bruno Miragem,[11] a sociedade de consumo é também a sociedade da informação, caracterizada pelo informacionalismo. Ter informação adequada que assegure razoável esclarecimento torna-se muito importante a ponto de se relacionar fortemente com a autonomia da vontade. O ambiente virtual é de complexidade, principalmente em virtude da precariedade ou ausência de informações aos consumidores, que não têm habilidade, tempo ou possibilidade para obtê-las ou interpretá-las no veloz mundo da contratação eletrônica.

Independentemente do termo utilizado, é fato que no final do século XX vivemos um período com a característica da transformação da cultura material por um novo paradigma tecnológico que se organiza em torno da tecnologia da informação, como ensina Castells.[12] As novas tecnologias da informação difundiram-se por todo o mundo em meados dos anos 1970 e 1990 e o contexto formado por essas modificações deu azo ao surgimento de uma nova economia, denominada pelo autor de informacional, global e em rede. É informacional porque a produtividade e a competitividade dos agentes dessa economia dependem de sua capacidade de gerar, processar e aplicar de forma eficiente a informação baseada em conhecimento. É global, pois as atividades de produção, o consumo e a circulação estão organizados globalmente. É em rede, pois a produtividade é gerada e a concorrência é feita em uma rede global de interação entre redes empresariais.

Esse cenário é complexo e reflete a ocorrência simultânea de muitos fatores. O *e-commerce*, desde seu surgimento em torno da década de 1960 nos Estados Unidos, vem passando por modificações à medida em que a tecnologia avança e possibilita as mais variadas possibilidades de aquisição de bens de consumo. As plataformas

---

10. SOUZA, Sérgio Iglesias Nunes de. *Lesão nos contratos eletrônicos na sociedade de informação*: teoria e prática da juscibernética ao Código Civil. São Paulo: Saraiva, 2009. p. 26-30
11. MIRAGEM, Bruno. Mercado, Direito e Sociedade de Informação: desafios atuais no Direito do Consumidor no Brasil. In: MARTINS, Guilherme Magalhães (Coord.). *Temas de direito do consumidor*. Rio de Janeiro: Lumen Juris, 2010. p. 71-99.
12. CASTELLS, Manuel. *A sociedade em rede*. Trad. Roneide Majer. 17. ed. São Paulo: Paz e Terra, 2016. v. 1. p. 87-90.

digitais, os inúmeros aplicativos, o sistema de *marketplace*, a compra com um clique etc. são somente alguns exemplos em que Direito e Tecnologia se unem para permitir a realização de um negócio. Muitas dessas questões foram consideradas no Decreto 10.271 de 2020 e no anterior, o Decreto 7.962/2013, como a informação plena e a garantia à autodeterminação informativa.

É, portanto, extremamente necessário o reforço do dever de informar e de cooperar nos ambientes digitais. O PL 3.514 não foge ao tema e propõe dispositivos específicos que objetivam o fortalecimento da confiança e a tutela da expectativa do consumidor (artigo 45-A) e uma série de informações específicas que devem estar presentes na oferta ou conclusão dos contratos. Também se observa a obrigação de apresentação de sumário do contrato e a manutenção de serviço de atendimento ao consumidor, espaço no qual se possa enviar e receber mensagens. A identificação e correção de eventuais erros de contratação também devem ser possibilitadas para que o consumidor efetivamente exerça seu direito de escolha, diante das dificuldades técnicas e outras inerentes às contratações feitas em telas, sites, máquinas, aplicativos e quaisquer outros dispositivos eletrônicos.

O direito de arrependimento, regra basilar do comércio eletrônico, recebe proposta de reforço e regras específicas que visam esclarecer e apoiar o consumidor, considerando o dever de cooperar e atender como verdadeiras ferramentas do dever de informar. O PL auxilia de sobremaneira na proteção dos vulneráveis e na organização das práticas do mercado, inclusive facilitando a organização da atividade para os fornecedores e fazendo a conexão do Código do Consumidor com a Lei Geral de Proteção de Dados.

Os negócios jurídicos de consumo realizados por meio da internet fazem parte da nossa sociedade e da nossa cultura. O acesso a bens de consumo pode ser facilitado e a compra on-line é uma realidade facilitadora. Porém, a fim de se evitar retrocessos[13] e diante da necessidade de afirmação constante da proteção da confiança dos consumidores, é imprescindível a atualização do Código de Defesa do Consumidor por meio da aprovação imediata do PL 3.514.

---

13. MARTINS, Guilherme Magalhães. *Responsabilidade civil por acidente de consumo na internet*. 2. ed. São Paulo: RT, 2014. p. 181.

# COMO A ÁREA DE *CUSTOMER EXPERIENCE* PODE CONTRIBUIR PARA O *COMPLIANCE* CONSUMERISTA

*Flávia do Canto*

Pós-doutora em Direito pela UFRGS. Professora adjunta da Escola de Direito da PUC-RS e advogada no Souto Correa Advogados.

*Joana Rosin*

Graduada em Direito pela PUC-RS, especialista em Processo Civil pelo IDP e advogada no Souto Correa Advogados.

O *compliance* consumerista funciona como um instrumento de governança e administração capaz de identificar riscos e criar procedimentos e mecanismos que visem a erradicação de práticas que possam ser consideradas infrações.[1]

A identificação de tais riscos não é tarefa simples, especialmente considerando-se a alta complexidade da cadeia produtiva e a quantidade de sujeitos envolvidos desde a concepção do produto, extração da matéria-prima, fabricação, desenvolvimento e montagem, até a colocação no mercado de consumo e entrega ao destinatário final. No caso da prestação de serviços, da mesma forma, são inúmeras as etapas desde a elaboração do contrato, precificação e execução até a efetiva conclusão do serviço.

A crescente utilização do comércio eletrônico, impulsionada pela pandemia de Covid-19, igualmente evidenciou a necessidade de endereçamento de desafios importantes que surgiram nas relações de consumo, e aspectos como distribuição e logística de entregas, controle de estoque, cancelamento de compras, trocas e devoluções, entre outros, precisaram ser modificados ou aperfeiçoados de forma rápida e eficaz.

Assim, embora extremamente relevante e imprescindível, não é suficiente apenas o conhecimento jurídico a respeito da aplicação e interpretação das normas, bem como da atuação dos agentes fiscalizadores de seu cumprimento, como Procons, Ministérios Públicos e Secretaria Nacional do Consumidor (Senacon). Se faz necessário, além disso, um amplo conhecimento do negócio e das constantes alterações de mercado para que seja possível identificar riscos e elaborar procedimentos internos de prevenção e correção de atuações desconformes no cenário corporativo.

---

1. CARPENA, Heloísa. O compliance consumerista e a criação de um mercado ético e produtivo. Rio de Janeiro, 2018. Disponível em: https://eticca.com.br/o-compliance-consumerista-e-a-criacao-de-um-mercado-etico-e-produtivo/. Acesso em: 05 jul. 2023.

Nesse sentido, a área de CX (*customer experience*) possui mecanismos que podem ser úteis na identificação de problemas que podem, eventualmente, vir a ocorrer, a despeito da existência de Códigos de Ética e Conduta, de políticas e diretrizes organizacionais internas e de processos de auditoria e controle.

Métricas que são utilizadas para aferir e avaliar a satisfação do cliente podem, ao fim e ao cabo, contribuir para a investigação de possíveis falhas antes mesmo que elas sejam objeto de ajuizamento de ações judiciais individuais e/ou coletivas e de aplicações de sanções pelos órgãos de proteção e defesa do consumidor.

Ora, os clientes/consumidores, por serem os destinatários finais dos produtos e serviços, são os que mais rapidamente poderão detectar questões que possam ter passado despercebidas pelo fornecedor, de forma involuntária, e que constituem irregularidades. Assim, por que não utilizar ferramentas já consolidadas na esfera de satisfação do cliente também para controle e supervisionamento de práticas juridicamente desconformes?

Uma dessas ferramentas de *customer experience* é o NPS (*Net Promoter Score*). Criado pelo norte-americano Frederick Reichheld e apresentado em um artigo da Harvard Business Review, em 2003, essa métrica visa medir a satisfação de um cliente com base na seguinte pergunta: "Em uma escala de 0 a 10, o quanto você indicaria nossa empresa para um amigo ou conhecido?"[2]

Através das notas, o autor classificou os consumidores em (1) detratores (ou depreciadores), que atribuíram nota de 0 a 6 à resposta; (2) neutros, que atribuíram notas 7 e 8; e (3) promotores, que atribuíram notas 9 e 10.

Os detratores são aqueles clientes que não estão satisfeitos e que poderão, inclusive, migrar para empresas concorrentes, a depender da proximidade da nota 0 ou 6 conferida.

Já os consumidores neutros não podem ser considerados insatisfeitos, mas também não são leais. Eles provavelmente possuem alguma sugestão de melhoria, o que não significa que desejem ou pensem em abandonar a marca – mas a situação pode se alterar caso passem por alguma experiência negativa junto à empresa ou caso percebam vantagens na concorrência.

Por outro lado, os clientes promotores são aqueles que recomendariam a empresa à sua rede de contatos (daí o nome *net promoter*). Esses consumidores identificam-se fortemente com os produtos/serviços da marca e também com seus valores e posicionamento de mercado, de modo que dificilmente trocariam a empresa por outra. São eles os responsáveis pelo famoso "marketing boca a boca" (ou *buzz marketing*).

Outra conhecida ferramenta de CX é o CSAT (*Consumer Satisfaction*), que normalmente é utilizado logo após uma interação, como um atendimento ao cliente por

---

2. REICHHELD, Frederick. *The One Number You Need to Grow*. Harvard Business Review, 2003. Disponível em: https://hbr.org/2003/12/the-one-number-you-need-to-grow. Acesso em: 05 jul. 2023.

meio do SAC, após a entrega de produtos, a respeito da qualidade do serviço, por exemplo, em que também podem ser atribuídas notas de 0 a 10.[3]

As duas métricas, NPS e CSAT, vale referir, não se excluem, sendo complementares uma à outra. O NPS, de modo geral, tende a ser mais abrangente e envolve a imagem e percepção da empresa como um todo, ao passo que o CSAT possui maior aplicação a questões pontuais e específicas.[4]

Após a pergunta relativa à probabilidade de indicação da empresa a um conhecido ou à satisfação quanto a determinada questão, é comum que uma segunda pergunta solicite o motivo da nota atribuída pelo consumidor. A segunda resposta costuma ser opcional, mas complementa a pesquisa e é crucial para permitir a adoção de medidas aptas a alterar ou adaptar procedimentos visando o aumento do nível de satisfação dos consumidores – e que pode ser usado também para investigação e resolução de situações que estejam em desacordo com as normas consumeristas vigentes.

A título meramente hipotético, cita-se a existência de um número excessivo de reclamações de consumidores sobre o tamanho de determinado produto descrito no site, que não corresponde às dimensões reais verificadas quando da entrega e recebimento pelo cliente. A quantidade de reclamações sobre o mesmo tema e a nota conferida à experiência de compra pelo consumidor podem ser interpretadas, nesse exemplo, pelo departamento jurídico como sinais de alerta para possíveis problemas de oferta que, se não corrigidos, poderão acarretar penalidades por infração ao artigo 31 do CDC (que trata justamente da descrição precisa das características do produto no momento da oferta).

Assim, o *feedback* de consumidores a respeito dos motivos para devolução do produto (inconsistência de tamanho e dimensões, no exemplo acima), além de servir como subsídio para a melhora da satisfação e experiência com a marca, pode ser utilizado para adequação da atuação do fornecedor às normas de oferta – em contribuição ao compliance consumerista.

A utilização de ferramentas que tradicionalmente não seriam jurídicas, mas advêm da área de *customer experience*, portanto, têm o potencial de tornar mais ágil e efetiva a identificação de falhas e irregularidades, contribuindo para uma análise gerencial e facilitação do processo de tomada de decisão e mudança de procedimentos a serem implementados pelo setor jurídico de compliance.

Tais ferramentas originadas do setor de *customer experience,* assim, não precisam ser utilizadas apenas com a finalidade de aprimorar o índice de satisfação dos clientes, podendo servir também como instrumentos do setor de compliance consumerista para uma gestão estratégica, com efetiva redução de reclamações e consequentemente

---

3. DUARTE, Tomás. *CSAT*: entenda o Customer Satisfaction Score. Belo Horizonte, 2023. Disponível em: https://track.co/blog/csat/. Acesso em: 05 jul. 2023.
4. DUARTE, Tomás. *NPS e CSAT*: quando devo utilizar o NPS ao invés do CSAT? Belo Horizonte, 2021. Disponível em: https://track.co/blog/quando-devo-utilizar-o-nps-ao-inves-do-csat/. Acesso em: 05 jul. 2023.

de penalidades administrativas oriundas dos entes integrantes do Sistema Nacional de Defesa do Consumidor (SNDC).

Além disso, gastos em litígios judiciais no âmbito individual e/ou coletivo com honorários advocatícios, pagamento de indenizações impostas por condenações e outros custos para adoção de providências relativas a obrigações de fazer ou não fazer poderiam ser evitados por meio do agir preventivo da empresa que está atenta aos relatos e avaliações de seus próprios consumidores.

Da mesma forma, a intersecção entre o setor de CX com o setor de compliance permite uma mitigação significativa de riscos relacionados a possíveis sanções administrativas previstas no artigo 56 do CDC, que poderão ser aplicadas em casos de infrações às normas de consumo vigentes (como multas, apreensão de produtos, suspensão de atividades, interdição de estabelecimentos, entre outros). Tais sanções costumam gerar significativas repercussões, não apenas financeiras, mas também de imagem e reputação.[5]

Assim, utilizar no *compliance* consumerista tecnologias e ferramentas que já são reconhecidas e utilizadas na área de CX, além de gerar uma economia de recursos que poderiam ser utilizados na consecução da atividade-fim da empresa, propicia um aumento da credibilidade, da confiança e da admiração dos clientes, que se tornam peça chave nesse processo de implementação de melhorias contínuas e de realização das adequações que se façam necessárias para a observância das normas do ordenamento jurídico.

---

5. DA SILVA, Vitor Esmanhotto e SCAFF JUNIOR, Michel. Benefícios do *compliance* consumerista. Santa Catarina, 2023. Disponível em: https://www.conjur.com.br/2023-abr-21/scaff-jr-esmanhotto-beneficios--compliance-consumerista#author. Acesso em: 05 jul. 2023.

# TEORIA FINALISTA MITIGADA E COMPROVAÇÃO DA VULNERABILIDADE DO CONSUMIDOR

*Marcelo Junqueira Calixto*

Doutor e mestre em Direito Civil (Uerj). Professor adjunto da PUC-Rio e advogado.

*Alan Sampaio*

Mestre em Direito Civil Contemporâneo pela PUC-Rio.

O artigo 4º, inciso I, do CDC (Código de Defesa do Consumidor), dispõe sobre o princípio da vulnerabilidade, o qual orienta a relação jurídica entre fornecedores e consumidores visando alcançar uma igualdade substancial, reequilibrando as forças e protegendo o sujeito mais fraco desta relação.

Sobre o tema, de acordo com Claudia Lima Marques, a vulnerabilidade do consumidor pode ser técnica, quando este não possui conhecimento específico sobre o serviço ou produto adquirido; pode ser jurídica, quando o consumidor não tem conhecimento sobre os efeitos jurídicos da contratação realizada ou algum conhecimento inerente às áreas de contabilidade e economia; ou pode ser fática, a qual abrange a vulnerabilidade econômica e intelectual do consumidor.[1]

Partindo dessa premissa, cabe expor que a doutrina, tradicionalmente, tem interpretado o conceito jurídico de consumidor estabelecido no artigo 2º do CDC[2] com base em duas posições fincadas nas teorias *maximalista* (concepção *objetiva*) e *finalista* (concepção *subjetiva*). Para a teoria *maximalista*, o consumidor é o destinatário final *fático* do produto ou serviço, ou seja, a interpretação, como a própria denominação demonstra, *alarga* o conceito de consumidor.

Nessa hipótese, basta que o sujeito retire o produto ou serviço do mercado de consumo para ser considerado *consumidor*, independente daquele ter sido adquirido para obtenção de lucro com determinada atividade econômica. Já para a teoria *finalista*, a interpretação do conceito de consumidor é restrita, considerando como consumidor apenas o destinatário final *fático e econômico* do produto ou serviço ou,

---

1. MARQUES. Claudia Lima. BENJAMIN, Antonio Herman V. MIRAGEM, Bruno. *Comentários ao Código de Defesa do Consumidor.* 3. ed. São Paulo: RT, 2010, p. 198.
2. "Artigo 2º Consumidor é toda pessoa física ou jurídica que adquire ou utiliza produto ou serviço como destinatário final".

em outras palavras, aquele que efetivamente adquire ou utiliza o produto ou serviço para satisfazer o próprio interesse.[3]

Não obstante o exposto, impende salientar que, além das duas teorias mencionadas, a *jurisprudência* tem desenvolvido uma *terceira* visão sobre o assunto, denominada de teoria finalista *mitigada* ou *aprofundada*,[4] a qual sublinha a *vulnerabilidade* como elemento principal para configuração do conceito de consumidor.

De fato, com base numa interpretação teleológica do artigo 2º do CDC, o STJ (Superior Tribunal de Justiça) tem defendido a aplicação da teoria do *finalismo aprofundado* sob o fundamento de que "em determinadas hipóteses, a pessoa jurídica adquirente de um produto ou serviço pode ser equiparada à condição de consumidora, por apresentar frente ao fornecedor alguma vulnerabilidade, que constitui o princípio-motor da política nacional das relações de consumo, premissa expressamente fixada no artigo 4º, I, do CDC, que legitima toda a proteção conferida ao consumidor".[5]

Nesse sentido, chamou a atenção um caso julgado pelo TJ-SP (Tribunal de Justiça de São Paulo) que tratava de uma ação de cobrança proposta por uma empresa que atua no ramo de venda de ingressos para eventos artísticos e de entretenimento, utilizando-se da prestação de serviços da empresa ré para promover a referida venda por intermédio de uma plataforma digital (*e-commerce*) e de pontos físicos fornecidos por esta.

Em suma, a autora reclamava que o contrato de *gestão de pagamento* realizado entre as partes previa a obrigação da ré realizar a análise da *segurança das transações*, havendo cláusula expressa que dispunha que a ré deveria arcar com eventual prejuízo causado por fraudador, caso a autora comprovasse que o produto foi entregue ao usuário. No caso, a autora pleiteava uma indenização por danos materiais em razão de 407 (quatrocentos e sete) *chargebacks* (reversão de pagamento em decorrência da contestação de uma compra) ocorridos por diversos fatores.

Na sentença, o magistrado entendeu pela existência das figuras do fornecedor (artigo 3º, CDC) e do consumidor (artigo 2º, CDC) na relação jurídica estabelecida entre as partes, sem, contudo, se *aprofundar* nas teorias relacionadas ao tema. Igualmente, o magistrado considerou a aplicação da responsabilidade objetiva da ré, com base nos artigos 18 e 20 do CDC, expondo sobre o risco da atividade desenvolvida, e pela existência de uma cláusula abusiva (artigo 51, CDC) que permitia o bloqueio do saldo no caso de reclamação dos compradores. Por conseguinte, o pedido foi

---

3. MARQUES. Claudia Lima. BENJAMIN, Antônio Herman V. MIRAGEM, Bruno. *Comentários ao Código de Defesa do Consumidor*, cit., p. 106.
4. "Direito civil. Consumidor. Agravo no recurso Especial. Conceito de consumidor. Pessoa jurídica. Excepcionalidade. Não constatação. – A jurisprudência do STJ tem evoluído no sentido de somente admitir a aplicação do CDC à pessoa jurídica empresária excepcionalmente, quando evidenciada a sua vulnerabilidade no caso concreto; ou por equiparação, nas situações previstas pelos artigos 17 e 29 do CDC. Negado provimento ao agravo" (AgRg no REsp 687.239/RJ, Terceira Turma, relatora ministra Nancy Andrighi, julgado em 06.04.2006).
5. REsp 1.195.642/RJ, Terceira Turma, relatora ministra Nancy Andrighi, julgado em 13.11.2012.

julgado *procedente*, sendo determinada a devolução integral dos valores retidos em razão dos *chargebacks*.

Diante da condenação, a ré interpôs recurso de apelação contra a sentença, de maneira que o tribunal paulista, ao avaliar as nuances relativas à incidência do CDC no caso, destacou que ambas as empresas eram consolidadas no mercado e atuantes no meio virtual, sendo que a autora utilizava os serviços de intermediação de pagamento oferecidos pela ré como meio para realizar as suas atividades comerciais, *não se tratando de destinatária final do serviço prestado e, por consequência, não sendo aplicável o conceito de consumidor instituído no artigo 2º do CDC nessa relação jurídica*.

Dessa forma, considerada a existência de uma *relação empresarial* e a consequente aplicação dos ditames do Código Civil no caso, o tribunal entendeu pela *validade da cláusula contratual* ressaltando que o contrato firmado deixava suficientemente claro que os *chargebacks* de produtos seriam devolvidos imediatamente se a compra fosse reclamada, sendo certo que cabia à *autora comprovar a existência de fraude na aprovação das transações para demonstrar a falha na prestação de serviços da parte ré*, o que *não* ocorreu. Assim, com base no artigo 373, inciso I, do CPC,[6] diante da *ausência de prova* capaz de revelar a responsabilidade civil da ré, o recurso de apelação foi provido, *reformando-se* a sentença para julgar *improcedente* o pedido.

Em consequência, a autora interpôs Recurso Especial[7] em face do acórdão do tribunal paulista alegando a violação dos artigos 2º, 6º, inciso VIII e 51, incisos I e IV, do CDC, sustentando a existência de uma *relação de consumo*, sob o argumento de que incidiria a *teoria finalista aprofundada* na hipótese, haja vista a "hipossuficiência fática" existente entre as partes.[8]

Argumenta, ainda, que "a recorrida é empresa global que atua no ambiente virtual em mais de 50 países, enquanto a recorrente é local e somente 15% da empresa atua no ramo virtual e, nos últimos anos, teve a sua atividade afetada pela pandemia de Covid-19. Defende, ademais, a vulnerabilidade contratual da recorrente, por se tratar de contrato de adesão. Reconhecida a incidência do CDC, argumenta que deve ser declarada a inversão do ônus da prova e reconhecida a abusividade da cláusula contratual que transfere à recorrente a responsabilidade pelos chargebacks (cláusula 5.4.10)".

---

6. "Artigo 373. O ônus da prova incumbe: I – ao autor, quanto ao fato constitutivo de seu direito".
7. REsp 2.020.811/SP, Terceira Turma, relatora ministra Nancy Andrighi, julgado em 29.11.2022.
8. Acerca do tema, cabe mencionar a distinção entre *vulnerabilidade* e *hipossuficiência* trazida pela doutrina. Enquanto a vulnerabilidade pertine a todos os consumidores, "no caso da hipossuficiência, presente no artigo 6º, VIII, do CDC, a noção aparece como critério de avaliação judicial para a decisão sobre a possibilidade ou não de inversão do ônus da prova em favor do consumidor: 'Artigo 6º São direitos básicos do consumidor: 'A facilitação da defesa de seus direitos, inclusive com a inversão do ônus da prova, a seu favor, no processo civil, quando, a critério do juiz, for verossímil a alegação ou quando for ele hipossuficiente, segundo as regras ordinárias de experiências'. Ou seja, nem todo consumidor será hipossuficiente, devendo esta condição ser identificada pelo juízo no caso concreto" (MIRAGEM, Bruno. *Curso de Direito do Consumidor*. 6. ed. São Paulo: RT, 2016. p. 128).

Antes, porém, de adentrar no julgamento do recurso em referência, cumpre salientar que o STJ já se manifestou no sentido de que a imposição de limites à presunção da vulnerabilidade implicaria numa restrição excessiva, motivo pelo qual a *vulnerabilidade* da pessoa *jurídica* consumidora também poderia ser presumida, cabendo à outra parte comprovar a inexistência da vulnerabilidade.[9] Assim, a exigência da destinação final do produto ou serviço termina por *ceder espaço* para a análise da *vulnerabilidade* da parte, ampliando a aplicação do CDC nas relações jurídicas.[10]

Todavia, em outras situações, percebe-se que o STJ tem *restringido* o emprego do finalismo aprofundado. Por exemplo, verifica-se que, nos casos que envolvem a discussão sobre a aquisição de *software* por pessoa jurídica para aplicação em sua atividade empresarial, o STJ não tem reconhecido a mitigação da teoria finalista.[11] Do mesmo modo, ao analisar um recurso especial que tratava de uma ação de regresso proposta por uma transportadora em face de uma seguradora visando o recebimento de uma indenização, o STJ entendeu pela *inaplicabilidade* do CDC, afirmando que a transportadora contratou o seguro visando à proteção da carga pertencente a terceiro, utilizando-se do serviço securitário como instrumento (insumo) do processo de prestação de serviços e com o objetivo de obter lucro, não se tratando de destinatária final do serviço.[12]

Portanto, percebe-se que o STJ tem considerado que o produto ou serviço adquirido para *incremento* da atividade desenvolvida *afasta* a caracterização da figura do consumidor, de maneira que "não haja a utilização de um produto ou serviço para a produção de outro produto ou serviço, ou seja, que cesse toda a circulação do bem".[13] Nessa linha de raciocínio, pode-se chegar ao entendimento de que a teoria do finalismo *aprofundado* (ou *mitigado*) tem sido admitida em situações *excepcionais*, de modo que o STJ tem avaliado a situação jurídica de *cada caso concreto* a fim de balancear a aplicação da referida teoria e evitar o alargamento do seu uso.

Seguindo essa evolução e retornando à análise do Recurso Especial 2.020.811/SP, cabe recordar que a recorrente defendeu a existência de uma relação de consumo

---

9. "(...) Ressalto, por oportuno, que a presunção de vulnerabilidade do consumidor pessoa jurídica não é inconciliável com a teoria finalista; ao contrário, harmoniza-se com a sua mitigação, na forma que vem sendo reiteradamente aplicada por este STJ: prevalece a regra geral de que a caracterização da condição de consumidor exige destinação final fática e econômica do bem ou serviço, conforme doutrina finalista, mas a presunção de vulnerabilidade do consumidor dá margem à incidência excepcional do CDC às atividades empresariais, que só serão privadas da proteção da lei consumerista quando comprovada, pelo fornecedor, a não vulnerabilidade do consumidor pessoa jurídica" (Recurso em Mandado de Segurança 27512/ BA, Terceira Turma, relatora ministra Nancy Andrighi, julgado em 20.08.2009).
10. Nessa linha de compreensão, Marcelo Junqueira Calixto esclarece que "de fato, embora chamado de finalismo aprofundado, o que se busca é mitigar a exigência legal da destinação final, delegando ao julgador a palavra final acerca da incidência do CDC" ("Novos contornos da vulnerabilidade no direito do consumidor". *Vulnerabilidades e suas Dimensões Jurídicas*. Indaiatuba: Foco, 2023, p. 245).
11. AgInt no AREsp 2.132.923/SP, relator ministro Moura Ribeiro, Terceira Turma, julgado em 12.12.2022.
12. REsp 1.176.019/RS, relator ministro Luis Felipe Salomão, Quarta Turma, julgado em 20.10.2015.
13. CALIXTO, Marcelo Junqueira. *A responsabilidade civil do fornecedor de produtos pelos riscos do desenvolvimento*. Rio de Janeiro: Renovar, 2004, p. 37.

com base na teoria finalista *mitigada* porque, apesar de não ser a destinatária final do serviço, haveria uma *vulnerabilidade fática* diante do seu baixo poder econômico frente à recorrida.

Ao tratar do tema, a relatora ministra Nancy Andrighi reforçou que a jurisprudência do STJ tem aplicado a teoria finalista como a regra, considerando como consumidor aquele que exclui o bem ou serviço, de forma *definitiva*, do mercado de consumo. Porém, destacou que o finalismo tem sido *mitigado* nas situações de vulnerabilidade que se apresentarem conforme o *caso concreto*.

Nesse sentido, a ministra ressaltou que a presunção de vulnerabilidade se aplica apenas ao consumidor não profissional, dispondo que, no caso de pessoa jurídica, "incumbe ao sujeito que pretende a incidência do diploma consumerista comprovar a sua situação peculiar de vulnerabilidade".

Dessa forma, ficou claro no voto proferido que a configuração de uma relação de consumo pode ocorrer mesmo que o sujeito (pessoa jurídica) não seja o destinatário final fático e econômico do produto ou serviço, desde que haja *prova* da sua *vulnerabilidade* perante o fornecedor. Com isso, conclui-se que a análise da relação *contratual* entre *pessoas jurídicas* deve partir de um olhar voltado às regras de uma *relação empresarial*, regida pelo Código Civil, para, tão somente após a *comprovação da vulnerabilidade*, fazer incidir o diploma consumerista.

Na hipótese do recurso sob exame, tendo em vista que o juízo *a quo*, com base nas provas produzidas no processo, entendeu pela *ausência de vulnerabilidade*, a relatora negou provimento ao recurso especial, visto que seria necessário o revolvimento do conjunto fático-probatório, o que não é permitido em razão da Súmula 7 do STJ.[14]

Em conclusão, a decisão do REsp 2.020.811/SP busca fortalecer a teoria *finalista* como a diretriz a ser observada para o conceito de consumidor, e, em um segundo momento, busca *afastar* qualquer *presunção de vulnerabilidade* quando o sujeito que pleiteia a incidência do CDC for uma *pessoa jurídica*.

---

14. Súmula 7, STJ: "A pretensão de simples reexame de prova não enseja recurso especial".

# DA RESPONSABILIDADE EFETIVA DE PRESTADORES DO MERCADO EM LINHA

*Mario Frota*

Antigo professor da Universidade de Paris d'Est, director do CEDC (Centro de Estudos de Direito do Consumo de Coimbra) e fundador e primeiro presidente da AIDC (Associação Internacional de Direito do Consumo).

## REGIME DE PRETÉRITO: A DIRECTIVA DO COMÉRCIO ELECTRÓNICO DE 8 DE JUNHO DE 2000 E SUA INTERPRETAÇÃO PELO TRIBUNAL DE JUSTIÇA DA UE

A responsabilidade dos prestadores de mercado em linha pela atuação dos parceiros que se servem das respectivas plataformas, no seio do mercado de consumo, para comerciar produtos do mais diverso jaez, era algo que de algum modo se não afirmava inequivocamente ante o regime estabelecido em 2000 pela *Directiva do Comércio Electrónico* (2000/31/CE), com data de 8 de junho de 2000 e a chancela do Parlamento Europeu.

Às abundantes fraudes perpetradas contra os consumidores sobrevinha, em princípio, a nula responsabilidade, como reação primitiva da ordem jurídica com o cunho das instâncias legiferantes da União Europeia.

E as dúvidas adensavam-se porque, ao que parece, a *Directiva do Comércio Electrónico* de 2000 não dava uma resposta efectiva à questão, antes – no intuito de favorecer a expansão da sociedade digital – eximia de responsabilidades os prestadores dos mercados em linha, nas múltiplas actividades por que se desdobravam, como estímulo que jamais deveria ser jugulado.

No entanto, convém sublinhar que o Tribunal de Justiça da União Europeia, no Processo C-324/09 (*L'Oréal v. eBay*), aclarara o conceito de *"ter conhecimento"*, consagrado no artigo 14 n. 1 da referenciada Directiva.

Com efeito, "o TJ-UE considerou, na circunstância, que quando o prestador de serviços em rede, em vez de se limitar a uma prestação neutra, através de um processamento puramente técnico e automático dos dados fornecidos pelos seus clientes, desempenha um papel activo susceptível de lhe facultar um conhecimento ou um controlo dos dados, não deverá ser havido como prestador intermediário e beneficiar da isenção de responsabilidade, nos termos previstos na normativa atinente ao comércio electrónico. Ademais, é suficiente para levantar a cortina de irresponsabilidade que tal operador tenha tido conhecimento de factos ou de circunstâncias com base nos quais um operador económico diligente devesse ter a noção da ilicitude em causa".

O TJ-UE esclarecera que o "conhecimento" deve ser interpretado *in casu* no sentido de qualquer situação em que "o prestador em causa toma conhecimento, por qualquer forma, de tais factos ou circunstâncias, abarcando as situações em que o operador de um sítio de comércio electrónico tem a noção da existência de uma actividade ou de uma informação ilegal na sequência de análise efectuada por sua própria iniciativa e em que a existência de uma tal actividade ou informação lhe é notificada".

No segundo caso, se é verdade que de uma notificação não se pode retirar automaticamente o direito à isenção da responsabilidade sob análise, já que as notificações são susceptíveis de se revelar insuficientemente precisas e demonstradas, não menos certo é que constitui, regra geral, elemento que o juiz nacional deve tomar em devida conta na sua apreciação, tendo em consideração as informações transmitidas ao operador, a realidade do conhecimento por este dos factos ou das circunstâncias com base nos quais um operador econômico diligente devesse dar-se conta da ilicitude.

Por outro lado, há que referir que o considerando 42 da *Directiva 2000/31/CE* esclarecia que as situações de exoneração de responsabilidade abrangiam exclusivamente os casos em que a actividade da sociedade da informação exercida pelo prestador de serviços revestisse caráter "puramente técnico, automático e de natureza passiva", o que implicaria que o referido prestador de serviços "não [tinha] conhecimento da informação transmitida ou armazenada, nem o seu controlo".

Neste contexto, o TJ-UE defendeu, no âmbito dos processos apensos C-236/08 a C-238/08 (Google France *versus* Louis Vuitton), que – a fim de verificar se a responsabilidade do prestador de serviços da sociedade de informação poderia ser limitada – "deve examinar-se se o papel desempenhado pelo referido prestador é neutro, ou seja, se o seu comportamento é puramente técnico, automático e passivo, implicando o desconhecimento ou a falta de controlo dos dados que armazena".

Daí que cumpra fazer ressaltar este cambiante, que é de suma relevância no apuramento, em geral, de responsabilidade das plataformas matriz e na interpretação dos preceitos em apreciação.

O regime da Lei da Compra e Venda de Bens de Consumo, ora vigente em Portugal Com a emergência da Lei da Compra e Venda dos Bens de Consumo (DL 84/2021, de 18 de Outubro), Portugal entendeu impor, em dados termos e de modo inequívoco, *responsabilidades aos prestadores dos mercados em linha*, nas relações jurídicas de consumo, algo que ali se estatuiu de forma expressa.

Com efeito, no seu artigo 44, uma tal disciplina se impôs, sob a epígrafe:

"responsabilidade do prestador de mercado em linha":

1) O prestador de mercado em linha [uma qualquer empresa como as que abrem a sua plataforma a outras empresas, onde se oferecem produtos e serviços do mais diverso jaez), parceiro contratual do fornecedor que coloca no mercado produto,

conteúdo ou serviço digital, é *solidariamente responsável*, perante o consumidor, pela não conformidade que neles se verifique.

2) Considera-se que o *prestador de mercado em linha* é parceiro contratual do fornecedor sempre que *exerça influência predominante na celebração do contrato*, o que se verifica, designadamente, nas seguintes situações:

– O contrato é celebrado exclusivamente através dos meios disponibilizados pelo prestador de mercado em linha;

– O pagamento é exclusivamente efetuado através de meios disponibilizados pelo prestador de mercado em linha;

– Os termos do contrato celebrado com o consumidor são essencialmente determinados pelo prestador de mercado em linha ou o preço a pagar pelo consumidor é passível de ser influenciado por este; ou

– A publicidade associada é focada no prestador de mercado em linha e não nos fornecedores (como, em Portugal, no caso da Fnac, da Worten ou da OLX...).

1) Podem ser considerados, para aferição da existência de influência predominante do prestador de mercado em linha na celebração do contrato, quaisquer factos susceptíveis de fundar no consumidor a confiança de que aquele tem uma influência predominante sobre o fornecedor que disponibiliza o bem, conteúdo ou serviço digital.

2) O prestador de mercado em linha que não seja parceiro contratual de quem fornece o bem, conteúdo ou serviço digital deve, antes da celebração do contrato, informar os consumidores, de forma clara e inequívoca:

– De que o contrato será celebrado com o fornecedor e não com o prestador de mercado em linha;

– Da identidade do fornecedor, bem como da sua qualidade de profissional ou, caso tal não se verifique, da não aplicação dos direitos previstos na lei; e

– Dos contatos do fornecedor para efeitos de exercício dos enunciados direitos.

3) O prestador de mercado em linha pode basear-se nas informações que lhe são facultadas pelo fornecedor, a menos que conheça, ou devesse conhecer, com base nos dados disponíveis relativos às transações em plataforma, que tal informação é incorreta.

O incumprimento do que se dispõe neste particular determina a responsabilidade do prestador de mercado em linha.

O prestador de mercado em linha que, nos termos enunciados, se torne responsável perante o consumidor por declarações enganosas do fornecedor ou pelo incumprimento do contrato a este imputável, tem o direito de ser indemnizado pelo fornecedor, de acordo com a lei geral (opera neste passo o denominado "direito de regresso").

No entanto, a lei em apreço não aparelha uma qualquer outra sanção pela inobservância dos deveres de cuidado que a responsabilidade pressupõe, como é usual, no quadro das denominadas contra-ordenações econômicas passíveis de coima (montante em dinheiro) e de sanções outras, conceituadas como acessórias.

## REGULAMENTO DO MERCADO ÚNICO DOS SERVIÇOS DIGITAIS DE 19 DE OUTUBRO DE 2022

Entretanto, a 19 de Outubro de 2022, o Parlamento Europeu e o Conselho fizeram editar, no Jornal Oficial, o Regulamento (UE) 2022/2065, do "Mercado Único dos Serviços Digitais", com modificações operadas na *Directiva do Comércio Electrónico* de 8 de junho de 2000.

E aí estatuíram – no que à responsabilidade dos prestadores de serviços intermediários tange – um conjunto de regras atinentes a três hipóteses precisas, a saber:

– ao simples transporte,

– à armazenagem temporária e

– ao alojamento virtual, que de todo importa considerar.

a) No que se refere ao *"simples transporte"*, eis o que se observará doravante:

No caso de prestações de um serviço da sociedade da informação que consista na transmissão, através de uma rede de comunicações, de informações prestadas pelo destinatário do serviço ou em facultar o acesso a uma rede de comunicações, o prestador do serviço não é responsável pelas informações transmitidas ou acedidas, desde que:

– Não esteja na origem da transmissão;

– Não selecione o destinatário da transmissão; e

– Não selecione nem modifique as informações objecto da transmissão.

As atividades de transmissão e de propiciamento de acesso no passo precedente enunciadas abrangem a armazenagem automática, intermédia e transitória das informações transmitidas, desde que tal armazenagem sirva exclusivamente para a execução da transmissão na rede de comunicações e a sua duração não exceda o tempo considerado razoavelmente necessário à referenciada transmissão.

Tal não afeta a possibilidade de uma autoridade judiciária ou administrativa, de acordo com o sistema jurídico do Estado-membro de que se trate, exigir do prestador de serviços que previna ou ponha termo a uma dada infracção.

b) Nas hipóteses de "armazenagem temporária (o caching)", eis o que ora se observa:

Em caso de prestação de um serviço da sociedade da informação que consista na transmissão, através de uma rede de comunicações, de informações prestadas por um destinatário do serviço, o prestador do serviço não é responsável pela armazenagem automática, intermédia e temporária dessas informações, efetuada apenas com o objectivo de tornar mais eficaz ou mais segura a transmissão posterior das informações a outros destinatários do serviço, a rogo destes, desde que o prestador:

– Não modifique as informações;

– Respeite as condições de acesso às informações;

– Respeite as regras relativas à actualização das informações, indicadas de forma amplamente reconhecida e utilizada pelo sector;

– Não interfira com a utilização legítima da tecnologia, tal como amplamente reconhecida e utilizada pelo sector, aproveitando-a para obter dados sobre a utilização das informações; e

– Atue com diligência para suprimir ou bloquear o acesso às informações que armazenou, logo que tome conhecimento efetivo de que as informações foram suprimidas da rede na fonte de transmissão inicial, de que o acesso às mesmas foi bloqueado, ou de que uma autoridade judiciária ou administrativa ordenou tal supressão ou desactivação de acesso.

O disposto precedentemente não afeta, de novo, a possibilidade de uma autoridade judiciária ou administrativa, de acordo com o sistema jurídico do Estado-membro, exigir do prestador que previna ou ponha termo a uma dada infração.

c) Já no que tange ao denominado "alojamento virtual", eis o que rege o instituto: Em caso de prestação de um serviço da sociedade da informação que consista na armazenagem de informações prestadas por um destinatário do serviço, o prestador do serviço não é responsável pelas informações armazenadas a pedido de um destinatário do serviço, desde que:

– Não tenha conhecimento efetivo da atividade ou conteúdo ilegal e, no que se refere a uma acção de indemnização por perdas e danos, não tenha conhecimento de factos ou de circunstâncias que evidenciem a ilegalidade da actividade ou do conteúdo; ou

– A partir do momento em que tenha conhecimento da ilicitude, actue com diligência no sentido de suprimir ou desactivar o acesso aos conteúdos ilegais.

O que precede não é aplicável nos casos em que o destinatário do serviço atue sob autoridade ou supervisão do prestador.

O que se dispõe antecedentemente não afeta de análogo modo a faculdade de uma autoridade judiciária ou administrativa, de acordo com o sistema jurídico do Estado-membro a que respeitar, exigir do prestador que previna ou ponha termo a uma dada infracção.

A fim de beneficiar da isenção de responsabilidade pelos serviços de alojamento virtual, o prestador deverá, a partir do momento em que tome conhecimento efecivo de atividades ou conteúdos ilegais, ou se houver sido alertado para o facto, proceder com a diligência devida em termos de suprimir tais conteúdos ou bloquear o correspondente acesso.

A supressão ou a desativação do acesso efetuar-se-ão no respeito pelos direitos fundamentais dos destinatários do serviço, incluindo o direito à liberdade de expressão e à informação.

Como se previne no preâmbulo do assinalado Regulamento, "o prestador pode tomar conhecimento efectivo dos conteúdos em causa, ou ser alertado para a natureza ilegal dos mesmos, através, nomeadamente, de investigações realizadas por iniciativa própria ou de notificações que lhe sejam apresentadas por pessoas ou entidades nos termos do Regulamento ora em vigor, contanto queque tais notificações sejam suficientemente precisas e adequadamente fundamentadas para permitir a um operador económico diligente identificar, avaliar e, se for caso disso, adoptar medidas, de forma razoável, contra os conteúdos alegadamente ilegais".

No entanto, um tal conhecimento efetivo ou a adequada advertência não pode ser considerado adquirido apenas pelo facto de o prestador ter conhecimento, em sentido geral, do facto de o seu serviço ser de análogo modo usado para armazenar conteúdos ilegais.

Além disso, o facto de o prestador indexar automaticamente informação carregada para o seu serviço, de dispor de uma função de pesquisa ou de recomendar informação com base nos perfis ou nas preferências dos destinatários do serviço não basta para provar que tal prestador tem um conhecimento "específico" das atividades ilícitas realizadas nessa plataforma ou dos conteúdos ilegais nela armazenados.

De harmonia com o que se contém nos *consideranda* do Regulamento, importa sublinhar que "A isenção de responsabilidade não será aplicável nos casos em que o destinatário do serviço actue sob autoridade ou supervisão do prestador de um serviço de alojamento virtual".

Se, v. g., o fornecedor de uma plataforma em linha que permite aos consumidores celebrar contratos à distância com comerciantes puder determinar o preço dos bens ou serviços oferecidos pelos comerciantes, poderá considerar-se que o comerciante atua sob a autoridade ou supervisão de uma tal plataforma em linha.

## EXCLUSÕES NO ÂMBITO DAS RELAÇÕES JURÍDICAS DE CONSUMO

As disposições precedentes – no que tange à isenção de responsabilidade – não são aplicáveis no quadro do direito do consumo e das relações jurídicas a tal subjacentes, contanto se trate de plataformas em linha que permitem aos consumidores celebrar contratos à distância com comerciantes, sempre que tais plataformas apresentem o elemento específico de informação ou permitam, de qualquer outra forma, que a transação específica em causa induza um consumidor médio a acreditar que a informação, o produto ou o serviço objecto da transação é fornecido pela própria plataforma em linha ou por um destinatário do serviço que actue sob a sua autoridade ou supervisão.

Aliás, tal se previne, de forma mais ampla, no preâmbulo do próprio Regulamento dos Serviços Digitais de 19 de uutubro de 2022 (Regulamento UE 2022/2065) ao considerar-se que "A fim de assegurar a protecção efectiva dos consumidores quando efectuam transacções comerciais em linha que sejam objecto de intermediação, certos prestadores de serviços de alojamento virtual, nomeadamente plataformas em linha que permitam aos consumidores celebrar contratos à distância com comerciantes, não deverão poder beneficiar da isenção de responsabilidade aplicável aos prestadores de serviços de alojamento virtual previstos no regulamento, na medida em que essas plataformas em linha apresentem as informações pertinentes relacionadas com as transacções em causa de uma forma que induza os consumidores a acreditarem que tais informações foram fornecidas por essas mesmas plataformas em linha ou por comerciantes que actuem sob a sua autoridade ou controlo, e que portanto essas plataformas em linha conhecem ou controlam as informações, mesmo que, na realidade, tal não seja o caso".

"São exemplos desse comportamento, uma plataforma em linha não apresentar claramente a identidade do comerciante, tal como o exige o presente regulamento, uma plataforma em linha recusar divulgar a identidade ou dados de contacto do comerciante até após a celebração do contrato celebrado entre o comerciante e o consumidor, ou uma plataforma em linha comercializar o produto ou serviço em seu próprio nome, em vez de utilizar o nome do comerciante que irá fornecer esse produto ou serviço. Neste contexto, deverá determinar-se, de forma objectiva, com base em todas as circunstâncias pertinentes, se a apresentação é passível de induzir um consumidor médio a acreditar que a informação em causa foi prestada pela própria plataforma em linha ou por comerciantes que actuem sob a sua autoridade ou supervisão."

## EM CONCLUSÃO

1) As isenções de responsabilidade dos prestadores do mercado em linha (plataformas que oferecem o alojamento virtual a fornecedores outros) para que, com atenuações pontuais, apontava a *Directiva do Comércio Electrónico* de 8 de junho de 2000, com tradução em normativos nacionais dos estados-membros, estão – no que em particular tange às relações jurídicas de consumo –, em dados termos, ultrapassadas;

2) Quer por normativo com a chancela do legislador pátrio – Lei de Compra e Venda de Bens de Consumo de 18 de Outubro de 2021 (DL 84/2021: artigo 44) – que consagra expressamente uma tal responsabilidade, observados determinados requisitos;

3) Quer por mor do Regulamento "Serviços Digitais" de 19 de outubro de 2022, do Parlamento Europeu e do Conselho que consigna expressamente um tal desígnio no seu artigo 6º.

# DESAFIO DA ADEQUADA INFORMAÇÃO NA ROTULAGEM DE ALIMENTOS INTEGRAIS

*Simone Maria Silva Magalhães*

Mestra em Direito Constitucional pelo Instituto Brasileiro de Ensino, Desenvolvimento e Pesquisa (IDP). Diretora da Comissão Permanente de Acesso à Justiça do Instituto Brasileiro de Política e Direito do Consumidor (Brasilcon). Autora do livro *Rotulagem Nutricional Frontal dos Alimentos Industrializados: política pública fundamentada no direito básico do consumidor à informação clara e adequada*, professora, advogada e consultora jurídica especializada em Direito do Consumidor e rotulagem de alimentos.

Os debates sobre alimentação nutricionalmente equilibrada têm se tornado cada vez mais presentes na sociedade contemporânea, o que tem impulsionado muitos consumidores a buscarem alimentos integrais pelos benefícios à saúde.

No entanto, a falta de regras claras para o uso do termo "integral" resultava em imprecisões e incoerências na rotulagem,[1] levando a uma percepção equivocada sobre muitos alimentos que assim se autodenominavam, mesmo quando sua lista de ingredientes mostrava uma quantidade menor de elementos integrais em comparação aos refinados. Isso ocorria devido à ausência de regulamentação por parte do poder público.

Diante da necessidade de estipulação de parâmetros e critérios para o setor regulado a fim de se afastar as distorções existentes no mercado, a Agência Nacional de Vigilância Sanitária (Anvisa) publicou a Resolução da Diretoria Colegiada (RDC) 712 de 2022.[2] Essa nova regulamentação teve como objetivo definir requisitos de composição e rotulagem dos alimentos contendo cereais e pseudocereais para sua classificação como integrais.[3]

---

1. A RDC 727/2022, que dispõe sobre a rotulagem dos alimentos embalados, define "rotulagem" em seu art. 3º, XIX como sendo "toda inscrição, legenda, imagem ou matéria descritiva ou gráfica, escrita, impressa, estampada, gravada, gravada em relevo, litografada ou colada sobre a embalagem do alimento". Disponível em: https://www.in.gov.br/en/web/dou/-/resolucao-rdc-n-727-de-1-de-julho-de-2022-413249279. Acesso em: 5 jul. 2023.
2. Agência Nacional de Vigilância Sanitária (Anvisa). Resolução de Diretoria Colegiada – RDC 712/22: Dispõe sobre os requisitos de composição e rotulagem dos alimentos contendo cereais e pseudocereais para classificação e identificação como integral e para destaque da presença de ingredientes integrais. Revogou a RDC 493 de 2021. Disponível em: http://antigo.anvisa.gov.br/documents/10181/2718376/RDC_712_2022_.pdf/86a76ca0-96f3-4b63-97b7-ab1814503f13. Acesso em: 03 jul. 2023.
3. Ingrediente integral é definido como "cariopses intactas de alpiste, amaranto, arroz, arroz selvagem, aveia, centeio, cevada, fonio, lágrimas-de-Jó, milheto, milho, painço, quinoa, sorgo, teff, trigo, trigo sarraceno e triticale, ou qualquer derivado quebrado, trincado, flocado, moído, triturado ou submetido a outros processos tecnológicos considerados seguros para produção de alimentos, cujos componentes anatômicos – endosperma amiláceo, farelo e gérmen – estão presentes na proporção típica que ocorre na cariopse intacta". RDC 712/22, art. 2º, I.

Com o início da vigência das regras, um novo desafio se torna presente: disciplinar a crescente utilização de técnicas de *marketing* aplicadas à rotulagem dos alimentos integrais que podem esvaziar o propósito regulatório quanto à informação clara ao consumidor.

## PAPEL DA RDC 712/2022 NA REGULAMENTAÇÃO DE ALIMENTOS INTEGRAIS

A RDC 712/2022 da Anvisa representa significativo avanço na regulamentação dos alimentos integrais no Brasil, desempenhando função crucial na informação e proteção dos consumidores.

A referida resolução determina, em seu artigo 3°, que produtos contendo cereais e pseudocereais poderão ser classificados como integrais se possuírem, no mínimo, 30% (trinta por cento) de ingredientes integrais, desde que a quantidade de tais componentes seja superior à dos elementos refinados. Essa definição é fundamental para que os consumidores possam identificar quais alimentos atendem aos critérios estabelecidos pela Anvisa, podendo ser considerados integrais.

Além disso, a resolução estabelece diretrizes objetivas para a rotulagem, permitindo o uso da expressão "integral" na denominação de venda,[4] desde que a porcentagem total de ingredientes integrais seja nela declarada com caracteres que tenham o mesmo tamanho, tipo e cor (art. 4°). No caso de alimentos líquidos, a expressão "integral" deve ser substituída pelo termo "com cereais integrais" (artigo 4°, § 1°).

É importante ressaltar que essa nova determinação da Anvisa, ao estabelecer requisitos que tornaram obrigatória a indicação do percentual de ingredientes integrais presentes no alimento, teve como intuito fornecer subsídios que permitam ao consumidor efetuar escolhas lastreadas em informações mais adequadas e precisas.

A medida regulatória em questão foi amplamente aguardada, pois a utilização de expressões chamativas como "100% integral" transformou-se, nos últimos anos, em uma prática corriqueiramente utilizada por muitos fabricantes. Porém, essa forma de agir sempre se mostrou reprovável, pois era carregada de faceta enganosa que induzia o consumidor ao erro, já que esses alimentos (a exemplo de pães, bolos, massas ou biscoitos) não eram feitos exclusivamente com ingredientes integrais, não podendo ser chamados de "100% integral".

## CONFLITO ENTRE A REGULAÇÃO E O MARKETING ENGANOSO

Uma vez que a Anvisa determinou o prazo até 22 de abril de 2023[5] para a adequação da rotulagem de alimentos integrais, já é possível encontrar no mercado produtos que seguem as novas diretrizes.

---

4. A denominação de venda é uma das informações obrigatórias que devem constar na rotulagem de alimentos embalados, conforme art. 7° da RDC 727/2022.
5. No caso das massas alimentícias, o prazo de adequação da rotulagem será até 22 de abril de 2024, conforme RDC 712/2022, art. 11, § 1°. Além disso, os produtos fabricados até o final do prazo de adequação poderão

No entanto, é preciso observar que algumas estratégias de *marketing* buscam contornar as regras criadas. Expressões incompatíveis com a composição do alimento, a exemplo da errônea informação "100% integral" (claramente contrária às novas regras regulatórias), são substituídas por outras que ocupam grande parte da rotulagem e aparecem em destaque no painel principal,[6] como "100% saúde", "100% vida", "100% natural", "100% nutrição", "100% saudável" e similares.

Assim, fabricantes exploram a percepção positiva que os consumidores têm em relação a esses conceitos, caracterizados pela sua amplitude e subjetividade. Porém, sem uma definição clara quanto ao real significado de tais termos, as pessoas são facilmente levadas a erro.

É evidente e até compreensível que empresas utilizem expressões atrativas como parte de suas ações publicitárias. No entanto, as referidas alegações inseridas nas rotulagens podem desviar a atenção do consumidor das informações essenciais sobre a composição real do alimento, criando um cenário confuso em que o indivíduo é levado a acreditar que está adquirindo um produto de maior qualidade nutricional.

Os fabricantes desempenham papel fundamental na disponibilização de alimentos integrais no mercado e, por isso mesmo, precisam estar totalmente cientes do seu dever de agir de maneira responsável e alinhada aos requisitos contidos na regulamentação. Nesse sentido, para impedir qualquer tendência de desvirtuamento, os fabricantes devem seguir estrita e fielmente os critérios estabelecidos pela Anvisa, bem como as normas que regem o Código de Defesa do Consumidor.

A ingestão rotineira de um alimento apresentado como "100% saudável", sem fundamento concreto para tal definição, poderá implicar em consequências negativas à saúde do consumidor ao longo do tempo.

A utilização de expressões que desrespeitem a nova regulamentação pode, inclusive, promover prejuízos à concorrência, já que as empresas que se utilizam desta prática indevida acabam obtendo vantagens em relação às que seguem as regras corretamente. Isso cria uma competição desleal no mercado, prejudicando aqueles que se esforçam para oferecer produtos integrais genuínos e com informações corretas ao consumidor. Ou seja, tolerar que alguns fabricantes empreguem abordagens tão atrativas, mas distantes da realidade do produto, acaba transmitindo uma mensagem equivocada para todo o setor de alimentos.

Ressalte-se que a falta de sintonia entre o comportamento dos fabricantes com o arcabouço regulatório acaba tornando a fiscalização mais desafiadora para os órgãos competentes, já que estratégias de marketing podem ser sutis ou camufladas em diferentes roupagens.

---

ser comercializados até o fim do seu prazo de validade (art. 12).
6. A RDC 727/2022, que dispõe sobre a rotulagem dos alimentos embalados, define "painel principal" em seu art. 3º, XVI como sendo "parte da rotulagem onde se apresenta, de forma mais relevante, a denominação de venda e marca ou o logotipo, caso existam".

Por fim, mostra-se imperioso estimular a plena conscientização do consumidor, pois ela também desempenha função basilar nesse contexto regulatório. O indivíduo deve ser educado para o consumo de forma a compreender a importância da leitura atenta dos rótulos. Conhecer minimamente o processo de inserção de informações sobre os alimentos possibilita a formulação de questionamentos em situações que se mostrem duvidosas. Ao adotar uma postura crítica e propositiva, baseada em conhecimentos adquiridos, os consumidores estarão melhor preparados para fazer escolhas alimentares saudáveis e conscientes.

## CONCLUSÃO

A RDC 712/2022 representou um avanço importante na regulação dos alimentos integrais no Brasil. Porém, para sua efetividade, é essencial que as empresas do setor alimentício atuem conforme as normas regulatórias e consumeristas, garantindo que a classificação e a rotulagem dos alimentos integrais sejam precisas e transparentes.

Tanto a Anvisa quanto as instituições de defesa do consumidor devem estar vigilantes e prontas para executar medidas no intuito de evitar práticas enganosas, garantindo a apresentação de uma rotulagem adequada, segura e que respeite adequadamente os seus direitos.

A inserção de expressões destoantes e duvidosas em rótulos de alimentos, que não passaram pela apreciação e chancela dos órgãos competentes, é prática que contraria o intuito da nova regulamentação. Essa estratégia de marketing induz o consumidor ao erro, dificultando a identificação qualitativa de produtos integrais e a realização de escolhas alimentares que realmente atendam suas necessidades e expectativas.

# CONSUMIDORES COM AUTISMO E AS PRÁTICAS ABUSIVAS DOS PLANOS DE SAÚDE

*Fernando Costa de Azevedo*

Doutor em Direito pela UFRGS, professor associado na Faculdade de Direito da Universidade Federal de Pelotas (UFPel). Professor permanente no programa de pós-graduação (mestrado) em Direito da UFPel. Coordenador geral (líder) do Grupo de Estudos e Pesquisa em Direito do Consumidor (Gecon UFPel) e Diretor adjunto do Instituto Brasileiro de Política e Direito do Consumidor (Brasilcon).

*Douglas Roberto Winkel Santin*

Mestre em Direito pelo programa de pós-graduação (Mestrado) em Direito da UFPel. Analista jurídico do Ministério Público da União e pesquisador no Grupo de Pesquisa em Responsabilidade Civil diante das Práticas Abusivas nos Contratos de Assistência Suplementar à Saúde (Abdecon/FD-UFBA).

A estatística mais recente do Center for Disease Control, divulgada em março de 2023, estima que uma em cada 34 crianças nos Estados Unidos apresentam autismo.[1] Já a estatística global utilizada pela Organização Mundial de Saúde (OMS), atualizada em maio de 2022, estima a presença de pelo menos uma pessoa com TEA em cada grupo de cem.[2] No Brasil, não há dados seguros acerca da quantidade de pessoas com autismo, porém se estima – com base nas referências internacionais indicadas – a existência de algo entre dois e seis milhões de pessoas com TEA no país.[3]

De fato, o transtorno do espectro autista (TEA) é um transtorno do neurodesenvolvimento caracterizado por dificuldades de comunicação e interação social, bem como pela presença de comportamentos e/ou interesses repetitivos ou restritos. Tais sintomas configuram o núcleo do transtorno, podendo a gravidade de sua apresentação variar de indivíduo para indivíduo. Trata-se de um transtorno permanente, para o qual não há cura, sendo o diagnóstico e intervenção precoces com realização de terapias de alta intensidade e longa duração por equipe multiprofissional – envol-

---

1. MAENNER, Mathew J.; SHAW, Kelly A.; BAKIAN, Amanda V.; et alli. Prevalence and Characteristics of Autism Spectrum Disorder Among Children Aged 8 Years – Autism and Developmental Disabilities Monitoring Network, 11 Sites, United States, 2020. MMWR Surveill Summ 2023;70 (n. SS-2):1-14. Disponível em: http://dx.doi.org/10.15585/mmwr.ss7202a1. Acesso em: 08 jun. 2023.
2. ZEIDAN, Jinan; FOMBONNE, Eric; SCORAH, Julie; IBRAHIM, Alaa; DURKIN, Maureen S.; SAXENA, Shekhar; YUSUF, Afiqah; SHIH, Andy; ELSABBAGH, Mayada. Global prevalence of autism: A systematic review update. Autism Reserach, maio 2022. Disponível em: https://www.ncbi.nlm.nih.gov/pmc/articles/PMC9310578/. Acesso em: 20 jan. 2023
3. SANTIN, Douglas Roberto Winkel. *As relações de consumo e os consumidores hipervulneráveis com autismo*: as práticas abusivas das operadoras de planos de saúde. Dissertação (Mestrado em Direito) – Programa de Pós-Graduação em Direito, Faculdade de Direito, Universidade Federal de Pelotas. Pelotas, p. 110. 2023.

vendo a atuação de profissionais de psicologia, fisioterapia, fonoaudiologia, terapia ocupacional, dentre outros – a principal forma de assegurar o melhor desenvolvimento e qualidade de vida à pessoa com TEA.[4]

Diante da enorme importância do tema, verifica-se que os direitos da pessoa com TEA são assegurados por diferentes diplomas normativos no Brasil, merecendo destaque a Lei 12.764/2012 (Lei Berenice Piana) a qual instituiu a Política Nacional dos Direitos da Pessoa com TEA, reconhecendo o autismo como uma deficiência para todos os efeitos legais e destacando os direitos ao diagnóstico precoce e atendimento terapêutico multiprofissional. Ainda, desde 2020, com o advento da Lei 13.977 (Lei Romeo Mion) foram instituídas a Carteira de Identificação da Pessoa com Transtorno do Espectro Autista (Ciptea) e a fita quebra-cabeça como símbolo do TEA, tudo isso com o intuito de assegurar às pessoas com TEA atenção integral, pronto atendimento e prioridade no atendimento e no acesso aos serviços públicos e privados.

De outro lado, porém, a realidade vivida pelas pessoas com TEA e por seus núcleos familiares está longe da prevista na ordem jurídica. Falta acesso aos serviços de saúde que assegurem o diagnóstico precoce e o atendimento terapêutico multiprofissional, tanto na rede pública quanto privada. Ademais, os custos adicionais necessários ao atendimento dessas necessidades num contexto de carência de coberturas públicas e privadas sobrecarregam e hipervulnerabilizam economicamente essas pessoas.[5]

Especificamente no que pertine a relação estabelecida entre usuários de planos de saúde com autismo e as respectivas operadoras de planos de saúde a questão se reveste de aspectos dramáticos, especialmente no que diz respeito à negativa e/ou limitação dos tratamentos terapêuticos de que esses pacientes necessitam.

De fato, a atividade das operadoras de planos de saúde encontra seu regramento legal especificado na Lei 9.656, de 3 de junho de 1998, conhecida como Lei dos Planos de Saúde e, também nas normas regulamentadoras expedidas pelo órgão regulatório responsável pelo setor, notadamente, a Agência Nacional de Saúde Suplementar.[6]

Ocorre que as operadoras de planos de saúde são pessoas jurídicas que desenvolvem uma atividade econômica que envolve a ligação de uma cadeia de atividades – fornecedores de materiais médicos, equipamentos e medicamentos, prestadores de serviços de saúde, entre outros – e seus usuários finais,[7] que são pessoas físicas

---

4. SOCIEDADE BRASILEIRA DE PEDIATRIA. Manual sobre Transtorno do Espectro do Autismo. Porto Alegre: SBP, 2019. Disponível em: https://www.sbp.com.br/fileadmin/user_upload/21775d-MO_-_Transtorno_do_Espectro_do_Autismo__2_.pdf. Acesso em: 20 out. 2022.
5. ORGANIZAÇÃO MUNDIAL DA SAÚDE – OMS. Relatório mundial sobre a deficiência (World Report on Disability, 2011). São Paulo: SEDPcD, 2012. Disponível em: https://apps.who.int/iris/bitstream/handle/10665/44575/9788564047020_por.pdf. Acesso em: 19 jan. 2023.
6. GREGORI, Maria Stella. A lei dos planos de saúde: aspectos históricos e jurídicos. Revista de Direito do Consumidor. São Paulo: v. 121, p. 347-364, 2019. Disponível em: https://www.thomsonreuters.com.br/pt/juridico/revista-dos-tribunais-online.html. Acesso em: 20 jan. 2023.
7. AZEVEDO, Paulo Furquim de; et al. A cadeia de saúde suplementar no Brasil: avaliação de falhas de mercado e propostas de políticas. São Paulo: INSPER, 2016. Disponível em: https://www.insper.edu.br/wp-content/uploads/2018/09/estudo-cadeia-de-saude-suplementar-Brasil.pdf. Acesso em: 20 jan. 2023.

que aderem ao contrato referente aos serviços de seguridade e assistência à saúde das operadoras de planos de saúde. Nesse sentido, é facilmente perceptível que a relação estabelecida entre as operadoras de planos de saúde e seus usuários se amolda perfeitamente ao conceito legal de relação jurídica de consumo,[8] pelo que incidente o regramento do Código de Defesa do Consumidor (CDC).

De fato, o tema foi objeto de significativa controvérsia, resultando na edição, em 2018, pelo Superior Tribunal de Justiça do enunciado sumular 608, conforme o qual: "aplica-se o Código de Defesa do Consumidor aos contratos de plano de saúde, salvo os administrados por entidades de autogestão".

De outro lado, a recente Lei 14.454/2022, de 21 de setembro de 2022 – a qual alterou a Lei dos Planos de Saúde para estabelecer critérios que permitam a cobertura de tratamentos que não estão incluídos no rol de procedimentos da ANS – inseriu uma importante alteração no artigo 1º da Lei 9.656/1998 que passou a vigorar com a seguinte redação:

> Art. 1º Submetem-se às disposições desta Lei as pessoas jurídicas de direito privado que operam planos de assistência à saúde, sem prejuízo do cumprimento da legislação específica que rege a sua atividade e, simultaneamente, das disposições da Lei 8.078, de 11 de setembro de 1990 (Código de Defesa do Consumidor), adotando-se, para fins de aplicação das normas aqui estabelecidas, as seguintes definições.

Nesse sentir, passou a constar expressamente no artigo 1º da Lei dos Planos de Saúde que as pessoas jurídicas de direito privado que operam planos de assistência à saúde se submetem não somente à lei de regência de sua atividade e às regulamentações da ANS, como também, e simultaneamente, às disposições do CDC.

Trata-se de alteração legislativa recente e de enorme significância, tendo em vista que não somente restou materializado no texto legal o consolidado entendimento acerca da aplicabilidade do CDC às relações entre usuários e operadoras de planos de saúde. Para além disso, a alteração legislativa trouxe um novo marco legislativo sobre a aplicação do microssistema consumerista relativamente às entidades de autogestão[9] – pessoas jurídicas de direito privado sem fins lucrativos que operam planos coletivos voltados a determinados indivíduos vinculados a uma entidade pública ou privada (p.e. Ipergs-Saúde, Plan Assiste MPU) – que operam planos de saúde, visto que estas encontram sua regulação legal na mesma Lei 9.656/1998 e, portanto, em relação a elas também se aplicam as disposições do CDC. Supera-se, pois, a restrição consignada no enunciado 608 do STJ.

Por outro aspecto, retomando a análise da relação entre os consumidores-usuários de planos de saúde e suas fornecedoras, as entidades privadas de assistência à

---

8. AZEVEDO, Fernando Costa de. Uma Introdução ao Direito Brasileiro do Consumidor. *Revista de Direito do Consumidor*, v. 69, p. 32-86. São Paulo: RT, 2009. Disponível em: https://www.thomsonreuters.com.br/pt/juridico/revista-dos-tribunais-online.html. Acesso em: 20 jan. 2023.
9. SILVA, Joseane Suzart Lopes da. *Planos de Saúde*. 2. ed. Salvador: JusPodivm, 2019.

saúde, cumpre atentar para as peculiaridades dessa relação. De fato, no âmbito desta relação jurídica, destaca-se como especialmente relevante o princípio da proteção da confiança, assim entendido como "a necessária tutela que a ordem jurídica confere a situações conhecidas como expectativas legítimas".[10] Efetivamente, com muito mais intensidade que em outras modalidades de serviços, ao contratar um plano privado de assistência à saúde, o consumidor tem a expectativa legítima de que encontrará amparo dos serviços da operadora quando deles assim necessitar.[11-12]

Outrossim, o inciso IV, do artigo 6º do CDC, estabelece como direito básico do consumidor a proteção contra práticas e cláusulas abusivas no fornecimento de produtos e serviços, de maneira que são abusivas as cláusulas e as práticas que criam obstáculos ao acesso a procedimentos e tratamentos de saúde de modo a comprometer a satisfação útil do contrato.[13]

Ainda, nesse contexto se faz necessária a compreensão das pessoas com transtorno do espectro autista enquanto consumidores hipervulneráveis.

Sabe-se que todo consumidor é vulnerável por sua própria posição jurídica de consumidor. Há, no entanto, circunstâncias concretas verificadas em determinados indivíduos e grupos sociais que os colocam numa condição de especial vulnerabilidade, de uma vulnerabilidade agravada,[14] frente ao fornecedor, e a tal situação a doutrina e jurisprudência dominantes denominam de hipervulnerabilidade.[15-16]

Quanto às pessoas com TEA – as quais se encontram abarcadas na categoria de pessoas com deficiência[17] – a sua especial vulnerabilidade é reconhecida em inúmeros dispositivos presentes no corpo da Constituição Federal de 1988, na Convenção Internacional sobre a Proteção das Pessoas com Deficiência (com *status* normativo de norma constitucional), em normas convencionais infraconstitucionais (p. e. Convenção Interamericana para a Eliminação de Todas as Formas de Discriminação

---

10. AZEVEDO, Fernando Costa de. O direito do consumidor e seus princípios fundamentais. *Revista Eletrônica da Faculdade de Direito da Universidade Federal de Pelotas* (UFPel), Dossiê Consumo e Vulnerabilidade: a proteção jurídica dos consumidores no século XXI. v. 03, n. 1, jan./jun. 2017. Disponível em https://periodicos.ufpel.edu.br/ojs2/index.php/revistadireito/issue/view/662. Acesso em: 20 out. 2022.
11. PFEIFFER, Roberto Augusto Castellanos. Planos de Saúde e Direito do Consumidor in MARQUES, Cláudia Lima e outros (Org.). *Saúde e Responsabilidade* 2 – a nova assistência privada à saúde, São Paulo: RT, 2008.
12. MELLO, Heloísa Carpena Vieira de. Seguro-Saúde e abuso de direito. In: MARQUES, Claudia Lima (Org.). *Doutrinas Essenciais do Direito do Consumidor*. São Paulo: RT., 2011. Disponível em: https://www.thomsonreuters.com.br/pt/juridico/revista-dos-tribunais-online.html. Acesso em: 20 jan. 2023
13. MIRAGEM, Bruno. *Curso de Direito do Consumidor*. São Paulo: Thomson Reuters Brasil, 2019, p. 573.
14. MIRAGEM, Bruno. *Curso de Direito do Consumidor*. São Paulo: Thomson Reuters Brasil, 2019, p. 201.
15. MARQUES, Claudia Lima; MIRAGEM, Bruno. *O novo direito privado e a proteção dos vulneráveis*. São Paulo: RT, 2012.
16. AZEVEDO, Fernando Costa de. O Núcleo familiar como coletividade hipervulnerável e a necessidade de sua proteção contra os abusos da publicidade dirigida ao público infantil. *Revista de Direito do Consumidor*, v. 123, p. 17-35. São Paulo: RT, 2019. Disponível em: https://www.thomsonreuters.com.br/pt/juridico/revista-dos-tribunais-online.html. Acesso em: 20 jan. 2023.
17. NISHIYAMA, Adolfo Mamoru. *Proteção jurídica das pessoas com deficiência nas relações de consumo*. Curitiba: Juruá, 2016.

contra as Pessoas Portadoras de Deficiência), e, ainda, em normas legais como a Lei Brasileira de Inclusão (Lei 13.146/2015) e a Lei Berenice Piana.

Vale dizer, de acordo com o ordenamento jurídico pátrio, o consumidor com transtorno do espectro autista é vulnerável por ser consumidor e, cumulativamente, é vulnerável por ser pessoa com deficiência.

De outra maneira, tal hipervulnerabilidade – decorrente da cumulação da condição de consumidor e pessoa com TEA – não exclui a sobreposição de outras ordens de vulnerabilidade. Em outras palavras, é perfeitamente possível, e até frequente, a cumulação de múltiplas vulnerabilidades em um mesmo indivíduo ou grupo social, por exemplo: uma criança com TEA beneficiária de plano de assistência privada à saúde será vulnerável não somente enquanto consumidora e pessoa com TEA, mas também enquanto criança.

Aliás, na esteira do que já se disse acerca da hipervulnerabilidade, é de reconhecer a necessidade de proteção jurídica ainda mais intensa e ampla aos consumidores com TEA que se encontram nessa posição de hipervulnerabilidade agudizada ou múltiplas vulnerabilidades. Isso porque, considerando as peculiaridades já analisadas acerca do transtorno do espectro autista – um transtorno do neurodesenvolvimento para o qual preconizado o diagnóstico precoce, ainda na primeira infância, e a aplicação de tratamento multiprofissional, intensivo e de longa duração – é de reconhecer que os consumidores com TEA mais frequentemente afetados pelas práticas abusivas das operadoras de planos de saúde são justamente as crianças com autismo e, portanto, um segmento de consumidores sob múltiplas vulnerabilidades.

Dessa forma, incidente o microssistema protetivo do direito do consumidor às relações estabelecidas entre os beneficiários de planos de saúde e suas correlatas operadoras, pontuadas as peculiaridades dessa relação contratual, bem como compreendida a pessoa com TEA enquanto consumidora hipervulnerável, evidente que a limitação de tratamentos terapêuticos indispensáveis à preservação da vida, saúde e desenvolvimento das pessoas com TEA representa uma prática abusiva das operadoras de planos de saúde em detrimento desses grupo de consumidores especialmente.

# *GREENWASHING*, SUSTENTABILIDADE E OS DIREITOS DOS CONSUMIDORES

*Maria Miguel Oliveira*

Assessora jurídica e investigadora no Nova Consumer Lab e licenciada em Direito pela Faculdade de Direito da Universidade do Porto (Portugal).

*Jorge Morais Carvalho*

Doutor em Direito. Professor associado e subdiretor da Nova School of Law.

A regulação e a regulamentação do *greenwashing* na União Europeia, apesar do seu mais recente movimento impulsionador, são atividades que ainda engatinham, embora as práticas que lhe dão origem sejam quase maiores de idade.

Uma das primeiras aproximações à tentativa de legislar sobre o fenômeno do *greenwashing* no seio da União surgiu em 2020, com a Nova Agenda do Consumidor, assentando essa vontade política sobretudo numa das suas cinco áreas prioritárias – a transição ecológica. Informação melhor, informação fiável e informação eficaz foram os pilares que deram o mote à capacitação dos consumidores para o consumo sustentável. A ideia da sustentabilidade (agora) aplicada ao consumo foi ostensivamente declarada em 2019, no Pacto Ecológico Europeu. A ligação entre os dois conceitos não era, até então, clara e muito menos explícita ao nível teórico, sendo-o ainda menos ao nível legislativo. Porém, com o surgimento do Pacto Ecológico Europeu, a perspectiva de o consumidor ser também ele uma parte ativa na causa ambiental floresceu e estreou-se como meta europeia.

Vários diplomas europeus surgiram, entretanto, com interligação evidente dos temas da sustentabilidade e do consumo, uns com um pendor mais declarado do que outros em prol da sustentabilidade ambiental e social. É incontornável a referência à Diretiva (EU) 2019/771,[1] um texto legislativo que veio alterar o regime da compra e venda de bens de consumo na União Europeia e que, de certa forma, já se encontrava obsoleto no momento da sua aprovação.[2] Neste diploma, também de 2019, são já detectáveis algumas preocupações em matéria de sustentabilidade, pelo menos como

---

1. Diretiva (UE) 2019/771 do Parlamento Europeu e do Conselho, de 20 de maio de 2019, relativa a certos aspectos dos contratos de compra e venda de bens que altera o Regulamento (UE) 2017/2394 e a Diretiva 2009/22/CE e que revoga a Diretiva 1999/44/CE. Disponível em: https://eur-lex.europa.eu/legal-content/PT/TXT/PDF/?uri=CELEX:32019L0771.
2. Jorge Morais Carvalho, "The Premature Obsolescence of the New Deal for Consumers", in *EuCML – Journal of European Consumer and Market Law*, v. 10, n. 3, 2021, pp. 85-88.

força de princípio, ainda que em termos de concretização prática ainda se revele um diploma bastante tímido. Precisamente devido a essa falta de palpabilidade de efeitos benignos em matéria de sustentabilidade, esta Diretiva conhecerá alterações em breve no caso de ser aprovada a Proposta de Diretiva sobre as regras comuns para a promoção da reparação de bens, que viu a luz no dia 22 de março de 2023.[3] Era expectável, sobretudo depois das várias críticas que se sucederam nesta matéria, particularmente ao nível dos direitos dos consumidores em caso de desconformidade do bem.

Porém, insistimos, é importante notar que a Diretiva 2019/771 é um diploma que data de 2019. As iniciativas legislativas seguintes da União nesta matéria apresentam já, felizmente, um tom bem mais arrojado.

Vejam-se as mais recentes novidades nesta matéria. Também no dia 22 de março de 2023, foi divulgada a Proposta de Diretiva relativa à fundamentação e comunicação de alegações ambientais explícitas (Green Claims Directive).[4] Esta Proposta surge no seguimento da Proposta de Diretiva que altera as Diretivas 2005/29/CE e 2011/83/UE no que diz respeito à capacitação dos consumidores para a transição ecológica através de uma melhor proteção contra práticas desleais e de melhor informação,[5] visando complementar as propostas de alteração à Diretiva relativa às práticas comerciais desleais.[6]

Esta é, pois, uma tentativa de estabelecer um sistema organizado de normas contra o fenômeno do *greenwashing*, que é já bem conhecido como prática habitual junto dos consumidores. De facto, nos últimos anos assistiu-se a um movimento bem evidente, por parte do setor empresarial, de resposta às intenções de consumo sustentável dos consumidores. Se as iniciativas, a priori, se revelaram benignas, por responderem simultaneamente às solicitações dos consumidores e às exigências ambientais/sociais, por outro lado, acabaram por revelar-se, numa grande parte dos casos, iniciativas esvaziadas de sentido, sendo possível verificar que parte do setor empresarial encetou muitos mais esforços na comunicação ao consumidor de características de sustentabilidade (muitas vezes falsas) do que na aplicação desses mesmos esforços em alterações estratégicas significativas de política empresarial que conduzissem, de facto, à compra e venda de bens ou serviços sustentáveis. *Greenwashing* tornou-se uma palavra popular entre todos os intervenientes na relação de consumo. Alegações de sustentabilidade ambiental ou social, mesmo quando tais referências eram esvaziadas de conteúdo, absolutamente falsas, ou, sendo verdadeiras, dissimulavam práticas não sustentáveis,

---

3. COM(2023) 155 final. Disponível em: https://commission.europa.eu/system/files/2023-03/COM_2023_155_1_EN_ACT_part1_v6.pdf.
4. COM(2023) 166 final. Disponível em: https://environment.ec.europa.eu/system/files/2023-03/Proposal%20for%20a%20Directive%20on%20Green%20Claims.pdf. Sobre o tema, v. também https://novaconsumerlab.novalaw.unl.pt/green-claims-directive-proposal-hello-from-the-other-side.
5. COM(2022) 143 final. Disponível em: https://eur-lex.europa.eu/resource.html?uri=cellar:ccf4e0b8-b0cc-11ec-83e1-01aa75ed71a1.0010.02/DOC_1&format=PDF.
6. Diretiva 2005/29/CE do Parlamento Europeu e do Conselho, de 11 de maio de 2005, relativa às práticas comerciais desleais das empresas face aos consumidores no mercado interno e que altera a Diretiva 84/450/CEE do Conselho, as Diretivas 97/7/CE, 98/27/CE e 2002/65/CE e o Regulamento (CE) n. 2006/2004. Disponível em: https://eur-lex.europa.eu/legal-content/PT/TXT/PDF/?uri=CELEX:32005L0029&from=EN.

travestiram toda a intenção do que seria a promoção do consumo sustentável. Num estudo da Comissão Europeia, onde foram analisadas 150 alegações ambientais, em vários produtos, verificou-se que 53,3% dessas alegações eram vagas, enganosas ou infundadas, 40% não tinham qualquer fundamento e 50% da rotulagem sustentável não era objeto de verificação (ou, sendo, era fraca).[7]

Não foi, por isso, surpreendente quando a Green Claims Directive veio a público. Na verdade, já há muito que vinha sendo aguardada. Em 2022, a Proposta de Diretiva relativa à capacitação dos consumidores para a transição ecológica já tinha apresentado alguns passos significativos na matéria, implementando algumas medidas legislativas tendentes ao combate do *greenwashing*. Sobre o diploma das práticas comerciais desleais, é de destacar (1) a proposta de alteração do alargamento da lista das ações consideradas enganosas, estabelecidas no artigo 6º, n. 1, da Diretiva 2005/29/CE, visando incluir os conceitos de "impacto ambiental ou social", "durabilidade" e "reparabilidade"; (2) a proposta de alteração do artigo 6º, n. 2, no sentido de se poder considerar enganosa, em contexto, a apresentação de uma alegação ambiental que não assente em compromissos e metas claras, objetivas e verificáveis, nem um sistema de controlo independente; (3) a proposta de aditamento de novas práticas comerciais que devem ser consideradas desleais em qualquer circunstância, nomeadamente a exibição de um rótulo de sustentabilidade que não se baseia num sistema de certificação ou que se baseia num sistema de certificação que não foi criado por autoridades públicas; fazer uma alegação ambiental genérica para a qual o profissional não consegue demonstrar um desempenho ambiental reconhecido e relevante para a alegação; fazer uma alegação ambiental sobre o bem na sua totalidade quando se refere apenas a uma determinada parte desse bem; apresentar como característica distintiva do bem requisitos impostos por lei a todos os bens no mercado da União.

Com a Green Claims Directive, o *greenwashing* tornou-se definitivamente uma meta a extinguir, colocando-se, desta vez, o enfoque mais claro no papel das empresas e respectiva fundamentação e comunicação das alegações sustentáveis. Entre o mais, se a Proposta for aprovada, serão estabelecidos requisitos específicos quanto aos contornos de fundamentação das alegações ambientais que o profissional faça, quanto à inclusão de informação acerca da forma como o consumidor deve utilizar o bem de forma a obter o desempenho ambiental esperado e alegado, quanto à regulação das alegações ambientais comparativas e quanto aos requisitos de recurso aos sistemas de certificação ambiental. Parece também resultar da proposta que o caminho, para a frente, não deverá implicar a criação de novos sistemas de certificação, considerando os já cerca de 230 rótulos disponíveis na União.

Naturalmente que uma grande parte dos diplomas apresentados não configura ainda textos legislativos definitivos. No entanto, destacam-se pela iniciativa de resposta ao problema, pela novidade e atualidade legislativa e pela sempre renovada intenção da União em corresponder às expectativas dos consumidores europeus.

---

7. Disponível em: https://environment.ec.europa.eu/topics/circular-economy/green-claims_en.

# PUBLICIDADE DE ALIMENTOS ULTRAPROCESSADOS E A DEFESA DO CONSUMIDOR NO BRASIL

*Carla da Silva de Britto Pereira*

Mestre em Teoria do Estado e Direito Constitucional pela PUC (Pontifícia Universidade Católica) do Rio de Janeiro. Graduada em Direito pela PUC-Rio e L.LM. em Direito Internacional pela *New York University*. Especialista em Direito da Propriedade Intelectual pela PUC-Rio. Advogada.

*Fernanda Nunes Barbosa*

Doutora em Direito pela Universidade do Estado do Rio de Janeiro (Uerj). Mestre em Direito pela Universidade Federal do Rio Grande do Sul (UFRGS). Professora da Graduação em Direito e do Mestrado em Direitos Humanos do UniRitter. Diretora adjunta de Comunicação do Brasilcon e editora da série "Pautas em Direito"/Editora Arquipélago. Advogada.

Conforme prognóstico do Atlas Mundial da Obesidade, metade dos habitantes do planeta estará acima do peso em 2035; entre os brasileiros, 41% estarão obesos.[1] Segundo o Ministério da Saúde brasileiro e a Organização Mundial da Saúde (OMS), ainda, o consumo de alimentos ultraprocessados,[2] ao lado do consumo nocivo do álcool e do uso do tabaco, constitui um dos principais causadores das doenças crônicas não transmissíveis (DCNTs) – doenças cardiovasculares, diabetes, doenças respiratórias e câncer.[3]

Diante deste fato, que acomete não apenas o Brasil mas também o mundo todo, há hoje uma agenda internacional – liderada pela OMS e pela Organização Pan-Americana da Saúde (Opas) – que vem mobilizando diversos segmentos da sociedade e dos governos para o enfrentamento do problema das DCNTs, por meio da identificação dos fatores *determinantes sociais e comerciais* que impactam no aumento de

---

1. Disponível em: https://www.worldobesityday.org/resources/entry/world-obesity-atlas-2023. Acesso em 29 de maio de 2023.
2. No Brasil, aproximadamente 57 mil pessoas morrem por ano devido ao seu consumo, conforme dados de 2019. Esse número é mais do que o total de homicídios no país no mesmo período – foram 45,5 mil em 2019, segundo o Atlas da Violência. O estudo foi publicado no *American Journal of Preventive Medicine*. Veja-se: https://actbr.org.br/post/brasil-tem-57-mil-mortes-por-ano-devido-ao-consumo-de-ultraprocessados-estima-pesquisa/19441/. Acesso em: 28 maio 2023.
3. World Health Organization. (2004). Global strategy on diet, physical activity and health. World Health Organization. Disponível em: https://apps.who.int/iris/handle/10665/43035. Acesso em: 28 maio 2023.

tais doenças, bem como do desenvolvimento de estratégias, planos de ação e políticas públicas para combatê-las.

Dentre os determinantes comerciais identificados, o marketing e a publicidade dos alimentos ultraprocessados ocupam papel de destaque, na medida em que exercem forte influência nas escolhas das pessoas, elevando o desejo e a aceitação de produtos não saudáveis.

O termo "determinantes comerciais da saúde" refere-se a "estratégias e abordagens utilizadas pelo setor privado para promover produtos e escolhas que são prejudiciais à saúde" e, em linhas gerais, caracterizam-se por práticas corporativas ou comerciais que priorizam a geração de riqueza/lucros em detrimento da geração de saúde.[4] Por meio de altos investimentos em marketing e publicidade, a indústria alimentícia impulsiona as vendas dos seus produtos, em especial os não saudáveis, utilizando estratégias publicitárias destinadas a explorar principalmente as populações mais vulneráveis, manipulando as suas escolhas de consumo.[5]

Neste cenário, a liberdade econômica das empresas, por meio da publicidade, conflita com os direitos fundamentais à saúde e à vida dos cidadãos.

A noção de determinantes comerciais da saúde divulgada pela OMS/OPAS, que traz a publicidade como um dos principais fatores de disseminação de DCNTs, não apenas alertou para a necessidade de os países adotarem medidas restritivas específicas à prática da publicidade destes produtos não saudáveis, mas também colocou luz em uma questão que talvez seja pouco debatida no Direito brasileiro: apesar de existirem normas que protegem o consumidor da publicidade enganosa e abusiva no CDC[6] (além de um Código de Autorregulamentação Publicitária, aplicável por meio da atuação do Conar), a prática deste controle não alcança o objetivo almejado.

Em primeiro lugar, por estas normas introduzirem conceitos indeterminados, cabendo ao Poder Judiciário a última palavra para definir se o caso de fato se trata de publicidade enganosa ou abusiva, delimitando o alcance e aplicação destes conceitos à luz das circunstâncias do caso concreto. Isso requer uma ação judicial e todos os custos e complexidades decorrentes do acesso à justiça, inclusive a contratação de advogados e o interesse e esforço para agir, considerando-se as múltiplas funções e, não raras vezes, os recursos limitados dos legitimados ativos para a defesa coletiva dos consumidores. Ainda, uma vez no Judiciário, há pouca previsibilidade quanto ao resultado da ação, o que acaba sendo levado em consideração antes de ajuizá-la.

Esta situação conduz a outra consequência: não há como afirmar com certeza se todos ou a maioria dos casos de publicidade potencialmente abusiva ou enganosa chegam ao Procon ou ao Conar, ou ao Poder Judiciário, na medida em que não há

---

4. KICKBUSCH, Ilona et al. The Commercial Determinants of Health. *The Lancet*, v. 4, dez. 2016.
5. MAIA, E. G. et al. Análise da publicidade televisiva de alimentos no contexto das recomendações do Guia Alimentar para a População Brasileira. *Cad. Saúde Pública*, 2017. Disponível em: https://www.scielo.br/j/csp/a/jVVs3FnFCKvpy6byHNC4QYj/?format=pdf&lang=pt. Acesso em: 29 maio 2023.
6. Em especial, arts. 6º, IV, 36, 37 e 38 da Lei 8.078/90 (CDC).

uma fiscalização pelo Poder Público e acaba-se dependendo de denúncia de pessoas lesadas ou potencialmente lesadas.

Neste sistema, caso o próprio consumidor ou uma associação privada de defesa dos consumidores não identifique o potencial enganoso ou abusivo da mensagem publicitária, dificilmente esta mensagem será denunciada, provavelmente passando despercebida e produzindo os efeitos perniciosos da publicidade ilícita na sociedade. Adiciona-se a isso o fato de que, uma vez havendo a denúncia, o processo leva tempo, e a publicidade dificilmente será retirada do ar durante o período previsto para a campanha enquanto se encontra sob análise, não impactando a denúncia e a decisão, desta forma, na sua finalidade junto ao consumidor.

Somado a estes pontos está o fato de a autorregulamentação do Conar ser reconhecida por muitos, inclusive o STF (por exemplo, no caso da ADO 22[7]) como suficiente e efetiva no controle da publicidade no Brasil, o que entendemos não ser exatamente verdade quando se analisa a sua atuação um pouco mais a fundo. Especialmente porque o Conar tem como propósito proteger a atividade publicitária e não o consumidor; as suas decisões não têm efeito mandatório, sendo meras recomendações; e há um conflito de interesses essencial na sua atuação, na medida em que o seu Conselho e Administração são compostos por representantes de grandes corporações privadas que detêm interesses econômicos na atividade publicitária.

O regime do controle da publicidade no Brasil, conforme estas características brevemente resumidas, conduz à questão quanto a se este se mostra inteiramente suficiente para proteger o consumidor dos efeitos de qualquer publicidade abusiva e enganosa, ainda que, em alguns casos, anunciantes venham a ser posteriormente condenados a reparações. No entanto, esta dúvida parece deixar de existir quando os produtos anunciados são alimentos ultraprocessados, que são nocivos à saúde e cujo consumo pode levar a DCNTs.

Nestes casos, os "efeitos danosos à sociedade pela publicidade abusiva ou enganosa" não são puramente materiais ou financeiros (potencialmente reparáveis dependendo do resultado da ação judicial ou administrativa, ou do atendimento às recomendações do Conar), como acontece no caso da publicidade de outros produtos. Ao contrário, podem levar os consumidores a contraírem doenças e até mesmo à morte.

No caso específico da publicidade de alimentos ultraprocessados, conclui-se que a publicidade em si poderia ser considerada abusiva *lato sensu*, independentemente de serem encontradas mensagens enganosas ou abusivas *stricto sensu* nos seus materiais publicitários, tendo em vista que (i) não informa adequadamente o

---

7. A ADO 22 julgou improcedente a alegada omissão legislativa parcial ou insuficiência da Lei 9.294/96, que apenas restringiu a propaganda de bebidas alcóolicas com teor alcóolico superior a treze graus Gay Lussac (13° GL). Em seu voto, a Min. Carmen Lúcia afirma que, reconhecer a insuficiência da Lei 9.294/96 nos termos postos pelo requerente significaria "ultrapassar a barreira que fundamenta o princípio da separação dos poderes (...) e, ainda, desconsiderar a validade também das normas criadas pelo CONAR".

consumidor sobre dado essencial do produto – o fato de causarem DCNTs que podem levar à morte; e (ii) visa a persuadir o consumidor a comprar produtos nocivos à sua saúde, induzindo-o a este comportamento, sendo o enunciado do § 2º do art. 37 do CDC suficiente para enquadrar esse tipo de mensagem como abusiva e justificar a proibição ou a restrição da publicidade destes produtos.

Neste contexto, defende-se a possibilidade de se estabelecer medidas restritivas à publicidade de alimentos ultraprocessados previamente à veiculação das campanhas publicitárias,[8] por meio de lei específica, já havendo iniciativas no Congresso brasileiro nesse sentido. No que toca à proteção da publicidade amparada pela livre iniciativa, foi identificado o debate quanto a como dever ser interpretado este direito à luz da Constituição, verificando-se correntes distintas: a que lê a livre iniciativa em si como direito fundamental e a corrente que entende que a livre iniciativa deve ser interpretada sob a perspectiva de seus valores sociais, correspondendo o direito fundamental aos valores sociais da livre iniciativa.

Já sob o enfoque da liberdade de expressão, verificou-se debate mais amplo. Parte da doutrina entende que o direito à publicidade não estaria protegido pelo direito fundamental à liberdade de expressão, pois a informação veiculada se trata de instrumento de persuasão e não estaria inserida dentro do conceito de livre manifestação do pensamento. Outra corrente entende que o direito à publicidade está protegido como direito fundamental por força da liberdade de comunicação das empresas, prevista no art. 220 da CF.

O STF ainda não se posicionou quanto à definição da proteção da publicidade no Brasil, tendo sido identificada uma tendência, por meio de aproximações dos ministros em decisões que envolvem o tema, ao reconhecimento da proteção pela liberdade de expressão, embora não tenha ainda se posicionado quanto aos contornos desta proteção – se há uma liberdade de expressão do discurso comercial que se difere e apresenta grau de proteção menor do que a liberdade de expressão que protege o discurso não comercial, a exemplo do entendimento da Suprema Corte dos Estados Unidos.

Aos que advogam pela autorregulação e a não intervenção estatal nessa temática, é importante salientar que a ausência de regulação estatal é uma forma de calar a voz dos consumidores, especialmente os mais vulneráveis. Ao assumir-se a possibilidade de que o Estado não possa limitar a expressão comercial, ou que o possa apenas em excepcionalíssimas hipóteses e somente ao nível federal, mais uma vez cala-se a voz do consumidor para se ouvir apenas a do mercado. Reforçamos que a Política Nacional das Relações de Consumo, expressa em nosso CDC (artigo 4º), tem por objetivo "o atendimento das necessidades dos consumidores, o respeito à sua dignidade, saúde e segurança, a proteção de seus interesses econômicos, a melhoria da sua qualidade

---

8. Tese defendida em livro recentemente publicado: PEREIRA, Carla da Silva de Britto. *Regime Jurídico da Publicidade de Alimentos Ultraprocessados no Brasil*: uma perspectiva crítica à luz dos determinantes comerciais da saúde. Porto Alegre: Arquipélago, 2023.

de vida, bem como a transparência e harmonia das relações de consumo, atendidos os seguintes princípios: (...) II – ação governamental no sentido de proteger efetivamente o consumidor (...)". É nesse sentido que se enaltece, dentre outras importantes decisões, a decisão do STF na ADI 5.631, que julgou constitucional a Lei 13.582/16 do estado da Bahia, que proíbe a comunicação mercadológica dirigida a crianças nos estabelecimentos públicos e privados de educação básica.

# A NECESSÁRIA DESJUDICIALIZAÇÃO DA RELAÇÃO DE CONSUMO

*Fabio Torres de Sousa*

Mestre em Direito (UFMG). Especialista em Direito Constitucional (UNISUL/IDP/LFG). Professor. Membro do Brasilcon e do IAMG. Juiz de Direito do TJ-MG.

Um debate que se trava na área jurídica do Estado moderno, na sua visão de democrático e de direito, é sobre a forma do próprio Estado garantir os direitos firmados no seu Estatuto Constitucional. Não basta assegurar direitos, sem que se possa ter o efetivo acesso para consolidar os direitos consagrados na Carta Maior. Um sistema jurídico moderno e igualitário deve assegurar, e não apenas proclamar os direitos de todos.[1]

No Brasil, o Constituinte de 1988 definiu enormes avanços para a sociedade. A Carta foi montada em uma sociedade que carecia de direitos e de um Estado que justificasse sua existência para todos, e não para alguns, como ocorrera até então.

Dentre os novos direitos assegurados como cláusula pétrea, no artigo 5º, XXXII, em uma Carta de ótica capitalista intervencionista, está a obrigação do Estado promover a defesa do consumidor.

Marco importante de um sistema econômico equilibrado, dentro de uma sociedade de consumo, a garantia-imposição deve ser conjugada com outras cláusulas, do próprio artigo 5º, como a facilidade de acesso à justiça, a assistência jurídica integral e gratuita aos que comprovarem insuficiência de recursos e o andamento célere dos processos, além da elaboração do Código de Defesa do Consumidor (CDC), determinação contida no artigo 48 dos ADCT.

Assim, diante da ordem constitucional e com a consolidação da norma consumerista, a realidade das relações de consumo no Brasil mudou. O novo arcabouço jurídico permitiu um equilíbrio entre consumidores e fornecedores, mas não impediu os conflitos e violações, o que ensejou elevada judicialização de demandas de direito do consumidor. É necessário, então, encontrar formas e caminhos para que o mandamento constitucional possa ser, na plenitude, consolidado além da via judicial, a qual se mostra sobrecarregada e não atual para solução de conflitos de consumo.

Esta realidade do elevado volume de processos pode ser verificada na 19ª edição do relatório "Justiça em números".[2] No ano de 2021, em todo o Poder Judiciário,

---

1. CAPPELLETTI, Mauro & GARTH, Bryant. *Acesso à Justiça*. Porto Alegre: Fabris, 1988, p, 11-13.
2. Disponível em: https://www.cnj.jus.br/wp-content/uploads/2022/09/justica-em-numeros-2022-1.pdf.

ingressaram 27,7 milhões de processos, sendo que a Justiça Estadual responde por aproximadamente 71% do total de processos ingressados no Poder Judiciário.

O relatório indica, para a Justiça Estadual, que dentre os assuntos mais demandados no primeiro grau, o tema de "direito do consumidor – Responsabilidade do Fornecedor/Indenização por Dano Moral" aparece em segundo lugar com 3.074.985 (2,88%) processos. No segundo grau, nos assuntos mais demandados, "direito do consumidor – responsabilidade do Fornecedor / Indenização por Dano Moral", com 233.716 (1,33%), aparece em quinto lugar. E quando se analisa os assuntos mais demandados nos juizados especiais, direito do consumidor aparece em primeiro lugar com o tema "direito do consumidor – Responsabilidade do Fornecedor / Indenização por Dano Moral" – 1.811.946 (9,77%) e em quarto lugar com o tema "direito do consumidor – Responsabilidade do Fornecedor / Indenização por Dano Material" – 724.702 (3,91%).

Esses números demonstram a sobrecarga que os Magistrados enfrentam na solução das demandas de consumo, o que vem obstando o cumprimento da determinação da Constituição Federal de celeridade processual. Não se concebe mais a busca pelo direito somente no litígio. O que se almeja é uma correspondência de efetividade das decisões para conter as violações sofridas pelo consumidor, num resultado célere.

A judicialização mostra que o acesso à justiça, por ações, tem sido concedido ao consumidor para a discussão de direitos em juízo. Todavia, esse caminho não deve, como dito, por si só, ser a via única para solucionar demandas de relação de consumo. No segundo decênio do século XXI, novas formas devem ser valorizadas para equacionar os conflitos de relação de consumo.

O acesso à justiça deve ser realizado dentro de parâmetros atuais, mais modernos e efetivos que a simples postulação de ação litigiosa no Poder Judiciário. Esse acesso há que vir, também, pela estrada da não judicialização, por via administrativa e por via não contenciosa. Acesso à justiça não pode ser visto como somente acesso ao Judiciário, mas sim como acesso à garantia do Estado de oferecer justiça, nas diversas vias.

Desjudicializar é preciso. É imperioso. É caminho sem volta. Não é mais possível deixar que a única porta de acesso à justiça seja pelo processo judicial nas demandas de consumo.

Por isso, é preciso avançar nas formas extraprocessuais de solução de litígio entre consumidores e fornecedores. No campo do direito do consumidor, em que inúmeras relações são firmadas diariamente, o esgarçamento dessas relações consumeristas é capaz de gerar dano imenso ao direito e a toda economia.

A desjudicialização se apresenta como o moderno mecanismo de resolução de conflitos. Essa via de equacionar litígios se faz, na realidade do direito do consumidor, quer seja na esfera administrativa, quer seja na esfera judicial. Dentre esses caminhos, três se fazem importantes: os Procons, a plataforma "consumidor.gov.br" e os Centros Judiciários de Solução de Conflitos e Cidadania (Cejuscs).

A primeira das formas, de resolução fora da esfera do processo, está na atuação dos Procons. Criados antes da própria Lei 8.078/90, os Procons estão implantados em inúmeros municípios brasileiros. Desde a criação do Procon São Paulo, na década de 70 do século passado, a atuação desses órgãos de proteção sempre foi de destaque, solucionando demandas de consumidores e sendo palco de diálogos, orientação, acordos e resolução de conflitos. Presentes em inúmeros municípios, têm ganhado força e expansão ao longo dos anos. Em Minas Gerais, por exemplo, existem aproximadamente 198 Procons, atuando em todas as regiões do estado.

Como órgão administrativo, o Procon exerce papel importante na composição de consumidores e fornecedores, equacionando inúmeras demandas existentes sem que seja necessário o ajuizamento de processo judicial. Com o necessário avanço legislativo, pode obter maiores instrumentos de solução de conflito, mas, mesmo na realidade atual, é campo amplo de aplicação de normas consumeristas e de composição de litígio.

A segunda via extraprocessual, que merece toda atenção e aprimoramento de uso e participação de consumidores e fornecedores, foi a desenvolvida pela Secretaria Nacional do Consumidor: a plataforma eletrônica www.consumidor.gov.br.

Trata-se de serviço público que oferece diálogo direto entre consumidores e fornecedores, via internet, para solução de conflitos. De fácil acesso, por computador ou celular, com a utilização de aplicativo desenvolvido para facilitar o uso, tem sido um instrumento para resolver demandas, equacionando inúmeras reclamações que aportariam ao Judiciário.

O uso da plataforma é método moderno de resolução de conflitos de relação de consumo e deve ser estimulado, com a maior participação, até obrigatória, de fornecedores, para poder corresponder aos anseios de uso fácil e eficiente.

A terceira forma, é a presente na atuação dentro do Poder Judiciário nas vias não contenciosas de solução de litígios. Decorre da ação do Conselho Nacional de Justiça (CNJ), desde a Resolução 125/2010 e do Código de Processo Civil (CPC) de 2015, ao se contemplar a conciliação e mediação na ação jurisdicional (artigo 3º), bem como determinar a criação de centros judiciários de solução consensual de conflitos (artigo 166) e a designação de audiência de conciliação ou de mediação (artigo 334) no início do processo.

Essa realidade normativa indica uma valorização da via não litigiosa para a solução de conflitos, o que, na ótica da defesa do consumidor, abre uma perspectiva salutar. Nessa seara, a implantação dos Cejuscs, permite uma mediação/conciliação, viável nas relações de consumo, com mediadores/conciliadores capacitados e com conhecimento das normas e princípios consumeristas, abrindo novos paradigmas para a solução dos litígios. Ao invés da decisão categórica do Magistrado, a conciliação/mediação impõe que as partes possam compor.

Essa forma de solução de conflitos é de tamanha importância que a Lei do consumidor superendividado – Lei 14.181/2021, desenvolveu todo um processo de repactuação de dívida (conciliação do consumidor superendividado), com busca de fortalecer a solução pré-processual, quer ocorra nos órgãos de proteção ou no próprio judiciário, com imposição de sanção aos fornecedores que não lograrem a composição.

A utilização da composição na estrutura dos Cejusc, demonstra a atualização do Poder Judiciário a uma nova realidade extraprocessual, amplia a capacidade de litígios a custo barato, permite que o diálogo entre as partes venha concretizar a solução de conflitos e abre uma nova frente de atuação para os operadores do direito. Sua importância é tão destacada que o Poder Judiciário Mineiro o tem instalado em todas as 298 Comarcas, como porta de acesso ao cidadão para solução extrajudicial de demandas.

Na atualidade, a desjudicialização dos conflitos tornou um tema recorrente na pauta do Poder Judiciário e deve ser também na sociedade. As formas alternativas de resolução de litígio foram elevadas à condição de política pública e devem ser perseguidas para que o cidadão seja o grande beneficiário da aplicação concreta das normas.

Os exemplos citados indicam permanentes caminhos e instrumentos de consolidação da proteção do consumidor, cumprindo a função fixada para o Estado na Constituição Federal e permitindo a reparação de qualquer violação a direitos.

Nas relações de consumo, desjudicializar visa aprimorar o acesso à justiça, assegurar a efetiva promoção pelo Estado da defesa do consumidor e encontrar soluções rápidas e estáveis, garantindo a estabilidade de contratos e da própria economia. É um caminho sem volta, o qual, necessita, todavia, de atuação constante dos organismos de proteção do consumidor e de aperfeiçoamento da Justiça.

Para tanto, a Secretaria Nacional do Consumidor (Senacon) e o Conselho Nacional de Justiça devem desenvolver atuação conjunta e harmônica, pois têm um papel importante na reunião de interesses para um aprimoramento do sistema jurídico de solução de conflitos de relação de consumo, permitindo que as vias extrajudiciais sejam valorizadas e implantadas em todo território nacional, bem como haja um empenho em qualificar constantemente os Magistrados.

Não há mais tempo, diante da imensidão de processos, para postergar ações. O consumidor e o fornecedor necessitam de agilidade no equacionamento dos conflitos. Mais do que compilar números, é necessária conduta que importe em redução de acervo de processos de direito do consumidor e que a solução dos conflitos seja mais célere.

Nessa nova realidade, magistrados, membros do Ministério Público, advogados, defensores públicos, consumidores e fornecedores devem estar preparados para reconhecer na esfera extrajudicial a forma adequada de resolução de conflitos de consumo. Diante da realidade brasileira de elevada utilização de ação, desjudicializar é o verbo a ser conjugado, em prol de uma sociedade de consumo mais equilibrada, justa e efetiva.

# PLANOS SÃO OBRIGADOS A CUSTEAR CIRURGIA DE ESTERILIZAÇÃO PARA PLANEJAMENTO FAMILIAR

*Joseane Suzart Lopes da Silva*

Promotora de Justiça do Consumidor do MP-BA e professora da Faculdade de Direito da UFBA.

A estruturação responsável da família – base da sociedade conforme preconiza o artigo 226, *caput*, da Carta Maior de 1988 – decorre da livre decisão do casal e compete ao poder público propiciar o pleno exercício deste direito.[1]

Cumprindo os ditames constitucionais e com esteio na dignidade da pessoa humana,[2] a Lei 9.263/96 previu que o planejamento familiar é "direito de todo cidadão".[3] Consiste no conjunto de ações para a regulação da fecundidade mediante a garantia de prerrogativas, a serem exercidas, em igualdade de condições, pela mulher, pelo homem ou pelo casal, com o fito de constituição, limitação ou aumento da prole.[4] Sucede que inexistia regra específica acerca da cobertura obrigatória da esterilização por parte das operadoras de planos de saúde.

A Lei Federal 14.443/2022, cuja vigência iniciou-se em 2 de março de 2023,[5] alterou o mencionado diploma legal, determinando prazo para o oferecimento de mecanismos contraceptivos, bem como disciplinou as condições para a laqueadura e a vasectomia.

Nessa senda, tornou-se obrigatória a disponibilização de qualquer método e técnica de contracepção no prazo máximo de 30 dias,[6] desde que atendidos os pressupostos legais. Conforme o artigo 2º da Lei 14.443/2022, foram previstos requisitos

---

1. Examinar: BRUCE, J. Fundamental elements of the quality of care: a simple framework. *Studies Family Planning* 1990; 21(2):61-91.
2. Cf.: PICO DELLA MIRANDOLA, Giovanni. *Über die Würde des Menschen*. Übers. Norbert Baumgarten. Frankfurt am Main: Meiner, 1990.
3. Acerca do exercício deste direito, consultar: PEKRUN, R. Familie, Schule und Entwicklung. In: WALPER, S; PEKRUN, R. (Org.). *Familie und Entwicklung: Aktuelle Perspektiven der Familienpsychologie*. Göttingen: Hogrefe; 2001.
4. Cf.: WHO. What services do family planning clinics provide? *UK National Health Service*. Acesso em: 25 ago. 2019.
5. A Lei foi editada em 02 de setembro de 2022, porém o artigo 4º determinou o início da sua vigência após decorridos 180 dias de sua publicação oficial.
6. Assim dispõe o artigo 2º da Lei 14.443/2022.

sob a ótica do gozo das faculdades, etária, estrutural e temporal, com vistas a se evitar e desencorajar a esterilização precoce.

Quanto à primeira e à segunda exigências, somente poderão se utilizar do procedimento os homens e as mulheres detentores de capacidade civil plena e maiores de 21 (vinte e um) anos de idade. Em caso do não atendimento ao fator idade, será viável a sua adoção se, pelo menos, possuir dois filhos vivos, desde que observado o prazo mínimo de 60 dias entre a manifestação da vontade do interessado e o ato cirúrgico.

No decorrer deste período, será disponibilizado o acesso ao serviço de regulação da fecundidade, englobando o aconselhamento por equipe multidisciplinar. Saliente-se que o procedimento somente será passível de efetivação no transcorrer do parto se cumprido o citado prazo ou houver riscos para a paciente.

A despeito da inquestionável relevância da saúde para todos os indivíduos[7] e da edição da Lei Federal 9.656/98, que disciplinou a seara suplementar no final da década de 90,[8] o ordenamento jurídico carecia de regra sobre a assunção dos custos da esterilização pelas operadoras. A lacuna normativa acarretava a alta judicialização neste campo, dada as frequentes negativas dos planos quanto à cobertura das despesas necessárias, não obstante a importância do bem jurídico em análise.[9]

A realidade mercadológica massificada é marcada pela presença dos contratos de adesão e/ou de condições gerais, nos quais não são discutidas as premissas negociais, predominando os interesses dos agentes econômicos.[10] Trata-se de relação jurídica que tem por objeto a incolumidade física e psíquica dos sujeitos,[11] razão pela qual são intitulados "contratos *sui generis*". A patente vulnerabilidade dos usuários suscita cuidadosa atualização, interpretação e concretude.[12]

A recente Resolução Normativa 576, editada, em 21 de março de 2023, pela ANS (Agência Nacional de Saúde Suplementar), regulamentou o assunto e tornou coercitivo o custeio do procedimento, beneficiando os usuários.

---

7. Bruno Miragem salienta a importância da saúde como bem jurídico fundamental. MIRAGEM, Bruno. Seguro-Saúde. Questões Atuais. In: SALOMÃO, Luis Felipe; TARTUCE, Flávio (Org.). *Direito civil*: diálogos entre a doutrina e a jurisprudência. São Paulo: Atlas, 2018, p. 299-310.
8. Versa sobre a evolução da saúde suplementar: BOTTESINI, Maury Ângelo.; MACHADO, Mauro Conti. *Lei dos Planos e Seguros de Saúde*. Comentada Artigo por artigo. 3. ed. rev. atual. e ampl. Rio de Janeiro: Gen Forense, 2017.
9. Tratam da temática: DUARTE, Luciana Gaspar Melquíades; PIMENTA, Liana de Barros. A tutela jurisdicional do direito à saúde: uma análise do relatório analítico propositivo "judicialização da saúde no Brasil: perfil das demandas, causas e propostas de solução", do Conselho Nacional de Justiça. In: DUARTE, Luciana Gaspar Melquíades; VIDAL, Victor Luna (Coord.). *Direito à Saúde*. Judicialização e Pandemia do Novo Coronavírus. São Paulo: RT, 2020.
10. MARQUES, Claudia Lima. Prefácio da obra *Plano de Saúde e Direito do Consumidor*, de Antônio Joaquim Fernandes Neto, Minas Gerais: Del Rey, 2002, p. XI.
11. Cf.: MORAES, Paulo Valério Dal Pai. *Código de Defesa do Consumidor*. O Princípio da Vulnerabilidade no Contrato, na Publicidade, nas demais Práticas Comerciais. 3. ed. atual. e ampl. Porto Alegre: Livraria do Advogado, 2009.
12. Cf.: MARQUES, Claudia Lima. *Contratos no Código de Defesa do Consumidor*. 9. rev. atual. e ampl. ed. São Paulo: RT, 2019. p. 394.

Atualizou-se o Rol de Procedimentos e Eventos em Saúde, previsto pela RN 465, de 24 de fevereiro de 2021, com o desiderato de regulamentar o custeio da cirurgia de esterilização feminina e masculina. No entanto, restou condicionado ao cumprimento de determinadas condições, que se encontram explicitadas no Anexo II, tendo sido adrede reiteradas as determinações presentes na Lei 14.443/2022. O referido conjunto normativo atende à modernização dos planos de saúde na condição de contratos "cativos" de "longa duração" — assim denominados por Ghersi, Weingarten e Ippolito.[13]

No caso das mulheres, a laqueadura tubária laparoscópica terá cobertura obrigatória em casos de risco à vida ou à saúde da paciente ou do futuro concepto, testemunhado em relatório escrito e assinado por dois médicos. Ademais, será viável o procedimento se contemplados os requisitos constantes na Lei 14.443/2022 e a interessada demonstrar que recebeu todas as informações pertinentes a respeito do ato cirúrgico. Impõe-se a expressa manifestação da sua vontade através da apresentação de documento, na forma escrita e devidamente assinado, onde conste a ciência sobre os riscos, os efeitos colaterais, as dificuldades de sua reversão e as demais opções de contracepção existentes. Importante ressaltar que a exteriorização do intento não será admitida se verificada durante alterações na capacidade de discernimento,[14] que podem ser geradas por influência de álcool, drogas, estados emocionais modificados e/ou incapacidade mental temporária ou permanente.

Admitir-se-á também o procedimento no decorrer dos períodos de parto ou aborto, devendo a paciente ter manifestado a sua vontade no prazo mínimo de 60 dias, exceto se constatado o risco para a sua incolumidade, quando, então, terá que ser necessariamente efetivado. No caso de pessoas absolutamente incapazes, inexistindo perigo para a manutenção do estado vital, urge a autorização judicial, regulamentada na forma da Lei. A indicação de cesárea para fim exclusivo de esterilização, de acordo com a Resolução Normativa 576, será assentida na hipótese de a situação se desvelar imprescindível para que a vida da mulher não seja ceifada.

Diante da singularidade dos contratos duradouros, Ricardo Lorenzetti afirma que nestes não há a previsão material dos bens, mas tão somente normas procedimentais, já que a evolução tecnológica poderá imprimir modificações na prestação da obrigação.[15]

A cirurgia de esterilização masculina, nos termos do aludido Anexo II da RN 576/23, pressupõe o cumprimento de todos os requisitos legais, já vistos nas linhas

---

13. GHERSI, Carlos Alberto; WEINGARTEN, Celia; IPPOLITO, Silvia C. *Contrato de medicina prepaga*. 2. ed. atual. e ampl. Buenos Aires: Astrea, 1999, p. 55.
14. Sobre o tema, consultar: TRUSSELL, James. Contraceptive efficacy. In: TRUSSELL, James et al. *Contraceptive technology*. Ardent Media 20th revised ed. New York: [s.n.] pp. 779-863, 2011. OLSON, D.H.; RUSSEL C.S.; SPRENKLE D.H. Circumplex Model of Marital and Family Systems: IV. Theoretical Update. *Family Process* 1983; 22:69-83. MINUCHIN, S. *Families and family therapy*. Cambridge: Harvard University Press; 1974.
15. LORENZETTI, Ricardo Luís. *Tratado de los contratos*. Buenos Aires: Rubinzal-Culzoni, 1999-2000, t. I, p. 119.

precedentes, ou seja, o paciente deve estar em pleno gozo da sua capacidade civil; ser maior de 21 anos; ou ter, no mínimo, prole com dois integrantes. Outrossim, faz-se crucial ter observado o prazo mínimo de 60 dias entre a manifestação da vontade e o ato cirúrgico, com o escopo de que seja previamente informado e aconselhado.

O registro da sua intenção deverá estar livre de alterações provocadas por substâncias químicas, questões de desequilíbrio emocional ou mental.[16] Consoante registrado, é fundamental a apresentação de documento escrito, por ele assinado, no bojo do qual estejam inseridos todos os possíveis resultados negativos e as consequências oriundos do ato cirúrgico, assim como demais técnicas/métodos passíveis de manejo. Contudo, além destas determinações, exige-se que a vasectomia seja realizada "por profissional habilitado para proceder à sua reversão",[17] visto que se objetiva que o paciente tenha condições de reaver o anterior estado físico.

O conteúdo das cláusulas inerentes aos contratos relativos à assistência à saúde suplementar deve ser rigorosamente avaliado, para que seja supedâneo de atualizações qualificadas pertinentes, como se observa com a esterilização. Nos "contratos relacionais", a durabilidade razoável da relação jurídica é um dos fatores fundamentais que os diferenciam dos demais.[18]

Pressupondo uma existência por período ilimitado, os consumidores devem estar atentos às cláusulas que os integrarão, porquanto estas não podem ser petrificadas, em outras palavras, cujo conteúdo se pretenda considerar renovado pela vida inteira da relação jurídica. Assim, as "cláusulas substantivas" deverão ser substituídas pelas "processuais". Isso significa afirmar que, no plano ideal, as partes devem estar reunidas, de modo contínuo, para a reestruturação do liame. No campo concreto, não há o anunciado diálogo e o legislador tem que estabelecer as premissas normativas – como se vislumbra com a laqueadura e a vasectomia –, posto que, *a contrario sensu*, as negativas continuariam advindo.

Ora, os planos de saúde, indubitavelmente, são contratos relacionais, mas as empresas responsáveis por seu monitoramento não estão preocupadas em manterem uma comunicação perene com os consumidores, órgãos e entidades competentes, a fim de debaterem sobre os termos negociais.

O que se verifica é a presença de disposições, muitas vezes já abusivas desde a sua origem, e o completo desinteresse das operadoras em criar canais de discussão para a tentativa de adequar a relação jurídica à conjuntura atual.[19] Na realidade, quanto

---

16. BAILEY, M. J. Does Parents' Access to Family Planning Increase Children's Opportunities? Evidence from the War on Poverty and the Early Years of Title X. *NBER Working Paper*, n. 23971. DUVAL, E. *Marriage and family development*. Philadelphia: Lippincott; 1977.
17. Conferir a alínea "e" do Anexo II da Resolução Normativa 576.
18. MACEDO JÚNIOR, Ronaldo Porto. *Contratos Relacionais e Defesa do Consumidor*, São Paulo: Max Limonad, 1998, p. 147-166.
19. Cf.: MARQUES, Claudia Lima. Comentários aos artigos 51 a 54 do CDC. In: MARQUES, Claudia Lima; BENJAMIN, Antonio Herman V.; MIRAGEM, Bruno. *Comentários ao Código de Defesa do Consumidor*. 7. ed. rev. atual. e ampl. São Paulo: RT, 2021, p. 1071-1187.

menos diálogo, melhor e quanto mais se mantém um contrato desatualizado, de mais chances dispõem as referidas operadoras para imporem as suas práticas abusivas.[20] Nos contratos de longa duração, em geral, deve haver uma preocupação com o teor das disposições, e com maior razão, quando tratam de relações jurídicas cujo objeto constitui a saúde das pessoas.

O contrato de "medicina prepaga", aduz Ricardo Lorenzetti, mesmo que celebrado no âmbito privado, tem por objetivo a proteção da saúde concebida como um direito fundamental.[21] Desta forma, além de serem qualificados como de duração extensa, os planos de saúde lidam com o direito essencial dos indivíduos – cujo tratamento indevido pode gerar sérios danos para a vida – exigindo, portanto, uma rigorosa fiscalização do conteúdo das normas que os guarnecem.[22]

Uma relação jurídica desse tipo não pode ser tratada como um vínculo comum, devendo-se admitir que "A prestação de um direito fundamental pode desequilibrar a lógica contratualista, já que se concedem direitos e ações que seriam impensáveis em um contrato comum".[23] Dada a proeminência do tema, o Sistema Nacional de Defesa do Consumidor, por intermédio dos órgãos e entidades que o integram, deverá fiscalizar a atuação das operadoras com o objetivo de que cumpram efetivamente a legislação vigente e não neguem a cobertura para a esterilização.[24]

---

20. Quanto às práticas deletérias no âmbito consumerista, cf.: MARQUES, Claudia Lima. Comentários ao artigo 39 do CDC. In: MARQUES, Claudia Lima; BENJAMIN, Antonio Herman V.; MIRAGEM, Bruno. *Comentários ao Código de Defesa do Consumidor*. 7. ed. rev. atual. e ampl. São Paulo: RT, 2021, p. 868-916.
21. No que toca aos direitos fundamentais, cf.: MARTÍN-RETORTILLO, Lorenzo. *Los Derechos Fundamentales y la Constitución y outros estudios sobre derechos humanos*. Zaragoza: El Justicia de Aragon, 2009.
22. Na seguinte obra, constam importantes críticas acerca do funcionamento e do desempenho da ANS: BAIRD, Marcello Fragano. *Saúde em Jogo*: atores e disputas de poder na Agência Nacional de Saúde Suplementar (ANS). 2020.
23. LORENZETTI, Ricardo Luís. *Fundamentos de Direito Privado*. Trad. Vera Maria Jacob Fradera. São Paulo: RT, 1998, p. 369.
24. PFEIFFER, Roberto Augusto Castellanos. Cláusulas relativas à cobertura de doenças, tratamentos de urgência, emergência e carências. Planos de saúde e direito do consumidor. In: MARQUES, Claudia Lima et al. *Saúde e Responsabilidade 2*: a nova assistência privada à saúde. *Biblioteca do direito do consumidor*, v. 36, São Paulo: RT, 2008, p. 73-99, p. 80 e 82.

# IMPRESSÕES SOBRE A PROPOSTA BRASILEIRA PARA UM MARCO LEGAL DA IA

*Claudia Lima Marques*

Doutora pela Universidade de Heidelberg (Alemanha). Mestre em Direito (L.L.M.) pela Universidade de Tübingen (Alemanha). Diretora da Faculdade de Direito e professora titular do da UFRGS (Universidade Federal do Rio Grande do Sul). Professora permanente do PPGD UFRGS e da Uninove. Pesquisadora 1 A do CNPq e membro do CA Direito. Presidente da IACL (International Association of Consumer Law e do ILA (Committee on International Protection of Consumers), Londres. Advogada.

*Pablo Marcello Baquero*

Professor assistente na HEC Paris.

Em tempos de ChatGPT e de debates sobre o poder das plataformas, dos algoritmos e *big data*, o futuro exige cautela, superar a autorregulação[1] e desenvolver mínimos de proteção ou governança global.[2] Como afirma Sartor, a inteligência artificial (IA) "precisa" do Direito, pois só assim poderá ser centrada na pessoa humana.[3] O presente texto reúne impressões iniciais sobre a proposta para um marco legal da inteligência artificial (PL 2.338/2023), que deve ser fortemente defendido, pois coloca o Brasil entre os países que possuem regulação geral sobre o tema, regulando os riscos desta tecnologia e consagrando a proteção dos consumidores.

Assim, mister destacar, primeiramente, que essa proposta se insere em tendência global de regulamentação dos riscos envolvendo a IA, superando regras anteriores *soft law* e limitadas a princípios (a exemplo do PL 21/2020). Segundo, que os direitos consagrados na proposta estão, em linhas gerais, sintonizados com o espírito da proposta europeia de regulação da inteligência artificial (AI Act, COM 2021/206 final), muitas vezes considerada como potencial modelo global na matéria.[4]

a) *A crescente regulamentação da inteligência artificial no contexto internacional*
A proposta brasileira de um marco legal da inteligência artificial se insere num contexto global de crescentes discussões sobre governança da IA.[5]

---

1. ALMEIDA, V.; SCHERTEL MENDES, L.; DONEDA, D. On the development of AI Governance Frameworks. *IEEE Internet Computing*, v. 27, Issue 1, p. 70-74, 2023.
2. MARQUES, C. L.; BAQUERO, P. M. Global governance strategies for transnational consumer protection: New perspectives to empower societal actors. *Revista de Direito do Consumidor*, v. 143, p. 167-188, set./out. 2022.
3. SARTOR, Giovanni. *L'intelligenza artificiale e il diritto*, Torino: Giappichelli Ed, 2022, p. 139.
4. Disponível em: https://www.europarl.europa.eu/news/en/press-room/20230505IPR84904/ai-act-a-step-closer-to-the-first-rules-on-artificial-intelligence. Acesso em: 15 maio 2023.
5. *2023 Stanford AI Index Report*, p. 267-268. Disponível em: https://aiindex.stanford.edu/wp-content/uploads/2023/04/HAI_AI-Index-Report_2023.pdf. Acesso em: 24 abr. 2023.

Mesmo antes do surgimento das propostas recentes de regulação da IA, tais tecnologias já estavam sujeitas a um arcabouço jurídico.[6] Em muitas jurisdições, elas são regidas, *inter alia*, por regras de proteção de dados pessoais, de direitos humanos, do consumidor, direito constitucional, entre outras. As regras existentes, porém, são muitas vezes insuficientes para responder aos desafios que surgiram ou se intensificaram com a difusão acelerada da IA nos últimos anos, em razão da crescente disponibilidade de dados (*big data*), pela crescente capacidade computacional de microprocessadores e também com o desenvolvimento e difusão das técnicas de aprendizado de máquina (*machine learning*).[7] Esses elementos facilitaram a difusão de ferramentas automatizadas para fornecer avaliações, recomendações e prescrições para decisões de entidades públicas e privadas que têm efeitos jurídicos, tais como as relacionadas à entrada de imigrantes em determinada jurisdição,[8] detecção de fraude fiscal,[9] liberdade condicional para réus na Justiça Criminal,[10] classificação de risco de crédito,[11] entre outras. Ao mesmo tempo, em que a automatização traz benefícios, fornecendo elementos para facilitar o trabalho humano, também traz desafios, como a potencial falta de transparência e inteligibilidade sobre como recomendações são geradas, falta de acurácia e robustez dos resultados em certos casos, tendência a incorporar discriminação ou vieses na análise dos dados, violação de regras de proteção de dados pessoais, entre outros.

A necessidade de responder a esses desafios de uma fase de difusão mais intensa da IA, inicialmente, foi respondida não por leis estatais, mas por meio de *soft law*.[12] Em primeiro lugar, por códigos de autorregulamentação de entidades privadas desenvolvendo sistemas de inteligência artificial.[13] Em segundo lugar, diferentes entidades internacionais ou intergovernamentais elaboraram princípios éticos gerais para regular a matéria, como a OCDE[14] e a Unesco.[15] Em terceiro lugar, entidades da indústria (como a IEEE) começaram a estabelecer *standards* técnicos que especifi-

---

6. DEMPSEY, Mark; MCBRIDE, Keegan; HAATAJA, Meeri; BRYSON, Joanna. Transnational digital governance and its impact on artificial intelligence. *The Oxford Handbook of AI Governance*. Oxford University Press, 2022.
7. KATZ, Daniel Martin. Quantitative Legal Prediction – or – How I Learned to Stop Worrying and Start Preparing for the Data Driven Future of the Legal Services Industry. *Emory Law Journal*, v. 62, p. 913 e ss. 2013. Disponível em: https://ssrn.com/abstract=2187752. Acesso em: 23 abr. 2023.
8. DERAVE, C.; GENICOT, N.; HETMANSKA, N. (2022). The Risks of Trustworthy Artificial Intelligence: The Case of the European Travel Information and Authorisation System. European Journal of Risk Regulation, 13(3), 389-420.
9. AMARILES, D. R. Algorithmic Decision Systems Automation and Machine Learning in the Public Administration. *The Cambridge Handbook of The Law of Algorithms*. Cambridge: Cambridge University Press, 2021. p. 291 e ss.
10. ANGWIN, Julia; LARSON, Jeff; MATTU, Surya; KIRCHNER, Lauren. Machine bias. *ProPublica*. 23.05.2016. Acesso em: 23.04.2023.
11. SHI, S., Tse, R., Luo, W. et al. Machine learning-driven credit risk: a systemic review. Neural Comput & Applic 34, 14327–14339 (2022). Disponível em: https://doi.org/10.1007/s00521-022-07472-2.
12. Floridi, L. The End of an Era: from Self-Regulation to Hard Law for the Digital Industry. Philos. Technol. 34, 619–622 (2021). https://doi.org/10.1007/s13347-021-00493-0.
13. Por exemplo, "AI at Google: Our Principles", disponível em: https://blog.google/technology/ai/ai-principles/.
14. "OECD AI Principles". Disponível em: https://legalinstruments.oecd.org/en/instruments/OECD-LEGAL-0449.
15. "Unesco Recommendation on the Ethics of Artificial Intelligence". Disponível em: https://unesdoc.unesco.org/ark:/48223/pf0000380455.

cam e dão significado a princípios abstratos como transparência, explicabilidade e não-discriminação no campo da IA.[16]

Apesar de sua importância, esses instrumentos, isoladamente, compartilham uma limitação: sua implementação depende da adoção voluntária pelas entidades implementando a IA. Não há mecanismos para impor juridicamente seu cumprimento. Para responder a essa limitação, diferentes jurisdições ou entidades supranacionais estão em processo de elaboração de propostas cogentes, em diferentes moldes, para regular riscos trazidos pela utilização da IA. Dentre as diferentes iniciativas, a proposta europeia (AI Act, 2021)[17] é considerada por muitos como potencial modelo global para regulações sobre a matéria.

*b) Os direitos estabelecidos na proposta brasileira de um marco legal da IA*

Nesta seção, realizamos uma comparação preliminar entre os direitos estabelecidos na proposta brasileira e a proposta europeia (2021)[18] e, mais amplamente, com outras disposições pertinentes no direito europeu.

O artigo 5 do marco legal da IA estabelece as disposições gerais a respeito dos direitos garantidos a pessoas afetadas por sistemas de inteligência artificial, em seguida elaborados nos artigos 6 a 12 da proposta.

Primeiramente, é consagrado o direito de usuários de sistemas de IA à informação prévia quanto às suas interações com sistemas de IA (Artigo 5, I e 7). Há um requisito de conformidade similar, por exemplo, no Artigo 52 da proposta europeia sobre "Obrigações de transparência aplicáveis a determinados sistemas de inteligência artificial", que no seu inciso I estabelece que "Os fornecedores devem assegurar que os sistemas de IA destinados a interagir com pessoas singulares sejam concebidos e desenvolvidos de maneira que as pessoas singulares sejam informadas de que estão a interagir com um sistema de IA".

Segundo, o marco consagra o direito "a explicação sobre a decisão, recomendação ou previsão tomada por sistemas de inteligência artificial" (artigo 5º, II em conjunto com o artigo 8º). No contexto da União Europeia, alguns consideram que um direito à explicabilidade de decisões automatizadas já tinha sido estabelecido pelo Regulamento sobre Proteção de Dados Pessoais, embora até hoje haja controvérsia sobre a existência desse direito.[19] No contexto do projeto europeu, o artigo 13 estabelece um requisito de conformidade em relação a sistemas de IA de alto risco, ao determinar que estes "devem ser concebidos e desenvolvidos de maneira que assegure que o

---

16. European Commission, AI Watch: AI Standardisation Landscape, disponível em: https://www.standict.eu/sites/default/files/2021-07/jrc125952_ai_watch_task_9_standardization_activity_mapping_v5.1%281%29.pdf.
17. https://eur-lex.europa.eu/legal-content/EN/TXT/?uri=celex%3A52021PC0206
18. Disponível em: https://eur-lex.europa.eu/legal-content/EN/TXT/?uri=celex%3A52021PC0206.
19. Sobre a controvérsia, veja Amariles, DR & Baquero, PM, Promises and limits of law for a human-centric artificial intelligence, *Computer Law & Security Review*, v. 48, 2023, p. 8. Disponível em: https://www.sciencedirect.com/science/article/pii/S0267364923000067.

seu funcionamento seja suficientemente transparente para permitir aos utilizadores interpretar o resultado do sistema e utilizá-lo corretamente".

Em seguida, o marco legal, nos seus artigos 5°, III e IV, e 9° a 11, estabelece o "direito de contestar decisões ou previsões de sistemas de inteligência artificial que produzam efeitos jurídicos ou que impactem de maneira significativa os interesses do afetado", bem como o "direito à determinação e à participação humana em decisões de sistemas de inteligência artificial, levando-se em conta o contexto e o estado da arte do desenvolvimento tecnológico". Esses direitos, intimamente ligados, já haviam sido estabelecidos, no caso europeu, pelo Regulamento sobre Proteção de Dados Pessoais, no seu artigo 22, III, resguardando aos usuários afetados por decisões automatizadas com efeitos jurídicos (que fossem autorizadas no contexto da regulação) o "direito de, pelo menos, obter intervenção humana por parte do responsável, manifestar o seu ponto de vista e contestar a decisão". Na proposta europeia, a supervisão humana é estabelecida como requisito de conformidade, ademais, em relação a sistemas de alto risco, no seu Artigo 14. A existência de um direito à contestação também é estabelecida no recentemente aprovado Regulamento Europeu sobre Serviços Digitais, em relação às decisões automatizadas de plataformas digitais e prestadores de serviços intermediários que possam afetar seus usuários.

Em quarto lugar, o marco legal estabelece o "direito a não discriminação e à correção de vieses discriminatórios diretos, indiretos, ilegais ou abusivos". No caso europeu, há várias diretivas antidiscriminação, aplicáveis a diferentes tipos de casos, com potencial efeito em relação a recomendações tomadas por sistemas de IA. Ademais, a Convenção Europeia de Direitos Humanos contém disposição vedando a discriminação (Artigo 14).

Finalmente, o Marco legal consagra um "direito à privacidade e à proteção de dados pessoais, nos termos da legislação pertinente" (Artigo 5, VI), estabelecendo uma referência à legislação brasileira sobre proteção de dados pessoais. Na Europa, o Regulamento Europeu sobre Proteção de Dados Pessoais se aplica a temas com potenciais efeitos sobre sistemas de IA (vide Case C-511/18, Corte de Justiça da União Europeia).

De maneira mais ampla, o marco legal também segue a opção da proposta europeia de estabelecer diferentes regras para distintos sistemas de IA conforme a classificação do seu grau de risco, estabelecendo um equilíbrio entre a necessidade de regulamentação legal e proteção dos usuários com a liberdade para inovar. Pois, se a inovação e a transformação tecnológica devem contribuir para o desenvolvimento da sociedade, não devem limitar os direitos já conquistados pelos consumidores e titulares dos dados.

Balanço de forças e diálogo de fontes é o que o marco legal da inteligência artificial terá que fazer levando em conta potenciais futuras normas, com efeito, sobre os riscos emergentes no âmbito digital (vide a proposta de emenda constitucional estabelecendo que "o desenvolvimento científico e tecnológico assegurará a integridade mental e a transparência algorítmica"), bem como os direitos humanos, tema ao qual pretendemos voltar em outra oportunidade.

# A PROTEÇÃO DO CONSUMIDOR CONTRA FRAUDES BANCÁRIAS E DIGITAIS

*Andressa Jarletti Gonçalves de Oliveira*

Doutora em Direito pela PUC-PR com doutorado sanduíche na Universidade de Bologna (Itália).Mestre pela UFPR. Professora na Escola Superior de Advocacia da OAB-PR e em diversos programas de pós-graduação. Vice-presidente da Comissão de Direito Bancário da OAB-PR. Membro do Brasilcon, do IBDCont e da *International Association of Consumer Law*. Advogada.

A última década foi marcada por uma série de transformações no sistema financeiro nacional. A crescente digitalização da atividade bancária emergiu com os propósitos de redução de custos operacionais e aumento de eficiência no setor bancário. As novas tecnologias financeiras (*fintech*) surgiram com a promessa de reduzir os custos do crédito e promover uma democratização no acesso aos produtos e serviços bancários, até para sanar as falhas de mercado geradas pela retração de crédito (*credit crunch*) após a crise financeira global de 2008/2009.[1] Desde então, foram adotadas várias medidas regulatórias necessárias para acompanhar as mudanças no setor.

Para trazer mais competitividade no mercado financeiro, a Lei de Arranjos de Pagamentos[2] foi um importante passo para facilitar o ingresso de novos *players* e ampliar o acesso das empresas aos meios de pagamentos em sistemas com interoperabilidade. Em 2018, a Resolução CMN 4.656 disciplinou a oferta de crédito em canais exclusivamente digitais, criando novas modalidades de instituições financeiras, as SCD (Sociedade de Crédito Direto) e SEP (Sociedade de Empréstimo entre Pessoas), com regras simplificadas de autorização para funcionamento.

No ano de 2020, o Banco Central lançou o Pix – pagamento instantâneo brasileiro, criado pela Resolução BCB 1/2020, que permitiu as remessas de valores entre chaves bancárias em frações de segundos, em um sistema que é mais célere e mais barato[3] do que as tradicionais transferências eletrônicas em TED e DOC. Também em 2020, a Resolução Conjunta 1 CMN/Bacen estabeleceu os primeiros passos para a implementação do *Open Finance*, que tem como objetivo o compartilhamento de dados dos demais setores do sistema financeiro, como câmbio, seguros e investimentos.

---

1. ROSALINO, Hélder. FinTech e banca digital. *FinTech*: desafios da tecnologia financeira. In: OLIVEIRA, Ana Perestrelo de (Coord.). Coimbra: Almedina, 2018. p. 9-15.
2. Lei 12.865/2013.
3. A Resolução BCB 19/2020 disciplinou a cobrança de tarifas no Pix, que é vedada nas transações enviadas por pessoas físicas e empresários individuais.

Embora os avanços das tecnologias financeiras possam contribuir para o aumento da eficiência nas operações bancárias e da competitividade no setor, os benefícios gerados são também acompanhados de novos riscos, a exemplo do volume crescente de fraudes digitais e bancárias, que causam danos para os consumidores. A temática das fraudes em operações bancárias não é tão recente. O assunto já fora tratado em diversos precedentes pelo Superior Tribunal de Justiça, que culminaram na edição da Súmula 479/STJ[4] no ano de 2012.

Na época, os golpes analisados tratavam de situações como extravio e uso indevido de talão de cheques,[5] abertura não solicitada de conta-corrente,[6] saques indevidos em conta-corrente,[7] assaltos no interior da agência bancária.[8] Com o julgamento do Recurso Especial Repetitivo 1.197.929/PR, a 2ª Seção do STJ consolidou a responsabilidade objetiva das instituições financeiras pelas fraudes causadas por terceiros, compreendo que se tratam de fortuito interno, por serem riscos inerentes à atividade bancária.[9]

Outro precedente de suma importância nos casos de fraudes é a decisão proferida pelo STJ no Recurso Especial Repetitivo 1.846.649/MA.[10] Nesse julgamento, a 2ª Seção do STJ estabeleceu que compete às instituições financeiras o ônus da prova sobre a veracidade da assinatura lançada em nome dos consumidores nos contratos bancários. Tal julgado permite facilitar a defesa dos consumidores em juízo, sobretudo ante a complexidade da prova sobre a legitimidade das assinaturas nas contratações digitais. Não se trata mais de analisar apenas se o desenho da assinatura é compatível com a letra do consumidor, o que se resolveria com perícia grafotécnica.

Nas contratações digitais, a questão central é investigar em perícia documentoscópica ou digital *como* a assinatura foi parar no documento, já que essas contratações podem ser feitas com uso indevido dos dados biométricos do consumidor (a biometria é coletada na abertura de contas), ou simplesmente por reconhecimento facial. Sobre as contratações fraudulentas com uso de *selfie*, merece destaque a decisão proferida pelo TJ-PR (Tribunal de Justiça do Paraná), que reconheceu a nulidade de vários empréstimos consignados forjados em nome de um consumidor.

---

4. Súmula 479/STJ: As instituições financeiras respondem objetivamente pelos danos gerados por fortuito interno relativo a fraudes e delitos praticados por terceiros no âmbito de operações bancárias. (Segunda Seção, julgado em 27.06.2012, DJe de 1º.08.2012).
5. STJ, REsp 685.662/RJ, Terceira Turma, DJ 05.12.2005; REsp 332.106-SP, Rel. Min. Aldir Passarinho Junior, julgado em 04.10.2001.
6. STJ, AgRg no AG 1.235.525/SP.
7. STJ, AgRg no Ag 1.345.744/SP, Relator Min. Raul Araújo, Quarta Turma, julgado em 10.05.2011, DJe de 07.06.2011.
8. STJ, REsp 787.124/RS, Primeira Turma, DJ 22.05.2006.
9. STJ, REsp 1.197.929/PR, Rel. Min. Luis Felipe Salomão, Segunda Seção, julgado em 24.08.2011, DJe de 12.09.2011.
10. STJ, Recurso Especial Repetitivo 1.846.649/MA, Segunda Seção, Rel. Min. Marco Aurélio Belizze, j. 24.11.2021.

As contratações foram feitas todas não só no mesmo dia, mas na mesma hora, minuto e segundo, por meio de reconhecimento facial com *selfie*, sem identificação da geolocalização da origem da foto.[11]

Após uma década de vigência da Súmula 479/STJ, a proteção dos consumidores contra fraudes causadas por terceiros enfrenta novos desafios. As fraudes bancárias têm-se tornado cada vez mais sofisticadas, incluem desde as clonagens de cartões de crédito e espelhamento dos números das centrais telefônicas das instituições financeiras, aos famosos golpes do Pix, golpe do boleto falso, golpe do motoboy. A despeito da diversidade e variedade dos golpes, quase todos têm um ponto comum: as práticas ilícitas são aplicadas com uso indevido dos dados dos consumidores, o que pode ser um indício de um problema de fundo de vazamento de dados pessoais e bancários, em violação conjunta das normas da LGPD, do CDC e da regulação bancária.

Para além da elevada sofisticação das fraudes, a reparação dos danos sofridos pelos consumidores encontrou também novas barreiras, como as discussões sobre a configuração da culpa exclusiva do consumidor nos casos em que, de alguma forma, o consumidor contribuiu para a ocorrência dos golpes ao transmitir aos fraudadores dados como a senha dos cartões magnéticos.[12] A culpa exclusiva do consumidor é uma excludente de responsabilidade no CDC[13] e passou a ser invocada como fundamento para afastar a responsabilidade objetiva das instituições financeiras em alguns casos.

Essa discussão sobre a configuração ou não da excludente de responsabilidade da culpa exclusiva do consumidor ganhou novos contornos com a decisão proferida pela Terceira Turma do STJ, no julgamento do REsp. 1.995.458/SP.[14] O caso de origem envolvia o pedido de reparação dos danos sofridos por um consumidor idoso, que foi vítima do chamado golpe do motoboy, em que terceira pessoa se passa por funcionário do banco e ao entrar em contato com o consumidor alega que o banco enviará um motoboy para recolher o cartão de crédito que tem indícios de clonagem.

Na origem, o pedido de reparação de danos foi julgado improcedente, sob os fundamentos de que não havia prova sobre a origem do vazamento de dados bancários do consumidor, e que seria o caso de culpa exclusiva da vítima, pois é notório que os bancos não enviam motoboy para retirada de cartões de crédito clonados.

A decisão proferida pelo STJ reformou o acórdão recorrido, reconhecendo a falha do dever de segurança e o consequente dever do banco em reparar os danos sofridos pelo consumidor. Para concluir pela responsabilização da instituição financeira, o

---

11. TJPR, Apelação Cível 0023915-83.2021.8.16.0014, 16CC, Rel. Desa. Maria Mercis Gomes Aniceto, J. 20.05.2022.
12. "A entrega voluntária do cartão magnético e da senha pessoal a terceiro, ainda que não espontaneamente, não torna a instituição financeira responsável quando provada a existência de culpa exclusiva do consumidor ou de terceiros". STJ, AgInt no REsp 1914255/AL, Terceira Turma; REsp 1.633.785/SP, Terceira Turma, DJe 30.10.2017.
13. Conforme artigo 14, parágrafo terceiro, II, CDC.
14. REsp 1.995.458/SP, relatora Ministra Nancy Andrighi, Terceira Turma, julgado em 09.08.2022, DJe de 18.08.2022.

acórdão fundamentou, em síntese, que: (i) o caso envolve relação de consumo de serviços bancários, a responsabilidade das instituições financeiras é objetiva e os avanços das tecnologias financeiras trazem novos riscos que exigem dos bancos deveres reforçados nas medidas de prevenção contra fraudes; (ii) a LGPD exige adoção de medidas preventivas para evitar vazamentos de dados; (iii) o regime de responsabilidade objetiva do CDC não admite culpa concorrente da vítima; (iv) os bancos têm o dever de verificar a idoneidade das transações bancárias, independentemente de qualquer solicitação prévia pelo consumidor; (v) os valores das transações realizadas com o cartão de crédito do consumidor destoam do seu perfil de utilização de crédito, razão pela qual o banco tinha o dever de bloquear as transações suspeitas e comunicar o consumidor da possível tentativa de fraude.

O ponto crucial desse precedente é que fixa parâmetros objetivos para identificar as falhas de segurança nas operações bancárias, que permitem reconhecer o defeito na prestação de serviços pelas instituições financeiras e o consequente dever de reparação dos danos. No caso concreto, o defeito de segurança se concretizou porque as operações destoavam claramente do perfil de uso do crédito pelo consumidor, que gastava em média R$ 1.500 por mês no cartão de crédito. As compras realizadas pelos golpistas ultrapassaram R$ 27 mil em menos de 10 minutos e foram precedidas de solicitação de aumento do limite do cartão de crédito – pedido prontamente atendido pela instituição financeira, sem qualquer verificação prévia da idoneidade do solicitante.

A fundamentação adotada pelo STJ quanto ao dever das instituições financeiras de bloquearem operações suspeitas, que desviam do perfil e histórico de movimentação bancária dos consumidores, alinha-se perfeitamente aos deveres fixados na Resolução 142/2021 CMN com o objetivo de evitar fraudes no uso do Pix. Essa normativa cria a obrigação dos bancos de aplicarem o chamado Bloqueio Cautelar das transações quando a transação destoar do perfil do cliente e do histórico de transações anteriores, ou quando a chave receptora dos valores for uma chave suspeita, alvo de vários questionamentos por clientes diversos.

A partir de então, as instituições financeiras têm o dever de monitoramento constante e de ação imediata em casos de transações que desviem do perfil de movimentação financeira dos clientes bancários, que estejam fora dos limites de valores pré-cadastrados, ou que sejam destinados a chaves suspeitas.

A proteção dos consumidores contra fraudes digitais e bancárias, portanto, exige o conhecimento aprofundado sobre múltiplas questões. De um lado, é necessário compreender o *modus operandi* das novas modalidades de implementação dos golpes, riscos atrelados ao desenvolvimento de novas tecnologias financeiras. De outro, é preciso lembrar que o Direito Bancário é multidisciplinar e que o regime de responsabilidade das instituições financeiras é definido tanto pelas normas do CDC, quanto pela interpretação dada pelo STJ sobre a responsabilidade objetiva, o fortuito interno e os defeitos de segurança nos serviços bancários. Por fim, mas não menos importante, não se pode olvidar da regulação setorial implementada pelo Conselho

Monetário Nacional e pelo Banco Central, cujas resoluções emergem deveres expressos das instituições financeiras de monitorarem os riscos de fraudes e adotarem as medidas de prevenção.

A análise conjunta de todas essas fontes normativas é crucial para que se possa concretizar o direito básico dos consumidores de prevenção e reparação integral dos danos, sobretudo no contexto da crescente digitalização e contratação despersonalizada dos produtos e serviços bancários.

# NECESSIDADE DE INTERVENÇÃO ESTATAL NA RELAÇÃO DO CONSUMO DE COMBUSTÍVEL

*Tiago Nunes*

Doutor e Mestre em Direito pela Universidade de Marília (Unimar). Professor universitário. Advogado. Ex-procurador Geral da Câmara Municipal de Uberlândia.

Capitalismo neoliberal. Intervencionismo estatal sistemático: princípios da ordem econômica.

Inicialmente, faz-se necessário averbar que, com as disposições previstas no Título VII da Constituição, nota-se a pluralidade de diretrizes pertinentes ao fomento da Ordem Econômica e Financeira, ligadas à distribuição efetiva de bens, serviços, circulação de riquezas, uso da propriedade e tantas outras diretrizes.

A ordem constitucional econômica deve ser interpretada sob a perspectiva da integração da livre iniciativa com a valorização do trabalho e, de igual modo, noções do planejamento estatal e da liberdade de mercado, sem perder de vista o equilíbrio entre a liberdade da empresa e a regulamentação da atividade econômica.

Nessas linhas introdutórias, faz-se necessário averbar a classificação teórica da Ordem Econômica e Financeira consignada na atual Constituição no Título VII, a partir do artigo 170, *caput*.[1]

Destaque-se, também, o conceito segundo Uadi Lammêgo Bulos, "ordem econômica e financeira nos parâmetros fixados pelo constituinte significa organização de elementos ligados à distribuição efetiva de bens, serviços, circulação de riquezas, uso da propriedade, evidenciando, também, aquelas relações de cunho monetário, travadas entre indivíduos e destes com o Estado".[2]

A intervenção do Estado no domínio econômico ainda deve estabelecer, como objetivo, a preservação e a garantia da estabilidade, no que concerne à mantença da função social à propriedade e à constante redução das desigualdades sociais, pois só assim, as conquistas provenientes do liberalismo econômico estarão seguras.[3]

---

1. Artigo 170. "A ordem econômica, fundada na valorização do trabalho humano e na livre iniciativa, tem por fim assegurar a todos existência digna, conforme os ditames da justiça social, observados os seguintes princípios".
2. BULOS, Uadi Lammêgo. *Constituição Federal anotada*. 8. ed. São Paulo: Saraiva, 2008, p. 1.258.
3. FONSECA, João Bosco Leopoldino de. *Direito econômico*. São Paulo: Forense, 2005. p. 241. Nesse ponto, o referido autor expõe o seguinte entendimento sobre as razões que fizeram o Estado moderno a intervir no domínio econômico: *"A segunda razão consiste nos critérios de equidade na distribuição. Ante a insuficiência dos puros e naturais critérios econômicos-capitalistas, torna-se necessária a intervenção estatal para se elimi-*

No que respeita ao tema sob enfoque, é importante fazer referência à livre concorrência e à livre iniciativa. Advirta-se, todavia, que, ao passar pelo estudo do desenvolvimento econômico, não há como deixar de lado os princípios apontados, que, sem sombra de dúvida, são considerados como elementos indispensáveis e norteadores para o desdobramento do estudo no que concerne ao aspecto econômico.

A partir do conceito exposto, depreende-se que tal princípio tem por finalidade resguardar a concorrência de mercados econômicos, no sentido de impor balizas aos agentes econômicos, para que busquem desenvolver suas operações empresariais com equidade, juntamente com os demais setores de sua atividade empresarial.

Desse modo, Isabel Vaz ensina que a concorrência pressupõe: "Uma ação desenvolvida por um grande número de competidores, atuando livremente no mercado de um mesmo produto, de maneira que a oferta e a procura provenham de compradores ou vendedores cuja igualdade de condições os impeça de influir, de modo permanente e duradouro, nos preços de bens ou serviços".[4]

Como se refere o *caput* do artigo 170, ele se insere em ordem econômica que é "fundada na valorização do trabalho humano e na livre iniciativa" e que tem por fim "assegurar a todos existência digna, conforme os ditames da justiça social". Para melhor elucidação sobre a livre concorrência, José Afonso da Silva assim conceitua:

> A livre concorrência está configurada no artigo 170, IV, como um dos princípios da ordem econômica. Ele é uma manifestação da liberdade de iniciativa e, para garanti-la, a Constituição estatui que a lei reprimirá o abuso de poder econômico que vise à dominação dos mercados, à eliminação da concorrência e ao aumento arbitrário dos lucros. Os dois dispositivos se complementam no mesmo objetivo. Visam tutelar o sistema de mercado e, especialmente, proteger a livre concorrência contra a tendência açambarcadora da concentração capitalista. A Constituição reconhece a existência do poder econômico. Este não é, pois, condenado pelo regime constitucional. Não raro esse poder econômico é exercido de maneira antissocial. Cabe, então, ao Estado coibir este abuso.[5]

Maria de Fátima Ribeiro, sobre livre concorrência, em uma de suas obras, assim averbou: "A livre concorrência significa a garantia de que tais atividades econômicas serão exercidas de modo a que as habilidades de cada um determinem o seu êxito ou o seu insucesso, não podendo o Estado, em princípio, favorecer ou desfavorecer artificialmente este ou aquele agente econômico. É importante destacar que a livre concorrência não permite uma concorrência ilimitada e desregrada entre os diferentes agentes econômicos".[6]

É pertinente, porém, assinalar neste passo que há autores que tecem severas considerações sobre o modo pelo qual a livre concorrência, bem como a livre-inicia-

---

    *narem as desigualdades. O Estado assume o compromisso de atuar na justiça distributiva, buscando uma justa distribuição da renda".*
4. VAZ, Isabel. *Direito econômico da concorrência*. Rio de Janeiro: Forense, 1993, p. 27.
5. SILVA, José Afonso da. *Curso de Direito Constitucional Positivo*. 15. ed. São Paulo: Malheiros, 1998, p. 876.
6. RIBEIRO, Maria de Fátima. *Novos Horizontes da Tributação*: um diálogo luso-brasileiro. Coimbra: Almedina, 2012, p. 259.

tiva, têm sido aplicados no Brasil atualmente. Sobre o tema, vale a pena destacar as palavras do Professor Otacílio dos Santos Silveira Neto, "a despeito de a Constituição Federal estabelecê-las amplamente, inclusive mais de uma vez ao longo do corpo do texto, na prática, tanto a livre concorrência como a livre-iniciativa no Brasil são institutos extremamente mitigados tanto pela ausência (quando deveria agir e não age, como nitidamente é da defesa econômica) quanto pela presença excessiva do Estado brasileiro no campo econômico (como é o caso da tributação excessiva sobre a propriedade e os entraves burocráticos no comércio)".[7]

Como se pode observar, afinal, a ordem econômica prevista na Constituição de 1988 está estribada nos princípios e soluções contraditórios. Desde já, contudo, cabe uma advertência: é possível perceber que ainda paira uma abertura para a influência preponderante de um capitalismo neoliberal *versus* um intervencionismo sistemático. Ou seja, ora o Estado age na defensiva, ora age impondo deveres que, consequentemente, dificultam o livre desenvolvimento econômico.

De outro ângulo, o princípio da livre concorrência não se atrela ao abuso do poder econômico. Entretanto, o seu uso descomedido e contra a ética social enseja a rápida intervenção do Estado para coibir excessos. A despeito da livre iniciativa, comumente é tido como instrumento que vela pela liberdade não apenas da atividade empresarial, mas prima também pelo trabalho.

É de se compreender também que, nas relações econômicas modernas, o Estado delegue ao particular, por via legal, a prestação de determinados serviços públicos, o que urge dizer que, por delegar, não há que se falar em descaracterização do serviço como público.

O certo é que, no Direito moderno, é compreensível a participação do Estado nas relações econômicas. Antes, porém, deve anotar-se que ao Estado cabe sempre o dever de resguardar a livre concorrência, bem como a livre iniciativa, para que haja constante equilíbrio na relação econômica entre particulares e no Estado empresarial.

## PROTAGONISTAS NO CONTROLE: O CDC E O CADE

O Código de Defesa do Consumidor (CDC) foi editado em 11 de setembro de 1990. Do ponto de vista temporal, compreende-se como lei atrasada de proteção ao consumidor. Afirma-se de tal modo, em decorrência do Código Civil de 1916 e que entrou em vigor em 1917, ter sido aplicado às relações de consumo por praticamente o século XX inteiro.

No entanto, em que pese o notável atraso, o CDC trouxe apuração altamente decisivo, porque o legislador e professores que conceberam o texto do anteprojeto que deu ensejo a Lei 8.078/90 (apresentado pelo, na época, deputado Geraldo Alckmin),

---

7. SILVEIRA NETO, Otacílio dos Santos. *Revista de Direito Público da Economia* (RDPE). Belo Horizonte, ano 11, n. 42, p. 123-140, abr./jun. 2013.

trouxeram para o ordenamento jurídico que existia e, ainda existe, o que há de mais progressista concernente à proteção do consumidor. O desfecho foi tão categórico que a lei brasileira inspirou proteção ao consumidor na Argentina, alterações no Paraguai e no Uruguai.

É sabido que nas relações contratuais regidas pelo direito privado, em especial sob o fundamento da autonomia da vontade, o que se vê é a exegese objetiva da vontade das partes que estabelecidas foram em contrato, derivadas da vontade subjetiva das partes, em tese, passam a viger sob o efeito *pacta sunt servanda*, noutras palavras, os pactos devem ser respeitados.

Feitos esses apontamentos, importa ressaltar que, repete-se: a teoria *pacta sunt servanda*, não detém estabilidade nas relações de consumo. Ora, é imperativo compreender que a partir do momento em que o consumidor não é parte no diálogo inerente às cláusulas contratuais, o contrato deverá ser tido como duvidoso, passível, portanto, de questionamentos, em decorrência de não oportunização ao consumidor para trafegar na fase de elaboração das cláusulas contratuais.

Há que enfatizar, que a Constituição de 1988 fortaleceu a relação de consumo, elevando-a como direito fundamental (artigo 5º, XXXII). Tamanha é a relevância desse feito, sobretudo, porque não se pode perder de vista o modelo de sociedade capitalista ora plasmado. A par do exposto, entende-se a importância do Procon como órgão fiscalizador nas relações consumeristas, no sentido de atuação preventiva e repressiva.

A essa altura, faz-se necessário averbar que, com as disposições previstas no Título VII da Constituição, nota-se a pluralidade de diretrizes pertinentes ao fomento da Ordem Econômica e Financeira, ligadas à distribuição efetiva de bens, serviços, circulação de riquezas, uso da propriedade e tantas outras diretrizes.

Da análise do título VII, especificamente dos artigos 170 a 192, surge a seguinte indagação: é possível identificar uma Constituição econômica no bojo da ordem jurídica pátria? Tendo como base a expressão "Constituição", como instrumento delineador do sistema capitalista, inegavelmente, a reposta apresenta-se positiva.

A ordem constitucional econômica deve ser interpretada sob a perspectiva da integração da livre iniciativa com a valorização do trabalho e, de igual modo, noções do planejamento estatal e da liberdade de mercado, sem perder de vista o equilíbrio entre a liberdade da empresa e a regulamentação da atividade econômica.

Outro órgão de controle que vale mencionar foi concebido pela Lei 4.137/1962, que fora responsável pelo surgimento do Conselho Administrativo de Defesa Econômica (Cade).

No que diz respeito aos mecanismos protetivos comerciais e econômicos, cumpre anotar que passaram a ter aplicabilidade no período pós-Segunda Guerra. Ademais, é importante destacar, desde logo, que as atividades empresariais eram averiguadas sob a guarda constante do Estado, ou seja, de forma direta. Em decorrência disso, ao que parece, é possível afirmar que, naquele lapso temporal, o Cade não alcançou os efeitos para os quais fora criado, ou seja, não desempenhava sua principal função no sentido de regular a concorrência.

Por outro lado, a respeito do Cade, desde a sua concepção, é importante averbar alguns de seus objetivos no âmbito de sua funcionalidade, que se caracterizam como fiscalização, prevenção, orientação e prevenção do abuso econômico.

Convém relembrar que o Cade apresenta-se, do ponto de vista jurídico, como autarquia responsável por zelar pela livre concorrência no mercado econômico, detendo, dessa maneira, competência para fiscalizar e, de igual modo, julgar matérias que, de alguma forma, afrontem a ordem econômica.

É de se reconhecer, contudo, que, quando há atuações exercendo função de julgador, lidando com questões não só jurídicas, mas também com implicações sobre o mercado econômico, surgindo, nesse passo, possíveis conflitos entre o interesse privado *versus* o interesse público e análise de legalidade *versus* ilegalidade; justifica-se a presente indagação, com o intuito de se averiguar sobre a possibilidade de se recorrer da decisão emanada pelo conselho.

A par do que fora esposado, é imprescindível compreender que a matéria ora enfrentada, encontra-se alojada no bojo da organização interna do Estado brasileiro e, de igual modo, no núcleo central do ordenamento jurídico, ou seja, na Constituição; quer seja o aspecto formal, quer seja o aspecto material, no que se refere à ordem econômica brasileira.

Do presente estudo nota-se que, das diversas diretrizes consignadas no centro da ordem econômica constitucional, apresenta-se como requisito imprescindível a necessidade de harmonização, no tocante à liberdade de concorrência *versus* a necessidade de respeitabilidade aos limites que ora se observa da leitura das diretrizes impostas pela ordem econômica.

Conclui-se, portanto, que o princípio da livre concorrência não serve como estribo, a partir do momento em que se depara com o abuso do poder econômico. Aliás, a Constituição não reprova o exercício legal do poder econômico. Todavia, como se sabe, no seu uso desarrazoado e antissocial, necessita-se da rápida e precisa intervenção do Estado, a fim de coibir o que é tido como excesso, para que o interesse público não seja violado.

Frise-se, ainda, que, no tocante ao excesso, práticas tidas como abusivas, que emanam do capitalismo monopolista, dos cartéis, não encontram guarida na Constituição de 1988.

# IMPLEMENTAR UMA PLATAFORMA VIRTUAL DO SUPERENDIVIDAMENTO É NECESSIDADE

*Leonardo Garcia*

Mestre em Direitos Difusos e Coletivos pela PUC-SP. Professor de diversos cursos e autor de diversas obras jurídicas. Membro do GT do CNJ para acompanhamento da efetividade da Lei do Superendividamento. Procurador do Estado do Espírito Santo. Ex-assessor do relator no Senado dos projetos de lei de atualização do CDC.

Após mais de nove anos de trâmite no Congresso Nacional, finalmente foi aprovada a Lei 14.181 (de 1º de julho de 2021), que altera o Código de Defesa do Consumidor e o Estatuto do Idoso para tratar de um dos temas mais sensíveis da sociedade nas últimas décadas.

Atualmente, mais de 70% da população brasileira encontra-se endividada (o que não significa que esteja superendividada).[1] Porém, 30% da população está inadimplente, percentual alarmante e que demonstra um grave problema que estamos enfrentando.

Estima-se que metade desses inadimplentes esteja em uma situação de superendividamento, ou seja, mais de 30 milhões de brasileiros não conseguem mais pagar suas dívidas.[2] E, com a pandemia do coronavírus, a tendência é que esse número aumente.

Essa situação que torna o consumidor superendividado, antes de ser um problema jurídico, é um problema social. O superendividamento causa exclusão social (expressamente reconhecido no texto do CDC no artigo 4º, X). Ela acarreta uma série de problemas na vida do cidadão/consumidor, na sua família e, por via reflexa, na sociedade. O superendividamento acarreta na vida do consumidor e de sua família uma existência indigna, sem acesso a padrões mínimos de subsistência.

Visando conter e amenizar esse grave problema social, a Lei 14.181/2021 trouxe princípios e diretrizes fundados em dois pilares/objetivos: *prevenir* (para evitar a ocorrência do superendividamento) e *tratar* (aqueles que já se encontram superendividados).

Como toda doença, o tratamento muitas vezes é demorado e complexo. Exige exames, consultas, medicação e vários procedimentos. O superendividamento, da

---

1. *Número de brasileiros endividados chega a 71,4%, o maior desde 2010.* Disponível em: https://agenciabrasil.ebc.com.br/radioagencia-nacional/economia/audio/2021-08/numero-de-brasileiros-endividados-chega-714-o-maior-desde-2010.
2. *Cresce número de endividados; saiba organizar as finanças.* Disponível em: https://idec.org.br/idec-na-imprensa/cresce-numero-de-endividados-saiba-organizar-financas. Acesso em: 27 out. 2021.

mesma forma, exige uma certa complexidade. Não basta simplesmente renegociar as dívidas do consumidor.

O que se pretende é o resgate de sua dignidade, fazendo com que não mais entre nesta situação (de inadimplência permanente). Para isso, é necessário entender os motivos que levaram ao superendividamento, contar com apoio psicológico e de assistentes sociais, contar com economistas para elaboração de um plano de pagamento viável e que reserve uma quantia para o mínimo existencial, além, é claro, de toda uma estrutura dos órgãos públicos visando conciliar as dívidas e, caso necessário, implementar um plano compulsório.

Nesse sentido é que a Lei 14.181/2021 trouxe um arcabouço próprio visando tratar o consumidor superendividado através dos artigos 104-A ao 104-C, incluindo vários *players* como responsáveis por esse desiderato: Judiciário (artigo 104-A) e órgãos públicos do Sistema Nacional, mais especificamente os Procons, Defensorias Públicas e Ministérios Públicos (artigo 104-C).

Os desafios do tratamento do consumidor superendividado são enormes. A finalidade da lei é o resgate da dignidade do consumidor e de sua família, reinserindo-os novamente na sociedade de consumo. Não basta somente renegociar as dívidas existentes. É preciso entender os motivos que levaram o consumidor a esta situação degradante, permitindo que, ao sair, não volte novamente a se superendividar. O tratamento do consumidor, assim, é complexo e multidisciplinar.

Para esse mister, é necessário primeiramente providenciar o acolhimento do consumidor superendividado. Antes de qualquer providência, é necessário viabilizar ao cidadão superendividado a possibilidade de atendimento psicológico (não raras vezes há relatos de consumidores que entram pela porta dos Procons chorando em razão da situação de superendividamento e dizendo que querem tirar a própria vida.)

Assim, primeiramente há necessidade de contar com psicólogos nos órgãos públicos para providenciar esse acolhimento do consumidor.

Em segundo lugar, é necessário, em muitos casos, entender os motivos que levaram o consumidor a se superendividar. É preciso compreender a realidade familiar, com análise do quantitativo de renda e dos custos de vida. Avaliar se estamos diante de um superendividado ativo e/ou passivo.[3] Para tanto, é preciso contar, nesses casos, com auxílio de assistentes sociais que detêm expertise para esta análise.

---

3. O superendividado ativo é aquele consumidor que se endivida voluntariamente, iludido pelas estratégias de marketing das empresas fornecedoras. Esta categoria se subdivide em duas: o superendividado ativo consciente e ativo inconsciente. O consciente é aquele que de má-fé contrai dívidas convicto de que não poderá pagá-las, com intenção deliberada de fraudar os credores (é o consumidor de má-fé). Por outro lado, o inconsciente é aquele que agiu impulsivamente, de maneira imprevidente e sem malícia, deixando de fiscalizar seus gastos. Acabou, por assim dizer, "gastando mais do que deveria". São consumidores de boa-fé que acreditavam que conseguiriam honrar com suas obrigações. Já o superendividado passivo é aquele que se endivida em decorrência de fatores externos chamados de "acidentes da vida", tais como desemprego; divórcio; nascimento, doença ou morte na família; necessidade de empréstimos; redução do salário etc.

Em terceiro lugar, é necessário contar com economistas para a elaboração do plano de pagamento do consumidor, de modo que ele consiga efetuar os pagamentos no decorrer do tempo (lembrando que o prazo máximo por lei é cinco anos) e ainda consiga sobreviver com dignidade (reserva do mínimo existencial).

A elaboração de um plano de pagamento, sem entender a realidade do consumidor e de sua família, não servirá para tratarmos efetivamente o superendividamento. O consumidor não conseguirá pagar as prestações ajustadas e acordadas, voltando à situação de superendividado e, portanto, de excluído socialmente. É como se adotássemos o tratamento errado para a doença. Ou seja, a doença (superendividamento) persistirá, podendo até mesmo se agravar.

Por fim, é necessário que os órgãos, incluindo o Poder Judiciário, contem com servidores treinados para receberem o consumidor no atendimento prévio; para realizarem as intimações dos credores; analisarem a documentação referente às dívidas, para ajudarem o consumidor na elaboração do plano e do mínimo existencial; para acompanharem o pagamento do plano (verificarem se o consumidor está adimplente em relação ao acordado no plano); conciliadores e mediadores para realizarem a audiência global, além de estrutura física e operacional para o cumprimento de todas estas funções.

Assim, considerando a necessidade de equipe multidisciplinar e estrutura suficiente para atender mais de 30 milhões de superendividados, espalhados por todos os cantos deste país, é necessário praticamente uma "nova" estrutura dos órgãos administrativos e também do Judiciário para tratar eficientemente a problemática (doença social) que é o superendividamento.

Isso sem contar a necessidade de instauração de novos núcleos, principalmente dos Procons e da Defensoria Pública, em praticamente todas as cidades (ao menos comarcas) para realização do atendimento e tratamento do consumidor.

Em relação ao Judiciário, haverá também a necessidade de mais juízes e estrutura para realização de audiências globais com os credores, com instalação de novos Cejuscs no interior dos estados. As audiências de conciliação, dependendo da quantidade de credores, podem durar até quatro horas (ou mais!), dificultando a organização de uma pauta de audiências.[4]

Assim, é preciso pensarmos uma solução que consiga de maneira mais efetiva, considerando a complexidade do tratamento, abarcar o máximo de consumidores espalhados nas regiões mais longínquas deste país, possibilitando trazer dignidade novamente para todos e não somente para aqueles que possuem acesso aos Procons, defensorias e ao Poder Judiciário. Estamos diante de um cenário novo

---

4. Tive a oportunidade de assistir uma audiência virtual no Cejusc de Porto Alegre em agosto de 2022 que durou mais de três horas. Eram sete credores e um consumidor idoso com mais de 80 anos sem estar assistido por advogado ou defensor público. Não houve apresentação de plano de pagamento por parte do consumidor. A iniciativa da proposta partia de cada credor. Para cada proposta apresentada, havia toda uma discussão sobre as condições, possibilidade de pagamento por parte do consumidor etc.

para a sociedade brasileira. Nunca antes tivemos a necessidade de resolver uma situação com tamanha complexidade e gravidade, que tem causado inúmeros problemas sociais.

Realizar o atendimento individual presencial, como atualmente é feito, demanda tempo do servidor, estrutura física, espaço para audiências globais contendo vários credores, servidores responsáveis pelo envio das notificações, mediadores e conciliadores etc.

Fora que, diante da realidade brasileira, é praticamente impossível disponibilizar toda essa estrutura de pessoal e operacional, em todos os cantos do país, para possibilitar que todos os cidadãos brasileiros, que se encontrem na situação de superendividados, sejam tratados.

Diante desse quadro, a implementação de uma plataforma para a realização do tratamento do consumidor superendividado é uma alternativa que propus quando da minha participação no grupo de trabalho instituído pelo CNJ e coordenado pelo ministro do STJ Marco Buzzi.

A utilização de uma plataforma traria inúmeras vantagens. Primeiramente e talvez a mais óbvia é que o consumidor, bastando ter acesso à internet, mediante um aplicativo instalado no celular ou por meio de um site, possa iniciar o tratamento do superendividamento, sem necessidade de ir presencialmente a um órgão público.

Sabe-se que muitos consumidores deixam de reclamar seus direitos e também buscar ajuda para a situação de superendividamento em razão da dificuldade encontrada em se fazer presente aos órgãos públicos.[5] Muitas vezes, a ida ao órgão público representa um dia de trabalho perdido. Assim, possibilitar que o consumidor, por meio de um simples *app* ou site solicite ajuda para o tratamento do superendividamento é um passo crucial para conseguirmos dar acesso, de maneira mais efetiva, aos consumidores superendividados espalhados por cada canto deste país.

Claro que a possibilidade de utilização de uma plataforma não retiraria a oportunidade de o consumidor superendividado comparecer pessoalmente a um órgão público, caso tivesse acesso facilmente a um.[6]

---

5. Maioria dos consumidores não reclama por seus direitos. Pesquisa realizada pelo Centro de Justiça e Sociedade (CJUS) da FGV Direito Rio. Disponível em: https://direitorio.fgv.br/noticia/maioria-dos-consumidores-nao-reclama-por-seus-direitos. Acesso em: 05 abr. 2023.
6. Poder-se-ia questionar que a utilização de uma plataforma excluiria os analfabetos digitais ou os que não dispõem de acesso à internet, situação infelizmente de muitos superendividados, principalmente idosos. Para resolver este problema, bastaria os municípios disponibilizarem alguma secretaria ou local para o recebimento do consumidor. Não precisaria ser necessariamente o Procon ou a Defensoria Pública (até porque em várias cidades estes dois órgãos são inexistentes). Bastaria um servidor municipal para scanear os documentos referentes às dívidas e a renda do consumidor, inserir os dados na plataforma, dando início ao tratamento. Esse consumidor, analfabeto digital e/ou sem acesso à internet, principalmente nas localidades sem órgãos públicos de defesa do consumidor, estão excluídos não somente da sociedade de consumo, mas também do tratamento que a lei disponibiliza para eles. Assim, a utilização da plataforma, com acesso através de parceria com os municípios, possibilitaria acesso a estas pessoas.

Em uma abordagem mais direta e objetiva, destacamos as principais vantagens da utilização da plataforma:

1) A possibilidade de a plataforma abranger todo um município ou estado (e até mesmo o país inteiro), sem necessidade de ter, necessariamente, um Procon, Defensoria Pública ou Ministério Público na localidade;

2) A facilidade de o consumidor enviar todos os dados das dívidas (contratos), bem como inserir os dados dos custos de vida por um site ou aplicativo, não precisando se deslocar presencialmente para solicitar o tratamento;

3) Possibilidade, caso o consumidor requeira ou a própria plataforma sugira, de atuação de um psicólogo ou assistente social, que poderá atender o consumidor de maneira online (pela própria plataforma);[7-8]

4) Possibilidade de o consumidor, de modo fácil, através do celular, enviar uma denúncia de abuso na concessão do crédito (podendo enviar fotos, documentos etc.), e a plataforma notificar o fornecedor imediatamente da reclamação/denúncia (caso este fornecedor já esteja cadastrado). A participação do consumidor como "fiscal da concessão do crédito", denunciando os abusos praticados no mercado, é importante para concretizarmos a fase preventiva da lei;

5) Possibilidade de o envio das intimações e/ou notificações dos credores pela própria plataforma, com comprovação de recebimento, não necessitando do envio de cartas por AR, gerando economia de tempo e custo;

6) Possibilidade de elaboração de um plano de pagamento automatizado, a partir dos dados inseridos pelo consumidor superendividado (dívidas e renda), com parâmetros do mínimo existencial, não necessitando de um profissional de economia para a realização de cada plano;

7) Possibilidade de a plataforma mostrar, com base no *big data* disponível, gráfico que indique propostas, considerando o credor e o tipo de dívida, com maiores chances de êxito;

8) A possibilidade, embora a lei não preveja, de o credor poder enviar uma proposta de pagamento (os termos em que aceitaria uma repactuação), mesmo antes da apresentação do plano de pagamento, gerando praticidade e transparência;

9) Possibilidade de realização de audiências assíncronas (as partes não precisam estar em contato ao mesmo tempo – simultaneamente), com o envio do plano de pagamento para todos os credores, possibilitando em um determinado prazo que cada um se manifeste pela anuência ou não e, em caso negativo, que esclareça as razões

---

7. Na hipótese de o consumidor analfabeto digital ou sem acesso à internet, bastaria o município (nas localidades sem órgãos de defesa do consumidor) disponibilizar uma sala com acesso a câmeras para o atendimento. Algo muito fácil de se fazer atualmente, principalmente após a pandemia!

8. Não seria necessário ter psicólogos ou assistentes sociais em cada cidade do país. Bastaria uma central com vários psicólogos e/ou assistentes sociais que poderiam atender os consumidores dos seus próprios consultórios.

pelo não aceite do plano apresentado. Dentro deste prazo, cada credor terá tempo suficiente para avaliar os dados e a proposta enviada pelo consumidor, podendo aferir, por exemplo, a veracidade das informações.

10) A realização da audiência assíncrona é eficiente porque:

a) O consumidor e os credores não precisam se deslocar até a sede do Procon ou defensoria pública para a realização da audiência;

b) Facilita a participação dos credores que não precisam manter representantes e advogados em cada cidade do país;

c) Possibilita um tempo para que os credores avaliem a veracidade das informações prestadas pelo consumidor;

d) Possibilita um tempo de análise do plano de pagamento por parte dos credores;

e) Evita o constrangimento de o consumidor estar por algumas horas sendo exposto aos credores;

f) Gera economia porque não necessita de estrutura física para as audiências globais e nem de servidores (conciliadores e mediadores) para os atos;

g) Em caso de aceite do credor ao plano de pagamento, é gerado automaticamente termo de acordo, não necessitando de servidor para redigir o termo;

h) Em caso de não aceite do credor ao plano, há possibilidade (em caso de convênio) de envio direto ao Poder Judiciário para o ajuizamento da ação de revisão e repactuação de dívidas (artigo 104-B) com atuação de um advogado ou defensor público;

11) Possibilidade de registro do resumo histórico da negociação, principalmente em caso de não acordo, para subsidiar o magistrado na definição do plano de pagamento compulsório (artigo 104-B), avaliando principalmente se o credor se portou com boa-fé ao tentar conciliar;

12) Possibilidade de acompanhamento do pagamento das prestações do plano acordado e/ou do plano compulsório instituído pelo magistrado.

13) A desjudicialização do tratamento do superendividamento. Sendo efetiva e com acesso facilitado, o consumidor irá optar pelo tratamento extrajudicial, deixando o judiciário somente para as hipóteses de não acordo (plano judicial compulsório), gerando economia de custos para a sociedade, uma vez que o processo judicial é extremamente caro.

Assim, essas são algumas das inúmeras vantagens que o uso de uma plataforma pode proporcionar no tratamento do consumidor superendividado.

A vigência da lei nestes quase dois anos foi suficiente para demonstrar que os órgãos públicos e o Poder Judiciário não disponibilizam estrutura e servidores para darmos acesso a todos os brasileiros superendividados – ou ao menos à maioria deles.

A utilização de uma plataforma elaborada especificamente para o superendividamento certamente dará acesso a mais consumidores e gerará facilidades de operacionalização e fluxo do tratamento, com menos servidores e com economia de custos relevantes.

Nos dizeres de Bauman, "não são as crises que mudam o mundo, e sim nossa reação a elas".[9] Estamos vivendo a maior crise do endividamento e superendividamento da história, e que vem sendo agravada fortemente pela pandemia da Covid-19.[10] Precisamos, assim, reagir a essa crise (doença) com a vacina correta. Talvez a plataforma seja uma luz nesse sentido.

---

9. Em entrevista à revista *Istoé*, em 2010.
10. Número de inadimplentes no Brasil atinge recorde em 2022, diz CNC. Disponível em https://www.poder360.com.br/economia/numero-de-inadimplentes-no-brasil-atinge-recorde-em-2022-diz-cnc/. Acesso em: 05 abr. 2023.

# DAS RESOLUÇÕES DO PARLAMENTO EUROPEU À PROPOSTA DE REPARAÇÃO DE BENS

*Mário Frota*

Antigo professor da Universidade de Paris d'Est, director do CEDC (Centro de Estudos de Direito do Consumo de Coimbra) e fundador e primeiro presidente da AIDC (Associação Internacional de Direito do Consumo).

## OS "RECADOS" DO PARLAMENTO EUROPEU À COMISSÃO EUROPEIA EM ORDEM A UM "DIREITO À REPARAÇÃO": AS SUCESSIVAS RESOLUÇÕES

O Parlamento Europeu fez-se intérprete de uma aspiração geral ao pretender traduzir os Objectivos do Milénio para o amplo domínio da sustentabilidade dos produtos de consumo: e exprimiu-a em ensejos vários, consubstanciada nas Resoluções de 04 de Julho de 2017, 25 de Novembro de 2020 e 07 de Abril de 2022, ante os retardamentos detectados nas iniciativas legiferantes da Comissão Europeia.

Em 2017, "O Parlamento Europeu instou a Comissão Europeia a eleger a reparação dos produtos como alvo primacial das suas acções:

– incentivando e propiciando um sem-número de medidas tendentes a tornar a opção "reparação" como mais atractiva;

– pelo recurso a técnicas de construção e materiais passíveis de promover a reparação dos bens ou a fácil substituição dos seus componentes com o menor dispêndio possível; recusando veementemente que os consumidores se tornem escravos de um interminável ciclo de reparações e de manutenção de bens inaproveitáveis;

– promovendo, em caso de uma não conformidade recorrente ou de um período de reparação superior a um mês, a prorrogação da garantia por período equivalente ao tempo indispensável para a reparação;

– apelando a que as partes cruciais para o funcionamento do produto sejam substituíveis e reparáveis, fazendo da susceptibilidade de reparação do produto um dos seus elementos essenciais, quando benéfico, e desencorajando-o, a menos que tal se justifique por razões de segurança.

Tal *desideratum* reiterou-o em 25 de Novembro de 2020:

– A outorga aos consumidores de um "direito à reparação";

– A promoção da reparação em vez da substituição;

– A normalização das peças sobresselentes susceptível de promover a interoperabilidade e a inovação;

– O acesso gratuito às informações necessárias para a reparação e a manutenção;

– Um cacharolete de informações a cargo dos produtores: disponibilidade de peças sobresselentes, actualizações de software e a faculdade de reparação de qualquer produto…

O período mínimo obrigatório para o fornecimento de peças sobresselentes em consonância com a duração de vida estimada do produto após a colocação no mercado da última unidade

– Garantia de um preço razoável para as peças sobresselentes;

– Garantia legal para peças substituídas por reparador profissional quando os produtos já não beneficiarem da garantia ordinária;

– Criação de incentivos, como o "bónus do artesão", susceptíveis de promover as reparações, em particular após o termo da garantia legal.

E dele se fez eco de modo insistente em 2022, instando nomeadamente à reparação proporcionada numa concertação de princípios: o da sustentabilidade, o dos interesses económicos e o da economia social de mercado altamente competitiva:

– Acesso a peças sobresselentes e a manuais de instruções;

– A quebra de sigilo e a transparência de processos no que tange à composição de produtos, diagnóstico e reparação;

– Obstar à obsolescência, cominar, ao menos, como ilícitos de mera ordenação social práticas de um tal jaez.

Um instrumento normativo em sede de Concepção Ecológica mais abarcante, com maior gama de produtos, que não circunscritos aos que relevam das energias:

– Eleger a informação como algo de primacial;

– Conferir papel fundamental ao rótulo ecológico da UE no incentivo à adopção, por parte da indústria, de políticas de rotulagem que transmitam aos consumidores informações fundamentais do ciclo de vida dos produtos;

– Prover a incentivos financeiros para os serviços de reparação, por forma a tornar a reparação conveniente e atractiva para reforço dos direitos dos consumidores e das garantias para uma utilização mais prolongada dos bens.

Um ror de evocações, que quase caíram em saco roto!

## O ITER LEGISLATIVO

Muita água se precipitou, entretanto, pontes abaixo até que – sob a forma de Proposta de Directiva – a Comissão Europeia se permitiu trazer a lume um texto: a 22 de março pretérito.

Finalmente… algo acontece, nos desacertos com que legisladores menos experimentados e determinados nos brindam. Conquanto de distintos quadrantes houvesse a percepção, aliás, infundada, de que a União Europeia consagrara já, desde 2019, *de plano,* um direito universal à "reparação".

Estatuir em matéria de assistência pós-venda, de modo restrito, em termos de disponibilidade de sobressalentes por sete, dez anos de produtos que mal se contam pelos dedos de uma só mão, como ocorreu com Regulamentos de Execução da Comissão Europeia, é algo que de todo se não confunde com a outorga de um autêntico "direito à reparação", vero e próprio, com as consequências que de um tal direito emergem e terão de ser doravante convenientemente esquadrinhadas.

## A PROPOSTA DE DIRECTIVA DE 22 DE MARÇO DE 23

## A OBRIGAÇÃO DE REPARAÇÃO QUE PENDE SOBRE PRODUTORES

O Regulamento "Ecodesign de Produtos Sustentáveis", ora na forja no Parlamento Europeu, "estabelece, em particular, requisitos do lado da oferta que perseguem o objectivo de um *design* de produto mais sustentável na fase de produção", ao passo que a Directiva de "Empoderamento dos Consumidores para a Transição Ecológica", de análogo modo em preparação, definirá os requisitos do lado da procura, assegurando uma mais adequada informação sobre a durabilidade e reparabilidade dos bens no ponto de venda, susceptível permitir aos consumidores decisões esclarecidas em torno de uma qualquer compra sustentável.

O instrumento de que por último se trata prossegue destarte os objectivos, no quadro do *European Green Deal,* de promover um consumo mais sustentável, uma economia circular, na essência e por definição, e a transição ecológica versada num dado número de planos, projectos e programas adoptados na União Europeia, em processo complexo e, por vezes, fonte de fundas perturbações.

A Proposta de Directiva, sob a consigna "Regras Comuns 'Tendentes' à Reparação dos Bens", consagra, enfim, o denominado "direito à reparação" por que há tanto se clama: e disso são exemplo recorrente os sucessivos instrumentos no passo precedente recortados…

Nela se define que os estados assegurarão, a rogo do consumidor, que o produtor repare, gratuitamente ou contra retribuição ou outra qualquer contrapartida, os bens para os quais e na medida em que os requisitos de reparação se achem previstos em actos jurídicos da União.

A disciplina vertida na directiva não é susceptível de embargar a liberdade de os Estados regularem os contratos de prestação de serviços de reparação de todo não previstos pelo direito da União.

Os requisitos a que a obrigação de reparação se submete incluirão os que assegurem, ao abrigo de tais actos jurídicos, as operações nela imbricadas.

Neles se inserirão, entre outros, os constantes do quadro de concepção ecológica, a que o Regulamento em perspectiva proverá, de molde a abranger uma vasta gama de produtos, bem como os desenvolvimentos futuros em qualquer outro domínio.

## DESTRINÇA CONCEITUAL ENTRE O "DIREITO DE REPARAÇÃO" E O "DIREITO À REPARAÇÃO"

De assinalar, entretanto, que o "direito à reparação" se não confunde com o "direito de reparação" que emerge como um dos remédios em caso de não conformidade do bem com o contrato, de harmonia com a Directiva "Compra e Venda de Bens" de 20 de Maio de 2019 e da correspondente translação normativa para o ordenamento jurídico pátrio, o Decreto-Lei 84/2021, de 18 de Outubro.

O "direito de reparação" figura no artigo 15 do diploma legal, por último assinalado, aí se estatuindo, no seu n. 2, que cabe ao consumidor: "escolher entre a reparação ou a *substituição* do bem, salvo se o meio escolhido para a reposição da conformidade for impossível ou, em comparação com o outro meio, impuser ao fornecedor custos desproporcionados, tendo em conta todas as circunstâncias..."

Não se confunda, por conseguinte, o direito que emerge das garantias dos bens de consumo [o de reparação] do "direito à reparação" que inere a todo e qualquer bem de consumo, nas coordenadas da sustentabilidade e como forma de tornar mais longevas as coisas...

Aliás, em decorrência da Directiva "Omnibus", a Lei-Quadro de Defesa do Consumidor, em vigor em Portugal, estatui no n. 5 do seu artigo 9º que "o consumidor tem direito à assistência 'pós-venda', com incidência no fornecimento de peças e acessórios, *pelo período de duração média normal dos produtos fornecidos*".

O "direito à reparação" é particularmente vincado nas Resoluções do Parlamento Europeu, sucessivamente editadas a 4 de Julho de 2017, de 25 de Novembro de 2020 e 07 de Abril de 2022.

## ATENUAÇÕES OU EXCLUSÕES

O produtor não será obrigado a reparar os bens sempre que a reparação for impossível, à semelhança do que ocorre, aliás, no quadro da Directiva "Compra e Venda de Bens" e dos instrumentos transpositivos do direito nacional.

É lícito ao produtor subcontratar a reparação por forma a cumprir a obrigação de reparação que sobre si impende.

Se o produtor adstrito à obrigação de reparar se não achar estabelecido no mercado interior, transfere-se para o seu representante autorizado a inerente obrigação.

Se não houver representante autorizado na União, o importador em referência substituir-se-á ao produtor.

Não havendo importador, incumbirá ao distribuidor a obrigação de reparação, de molde a que os consumidores não sejam despojados dos seus direitos, na esteira do que prescrevem inúmeros instrumentos com o selo da União.

## ESPECIAL OBRIGAÇÃO DO PRODUTOR

Os produtores devem assegurar que os reparadores independentes acedam a peças sobressalentes.

Há que facultar-lhes ainda o acesso a informações (aos manuais com adequadas instruções) e a ferramentas indispensáveis aos trabalhos de reparação (em conformidade com os actos jurídicos da União enumerados no anexo, de que ora não cumpre curar).

## INFORMAÇÃO SOBRE OBRIGAÇÃO DE REPARAÇÃO

Os Estados-membros assegurarão que os produtores informem os consumidores da obrigação de reparação que sobre si recai.

E que forneçam informações sobre os serviços de reparação de forma facilmente acessível, clara e compreensível, nomeadamente através da plataforma em linha a que noutro passo se alude.

## INCUMBÊNCIAS DA COMISSÃO EUROPEIA

A Comissão Europeia fica habilitada a adoptar actos delegados por forma a que se opere a alteração dos instrumentos em que se plasmem os bens que ao direito à reparação se submetem, actualizando a lista dos competentes actos jurídicos com os requisitos de reparabilidade, à luz da evolução legislativa observada.

## FORMULÁRIO EUROPEU DE INFORMAÇÃO SOBRE REPARAÇÕES

O formulário deve estabelecer parâmetros-chave que influenciem as decisões do consumidor ao considerar a possibilidade de reparar bens que se mostrem com vícios, avarias ou defeitos.

A Directiva estabelece um modelo de formato normalizado.

O formato padronizado conferirá aos consumidores avaliem e comparem de modo simples os serviços: o formato padronizado também deve propiciar o processo de fornecimento de informações sobre serviços de reparação, em particular para micro, pequenas e médias empresas prestadoras de serviços de reparação.

## O MODELO

O Formulário Europeu de Informações sobre Reparações especificará forma clara e compreensível as condições em que a reparação se operará, como segue:

– A identidade do reparador;

– O endereço geográfico em que o reparador se acha estabelecido, bem como o número de telefone e o endereço de correio electrónico e, se disponível, outros meios de comunicação em linha que permitam contactos de forma forma rápida e eficiente;

– o produto susceptível de ser reparado;

– a natureza do vício, avaria ou defeito e o tipo de reparação sugerido;

– o preço ou, se o preço não puder ser razoavelmente calculado de modo antecipado, a forma pela qual deve ser calculado e a revelação o preço máximo para a reparação;

– o tempo estimado necessário para conclusão dos trabalhos;

– a disponibilidade de bens de substituição no decurso do lapso de tempo de reparação e os encargos devidos para o efeito, se os houver;

– o local de entrega dos bens para reparação,

– quando aplicável, a disponibilidade de serviços auxiliares, como remoção, instalação e transporte, oferecidos pelo reparador e os encargos devidos por tais serviços, se houver, para o consumidor.

## PLATAFORMA DE REPARAÇÃO EM LINHA

Cada um dos Estados-membros aparelhará, ao menos, uma plataforma em linha que permita aos consumidores saber onde se estabelecem os reparadores.

## A PLATAFORMA

– Congregará as funções de pesquisa de bens, localização dos serviços de reparação, condições de reparação, previsão do tempo necessário para o efeito, disponibilidade de bens de substituição e o local de depósito do bem, condições acessórias de serviços, incluindo remoção, instalação e transporte, para além dos padrões de qualidade adoptados, europeus ou nacionais;

– Nela se solicitará o Formulário Europeu de Informações sobre Reparações;

– Assegurará actualizações regulares de informações de contacto e serviços pelos reparadores;

– Revelará a adesão às normas de qualidade europeias ou nacionais aplicáveis;

– Garantirá o acesso a pessoas vulneráveis, designadamente a portadoras de deficiência;

– Garantirá ainda o acesso a sítios nacionais conectados ao Portal Digital Único edificado sob Regulamento Europeu de 2018.

– Os estados são livres de decidir quais as oficinas de reparação susceptíveis de se registar na plataforma em linha, desde que o acesso o seja em condições de razoabilidade e não discriminação, em conformidade com o direito vigente na União.

E asseguram que os operadores económicos em condições de prestar tais serviços acedam de modo simples à plataforma em linha.

Cumpre aos Estados definir os termos da plataforma em linha, v.g., através do auto-registo ou da extracção a partir de bases de dados existentes com o consentimento dos reparadores, ou impondo aos aspirantes ao registo, se for o caso, uma qualquer taxa susceptível de cobrir os custos de funcionamento da plataforma.

Para garantir uma ampla escolha de serviços de reparação na plataforma, assegurarão que o acesso se não limite a uma categoria específica de reparadores. Conquanto se lhes apliquem os requisitos nacionais relativos, por hipótese, às qualificações profissionais necessárias, cumpre assegurar que a plataforma se abra a todos os reparadores que observem tais requisitos.

Os estados serão também livres de decidir se e em que medida as iniciativas de reparação no seio da comunidade, como os cafés ou os clubes de reparação "tipo mecânica popular", podem registar-se na plataforma, face às considerações de segurança, quando relevante.

Tal possibilidade deve ser presente de forma destacada na plataforma.

Para divulgar as plataformas nacionais e facilitar o acesso a tal em toda a União, os estados assegurarão que a elas se aceda através de páginas Web nacionais conectadas ao Portal Digital Único.

Para atrair os consumidores para as plataformas, adaptar-se-ão medidas adequadas, a saber, as da divulgação em sítios Web nacionais conexos ou apropriadas campanhas de comunicação.

Eis o que cumpre, na circunstância e, em primeira mão, revelar.

1. E, no seu artigo 18, se pormenoriza o "modus agendi", a saber:

"...

2. A reparação... do bem é efectuada:

a) A título gratuito;

b) Num prazo razoável a contar do momento em que o [fornecedor] tenha sido informado pelo consumidor da [não] conformidade;

c) Sem grave inconveniente para o consumidor, tendo em conta a natureza dos bens e a finalidade a que o consumidor os destina.

3. O prazo para a reparação... não deve exceder os 30 dias, salvo nas situações em que a natureza e complexidade dos bens, a gravidade da [não] conformidade e o esforço necessário para a conclusão da reparação... justifique um prazo superior.

4. Em caso de reparação, o bem reparado beneficia de um prazo de garantia adicional de seis meses por cada reparação até ao limite de quatro reparações, devendo o fornecedor, quando da entrega do bem reparado, transmitir ao consumidor essa informação.

5. Quando a reparação exigir a remoção do bem que tenha sido instalado de uma forma compatível com a sua natureza e finalidade antes de a não conformidade se ter

manifestado, a obrigação do profissional abrange a remoção do bem não conforme e a instalação de bem reparado…, a suas expensas."

Aliás, a Lei da "Compra e Venda de Bens" de 18 de Outubro de 2021, em que se estatuem as garantias que lhes inerem, contém, na versão actual, sob a epígrafe "serviço pós-venda e disponibilização de peças", os regramentos que segue:

"1 – Sem prejuízo do cumprimento dos deveres inerentes à responsabilidade do profissional ou do produtor pela falta de conformidade dos bens, o produtor é obrigado a disponibilizar as peças necessárias à reparação dos bens adquiridos pelo consumidor, durante o prazo de dez anos após a colocação em mercado da última unidade do respectivo bem.

2 – A obrigação prevista no número anterior não é aplicável a bens cuja obrigatoriedade de disponibilização de peças esteja prevista em regulamentação da União Europeia específica em matéria de concepção ecológica, a qual prevalece, nem a bens perecíveis ou cuja natureza seja incompatível com o prazo referido no número anterior.

3 – No caso de bens móveis sujeitos a registo, o profissional deve, pelo período previsto no n. 1, garantir assistência pós-venda em condições de mercado adequadas.

4 – No momento da celebração do contrato, o profissional deve informar o consumidor da existência e duração da obrigação de disponibilização de peças aplicável e, no caso dos bens móveis sujeitos a registo, da existência e duração do dever de garantia de assistência pós-venda".

# JURISPRUDÊNCIA DA RESPONSABILIDADE CIVIL POR RACISMO ESTRUTURAL NAS RELAÇÕES DE CONSUMO

*"Nada como um bom caso concreto para derrubar uma ótima teoria jurídica".*
(ministro Paulo de Tarso Sanseverino[1])

*Jonas Sales Fernandes da Silva*
Diretor do Instituto de Defesa de Consumidores (Idec) e do Instituto Brasileiro de Política e Direito do Consumidor (Brasilcon). Advogado.

## IMPORTÂNCIA DA JURISPRUDÊNCIA PARA O ESTUDO DA RESPONSABILIDADE CIVIL

Sobre a reconstrução valorativa do direito privado,[2] nomeadamente por meio do aperfeiçoamento de seus institutos jurídicos, José Carlos Barbosa Moreira registra que não raro é a jurisprudência que toma para si esse papel progressista: "aliás, conforme tantas vezes aconteceu na história das instituições jurídicas, a elaboração doutrinária foi precedida da atuação de tribunais: a jurisprudência, notadamente na França, adiantou-se à ciência".[3]

Dentro dessa perspectiva, Ruy Rosado de Aguiar Júnior anota uma mudança que aqui se ressalta: a da importância ímpar da jurisprudência no âmbito da responsabilidade civil para o aprimoramento do sistema jurídico de tutela de interesses. Diz o mencionado autor: "a doutrina estrangeira dedica especial atenção à jurisprudência, não apenas a dos países do common law, mas também a do sistema continental. Basta ler os juristas franceses para verificar quanto deve a doutrina à experiência dos tribunais, de modo muito especial no desenvolvimento da responsabilidade civil. Não é diferente o que

---

1. *Jornada Jurídica de Saúde Suplementar*. Disponível em: https://youtu.be/mUXhL7ZjjxQ. Acesso: 08 abr. 2023.
2. Em grande medida essa renovação do direito privado passa pela ascensão valorativa dos princípios jurídicos no Direito, como anota Luís Roberto Barroso: "Como já assinalado, os princípios jurídicos, principalmente os de natureza constitucional, viveram um vertiginoso processo de ascensão, que os levou de fonte subsidiária do Direito, nas hipóteses de lacuna legal, ao centro do sistema jurídico. No ambiente pós-positivista, de reaproximação entre o Direito e a Ética, os princípios constitucionais se transformam na porta de entrada dos valores dentro do universo jurídico. Há consenso na dogmática jurídica contemporânea de que os princípios e regras desfrutam do mesmo status de norma jurídica". In: BARROSO, Luís Roberto. *Curso de direito constitucional contemporâneo: os conceitos fundamentais e a construção do novo modelo*. 3. ed. São Paulo: Saraiva, 2011, p. 313.
3. BARBOSA MOREIRA, José Carlos. Abuso do Direito. *Revista Trimestral de Direito Civil*. v. 13, p. 99, jan./mar. 2003.

acontece na Itália, na Alemanha, na Espanha, onde as monografias, cursos e comentários estão sempre amparados em abundantes citações e remissões jurisprudenciais".[4]

Ora, tais constatações vão adequadamente ao encontro de uma realidade que norteia este artigo: a de que *a jurisprudência brasileira tem se tornado cada vez mais atenta e rigorosa ao se deparar com casos de responsabilidade civil nas relações de consumo subsidiados pelo racismo estrutural.*

Mas obedeçamos à sabedoria popular: devagar com o andor que o santo é de barro.

## RACISMO, RACISMO ESTRUTURAL E O ARCABOUÇO LEGAL DE PROTEÇÃO

*Racismo* é forma sistemática de discriminação racial que tem na raça o seu fundamento central e que se manifesta através de condutas conscientes ou inconscientes que culminam em desvantagens ou privilégios para indivíduos, a depender do grupo racial ao qual pertençam.

Tal fenômeno, diz Silvio Luiz de Almeida, é *estrutural* na medida em que "é definido pelo seu caráter sistêmico. Não se trata, portanto, de apenas um ato discriminatório ou mesmo de um conjunto de atos, mas de um processo em que condições de subalternidade e de privilégio se distribuem entre grupos raciais que se reproduzem no âmbito da política, da economia e das relações cotidianas".[5]

Sendo assim, e como não se analisa texto sem contexto, orteguianamente falando, pois o homem é ele e suas circunstâncias, Laurentino Gomes consigna o berço dessa discriminação estrutural – e estruturante – logo no "dia seguinte" à abolição da escravidão no Brasil, que se deu pela Lei 3.353, de 13 de maio de 1888: "A Lei Áurea abolia a escravidão, mas não o seu legado. Privados de acesso à terra, à moradia, à educação e à própria cidadania, a população negra e afrodescendente seria vítima de outra espécie de abandono, que tentaria privá-la de sua própria identidade".[6]

De posse desses conceitos, passa-se a analisar o que o Direito posto tem a dizer sobre a proibição de discriminação racial no Brasil, mormente em casos de responsabilidade civil no cenário das relações de consumo.

Em diálogo (permanente) de fontes[7] com o que dispõe a Constituição Federal (1°, III; artigo 3°, I, III e IV; artigo 5°, I, XLII), a Lei do Racismo (Lei 7.716/89) e o

---

4. AGUIAR JÚNIOR, Ruy Rosado. *A experiência no STJ*. O Superior Tribunal de Justiça e a reconstrução do direito privado. In: FRAZÃO, Ana; TEPEDINO, Gustavo (Coord.). São Paulo: RT, 2011, p. 15.
5. ALMEIDA, Silvio Luiz de. *Racismo estrutural*. São Paulo: Sueli Carneiro; Editora Jandaíra, 2021, p. 32. Em sentido contrário, ou seja, a acreditar inexistir racismo estrutural no Brasil, confira-se, por todos, a recente obra: SODRÉ, Muniz. *O fascismo da cor*: uma radiografia do racismo nacional. Petrópolis, Rio de Janeiro: Vozes, 2023, p. 56. "O problema, porém, é que o racismo não pode ser realmente compreendido como efeito de estrutura da sociedade desigual, mas como um macrofenômeno antropológico (na escala do que Marcel Mauus chamaria, mutatis mutandis, de fato social total), cuja incidência humana se universalizou com a colonialidade".
6. GOMES, Laurentino. *Escravidão*: da independência do Brasil à Lei Áurea. Rio de Janeiro: Globo Livros, 2022, p. 526.
7. MARQUES, Claudia; MIRAGEM, Bruno. *Diálogo das Fontes*. São Paulo: RT, 2020. Disponível em: https://thomsonreuters.jusbrasil.com.br/doutrina/1199171979/dialogo-das-fontes. Acesso em: 07 abr. 2023.

Código Civil (artigos 186, 187, 927), a Lei 8.078/1990, o Código de Defesa do Consumidor, posto não trate de modo expresso da incidência da responsabilidade civil objetiva em decorrência de discriminação racial nas relações jurídicas de consumo, possui, a bem da verdade, diversos enunciados normativos que podem, via eficácia dos direitos fundamentais,[8] alcançá-las.

Assim, por exemplo, o artigo 4º, que prescreve que a Política Nacional das Relações de Consumo observará o atendimento das necessidades dos consumidores e o respeito à sua dignidade, saúde e segurança. Igualmente, o artigo 6º, ao prescrever ser direito básico do consumidor, dentre outros, a liberdade de escolha quanto a serviços e produtos, bem assim a igualdade nas contratações (inciso II). No âmbito da publicidade, o artigo 37 registra ser publicidade abusiva, dentre outras, a que for discriminatória de qualquer natureza. Também o artigo 39 diz ser prática abusiva, dentre outras, a que eleve sem justa causa o preço de produtos ou serviços (inciso X), ou ainda aquela que venha a recusar a venda de bens ou a prestação de serviços, diretamente a quem se disponha a adquiri-los mediante pronto pagamento, ressalvados os casos de intermediação regulados em leis especiais (inciso IX).

Colocadas brevemente as bases legais, nota-se que a doutrina brasileira pouco produziu de maneira sistematizada sobre o tema, até por ser tema incipiente (na vida pensada, pois na vida vivida remonta há séculos), o que corrobora o quanto dito (e acima reproduzido) por José Carlos Barbosa Moreira e Ruy Rosado de Aguiar Júnior, no sentido de que em muitas das vezes é a jurisprudência quem puxa a doutrina ao avanço do sistema jurídico, nomeadamente em matéria de responsabilidade civil.

A jurisprudência brasileira sobre racismo estrutural nas relações de consumo: da correta aplicação do sistema de responsabilidade civil objetivo previsto no CDC, cabendo ao Poder Judiciário se manifestar, até por dever constitucional (artigo 5º, XXXV), o que se percebe, como se passa a explanar, é um avanço qualitativo das decisões ao longo do tempo, passando-se da ótica *subjetiva*[9] da responsabilidade civil para

---

8. Assim, por todos, Bruno Miragem: "No direito brasileiro, a eficácia dos direitos fundamentais, ao resultar na proibição da discriminação segundo os critérios definidos pela Constituição, define os atos discriminatórios como ilícitos absolutos (inclusive por abuso do direito, artigo 187 do Código Civil), ensejando reparação, e delimita o exercício da autonomia negocial para recusa ou diferenciação da contratação que se defina, exclusivamente, por critérios proibidos. Estão abrangidas nesta situação, por exemplo, a recusa de contratação sem razões objetivas legítimas, ou mesmo no âmbito de contratações automatizadas a diferenciação de contratação nas mesmas condições". In: MIRAGEM, Bruno. *Teoria Geral do Direito Civil*. Rio de Janeiro: Forense, 2021, p. 83-84.
9. Apelação cível. Responsabilidade civil. Ação indenizatória por danos morais. Relação entre professora e alunas. Ausência de prova de ato ilícito. Prestígio ao princípio da imediatidade do juízo da instrução. Improcedência mantida. Para que seja devida qualquer indenização, *é necessário que se reúnam os pressupostos da responsabilidade civil subjetiva* previstos nos artigos 186 e 927 do CC, quais sejam, a conduta – omissiva ou comissiva –; a culpa do agente; o dano; e o nexo causal entre a conduta e o dano. Da análise dos autos, resta incontroverso que a autora possuía relação de docência com as rés, pois era professora e coordenadora de curso universitário frequentado pelas demandadas. Todavia, não há qualquer prova de que tenha a apelante sido alvo de racismo ou discriminação por parte de suas alunas. Elementos probatórios que não evidenciam ato ilícito das rés. Princípio da imediatidade do juízo sentenciante, que presidiu a instrução e esteve em contato direto com as partes, melhor conhecendo a realidade de sua jurisdição. Apelante que não se desincumbiu do ônus de fazer prova do direito alegado. Sentença mantida. Apelação desprovida

a objetiva, o que prestigia inequivocamente a afirmação dos direitos fundamentais na vida social e no desenvolvimento de soluções que privilegiem a dimensão existencial das relações jurídicas.[10]

Nesse sentido, e filtrando-se aqui tão somente decisões proferidas por tribunais de justiça estaduais,[11] apresenta-se o estado da arte da jurisprudência sobre o tema do racismo estrutural no âmbito das relações de consumo (foram coletadas 69 decisões judiciais na pesquisa) – e o consequente dever de indenizar. Por razões de formatação, traz-se à baila, nesta oportunidade, apenas quatro decisões que bem demonstram o avanço jurisprudencial sobre a matéria.

- Criança preta abordada de maneira excessiva dentro de estabelecimento
O Tribunal de Justiça do Rio de Janeiro (TJ-RJ), em 11.02.2022, condenou uma fornecedora a indenizar em dano moral uma criança preta de 10 anos por tratamento vexatório e antidiscriminatório consistente em abordagem excessiva em interior de loja, sem qualquer resquício de conduta que pudesse levar a essa "inaceitável naturalização do racismo".[12] A ementa:
- Apelação cível. Relação de consumo. Prática de ato ilícito. Responsabilidade civil. Constrangimento no interior de estabelecimento comercial. Racismo Estrutural. Abordagem vexatória, feita com excesso, realizada por preposto da Ré, sob alegação de existência de adolescentes que vão ao local para furtar produtos. Consumidor criança de dez anos. Falha na prestação do serviço evidenciada. Responsabilidade objetiva. Teoria do Risco do Empreendimento. Ato ilícito. Artigo 373, inciso II, do CPC e artigo 14, § 3º, do CDC. Dano moral configurado. Infração ao comando constitucional do artigo 6º da CF. Inobservância do Estatuto da Criança e do Adolescente. Excesso cometido na abordagem do Autor, que se deu de forma vexatória, o que evidentemente acarreta angústia, insegurança e abalo, bem como uma sensação de medo e injustiça. Inaceitável naturalização de racismo. Dano moral adequado e proporcional ao sofrimento experimentado. Desprovimento do recurso.[13]
- Consumidor preto que ao passar em frente à loja foi indicado como suspeito de furto, arrastado para dentro, com chamamento de força policial e espancamento
Novamente no TJ-RJ, dois meses após o julgado acima, em 11.04.2022, houve condenação em caso que desumaniza qualquer cidadão e envergonha mesmo o País como Estado democrático de Direito: *ao passar pela frente de uma das Lojas Americanas o consumidor foi abordado por seguranças que, tendo solicitado o auxílio da força policial, o acusou de haver praticado subtração de produtos no interior do estabelecimento. Não satisfeitos, os prepostos conduziram o consumidor ao interior da loja, tendo ele, contudo, permanecido em local amplamente visível por todos quantos por ali passavam percebendo claramente que estava sendo acusado de roubo ou furto. Tais condutas foram verificadas pelas filmagens e os prepostos confirmaram o que o consumidor*

---

(Apelação Cível 70079668539, Nona Câmara Cível, Tribunal de Justiça do RS, Relator: Carlos Eduardo Richinitti, Julgado em 27.03.2019).

10. BODIN, Maria Celina. A constitucionalização do direito civil e seus efeitos sobre a responsabilidade civil. In: SOUZA, Cláudio Pereira de; SARMENTO, Daniel (Org.). *A constitucionalização do Direito*: fundamentos teóricos e aplicações específicas. Rio de Janeiro: Lumen Juris, 2007, p. 439.
11. Passou-se por toda a jurisprudência disponível no sistema de busca jurisprudencial dos tribunais de justiça estaduais brasileiros, colocando-se como mecanismo de procura os termos "racismo estrutural" e "direito do consumidor" entre aspas. Pesquisa finalizada em 08.04.2023.
12. TJ-RJ – APL: 00503084720198190203, relator: desembargador (a). Andrea Maciel Pacha, Data de Julgamento: 09.02.2022, Terceira Câmara Cível, Data de Publicação: 11.02.2022.
13. TJ-RJ – APL: 00503084720198190203, relator: desembargador (a). Andrea Maciel Pacha, Data de Julgamento: 09.02.2022, Terceira Câmara Cível, Data de Publicação: 11.02.2022.

*insistia em alegar (sem êxito), ou seja, que sequer havia entrado no estabelecimento.* A indenização por esse calvário se deu no importe de R$ 50 mil, levando-se em consideração também o fato de que há quatro meses havia chegado ao TJ-RJ caso deveras similar,[14] mudando-se tão somente o CPF e o nome do consumidor discriminado. Trecho da ementa:

> O relato contido na exordial que, repita-se, comprovou-se nesses autos, reverbera o odioso racismo estrutural. Tal conclusão é inexorável, eis que o réu afirma que requereu o apoio da polícia para abordar o autor, omitindo dolosamente a razão pela qual suspeitou do mesmo. Ocorre que o autor é pessoa negra, de modo que paira sobre si, em razão do racismo que assola a nossa sociedade, a automática atribuição de responsabilidade por delitos patrimoniais, como forma de manutenção da relação de subalternidade. Inicialmente cabe esclarecer que o caso em tela consiste numa relação de consumo. Essa conclusão depreende-se da jurisprudência do STJ que entende aplicável a Lei 8.078/90 toda vez que uma das partes do contrato, independentemente de ser pessoa física ou jurídica, for vulnerável em relação à outra parte (o fornecedor). Assim, diante da configuração da hipossuficiência da autora, é cabível a inversão do ônus da prova, conforme estabelece o artigo 6º, VIII, do CDC. IV – Os fatos foram presenciados por testemunha que prestou detalhado depoimento em audiência. V – Sentença que condenou a ré ao pagamento de indenização por danos morais no valor de R$ 20.000,00 que se revela ínfimo se comparado ao elevado grau de censurabilidade e truculência com que agiram os seguranças da ré bem como ante o precedente do TJRJ em processo envolvendo a mesma ré Lojas Americanas que apontam para um padrão de comportamento que certamente merece repreenda a altura. VI – Recurso a que se nega provimento. VII – Ônus sucumbenciais no voto.[15]

- Racismo durante voo

Avança-se no texto com mais um caso inaceitável. O Tribunal de Justiça do São Paulo (TJ-SP) reconheceu racismo estrutural no âmbito de uma relação de consumo (transporte aéreo nacional) e consequente dever de indenizar em decorrência do seguinte caso: como consta dos autos, uma pessoa negra comprou uma passagem aérea nacional e, ao entrar na aeronave, por estar cansado, resolveu adquirir a categoria "confortável". Ao longo do voo: 1) ao pegar o celular, a comissária de bordo o repreendeu afirmando não ser possível a utilização deste, o que causou estranheza ao consumidor, pois o passageiro ao lado fazia uso de aparelho eletrônico e nada foi dito; e 2) ao pedir um alimento, a comissária de bordo o indagou: *"o senhor quer que eu traga um copo a mais para dividir com ele?"* (a referência era a outro passageiro, preto, que estava sentado próximo ao autor, presumindo a comissária que fossem parentes por serem da mesma cor). Veja-se trecho do julgado:

> (...) O fato de ter uma pessoa negra utilizando um transporte deveras "elitizado" pode causar um certo espanto, ainda que inconsciente, em determinados grupos de pessoas. Quando há duas pessoas negras dentro de um mesmo voo, presume-se que sejam parentes ou que se conheçam. Tal fenômeno faz parte de narrativa discriminatória, presente no inconsciente coletivo, que sempre colocam as minorias em locais de subalternidade. Não restam dúvidas de que houve prática de racismo e que, pelas condições em que foi praticada fundamentam a concessão de indenização pelos danos morais sofridos. Ora, usando-se as palavras do autor Silvio Almeida 'O racismo é uma decorrência da própria estrutura social, ou seja, do modo 'normal' com que que constituem as relações políticas, econômicas e jurídicas e até familiares, não sendo uma patologia social e nem um desarranjo institucional. (...) danos morais, no importe de R$

---

14. AC 0006197-31.2017.8.19.0208, desembargador (a). Marcos Alcino de Azevedo Torres – Julgamento: 16.12.2021, 27ª CC.
15. TJ-RJ – RI: 00178134020218190021 20227005159353, relator: juiz(a) Mauro Nicolau Júnior, Data de Julgamento: 07.04.2022, Capital 2ª Turma recursal Dos Juizados Especiais Cíveis, Data de Publicação: 11.04.2022.

10.000,00 (dez mil reais) sobre os quais deverão incidir correção monetária pela Tabela Prática do Egrégio Tribunal de Justiça de São Paulo, desde hoje por se tratar de arbitramento e juros de mora de 1% ao mês, desde a citação'.[16]

## RACISMO EM HOTEL

O Tribunal de Justiça do Distrito Federal e dos Territórios (TJ-DFT) condenou hotel a indenizar em danos morais uma consumidora preta que passou por situação de discriminação racial ao ser a única abordada, dentro de um grupo de quatro pessoas, no *hall* do hotel em que ambos estavam hospedados. Consta da decisão:

*Caracterizada a diminuição de pessoa humana em razão da cor da pele, em evidente menoscabo ao postulado da dignidade humana e da igualdade. É preciso que essa prática institucional abjeta e repugnante seja extirpada das medidas de governança corporativa, sendo dever do prestador de serviços implementar treinamento sério e contínuo de seus colaboradores, bem como de condutas ativas, com vistas a rechaçar qualquer tipo de preconceito em seu ambiente institucional.*

## CONCLUSÃO

É digno de cumprimento o esforço e a sensibilidade do Poder Judiciário ao tratar destas demandas, bem como dos demais órgãos envolvidos nessas decisões. Ao mesmo tempo, contudo, questiona-se: até quando *teremos* igualdade apenas para inglês ver?

---

16. TJSP. Procedimento do Juizado Especial Cível. Indenização por Dano Moral. 1003699-03.2018.8.26.0082.

# A MERA INTERMEDIAÇÃO, O DEVER DE CONTROLE E A RESPONSABILIDADE DAS PLATAFORMAS

*Guilherme Mucelin*

Doutor, com período na Nova de Lisboa. Mestre em Direito Privado pela UFRGS. Pós-doutorando em Direito, Instituições e Negócios pela UFF e em Direito e Novas Tecnologias pela Università degli Studi Mediterranea di Reggio Calabria. Research Fellow no Information Society Law Center da Università degli Studi di Milano. Diretor de e-commerce e plataformização das relações humanas do Brasilcon.

*Fabiana Prietos Peres*

Doutoranda em Direito do Consumidor na Universidade Federal de Pernambuco e em Análise Crítica do Discurso Jurídico na Universidade Católica de Pernambuco, na qual é bolsista Capes/Prosuc/taxa. Mestre em Direito do Consumidor e Concorrencial pela Universidade Federal do Rio Grande do Sul. Especialista em Direito do Consumidor e Direitos Fundamentais pela UFRGS e em *Droit comparé et européen des contrats et de la consommation* pela Université de Savoie, pesquisadora na UFRGS, na PUC-RS e na UFF. Advogada, membro da Comissão de Defesa do Consumidor da OAB-PE, associada do Brasilcon e professora de Metodologia da Pesquisa no Direito.

Que plataformas digitais são importantes agentes econômicos na contemporaneidade não há dúvidas; entretanto, parece (ainda) haver questionamentos com relação à sua qualificação para fins de alocação de responsabilidade por eventuais prejuízos sofridos individualmente ou coletivamente, especialmente quando diz respeito ao consumidor e a sua proteção no ambiente *online*. Isso porque ocorre um certo fetichismo tecnológico, sendo lugar-comum argumentos como "não comercializam nada", "tão somente fazem intermediação entre fornecedores e consumidores" e "não vendem nenhum produto a ninguém".

A existência dessa perigosa tendência interpretativa pode ser um entrave à harmonização dos interesses dos participantes das relações de consumo e à compatibilização da proteção do consumidor com a necessidade de desenvolvimento econômico e tecnológico (artigo 4º, III, CDC), notadamente quando o interesse em causa é a saúde do consumidor. Um exemplo emblemático foi o recente julgamento de improcedência da Ação Civil Pública ajuizada em face da plataforma Rappi, em virtude de irregularidades decorrentes da venda de produtos e dispositivos eletrônicos relacionados ao fumo (Ação Civil Pública 0217374-72.2022.8.19.0001).

Os argumentos trazidos no início, por ocasião de serem acolhidos em juízo, causam certa estranheza, pois servem de subterfúgio para que se afaste a aplicação da disciplina do Código de Defesa do Consumidor quando efetivamente há, nestas relações, consumidores, demonstrando um pretenso ajuste entre a realidade e a retórica, de um lado, e um desajuste – inclusive dogmático – entre a realidade e o Direito, de outro – o que é conhecido como *sharewashing*[1] nas dinâmicas da economia do compartilhamento e como *blue* e *greenwashing* no que tange ao consumo sustentável e sua intersecção com o Direito Ambiental.

A pergunta "Um app ou um fornecedor?" retoma aqui a importância, devendo ser resgatada e novamente respondida. É de se ter em mente que plataformas que operam pela lógica multipontas, pela sua própria natureza, interligam diferentes usuários interessados (mediante conexidade contratual) em uma finalidade em comum para a obtenção de um resultado prático, que varia de prestação de serviços, em um dos vértices deste triângulo, e o consumo, noutro vértice, sendo que o gerenciamento de toda a relação está no vértice superior, posição esta ocupada pela plataforma que possui os meios necessários e os instrumentos propícios para garantir a qualidade do ofertado, a confiança dos consumidores e prestadores de serviços e a segurança nas transações – mormente pelo tratamento de dados dos envolvidos e pela emanação de comandos, punições, bonificações e estipulações unilateralmente postas pela plataforma.

Nesse aspecto, a qualificação jurídica de plataformas deve se distanciar da maneira como elas querem *parecer ser* (meros portais intermediadores sem nenhuma ingerência nas relações subjacentes) e se basear no que *realmente são* (fornecedoras integrantes da rede de fornecimento/empregadoras) *naquela* relação que está sob exame (de consumo/de emprego/autônomo). Isto porque a atuação das plataformas pode variar de passivas (como meros anúncios) a extremamente ativas (apenas delegando parte de seu serviço essencial a um prestador direto, sendo o resto definido e levado a cabo pela plataforma, como a Uber), assim como a disciplina legal pode rapidamente diferir em função das características subjetivas e da atuação da parte eventualmente lesada.[2]

No que tange à argumentação de que plataformas são meros espaços intermediadores de transações e que, portanto, não estão inseridas nos negócios entabulados entre as outras partes, há de se destacar que há legislação no Brasil que dispõe acerca do uso de *softwares* (Lei do Software – Lei 9.069/1998). Entendidas as plataformas como *softwares*,[3] seu uso é possibilitado à distribuição mediante licença de uso, a qual se presume onerosa pelo motivo de que está no âmago da atividade empresarial a

---

1. Conforme já destacamos: MUCELIN, Guilherme. *Conexão online e hiperconfiança*: os players da economia do compartilhamento e o Direito do Consumidor. São Paulo: RT, 2020.
2. Sobre o tema, veja: MUCELIN, Guilherme; CUNHA, Leonardo Stocker P. *Relações trabalhistas ou não trabalhistas na economia do compartilhamento*. São Paulo: RT, 2021.
3. Lei 9.609/1998. Art. 1º Programa de computador é a expressão de um conjunto organizado de instruções em linguagem natural ou codificada, contida em suporte físico de qualquer natureza, de emprego necessário em máquinas automáticas de tratamento da informação, dispositivos, instrumentos ou equipamentos periféricos, baseados em técnica digital ou análoga, para fazê-los funcionar de modo e para fins determinados.

busca pelo lucro. Desse modo, a receita de uma plataforma deveria ser o recebimento dos *royalties* e publicidade – além, é claro, da colheita de dados pessoais.

Todavia, nas dinâmicas na internet plataformizada não é exatamente isto o que ocorre. No exemplo da Rappi, consta nos termos e condições de uso que a operadora outorga o acesso ao aplicativo de forma gratuita, para que o entregador entre e concorra em um mercado virtual e o consumidor adquira produtos de seu interesse. Remunerações, dessa maneira, além do valor econômico de dados, são identificadas pelas relações de consumo que ali se estabelecem a título de possibilitação do negócio na forma de taxas ou comissões, por exemplo.

Assim, não há como se admitir que plataformas em geral atuem no mercado apenas como empresas de tecnologia que oportunizam encontros e que, por isso, estão livres de quaisquer responsabilidades mediante seus colaboradores e consumidores.

Plataformas, sejam elas quais forem, são, sim, fornecedoras[4] – de seus serviços e, a depender do grau de ingerência que exerça no que seja pactuado entre as partes subjacentes ao seu modelo de negócios, que muitas vezes determina por si e unilateralmente todas as suas condições (de preços a contratos), também será fornecedora das relações jurídicas que viabiliza, submetendo-se ao regime jurídico aplicável e pertinente. Daqui, a comum alegação de ilegitimidade passiva das plataformas nas demandas levadas ao Judiciário cai por terra em determinados casos, devendo ser analisada com extremo cuidado para não desfalcar a proteção constitucionalmente garantida ao consumidor e, ao mesmo tempo, não determinar condenações a quem, efetivamente, não participa da relação que foi efetivamente *somente* intermediada.

Assim é que um precedente trazido ao caso concreto relatado acima, importado de outro, para lhe servir de parâmetro, deve ser criteriosamente analisado, a fim de que não se incorra em impropriedades técnicas. Desse modo, a sentença mencionada, ao utilizar como fundamento precedente relativo à situação diversa que não se adequa aos parâmetros do caso analisado, não levou em conta a necessidade de *distinguishing*, conforme determina o artigo 489, § 1º, VI, do CPC.[5] Assim, não se presta, *in casu*, para embasar a não aplicabilidade do CDC, pois a base factual é distinta e não se subsume com perfeição ao indicado. No trecho do acórdão mencionado como precedente persuasivo (e não vinculante!) e explicitado no julgado, tratou-se de um "parceiro cadastrado" que desenvolvia atividades econômicas pela plataforma, com um caráter de ou relação de emprego ou de parceria comercial, não sendo alvo a proteção do consumidor em si.

---

4. MARQUES, Claudia Lima. A nova noção de fornecedor no consumo compartilhado: um estudo sobre as correlações do pluralismo contratual e o acesso ao consumo. Revista de Direito do Consumidor, São Paulo, v. 111, p. 247-268, maio/jun. 2017.

5. CPC. Art. 489. São elementos essenciais da sentença: (...) § 1º Não se considera fundamentada qualquer decisão judicial, seja ela interlocutória, sentença ou acórdão, que: (...) VI – deixar de seguir enunciado de súmula, jurisprudência ou precedente invocado pela parte, sem demonstrar a existência de distinção no caso em julgamento ou a superação do entendimento.

Já a situação levada ao Judiciário pelo Ministério Público do Rio de Janeiro na Ação Civil Pública 0217374-72.2022.8.19.0001 tem caráter coletivo, direcionado à plataforma que, no curso de inquérito civil, apresentou indícios de descumprimento de deveres de proteção do consumidor e de sua saúde em relação a produtos fumígenos, sendo totalmente descabida e ilógica a não aplicação Lei que trata justamente da *proteção e da defesa do consumidor*, também no aspecto difuso, coletivo e individual homogêneo. O Tribunal de Justiça do Rio de Janeiro possui arsenal apto para fundamentar, corretamente, a aplicabilidade do CDC nestas dinâmicas, o que afasta o argumento da mera intermediação das plataformas.

Nesses casos, foi considerado que é justamente a "Atividade de intermediação de negócios jurídicos que as insere na cadeia de fornecimento de bens e serviços" (0034957-32.2018.8.19.0021 julgado em: 27.10.2022), considerando-se a aplicação do CDC "eis que a administradora da plataforma digital, a partir da inserção do serviço de transporte privado no mercado de consumo, integra a cadeia produtiva, atuando ativamente na definição das condições de tal ofício remunerado e, ainda, recebendo correspondente contraprestação. Aplicativo que representa nova forma de interação econômica, caracterizada por uma economia compartilhada (sharing economy), (...) mediante a intermediação com alto grau de intervenção contratual da empresa gestora da plataforma digital, que responde solidariamente pelos danos causados" (0024616-75.2021.8.19.0203 julgado em: 02.02.2023). Com expressa caracterização de sua atuação no mercado de consumo, igualmente já foi reconhecida sua figura como empresa que aufere lucro e possui responsabilidade solidária na cadeia de consumo, em face de eventuais falhas do fornecedor (0000046-46.2022.8.19.0023 Julgado em: 10.11.2022).

Esses três precedentes recentes apontam que uma análise meramente estrutural (*o que é*) não se mostra mais adequada em todos os casos na contemporaneidade no que tange ao enquadramento jurídico de plataformas, devendo-se adotar uma postura interpretativa funcional (*o que faz*), no sentido de verificar efetivamente as funções exercidas e as suas consequências nas relações entre consumidores e fornecedores diretos e demais colaboradores. Este parece ser um novo *leitmotiv* dos tribunais no que tange ao seu dever de uniformizar a jurisprudência, mantê-la estável, íntegra e coerente,[6] especialmente aqui considerando a vulnerabilidade dos consumidores, o que vem sendo construído, de modo geral, de maneira bastante positiva e em consonância ao Direito do Consumidor, apesar de entendimentos contrários, sempre passíveis de debate.

O ponto, em relação a produtos fumígenos, ganha relevância por se tratar de mercado que apresenta franco crescimento no Brasil, pois, em que pese tenha havido uma redução do percentual de jovens que já haviam experimentado tabaco até dez

---

6. CPC. Art. 926. Os tribunais devem uniformizar sua jurisprudência e mantê-la estável, íntegra e coerente.

anos atrás,[7] recente pesquisa do IBGE identificou o aumento de três pontos percentuais entre os anos de 2015 e 2019.[8] Desse modo, apesar de o país ser considerado referência no combate ao tabagismo[9] – a segunda causa de mortes no mundo, segundo a Organização Mundial da Saúde[10] – é de se estar atento para posicionamentos relativos ao afastamento da vulnerabilidade do consumidor diante deste mercado, que inclui seus "intermediários" (preferimos, todavia, viabilizadores), ao passo que atribui a este o exercício de autonomia da vontade como se todos os demais mecanismos já cientificamente reconhecimentos pela indústria não possuíssem poder de influência em seu consumo.

Neste sentido, "não comercializam nada", "tão somente fazem intermediação entre fornecedores e consumidores" e "não vendem nenhum produto a ninguém" devem ser observados com cautela em referência ao que se postula. Um caso semelhante já foi alvo, em outra oportunidade, do Ministério Público do Estado de São Paulo. A Associação de Controle do Tabagismo, Promoção à Saúde e dos Direitos Humanos (ACT) representou ao órgão justamente pela existência de venda, no Mercado Livre e B2W Digital, de cigarros eletrônicos.

O interessante é que o Conselho Superior do MP-SP[11] destacou que essas empresas têm o dever de assegurar o controle da publicidade em suas plataformas ao observar as vedações da Agência Nacional de Vigilância Sanitária no que concerne a produtos fumígenos e não somente mediante provocação. Aliás, as próprias empresas afirmaram que possuem meios de controle sobre os produtos que comercializa através de palavras-chave, evidenciando a sua habilidade técnica que desafia a inexistência de um dever de monitoramento por parte das plataformas em relação a seus usuários e o conteúdo por eles gerado.[12]

---

7. PASQUALOTTO, Adalberto. Tabaco na adolescência: a exploração da vulnerabilidade. *Revista de Direito do Consumidor*. v. 28, n. 122, p. 17-48, mar./abr. 2019. *O direito do consumidor no mundo em transformação* : em comemoração aos 30 anos do Código de defesa do consumidor. São Paulo: RT, 2020, p. 101-126.
8. Disponível em: https://www.ibge.gov.br/estatisticas/sociais/populacao/9134-pesquisa-nacional-de-saude-do-escolar.html?=&t=resultados.
9. SILVA, Sandra Tavares da. Et al. Combate ao Tabagismo no Brasil [recurso eletrônico]: a importância estratégica das ações governamentais. *Ciência & saúde coletiva* [recurso eletrônico], v. 19, n. 2, p. 539-552, fev. 2014. Disponível em: http://www.scielo.br/pdf/csc/v19n2/1413-8123-csc-19-02-00539.pdf. Acesso em: 23 fev. 2023.
10. BAZOTTI, Angelita et al. Tabagismo e pobreza no Brasil [recurso eletrônico]: uma análise do perfil da população tabagista a partir da POF 2008-2009. *Ciência & saúde coletiva* [recurso eletrônico], v. 21, n. 1, p. 45-52, jan. 2016. Disponível em: http://www.scielo.br/pdf/csc/v21n1/1413-8123-csc-21-01-0045.pdf. Acesso em: 23 fev. 2023.
11. De acordo com o Conselheiro Relator, Dr. Henrique Demercian, deve haver um maior comprometimento do Marketplace a "uma postura mais proativa, obrigando-se – de ofício e sem que necessariamente seja provocada – a retirar do site anúncios que venha a detectar o mais rapidamente, senão imediatamente, bem como a realizar monitoramento a fim de assumir maior controle sobre a inserção eventual de anúncios de comercialização de cigarros eletrônicos em sua plataforma" (https://actbr.org.br/uploads/arquivos/CSMP-14.0161.0000405-2021.pdf).
12. Gillespie trata de redes sociais, porém também entedemos ser as suas ponderações pertinentes aos *marketplaces*: "Even Internet-centric solutions formulated in an earlier moment, such as limited liability, safe harbor, and takedown measures for search engine and Internet Service Providers (ISPs), are arguably an

Para finalizarmos, cabe destacar que a proteção do consumidor deve ser não só princípio como um fundamento de qualquer legislação que venha a regular as plataformas digitais, como prevê o Projeto de Lei 2.768/2022. De fato, o principal serviço que é comercializado pela plataforma é a aproximação e o gerenciamento desta aproximação, bem como da relação jurídica subjacente entabulada com todos os indivíduos, mesmo por instrumentos contratuais e práticas tecnológicas que possibilitam uma série de diversificadas funções que se traduzem em *organização e controle* perante todo o consumo. Em outros termos, o serviço colocado à disposição dos interessados é, além da utilização do algoritmo, o gerenciamento da confiança entre todas as partes, que é pedra de toque do regime de responsabilização do CDC.[13]

Neste âmbito, é necessário relembrar a valiosa lição do Superior Tribunal de Justiça sobre contratos de franquia e Direito do Consumidor, a qual deve ser ainda com mais força desenvolvida e aplicada ao ambiente digital: "Extrai-se dos arts. 14 e 18 do CDC a responsabilização solidária de todos que participem da introdução do produto ou serviço no mercado, *inclusive daqueles que organizem a cadeia de fornecimento*, pelos eventuais defeitos ou vícios apresentados".[14]

Mera intermediação, a depender das funções das plataformas e da ingerência vertical nas relações que viabiliza no caso concreto, é puramente uma falácia cujo intuito é tentar escapar de responsabilidades. O controle que exerce deve ser adequadamente lido como um dever de cuidado, a melhorar a compatibilização de interesses entre os partícipes do mercado de consumo digital.

Novas estruturas das relações de consumo[15] e novos meios de oferta não podem servir de subterfúgio para o enfraquecimento da proteção do consumidor.

---

ill fit for social media platforms". (GILLESPIE, Tarleton. Governance of and by platforms. In: BURGESS, Jean; POELL, Thomas; MARWICK, Alice. *Sage Handbook of Social Media*. Los Angeles: SAGE, 2017. p. 2).
13. MIRAGEM, Bruno. *Curso de Direito do Consumidor*. São Paulo: RT, 2019.
14. REsp 1426578/SP, rel. min. Marco Aurélio Bellizze, 3ª Turma, j. 23.06.2015, DJe 22.09.2015.
15. MUCELIN, Guilherme. Peers Inc: a nova estrutura da relação de consumo na economia do compartilhamento. *Revista de Direito do Consumidor*, São Paulo, v. 27, n. 118, p. 77-126, jul./ago. 2018.

# A RESPONSABILIDADE CIVIL DOS INFLUENCERS SOB A ÓTICA DO CDC

*Paulo Maximilian*
Sócio do escritório Chalfin, Goldberg e Vainboim Advogados.

Após alguns livros, capítulos em obras coletivas e dezenas de artigos, confesso que será a primeira vez que escreverei em primeira pessoa, e o farei por vivenciar a situação abordada neste texto no dia a dia familiar, quando meus dois filhos (João Guilherme de 14 e Gabriel de 11) comentam, repetidamente, sobre o que os *tiktokers* e *youtubers* usam, indicam, recomendam...

Por vezes, mesmo desconectado do mundo adolescente, fico com a certeza de que os "meus (não tão) pequenos" estão sendo enganados, iludidos ou no mínimo influenciados[1] e, partindo, então, de um caso hipotético, analisarei nesse texto despretensioso as seguintes questões: 1) são os *influencers* fornecedores? 2) aplicam-se as regras consumeristas? Como fica a questão da responsabilidade civil?

*Influencers*[2] e sua atuação *Influencers* (nome chique dado aos "influenciadores digitais") são pessoas que, pela alta quantidade de seguidores nas redes sociais (Instagram, TikTok, YouTube e possivelmente outras desconhecidas deste que escreve), alcançam fama,[3] gerando admiração e, a partir disso, passam a promover e divulgar marcas, produtos e serviços.[4]

---

1. "Esse tipo de publicidade desencadeia um comportamento no consumidor, em nível consciente e inconsciente, gerando uma resposta imediata devido ao conceito preexistente que se tem daquela pessoa ou grupo que está testemunhando a favor do produto, agregando-lhe valores como admiração, sucesso, riqueza, beleza, juventude, alegria, internacionalidade, tradição, notoriedade etc..." (*A responsabilidade civil dos influenciadores digitais*, Bruno Gallucci. Disponível em: https://www.conjur.com.br/2021-set-23/gallucci-responsabilidade-civil-influenciadores-digitais).
2. "Digital influencer é um perfil famoso em redes sociais, que estabeleceu credibilidade em um nicho de mercado específico e, por ter acesso a um grande público nessas plataformas, possui a capacidade de influenciar outros usuários, ditar tendências, comportamentos e opiniões, podendo monetizar essa influência em ganhos financeiros". (https://klickpages.com.br/blog/digital-influencer-o-que-e/).
3. "*Embora* celebridades e influenciadores digitais, essencialmente, possam ser sujeitos distintos, ou seja, uma celebridade pode não ser influenciador digital, há um inegável ponto de contato entre eles: a finalidade de aproximar o consumidor do produto ou serviço veiculado. Há um propósito específico na utilização deste intermediador, qual seja, atuar na formação do convencimento do consumidor, para que a sua tomada de decisão seja direcionada para a aquisição de determinado produto ou serviço" (LEITE, Ricardo Rocha. A responsabilidade civil e os influenciadores digitais. Disponível em: www.migalhas.com.br. Acesso em: 13 jul. 2022).
4. Excelente a conceituação formulada por Caio César do Nascimento Barbosa, Michael César Silva e Priscila Ladeira Alves de Brito (Publicidade Ilícita e Influenciadores Digitais: Novas Tendências da Responsabilidade Civil. *Revista IBERC*, Minas Gerais, v. 2, n. 2, p. 01-21, maio/ago. 2019 apud LEITE, Ricardo Rocha, op.

Não raro escuto meus filhos comentando sobre "personagens" dos quais não conhecia a existência e muito menos a popularidade e, quando manifesto meu espanto, logo sou repreendido com algo do tipo: "pai, você não sabe nada mesmo, o Enaldinho (biografia na nota de rodapé[5]) é muuuuuito famoso e tem mais de vinte milhões de seguidores...".

E o que interessa para o nosso artigo é, inicialmente, verificar a possibilidade de tais pessoas influenciarem a decisão dos consumidores (e dos meus filhos também) sobre o que, como, quanto e quando comprar produtos ou contratar serviços, pois, como ensina Isabela Munhoz: "a forma de interação social empregada pelos influenciadores é capaz de modificar comportamentos, mentalidades e até mesmo gostos e opiniões. A técnica utilizada é mostrar seu estilo de vida, preferências, escolhas etc., fazendo com que surja no usuário consumidor uma necessidade de também viver aquilo, haja vista a ótima experiência demonstrada pelo influencer".[6]

Ricardo Rocha Leite, indo mais além, explica que "A utilização desta técnica para incremento de consumo pode gerar um desvio na racionalidade do consumidor, com a construção de vieses (desvios cognitivos), seja por meio de um viés de adesão (decidir de uma determinada forma porque outras pessoas assim o fazem), ou por meio de um viés de confirmação (tomar uma decisão na crença de que o produto ou serviço é atestado por aquele intermediador)".[7]

---

cit.): "Ante as inovações da era digital, surge figura similar às celebridades, os chamados influenciadores digitais (digital influencers), indivíduos que via de regra saíram do anonimato e por meio de determinados atributos, tais como, carisma, criatividade e credibilidade, em áreas específicas, conquistaram milhares de seguidores em redes sociais, tornando-se, pelas novas gerações, modelos a serem seguidos".

5. "Enaldo Lopes de Oliveira Filho (Belo Horizonte, 26 de março de 1998), mais conhecido como Enaldinho, é um influenciador digital e youtuber brasileiro, conhecido por produzir conteúdo para a plataforma de vídeos YouTube, atualmente contém mais de 20 milhões de inscritos na plataforma e mais de sete bilhões de visualizações, tendo sido indicado o Melhor YouTuber da América Latina no Streamy Awards em 2019. Em 2018, foi listado pela Exame como um dos seis canais influentes para o público infantil. Biografia e carreira: Enaldinho criou seu canal no YouTube em 7 novembro de 2012 e em outubro de 2020 atingiu a marca de mais de 3,2 bilhões de visualizações no site de vídeos. O canal do YouTube de Enaldinho possui conteúdo bastante variado, e ele ganhou destaque com vídeos para o público infantil. Seu vídeo de maior sucesso é "Acordei O Mateus", que possui mais de 35 milhões de visualizações. O segundo vídeo mais visto do canal de Enaldinho se chama 'Não Fale o Nome do Monstro', que tem mais de 35 milhões de visualizações. Em outubro de 2020, o canal principal de Enaldinho chegou a 14,9 milhões de inscritos e o segundo canal a 1,3 milhão de inscritos. Em 2018, o canal de Enaldinho foi listado pela revista Exame como um dos seis canais brasileiros destinados ao público infantil mais influente do Brasil, na mesma lista apareceram nomes como Felipe Neto e AuthenticGames. Em 2019, Enaldinho entrou para a seleta lista de youtubers brasileiros a conquistar o Play de Diamante. Em 2017, Enaldinho foi indicado aos Meus Prêmios Nick 2017 na categoria Revelação Digital, e em 2020 Enaldinho foi indicado na categoria Canal do YouTube ao Meus Prêmios Nick 2020 e venceu. Em 2019, Enaldinho foi indicado à maior premiação da internet mundial, Streamy Awards, na categoria Melhor YouTuber da América Latina. Em 12 de junho de 2018, Enaldinho lançou seu primeiro livro, chamado 'O Mundo Louco De Enaldinho', pela Editora Astral Cultural. Em 2019, lançou seu segundo livro, chamado 'A Lenda Do Zap'" (Disponível em: https://pt.wikipedia.org/wiki/Enaldinho. Acesso em: 13 jul. 2022).

6. MUNHOZ, Isabela. Publicidade nas Redes Sociais: quais os limites da Responsabilidade Civil dos Influenciadores Digitais? Disponível em: https://martinelliguimaraes.com.br/limites-da-responsabilidade-civil-dos-influenciadores-digitais/. Acesso em: 13 jul. 2022.

7. LEITE, Ricardo Rocha. A responsabilidade civil e os influenciadores digitais. Disponível em: www.migalhas.com.br. Acesso em: 13 jul. 2022.

E mais, o *Jornal da USP*[8] noticiou que, em 2021, o Brasil superou a China e assumiu o posto de país mais impactado pela influência digital, visto que, segundo levantamento do setor, 40% dos consumidores brasileiros já compraram algum produto em razão do trabalho feito por um *influencer*. Preocupado com tal situação, o Conar editou, nesse mesmo ano, o Guia de Publicidade por Influenciadores Digitais,[9] infelizmente ainda bastante desconhecido e desrespeitado.

As doutrinas transcritas, a pesquisa acima apontada e, ainda, o sucesso cada vez maior dos *influencers*,[10] servem para concluir que essa divulgação midiática vem surtindo bastante efeito e, atuando os mesmos com habitualidade, muitos dos quais até se qualificando profissionalmente somente dessa forma em contratos e demandas judiciais, não resta dúvida de que são considerados agentes publicitários – tal qual ocorre com os artistas (celebridades) que anunciam produtos e serviços – logo integrando a cadeia de fornecimento[11] e se sujeitando, aos ditames do código.

Publicidade nas redes e seu regramento no CPDC, ainda que nossa lei consumerista tenha sido produzida na década de 90, muito antes do *boom* da internet, comércio eletrônico e do sucesso estrondoso das redes sociais, não há dúvidas de que será aplicada, mesmo se tratando de ambientes virtuais, todas as vezes que se identificar, de um lado, um fornecedor, do outro um consumidor, e, unindo os dois, um produto ou serviço.

E, sobre a publicidade, assunto tão importante, que integra o contrato,[12] a lei dispensou poucos dispositivos (artigos 30, 31, 35, 36, 37 e 38), preferindo tratar a matéria por meio de princípios[13] aplicados em todas as situações.

Assim sendo, resta analisar as condutas e possíveis responsabilidades.

---

8. Disponível em: https://jornal.usp.br/atualidades/influenciador-digital-e-o-responsavel-por-40-das-compras-feitas-pelo-consumidor-brasileiro/#:~:text=Em%202021%2C%20o%20Brasil%20superou,feito%20por%20um%20%E2%80%9Cinfluencer%E2%80%9D.
9. Disponível em: http://conar.org.br/pdf/CONAR_Guia-de-Publicidade-Influenciadores_2021-03-11.pdf.
10. Disponível em: https://www.mercadocomum.com/os-mais-famosos-da-internet-no-brasil-os-influencers-os-blogueiros-e-as-pessoas-mais-ricas-da-rede/.
11. "O mesmo raciocínio pode ser utilizado em relação às atividades publicitárias. Até a promulgação da do CDC, não havia no Brasil qualquer tratamento sistemático do assunto. Neste caso, mais uma vez, a preocupação maior é com a atividade em si, considerando seu alto grau de convencimento e potencial agressividade a valores que integram a dignidade da pessoa humana. É secundário, ou mesmo desnecessário, exigir os requisitos indicados pelo caput, do artigo 3º para concluir pela incidência da disciplina própria do CDC. Não importa pesquisar se a atividade foi remunerada (direta ou indiretamente) e ainda se o autor e todos aqueles que colaboraram para sua criação e veiculação atuam profissionalmente no mercado de consumo. Em relação à publicidade, todos que, direta ou indiretamente, a promovem são fornecedores equiparados" (BESSA, Leonardo Roscoe. Fornecedor Equiparado. *Revista de Direito do Consumidor*, n. 61, jan./mar. 2007).
12. CPDC – Artigo 30. Toda informação ou publicidade, suficientemente precisa, veiculada por qualquer forma ou meio de comunicação com relação a produtos e serviços oferecidos ou apresentados, obriga o fornecedor que a fizer veicular ou dela se utilizar e integra o contrato que vier a ser celebrado.
13. *Princípio da identificação da publicidade* (artigo 36); *Princípio da vinculação contratual da publicidade* (artigos 30 e 35); *Princípio da veracidade* (artigo 37 § 1º); *Princípio da não abusividade da publicidade* (artigo 37 § 2º); *Princípio da inversão do ônus da prova* (artigo 38); *Princípio da transparência da fundamentação publicitária* (artigo 36, parágrafo único); *Princípio da correção do desvio publicitário* (artigo 56, XII);

## RESPONSABILIDADE CIVIL DOS INFLUENCERS

## SEPARANDO O JOIO DO TRIGO (USO E INDICAÇÃO)

A atividade, devidamente organizada, contribui para o fluxo de informações entre aqueles que não são muito adeptos dos meios tradicionais (TV, rádio, cinema, outdoor e mídia impressa) mas, como ocorre como as demais profissões, existem os maus agentes, que, diga-se de passagem, correspondem à minoria, mas têm a capacidade de criar situações desagradáveis, abrindo caminho para fraudes e engodos.

A primeira questão na atuação dos *influencers* é a clara violação ao Princípio da Identificação da Publicidade, contido tanto no CPDC,[14] quanto no CBAP,[15] pois, no mais das vezes, não se informa que a opinião manifestada está sendo "bancada", ou seja, remunerada. É comum a inserção de um simples e quase escondido "parceria paga", como se isso fosse um disclamer do tipo "indico mas não respondo".[16]

Mas não é bem assim. E para se estudar corretamente a responsabilidade dos *influencers* é preciso analisar a atuação de maneira casuística, separando, inicialmente, as "postagens" em que o agente simplesmente aparece usando determinada marca de roupa ou acessório, jantando em algum restaurante da moda, daquelas outras em que há indicação ostensiva do fornecedor que o está contratando.

Na primeira forma, ainda que patrocinada, não se verifica possibilidade de responsabilização, justamente pela ausência de anúncio propriamente dito (vide o constante do Guia de Publicidade por Influenciadores Digitais[17]) ou de "convencimento", assemelhando-se à atuação do que ocorre no *soft merchandising*.[18] Entretanto, é diferente quando o *influencer* indica, pois passa a utilizar sua imagem, afeição e aceitação para (com muito mais poder) gerar no público uma sensação de confiança, como se prometesse satisfação, numa espécie de "eu confio", "eu garanto", porque é

---

14. *A publicidade deve ser veiculada de tal forma que o consumidor, fácil e imediatamente, a identifique como tal* (artigo 36).
15. CBAP – artigo 28 – *O anúncio deve ser claramente distinguido como tal, seja qual for a sua forma ou meio de veiculação.*
16. A regra prevista no Guia de Publicidade por Influenciadores Digitais editado pelo Conar diz o seguinte: "O referido conteúdo deve ser claramente identificado como publicitário. Quando não estiver evidente no contexto, é necessária a menção explícita da identificação publicitária, como forma de assegurar o cumprimento deste princípio, por meio do uso das expressões: 'publicidade', 'publi', 'publipost' ou outra equivalente, conforme exemplos na tabela anexa, considerando o vocábulo que for compreensível para o perfil de seguidores com quem se pretende comunicar. Levando em conta o volume e diversidade de conteúdos nas redes, enfatiza-se a necessidade atual de adoção padronizada da aplicação dos termos ou ferramentas de identificação publicitária, como forma de garantir a pronta percepção sobre a natureza da mensagem divulgada".
17. "Em regra, a menção de produtos, serviços, marcas, causas e/ou sinais característicos pelos Usuários, feita de modo espontâneo (sem que tenha sido precedida de qualquer interação, comunicação ou contato com o Anunciante e/ou a Agência) não constitui publicidade" (Guia de Publicidade por Influenciadores Digitais editado pelo Conar).
18. CBAP – artigo 10 – A publicidade indireta ou "merchandising" submeter-se-á igualmente a todas as normas dispostas neste Código, em especial os princípios de ostensividade (artigo 9º) e identificação publicitária (artigo 28).

assim que a mensagem é recebida pelo consumidor da publicidade, principalmente quando se trata de crianças e adolescentes[19] ou, ainda, pessoas mais carentes de estudo.

Conclui-se, obviamente, que quanto maior a capacidade de influenciar, maior a responsabilidade atraída pelo agente, que precisa, justamente por isso, se cercar de todos os cuidados para somente emprestar sua imagem e carisma a fornecedores probos e confiáveis.

Outra separação necessária é a que trata da natureza dos problemas, pois, não há como se tratar de forma igual aos vícios de qualidade eventualmente ocorridos de forma isolada, como por exemplo, um celular com defeito, uma roupa que manchou ou encolheu após lavagem ou, ainda, um prato mal preparado num restaurante, com as hipóteses de publicidade enganosa que ocorrem nos casos de absoluta falta de informações ou de empresas golpistas que, já de antemão, não pretendiam cumprir o contrato.

Acredita-se que o mais correto seja direcionar o consumidor a resolver os vícios descritos nas primeiras situações diretamente com o fornecedor, que poderá solucionar de acordo com as alternativas previstas nos artigos 18, 19 e 20 do CPDC, vez que se trata de questão inerente ao produto ou serviço e não à publicidade. Todavia, quando se está diante da enganação e da cilada, principalmente em casos que a empresa anunciante atua com produtos pirateados, contrabandeados ou mesmo some, sem entregar e fecha as portas, fica o *influencer,* responsável, solidariamente, pelo fato de ter emprestado sua imagem e afeição para "convencer" os consumidores a comprar/contratar com empresa (muitas das vezes, até então, desconhecida).[20]

No longínquo ano de 2009, o TJ-RJ (Tribunal de Justiça do Rio de Janeiro) analisou questão semelhante e condenou uma rede de televisão e sua apresentadora, solidariamente com uma construtora, justamente por terem utilizado seu "bom nome" para incutir a confiança no consumidor que adquiriu e não recebeu o imóvel:

> Emissora de televisão. Propaganda enganosa. Financiamento de casa própria. Descumprimento de oferta. Responsabilidade solidária. Dano moral. Publicidade enganosa. Oferta, através de programa televisivo, de financiamento para casa própria. Responsabilidade solidária entre a empresa anunciante, o canal de televisão e a apresentadora. Condutas movidas pelo intuito de lucro em razão da fraude contra consumidor. Incidência dos artigos 18, 30 e 35 da Lei Federal 8078. Dever solidário de repararem o dano imaterial. (…). Provido o recurso adesivo. (TJRJ – 10ª Câm., Apel. 0010971-02.2006.8.19.0205, relator desembargador Bernardo M. Garcez Neto, j. 21.10.2009).[21]

---

19. "(…) Na ótica do Direito do Consumidor, publicidade é oferta e, como tal, ato precursor da celebração de contrato de consumo, negócio jurídico cuja validade depende da existência de sujeito capaz (art. 104, I, do Código Civil). Em outras palavras, se criança, no mercado de consumo, não exerce atos jurídicos em seu nome e por vontade própria, por lhe faltar poder de consentimento, tampouco deve ser destinatária de publicidade que, fazendo tábula rasa da realidade notória, a incita a agir como se plenamente capaz fosse (…)". (STJ – 2ª Turma, Resp. 1.613.561-SP, relator ministro Herman Benjamin, DJe: 1º.09.2020).
20. Sobre o ponto, confira-se o REsp 327.257-SP, julgado em 2004 pela E. 3ª Turma do STJ. Da ementa constou: "É solidária a responsabilidade entre aqueles que veiculam publicidade enganosa e os que dela se aproveitam, na comercialização de seu produto".
21. Do v. Acórdão constou: "O consumidor narra que foi atraído pela publicidade da Quality Construtora Negócios Empreendimentos Ltda, realizada no programa apresentado pela ré Márcia Goldschmidt e trans-

Mais recentemente, podem ser citados o caso da *influencer* que indicou uma loja que vendia *smartphones* por preços muito atrativos, sendo que os consumidores pagaram e não receberam (Processo 0019543-02.2019.8.19.0007)[22] e, também, o caso de uma outra apresentadora (e também influenciadora) que vendia e indicava um batom emagrecedor.[23]

## CONCLUSÃO

Espero que o texto até aqui tenha sido satisfatório e que os leitores, embora esclarecidos das diferentes possibilidades de responsabilização dos *influencers*, estejam curiosos sobre o (mencionado na introdução) problema "aqui de casa".

Pois bem, o *influencer* (que, diga-se, não foi o Enaldinho) apareceu no Tiktok se dizendo espantado com uma promoção instantânea e inédita de uma plataforma de games que estaria aceitando novos cadastros de usuários para, por R$ 9,90 mensais, poderem jogar *online* e baixar quantos jogos quisessem.

Evidente que os meninos "acreditaram" se tratar de uma excelente e maravilhosa oportunidade e, com essas parcas informações, iniciaram o processo de convencimento para que eu assinasse (adquirisse o serviço) logo, pois a promoção acabaria rápido. Um pouco mais escaldado e desconfiado, quando fui olhar os termos da promoção, lá estava um detalhe importante: o preço promocional era válido por três meses e, após tal período, retornava para R$ 49,99.

Caso houvesse sido celebrado o contrato (assinatura mensal), poderíamos pleitear sua anulação pelos graves vícios de (falta de) informação, responsabilizando tanto a empresa anunciante, como também o *influencer* pois, lamentavelmente, ficou clara sua falta de comprometimento para com o "público-alvo" composto de crianças e adolescentes, vez que deveria primar pelo uso de linguagem fácil e informações completas.

---

mitido pela Rádio e Televisão Bandeirantes Ltda. Diante da garantia da apresentadora sobre a segurança do empreendimento, o autor telefonou para o programa, certo do sucesso do contrato de financiamento para a compra de casa própria (fls. 20-24). (...) Não é diferente a situação da apresentadora do espetáculo, Márcia Goldschmidt. Em um programa de nome 'A hora da Verdade', no qual os participantes têm suas vidas orientadas pela apresentadora, a publicidade de um produto ou um serviço tem um apelo acima do comum. A fama da apresentadora atua como veículo de publicidade".

22. Disponível em: https://www.conjur.com.br/2020-ago-21/influenciadora-digital-responde-golpe-loja-indicou.
23. Disponível em: https://tvefamosos.uol.com.br/colunas/leo-dias/2020/05/12/mp-investiga-batom-que-promete-emagrecer-ate-6-kg-vendido-por-apresentadora.htm.

# VULNERABILIDADE TEMPORAL NO STJ: RECURSO ESPECIAL REPETITIVO 1.962.275

*Maurilio Casas Maia*

Doutor em Direito Constitucional (Unifor). Mestre em Ciências Jurídicas (UFPB). Pós-graduado em Direito Civil e Processual Civil e em Direito Público: Constitucional e Administrativo (Ciesa). Professor do programa de pós-graduação em Direito (PPGD) da Universidade Federal do Amazonas (Ufam) e Defensor Público (DP-AM).

A dimensão temporal da dignidade humana estará em pauta na cúpula do Judiciário brasileiro. O STJ deverá decidir qual recado encaminhará ao mercado: se pelo respeito ao tempo do consumidor ou por seu menoscabo; se em prol de uma "clínica preventiva dos danos" ou pelo crescer da "indústria das lesões ao consumidor". Eis, simplificadamente, o papel social do Poder Judiciário no caso.

Desse modo, o Superior Tribunal de Justiça julgará um recurso repetitivo sobre a possibilidade de o consumidor ser compensado *in re ipsa* por danos morais em razão de lesões temporais. E, nesse passo, o Tribunal da Cidadania terá a oportunidade de dar *"nudges"* ou, simplesmente, estímulos jurídico-econômicos ao respeito ao tempo do consumidor por parte dos fornecedores. Porém, o contrário também é verdadeiro. Pois o STJ poderá negar ou dificultar a compensação das lesões temporais indevidas – tratar-se-ia assim de um lamentável convite ao descaso com os direitos do consumidor e um fomento à "indústria das lesões".

Trata-se do Recurso Especial (REsp) 1.962.275/GO, o qual pretende "definir se a demora na prestação de serviços bancários superior ao tempo previsto em legislação específica gera dano moral individual *in re ipsa* apto a ensejar indenização ao consumidor".

No referido recurso, existem diversas habilitações na condição de *amicus curiae*. Pelo lado dos fornecedores, presente a Febraban (Federação Brasileira dos Bancos). Por outro lado, pelos consumidores, habilitaram-se a Defensoria Pública do Paraná (DP-PR), o Instituto Brasileiro de Defesa do Consumidor (Idec) e o Instituto Brasileiro de Política e Direito do Consumidor (Brasilcon). Assim, os contornos subjetivos do debate vão tomando forma.

Anteriormente, no STJ, a proteção do tempo – em especial sob enfoque da teoria do desvio produtivo do consumidor – já mereceu atenção sob diversos aspectos, tais quais:

1) sua inaplicabilidade às relações paritárias de Direito Civil (STJ, REsp 2.017.194/SP, relatora ministra Nancy Andrighi, T3, j. 25.10.2022, DJe de 27.10.2022);

2) a perda de tempo lida sob a ótica do (famigerado) "mero dissabor" (STJ, REsp 1.406.245/SP, relator ministro Luis Felipe Salomão, T4, j. 24.11.2020, DJe de 10.02.2021);

3) Sua proteção coletiva em Ação Civil Pública proposta pela Defensoria Pública de Sergipe (DP-SE) em prol da coletividade consumidora (STJ, REsp 1.737.412/SE, relator ministro Nancy Andrighi, T3, j. 05.02.2019, DJe de 08.02.2019);

4) A invocação abstrata da violação das regras fixadoras de tempo de espera em fila não ensejaria automático direito à indenização (STJ, AgRg no AREsp 357.188/MG, relator ministro Marco Buzzi, T4, j. 03.05.2018, DJe de 09.05.2018), devendo ser "demonstrada a situação fática provocadora do dano" (STJ, AgInt no AREsp 937.978/DF, relator ministro Ricardo Villas Bôas Cueva, T3, j. 08.11.2016, DJe de 18.11.2016.

5) O excesso de perda indevida de tempo ou sua associação a outros constrangimentos podem ensejar reparação por danos morais (STJ, REsp 1.662.808/MT, relatora ministra Nancy Andrighi, T3, j. 02.05.2017, DJe de 05.05.2017).

A partir dos casos expostos, nota-se a importância para o mercado de consumo brasileiro da tese a ser fixada no REsp 1962275/GO. Como se disse no limiar do texto, o STJ poderá trazer *nudges* ou estímulos ao mercado consumidor. Mas estímulos a quê? Ao menoscabo do tempo do consumidor? Ou, ao contrário, ao respeito e à valorização da base temporal de sua vida?

Desse modo, permitir a percepção do tempo enquanto direito fundamental decorrente-, sustentáculo da vida, direito da personalidade e no seio da abertura do regime de responsabilização civil brasileiro poderá – diante do reconhecimento da prática abusiva da imposição da perda indevida de tempo ao consumidor –, resultar na natureza *in re ipsa* a necessidade de compensação temporal.

No cenário legislativo, a perda indevida de tempo foi reconhecida como prática abusiva pelo artigo 2º do "Estatuto do Tempo do Consumidor" do Amazonas, a lei amazonense 5.867, de 29.04.2022, de autoria do deputado estadual João Luiz. Tal lei inspirou diretamente o movimento na Câmara dos Deputados (PL 1.954, de 08.07.2022, deputado federal Carlos Veras) e indiretamente no Senado (PLS 2.856, de 24.11.2022, do senador Fabiano Contarato) – este último PL foi alvo de críticas acadêmicas por Alexandre Freitas Câmara.

Ainda no campo da vulnerabilidade temporal, a proteção do tempo humano vem provocando discussões em torno da autonomia reparatória da lesão temporal, independentemente de dores psicológicas ("moral em sentido estrito") e danos materiais.

Desde os estudos de André Gustavo Corrêa de Andrade, hoje desembargador do Tribunal de Justiça do Rio de Janeiro (TJ-RJ), até a atual posição do jurista da teoria do desvio produtivo, muito já se debateu e debate sobre a tutela do tempo do consumidor. Em tais debates, o tempo sai da carência normativa e prisão ao "dano moral" – como apontava Marcos Dessaune na 1ª edição (2011) –, passando a ser debatido também, desde 2013, sua autonomia em analogia à situação da lesão estética

– conforme entendimento sumulado pelo STJ –, chegando até as conexões com as lesões existenciais apontadas por Dessaune em sua 3ª edição (2022).

Aliás, não se trata de criar uma terceira categoria abrangente, no mesmo nível dos danos patrimoniais e morais em sentido amplo. Em verdade, tal debate cinge-se a reconhecer a tendência do próprio STJ de especificar "danos" extrapatrimoniais, como se fez na cumulação do dano moral e estético, ou no caso do dano à perda de uma chance. Trata-se de questão a ser lida sempre com os alertas de Carlos Edison do Rêgo Monteiro Filho, a fim de se evitar um tratamento não técnico entre as expressões "lesão" e "dano".

De todo modo, na escalada dos debates judiciais sobre a autonomia compensatória das lesões temporais, cita-se:

1) a Sentença de Jales-SP, do juiz Fernando Antônio de Lima, j. 28.08.2014 – dando conta da possibilidade de compensação autônoma, mas deixando de fazê-lo por ausência de pedido da parte interessada;

2) A primeira autocomposição homologada judicialmente pela qual um fornecedor aceitou pagar, concomitantemente, compensações por lesões morais e temporais (Processo 0000265-21.2016.8.04.5800, 1ª Vara de Maués-AM, juiz Rafael Cró, j. 11.08.2016);

3) a primeira sentença do país a efetivamente condenar um fornecedor bancário ao pagamento, por verbas autônomas, das compensações moral e temporal (Processo 0001622-07.2014.8.04.5800, 2ª Vara de Maués-AM, juiz José Benevides dos Santos, j. 19.08.2019);

4) o primeiro acórdão de turma recursal de Juizados Especiais Cíveis de São Paulo a reconhecer a autonomia da compensação por lesão temporal (Recurso Inominado 1000847-46.2020.8.26.0434, 1ª Turma Recursal Cível, rel. juiz Fernando da Fonseca Gajardoni, j. 30.11.2020);

5) e o primeiro acórdão de Tribunal de Justiça a condenar, ao mesmo tempo, nas compensações por lesões morais e temporais (TJ-AM) (Apelação Cível 0679992-38.2021.8.04.0001, rel. Paulo Lima, j. 09.02.2023).

Contudo, apesar dos avanços expostos acima, ainda há uma longa (e incerta) jornada para que a autonomia da compensação temporal venha a eventualmente se solidificar em território nacional, à comparação do "dano" estético – hoje sumulado pelo STJ. Com efeito, a proteção do tempo prosseguirá ainda e por longo período sob múltiplas roupagens, as quais merecerão atenção dos juristas rumo à consolidação da proteção da dimensão temporal do ser humano.

Fato é que, até lá, o STJ terá – através da técnica dos recursos repetitivos –, a importante missão social e a relevante oportunidade jurídico-econômica de estimular (bons) comportamentos no mercado de consumo. E, nesse cenário, só há uma resposta adequada à Constituição (artigo 5º, XXXII e artigo 170, V): a defesa do consumidor, do seu irrecuperável tempo de vida. Portanto, sendo este o Tribunal da Cidadania, não se espera outro *nudge* senão aquele potencialmente preventivo de novas lesões temporais e, consequentemente, de novas ações.

Em suma, espera-se que o STJ, cumprindo sua missão de guardião da cidadania, decida por abrandar os efeitos da vulnerabilidade temporal do consumidor diante do alvedrio abusivo de certos (maus) fornecedores, permitindo-se, ao fim e ao cabo, a construção de um mercado consumidor mais livre, justo e solidário.

# GONZÁLEZ VS. GOOGLE E TWITTER VS. TAAMNEH: PROVEDORES DE INTERNET NA MIRA DA SCOTUS

*Guilherme Magalhães Martins*

Pós-doutor em Direito pela USP. Professor associado de Direito Civil na Faculdade Nacional de Direito – Universidade Federal do Rio de Janeiro (UFRJ). Segundo vice-presidente do Instituto Brasileiro de Política e Direito do Consumidor (Brasilcon). Procurador de Justiça no Estado do Rio de Janeiro.

*João Victor Rozatti Longhi*

Defensor público no Estado do Paraná e professor universitário da Cesufoz.

Nos últimos dias, voltou à tona a problemática[1] questão da responsabilidade civil de provedores de aplicação por conteúdo inserido por terceiros com o julgamento de dois casos na Suprema Corte dos Estados Unidos. No centro das atenções do debate público, a chamada imunidade legal ou sistema de irresponsabilidade

---

1. WASHINGTON POST. BARNES Robert; VYNCK, Gerrit de; LIMA, Cristiano; OREMUS, Will; WANG, Amy B. *Supreme Court considers if Google is liable for recommending ISIS videos*. Updated February 21, 2023 at 3:06 p.m. Published February 21, 2023 at 9:00 a.m. EST. Disponível em: https://www.washingtonpost.com/technology/2023/02/21/gonzalez-v-google-section-230-supreme-court/. Acesso em: 07 mar. 2023; BLOOMBERG LAW. *Law Professor Lands High Court Tech Cases Due to Conflict Rules*. Kimberly Strawbridge Robinson. Feb. 17, 2023, 6:45 AM. Disponível em: https://news.bloomberglaw.com/us-law-week/law-professor-lands-high-court-tech-cases-due-to-conflict-rules. Acesso em: 07 mar. 2023. CNN. *Takeaways from the Supreme Court's hearing on Twitter's liability for terrorist use of its platform*. Brian Fung. By Brian Fung and Tierney Sneed, CNN. Updated 2:51 PM EST, Wed February 22, 2023. Disponível em: https://edition.cnn.com/2023/02/22/tech/supreme-court-twitter-v-taamneh/index.html. Acesso em: 07 mar. 2023. CNBC. TECH. Lauren Feiner. *Supreme Court considers whether Twitter can be held liable for failing to remove terrorist content* PUBLISHED WED, FEB 22 20233:37 PM ESTUPDATED WED, FEB 22 20234:56 PM EST. Disponível em: https://www.cnbc.com/2023/02/22/supreme-court-hears-twitter-v-taamneh-case-about-terrorist-content.html. Acesso em: 07 mar. 2023.
No Brasil, V. O GLOBO. Julgamento da Suprema Corte dos EUA deve ditar rumos de big techs no Brasil e no mundo. Entenda por quê EUA discutem até junho responsabilidade de plataformas como Google, Facebook e Twitter sobre conteúdo de ódio e terrorismo. No Brasil, Marco Civil da internet pode ser revisto. Por Glauce Cavalcanti – Rio. 10.03.2023 04h30. Disponível em: https://oglobo.globo.com/economia/tecnologia/noticia/2023/03/julgamento-da-suprema-corte-dos-eua-deve-ditar-rumos-de-big-techs-no-brasil-e-no-mundo-entenda-por-que.ghtml. Acesso em: 10 mar. 2023.
PODER 360. EUA julgam se big techs são culpadas por sugestões de algoritmos Suprema Corte trata do caso de jovem morta em ataque em Paris; acusação diz que extremistas foram influenciados por algoritmos do YouTube. Suprema Corte dos Estados Unidos julgam os casos Gonzalez vs. Google e Twitter vs. Taamneh que podem mudar a internet norte-americana. 22 set. 2014. Jessica Cardoso 1º mar. 2023 (quarta-feira) – 20h18… Disponível em: https://www.poder360.com.br/tecnologia/eua-julgam-se-big-techs-sao-culpadas-por-sugestoes-de-algoritmos/. Acesso em: 07 mar. 2023.

civil[2] por conteúdo ilícito, bem como pela opção de bloqueio caso a plataforma o considere ilegal unilateralmente, ambos previstos na Seção 230 do *Communications Decency Act*.[3]

Em linhas gerais, no primeiro,[4] o pai de Nohemi González, estudante norte-americana morta nos atentados terroristas de Paris em 2015, demandou contra o provedor de aplicações afirmando que o ranqueamento de vídeos no *YouTube* promoveria conteúdos que levaram à radicalização de *jihadistas* e, consequentemente, à morte de sua filha. Assim, o *YouTube* não agiria somente como uma plataforma isenta para o conteúdo de terceiros, mas como um *publisher,* uma vez que lucraria diretamente através do conteúdo sugerido e indiretamente através da publicidade dirigida aos usuários com o conteúdo terrorista, o que agrava a posição da plataforma, já que em 2016 foi alterada a lei antiterrorismo para responsabilizar quem divulga conteúdo considerado terrorista.

A atual administração federal estadunidense concorda com a demandante, asseverando que a regra legal que concede imunidade aos provedores pelo conteúdo inserido por terceiros hoje não estaria guarnecida pela imunidade regra da Seção 230, especialmente com o avanço dos sistemas de recomendação dirigidos por algoritmos. Igualmente, também se destaca o argumento de que a interpretação dada pelas cortes ao dispositivo seria excessivamente extensiva, muito porque datado de 1996, quando os modelos de negócios das plataformas e a própria tecnologia existente era menos baseada em conteúdo próprio e não na criação de meios mais eficazes para que os usuários disponibilizassem conteúdo.[5]

O Google assevera em sua defesa que sua "derrota pode arruinar a Internet". Igualmente, que o julgamento contrário a seus interesses teria "efeitos devastadores" fazendo com que a Internet volte a ser um "campo minado para litígios". Essencialmente, o argumento central é o de que tornar o provedor responsável poderá causar uma alta significativa nas retiradas de conteúdos, levando a um ambiente

---

2. MARTINS, Guilherme Magalhães; LONGHI, João Victor Rozatti. Opinião Liberdade de expressão e redes sociais virtuais. 12 de abril de 2020, 13h45. *Conjur*. Disponível em: https://www.conjur.com.br/2020-abr-12/martins-longhi-liberdade-expressao-redes-sociais. Acesso em: 09 mar. 2023.
3. *(1) Treatment of publisher or speaker. No provider or user of an interactive computer service shall be treated as the publisher or speaker of any information provided by another information content provider. (2) Civil liability. No provider or user of an interactive computer service shall be held liable on account of (A) any action voluntarily taken in good faith to restrict access to or availability of material that the provider or user considers to be obscene, lewd, lascivious, filthy, excessively violent, harassing, or otherwise objectionable, whether or not such material is constitutionally protected; or (B) any action taken to enable or make available to information content providers or others the technical means to restrict access to material described in paragraph (1).*
4. SUPREME COURT OF THE UNITED STATES OF AMERICA. *Oral Argument – Audio. Gonzalez v. Google LLC*. Docket Number: 21-1333. Date Argued: 02.21.23. Disponível em: https://www.supremecourt.gov/oral_arguments/audio/2022/21-1333. Acesso em: 07 mar. 2023.
5. MELO, João Ozorio de. Batalha de gigantes. EUA se opõem ao Google em disputa sobre mídia social na Suprema Corte. 9 de dezembro de 2022, 10h17. *Conjur*. Disponível em: https://www.conjur.com.br/2022-dez-09/governo-eua-opoe-google-disputa-midia-social. Acesso em: 07 mar. 2023.

onde haverá, por parte dos provedores, alto risco de censura e, portanto, violação da liberdade de expressão.[6]

Já no caso *Taamneh*,[7] trata-se de demanda pela família nos EUA de um cidadão da Jordânia morto em atentados terroristas de uma boate de Istambul em 2016 em face do Twitter. Em foco a suposta responsabilidade civil de "qualquer pessoa que contribua ou incite atos de terrorismo" prevista especificamente no *Justice Against Sponsors of Terrorism Act* de 2016.[8]

O Twitter vai em linha semelhante à das demais plataformas. Essencialmente, é de se destacar nessa linha de defesa que o provedor procura descaracterizar o vínculo direto entre o ataque de Istambul e a morte do familiar dos demandantes e a conduta da plataforma de permitir que conteúdo de incentivo aos grupos jihadistas circule. Igualmente, que a seção 230 não impõe dever de retirar o conteúdo, mas isenta de responsabilidade o "bom samaritano" que de boa-fé bloqueie conteúdo que considere ilícito.

A intersecção entre a imunidade dos provedores e a questão do terrorismo, com legislação especial e toda a carga histórica que envolve o tema nos EUA torna o assunto ainda mais delicado e complexo.

Jeff Kosseff destaca em seu *26 palavras que moldaram a Internet* (a primeira parte da Seção 230 tem exatas 26 palavras) que, mesmo assim, as cortes americanas têm rechaçado demandas como *Taamneh* em especial pela dificuldade de visualização de causalidade entre a conduta do provedor e a situação jurídica de "*publisher*" nos termos da lei. Entretanto, analisa particularidades da argumentação do caso *Fields V. Twitter*, em linhas muito semelhantes às discutidas em *Taamneh*, rechaçadas pela Corte Federal do 9º Circuito pela ausência de "*direct link*" entre a conduta do provedor e o ato terrorista em si. Contudo, o caso seria uma espécie de oportunidade, pois o fundamento principal não foi a imunidade dos provedores, mas a lei especial, tendo-se levantado nas discussões que o fato de a plataforma lucrar com o conteúdo a faria uma espécie de *publisher*.[9]

Mesmo assim, os esforços parecem ser em vão ou ao menos muito difíceis de alterar a realidade das coisas, especialmente nos EUA. Sobressai-se o fato de que os provedores têm a seu favor o que ainda popularmente é chamado de Magna Carta da

---

6. Cf. MELO, João Ozorio de. *Big Techs* em alerta. Google diz à Suprema Corte que derrota em julgamento pode arruinar internet. 17 de janeiro de 2023, 8h23. *Conjur*. Disponível em: https://www.conjur.com.br/2023-jan-17/google-suprema-corte-derrota-arruinar-internet. Acesso em: 07 mar. 2023.
7. Disponível em: https://www.supremecourt.gov/oral_arguments/audio/2022/21-1496.
8. Disponível em: https://static.poder360.com.br/2023/03/21-1496-sustentacao-oral-twitter-vs-taamneh.pdf.
9. "Although they ruled in favor of Twitter, they did not do so because of Section 230. Instead, they determined that there was not proximate cause: there was not a sufficient claim that they were injured by reason of international terrorism. In an opinion for the unanimous panel, Smith wrote that the statute's 'by reason of' requirement means that "a plaintiff must show at least some direct relationship between the injuries that he or she suffered and the defendant's act". KOSSEFF, Jeff. *The twenty-six words that created the Internet*. Ithaca [New York]: Cornell University Press, 2019. p. 236.

Internet.[10] Há toda uma gama de precedentes judiciais e um grande coro doutrinário e mesmo da opinião pública que faz com que mesmo uma leitura evolutiva da Seção 230 capaz de trazer algum tipo de responsabilização seja quase que um tabu dentro da sistemática americana.

Mas é fato que ao menos o ambiente político tenha se alterado um pouco nos últimos anos sobre a visão pública acerca dos provedores.

As *big techs* estão sob os holofotes, por um lado, pelas revelações desde 2016 de intervenção nas eleições americanas pela inteligência russa, valendo-se da facilidade que há em se criar perfis falsos, dirigir demandas políticas fantasiosas e espalhar desinformação e outros conteúdos tóxicos como riscos reais à democracia. Por outro, valendo-se da isenção de responsabilidade pela retirada unilateral de conteúdo, supostamente a ensejar benefícios para o provedor, sofrem pressão pela revisão do dispositivo, especialmente considerando-se que ganharam vulto maior do que muitos (senão todos os) Estados soberanos e sua relevância como meio para praticamente a totalidade das atividades econômicas, políticas do mundo contemporâneo faz com que a imunidade inicialmente concedida para promover seu incipiente modelo de negócios em 1996, quando originalmente concebido, limite ou fira de morte a liberdade de expressão.

Este último discurso é frequentemente levantado pelos que financiam, propagam e lucram com estes conteúdos nocivos (desinformação, discurso de ódio, terrorismo etc.). Nessa linha, com foco inclusive nos efeitos sociais e concorrenciais do tema, o *Amicus Brief* apresentado pelo *Cyber Civil Rights Initiative*, de autoria de *Mary Anne Franks et alli*.

Os "bons samaritanos" competem no mercado com uma mão amarrada atrás das costas, uma vez que permitem que operadores inescrupulosos – sem medo de responsabilidade – arrebatem a lucrativa receita publicitária gerada pelo conteúdo nocivo que os "bons samaritanos filtram. Essa superimunidade radical cria um risco moral, incentivando os provedores de conteúdo a agir de forma imprudente em busca do lucro, sem medo de responsabilidade".[11]

Nos EUA, enfatiza-se que uma mudança efetiva deveria vir do campo político, especialmente preconizando-se que o caminho correto seria uma mudança legislativa

---

10. O termo é usado no por Alan Rozenshtein (aprox. min. 9:30 e ss.) no evento *Gonzalez v. Google and the fate of Section 230*. (14.02.2023), promovido pelo *Brookings Institute*, moderação de Quinta Jurecic e participação de Benjamin Wittes, Hany Farid, Alan Rozenshtein e Daphne Keller. Disponível em: https://www.brookings.edu/events/gonzalez-v-google-and-the-fate-of-section-230/. Acesso em: 07 mar. 2023.
11. *Samaritans compete in the marketplace with one hand tied behind their backs, since they allow unscrupulous operators – without fear of liability – to snatch up the lucrative advertising revenue generated by the harmful content that Good Samaritans filter. This radical, super-immunity creates a moral hazard, incentivizing ICSPs to act recklessly in pursuit of profit without fear of liability*. FRANKS, Mary Anne et alli. *Brief of amici curiae the cyber civil rights initiative and legal scholars in support of petitioners*. Disponível em: https://cybercivilrights.org/wp-content/uploads/2023/01/Gonzalez-v.-Google-LLC.pdf. Acesso em: 10 mar. 2023. Tradução livre.

e o do controle de constitucionalidade (*judicial review*).[12] Já no Brasil, ao menos por enquanto, é mais ou menos consolidado na cultura jurídica que o STF pode lançar mão de técnicas de interpretação diversas da declaração de inconstitucionalidade ou não do análogo artigo 19 do Marco Civil da Internet. Interpretação conforme a Constituição, declaração de inconstitucionalidade sem redução do texto e tantas outras poderiam moldar o dispositivo às compreensões de que não é possível permitir que milícias digitais ameacem a democracia, a saúde pública e outros valores constitucionais fundamentais.

Solução que pode se somar à recente tomada de consciência sobre o tema, como na louvável iniciativa de estabelecimento de um grupo de trabalho junto ao Ministério dos Direitos Humanos para fins de construção de uma regulação das redes sociais, capaz de responder aos desafios da Internet atua, com soluções que vão desde a desmonetização, autorregulação regulada e tantas outras inspiradas em outras regulações que não a norte-americana, que é vital na compreensão do desenvolvimento da rede, mas é marcada pelo excepcionalismo de uma ordem jurídica que cultua a liberdade de expressão como liberdade individual tendente à falta de limites.

Como exemplos dessa inspiração, a legislação alemã (Netzdg) de 2017 ou o recente *Digital Services Act* europeu. Mas para cada um deles, não falta quem diga até hoje que "A Internet vai acabar".

---

12. É o que se extrai especialmente da fala do Professor Alan Rozenshtein já ao final do evento (aprox. 1:28:00 e ss.). Idem.

# O ESTADO FORNECEDOR DE JOGOS DE APOSTAS

*Cristiano Heineck Schmitt*

Doutor e Mestre em Direito pela UFRGS. Pós-graduado pela Escola da Magistratura do RS. Professor de Direito da Escola de Direito da PUC-RS. Secretário-geral da Comissão Especial de Defesa do Consumidor da OAB-RS. Membro do Instituto Brasilcon e do Ibdcont (Instituto Brasileiro de Direito Contratual). Advogado.

## 1. BREVE PANORAMA DOS JOGOS NO BRASIL

A exploração de jogos de cartas, cassino, corridas de cavalo, loterias, apostas esportivas, sempre movimentou elevadas cifras, atraindo interesses legítimos, ou até ilegais, sendo que esses últimos redundam em sonegação de impostos, violência, lavagem de dinheiro, manipulação de resultados etc. Mas o fato é que, por proporcionar lucros elevados ao administrador do jogo, o Estado também se interessou pelo "serviços de jogos".

No Código Civil, Lei 10.406/02, o contrato de jogo e aposta é tratado de forma incipiente entre os artigos 814 a 817. A reduzida devoção legislativa gerou a figura do jogo tolerado ou permitido, isto é, aquele que não possui uma norma própria, mas também não é vetado pela legislação penal, por exemplo, que reprime jogos de azar.

O Código Civil brasileiro apenas gerou alguns contornos de legalidade para modalidades esparsas, de apostas esportivas, não servindo para abranger a grande parte das operações de jogos no país. É um negócio jurídico incapaz de ser exigido judicialmente, mas que, uma vez pago, tornava-se irrepetível.

No conjunto de jogos de azar ditos proibidos no Brasil, a respectiva prática é tipificada como a contravenção penal, sendo prevista no artigo 50 do Decreto-Lei 3.688 de 1.941, Lei das Contravenções Penais, que expõe o que segue: "Estabelecer ou explorar jogo de azar em lugar público ou acessível ao público, mediante o pagamento de entrada ou sem ele: Pena – prisão simples, de três meses a um ano, e multa, de dois a quinze contos de réis, estendendo-se os efeitos da condenação à perda dos móveis e objetos de decoração do local".

Ainda, consoante o § 2º da referida norma, "incorre na pena de multa, de R$ 2 mil a R$ 200 mil, quem é encontrado a participar do jogo, ainda que pela internet ou por qualquer outro meio de comunicação, como ponteiro ou apostador". E esse mesmo artigo 50, em seu § 3º, estatui o que se consideram como sendo jogos de azar: "a) o jogo em que o ganho e a perda dependem exclusiva ou principalmente da sorte; b) as apostas sobre corrida de cavalos fora de hipódromo ou de local onde sejam autorizadas; c) as apostas sobre qualquer outra competição esportiva".

Obviamente, a legislação brasileira não pune nem proíbe o todo o jogo de azar. Há uma escolha acerca de modalidades que serão objeto de repressão estatal. E essas escolhas são, na prática, específicas, visto que o texto da lei penal é generalista. Assim, no Brasil, temos os "Jogos de Azar Legais" e os "Jogos de Azar Ilegais".

Um jogo que consta como um dos mais praticados, mesmo que se realiza à margem da lei, é o "jogo do bicho", o que mostra que a pena de restrição de liberdade, prevista ao jogo ilegal, é pífia, assim como a persecução penal em torno do mesmo. Não existem dados corretos, até porque o jogo do bicho é uma prática ilegal, de forma que seu faturamento não é declarado. Em 2014, a Fundação Getulio Vargas estimara que esse tipo de aposta tenha arrecadado de R$ 1,3 bilhão a R$ 2,8 bilhões, cifras que alguns consideraram subestimadas.[1]

O cassino, por exemplo, que já fora permitido no Brasil, foi proibido por força do Decreto-Lei 9.215, de 30 de abril de 1946, assinado pelo presidente Eurico Gaspar Dutra. À época (e talvez até hoje ainda se conserve essa visão), entendia-se que a prática do jogo com apostas em dinheiro era moralmente degradante ao cidadão. Talvez um dos maiores motivos de proibição do jogo no Brasil era a ideia do vício que poderia ser gerado pelo mesmo, fazendo do indivíduo um sujeito patológico, que sacrificaria todo o seu patrimônio e o da sua família em apostas.

É estranho entender que alguém pudesse sofrer uma degradação pessoal jogando em cassinos, bingos, mas manteria sua dignidade intacta se toda a semana fizesse apostas em loterias estatais. A presença do Estado, nesse sentido, beatificaria o jogo no Brasil, o que, na verdade, é um pensamento mágico típico de conto de fadas.

O próprio Estado, nas suas três esferas de atuação, é um exímio explorador de jogos de azar. A Caixa Econômica Federal, maior banco público brasileiro, que tem a forma de empresa pública, pertencendo à Administração Indireta Federal, explora vários concursos de apostas, e faz isso ao longo de várias décadas. Nesse sentido, a título exemplificativo, tem-se o caso da *Mega-sena, Lotofácil, Quina, Lotomania, Timemania, Dupla Sena, Loteca, Dia de Sorte e Super Sete*.[2]

Esse conjunto de possibilidades, somado aos entraves para a prática do jogo no Brasil, deixa bastante perceptível que o Estado quer a supremacia de um mercado amplamente lucrativo. Tanto é lucrativo o setor, que, em 2021, a arrecadação da Caixa Econômica chegou a R$ 18,5 bilhões em todas as modalidades de jogos lotéricos.[3]

Como ressalta Aloísio Zimmer Júnior, "cada espécie de jogo de azar tem, no Brasil, sua própria história mais ou menos conturbada". Aponta o autor que, no plano das loterias, uma primeira tentativa de sistematizar uma legislação que era esparsa, adveio em 1932 com o Decreto 21.143. A perspectiva, na época, era combater as

---

1. Disponível em: https://www.bbc.com/portuguese/brasil-40140693. Acesso em: 15 mar. 2023.
2. Disponível em: https://www.loteriasonline.caixa.gov.br/silce-web/?utm_source=site_loterias&utm_medium=aplicativos#/home. Acesso em: 23 nov. 2022.
3. Disponível em: https://www.jornaljurid.com.br/noticias/nova-decisao-do-stf-pode-beneficiar-municipios--na-criacao-de-loterias-explica-dr-ilmar-muniz. Acesso em: 24 fev. 2023.

organizações criminosas que se formavam com a exploração do jogo ilegal. Assim, as loterias foram classificadas pelo referido Decreto (artigo 20), como um *serviço público concedido pela União e pelos Estados*. Anos mais tarde, o Decreto nº 204/67, ainda vigente, garantiu à União a exploração exclusiva das loterias, restando aos estados apenas as loterias que já fossem operantes.[4]

As loterias estatais brasileiras consumem mensalmente parte do orçamento das famílias brasileiras, com renda superior a dois salários mínimos, gerando uma conduta quase que automática, que perdura praticamente a vida inteira do sujeito, que acredita que algum dia será contemplado. Basicamente, é um costume social do brasileiro apostar em loterias da Caixa Econômica Federal.

Portanto, uma conclusão bastante evidente é que, o Estado brasileiro é um fomentador de jogos de azar. E não é porque o Estado explora jogos de azar que isso torna o jogo mais legítimo ou benéfico socialmente. Então, é estranho ver-se o aparelho estatal reprimindo o jogo de azar quando ele próprio recebe valores explorando essa atividade. Com o clássico verbete, o Estado brasileiro diz, "faça o que eu digo, mas não faça o que eu faço".

As loterias estatais brasileiras consumem mensalmente parte do orçamento das famílias brasileiras, com renda superior a dois salários mínimos, gerando uma conduta quase que automática, que perdura praticamente a vida inteira do sujeito, que acredita que algum dia será contemplado. Basicamente, é um costume social do brasileiro apostar em loterias da Caixa Econômica Federal.

Portanto, uma conclusão bastante evidente é que, o Estado brasileiro é um fomentador de jogos de azar. E não é porque o Estado explora jogos de azar que isso torna o jogo mais legítimo ou benéfico socialmente. Então, é estranho ver-se o aparelho estatal reprimindo o jogo de azar quando ele próprio recebe valores explorando essa atividade. Com o clássico verbete, o Estado brasileiro diz, "faça o que eu digo, mas não faça o que eu faço".

## 2. DOS JOGOS LEGAIS: APOSTAS ESPORTIVAS DE COTA FIXA

Com a disseminação dos jogos de apostas on-line, cada vez mais as empresas do setor investem de forma maciça em aprimoramentos e publicidade. São diversos *players* no mercado, com marcas conhecidas, que costumam ocupar espaços de publicidade em campos de futebol e nas mídias em geral, patrocinando eventos, entre outros.

Com a sanção da Lei 13.756/18, embora não fosse ainda uma abertura total ou ampla à legalização de jogos de azar não estatais, pode-se imaginar a convivência com uma certa regulamentação das apostas esportivas no Brasil. A referida lei previu

---

4. Disponível em: https://www.conjur.com.br/2022-mai-19/aloisio-zimmer-jr-futuro-jogos-azar-brasil. Acesso em: 15 mar. 2023.

como meio possível de aposta a chamada *quota fixa*. Consoante o artigo 29 da referida Lei, resta criada a modalidade "lotérica", sob a forma de serviço público exclusivo da União, denominada apostas de *quota fixa*, cuja exploração comercial ocorrerá em todo o território nacional. Em termos práticos, "quota fixa" significa que o apostador sabe quanto vai receber se acertar, e o prêmio já é predefinido pela empresa de apostas, que calcula a probabilidade de um resultado acontecer.

A perspectiva, com a Lei 13.756/18, é que as casas de apostas pudessem se estabelecer no Brasil também, gerando divisas à nação. Mas a Lei 13.756/18 determina que tais fornecedores não tenham pontos de venda físicos no país, e que somente possam operar por meio de sites hospedados em domínios não registrados no Brasil.

Essas apostas em jogos esportivos, online, com cota fixa, detém então um atributo de legalidade no Brasil, desde que aqui não possuam sede. Para se ter uma ideia, a receita de jogos de azar nos Estados Unidos superou R$ 315 bilhões em 2022, segundo um relatório da AGA (American Gaming Association), a associação americana das empresas de jogos. Logicamente, quem não quer uma fatia deste grande bolo?[5]

## 3. O ESTADO FORNECEDOR DE JOGOS

O artigo 6º da Constituição dispõe que são direitos sociais "a educação, a saúde, a alimentação, o trabalho, a moradia, o transporte, o lazer, a segurança, a previdência social, a proteção à maternidade e à infância, a assistência aos desamparados". É claro que o ato de apostar traz consigo um momento de desconexão com os problemas diários, que pode ser visto como atividade de lazer, mas não seria esta a natureza contemplada do lazer pelo referido dispositivo. O mesmo, no caso, é voltado a atividades culturais, locais para a prática de esportes, praças etc. O jogo de apostas, por outro lado, exige que o sujeito pague diretamente cada ação que ele realiza, ou seja, o acesso não é universal, nem gratuito, e, de regra, gera prejuízo econômico.

Por outro lado, para o que seria atingir o bem comum, nada obsta o Estado buscar fontes de recurso atuando como um agente privado. Portanto, de olho no que o mercado através de empresas de apostas esportivas em cotas fixas tem gerado, cresceu o interesse dos gestores municipais e estatais em acessar uma fatia de ganhos gerados pela atividade de apostas.

Em Porto Alegre, por exemplo, na data de 17 de agosto de 2022, foi sancionado pelo prefeito o projeto de lei que autoriza a prefeitura a criar o serviço público de loteria, dando surgimento à Lei 13.215/22, fazendo nascer a "Loteria de Porto Alegre (Lopa)". O objetivo do serviço, no caso, é gerar receitas para qualificar e reduzir os custos do sistema de transporte coletivo. Após a sanção, foi editado um decreto em

---

5. Disponível em: https://www.gamesbras.com/cassinos/. Acesso em: 24 fev. 2023.

18 de janeiro de 2023, e aguarda-se um edital para definir o parceiro privado que vai operar o serviço.[6]

A movimentação de Prefeituras e Executivos estaduais tem sido fomentada ante o resultado do julgamento das ADPFs (Arguição de Descumprimento de Preceito Fundamental) de n. 492 e 493, julgadas em 2020, em que o Supremo Tribunal Federal entendeu que a competência para legislar sobre loterias é exclusiva da União, mas que a competência material, para instituir loterias, é concorrente com estados e municípios. Podemos registrar também que o fato de a União operar com serviços de loterias não o torna mais legítimo do que sendo proporcionado por qualquer outro ente federado.

A resistência da União em aceitar esse estado de coisas não tem relação alguma como o bem-estar da população, mas sim um nítido interesse pelo domínio de mercado, o qual ela não pretende compartilhar com particulares, nem com entidades estatais outras. Esse é um cenário de quase oitenta anos com contínuas restrições ou dificuldades, se considerarmos como marco histórico a proibição de cassinos no Brasil.

A União, no caso, defendia seu "absolutismo lotérico" com supedâneo no Decreto-lei 204/1967, o qual, segundo o ministro Gilmar Mendes, "criou uma verdadeira ilha normativa", gerando um monopólio fictício da União, que não é albergado pela Constituição de 1988.

A lista de municípios e estados que começam implementar os meios jurídicos e materiais para criação de suas lotéricas é grande, sendo um caminho sem volta, ao menos por enquanto. O Rio Grande do Sul, por exemplo, já detive uma loteria estadual, cujo funcionamento encerrara-se em 2004, por ser deficitária, mesmo operando há 150 anos. Em 26 de outubro de 2021, o governador gaúcho em exercício editou um decreto criando um conselho gestor para ressuscitar a Loteria do Estado do Rio Grande do Sul, estimulado pelo resultado advindo do STF.

Evidentemente, as loterias estatais e municipais vão acabar brigando por espaço com as loterias federais e com os sistemas de apostas permitidos. É um ambiente de mercado, de concorrência, onde nenhum parceiro pretende auxiliar o outro, sendo essenciais investimentos na área de publicidade, vendas etc., como qualquer outra atividade mercantil.

A questão que se indaga é: municípios e estados tornam-se fornecedores acerca do serviço de loterias? No âmbito federal, não pesam dúvidas de que a Caixa Econômica atrai para si a incidência do CDC, sendo ela o representante federal nesse sentido, e não propriamente a União.

Não temos dúvidas de que o apostador é considerado como consumidor, sendo seu *status* como tal bastante condizente com a tipicidade do artigo 2º, *caput* do CDC: "Consumidor é toda pessoa física ou jurídica que adquire ou utiliza produto

---

6. Disponível em: https://prefeitura.poa.br/gp/noticias/sancionada-lei-que-institui-loteria-municipal-em--porto-alegre. Acesso em: 24 fev. 2023.

ou serviço como destinatário final". O mesmo está adquirindo e pagando por um serviço de resultado aleatório. O serviço, no caso, é inerente ao lazer. Não se trata de um investimento com certeza de retorno. Aliás, o resultado positivo é algo raro ou remoto de ocorrer em jogos lotéricos. E como consumidor, a vulnerabilidade é sua característica principal, como aponta o artigo 4º, inciso I do diploma consumerista brasileiro.[7]

Acerva de vícios do serviço, o artigo 20 do CDC enquadra como fornecedores todos os que participaram da relação de consumo, da cadeia de fornecimento, com maior ou menor intensidade, garantindo-se a solidariedade destes frente aos danos gerados ao consumidor. E o artigo 14, *caput*, apresenta a mesma perspectiva no que concerne aos defeitos do serviço.

Ora, se o consumidor, num emaranhado de possibilidades, que vão desde o jogo ilegal ao jogo do Estado, optar pela loteria municipal ou estadual, ele não perde esse *status* jurídico de vulnerável, e devem lhe ser garantidas as mesmas prerrogativas que teria contratando com empresa privada. O jogo de aposta é um contrato, e como tal, está fadado a cumprir uma função social. De um lado, proporciona divertimento, lazer e, de outro, garante lucro à atividade empresarial organizada que o fornece. Com muita sorte, e não azar, quem sabe o consumidor pode ainda até ficar rico, embora esse resultado não possa ser garantido, mas se o for, o fornecedor estará obrigado a entregar o que prometeu (artigo 30 do CDC).

Ao descrever que pode ser tratado como fornecedor, o artigo 3º do CDC destaca, entre outros, a pessoa jurídica pública, bastando que desenvolva atividade de produção, montagem, criação, construção, transformação, importação, exportação, distribuição ou comercialização de produtos ou prestação de serviços. Conforme salientam Cláudio Bonatto e Valério Dal Pai Moraes,[8] o Estado moderno assumiu várias funções, não só na área social, como também na esfera econômica, chegando a realizar determinadas atividades naturalmente empresariais ao nível de concorrência com outros profissionais, fornecedores de produtos e serviços (veja, por exemplo, o caso dos bancos estatais, como Caixa, Banco do Brasil etc.), passando, nestes casos, a buscar o lucro como resultado da atividade mercantil. Nesse aspecto, quando assim age, o Estado, ou melhor, as empresas das quais ele participa, passam a se sujeitar às regras do CDC.

No CDC, há referências diretas acerca dos serviços públicos, como é o caso dos seguintes dispositivos: 3º, *caput*, 4º, inciso VII, 6º, inciso X, artigo 22, *caput* entre outros.

Algo que resta bem nítido é que o jogo de aposta não é um serviço essencial do qual necessite o cidadão para acessar uma vida digna. Por outro lado, como momento

---

7. Sobre vulnerabilidade, sugestão de leitura do nosso SCHMITT, Cristiano Heineck. Consumidores hipervulneráveis: a proteção do idoso no mercado de consumo. São Paulo: Atlas, 2012.
8. Bonatto, Cláudio; Moraes, Valério Dal Pai. *Questões controvertidas no Código de Defesa do Consumidor*: principiologia, conceitos e contratos atuais. 2. ed. Porto Alegre: Livraria do Advogado, 1999. p. 100.

de lazer, pode proporcionar momentos de alegrias, mas também de forte decepção, se o intuito for enriquecer às custas do jogo. Tal prerrogativa acaba sendo absorvida por quem promove o jogo, e não por quem o consome.

Possivelmente, municípios e estados busquem parceiros privados com melhores condições de gerenciamento da atividade mercantil de venda de jogos e apostas. Mas a sua presença, nesse âmbito de serviço não essencial, gerando uma expectativa de controle mais intenso, é um atrativo que deve ser honrado. E sendo o CDC a melhor plataforma de proteção de direitos dos jogadores-consumidores, podemos dizer tranquilamente que o Estado fornecedor de jogos, direta ou indiretamente, comprou seu ingresso para o mundo do Direito de Proteção do Consumidor.

O tema é recente, e se espera que o mesmo sirva para fortalecer o nível de proteção de consumidores, e não o contrário. Nesse sentido, cumprimenta-se o legislador de Porto Alegre, que, ao criar a norma permissiva, assinalou a necessária observação das regras que compõem o CDC. Que sirva de exemplo a outros.

# CONSUMO SUSTENTÁVEL E CONSCIENTE E OS RISCOS DO *BLUEWASHING*

*André de Carvalho Ramos*

Professor da Faculdade de Direito da Universidade de São Paulo (Largo São Francisco), professor e coordenador de mestrado em Direito da Unialfa, procurador regional da República, membro e antigo diretor do Instituto Brasileiro de Política e Direito do Consumidor (Brasilcon).

O dia 15 de março é comemorado como sendo o "Dia Internacional do Consumidor" pelo movimento global organizado de associações de consumidores, fazendo referência ao mesmo dia no qual, em 1962, o presidente John Kennedy encaminhou mensagem ao Congresso dos Estados Unidos em promoção aos direitos dos consumidores.

Como já apontei anteriormente,[1] a existência de qualquer "dia internacional" é ativista e militante: visa chamar a atenção para uma situação de fato ou de direito que merece esforço protetivo por parte do Poder Público e de toda a sociedade.

Por isso, nada melhor que, em uma data internacional, destacar a importância do consumidor no mundo globalizado, que é objeto de interesse de fornecedores em todo o mundo, incentivando relações de consumo transfronteiriças ao alcance de um *click*.

O objetivo central deste artigo é refletir sobre a relação entre a ação prática do consumidor global (e o incentivo ao consumo sustentável) e a pauta da ESG (*Environmental and Social Governance*/ESG – gestão empresarial ambiental e social) no ambiente empresarial contemporâneo.

Com o avanço da era digital, o consumidor global vivencia a ampliação do seu direito de escolha, podendo optar por produtos e serviços de diferentes áreas do mundo, o que permite explicitar preferências tanto endógenas (pelas características do produto, optando por produtos que usam material ambientalmente adequado e de maior durabilidade) quando exógenas (relacionadas ao agir social do fornecedor).

O consumidor global está cada vez mais atento a questões relacionadas ao tratamento digno dos trabalhadores e todos os integrantes das cadeias produtivas, bem como ao próprio meio ambiente, de modo a valorizar empresas que atuam de modo condizente com tais práticas.

---

1. CARVALHO RAMOS, André de. O Dia Internacional do Consumidor: diálogo entre o internacional e o nacional. *Revista Conjur*, março de 2021. Disponível em: https://www.conjur.com.br/2021-mar-10/garantias-consumo-dia-internacional-consumidor-dialogo-entre-internacional-nacional.

Essas preferências endógenas e exógenas do consumidor global revelam uma tendência de valorização do consumo consciente, que consiste em um consumo sustentável, o qual atende às necessidades individuais, levando em consideração os impactos sociais e ambientais de cada ato de consumo.

O consumo consciente busca minimizar os impactos sociais e ambientais negativos do consumo de bens e serviços, resultando na redução de desperdício e gastos excessivos (e desnecessários) de insumos, além de exigir práticas sociais e trabalhistas dignas.

Por isso, o consumidor global, ao optar pelo consumo consciente, estimula os fornecedores a adotar padrões de respeito a direitos humanos, impulsionando o crescimento da adesão voluntária a padrões globais de condutas social e ambientalmente adequadas por parte de empresas.

Esses padrões globais de comportamento das empresas voltadas a uma atuação sustentável exigem o respeito à gramática dos direitos humanos internacionalmente reconhecidos. Aliás, a universalidade dos direitos humanos não seria completa sem o reconhecimento da incidência desses direitos em todas as relações sociais, o que abarca obviamente as relações que envolvem empresas e suas atividades.

Porém, a evolução das normas que tratam especificamente da incidência dos direitos humanos nas atividades das empresas foi lenta. Na década de 70 do século passado, o Conselho Econômico e Social da Organização das Nações Unidas (ONU) criou o Centro das Nações Unidas para as Empresas Transnacionais, visando a elaboração de um código de conduta para tais empresas.

Ainda nessa época, em 1977, a Organização Internacional do Trabalho edita a "Declaração Tripartite de Princípios sobre Empresas Multinacionais e Política Social" (alterada em 2000, 2006 e em 2017). Há menções genéricas sobre a necessidade de cumprimento da Declaração Universal dos Direitos Humanos e dos Pactos onusianos (Pacto Internacional sobre Direitos Civis e Políticos e Pacto Internacional sobre Direitos Econômicos, Sociais e Culturais). A Declaração é de cumprimento voluntário (soft law) e não elimina a necessidade dos Estados cumprirem os tratados celebrados na OIT.

Em 2005, com a aceleração da globalização, o Secretário-Geral da ONU designou John Ruggie para ser o representante especial para a questão dos direitos humanos e empresas transnacionais e outras empresas. Em março de 2011, Ruggie apresentou seu relatório final, no qual os princípios orientadores constam no anexo, e, em junho do mesmo ano, o Conselho de Direitos Humanos adotou a Resolução 17/4, pela qual se endossa o conteúdo do que foi apresentado no relatório final de Ruggie.[2]

São 31 Princípios Orientadores sobre Empresas e Direitos Humanos (Princípios de Ruggie) divididos em: (i) Princípios Gerais; (ii) Dever do Estado em proteger os

---

2. CARVALHO RAMOS, André de. *Curso de direitos humanos*. 10. ed. São Paulo: Saraiva Educação, p. 307.

direitos humanos (Princípios 1 a 10); (iii) Responsabilidade empresarial em respeitar os direitos humanos (Princípios 11 a 24); e (iv) Acesso a recursos e reparação (Princípios 25 a 31).

Os princípios gerais reforçam três parâmetros ("proteger", "respeitar" e "reparar") pelos quais cabe ao Estado proteger os direitos humanos; às empresas cabe respeitar os direitos humanos; a ambos cabe reparar os danos causados pelas violações aos direitos humanos. Os princípios não criam ou restringem obrigações internacionais já existentes, devendo ser aplicados de forma não discriminatória a todas as empresas, transnacionais ou não, independentemente de seu tamanho, titularidade, controle etc.

Por sua vez, o Pacto Global das Nações Unidas (UN Global Compact) busca ser, em síntese, uma grande iniciativa voluntária das empresas para alinhar a conduta empresarial com os princípios universais de defesa dos direitos humanos, entre eles os direitos trabalhistas, ambientais e normas anticorrupção.

Seria forjada uma "sustentabilidade empresarial", pautada na promoção de normas de direitos humanos nas suas mais variadas espécies. Com o Pacto Global, as empresas aderentes buscam desenvolver uma gestão empresarial, social e ambientalmente corretas, naquilo que se convencionou chamar de pauta ESG.

A pauta consagra o consumo sustentável e consciente e deve ser cobrada pelo consumidor global. Contudo, mesmo considerando que o consumidor global tem muito mais acesso à informação do que no passado, há diversos desafios.

Nesse mundo cada vez mais globalizado, as cadeias de produção e comércio são complexas, fragmentadas e (muitas vezes propositalmente) opacas, tornando difícil para o consumidor global ter certeza do "como" e de "onde" um bem foi produzido.

Isso sem contar com a falta de fiscalização interna por parte de empresas – aparentemente – comprometidas com a pauta ESG sobre empresas subcontratadas ao longo dos anos de contratação.

Há o risco do "bluewashing", expressão que retrata a falsa adoção pelas empresas (mera retórica) dos princípios universais de direitos humanos defendidos pela ONU tanto no "Global Compact" quanto nos "Princípios". "Bluewashing" é termo que faz remissão à cor azul das Nações Unidas. Há ainda o "greenwashing", que descreve a adoção meramente retórica de normas ambientais pelas empresas.

A veiculação de informações falsas sobre o cumprimento das normas de direitos humanos erode a credibilidade da pauta ESG, gerando prejuízo para toda a sociedade, dilapidando o desejo do consumidor global de favorecer o consumo consciente e sustentável.

Para evitar tal situação (a associação meramente publicitária de marcas empresariais à agenda ESG), é possível eventual ação de reparação de danos difusos por publicidade enganosa ao consumidor (no caso brasileiro) ou ainda responsabilização diante do órgão de controle (por exemplo, Comissão de Valores Mobiliários) das informações prestadas por empresas de capital aberto, entre outras opções.

Com tais respostas ao "bluewashing", o consumidor global é respeitado e estimula-se um consumo consciente, decisivo para a sustentabilidade e preservação dos recursos escassos do planeta.

# A EFETIVAÇÃO DO ATENDIMENTO AO SUPERENDIVIDADO: A EXPERIÊNCIA DE MG (PARTE 2)

*Glauber S. Tatagiba do Carmo*

Mestre em Direito do Estado pela Unifran-SP. Promotor de Justiça do estado de Minas Gerais. Coordenador das Promotorias de Justiça de Defesa do Consumidor de Belo Horizonte e coordenador estadual do Procon-MG.

Apesar da classificação doutrinária de consumidor superendividado,[1] e dos aspectos sociais e filosóficos[2] envolvidos, vemos na prática uma infinidade de circunstâncias e características que tornam o cidadão superendividado, portanto sabemos que a realidade é mais rica que qualquer classificação legal ou doutrinária. Dentro deste panorama, uma distinção salta aos olhos no dia a dia, que é entre o superendividado de crédito e consumo.

Devemos lembrar que entre o ato volitivo de consumir e o efetivo consumo está – em muitas situações – o crédito, não no sentido técnico, mas como meio necessário para aquisição de produtos e serviços, sem o qual não há consumo. O superendividado de crédito representa a grande maioria dos consumidores que procuram atendimento no Programa de Atendimento ao Superendividado (PAS), situação que veio se agravando, sem dúvida alguma, a partir da Lei 10.820/2003, que criou a opção do crédito consignado.[3]

O caráter compulsório da cobrança do empréstimo como padrão no crédito consignado trouxe um novo elemento que potencializou a situação do superendividado, qual seja, a dificuldade (impossibilidade mesmo) de negociação, já que os pagamentos das parcelas são obtidos diretamente dos vencimentos/proventos do consumidor, independente de qualquer manifestação. Assim, as tratativas que já eram desequilibradas (diante da hipossuficiência acentuada de grande parte do consumidor superendividado), tornaram-se quase inexistentes, face ao desdenho dessas instituições em realiza-

---

1. A doutrina europeia, inserida entre nós pela prof. Claudia Lima Marques, distingue superendividamento passivo, quando o consumidor não contribuiu para a crise de solvência e de liquidez, e superendividamento ativo, quando o consumidor "consome" demasiadamente acima das possibilidades de seu orçamento, e, assim, deixa de ter condições para fazer frente às dívidas assumidas.
2. Conferir a esse respeito LIPOVETSKY, Gilles. *A felicidade paradoxal*: ensaio sobre a sociedade de hiperconsumo. São Paulo, Companhia das letras. 2007 e BAUMAN, Zygmunt. *Vida para o cunsumo*: a transformação das pessoas em mercadorias. Rio de Janeiro, Zahar. 2008.
3. O valor concedido em 2021 nessa modalidade somou R$ 231,2 bilhões (Banco Central do Brasil. Relatório de Economia Bancária 2021, p. 26. https://www.bcb.gov.br/publicacoes/relatorioeconomiabancaria).

rem qualquer negociação, em flagrante desrespeito ao princípio da exceção da ruína, negociação que quando ocorre é para prejudicar o consumidor, com o oferecimento de novos produtos e linhas de crédito, sempre com um custo maior.[4]

Com a tentativa de desconcentração bancária promovida no Brasil e a participação de novos entrantes no mercado de concessão de crédito, muitas dessas instituições com grande parte de sua carteira composta exclusivamente ou quase na sua totalidade pelo crédito consignado e/ou cartão de crédito consignado, aliado à falta de atuação eficaz da autoridade reguladora, o Banco Central do Brasil e à falta de crescimento econômico (que faz com que o governo fomente o aumento do consumo com o excesso de crédito), formou-se o ambiente perfeito para que o superendividamento se tornasse o principal problema na área do direito do consumidor.

Um volume considerável de consumidores que procuram atendimento por problemas financeiros se vê premidos pelo excesso de crédito, que por vezes consome mais de 80% dos seus rendimentos líquidos, chegando a casos de 120%, tornando inviável a manutenção do mínimo existencial de qualquer cidadão, consoante dispõe o §1º do artigo 54-A do Código de Defesa do Consumidor, sobretudo daquele consumidor hipossuficiente, aposentado/pensionista que ganha até 2 salários-mínimos.[5]-[6]

Essa tipologia de superendividado é que prioritariamente o PAS atende e dá o tratamento nos termos do que dispõe a Lei 14.181/2021, sem excluir o atendimento e o encaminhamento dos demais casos que demandam uma atuação efetiva dos órgãos integrantes do sistema estadual de defesa do consumidor.

Repita-se aqui a percepção da dificuldade que órgãos integrantes do SNDC vêm enfrentando na tarefa de dar concretude no tratamento pré e processual do superendividado, além do caráter econômico que envolve o plano de pagamento, aliado à juventude da alteração legislativa; há ainda a falta de conhecimento por parte da magistratura nacional do alcance e possibilidades da recente legislação, somando-se ao fato de inexistir varas especializadas na seara consumerista na maioria das unidades jurisdicionais federativas.

Por isso, existe a preocupação de repassar para o Judiciário a logística da construção dos fluxos, o trabalho desenvolvido e os parâmetros traçados pela Lei

---

4. O lucro líquido do setor bancário em 2021 foi de R$ 132 bilhões, 49% superior ao registrado pelo sistema em 2020 e 10% acima do observado em 2019. Os resultados são explicados pelo crescimento da margem de juros, a redução das despesas com provisões (reserva sobre riscos de crédito) e os ganhos de eficiência (Banco Central do Brasil. Relatório de Economia Bancária 2021, p. 9. https://www.bcb.gov.br/publicacoes/relatorioeconomiabancaria).
5. Em dezembro de 2020, dentre os tomadores de crédito consignado vinculados ao INSS, 73% possuíam renda de até dois salários-mínimos. Este perfil de renda foi responsável por 57% do volume financeiro concedido para clientes beneficiários do INSS (IDEC. Os impactos de crédito consignado no endividamento de aposentados do INSS. p. 17. https://guiadosbancosresponsaveis.org.br/bancos/estudos/pesquisa-cr%-C3%A9dito-consignado-2021/).
6. Classes D e E já representam mais da metade da população brasileira, aponta estudo. Um levantamento da Tendências Consultoria aponta que as classes D/E, com rendimentos familiares mensais de até R$ 3,1 mil, representam 55,4% da população (https://valorinveste.globo.com/noticia/2022/10/15/classes-d-e-e-ja-representam-mais-da-metade-da-populacao-brasileira-aponta-estudo.ghtml).

14.181/2021, a fim de que aqueles órgãos com competência para o julgamento da matéria contribuam de forma efetiva para aprimorar os procedimentos da ação de repactuação e a confecção do plano de pagamento, que no PAS já é apresentado no pré-processual nos termos do artigo 104-C do CDC, prestigiando a efetividade da atuação dos órgãos integrantes do Sistema Estadual de Defesa do Consumidor.

O plano de pagamento é confeccionado de acordo com a realidade do consumidor e apresentado por ele, devidamente assistido por defensor público, em audiência com os credores seguindo os parâmetros, verdadeiras garantias, prescritos no artigo 104-A do CDC, ou seja, dentro do prazo máximo de cinco anos, de forma global e respeitando o mínimo existencial do consumidor.

Para a confecção correta do plano de pagamento seriam necessários os seguintes documentos: data da operação, valor emprestado, valor liberado, prazo de pagamento, taxa de juros, data de vencimento da primeira parcela, quantidade de parcelas pagas e saldo devedor atual. Tudo isso poderia constar de um extrato de evolução da operação.[7]

Entretanto, diante das dificuldades do fornecimento destas informações pelas instituições financeiras, apesar de requerido insistentemente, o plano de pagamento tem se valido apenas do saldo devedor na data da audiência. Além disso, como registrado na primeira parte deste artigo,[8] sem considerar as taxas de juros, encargos administrativos, assim como a definição da ordem cronológica das dívidas, já que o objetivo neste momento é a resolução consensual, de modo a possibilitar a recuperação e equilíbrio financeiro do consumidor superendividado,[9] de forma mais rápida e eficiente possível.

Não olvidamos que o Poder Judiciário brasileiro enfrenta dois problemas crônicos: volume de processos e morosidade, ambos influenciados por fatores externos, como leis processuais, uma cultura de litigiosidade excessiva e recentemente pela denominada advocacia predatória. É com essa preocupação que o sistema do tratamento do superendividado adotado pelo PAS zela pela objetividade, delineando com contornos mais precisos possíveis o conteúdo da ação de repactuação, que terá como objeto, nesta fase inicial, prioritariamente, as dívidas provenientes do excesso de crédito. Isso porque, com a adequação das dívidas com o crédito a 30% dos rendimentos líquidos do consumidor,[10] será possível negociar suas eventuais outras dívidas de consumo, inclusive, com o auxílio dos órgãos integrantes do PAS, caso necessário.

---

7. Cabe ao Banco Central do Brasil (Bacen), órgão regulador do sistema, impor às instituições financeiras a obrigação de fornecer tais informações de forma padronizada e dentro de prazo razoável, sob pena de violação dos arts. 6, III e 54-B do CDC.
8. Disponível em: https://www.conjur.com.br/2022-out-26/garantias-consumo-efetivacao-programas-atendimento-superendividado.
9. Outra solução estudada é o pedido de suspensão do pagamento das dívidas, nos termos do art. 104-A, § 2º pelo Cejudc caso o fornecedor não apresente tais documentos até a audiência global, expressamente solicitados em notificação prévia.
10. Critério adotado prioritariamente pela doutrina e jurisprudência para caracterizar o mínimo existencial, sobretudo daqueles consumidores que recebem até dois salários-mínimos.

# O FUTURO DOS PLANOS DE SAÚDE: PROPOSTAS NO ÂMBITO DA DEFESA DO CONSUMIDOR

*Maria Stella Gregori*

Professora de Direito do Consumidor da PUC-SP. Diretora do Brasilcon e foi diretora da ANS (Agência Nacional de Saúde Suplementar). Advogada de Gregori Sociedade de Advogados.

Os planos de saúde no Brasil são regulados pela Lei 9.656, de 3 de junho de 1998, que fixa as regras para as operadoras de planos de assistência à saúde e para os próprios planos sob a observância da Agência Nacional de Saúde Suplementar (ANS).

A Lei dos Planos de Saúde prevê a cobertura assistencial de todas as doenças previstas na Classificação Internacional de Doenças (CID), da Organização Mundial de Saúde, a partir de um rol de procedimentos e eventos em saúde fixado pela ANS, de acordo com a segmentação do plano adotada, isto é, ambulatorial (consultas, exames e tratamentos antineoplásicos domiciliares de uso oral), hospitalar (internação); hospitalar com obstetrícia (internação e assistência a parto), odontológica (procedimentos realizados em consultório) e referência (ambulatorial e hospitalar com padrão enfermaria).

Nesses 24 anos de regulação dos planos de saúde, muitos avanços foram alcançados, mas como o direito, tal qual os movimentos da sociedade, é dinâmico, ainda se observam pontos de dissonância, especialmente em relação à proteção do consumidor estruturada no Código de Defesa do Consumidor, que acabam sendo dirimidos pelo Poder Judiciário.

A judicialização da saúde no Brasil, tanto a pública como a suplementar, tem aumentado muito nos últimos anos. O Grupo de Estudos sobre Planos de Saúde (Geps), da Universidade de São Paulo,[1] que acompanha os dados do Tribunal de Justiça do Estado de São Paulo, ao divulgar análise em junho de 2022, demonstrou que no tocante aos planos de saúde ela aumentou quatro vezes nos últimos dez anos, com crescimento de 391%. Destacam-se as negativas de cobertura, justificadas por não constarem do rol de procedimentos da ANS.

Além do Judiciário, a sociedade também busca a satisfação de seus direitos no âmbito administrativo, por meio dos Procons, Consumidor.gov e das agências

---

1. Mario Scheffer. *Decisões judiciais sobre planos de saúde têm recorde histórico em São Paulo*. GEPS-DMP/FMUSP São Paulo: 2022.

reguladoras. Segundo dados de 2021, o Sindec/MJ[2] e o Consumidor.gov[3] receberam respectivamente 1.6% e 0.8% de reclamações referentes aos planos de saúde. A ANS, por sua vez, também recebeu, em 2021, mais de 150 mil reclamações de consumidores que não são atendidos adequadamente por suas operadoras.

O setor de saúde suplementar, especialmente no que tange à proteção do consumidor é conflituoso e, nesse cenário, o Poder Judiciário, nas questões relativas aos planos de saúde, assume um papel ativo, porque tem a última palavra e a responsabilidade de pacificar os conflitos.

A insegurança jurídica que permeia o setor é um dos fatores preponderantes que ocasiona a crescente judicialização. Isso se dá porque se trata de um tema complexo, em que a solução dos problemas não está clara nas regras vigentes e, também, por ser uma relação de consumo diferenciada, ao afetar um bem constitucionalmente indisponível que é a vida.

A prestação da saúde envolve uma série de questões que têm impacto econômico e social, especialmente com o aumento do desemprego, a perda da renda dos consumidores e o envelhecimento da população, somados a uma expectativa positiva de vida mais longa, além dos custos assistenciais subindo rapidamente em função da vertiginosa incorporação de novas tecnologias, levando-se em conta que os recursos são finitos e agravados pela pandemia global do novo coronavírus decorrente da Covid-19. Acrescente-se as informações que não são compartilhadas entre operadoras, prestadores e consumidores, o que agrava os frequentes conflitos entre os atores do setor.

Por conta disso, é importante, quando se inicia um novo governo, refletir sobre o futuro dos planos de saúde e incluir no debate alguns temas que merecem ser incorporados.

Inicialmente, o governo, ao definir as políticas públicas do setor de saúde, deve integrar as informações entre o Sistema Único de Saúde (SUS) e o sistema privado. É também fundamental para a gestão em saúde investir em mecanismos de informação mais clara e transparente.

O segundo ponto a ser destacado é em relação às indicações dos diretores para a ANS e para os seus cargos comissionados, que devem ser de profissionais técnicos capacitados de notório saber e ilibada reputação, devendo, ainda, ser estabelecidos investimentos para a capacitação contínua dos profissionais da saúde.

No que se refere, especialmente, à regulação da saúde suplementar, é importante que seja acompanhada a Comissão Especial dos Planos de Saúde, na Câmara dos Deputados, com mais de 265 PLs apensados ao PL 7.419/2006, para alterar a Lei dos Planos de Saúde. Entende-se que, para o aperfeiçoamento da regulação, a discussão deve partir dos avanços conquistados até hoje e não retroceder com ideias, que al-

---

2. Disponível em: www.justiça.gov.br/consumidor/sindec. Acesso em: 19 dez. 2022.
3. Disponível em: www.consumidor.gov.br/pages/indicador/infográfico. Acesso em: 19 dez. 2022.

guns defendem, de planos subsegmentados, acessíveis ou populares, com cobertura reduzida e custos mais baixos. Esses planos podem ter somente consultas, exames, tratamento de alguma doença determinada ou internação hospitalar ou atendimento de pronto-socorro. Propõe-se também a liberação de reajustes de mensalidades dos planos individuais, maiores prazos para prestar o atendimento, o fim do ressarcimento do SUS, a redução de multas aplicadas pela ANS e o enfraquecimento de sua atuação. Os defensores dessas propostas sustentam que a oferta de menor cobertura implicará planos mais baratos, ampliará o acesso ao consumidor e viabilizará, às operadoras, a volta do oferecimento de planos individuais no mercado e, consequentemente, desafogará o SUS. Destaca-se que há alguns anos as operadoras adotaram a estratégia de deixar de oferecer os planos individuais por entenderem que as regras atuais são muito mais flexíveis aos planos coletivos, que hoje representam cerca de 80% do que é comercializado. Em relação a este tema, concorda-se com o estudo elaborado pelo Instituto de Estudos em Políticas de Saúde (Ieps),[4] criado pelo economista Armínio Fraga, que diz que essa ideia sobrecarregará o SUS e aumentará a desigualdade no acesso e na judicialização da saúde.

Cabe salientar que, no início do governo do presidente Lula, em 2003, foi criado um Fórum de Saúde Suplementar, representado por todos os setores envolvidos, com o objetivo de avaliar o marco jurídico vigente, identificando seus prós e contras. Dentre as diretrizes definidas pelo governo de então, constava a Diretriz 3, que se referia à cobertura assistencial, estabelecendo a não permissão à subsegmentação. Nesse diapasão, seria oportuno que o governo Lula 3 constituísse um fórum semelhante e mantivesse a posição adotada anteriormente.

Em relação ao rol de procedimentos e eventos em saúde da ANS, que trata da cobertura mínima obrigatória pelas operadoras de planos de saúde, entende-se que foi um avanço a aprovação recente da Lei 14.454, de 21 de setembro de 2022, mas vê-se com preocupação a possibilidade da indicação de um procedimento ou medicamento, indicado por um médico, que possa não ter comprovação científica ou não aprovação de um órgão técnico regulador (ex: pílula do câncer ou cloroquina). O legislador deveria ter utilizado a locução aditiva (e) e não a alternativa (ou), portanto, seria oportuno que revisitasse o tema, para alcançar segurança jurídica.

Nesse tema referente à cobertura, seria importante avaliar a hipótese da criação de um órgão técnico único para avaliar a incorporação de novas tecnologias, pautado na medicina baseada em evidência, tanto para o SUS como para a saúde suplementar.

É imprescindível, também, a adequação das normas de defesa do consumidor na regulação dos planos de saúde, isto é, a compatibilização ao Código de Defesa do Consumidor.

É fundamental revisitar o Conselho de Saúde Suplementar (Consu), órgão deliberativo de representação interministerial, que tem como atuação definir diretrizes

---

4. Disponível em: https://ieps.org.br/nota-tecnica-24/.

e políticas públicas para elaboração de ações pela ANS, mas desde os primórdios da regulação ficou inerte delegando competência à ANS. Foi restabelecido e proposto um plano para o enfrentamento da Covid-19, um ano após o início da pandemia, ao definir uma política que extrapola a Lei dos Planos de Saúde e sem a participação da ANS, violando a sua autonomia.

Outro tema que merece atenção é a necessidade do atendimento integrado com prontuário eletrônico pessoal e, também, tornar definitiva as práticas de telemedicina e teleconsultas.

Outro assunto que merece aperfeiçoamento é a indução de novos modelos de remuneração dos profissionais de saúde vinculados à qualidade e à eficácia, como alternativa ao *fee for service*, que estabelece o pagamento de acordo com a solicitação, ainda muito utilizado e gera desperdício.

Seria bastante oportuno o envio ao Poder Legislativo de um PL com tipificação de crimes contra fraude e de desvios de recursos na saúde.

Todo o debate da saúde deve ser focado no cidadão e consumidor, lembrando sempre que o atendimento deve ser humanizado, respeitando a dignidade humana. É fundamental para construirmos um país mais justo, igualitário e s estarmos todos unidos, dialogando para encontrarmos um caminho com políticas públicas eficazes.

Desse modo, para que essas propostas sejam incluídas no debate, faz-se urgente a participação e o envolvimento de todos os atores desse setor: o poder público, as operadoras, os prestadores de saúde e, especialmente, os órgãos e entidades de defesa do consumidor. Visando o quê? A consolidação de um mercado de saúde responsável, transparente, ético e justo, para a efetiva construção de um setor virtuoso, com ganhos positivos, em que todos os agentes possam se beneficiar, buscando o tão almejado equilíbrio, a fim de se garantir os avanços conquistados e rechaçar qualquer forma de retrocesso ao marco regulatório da saúde suplementar.

# AS SURPRESAS DE FINAL DE ANO: PL 596/22 PODE ENFRAQUECER O PROCON-SP

*Luiz Fernando Baby Miranda*

defensor público (SP) e coordenador do Núcleo Especial de Defesa do Consumidor da DPSP.

*Mariângela Sarrubbo Fragata*

Especialista em Direito das Relações de Consumo pelo Cogeae/PUC-SP. Professora da PUC-SP. Diretora do Brasilcon. Membro do Conselho Diretor do Idec. Advogada. Ex-procuradora do Estado de São Paulo (1994/2019) e ex-assistente de direção do Procon-SP (1985/1994).

O Código de Defesa do Consumidor estabelece, em seu artigo 1º, tratar-se de lei de ordem pública e interesse social. Assim, seus preceitos são de cumprimento obrigatório para todos os atores das relações de consumo, devendo aqui serem considerados os fornecedores, os consumidores e, também, o Estado, em todas as suas concepções.

Em seu Capítulo VI, precisamente nos artigos 55 a 60, estão dispostas as normas relativas à aplicação das sanções administrativas que, reguladas pelo Decreto 2.181/97, vêm dando lastro às atividades dos Procons, órgãos da administração direta ou indireta e ao Ministério Público, como é o caso do Procon de Minas Gerais, que baixam por portarias as respectivas normas de tramitação do procedimento administrativo, observada a lei federal e sua regulamentação.

Os Procons, como sujeitos do Sistema Nacional de Proteção do Consumidor, têm desempenhado um papel desafiador, especialmente nos últimos quatro anos, no controle e fiscalização das atividades de fornecimento de produtos e serviços, especialmente neste período pós-pandemia, em que a aceleração da economia se impõe, ao lado do necessário aquecimento do mercado de trabalho.

Assim, o reconhecimento e fortalecimento dos Procons é imperativo, como órgão garantidor da defesa do consumidor e que tem o papel de desempenhar legitimamente a função constitucional do Estado, nos termos do artigo 5º, inciso XXXII da CF, de promoção da defesa do consumidor.

Não raro, o cidadão é surpreendido, especialmente nos últimos dias do ano, com proposituras que se apresentam sem uma justificativa de fins alinhados com os verdadeiros princípios constitucionais, que asseguram a promoção de direitos individuais e sociais, o que preocupa. E é o que parece ter ocorrido no âmbito do estado de São Paulo, onde foi requerida urgência na tramitação de um projeto de lei (PL) que interfere diretamente nas atividades da Fundação Procon, projeto este que acabou de ser apresentado à Casa Legislativa e que demanda, s.m.j., a realização de estudos e discussões mais profundas sobre o tema, fugindo, também, de qualquer caráter de urgência que justifique a sua apreciação sem a participação dos atores do cenário que abrange.

No último 19/10, foi apresentado na Alesp o PL 596, de 2022, que dispõe sobre a alteração da Lei 9.192/1995, que instituiu a Fundação Procon em São Paulo, propondo alterações de procedimentos administrativos de fiscalização, autuação, da dosimetria da pena, aplicada às infrações às normas de proteção e defesa do consumidor, entre outros assuntos da mesma importância. Além de problemas de técnica legislativa que talvez possam ser reparados em uma revisão de redação, há problemas de ordem constitucional intransponíveis.

Em que pese a louvável iniciativa do parlamentar em refletir a respeito da defesa do consumidor, verifica-se nas entrelinhas da propositura a existência de forte interferência nas atividades da Fundação Procon, ao lado de sérios riscos de enfraquecimento das suas atividades de fiscalização.

Em uma rápida passada de olhos, é possível traçar uma linha divisória dividindo o exame da proposta sob o ponto de vista de duas ordens: (1) dispositivos que tratam de matéria de regulamentação, e que hoje já constam das atividades do órgão, com fundamento no Decreto 2.181/97, ou nas portarias editadas pela Fundação, e (2) dispositivos que, por sua vez, confrontam a norma federal, precisamente o CDC.

De início, s.m.j., parece que a propositura padece de vício de inconstitucionalidade formal, por usurpar competência reservada do Poder Executivo, seja por (a) tratar de matéria de sua competência legislativa, ou (b) por tentar regular, por lei, matéria típica de decreto.[1]

O PL, ao propor a inserção de 44 novos dispositivos à lei de criação da Fundação Procon, traz à norma detalhamentos procedimentais da atividade interna do Procon, hoje todas reguladas por portarias, nos termos de suas competências legais, a partir da regulamentação da norma por decreto federal.

A jurisprudência do STF é assente no sentido de que o processo legislativo deve observar, rigorosamente, as regras de iniciativa reservada constantes da CF estabelecidas, que foram estabelecidas, também, em simetria, pelas Constituições Estaduais (CE), inclusive observando que nem mesmo o sancionamento pelo Executivo convalida tais impropriedades. A interpretação restritiva das normas constitucionais que dispõem sobre as competências legislativas é imperativa.

O artigo 47, II, XIV e XIX da CE paulista, ao estabelecer as competências privativas do Poder Executivo, em simetria com o artigo 61, § 1º, II e 84, II e VI da CF,

---

1. Artigo 61, da CF e, em simetria, Art. 47 da CE.

dispõe a respeito da prerrogativa do Poder Executivo para legislar sobre organização e funcionamento da administração estadual, assim como o exercício da sua direção, aqui abrangendo, também, a fixação ou alteração dos órgãos da administração, posição acolhida pela corte superior repetidamente. Assim é que o referido PL, ao estabelecer a possibilidade ou não da realização de auto de infração digital, traçar atribuições para órgãos internos da fundação com especificação dos setores os quais deverão apreciar o auto de infração ou o conteúdo da decisão, estabelecer formas de pagamento com obrigatoriedade de descontos em determinadas circunstâncias, invade atribuição privativa do Poder Executivo ferindo, consequentemente, o princípio da separação dos poderes, cláusula pétrea da CF. Essas normas implicam clara interferência no *modus operandi* da fundação, refletindo alteração de organização interna, assunto que não é da alçada do Poder Legislativo.

Aliás, sobre a matéria há importantes precedentes do STF afirmando e reafirmando que *em matérias sujeitas à administração o Legislativo não se qualifica como instância de revisão dos atos administrativos emanados do Poder Executivo*, não cabendo, portanto, a desconstituição, por lei, de atos de caráter administrativo que tenham sido editados pelo Poder Executivo, no estrito desempenho de suas privativas atribuições institucionais, sob risco de transgressão ao princípio da divisão funcional do poder.[2] A fixação do papel de cada um dos órgãos internos da fundação, respeitadas as suas competências legais, é atribuição do Poder Executivo, no exercício do poder de regulação e administração do Estado.[3]

Os detalhamentos do procedimento com especificação dos setores internos pelos quais deverá tramitar o processo administrativo,[4] parece interferir na alçada da organização administrativa da fundação, assim como aqueles que interferem na forma de pagamento das multas, impondo descontos no valor da multa paga à vista, prevendo a possibilidade de pagamento parcelado, renunciando parte da receita nessas hipóteses, impondo, ainda, a não antecipação de vencimento das demais parcelas não pagas, se não houver pagamento de uma delas.[5]

Quanto ao segundo traçado, neste particular, preliminarmente verifica-se que o PL, na contramão dos valores que nos impõe o Estado Democrático de Direito, estabelece o sigilo dos processos administrativos, quando hoje, especialmente com o uso da tecnologia digital, a consulta pode – e deve – ser acessível a qualquer interessado. O artigo 2º da proposta dispõe que *o processo administrativo de fiscalização, autuação e sancionatório referente às violações das normas de proteção e defesa do consumidor, estabelecidas na Lei Federal 8.078/90, será sigiloso até decisão final, exceto em relação ao autuado ou procuradores constituídos nos autos*. No caso, é claro o confronto

---

2. ADI-MC 2,364-AL.
3. ADI 3.254-ES; v.u. 16.11.2005 (…) *É indispensável a iniciativa do Chefe do Poder Executivo (mediante projeto de lei ou mesmo, após a EC 32/01, por meio de decreto) na elaboração de normas que de alguma forma remodelem as atribuições de órgão pertencente à estrutura administrativa de determinada unidade da Federação.*
4. Arts. 23-P a 23-T, entre outros.
5. Arts. 23-A-M a 23-A-P.

ao inciso LX do artigo 5º da Constituição Federal e ao artigo 37 da mesma Carta, que garantem ao cidadão a publicidade dos atos administrativos e processuais, em atendimento aos interesses sociais. Daí parecer, s.m.j., padecer a proposta de vício de inconstitucionalidade material.

Outro ponto que, por via indireta, segue o caminho da inconstitucionalidade material, diz respeito à criação da sanção de advertência,[6] tipo este inexistente no artigo 55 do CDC. Em que pese a competência legislativa do Estado para legislar sobre produção e consumo, nos termos do disposto no inciso V do artigo 24 da CF, esta competência é concorrente, e como tal, resta ao Estado a competência suplementar, quando as regras gerais não foram estabelecidas pelo ente federal.

Assim é que a norma estadual não pode enfraquecer o sistema sancionatório regrado pelo CDC para criar sanção a ser, necessariamente, aplicada ao infrator da lei, mormente em caráter impositivo como dispõe o artigo § 1º do artigo 23-Z da propositura, segundo o qual a pena de advertência deverá ser sempre a primeira penalidade a ser aplicada ao infrator, retirando do Estado a possibilidade de um juízo discricionário acerca da melhor medida para o caso concreto, considerando a gravidade da infração e o dever de preservar a vida, a saúde e o bem-estar dos consumidores. Caso um fornecedor coloque no mercado um produto que resulta em morte dos consumidores, há razoabilidade em mera advertência, ainda que seja a primeira vez que isso tenha ocorrido?

Particularmente, o disposto neste artigo é uma barreira para o sistema sancionador estipulado pelo CDC. Não se descuida que a atuação na proteção dos consumidores vai além da aplicação de sanções, sendo certo que o poder discricionário do Estado. poderá, em determinadas situações, no desempenho do dever de inserto no inciso IV do artigo 4º do CDC, oferecer programas de educação e informação de fornecedores, com vistas à melhoria do mercado de consumo, o que pode se traduzir na fixação de prazos para adequação de condutas, desde que não particularizados, mas que representem medidas setoriais para uma ou outra área de fornecimento, observadas a conveniência e oportunidade da medida.

A inconsistência do projeto de lei fica ainda mais evidente quando se considera que a apreensão e inutilização de produtos são sanções administrativas, segundo o artigo 56, II e III, do CDC. Como o PL 596/22 estabelece que a primeira sanção é obrigatoriamente de advertência, a Fundação Procon não poderia retirar do mercado produtos fora do prazo de validade ou mesmo com vícios que possam acarretar risco à vida ou à saúde dos consumidores.

O Projeto de Lei, ainda, visa limitar o valor da sanção de multa, apresentando critérios estranhos àqueles previstos de forma vinculante no artigo 57 do CDC. Assim, pela redação do artigo 23-A-I do PL, será levado em consideração apenas o "valor do produto ou serviço anunciado no ato da fiscalização cuja infração foi verificada"

---

6. Artigo 23-Z do PL 596/2022 – Alesp.

(§ 2º) e a natureza da infração (§ 3º). De imediato, verifica-se que o PL busca afastar a condição econômica do fornecedor da dosimetria da multa, em clara violação do CDC e do princípio da isonomia. Além disso, a gravidade da infração não pode ser mero multiplicador, conforme pretende o projeto de lei. Ora, um antibiótico que seja comercializado sem o princípio ativo ou contaminado, ainda que possua valor unitário baixo, tem um potencial lesivo extremamente grave. Ou mesmo a comercialização de produtos alimentícios contaminados.

Não sendo suficiente reduzir o valor da pena-base das multas, o projeto de lei ainda cria a figura do concurso formal, visando beneficiar os fornecedores que cometem mais de uma infração do mesmo tipo. Assim, cometer mais infrações fica mais vantajoso do ponto de vista econômico.

A técnica legislativa também falta ao estabelecer atenuantes para a sanção de multa (artigo 23-A-J), uma vez que algumas das hipóteses configuram verdadeiro *bis in idem*. A título de exemplo, haverá atenuante quando a infração não causar risco à vida, à saúde e à segurança dos consumidores, mas apenas as infrações do Grupo IV do Anexo I têm esse potencial. Logo, essa atenuante sempre incidiria na sanção para as infrações dos demais grupos. Sem contar a atenuante de impossível compreensão de "a ação do infrator não ter sido fundamental para concepção do fato".

Ainda se extrai das entrelinhas da propositura medidas que implicam o afastamento da aplicação das sanções previstas no CDC, se comprovada a cessação da infração, o que a rigor não isenta o fornecedor da responsabilidade pela infração cometida. Há dispositivo prevendo que o fornecedor deverá comprovar a cessação de prática infratora ou apresentar plano de correção da infração cometida, *sob aplicação da sanção de suspensão do fornecimento do produto ou serviço*, quando o CDC, norma cogente, impõe a aplicação da sanção sempre que *constatados vícios de qualidade ou quantidade por inadequação ou insegurança do produto ou do serviço*, como garantia do direito à saúde e segurança do consumidor, exarado no artigo 6º, I do CDC.

Em outras circunstâncias, a medida prevê, ainda, a partir da autuação, a possibilidade de apresentação de um *plano de reparação de danos ou de cessação da prática infratora*, como medida a sustentar a não aplicação da sanção ao infrator.

Tem-se, pois, que o projeto de lei visa afastar e diminuir as possíveis sanções que o poder público pode aplicar em caso de infrações contra os direitos do consumidor, reduzindo o desincentivo econômico para que os direitos dos consumidores sejam respeitados. Não apenas em detrimento dos consumidores, mas também dos fornecedores que pautam sua atividade pela observância da lei.

Por fim, a técnica legislativa parece equivocada ao dispor que a medida *autoriza* a alteração da Lei 9.192/95. Pode uma lei "autorizar" a alteração de outra lei? S.M.J. uma lei altera, ou não, uma outra. A pergunta é: o legislador cometeria tal equívoco? A falta de técnica legislativa é problema de menor importância, sendo certo que a mera revisão de redação poderá saná-la.

Em conclusão, é claro que a preocupação que se deixa aqui consignada é mesmo em relação ao mérito da propositura. O requerimento de tramitação em regime de urgência nos assusta, sendo certo que a sua justificativa pautada, tão somente, na *necessidade diante da relevância da matéria,* não parece ser suficiente a justificar a ausência da ampliação da discussão de seu conteúdo com os órgãos paulistas que compõem o Sistema Nacional de Defesa do Consumidor, principalmente considerada a sinalização do forte intuito de enfraquecimento das atividades de controle e fiscalização do mercado de consumo desempenhado pela Fundação Procon, em atendimento às normas do CDC.

# CONSUMIDOR TERÁ MAIS INFORMAÇÕES NA ROTULAGEM NUTRICIONAL DE ALIMENTOS

*Simone Maria Silva Magalhães*

Mestra em Direito Constitucional pelo Instituto Brasileiro de Ensino, Desenvolvimento e Pesquisa (IDP). Diretora da Comissão Permanente de Acesso à Justiça do Instituto Brasileiro de Política e Direito do Consumidor (Brasilcon). Autora do livro *Rotulagem Nutricional Frontal dos Alimentos Industrializados*: política pública fundamentada no direito básico do consumidor à informação clara e adequada. Professora, advogada e consultora jurídica especializada em Direito do Consumidor e rotulagem de alimentos.

Diante da inegável constatação de que muitos consumidores são induzidos a erro quanto às propriedades nutricionais dos alimentos, com dificuldade para identificar a presença, nem sempre evidente, de grandes concentrações de nutrientes críticos à saúde[1] que elevam o risco de sobrepeso, obesidade e doenças crônicas não transmissíveis (DCNTs),[2] coube à Agência Nacional de Vigilância Sanitária (Anvisa), dentro de suas atribuições, se debruçar sobre um problema regulatório que precisava ser trabalhado. Para tal, foi implementado processo de Análise de Impacto Regulatório (AIR), tendo como principal objetivo encontrar soluções[3] para a inadequação e a falta de clareza da rotulagem nutricional no mercado brasileiro.

Ante a percepção de riscos ao consumidor ocasionados pela ingestão desequilibrada de alguns tipos de alimentos, restou evidente que o regramento de rotulagem nutricional adotado pelo Brasil desde o ano de 2003 necessitava ser revisitado, já que 79% da população brasileira maior de 16 anos compreendia parcialmente ou não compreendia as informações da tabela nutricional inserida nos rótulos de produtos alimentícios, conforme pesquisa do Instituto Brasileiro de Opinião Pública e Estatística (Ibope).[4]

O longo processo regulatório resultou na instituição de novas regras aplicadas aos alimentos embalados na ausência dos consumidores, com a publicação da Resolução

---

1. Mais informações em: OPAS. *Modelo de Perfil Nutricional da Organização Pan-Americana da Saúde*. Washington: OPAS, 2016.
2. ANVISA. *Relatório Preliminar de Análise de Impacto Regulatório sobre Rotulagem Nutricional*. Brasília: ANVISA, 2018. p. 36-37.
3. Mais informações em: "MAGALHÃES, Simone M. S. *Rotulagem Nutricional Frontal dos Alimentos Industrializados*: política pública fundamentada no direito básico do consumidor à informação clara e adequada. 2. ed. Belo Horizonte: Ed. Dialética, 2020".
4. IBOPE INTELIGÊNCIA & CONFEDERAÇÃO NACIONAL DAS INDÚSTRIAS, 2017 apud ANVISA. *Relatório Preliminar de Análise de Impacto Regulatório sobre Rotulagem Nutricional*. Brasília: ANVISA, 2018. p. 36.

de Diretoria Colegiada (RDC) 429/2020[5] e da Instrução Normativa (IN) 75/2020,[6] vigorando desde 9 de outubro de 2022.

É importante ressaltar que dados do Ministério da Saúde mostraram que, nas capitais brasileiras, entre os anos de 2006 e 2019, houve acréscimo de 72% da prevalência de adultos obesos, passando de 11,8% em 2006, para 20,3% em 2019.[7]

O acesso à alimentação adequada e saudável é um direito humano básico, relacionando-se com a manutenção da saúde e com um menor risco de aparecimento de doenças crônicas não transmissíveis.[8] Doenças cardiovasculares, câncer e diabete representam as principais causas de mortalidade de pessoas no mundo,[9] observando-se que em 2019 o Brasil registrou 54,7% de óbitos causados por DCNTs.[10]

Existe uma diversidade de fatores de riscos ligados à manifestação dessas doenças, como o consumo de álcool, a obesidade, o tabagismo, o sedentarismo e, como não poderia deixar de ser, a alimentação não saudável e a alta ingestão de refrigerantes e de alimentos ultraprocessados.[11]

Uma das estratégias para o combate de problemas desencadeadores de obesidade e sobrepeso é fortalecer as normativas de rotulagem nutricional baseadas em evidências científicas, conforme explicita o Plano de Ações Estratégicas para o Enfrentamento das Doenças Crônicas e Agravos não Transmissíveis no Brasil 2021-2030, do Ministério da Saúde.[12] Além disso, ganham destaque medidas para redução do consumo de sal e açúcar adicionados por meio da reformulação de alimentos industrializados, a realização de campanhas educativas e a regulamentação da publicidade, principalmente quando destinada ao público infantil.[13]

É de suma importância que o setor alimentício siga as determinações regulatórias definidas pelo poder público para consolidação das regras previstas na legisla-

---

5. ANVISA. *RDC 429/20*. Dispõe sobre a rotulagem nutricional dos alimentos embalados. Disponível em: antigo.anvisa.gov.br/documents/10181/3882585/RDC_429_2020_.pdf/9dc15f3a-db4c-4d3f-90d8-ef4b80537380. Acesso em: 22 out. 2022.
6. ANVISA. *IN 75/20*. Estabelece os requisitos técnicos para declaração da rotulagem nutricional nos alimentos embalados. Disponível em: antigo.anvisa.gov.br/documents/10181/3882585/IN+75_2020_.pdf/7d74fe2d--e187-4136-9fa2-36a8dcfc0f8f. Acesso em: 22 out. 2022.
7. BRASIL. Ministério da Saúde. *Vigitel Brasil 2019*: vigilância de fatores de risco e proteção para doenças crônicas por inquérito telefônico. p. 19. Disponível em: bvsms.saude.gov.br/bvs/publicacoes/vigitel_brasil_2019_vigilancia_fatores_risco.pdf. Acesso em: 22 out. 2022.
8. BRASIL. Ministério da Saúde. *Política Nacional de Alimentação e Nutrição (Pnan)*. Brasília: Ministério da Saúde, 2013.
9. BRASIL. Ministério da Saúde. *Plano de Ações Estratégicas para o Enfrentamento das Doenças Crônicas e Agravos não Transmissíveis no Brasil 2021-2030*. Brasília: Ministério da Saúde, 2021. Disponível em: www.gov.br/saude/pt-br/centrais-de-conteudo/publicacoes/publicacoes-svs/doencas-cronicas-nao-transmissiveis-dcnt/09-plano-de-dant-2022_2030.pdf/. Acesso em: 21 out. 2022.
10. BRASIL. Ministério da Saúde. *Saúde Apresenta Atual Cenário das Doenças não Transmissíveis no Brasil*. Brasília: Ministério da Saúde, 2021.
11. BRASIL. Ministério da Saúde. *Vigitel Brasil 2019*.
12. BRASIL. Ministério da Saúde. *Plano de Ações Estratégicas para o Enfrentamento das Doenças Crônicas e Agravos não Transmissíveis no Brasil 2021-2030*.
13. Idem.

ção consumerista. Nesta seara, mais uma vez, fica ressaltada a relevância social do Código de Defesa do Consumidor, projetando-se como ferramenta imprescindível para a realização de uma necessária política pública para controle de obesidade e sobrepeso, por meio do aprimoramento da rotulagem nutricional a partir do direito básico do consumidor à informação clara e adequada.

Principais mudanças promovidas pela nova rotulagem nutricional ainda bastante incompreendida pelos consumidores, a rotulagem nutricional é definida pela Anvisa como toda declaração destinada a informar sobre propriedades nutricionais do alimento.[14]

Com os objetivos de facilitar a compreensão pelo consumidor, aperfeiçoar a visibilidade e a legibilidade das informações, reduzir situações que geravam engano quanto à composição e facilitar a comparação entre alimentos, as novas regras publicadas pelas RDC 429/2020 e IN 75/2020 trouxeram algumas soluções regulatórias.

Importante destacar que a rotulagem nutricional é agora composta por três elementos distintos: a tabela de informação nutricional,[15] a rotulagem nutricional frontal[16] e as alegações nutricionais:[17]

1) Tabela de informação nutricional com apresentação padronizada: caracteres e linhas de cor 100% preta e fundo branco; espaçamento entre linhas; proibição de ser colocada em áreas de difícil visualização ou deformadas, devendo ficar no mesmo painel da lista de ingredientes; declaração da quantidade de açúcares totais e de açúcares adicionados; inserção de uma nova coluna com a indicação de valor energético e nutricional por 100 g ou 100 ml; inclusão da informação do número de porções por embalagem.[18]

2) A rotulagem nutricional frontal é uma novidade na regulação de alimentos no Brasil e tem a função de demonstrar de forma simplificada a presença de alguns nutrientes críticos para a saúde que estiverem em quantidades iguais ou superiores aos limites definidos na IN 75/20.[19] Ela deve ser retratada no modelo de uma lupa 100% preta em fundo branco seguida da expressão "alto em açúcar adicionado", "alto em gordura saturada" ou "alto em sódio", localizada na metade superior do painel principal, em uma única superfície contínua; ter a mesma orientação do texto das demais informações veiculadas no rótulo; seguir um dos modelos definidos no Anexo

---

14. ANVISA. *RDC 429/20*, art. 3º, XXXI.
15. Tabela de informação nutricional é a "relação padronizada do conteúdo energético, de nutrientes e de substâncias bioativas presentes no alimento, incluindo o modelo linear" (Anvisa. RDC 429/20, art. 3º, XXXVI).
16. Rotulagem nutricional frontal é a "declaração padronizada simplificada do alto conteúdo de nutrientes específicos no painel principal do rótulo do alimento" (ANVISA. *RDC 429/20*, art. 3º, XXXVII).
17. Alegações nutricionais são "qualquer declaração, com exceção da tabela de informação nutricional e da rotulagem nutricional frontal, que indique que um alimento possui propriedades nutricionais positivas relativas ao seu valor energético ou ao conteúdo de nutrientes, contemplando as alegações de conteúdo absoluto e comparativo e de sem adição" (ANVISA. *RDC 429/20*, art. 3º, III).
18. ANVISA. *RDC 429/20*, arts. 4º-17.
19. Idem, art. 18.

XVII da IN 75/20; não estar disposta em locais encobertos, removíveis pela abertura do lacre ou de difícil visualização, como áreas de selagem e de torção.[20]

3) As alegações nutricionais são de declaração voluntária, mas, caso o fabricante opte por utilizá-las, deverá observar, dentre outras coisas: os termos autorizados para veiculação dos atributos nutricionais estabelecidos, a exemplo de "sem adição de...", "alto teor...", "rico em...", "fonte de...", "baixo teor de..."; garantia de manutenção das propriedades nutricionais alegadas até o final do prazo de validade do alimento; proibição de ser veiculada em bebidas alcoólicas; não se localizar na metade superior do painel principal e nem utilizar caracteres de tamanho superior àqueles empregados na rotulagem nutricional frontal (nos casos em que ela estiver presente).[21]

Em relação ao prazo para implementação das novas regras publicadas em 2020, vale ressaltar que, mesmo com a vigência já iniciada em 9 de outubro de 2022, ainda existe a previsão de períodos distintos de adequação para o setor produtivo. Em 09.10.2022: obrigatórias para produtos destinados exclusivamente ao processamento industrial ou aos serviços de alimentação. Até 09.10.2023: obrigatórias para os produtos que já se encontravam no mercado na data de entrada em vigor da resolução. Até 9/10/2024: obrigatórias para os alimentos fabricados por agricultor familiar ou empreendedor familiar rural, empreendimento econômico solidário, microempreendedor individual, agroindústria de pequeno porte, agroindústria artesanal e alimentos produzidos de forma artesanal. Até 09.10.2025: obrigatórias para as bebidas não alcoólicas em embalagens retornáveis, observando o processo gradual de substituição dos rótulos.[22]

Apesar de ser razoável a previsão de espaço de tempo que possibilitasse o conhecimento e a assimilação do conteúdo das novas regras pelos fornecedores integrantes das complexas cadeias produtivas que compõem a fabricação de alimentos, é inegável que os prazos conferidos pela Anvisa foram generosos já que, no total, serão cinco anos entre a data da publicação da RDC 429/20 e da IN 75/20 até a sua total implementação em 2025. Fica, aqui, a reflexão se o grande intervalo para efetiva execução das alterações não acabaria sendo um dos pontos de enfraquecimento da própria política pública.

Quem acompanhou o processo de Análise de Impacto Regulatório promovido pela Anvisa testemunhou um momento especial em que várias fases e ferramentas foram utilizadas para que o desfecho regulatório trouxesse uma real e eficiente solução para o problema identificado. Não foi, sem dúvida, tarefa fácil para a agência equilibrar os variados pleitos: "de um lado, a saúde pública era a principal preocupação

---

20. Idem, art. 21.
21. Idem, arts. 24-30.
22. Idem, arts. 50 e 51.

das organizações da sociedade civil e da academia, e, de outro, questões econômicas e comerciais eram o foco central dos interesses do setor produtivo".[23]

Ao final, a estipulação de um padrão de rotulagem nutricional frontal indicando ao consumidor a presença de alguns nutrientes críticos foi um ponto muito positivo, mas, agora que os primeiros produtos alimentícios já começam a aparecer nos mercados, uma constatação parece ficar clara: o tamanho da rotulagem nutricional frontal pode ter ficado bem menor do que o esperado, diminuindo o impacto visual que se almejava alcançar com a medida.

Além disso, foi aprovada pela Anvisa a indicação obrigatória de rotulagem nutricional frontal de somente três nutrientes críticos, como já mencionado anteriormente: açúcar adicionado, sódio e gordura saturada. Como fatores negativos desta pequena abrangência, apontamos que, além de limitar o acesso do consumidor à informação sobre a presença de outros nutrientes críticos de relevância para a saúde, ela também estimula a reformulação de alguns alimentos por meio da redução da quantidade de açúcares adicionados realizando, em contrapartida, a questionável substituição deles por edulcorantes, conhecidos popularmente como adoçantes.

É inegável que foi dado um grande passo para aprimorar a informação ao consumidor na rotulagem nutricional dos alimentos! Entretanto, iniciam-se agora as fases subsequentes e desafiadoras de sua implementação. Infelizmente, já nos deparamos com um ponto negativo: as esperadas e indispensáveis ações educativas ainda não foram realizadas pelo poder público (pelo menos não de forma ampla e constante como a desejada para assuntos complexos como esse). Assim, verifica-se que o princípio da Política Nacional das Relações de Consumo, que se pauta na educação e na informação de fornecedores e consumidores para a melhoria do mercado de consumo,[24] bem como o direito básico à educação e divulgação sobre o consumo adequado de produtos e serviços,[25] estão longe de serem cumpridos, haja vista que o novo padrão de rotulagem já pode ser encontrado no mercado, pegando muitos consumidores de surpresa, sem a devida compreensão do seu significado e objetivos.

---

23. ACT Promoção da Saúde e Instituto Brasileiro de Defesa Do Consumidor (IDEC). *Dossiê Big Food*: como a indústria interfere em políticas de alimentação. p. 39. ACT e IDEC: 2022. Disponível em: https://actbr.org.br/post/dossie-big-food-como-a-industria-interfere-em-politicas-de-alimentacao/19378/. Acesso em: 22 out. 2022.
24. BRASIL. Lei 8.078/90. Código de Defesa do Consumidor. Art. 4º, IV. Disponível em: http://www.planalto.gov.br/ccivil_03/leis/l8078compilado.htm. Acesso em: 22 out. 2022.
25. Idem, art. 6º, II.

# REPACTUAÇÃO DE DÍVIDA DO CONSUMIDOR SUPERENDIVIDADO E DESCONTO EM CONTA

*Káren Rick Danilevicz Bertoncello*

Doutora em Direito pela UFRGS. Professora da Faculdade de Direito IMED/POA. Diretora do Brasilcon. Juíza de Direito. Vice-Presidente Social da Ajuris.

*Andréia Fernandes de Almeida Rangel*

Pós-doutoranda no PPGD/UFRGS. Doutora e Mestre em Direito pela UFF. Pós-graduada em Direito Privado pela UFF. Professora adjunta do Departamento de Direito Civil da Faculdade Nacional de Direito (FND/UFRJ). Líder do Grupo de Pesquisa "A Simbiose entre o Público e o Privado: os limites da ingerência estatal no âmbito das relações privadas" (FND/UFRJ). Avaliadora de Curso Superior (Inep-MEC). Associada titular do Instituto Brasileiro de Estudos de Responsabilidade Civil (Iberc) e associada do Instituto Brasileiro de Política e Direito do Consumidor (Brasilcon).

Em 2021, após um longo período de tramitação, foi promulgada a Lei 14.181,[1] um diploma com inspiração no direito francês[2,3] e que nasceu no bojo da academia, fruto de muito estudo e pesquisa, trazendo assim um novo paradigma e maior proteção ao consumidor superendividado, atualizando e incluindo dois novos capítulos no Código de Defesa do Consumidor (CDC); o Capítulo VI-A, que traz da prevenção e do tratamento do superendividamento, com parâmetros para um crédito responsável e o Capítulo V, que traz da conciliação no superendividamento, dispondo sobre a conciliação em bloco do consumidor de boa-fé com todos os seus credores, para

---

1. Disponível em: http://www.planalto.gov.br/ccivil_03/_ato2019-2022/2021/lei/L14181.htm. Acesso em: 22 jan. 2022.
2. Diverso da lei francesa, onde é possível a inclusão de dívidas de trabalho, aqui no Brasil a Lei 14.181/21 somente trata da relação se consumo.
3. Cabe destacar aqui os dois modelos de tratamento do superendividamento: "O primeiro modelo denominado de *fresh start* é adotado por países de tradição *common law* (Estados Unidos, Inglaterra, Canadá e Austrália). A expressão *fresh start* significa 'começo imediato' porque permite ao consumidor com problemas financeiros a chance de começar uma nova etapa em sua vida sem o peso das dívidas pretéritas. O objetivo principal do sistema americano tem sido conceder ao devedor honesto o perdão imediato das dívidas remanescentes após a liquidação do patrimônio disponível para o seu pagamento. O segundo modelo de tratamento, adotado pelos países europeus, identifica-se mais com a filosofia dos planos de pagamento ou da reeducação pela responsabilização dos devedores pelas obrigações assumidas. Na prática, em vez do perdão das dívidas ou da quitação direta com a liquidação dos bens, os devedores são obrigados a reembolsá-las por meio de um plano de pagamento que pode durar até dez anos". MARQUES, Claudia Lima; COSTA, Clarissa Costa de; VIAL, Sophia. Superendividamento dos consumidores no pós-pandemia e a necessária atualização do Código de Defesa do Consumidor. In: MALFATTI, Alexandre David; GARCIA, Paulo Henrique Ribeiro; SHIMURA, Sérgio Seiji (Coord.). *Direito do Consumidor*: reflexões quanto aos impactos da pandemia de Covid-19. São Paulo: Escola Paulista da Magistratura, 2020. v. 1, p. 107-144. Disponível em: https://api.tjsp.jus.br/Handlers/Handler/FileFetch.ashx?codigo=126216. Acesso em: 29 jan. 2022.

a elaboração de um plano de pagamento das dívidas. Os professores Claudia Lima Marques e Fernando Martins resumem todas as novas normas em três diretrizes: crédito responsável ("direito fundamental e básico do consumidor"), boa-fé na ruína ("a boa-fé como princípio fundamental e ordenador do tráfego jurídico") e respeito à dignidade humana ("o patrimônio mínimo como bem fundamental a ser preservado na consecução dos limites ao sacrifício").[4]

O espírito da lei é a proteção do consumidor superendividado, aquele que está em um momento de impossibilidade global de pagamento, sem condições de arcar com todas as suas dívidas (atual e futura), sofrendo as consequências não apenas de ordem material, mas também moral. A dívida possui várias nuances sobre a subjetividade do indivíduo, destacando o impacto moral – "como ele se vê e como ele é visto no seu meio de relações",[5] bem como o impacto no seu mínimo existencial – "conjunto de garantias materiais para uma vida condigna",[6] assim, como forma de proteção do consumidor superendividado, parte vulnerável na relação contratual, o ordenamento brasileiro trouxe o diploma legal em comento.

As linhas aqui apresentadas não possuem o viés de demonstrar a importância da proteção do consumidor superendividado – posicionamento este que está mais do que superado e reconhecido –, mas sim emergir um entendimento prático sobre o deslinde e a atuação do Poder Judiciário nos processos de repactuação de dívidas, com foco para os descontos de valores em conta-corrente de correntistas/consumidores superendividados, com análise para a tese repetitiva 1.085 do Superior Tribunal de Justiça (STJ).

O consumidor superendividado iniciará o processo de repactuação de dívidas, com vistas à realização de audiência conciliatória, nos moldes do atual artigo 104-A do CDC; esta conciliação em bloco realizada com todos os credores[7] tem por finalidade a concretização de um plano de pagamento, preservando o mínimo existencial, as garantias e as formas de pagamento originalmente pactuadas. Não havendo êxito na conciliação, o juiz instaurará, a pedido do consumidor, processo por superendividamento para a revisão e integração dos contratos e repactuação das dívidas mediante um plano judicial compulsório, como previsto no artigo 104-B do CDC. Todo este

---

4. MARQUES, Claudia Lima; MARTINS, Fernando Rodrigues. Superendividamento de idoso: a necessidade de aprovação do PL 3.515/15. *Conjur*. Disponível em: https://www.conjur.com.br/2020-mai-27/garantias--consumo-superendividamento-idosos-preciso-aprolvar-pl-351515. Acesso em: 26 jan. 2022.

5. BERTONCELLO, Káren Rick Danilevicz. *Superendividamento do consumidor*: mínimo existencial – casos concretos. São Paulo: RT, 2015.

6. SARLET, Ingo Wolfgang; FIGUEIREDO, Mariana Filchtiner. Reserva do possível, mínimo existencial e direito à saúde: algumas aproximações. In: SARLET, Ingo Wolfgang; TIMM, Luciano Benetti (Org.). *Direitos fundamentais, orçamento e "reserva do possível"*. Porto Alegre: Livraria do Advogado, 2008. p. 22.

7. Sobre este ponto cabe destacar o Enunciado 16 da II Jornada de Pesquisa CDEA sobre Superendividamento e Proteção do Consumidor: "Em respeito ao juízo universal, as ações de superendividamento do consumidor conforme a Lei 14.181/2021 em trâmite na Justiça Federal, analogicamente as causas de falências e recuperação extrajudicial, podem ser processadas na Justiça Estadual". Autora: Profa. Dra. Karen D. Bertoncello. Disponível em: https://www.ufrgs.br/ocsc/conte-sua-historia/. Acesso em: 27 set. 2022. Posicionamento que reforça o entendimento necessário para a inclusão de todos os credores no polo passivo da demanda.

procedimento está atrelado às dívidas de consumo (artigo 54-A, § 1º, CDC), afastada as dívidas contraídas mediante fraude ou má-fé e a contratação de produtos e serviços de luxo de alto valor (ambos artigo 54-A, § 3º, do CDC); também excluem do processo de repactuação as dívidas provenientes de contratos de crédito com garantia real, de financiamento imobiliário e de crédito rural (artigo 104-A, § 1º, CDC).

Em que pese toda a ressalva legal apresentada acima, não se pode, na apreciação dos processos que batem às portas do Poder Judiciário, ignorar a existência de outras dívidas além da decorrente de consumo; não pode o magistrado proferir uma decisão em tutela de urgência ou uma sentença nos processos de superendividamento, que possuem como pano de fundo o mínimo existencial, fechar os olhos e deixar de analisar a situação global em que se encontra aquele consumidor.[8] Destaca-se ainda que, atrelada à toda dívida, questões pontuais e delicadas são levadas ao julgador, situações periclitantes, onde o Poder Judiciário é a *tábua de salvação* e precisa trazer soluções para garantir o mínimo existencial e uma vida digna.

Nesta seara, cabe destacar que, quase na totalidade dos processos que envolvem superendividamento do consumidor, há pedido formulado na exordial de tutela provisória de urgência, cabendo destacar alguns: limitação de desconto do empréstimo consignado ao patamar de 35%, com fulcro na Lei 10.820/03;[9] a abstenção de inclusão do nome nos cadastros restritivos de crédito; e a transferência do local [banco] de depósito do salário pela fonte pagadora. É este último pedido que cabe maior cautela e será objeto de um olhar mais apurado.

A possibilidade do correntista solicitar de forma administrativa a portabilidade dos valores recebidos na sua conta-salário, vem disciplinada na Resolução 3.402,[10] de 6 de setembro de 2006, do Banco Central do Brasil. Assim, da mesma forma que existe a portabilidade do número de telefone, também é possível transportar os valores recebidos na conta-salário – aquela conta aberta pelo empregador com o banco

---

8. Sobre este ponto cabe destacar o Enunciado 650 da IX Jornada de Direito Civil: "Artigo 421: O conceito de pessoa superendividada, previsto no art. 54-A, § 1º, do Código de Defesa do Consumidor, deve abranger, além das dívidas de consumo, as dívidas em geral, de modo a se verificar o real grau de comprometimento do seu patrimônio mínimo para uma existência digna".
9. Artigo 1º, § 1º O desconto mencionado neste artigo também poderá incidir sobre verbas rescisórias devidas pelo empregador, se assim previsto no respectivo contrato de empréstimo, financiamento, cartão de crédito ou arrendamento mercantil, até o limite de 40%, sendo 35% destinados exclusivamente a empréstimos, financiamentos e arrendamentos mercantis e 5% destinados exclusivamente à amortização de despesas contraídas por meio de cartão de crédito consignado ou à utilização com a finalidade de saque por meio de cartão de crédito consignado (Redação dada pela Lei 14.431, de 2022).
10. Resolução 3.402, de 6 de setembro de 2006. Dispõe sobre a prestação de serviços de pagamento de salários, aposentadorias e similares sem cobrança de tarifas.
    "Artigo 2º Na prestação de serviços nos termos do artigo 1º:
    II – a instituição financeira contratada deve assegurar a faculdade de transferência, com disponibilidade no mesmo dia, dos créditos para conta de depósitos de titularidade dos beneficiários, por eles livremente abertas na forma da Resolução 2.025, de 1993, e alterações posteriores, ou da Resolução 3.211, de 2004, em outras instituições financeiras e demais instituições autorizadas a funcionar pelo Banco Central do Brasil".
    Disponível em: https://www.bcb.gov.br/pre/normativos/res/2006/pdf/res_3402_v2_L.pdf. Acesso em: 27 set. 2022.

que possui convênio e realiza o depósito da remuneração de seus funcionários. A portabilidade[11] é garantida pelo Banco Central e deve ser solicitada pelo empregado, permitindo ao cliente/empregado a transferência dos valores recebidos em sua conta salário para outra instituição que seja mais vantajosa e ofereça melhores condições.

Uma segunda análise sobre esta portabilidade está relacionada aos descontos autorizados pelo correntista consumidor em sua conta,[12] decorrente da contratação de mútuo bancário comum, com expressa autorização do mutuário para que o pagamento se dê por meio de descontos mensais em sua atual conta-corrente. Neste caso, o titular da conta acionando a portabilidade de salário, o desconto será realizado antes mesmo que o salário seja repassado à nova instituição financeira e o correntista/empregado já receberá os valores com o devido desconto em sua conta corrente.

O procedimento parece simples, sem maiores complicações, mas no mundo do consumidor superendividado pode ensejar o agravamento da situação de superendividamento. Veja-se que o consumidor já possui os descontos do empréstimo consignado diretamente em seu contracheque e ao receber o valor líquido em sua conta-salário/conta-corrente, terá imediatamente descontado os valores referentes ao mútuo bancário comum, cheque especial, seguro (muitas vezes decorrentes de práticas abusivas de venda casada), resultando – em muitos casos – comprometimento de toda renda mensal, não restando nenhum valor para solver com as contas fixas mensais, como luz, água e alimentação.

Antes, no momento de efetivar a portabilidade do salário líquido depositado pelo empregador, havia a praxe bancária de que a dedução não poderia ultrapassar 35% do valor recebido mensalmente, assim o cliente já receberia o seu salário com o desconto em sua nova conta corrente (portabilidade salarial). Forçoso concluir que, este balizador tinha como pano de fundo a analogia à limitação prevista no § 1º do artigo 1º da Lei 10.820/2003, que disciplina os empréstimos consignados em folha de pagamento.

Esta analogia foi objeto de recente decisão da 2ª Seção do Superior STJ, que fixou tese em recursos repetitivos sobre o tema, com o entendimento que:

São lícitos os descontos de parcelas de empréstimos bancários comuns em conta-corrente, ainda que utilizada para recebimento de salários, desde que previa-

---

11. Destaca-se que há portabilidade de salário e também de operações de crédito; no artigo em tela estamos abordando apenas a portabilidade de salário. Sobre o tema veja algumas resoluções do Banco Central do Brasil: Resolução Bacen 4762 de 27.11.2019 (Altera a Resolução 4.292, de 20 de dezembro de 2013, que dispõe sobre a portabilidade de operações de crédito). Resolução 4.292, de 20 de dezembro de 2013 (Dispõe sobre a portabilidade de operações de crédito realizadas com pessoas naturais, altera a Resolução 3.401, de 6 de setembro de 2006, e dá outras providências). Resolução 4.639, de 22 de fevereiro de 2018 (Altera a Resolução 3.402, de 6 de setembro de 2006, que dispõe sobre a prestação de serviços de pagamento de salários, aposentadorias e similares sem cobrança de tarifas).

12. É muito comum que a instituição financeira ofereça a opção de pacotes para conta-corrente, assim, como desdobramento do convênio celebrado entre banco x empregador e a consequente abertura de conta-salário para todos os funcionários, o banco pode oferecer aos novos correntistas pacotes de conta-corrente; desta forma, o salário será depositado na conta-salário e imediatamente transferido para a conta-corrente no mesmo banco.

mente autorizados pelo mutuário e enquanto esta autorização perdurar, não sendo aplicável, por analogia, a limitação prevista no § 1º do artigo 1º da Lei 10.820/2003, que disciplina os empréstimos consignados em folha de pagamento.[13]

A decisão teve como pilar o exercício da autonomia da vontade e a possibilidade de revogação a qualquer tempo da cláusula que autoriza o desconto da prestação em conta-corrente pelo mutuário, diverso do que ocorre na modalidade de contratação de empréstimo consignado, como exposto pelo relator ministro Marco Aurélio Bellizze, no Recurso Especial 1.863.973.[14]

A tese repetitiva proferida pelo STJ foi ao encontro da teoria dos contratos, no berço da autonomia da vontade, na *pacta sunt servanda*, aplicando todo o arcabouço de uma relação contratual sadia, celebrada e executada dentro da normalidade, sem patologia ou necessidade especial das partes envolvidas; é o desconto de parcelas de empréstimos bancários comuns em conta-corrente de correntistas/consumidores saudáveis, os quais se encontram em condições de manter o pagamento das suas contas básicas, como luz, água e alimentação.

Situação diametralmente oposta são dos correntistas/consumidores superendividados, que buscam no Poder Judiciário a reorganização dos descontos efetuados tanto no contracheque como na conta-corrente sob o fundamento do excesso de descontos em detrimento da preservação do mínimo existencial. Neste cenário vem demonstrados descontos acima do limite legal e extrato bancário com saldo negativo, pois todo o valor líquido depositado em sua conta-corrente está sendo utilizado para pagamento de empréstimos bancários comuns, juros do cheque especial, seguro, entre outros. Nas hipóteses relatadas, verifica-se a diversidade do suporte fático daquele submetido à apreciação no julgado que ensejou a formação do convencimento na tese repetitiva, uma vez que não se estava diante de consumidor superendividado, sujeito destinatário da norma que introduziu no país a concreção da dignidade da pessoa com a preservação do mínimo existencial. Aliás, insta destacar, mínimo existencial já assegurado na fase da formação do contrato, quando da análise da capacidade de reembolso pelo concedente de crédito, de acordo com a inteligência do artigo 54-D do Código atualizado.

Daí a interpretação sobre a necessidade de limitação dos descontos em conta-corrente quando evidenciada situação de superendividamento do consumidor.

Quando se fala de repactuação de dívidas, de tratamento do consumidor superendividado, de meios efetivos para a superação e quitação das dívidas, todos os esforços devem ser eivados para atingir este objetivo; a situação financeira global deste consumidor deve ser levada à apreciação, sendo mister a utilização de instrumentos aptos para a efetivação da manutenção do mínimo existencial, destacando aqui a limitação dos valores descontados na conta-corrente onde o consumidor superendividado recebe o pagamento do seu labor.

---

13. Disponível em: https://processo.stj.jus.br/repetitivos/temas_repetitivos/pesquisa.jsp. Acesso em: 28 set. 2022.
14. Disponível em: https://processo.stj.jus.br/processo/pesquisa/?tipoPesquisa=tipoPesquisaNumeroRegistro&termo=202000406103. Acesso em: 26 set. 2022.

# PAUTA NECESSÁRIA A POLÍTICAS PÚBLICAS DE PROMOÇÃO AO CONSUMIDOR

*Fernando Rodrigues Martins*

Doutor e Mestre em Direito das Relações Sociais pela PUC-SP. Professor nos cursos de graduação e pós-graduação da Faculdade de Direito da UFU. Presidente do Instituto Brasileiro de Política e Direito do Consumidor (Brasilcon). Promotor de Justiça em Minas Gerais.

*Clarissa Costa de Lima*

Doutora pela Universidade Federal do Rio Grande do Sul. Juíza de Direito em Porto Alegre. Ex-presidente e atual primeira vice-presidente do Brasilcon.

*Guilherme Magalhães Martins*

promotor de Justiça do Ministério Público do Estado do Rio de Janeiro, professor de Direito Civil da UFRJ e diretor do Instituto Brasilcon.

*Sophia Martini Vial*

Doutora em Direito pela UFRGS. Assessora legislativa do Senado Federal. Ex-presidente da Associação Brasileira de Procons e ex-diretora-executiva do Procon Municipal de Porto Alegre.

Retornamos neste espaço para, ao tempo de rapidamente prestarmos contas de nossa gestão no biênio 2020-2022 noticiando nossa recondução à diretoria do Brasilcon (2023-2024), apresentarmos necessária pauta à equipe de transição do novo governo que estará vinculado aos *deveres estatais de promoção ao consumidor* nos próximos quatro anos. Aqui estivemos em 16 de dezembro de 2020 quando, exortando as diretrizes da solidariedade, cooperação e participação, publicamos nosso projeto político-institucional.[1] Valem algumas observações iniciais.

O Instituto Brasileiro de Política e Direito do Consumidor (Brasilcon) completou, em 2022, 30 anos de fundação e formação. Como já amplamente conhecida, a associação atua fortemente como entidade voltada aos multifários interesses dos consumidores nessa constelação infinita que é a "galáxia do mercado de consumo", sem limites e fronteiras.

---

1. Disponível em: https://www.conjur.com.br/2020-dez-16/garantias-consumo-gestao-20202022-brasilcon-conjuncao-direitos-fundamentais.

Alguns eixos associativos são necessários sempre serem repisados. Buscamos a pesquisa e a produção de conhecimento *multidisciplinar*, isto porque o CDC é norma transversal e, portanto, em ampla dialogicidade com inúmeros outros ramos. O instituto não detém *finalidade lucrativa*, (re)estruturando-se à base de anuidades e contribuições. Não *adotamos qualquer linha partidária*, muito embora estejamos conscientes do "direito posto" como produção política e, via de consequência, da necessidade em acompanhar e propor temas necessários às políticas públicas de proteção ao consumidor. Por fim, voltados à *academia* e à *operabilidade* das conquistas valorativas, debruçamo-nos sobre a ciência e a efetividade dos direitos dos consumidores.

Enfim, com vistas à representatividade nacional e internacional dos direitos dos consumidores, o Brasilcon mantém no "quadro-diretor" e no "espaço-associado" juristas, professores, estudantes, profissionais e operadores vocacionados ao âmbito da projeção dos interesses fundamentais da pessoa humana inserida no ambiente de mercado.

Breve balanço da gestão de 2020-2022 revela o alcance das metas propostas. Conseguimos, com a ajuda de tantos envolvidos, a movimentação do PL 3.515/15 sobre crédito responsável e tratamento do superendividamento, até então paralisado na Câmara dos Deputados. A aprovação naquela casa e remessa da proposição legislativa novamente ao Senado garantiram posterior sanção presidencial (mesmo com vetos indevidos),[2] o que sustentou a primeira e satisfatória atualização do microssistema. Temos hoje a Lei 14.181/21, verdadeira conquista do povo brasileiro frente a inúmeros descasos já vivenciados nos últimos anos.

Também reposicionamos o Brasilcon dentre as entidades civis mais combativas e ativas na defesa do consumidor. Muito embora não estivéssemos oficialmente com direito a voz e voto nos principais conselhos federais e deliberativos, paralelamente promovíamos e estimulávamos discussões sobre assuntos respeitantes ao consumidor.

Assim posições assertivas quanto à saúde suplementar; pretensão resistida e acesso à justiça; *home equity*, expansão do crédito ao consumidor com riscos à moradia e habitação; plataformização digital do serviço de atendimento ao consumidor; modificação do Sistema Nacional de Defesa do Consumidor; empréstimo consignado, cartão consignado em detrimento a programas de transferência de renda;[3] foram corajosamente desenvolvidas e expostas, sem que de nossa parte houvesse o recuo de único passo.

---

2. MARTINS, Fernando Rodrigues; MARTINS, Guilherme Magalhães; VIAL, Sophia Martini. Os vetos parciais sobre a Lei 14.181/21 e a promoção suficiente dos superendividados: uma ode às quatro culturas desperdiçadas do direito do consumidor. *RDC*. v. 138. São Paulo: RT, 2021, p. 17-47.

3. Veja: *As novas regras do crédito consignado e o direito fundamental à previdência social*: riscos, vulnerabilidade e superendividamento. Disponível em: www.migalhas.com.br/depeso/373958/as-novas-regras-do-credito-consignado-e-o-direito-a-previdencia-social.

Vale o exemplo da inconstitucionalidade e ilegalidade do Decreto 11.150/22 que "regulamentou" insuficientemente o mínimo existencial de que trata a Lei 14.181/21. Houve exitosa parceria do Brasilcon junto à Associação Nacional dos Membros do Ministério Público (Conamp), inclusive com minuta de peça em ADPF, que após aprovada no conselho deliberativo daquela agremiação, foi proposta junto ao STF (ver ADPF 1050).[4] Nos autos digitais, aquele expediente já conta parecer da PGR pela inconstitucionalidade.

A participação, no biênio 2020-2022, como *"amicus curiae"* junto aos tribunais superiores reafirma o compromisso institucional com as questões dos precedentes na promoção dos vulneráveis.

No Supremo Tribunal Federal, o enfrentamento ao Tema 1.075 quanto à coisa julgada coletiva espancou de inconstitucionalidade o disposto no artigo 16 da LACP, posição afirmada pelo instituto. Ainda em trâmite o tema 1.141, representativo da discussão quanto à "responsabilidade civil por disponibilização na internet de informações processuais publicadas nos órgãos oficiais do Poder Judiciário" com manifestação já protocolada. Já as ADPFs 1.005 e 1.006 (mínimo existencial), nas quais o Brasilcon se inscreveu, aguardam tão somente a deliberação do relator.

Perante o STJ, a decisão quanto ao Tema 1.085 (ampliação do limite de 30% de desconto para empréstimos pessoais) não foi nos favorável, mas já é objeto recursal. Em trâmite na mesma corte, os temas 1.156 e 1.116 que, respectivamente, versam sobre a valorização do tempo do consumidor e a contratação de empréstimo consignado por pessoa analfabeta. Ambos contarão com nossa efetiva participação.

A retomada das Jornadas do Brasilcon também marcou o biênio. No início, seguindo os protocolos de segurança para saúde coletiva, foram realizadas remotamente. Entretanto, posteriormente avançamos para o modelo híbrido. Todas com significativo apoio de reconhecidas instituições de ensino superior no propósito de estimular a pesquisa e cultura do direito do consumidor, principalmente às novas gerações.

Com o advento da Lei 14.181/21, o Brasilcon, liderando a dogmática respeitante ao superendividamento, proporcionou à comunidade jurídica a realização de dois grandes cursos de capacitação. O primeiro destinado aos Procons e o segundo aos mediadores.

Tornando-se clara referência a respeito do tema, a projeção é a de que até o julgamento das mencionadas ADPFs sobre o mínimo existencial esses cursos sejam expandidos pelo Brasil, compartilhando conteúdos em duas frentes diferentes: 1) diversas inserções sobre o tema o 'crédito responsável' e sua grande possibilidade de prevenção ao superendividamento (com desdobramentos em medidas inibitórias, responsabilidade civil, revisão contratual obrigatória, práticas abusivas, conexidade

---

4. Decreto que fixou R$ 303 como mínimo existencial é questionado no STF. Disponível em: www.migalhas.com.br/quentes/372703/decreto-que-fixou-r-303-como-minimo-existencial-e-questionado-no-stf.

contratual, sanções administrativas, objeção de pré-executividade nos processos de execução etc.); 2) formulando múltiplas propostas coordenadas ao tratamento ao superendividamento, inclusive com planos de repactuação plausíveis à realidade dos superendividados, sem prejuízo em adotar eventual possibilidade de aplicação de "fresh start",[5] bem como incentivando os Procons a tomarem o protagonismo na desjudicialização das discussões, tornando factível os acordos e sanções extrajudiciais, a fim de que ao Poder Judiciário concorra apenas a ação por superendividamento de que o artigo 104-B.

A realização do 15º Congresso Brasileiro de Direito do Consumidor na modalidade remota (em 2021), assim como agora ao final de 2022 o sucesso do 21º Congresso Brasileiro de Direito do Consumidor promovido em São Paulo, totalmente presencial, evidentemente, a despeito das hercúleas tarefas, tiveram o mérito de unir ainda mais o instituto e associados, despertando a noção de que o direito do consumidor ainda tem muito a servir os vulneráveis brasileiros, porque verdadeiro instrumento de mobilização, resistência e emancipação.

Por fim, concretizamos a abertura de espaços discursivos, possibilitando aos associados e acadêmicos que, semanalmente, discorressem sobre os flagelos e falhas de mercado e, daí, as externalidades aos consumidores. Justamente aqui na *ConJur*, em nossa gestão, foram quase *uma centena de artigos*, os quais, além de fomentar necessária crítica ao estado da arte do direito do consumidor (e respectivas políticas públicas), ainda encaminhavam propostas de melhoria do sistema. Diga-se de passagem, daqueles textos houve importante coletânea publicada já neste final de ano.[6]

De outro lado, não podemos esquecer que os últimos quatro anos (2019-2022) foram totalmente desfavoráveis e desconstrutivos às políticas públicas consumeristas. Há nítida percepção de que, no âmbito da vinculação aos direitos fundamentais dos consumidores, a gestão governamental federal preocupou-se em demasia com as empresas, desfalcando as diretrizes valorativamente positivadas na legalidade constitucional.

Podemos, como observadores externos, registrar as seguintes circunstâncias encetadas pela gestão política que agora se encerra: banalização do direito do consumidor como direito fundamental; relativização dos deveres fundamentais do Estado de proteção ao consumidor; enfraquecimento dos Procons, especialmente durante a situação pandêmica quando necessário poder de polícia e fiscalização mais

---

5. Veja que no Brasil o "fresh start" está previsto no inciso III, do artigo 158 da Lei de Recuperação Judicial de Empresas, assim expresso: Artigo 158. Extingue a obrigação do falido: V – o decurso do prazo de três anos, contado da decretação da falência, ressalvada a utilização dos bens arrecadados anteriormente, que serão destinados à liquidação para a satisfação dos credores habilitados ou com pedido de reserva realizado.
6. Ver MARQUES, Claudia Lima; MARTINS, Fernando Rodrigues; MARTINS, Guilherme Magalhães; CAVALLAZZI, Rosângela Lunardelli. *Direito do consumidor aplicado*: garantias do consumo. In: SALES, Jonas (Org.). São Paulo: Foco, 2022. Aqui expressamente (e novamente) agradecemos nossa diretora Professora Doutora Roberta Densa pelo imenso apoio e dedicação à publicação.

assertivos; autorização de crédito e cartão de crédito consignados sobre programas de transferência de renda.

Igualmente, as edições de atos normativos secundários são clara demonstração de retrocessos. O Decreto 10.417/20 que recriou o Conselho Nacional de Defesa do Consumidor, entretanto, sem paridade na representação. O Decreto 10.887/21, que modifica o Decreto 2.181/91, reafirmando a avocação de expedientes administrativos e indo bem além da noção de federação. O Decreto 11.034/22 reformulou para pior o serviço de atendimento ao consumidor, o que já traz efeitos sentidos pela população, especialmente os vulneráveis digitais, dado o modo de atendimento. E, em derradeiro, o Decreto 11.150/22 que fixou, preconceituosamente, o mínimo existencial em valor abaixo da cesta básica. Nada pior.

À gestão que tomará posse fica o alerta e a advertência da constante fiscalização institucional que o Brasilcon encetará quanto aos rumos do direito do consumidor no país, sendo certo que tornaremos claros todos os retrocessos impostos e descumprimentos das falas em campanha eleitoral. Não fosse essa preocupação inicial, apresentamos nossa pauta através das seguintes reivindicações:

1) Revogação imediata do Decreto 11.150/22, que no STF já conta com parecer de inconstitucionalidade pela PGR, ainda mais considerando que no Brasil são 40 milhões de superendividados (abaixo da linha dos direitos fundamentais);

2) Edição de novo decreto quanto ao mínimo existencial nos termos da Lei 14.181/21 adotando como parâmetro, tanto para prevenção como tratamento ao superendividamento, a preservação de *70% da renda mensal do consumidor* para garantia e acesso aos direitos fundamentais sociais, permanecendo os restantes 30% dirigidos ao pagamento e comprometimento das dívidas de consumo;

3) Revogação imediata do Decreto 10.417/20, oportunizando rediscussão sobre o CNDC, com paridade representativa;

4) Orientação à futura gestão da Senacon para rediscutir os demais decretos acima mencionados, ouvindo toda a sociedade e as entidades civis para melhor atendimento ao consumidor e a defesa administrativa de seus direitos;

5) Indicação de gestor (a) à Senacon, *ouvidas as entidades civis de proteção ao consumidor*, desde que o (a) agente a ser indicado: reúna experiência na tutela do consumidor e conhecimento do SNDC; esteja caracterizado (a) pela aderência de conteúdo; não tenha patrocinado fornecedores;

6) Aprovação e sanção sem vetos do PL 3.514/15 que dispõe sobre o comércio eletrônico e plataformas digitais, estagnado há sete anos na Câmara dos Deputados;

7) Criação urgente no âmbito da Senacon de departamento para acompanhamento das *fraudes bancárias e tutela de hipervulneráveis*, especialmente em que são vítimas idosos, aposentados e pensionistas, já que houve compartilhamento ilícito de dados pessoais;

8) Alteração das normas que regem os fundos de direitos difusos e coletivos para possibilitar a capacitação de servidores dos Procons no acompanhamento de congressos, seminários, encontros profissionais etc.;

9) Referendo pelo Congresso do Acordo Mercosul sobre *contratos internacionais de consumo* e a aplicação da lei mais favorável ao consumidor, assinado em Brasília, em 2017;

10) Veto a qualquer PL ou iniciativa administrativa que impeça o imediato acesso à justiça e ao Poder Judiciário pelo consumidor, especialmente aqueles que tratam da pretensão resistida;

11) Melhoria imediata do sistema "consumidor.gov" que não possui condições, como plataforma digital, de realizar o necessário e suficiente dever fundamental de proteção ao qual o Estado está vinculado.

# O PROJETO DE LEI 3.514/15 E O CONCEITO DE CONSUMIDOR COMUNIDADE-GLOBAL

*Dennis Verbicaro*

Doutor em Direito do Consumidor pela Universidade de Salamanca (Espanha). Mestre em Direito do Consumidor pela Universidade Federal do Pará. Professor da graduação e dos programas de pós-graduação *stricto sensu* da Universidade Federal do Pará e do Centro Universitário do Pará (Cesupa). Líder dos grupos de pesquisa (CNPq) "Consumo e Cidadania" e "Consumo Responsável e Globalização Econômica". Procurador do estado do Pará, advogado e diretor do Brasilcon.

*Janaina Vieira Homci*

Doutoranda e Mestra em Direito Humanos, com ênfase em Direito do Consumidor, pelo programa de pós-graduação da Universidade Federal do Pará (UFPA). Especialista em Direito aplicado aos serviços de saúde pela Estácio. MBA em Direito Civil e Processo Civil pela FGV Rio. Pesquisadora no grupo de pesquisa (CNPq) "Consumo e Cidadania". Professora universitária e advogada.

Uma das grandes virtudes da Lei 8.078/90 (Código de Defesa do Consumidor) é seu caráter analítico, seja porque traz comandos definitivos (regras) para os sujeitos da relação de consumo, seja porque positiva princípios fundamentais, mas também porque introduz conceitos normativos, dentre os quais o de consumidor, seja na perspectiva individual, seja no âmbito coletivo.

Nesse particular, o artigo 2º, *caput* nos apresenta o conceito de destinatário final, sob a premissa de um consumidor que não interfere no processo produtivo e encerra o ciclo econômico do bem, inclusive com a inovadora inclusão da pessoa jurídica como tal. O parágrafo único do artigo 2º, por sua vez, nos apresenta o conceito coletivo concreto, através do qual são contemplados os interesses de um grupo ou coletividade de consumidores ligados entre si por uma relação jurídica base, pré-existente à lesão ou ameaça de lesão, dando corpo aos interesses coletivos em sentido estrito e individuais homogêneos. O artigo 29, em sua amplitude, reconhece a vulnerabilidade concreta e abstrata do consumidor diante das práticas empresariais abusivas. Ainda no CDC, o artigo 17 traz a figura do consumidor equiparado, para efeito de responsabilidade pelo fato do produto, também conhecido como vítima do evento (*bystander*).

O papel deste ensaio não é discorrer sobre os aludidos conceitos legais de consumidor e seus desdobramentos, mas reafirmar seu conceito transnacional, denominado "consumidor-comunidade global",[1] especialmente a partir do debate

---

1. VERBICARO, Dennis. *Consumo e cidadania*: identificando os espaços políticos de atuação qualificada do consumidor. Rio de Janeiro: Lumen Juris, 2017, p. 240.

atual acerca do Projeto de Lei 3.515/2015, cujo objetivo é aperfeiçoar as disposições gerais do Capítulo I do Título I do CDC, ao dispor sobre o comércio eletrônico e a disciplina dos contratos internacionais comerciais e de consumo. Mas, afinal, o que significa consumidor-comunidade global?

Verbicaro e Verbicaro[2] destacam que a indústria cultural padronizou e adaptou as massas aos valores capitalistas de consumo, através do aprimoramento dos meios de produção em nível desterritorial, estabelecendo, no plano internacional, novos padrões estético-comportamentais para o consumidor, agora tratado com sujeito genérico e portador de uma individualidade fictícia. Tal desterritorialidade gerou a vulnerabilidade transnacional, o que exige a expansão do conceito de consumidor para além das fronteiras estatais.

De outro modo, porém de forma convergente, a imersão tecnológica do consumidor e a intensificação do consumo digital favoreceram a desmaterialização, despersonificação e hiperconfiança na relação de consumo,[3] o que agravou essa vulnerabilidade transnacional do consumidor face da possibilidade de contratar de qualquer lugar e a todo instante.

Da mesma forma, não se pode negar que a economia informacional atrelada a tratamento de dados pessoais também é um real fator de preocupação nesse contexto, de modo a se reconhecer o impacto negativo da inteligência artificial na funcionalização das escolhas do consumidor,[4] uma vez que a cadeia "escondida" de fornecedores tratam tais dados para muito além de fronteiras, tendo, inclusive, a LGPD, no seu artigo 3º, ampliado a competência aos dados pessoais cujas operações são realizadas no território nacional, oferta ou fornecimento de bens ou serviços ou tratamento de dados pessoais no território nacional ou para aqueles coletados no território nacional.

Na mesma perspectiva, a revolução digital estabeleceu novas formas de oferta de produtos e serviços, como os contratos inteligentes e a economia de compartilhamento, bem como os novos produtos e serviços em si, como bens digitais, internet das coisas e a interligação dos bens na inteligência artificial, *deep* e *machine learning*,[5] também chamados de serviços simbióticos,[6] cuja utilização independe de um território para desenvolvimento.

---

2. VERBICARO, Dennis; VERBICARO, Loiane da Ponte Souza Prado. A indústria cultural e o caráter fictício da individualidade na definição do conceito de consumidor-comunidade global. *Revista Jurídica Cesumar*, Maringá, PR, v. 17, n. 1, p. 107-131, jan./abr. 2017.
3. MARQUES, Claudia Lima. *Confiança no comércio eletrônico e a proteção do consumidor*. São Paulo: RT, 2004.
4. VERBICARO, Dennis; VIEIRA, Janaina do Nascimento. A nova dimensão da proteção do consumidor digital diante do acesso a dados pessoais no ciberespaço. *Revista de Direito do Consumidor*, São Paulo, v. 30, n. 134, p. 195-226, mar./abr. 2021.
5. MIRAGEM, Bruno. Novo paradigma tecnológico, mercado de consumo digital e o direito do consumidor. *Revista de Direito do Consumidor*, São Paulo, v. 28, n. 125, p. 17-62, set./out. 2019.
6. MARQUES, Claudia Lima; MIRAGEM, Bruno. "Serviços simbióticos" do consumo digital e o PL 3.514/2015 de atualização do CDC. Revista de Direito do Consumidor, São Paulo, v. 29, n. 132, p. 91-118, nov./dez. 2020.

Tais operações, formas de contratação e tipos de produtos e serviços apresentam o consumidor-comunidade global como ponto em comum. Para este consumidor, internacionalmente considerado, o Código de Defesa do Consumidor, em seu artigo 7, apresenta que os direitos nele previstos não excluem outros decorrentes de tratados ou convenções internacionais de que o Brasil seja signatário.

No âmbito do Mercosul, foi introduzida a conexão especial para os contratos internacionais entre consumidores e fornecedores de produtos e serviços na região, qual seja a conexão com a lei mais favorável.[7] Porém, é fato que tivemos uma ampliação da proteção deste consumidor em discussão no Projeto de Lei 3.514/2015.

Isso porque, além do fortalecimento do direito à informação e de arrependimento, já fortemente reconhecidos no CDC e no Decreto Federal 7.962/2013, o referido projeto traz alguns avanços importantes:

1) O Projeto de Lei reconhece a realização do negócio jurídico transnacional, possibilitando que sejam interpretados e integrados de maneira mais favorável ao consumidor, com aplicação da lei mais benéfica, considerando todos os territórios envolvidos na contratação, nos termos do Artigo 3º-A e Artigo 9º-B.

2) As normas gerais do consumidor no comércio eletrônico a distância devem observar e fortalecer a confiança pela diminuição da assimetria informacional, da preservação da segurança, da autodeterminação informativa e privacidade dos dados pessoais, em atenção ao artigo 45-A.

3) Em caso de acidente de consumo em que nenhuma das partes envolvidas possua domicílio ou sede em que ocorrer o dano, fato ou ato ilícito, reger-se-ão a lei do lugar onde os efeitos se fizerem sentir, conforme artigo 9º-C.

As premissas destacadas reconhecem o caráter transnacional da relação, bem como reconhecem a vulnerabilidade transnacional do consumidor inserido no contexto em análise, relativizando, inclusive, a competência normativa. É fato que a própria caracterização do negócio em estudo exige uma ampliação transnacional da proteção legal. O Projeto de Lei 3.514/15, portanto, consolida o reconhecimento do consumidor comunidade-global no nosso ordenamento jurídico.

---

7. VERBICARO, Dennis; VIEIRA, Janaina do Nascimento. A hipervulnerabilidade do turista e a responsabilidade das plataformas digitais: uma análise a partir da perspectiva da economia colaborativa. *Revista de Direito do Consumidor*, São Paulo, v. 29, n. 127, p. 305-330, 2020.

# A INFORMAÇÃO QUALIFICADA NA CONCESSÃO RESPONSÁVEL DO CRÉDITO

*Andressa Jarletti Gonçalves de Oliveira*

Doutora em Direito pela PUC-PR com doutorado sanduíche na Universidade de Bologna (Itália). Mestre pela UFPR. Professora na Escola Superior de Advocacia da OAB-PR e em diversos programas de pós-graduação. Vice-presidente da Comissão de Direito Bancário da OAB-PR. Membro do Brasilcon, do IBDCont e da International Association of Consumer Law. Advogada.

A Lei 14.181/2021 atualizou o Código de Proteção e Defesa do Consumidor (CDC) para aperfeiçoar a disciplina da concessão de crédito para consumo, instituindo mecanismos para a prevenção e para o tratamento do grave fenômeno social do superendividamento. Como toda lei, o CDC é fruto de seu tempo e na época de sua edição, em 1990, a sociedade brasileira ainda não tinha vivenciado a explosão do crédito para consumo. A atualização promovida no CDC aos trinta anos de sua vigência surgiu num momento oportuno, em que o nível de endividamento da população brasileira alcança patamares recordes,[1] estimando-se que mais de 42 milhões de brasileiros estejam superendividados.[2]

As medidas adotadas para atualização do CDC em matéria de crédito para consumo e superendividamento seguiram duas frentes distintas: a prevenção e o tratamento do superendividamento. Esse último é previsto nos artigos 104-A a 104-C do CDC, que instituíram um novo procedimento que se inicia de forma consensual (artigo 104-A) e pode seguir para o trâmite judicial (artigo 104-B), inclusive com adesão compulsória de alguns credores ao plano de tratamento e recuperação financeira do consumidor superendividado. Esse procedimento para recuperação financeira do superendividado aplica-se apenas ao consumidor, pessoa natural e de boa-fé, que não consegue adimplir a totalidade de suas dívidas de consumo sem prejuízo de sua subsistência.

De outro lado, os novos dispositivos sobre a prevenção do superendividamento reforçam o direito à informação como um todo e por isso tem-se defendido que se aplicam para todos os casos de concessão de crédito para consumo, não apenas para os superendividados. Nesse ponto, as novas regras exigidas para concessão responsável do crédito e cumprimento do dever de informação incidem tanto para

---

1. Conforme dados da Serasa Experian, mais de 66 milhões de brasileiros estavam inadimplentes em junho de 2022. Fonte: Inadimplência bate recorde e atinge 66,1 milhões de brasileiros (gazetabrasil.com.br).
2. Conforme estimativa do Procon SP. Fonte: Educação Financeira #130: Brasil tem 42 milhões de superendividados; ouça dicas para sair dessa situação | Educação Financeira | G1 (globo.com).

os consumidores pessoas físicas, estejam ou não superendividadas, quanto para as pessoas jurídicas, que se enquadrem nos conceitos de consumidor *standard* (artigo 2º, CDC) ou equiparado (artigo 29, do CDC).[3]

As principais medidas para prevenção do superendividamento foram o reforço da boa-fé objetiva e do direito à informação; a previsão de educação financeira do consumidor; o direito básico do consumidor à garantia de práticas de crédito responsável; a preservação do mínimo existencial na revisão e repactuação das dívidas; a regulação da publicidade e da oferta do crédito.

O reforço do direito à informação passa a exigir maior detalhamento sobre os elementos do custo do crédito. A partir de agora, não basta ao fornecedor apenas informar, deve também *esclarecer* adequadamente o consumidor sobre custos, riscos e consequências gerais e específicas do inadimplemento. Essa medida segue a mesma linha da legislação francesa de prevenção ao superendividamento, bem como da Diretiva 48/2008/CE, que exige dos fornecedores de crédito no âmbito da União Europeia o atendimento aos deveres de informação e de conselho, contribuindo assim para a reflexão do consumidor na contratação do crédito.

O cumprimento do novo dever de esclarecimento sobre os custos e riscos do crédito demanda uma análise mais personalizada das condições individuais de cada consumidor, como idade, escolaridade etc., sobretudo num país em que muitos consumidores são de baixa renda, baixo grau de escolaridade e praticamente 30% da população é analfabeta funcional. Aperfeiçoar as informações sobre os custos e riscos da concessão de crédito é uma providência crucial, já que a falta de educação financeira e de compreensão sobre os custos e riscos das operações de crédito contribuem para o endividamento excessivo dos consumidores. No caso brasileiro, uma pesquisa realizada em 2011 pela Ipsos constatou que quase 70% dos brasileiros não sabem o quanto pagam de juros pelo uso do crédito, o que atesta a necessidade de reforço do direito à informação.[4]

A novidade da Lei 14.181/2021 nesse sentido foi estabelecer o dever de esclarecimento conjuntamente com os deveres de avaliar adequadamente as condições de pagamento do consumidor para a concessão responsável de crédito e de entregar a cópia do contrato ao mutuário e todos os garantes. O esclarecimento exige que o fornecedor de crédito preste as informações adequadas sobre as diferentes modalidades de concessão de crédito, os custos respectivos e riscos.

A informação clara, prévia e adequada sobre os diferentes produtos e serviços colocados no mercado, seus custos e seus riscos, não é novidade, já consta originalmente no artigo 6º, III, CDC, dentre os direitos básicos do consumidor. O que muda com a lei é a exigência de que esse dever seja especificamente observado na concessão

---

3. Importante lembrar que a aplicação do CDC aos contratos bancários foi afirmada pela Súmula 297/STJ e também no julgamento da ADIn 2.591/DF, cujo voto condutor do acórdão, de lavra do ministro Eros Grau, reconhece a aplicação do CDC também aos contratos bancários firmados por pequenas e médias empresas.
4. Ipsos – Estudos Marplan EGM – abril/2010 e março/2011.

de crédito, explicando e orientando o consumidor sobre as diferentes opções de uso do crédito – empréstimos fixos, com ou sem garantia, limite de crédito de cheque especial, cartão de crédito, empréstimo consignado etc. –, os diferentes custos de cada linha de crédito e os riscos gerais e específicos da inadimplência. Por exemplo, em um contrato firmado com garantia de alienação fiduciária, o fornecedor de crédito deve esclarecer para o consumidor que a inadimplência resultará na perda do bem móvel ou imóvel gravado em garantia do contrato. Esse dever de esclarecimento pode contribuir para que os consumidores façam o uso do crédito de acordo com a modalidade que mais se adéque a seu perfil e a sua necessidade, avaliando de forma mais precisa os custos e riscos de cada linha de crédito. E quiçá pode contribuir para que linhas de crédito de altíssimo custo, como o cartão de crédito, deixem de ser um dos pilares do superendividamento dos consumidores.

O detalhamento do custo de crédito passa a exigir também o atendimento expresso às regras dos artigos 52, 54-B, 54-C e 54-D, CDC, além do cálculo padronizado pela autoridade monetária sobre o Custo Efetivo Total (CET) das operações. Nesse ponto, é importante observar que, desde a origem, o CDC estabeleceu algumas informações obrigatórias que deveriam ser transmitidas ao consumidor nos casos de concessão de crédito ou financiamento, dentre as quais se destaca a soma total a ser paga, com e sem financiamento (artigo 52, V, CDC). Na prática, os contratos de concessão de crédito deveriam trazer a comparação entre o valor emprestado e o valor total a ser pago pelo consumidor, permitindo assim compreender facilmente o custo efetivo que o uso do crédito implica para o devedor. De nada adianta informar, por exemplo, que um financiamento de veículo tem uma taxa de juros remuneratórios de 2% ao mês. Essa informação, por si só, pode induzir à falsa percepção de que o contrato custa pouco, mas em cinco anos essa cobrança com o critério de juros compostos resulta em uma dívida equivalente ao dobro do valor emprestado. Se os consumidores recebessem a informação completa de que um financiamento de R$ 30 mil irá custar R$ 60 mil ao longo de cinco anos e que o carro, que no começo do contrato valia R$ 30 mil não valerá mais do que R$ 20 mil ao final, talvez buscassem outras formas menos onerosas de crédito para aquisição de um veículo, como os consórcios.

Os novos artigos 54-B, 54-C e 54-D, CDC, reforçam esse detalhamento do custo do crédito que já fora previsto originalmente no artigo 52, CDC, e ainda fazem referência ao CET das operações conforme a regulação editada pela autoridade reguladora do sistema financeiro. O CET, em geral, é sintetizado em um percentual ao ano, que corresponde ao somatório de todos os encargos que incidem sobre a concessão de crédito. Esse percentual ao ano permite que o consumidor compare, dentre diversas ofertas de crédito, qual é a mais vantajosa. Um contrato com CET de 30% ao ano custa mais caro do que um empréstimo com CET de 25% ao ano. Para efeito de comparação, o percentual ao ano é uma boa referência, porém para compreensão real do custo efetivo da concessão de crédito é necessário um detalhamento mais preciso das informações.

O modo de discriminar os componentes que formam o custo efetivo total do crédito foi regulado pelas Resoluções CMN 4.197/2013 e 4.881/2020, que exigem que cada componente do CET (juros remuneratórios, tarifas, IOF, seguros etc.) sejam detalhados com os respectivos valores em percentuais ao ano e em reais (R$). Portanto, não basta informar os percentuais das taxas de juros nos contratos, é necessário que sejam discriminados os valores totais em reais de cada componente do custo do crédito (Resoluções CMN), além de informar a soma total a ser paga, com e sem financiamento (artigo 52, V, CDC). Somente com a informação clara e expressa sobre o valor total cobrado por cada modalidade de encargos bancários, bem como pela comparação entre o valor emprestado e o valor total a ser pago, é que os consumidores podem compreender com clareza o custo do crédito.

Importante destacar que essas informações obrigatórias sobre o detalhamento do custo do crédito não são novidade. A soma total a pagar, com ou sem financiamento, é exigida desde a origem no artigo 52, V, CDC. Da mesma forma, o detalhamento dos componentes do CET das operações em percentual ao ano e em reais foi estabelecido em 2013 pelo CMN (Resolução 4.197), sendo que em 2020 essa obrigação de detalhar minuciosamente o custo do crédito passou a ser exigida também para os contratos de micro e pequenas empresas (Resolução 4.881). Basicamente, o que a Lei 14.181/2021 fez foi reforçar esses deveres, que há décadas deveriam ser observados pelos fornecedores de crédito.

Para que a informação qualificada seja respeitada na concessão de crédito ao consumidor, a grande novidade da Lei 14.181/2021 foi introduzir a regra do artigo 54-D, parágrafo único, uma penalidade semelhante à prevista na legislação francesa para a concessão irresponsável de crédito:

> Art. 54-D. Na oferta de crédito, previamente à contratação, o fornecedor ou o intermediário deverá, entre outras condutas:
>
> Parágrafo único. O descumprimento de qualquer dos deveres previstos no *caput* deste artigo e nos arts. 52 e 54-C deste Código poderá acarretar judicialmente a redução dos juros, dos encargos ou de qualquer acréscimo ao principal e a dilação do prazo de pagamento previsto no contrato original, conforme a gravidade da conduta do fornecedor e as possibilidades financeiras do consumidor, sem prejuízo de outras sanções e de indenização por perdas e danos, patrimoniais e morais, ao consumidor.

A penalidade do artigo 54-D, parágrafo único, prevê a redução dos encargos de acordo com a gravidade da conduta do fornecedor na violação dos deveres de informação e de concessão responsável do crédito, considerando também as condições financeiras do consumidor. Essa previsão se articula com o novo direito básico de garantia de práticas de crédito responsável e permite reconhecer a informação qualificada sobre os custos do crédito como um dever inexorável de sua concessão responsável, sob pena de se aplicar a "revisão-sanção"[5] prevista no artigo 54-D, parágrafo único, CDC.

---

5. Conforme explica Bruno Miragem. Disponível em: https://www.migalhas.com.br/coluna/migalhas-contratuais/348157/a-lei-do-credito-responsavel-altera-o-codigo-de-defesa-do-consumidor.

Entende-se que essa penalidade deve ser aplicada tanto no âmbito dos processos judiciais em que se discute o tratamento das situações de superendividamento dos consumidores, quanto nas demais demandas em que o consumidor busque a revisão ou redução de dívidas decorrentes do uso do crédito. Para que a Lei 14.181/2021 possa cumprir sua finalidade de aperfeiçoar a disciplina do crédito para consumo é crucial que as novas medidas introduzidas no CDC sejam cumpridas com afinco, penalizando as condutas abusivas de concessão irresponsável de crédito e violação ao direito de informação com a medida que pode surtir impacto no comportamento dos *players* do mercado financeiro: a redução de sua remuneração e da lucratividade nas operações de crédito para consumo.

# PL 3.514/2015 E FORTALECIMENTO DA PROTEÇÃO DO CONSUMIDOR NO COMÉRCIO ELETRÔNICO

*Laís Bergstein*

Doutoranda (UFRGS) e Mestre (PUC-PR) em Direito. Coordenadora acadêmica da Especialização em Direito do Consumidor e Direitos Fundamentais da UFRGS. Professora. Advogada.

*Caroline Visentini Ferreira Gonçalves*

Advogada do Trench, Rossi e Watanabe Advogados.

Entre os últimos dias 2 e 4 de novembro foi promovido pelo Instituto Brasileiro de Política e Direito do Consumidor (Brasilcon) o 16º Congresso Brasileiro de Direito do Consumidor, que teve como tema central "Proteção do consumidor: confiança, plataformização e gig economy". O Congresso promoveu cerca de 38 painéis, muitos deles focados nos desafios do ambiente online, como o metaverso, privacidade e novos modelos de contratação, criptoativos, open banking, dentre outros.

O ministro Herman Benjamin inaugurou o Congresso clamando pelo aperfeiçoamento do Código de Defesa do Consumidor (Lei 8.078 de 1990 – CDC) mediante aprovação do Projeto de Lei 3514/2015.[1] Trata-se de projeto que tramita no Congresso, desde 2012 e busca aperfeiçoar as disposições gerais do Capítulo I do Título I do Código de Defesa do Consumidor e dispor sobre o comércio eletrônico. O projeto também disciplina os contratos internacionais comerciais e de consumo e dispõe sobre as obrigações extracontratuais, atualizando o artigo 9º do Decreto-Lei 4.657, de 4 de setembro de 1942 (Lei de Introdução às Normas do Direito Brasileiro). Trata-se de um dos três projetos[2] apresentados por renomada comissão de juristas, presidida pelo ministro Herman Benjamim e relatada pela professora doutora Claudia Lima Marques.[3]

---

1. Disponível em: https://www.camara.leg.br/proposicoesWeb/prop_mostrarintegra?codteor=1408274. Acesso em: 06 nov. 2022.
2. O PL 283/2012, aprovado no Senado e remetido à Câmara dos Deputados sob o n. PL 3.515/2015, devolvido sob o n. PLS 1.805/2021, foi aprovado em 2021 e transformado na Lei 14.181/2021, de 1º de julho de 2021, que alterou a Lei 8.078, de 11 de setembro de 1990 (Código de Defesa do Consumidor), e a Lei 10.741, de 1º de outubro de 2003 (Estatuto do Idoso), para aperfeiçoar a disciplina do crédito ao consumidor e dispor sobre a prevenção e o tratamento do superendividamento. O terceiro projeto proposto pela Comissão de Juristas tratava do processo civil do consumidor e a atualização de normas instrumentais e da ação coletiva.
3. Na matéria do comércio eletrônico, o anteprojeto de lei contou com o apoio dos autores do Anteprojeto de Código de Defesa do Consumidor, professora doutora Ada Pellegrini Grinover (Universidade de São Paulo) e Kazuo Watanabe (Universidade de São Paulo), bem como do então membro do ministério Público do Distrito Federal, professora doutora Leonardo Roscoe Bessa, e da Procuradoria do Estado de São Paulo e ex-coordenador da Fundação Procon-SP, professora doutora Roberto Pfeiffer.

O PL 3.514/2015 está atento à rápida evolução da sociedade de consumo[4] e aos desafios resultantes das novas tecnologias e do crescimento do comércio internacional, é incrementar a proteção dos consumidores. Esse aspecto foi ressaltado no relatório final da Comissão de Juristas, cujas premissas foram "acrescentar, nunca reduzir a proteção ao consumidor no Brasil", e "respeitar a estrutura principiológica e geral do CDC". A passagem do tempo desde a sua apresentação ao Senado justifica uma nova leitura da proposta de lei para contribuir com propostas complementares que se alinham a esses preceitos.

De acordo com o Ministro Benjamin, o CDC carece de conteúdo que aborde o comércio eletrônico. Na sua dele, sem esse conteúdo será difícil enfrentar os novos desafios trazidos pela tecnologia, de forma que a aprovação do PL 3.514 completaria a fase de modernização do CDC, para não o deixar envelhecer.

A 16ª edição do Congresso do Brasilcon foi encerrada com o painel sobre "Plataformização das Relações, Vulnerabilidade Digital e o PL 3.514/2015", mediado por Roberto Augusto Castellanos Pfeiffer, contou com a participação de Claudia Lima Marques, Otávio Luiz Rodrigues Junior e Fernando Rodrigues Martins.

O diálogo versou sobre as alterações propostas no PL e as características das relações contemporâneas de consumo. A professora doutora Claudia Lima Marques ressaltou como diversos temas debatidos durante o Congresso são enfrentados pelo PL 3.514, cujos principais artigos são destacados a seguir:

"1) Artigo 3º-A: determina que as normas e os negócios jurídicos devem ser interpretados e integrados de maneira mais favorável ao consumidor, conforme o diálogo das fontes e de forma que o direito fundamental de defesa do consumidor seja priorizado; 2) Artigos 4º, II e 6º, XIII: os quais, conforme as Diretrizes das Nações Unidas para a Defesa do Consumidor, promovem o casamento entre o meio ambiente e o consumo sustentável, mediante a apresentação de informação ambiental veraz e útil; 3) Artigo 6, XI: que aborda a privacidade e segurança das informações e dados pessoais prestados ou coletados, por qualquer meio, inclusive o eletrônico, assim como acesso gratuito do consumidor às suas fontes, garantindo ao direito de o consumidor saber a fonte, no caso de incidente de dados; 4) Artigo 6, XII: que promove a liberdade de escolha frente a novas tecnologias, vedando qualquer discriminação no mercado de consumo ou assédio de consumo, o qual visa garantir a igualdade e isonomia entre os mundos online, offline e 'onlife'; 5) Artigo 39, XV: que proíbe a cobrança de tarifa de cadastro de abertura de crédito".

O PL 3.514 cria Seção específica intitulada "Do Comércio Eletrônico", a qual, nas palavras de Claudia Lima Marques, visa a fortalecer a confiança, diminuir a assimetria de informações, bem como proteger a autodeterminação e a privacidade

---

4. EFING, Antônio Carlos. *Fundamentos do Direito das Relações de Consumo:* consumo e sustentabilidade. 3. ed. Curitiba: Juruá, 2011. p. 23 et seq.

dos dados pessoais. Na sua visão, o PL 3.514 atualizará o CDC para o mundo digital e para as novas vulnerabilidades que com ele surgem.

Conforme pontuado por Roberto Pfeiffer, ainda que muitas disposições do PL 3514 já tenham sido tratadas nos textos dos Decretos 7.962 de 2013 e 10.271 de 2020, a aprovação do projeto traria força de lei às referidas disposições, além do fato de as previsões do PL 3.514 serem mais amplas.

Em relação ao direito de arrependimento, o artigo 45-E do PL 3.514 amplia o prazo de sete dias para 14, caso o fornecedor não confirme imediatamente o recebimento da oferta e não envie o link com formulário facilitado para que o consumidor possa exercer o direito de arrependimento.

O artigo 49, § 2º do PL conceitua a contratação à distância, definindo como aquela efetivada fora do estabelecimento ou sem a presença física simultânea do consumidor e do fornecedor, afetando, portanto, diversas modalidades de interações no ambiente online, como a intermediação, oferta, dentre outras. O § 3º equipara a modalidade à distância aquela que, embora realizada no estabelecimento, o consumidor não tenha tido a prévia oportunidade de conhecer o produto.

Já o artigo 45-F conecta-se com a Lei Geral de Proteção de Dados (LGPD, Lei 13.709 de 2018) ao proibir o envio de ofertas e publicidade sem o consentimento prévio e expresso do consumidor ou, ainda, no caso de *opt out*. O consentimento do consumidor também ganha destaque no artigo 72-A ao criminalizar o ato de ceder ou transferir dados, informações ou identificadores pessoais sem a autorização expressa e o consentimento informado do titular de dados.

O princípio da minimização dos dados pessoais da LGPD é lembrado no artigo 45-G ao determinar que os fornecedores só exijam do consumidor a prestação das informações indispensáveis à conclusão do contrato, de forma que informações adicionais às indispensáveis tenham caráter facultativo, mediante informação prévia ao consumidor.

É preciso estabelecer critérios de transparência para as decisões automatizadas,[5] resguardando, evidentemente, os direitos de propriedade industrial, mas assegurando que os órgãos de proteção e defesa dos consumidores tenham condições de aferir a legitimidade[6] das práticas comerciais pautadas no uso de dados pessoais e não dependam exclusivamente de denúncias de ex-colaboradores ou concorrentes. Como propõem Hans-W. Micklitz, Przemyslaw Palka e Yannis Panagis, é possível automa-

---

5. O Projeto de Lei 4.496/2019 do Senado Federal pretende adicionar ao artigo 5º da LGDP um inciso XX para definir decisões automatizadas como "processo de escolha, de classificação, de aprovação ou rejeição, de atribuição de nota, medida, pontuação ou escore, de cálculo de risco ou de probabilidade, ou outro semelhante, realizado pelo tratamento de dados pessoais utilizando regras, cálculos, instruções, algoritmos, análises estatísticas, inteligência artificial, aprendizado de máquina, ou outra técnica computacional".
6. Sobre o tema, veja a tese de doutoramento de Guilherme Mucelin, defendida perante a Universidade Federal do Rio Grande do Sul (UFRGS) em 2022, orientada pela professora doutora Sandra Regina Martini e intitulada "Direito de Validação das Decisões Individuais Automatizadas Baseadas em Perfis de Consumidores".

tizar parcialmente o processo de abstração e controle das cláusulas nos contratos de consumo *online*, existindo um grande potencial de uso de técnicas algorítmicas na aplicação da lei em relação a obrigações contratuais e de facilitação da pesquisa.[7]

No contexto do comércio eletrônico, o PL 3.514 reforça os mecanismos para se exigir o cumprimento do dever jurídico de efetiva prevenção de danos (artigo 6º, VI, do CDC), sendo premente a avaliação da conduta do fornecedor no caso concreto. Os investimentos em medidas de efetiva prevenção de danos, políticas de *compliance*, melhores práticas e resolução de conflitos devem ser compatíveis e proporcionais à sua atuação no mercado de consumo. É fundamental inverter esta equação, evitar os danos de massa, evitar os litígios e promover a desjudicialização, com sanções daqueles que descumprem reiteradamente os deveres de conduta.[8]

Em relação às penalidades, o artigo 56 adiciona inciso que prevê a suspensão temporária ou proibição de oferta e de comércio eletrônico, com o pagamento de multa diária a ser imposta pelo poder judiciário. Mais adiante, o artigo 60-A traz os danos punitivos visando inibir novas violações, no caso de descumprimento reiterado dos deveres do fornecedor previstos no CDC.

A relação simbiótica[9] de produtos e serviços também acentua o dever de informação ao consumidor. A boa-fé[10] nas relações negociais, especialmente as contratações

---

7. MICKLITZ, Hans-W; PALKA, Przemyslaw; PANAGIS, Yannis. *The Empire Strikes Back: Digital Control of Unfair Terms of Online Services. Journal of Consumer Policy*, v. 40, p. 367-388, Springer, 2017. DOI 10.1007/s10603-017-9353-0.
8. MARQUES, Claudia Lima; BERGSTEIN, Laís. Menosprezo planejado de deveres legais pelas empresas leva à indenização. São Paulo, *Revista Consultor Jurídico*, 21 de dezembro de 2016. Disponível em: http://www.conjur.com.br/2016-dez-21/garantias-consumo-menosprezo-planejado-deveres-legais-pelas-empresas-leva-indenizacao. Acesso em: 05 jul. 2021.
9. A expressão é utilizada, pelo Min. Herman Benjamin em caso paradigmático envolvendo a responsabilidade solidária entre as empresas fornecedoras de produtos e serviços de telefonia: "Consta dos autos que as partes celebraram contrato de consumo, cujo objeto é o fornecimento de linhas telefônicas, serviços especiais de voz, acesso digital, recurso móvel de longa distância DD e DDD e recurso internacional, local ou de complemento de chamada, para serem utilizadas em central telefônica – Pabx, adquirida de terceira pessoa. Conforme narrado, criminosos entraram no sistema Pabx da empresa recorrente e realizaram ilicitamente diversas chamadas internacionais, apesar de esse serviço estar bloqueado pela operadora. A interpretação do Tribunal de origem quanto à norma insculpida no artigo 14 do CDC está incorreta, porquanto o serviço de telecomunicações prestado à recorrente mostrou-se defeituoso, uma vez que não ofereceu a segurança esperada pela empresa consumidora. REsp 1.378.284/PB, relator o eminente ministro Luis Felipe Salomão. 7. O risco do negócio é a contraparte do proveito econômico auferido pela empresa no fornecimento de produtos ou serviços aos consumidores. É o ônus a que o empresário se submete para a obtenção de seu bônus, que é o lucro. Por outro lado, encontra-se o consumidor, parte vulnerável na relação de consumo. 8. Os órgãos públicos e as suas empresas concessionárias são obrigadas a fornecer serviços adequados, eficientes e seguros aos consumidores em conformidade com o artigo 22 do CDC. 9. Recurso Especial provido". STJ – REsp 1721669/SP, relator ministro Herman Benjamin, Segunda Turma, julgado em 17.04.2018, DJe 23.05.2018.
10. "A expressão boa-fé objetiva (boa-fé normativa) designa não uma crença subjetiva, nem um estado de fato, mas aponta, concomitantemente a: 1) um instituto ou modelo jurídico (estrutura normativa alcançada pela agregação de duas ou mais normas); 2) um standard ou modelo comportamental pelo qual os participantes do tráfico obrigacional devem ajustar o seu mútuo comportamento (standard direcionador de condutas a ser seguido pelos que pactuam atos jurídicos, em especial os contratantes); e 3) um princípio jurídico

eletrônicas,[11] e a proteção da confiança legítima em tempos digitais,[12] impõem um novo paradigma de transparência e lealdade aos fornecedores, acentuando o seu dever de informar e fomentando um ambiente de políticas preventivas e de *compliance*.[13]

É salutar, nesse sentido, a proposta de inclusão de um novo inciso no artigo 6º do CDC, prevendo claramente como direito básico dos consumidores "XII – a liberdade de escolha, em especial frente a novas tecnologias e redes de dados, vedada qualquer forma de discriminação e assédio de consumo".

As facilidades da oferta por meios digitais não afastam o dever de conformidade com a legislação de proteção e defesa dos consumidores, ao contrário. A resolução de eventuais problemas resultantes de uma contratação malsucedida pode ser tão simples quanto é o acesso ao produto ou serviço ofertado no meio digital. Tais medidas fortalecem a confiança do consumidor e valorizam o seu tempo e a sua dignidade, em especial em um país como o Brasil.[14]

Conforme amplamente debatido nesses dois dias de intensos estudos e ricos debates no tradicional Congresso promovido pelo Brasilcon, a aprovação do PL 3.514/2015 a aprimorará a tutela do consumidor nas relações jurídicas celebradas digitalmente e colocará o Direito do Consumidor Brasileiro na vanguarda de solução de temas imprescindíveis para o desenvolvimento do consumo, da economia e para a prevenção de conflitos neste século 21.

---

(norma de dever ser que aponta, imediatamente, a um 'estado ideal de coisas'". MARTINS COSTA, Judith. *A boa-fé no direito privado*: critérios para sua aplicação. 2. ed. São Paulo: Saraiva, 2018, p. 329.

11. MARTINS, Guilherme Magalhães. *Contratos eletrônicos de consumo*. 3. ed. São Paulo, Atlas, 2016.
12. MARQUES, Claudia Lima; LORENZETTI, Ricardo Luis; CARVALHO, Diógenes Faria de; MIRAGEM, Bruno. *Contratos de serviços em tempos digitais*: contribuição para uma nova teoria geral dos serviços e princípios de proteção dos consumidores. São Paulo: Thomson Reuters, Brasil, 2021. p. 300-303.
13. KRETZMANN, Renata Pozzi. *Informação nas relações de consumo*: o dever de informar do fornecedor e suas repercussões jurídicas. Belo Horizonte: Casa do Direito, 201.
14. VISENTINI, Caroline; DALMASO, Ricardo. Acesso à ordem jurídica justa nas relações de consumo e a tecnologia. *JOTA*. Disponível em: https://www.jota.info/opiniao-e-analise/artigos/acesso-a-ordem-juridica-justa-nas-relacoes-de-consumo-e-a-tecnologia-15032019.

# TALCO JOHNSON E JOHNSON: ATÉ QUANDO?

*Marcelo Junqueira Calixto*
Doutor e Mestre em Direito Civil (Uerj). Professor adjunto da PUC-Rio e advogado.

*Alan Sampaio*
Mestre em Direito Civil Contemporâneo pela PUC-Rio.

Não é de hoje que a empresa Johnson e Johnson tem sido alvo de ações judiciais que objetivam a indenização de consumidores vítimas do uso do talco produzido pela empresa, provável causador de câncer de ovário em mulheres ao redor do mundo.[1]

Enquanto os consumidores alegam que o produto contém material cancerígeno, como o amianto, e que seu uso regular na higiene íntima feminina desenvolve câncer de ovário, a referida empresa defende que o talco é feito à base de minerais e que diversas pesquisas científicas comprovam a segurança do produto.

Apesar da defesa da empresa, é curioso mencionar que nos Estados Unidos e no Canadá o produto deixou de ser comercializado no ano de 2020, supostamente em razão de uma queda no interesse dos consumidores acerca do produto decorrente da dúvida causada pelo assunto envolvido nos processos judiciais.[2] Nessa mesma linha de raciocínio, recentemente, a Johnson e Johnson anunciou que promoverá a retirada de seu talco do mercado brasileiro no próximo ano, realizando a mudança da composição do produto para o amido de milho, por ser um insumo mais sustentável.[3]

Em que pese o produto em comento não se tratar de um medicamento, levando em conta a quantidade de ações judiciais existentes, a amplitude da utilização do produto no mundo e a possível propagação dos efeitos do dano aos consumidores no tempo, por analogia, pode-se relembrar alguns casos de grande repercussão que movimentaram o cenário jurídico no passado. Nesse passo, vale citar o caso *Sindell v. Abbott. Laboratories*,[4] o qual tratou dos danos causados pelo uso de dietilstilbestrol, o estrogênio sintético (conhecido pela sigla D.E.S). Em suma, nos EUA, diversas empresas vendiam o estrogênio sintético, em larga escala durante anos, até o produto

---

1. Disponível em: https://www.istoedinheiro.com.br/johnson-johnson-condenada-a-pagar-21-bilhoes-de-dolares-por-talco-ligado-a-cancer/. Acesso em: 17 ago. 2022.
2. Disponível em: https://www.cnnbrasil.com.br/business/johnson-johnson-para-de-vender-talco-infantil-nos-eua-e-no-canada/. Acesso em: 17 ago. 2022.
3. Disponível em: https://valor.globo.com/empresas/noticia/2022/08/16/com-decisao-global-johnson-and-johnson-vai-retirar-talco-a-base-de-minerais-do-brasil.ghtml. Acesso em: 17 ago. 2022.
4. Sindell v. Abbott Laboratories, (1980) 26 Cal. 3d 588.

ser retirado do mercado em razão da constatação de que as gestantes que consumiram o produto deram à luz a crianças que tinham tendência a desenvolver vários tipos de câncer. Outro caso que reverberou na sociedade foi aquele que envolveu o uso da talidomida, droga que visava controlar a ansiedade, tensão e náuseas, mas que causava a malformação dos fetos nas gestantes.[5]

Na perspectiva brasileira, inicialmente, cumpre lembrar que a Constituição Federal da República revela a segurança como um direito fundamental da pessoa humana, consoante o exposto no *caput* do seu artigo 5º. Nessa esteira, o Código de Defesa do Consumidor trouxe diversos princípios que norteiam as relações de consumo, cabendo destacar o princípio da segurança e da qualidade apregoado no inciso V do artigo 4º que, ao versar sobre um dos objetivos da política nacional de consumo, ressalta a necessidade de incentivar os fornecedores a criarem meios eficientes de controle de qualidade e segurança de produtos e serviços. Por conseguinte, o Código de Defesa do Consumidor dedica uma seção específica para tutelar a proteção à saúde e segurança do consumidor, estabelecendo que os produtos colocados no mercado não poderão acarretar risco à saúde ou segurança dos consumidores (artigo 8º), sendo certo que o fornecedor não poderá inserir no mercado um produto que possua potencial risco de dano (artigo 10), sob pena de responder civilmente no caso de descumprimento (artigo 6º).

Nesse contexto, a doutrina considera que os produtos podem manifestar vícios de qualidade por insegurança,[6] ou seja, vícios que podem atingir a integridade psicofísica dos consumidores, gerando a responsabilidade do fornecedor pelo *fato do produto*, nos termos do artigo 12 do CDC. Nesse sentido, para fins de configuração da responsabilidade civil pelo fato do produto, o parágrafo primeiro do artigo 12 dispõe que "o produto é defeituoso quando não oferece a segurança que dele legitimamente se espera", revelando que, além da capacidade de gerar o dano, a desconformidade do produto deve violar a legítima expectativa do consumidor.[7]

Outrossim, em relação à segurança, considerando a legítima expectativa do consumidor como fiel da balança, a doutrina divide os produtos em três categorias: a periculosidade inerente, a periculosidade adquirida e periculosidade exagerada.[8] Em relação à periculosidade *inerente*, não há a frustração da legítima expectativa do consumidor porque o risco do produto é *previsível*, afastando o vício de qualidade

---

5. Disponível em: https://exame.com/mundo/fabricante-alema-de-talidomida-pede-perdao-a-vitimas/. Acesso em: 17 ago. 2022.
6. "Os vícios de qualidade, por sua vez, dividem-se em vícios de qualidade por insegurança e vícios de qualidade por inadequação. Aqueles são vícios que atentam contra a saúde e segurança do consumidor, contra a sua integridade físico-psíquica, ao passo que estes se caracterizam pela inservibilidade do produto aos seus fins, pelo seu inferior desempenho, violando unicamente a integridade patrimonial do consumidor" (CALIXTO, Marcelo Junqueira. *A responsabilidade civil do fornecedor de produtos pelos riscos do desenvolvimento*. Rio de Janeiro: Renovar, 2004, p. 90).
7. BENJAMIN, Antonio Herman V.; MARQUES, Claudia Lima; BESSA, Leonardo Roscoe. *Manual de direito do consumidor*. São Paulo: RT, 2020, p. 183.
8. Idem, p. 185-189.

por insegurança.[9] Por outro lado, a periculosidade *adquirida* é aquela em que o risco é imprevisível, não sendo intrínseca ao produto, havendo, por consequência, a superação da legítima expectativa criada pelo consumidor e a configuração do *defeito* do produto. Quanto à periculosidade *exagerada*, refere-se ao produto que possui um risco excessivo, com alto grau de periculosidade.[10]

Ademais, tendo em vista que o parágrafo terceiro do artigo 12 dispõe sobre as excludentes de responsabilidade civil do fornecedor, destacando a inexistência de defeito do produto como tal, cumpre esclarecer que a doutrina classifica esse vício da seguinte forma: defeitos de fabricação, defeitos de concepção e defeitos de comercialização (ou informação), nos termos do *caput* do artigo 12. Importa, ainda, expor que o momento em que o produto é colocado no mercado deve ser sempre observado com o escopo de avaliar a legítima expectativa do consumidor[11] e a pretensa violação da sua segurança.

Sobre o defeito de fabricação, o STJ julgou um caso paradigmático que tratava da aquisição de alimento (pacote de arroz) com corpo estranho (conglomerado de fungos, insetos e ácaros) em seu interior, considerando que a exposição do consumidor ao risco concreto de lesão à sua saúde e à sua incolumidade psicofísica se trata de uma causa suficiente para gerar o dano moral pleiteado.[12]

Já em relação ao defeito de concepção, o caso do medicamento Sifrol tem sido referenciado pela doutrina, no qual uma consumidora teria desenvolvido uma compulsão patológica para o jogo em razão do uso do fármaco. A propósito, nesse caso, o STJ ressaltou que o defeito ocorreu desde a concepção, diante da fórmula do produto e da imprevisibilidade do efeito colateral causado pelo medicamento, intensificada pela falta de informação em sua bula.[13] O caso também tem sido destacado pela doutrina

---

9. "Apelação cível. Consumidor. Ação de indenização por danos morais advindos de produto defeituoso. Produto de periculosidade inerente, inexistência do dever de indenizar. Recurso improvido. 1. Hipótese dos autos em que as apelantes passaram mal após a utilização do produto fabricado pela apelada (inseticida aerossol), alegando que tal fato decorreu de falha no dever de informação, razão pela qual pleiteiam o pagamento de indenização por dano moral. 2. Tratando-se de produto de periculosidade inerente, cujos riscos são normais à sua natureza (inseticida aerossol no qual informado inclusive risco de morte em caso de ingestão) e previsíveis (na medida em que o consumidor é deles expressamente advertido), eventual dano por ele causado ao consumidor não enseja a responsabilização do fornecedor, porquanto não se trata de produto defeituoso. 3. Recurso improvido" (TJ-MA – AC: 00070474720158100001 MA 0125012019, relator: Kleber Costa Carvalho, data de julgamento: 22.08.2019, 1ª Câmara Cível, Data de Publicação: 29.08.2019).
10. "São considerados produtos defeituosos por ficção. É o caso de um brinquedo que apresente grandes possibilidades de sufocação da criança" (BENJAMIN, Antonio Herman V.; MARQUES, Claudia Lima; BESSA, Leonardo Roscoe. *Manual de direito do consumidor*, op. cit., p. 189).
11. Art. 12 (...) §1º, III – a época em que foi colocado em circulação. § 2º O produto não é considerado defeituoso pelo fato de outro de melhor qualidade ter sido colocado no mercado.
12. REsp 1.899.304/SP, relatora ministra Nancy Andrighi, 2ª Seção, julgado em 25.08.2021, DJe de 04.10.2021.
13. "O ordenamento jurídico não exige que os medicamentos sejam fabricados com garantia de segurança absoluta, até porque se trata de uma atividade de risco permitido, mas exige que garantam a segurança legitimamente esperável, tolerando os riscos considerados normais e previsíveis em decorrência de sua natureza e fruição, desde que o consumidor receba as informações necessárias e adequadas a seu respeito (art. 8º do CDC)" (REsp 1.774.372/RS, relatora Nancy Andrighi, 3ª Turma, DJe de 18.05.2020).

por afastar a excludente do risco do desenvolvimento e entender pela incidência do fortuito interno na hipótese.[14]

Por último, vale comentar sobre o caso do sabão em pó Ace, no qual uma consumidora reclamava que o contato com o produto causou dermatite na sua pele. Não obstante a existência de uma anotação simples na embalagem do produto informando que o contato prolongado com a pele deveria ser evitado, o STJ entendeu que a informação prestada não foi suficiente e clara, ocasionando o defeito de comercialização, vício de qualidade por insegurança derivado da ausência de informação.[15]

Noutro giro, considerando o talco comercializado pela Johnson e Johnson e a hipótese de que os fatos narrados nas ações judiciais acerca da existência de amianto na composição do produto são verdadeiros, compete analisar essa situação fática conforme os preceitos do ordenamento jurídico pátrio.

A princípio, impende recordar que o instituto jurídico da responsabilidade civil deve ser pautado na solidariedade social e na dignidade da pessoa humana, fundamentos da Constituição Federal da República, de forma a atender a reparação integral da vítima.[16]

Nessa direção, conforme exposto, o CDC aponta que um produto será defeituoso quando for afetada a legítima expectativa de segurança do consumidor. Nesse diapasão, importa mencionar que o talco é amplamente utilizado em cosméticos e produtos de higiene infantis, o que certamente deve ser levado em consideração quando da análise da tutela dos consumidores em razão do agravamento da vulnerabilidade oriunda do perfil daqueles.

No caso em tela, pode-se ventilar que a imprevisibilidade do risco ao usar o talco da empresa Johnson e Johnson caracteriza uma periculosidade adquirida do produto, configurando um vício de qualidade por insegurança em virtude de um defeito de concepção diante da substância supostamente utilizada na composição do produto (amianto). Sobre o amianto, já foi constatado pelos órgãos de saúde que a substância pode causar vários tipos de câncer,[17] sendo proibida a sua comer-

---

14. "Tal afirmação, embora feita em um recurso não submetido ao rito dos "recursos repetitivos", representa um importante precedente que tende a ser seguido pelos demais Tribunais inferiores e que coloca o Brasil entre os países que não reconhecem os riscos do desenvolvimento como uma excludente da responsabilidade civil do fornecedor de produtos. Representa, assim, um sopro de esperança em meio a tantas incertezas que são observadas, especialmente, na indústria farmacêutica" (CALIXTO, Marcelo Junqueira. Responsabilidade Civil pelos riscos do desenvolvimento, pandemia de Covid-19 e vacinas. In: MONTEIRO FILHO, Carlos Edison do Rêgo et al. (Coord.). *Responsabilidade Civil nas Relações de Consumo*. São Paulo: Foco, 2022, p. 336).
15. REsp 1.358.615/SP, relator ministro Luis Felipe Salomão, 4ª Turma, julgado em 02.05.2013, DJe de 1º.07.2013.
16. "(…) a Constituição Federal, ao contrário, pôs a pessoa humana no centro do ordenamento jurídico ao estabelecer, no art. 1º, III, que sua dignidade constitui um dos fundamentos da República, assegurando, desta forma, absoluta prioridade às situações existenciais ou extrapatrimoniais" (BODIN DE MORAES, Maria Celina. *Na Medida da Pessoa Humana, estudos de direito civil-constitucional*. Rio de Janeiro: Editora Processo, 2019, p. 21-22).
17. Disponível em: https://www.inca.gov.br/publicacoes/cartilhas/amianto-cancer-e-outras-doencas-voce-conhece-os-riscos. Acesso em: 17 ago. 2022.

cialização em diversos países, inclusive no Brasil,[18] devido aos riscos nocivos à saúde humana.

Noutra perspectiva, a ausência de informação na embalagem do produto acerca do amianto em sua composição configuraria um defeito de comercialização, caracterizando, também, a responsabilidade civil pelo fato do produto decorrente do descumprimento do dever de informar.

Na verdade, consoante descrito acima, considerando que o amianto é reconhecidamente cancerígeno para os humanos, parece que o talco em comento enquadrar-se-ia melhor na categoria de periculosidade exagerada, tendo em vista a alta probabilidade de o produto causar um dano ao consumidor. Aliás, parece que o caso cai como uma luva na redação do artigo 10 do CDC: "o fornecedor não poderá colocar no mercado de consumo produto ou serviço que sabe ou deveria saber apresentar alto grau de nocividade ou periculosidade à saúde ou segurança".

Por qualquer prisma que se observe, sendo confirmado que o talco possui o amianto na sua composição, a potencialidade nociva do produto, conjugada com a quebra da legítima expectativa do consumidor, evidencia a responsabilidade civil do fornecedor pelo fato do produto.

De toda sorte, a empresa Johnson e Johnson continua a defender a ausência de defeito do seu talco, ressaltando, por outro lado, que promoverá a retirada do produto do mercado de consumo no próximo ano. Até lá, roga-se para que a fornecedora de produtos esteja certa sobre a segurança do talco e que esse não seja mais um caso de violação ao direito dos consumidores.

---

18. STF, ADI 3.470, rel. min. Rosa Weber, Tribunal Pleno, Julgamento: 29.11.2017.

# EFETIVAÇÃO DOS PROGRAMAS DE ATENDIMENTO AO SUPERENDIVIDADO (PARTE 1)

*Glauber S. Tatagiba do Carmo*

Mestre em Direito do Estado pela Unifran-SP. Promotor de Justiça do estado de Minas Gerais. Coordenador das Promotorias de Justiça de Defesa do Consumidor de Belo Horizonte e coordenador estadual do Procon-MG.

Após a promulgação da Lei Federal 14.181/21, que reformou o Código de Defesa do Consumidor, introduzindo dispositivos relativos à prevenção e tratamento ao superendividado, depois de quase dez anos de tramitação no Congresso Nacional, surgem novos desafios: a implementação dos núcleos de atendimento ao superendividado.

Agora é hora de colocar em prática a norma principiológica dos artigos 4º, X e 5º, VI e VII da Lei Federal 8.078/1990, todos inseridos pela Lei Federal 14.181/21, que determinam a criação de mecanismos de prevenção e tratamento extrajudicial e judicial do superendividamento e a instituição de núcleos de conciliação e mediação de conflitos oriundos de superendividamento, instrumentos que devem constituir objetivos da Política Nacional das Relações de Consumo.

Registro aqui as homenagens à professora Claudia Lima Marques, ao colega Fernando Martins e tantos outros que não só criaram a base doutrinaria e legal do superendividamento, mas também se esmeram na divulgação incansável dessa nova e imprescindível vertente na defesa do consumidor brasileiro.

Entretanto, percebe-se uma grande dificuldade na implementação de núcleos ou programas que atendam de modo efetivo o consumidor superendividado, e um dos motivos é justamente a falta de compreensão da dimensão econômica que perpassa essa solução.

Nesse diapasão é fundamental que os órgãos integrantes do sistema estadual de defesa do consumidor, Procons estaduais, Procons municipais, Defensorias Públicas e Ministérios Públicos se unam para dar concretude ao que determina o CDC, através de Termos de Cooperação Técnica ou outro instrumento que comporte também instituições de ensino que possam atuar na prevenção do superendividado, além de profissionais com capacidade de análise econômico-financeira.

Dentro desta complexidade que é a situação do superendividado, uma é fixa e permanente: a econômica, por vezes relegada por nós, operadores do direito.

A construção do plano de pagamento disposto no artigo 104-A do CDC tem justamente essa dimensão, mas que pode e deve ser implementado já na fase pré-processual, visando dar efetividade e celeridade na prestação jurisdicional.

A participação de profissionais com conhecimento técnico em exatas, com capacidade de elaboração de um plano global que tenha como conteúdo os valores das dívidas dentro do prazo de cinco anos e respeitado o mínimo existencial do consumidor atendido é fundamental para estabelecer um padrão que poderá ser apreciado pelo Judiciário, no caso de propositura da ação de repactuação.

Neste primeiro momento, da audiência global, despicienda a consideração de taxa de juros, encargos administrativos, assim como a definição da ordem cronológica das dívidas, já que o objetivo principal é equacionar a situação do superendividado de modo a possibilitar sua recuperação e equilíbrio financeiro. Esses aspectos deverão ser considerados caso não haja acordo e seja necessária instrução e sentença de mérito na ação de repactuação.

O atendimento ao consumidor superendividado envolve a expertise própria de cada uma das instituições que compõem o SEDC, que devem se unir para, nas palavras do mestre Paulo Bonavides, avançar, romper barreiras na concretude da garantia constitucional de defesa do consumidor, talhada no inciso XXXII do artigo 5º da Lei Maior.

É assim que Minas Gerais tem avançado, na formação de um verdadeiro *pool* entre os órgãos do sistema estadual de defesa do consumidor e o Judiciário: Procon municipal, Defensoria Pública, Ministério Público, Judiciário, entidades educacionais, sob a articulação do Procon-MG, cada uma exercendo um papel essencial dentro de suas atribuições e competências, no trato do consumidor superendividado, com a criação do Programa de Atendimento ao Superendividado (PAS). Eis as principais funções de cada um desses atores:

O Procon municipal realiza o primeiro atendimento, não só com objetivo de resolver o problema que levou o consumidor ao referido órgão, como também faz a primeira triagem para identificar o superendividado; a Defensoria Pública prestando assistência ao consumidor, tanto na audiência coletiva com os credores como patrocinando eventual ação de repactuação. As entidades educacionais fornecendo profissionais para análise contábil-financeira, assim como atuando com a Escola do Procon-MG na prevenção, com oferecimento de cursos de educação financeira, atendimento psicológico etc.; O Procon estadual na articulação política, estabelecendo fluxos capazes de serem expandidas para todo o estado, o Ministério Público na propositura de ações também coletivas quando identificas demandas com tal propósito e o Centro Judiciário de Solução de Conflitos e Cidadania (Cejusc), capacitando os conciliadores e mediadores que atuam no PAS, homologando os termos de acordo e pedidos de suspensão com base no artigo 104-A, § 2º do CDC.

Em quatro meses de existência, 47 consumidores já passaram por uma triagem prévia, dos quais 19 encaminhados para o PAS, desses, dez participaram de audiências coletivas, com três acordos homologados pelo Cejusc e quatro suspensões de cobrança de débito por ausência em audiência, seis ações de repactuações propostas, com dois pedidos de liminares concedidos para suspensões de cobrança de débito e retirada do nome do consumidor dos bancos de dados de inadimplentes.

Como todo novel órgão, desafios se apresentam diariamente e devem ser vencidos com perseverança e foco de todos os integrantes do SEDC, almejando sempre a efetividade no tratamento do superendividado, testando e avaliando os fluxos, submetendo-os ao estresse do atendimento diário, identificando corretamente o destinatário de nossa atuação, para dar o tratamento mais adequado e resolutivo possível, evitando sobrecarregar ainda mais o Judiciário.

# DECRETO 11.150/2022
# E A MISERABILIDADE NO MÍNIMO EXISTENCIAL

*Vitor Hugo do Amaral*

Doutorando em Direito da UFRGS. Mestre em integração latino-americana pela UFSM. Docente do curso de Direito da Universidade Franciscana (UFN). Professor convidado de cursos de pós-graduação, em especial da especialização em Direito do Consumidor e Direitos Fundamentais, da UFRGS, da especialização O novo Direito Internacional, da UFRGS. Coordenador do Projeto de Prevenção e Tratamento do Superendividamento do Consumidor no Município de Santa Maria (RS). Secretário-geral do Instituto Brasileiro de Política e Direito do Consumidor (Brasilcon). Conselheiro do Fundo Gestor de Direitos Difusos do Ministério da Justiça.

A obra *Os Miseráveis*, do escritor francês Victor Hugo, é um clássico da literatura, contextualizado à queda da monarquia francesa, em que se relata questões de ordem política e social no período pós-Revolução Francesa. O protagonista do texto, Jean Valjean, é um sujeito desempregado, que rouba um pedaço de pão para alimentar os sobrinhos e sofre a condenação a trabalhos forçados. O cenário que ambienta o enredo revela o desamparo aos mais pobres e faz do texto referência ao tema da desigualdade social e proteção aos vulneráveis até os dias de hoje.

Publicada em 1862, poderia descrever facilmente a nossa contemporaneidade, em especial, após a publicação do Decreto 11.150/2022, que, ao negar a definição de um valor minimamente digno para se viver, reforçou a miserabilidade existencial de um país empobrecido, caracterizado como a "pátria dos superendividados".[1]

Da invenção do dinheiro, aproximadamente há 3.000 anos, a humanidade tem se esforçado, disputado, matado e morrido para acumulá-lo, fossem barras de ouro, moedas de prata, cobre ou cédulas de papel. O dinheiro nunca foi um instrumento passivo, durante séculos a história narra prazeres e sofrimentos no ganho e perda de valores em dinheiro.[2] O crédito não se confunde com moeda, ainda que intrinsecamente associados, e se a confiança está presente ao signo dado ao papel como valor (dinheiro), mais evidente é o sentido de confiar ao conceito de crédito. Nas lições de Claude-Frédéric Bastiat "dar crédito é dar tempo"[3] e dar crédito equivale-se a dar confiança, depositar no tempo a crença de retorno. Onde há crédito existe confiança, mas neste silogismo: há confiança sempre onde há crédito?

---

1. Minha homenagem ao ministro Antonio Herman Benjamin pela expressão reiterada em suas falas pela defesa dos consumidores superendividados.
2. WEATHERFORD, Jack. *A História do Dinheiro*. Rio de Janeiro: Ed. Negócio. 1999, p. 228-233.
3. Apud em GELPI, Rosa Maria; LABRUYÈRE, François Julien. *História do crédito ao consumo*. Trad. Carlos Peres Sebastião e Silva. São João do Estoril-Cascais: Principia Publicações Universitárias e Científicas, 2000, p. 135.

Ao processo histórico do crédito, fica nítida a condenação pelas fontes eclesiásticas, a partir do repúdio à usura, uma vez que o crédito representava também juro. A democratização do empréstimo, em modelo de financiamento primário destinado às atividades profissionais (crédito à produção), fomentava, de forma especial, a agricultura. Esse foi o perfil do crédito por muito tempo, até que passou a atender também a falta excepcional de liquidez e, ao ser massificado, atingiu a todos (crédito ao consumo). Ampliou o acesso, potencializou o risco e consequentemente criou um maior número de devedores. Em síntese, são quatro as fases da evolução histórica do crédito: 1) a negação religiosa; 2) crédito à produção; 3) crédito ao consumo; e 4) superendividamento.[4]

Entre os pioneiros a tratar do tema no Brasil, com menção ao superendividamento, tem-se José Reinaldo de Lima Lopes.[5] O autor oferece a primeira reflexão sobre o assunto, ao anunciar que as disposições sobre crédito e o superendividamento já vinham sendo tratadas em legislações estrangeiras. Nota-se que já se abordava os contratos de crédito na legislação brasileira, assim como os estudos do sistema financeiro diante do Código de Defesa do Consumidor,[6] o que denota também o reflexo das discussões da aplicação do Código aos serviços financeiros e bancários.[7] É Márcio Mello Casado que apresenta o ensaio sobre os princípios fundamentais de uma primeira análise do endividamento no Brasil[8] e Claudia Lima Marques a primeira pesquisa empírica[9] em casos de conciliação de dívidas de consumidores pessoas físicas, tendo por referência o modelo francês de renegociação em bloco com preservação do mínimo existencial. Denota-se que o tema não é embrionário, tem cerne estruturado em doutrina desde 1996, assunto amadurecido e comprovado.

Ao longo do período de quase uma década – com base a partir do protocolo legislativo do PLS 283/2012, em 2 de agosto de 2012, no Senado Federal, aprovado e encaminhado à Câmara dos Deputados, em 4 de novembro de 2015, com substitutivo

---

4. FERREIRA, Vitor Hugo do Amaral. *Tutela de Efetividade no Direito do Consumidor Brasileiro*: a tríade prevenção-proteção-tratamento revelada nas relações de crédito e consumo digital, publicado pela Thomson Reuters/Revista dos Tribunais. São Paulo, 2022.
5. LOPES, José Reinaldo de Lima. Crédito ao consumo e superendividamento: uma problemática geral. *Revista de Direito do Consumidor*. n. 17. São Paulo: RT, 1996, p. 57-64.
6. MARQUES, Claudia Lima. Os contratos de crédito na legislação brasileira de Proteção ao Consumidor. *Revista de Direito do Consumidor*. n. 17. São Paulo: RT, 1996, p. 35-56; EFING, Antônio Carlos. Sistema Financeiro e Código do Consumidor. *Revista de Direito do Consumidor*. n. 17. São Paulo: RT, 1996, p. 65-84. A Revista do Direito do Consumidor n. 17 é um marco histórico na doutrina brasileira sobre o tema.
7. Em especial publicação em defesa da constitucionalidade do Código de Defesa do Consumidor ver MARQUES, Claudia Lima; ALMEIDA, João Baptista de; PFEIFFER, Roberto (Coord.). *Aplicação do Código de Defesa do Consumidor aos bancos*: ADin 2.591. São Paulo: RT, 2006. A decisão da ADIN 2.591/2006 fez o Supremo Tribunal Federal declarar constitucional o artigo 3º, § 2º, do Código de Defesa do Consumidor, para aplicação aos contratos bancários, de crédito, financeiros e securitários. Nota-se que o efeito do da decisão judicial é a *tutela de tratamento* em grau de efetividade revelada.
8. CASADO, Márcio Mello. Os princípios fundamentais como ponto de partida para uma primeira análise do sobre-endividamento no Brasil. *Revista de Direito do Consumidor*. n. 33. São Paulo: RT, 2000, p. 142.
9. MARQUES, Claudia Lima. Sugestões para uma lei sobre o tratamento do superendividamento de pessoas físicas em contratos de crédito ao consumo: proposições com base em pesquisa empírica de 100 casos no Rio Grande do Sul. *Revista de Direito do Consumidor*. v. 55. São Paulo, 2005.

PL 3.515/2015, que foi aprovado em 11 de maio de 2021 e novamente remetido ao Senado Federal como substitutivo no PL 1.805/2021, com aprovação em 9 de junho, de 2021 – foi sancionada a Lei 14.181, de 1 de julho do mesmo ano.

A atualização do Código de Defesa do Consumidor surge por meio da Lei 14.181, de 1º de julho de 2021. É de se considerar que, desde a publicação do Código, em 1990, é o momento mais significativo do direito do consumidor brasileiro. Consolida-se uma prática acadêmica a partir de uma base teórica sólida, que estruturou a iniciativa legislativa e chegou a uma renovação cidadã. Tem-se um primeiro e estimado ganho que está na atualização da norma protetiva, tutela de prevenção. Os próximos passos exigem a implementação por meio de uma tutela de proteção, que reverbere em uma tutela de tratamento.[10] Um tempo tomado por uma economia do cuidado, crédito responsável, com desejo de se estabelecer uma cultura do pagamento. Para tanto, novas diretrizes, valores e princípios sustentam instituições e instrumentos para proteção dos consumidores (super)endividados.

A esperança materializada com a atualização do Código de Defesa do Consumidor encontrou-se refutada com a publicação do Decreto 11.150, de 26 de julho de 2022, que, entre outros pontos, definiu os parâmetros do mínimo existencial. Em uma ordem técnica, a definição do mínimo existencial é ponto essencial para aplicação da tutela aos superendividados. O artigo 54-A, § 1º, CDC, ao dispor sobre a prevenção do superendividamento da pessoa natural, crédito responsável e educação financeira do consumidor, pontuou o conceito de superendividamento como a impossibilidade do consumidor de boa-fé pagar a totalidade de suas dívidas, sem comprometer seu mínimo existencial, nos termos da regulamentação. Neste sentido, o conceito de superendividado é intrínseco à definição do mínimo existencial.

Ao mesmo passo, o consumidor superendividado tem no tratamento, seja na via conciliatória por meio do processo de repactuação de dívidas (primeira fase) ou no processo por superendividamento para revisão e integração dos contratos e repactuação de dívidas (segunda fase) a redação do plano de pagamento preservando o mínimo existencial.

A conclusão preliminar é elementar, o reconhecimento do mínimo existencial como valor de sobrevivência digna é o fator de efetividade da proteção do consumidor superendividado com projeção de recuperação de sua saúde financeira. Além disso, ao se identificar por referência a norma principiológica, a Lei 14.181/2021 trouxe ao Código de Defesa do Consumidor novos princípios ao direito do consumidor: a) princípio da educação ambiental; b) princípio da educação financeira; c) princípio da prevenção do superendividamento; d) princípio do tratamento do superendividamento; e) princípio do combate da exclusão social; e f) princípio da preservação do mínimo existencial.

---

10. FERREIRA, Vitor Hugo do Amaral. *Tutela de Efetividade no Direito do Consumidor Brasileiro*: a tríade prevenção-proteção-tratamento revelada nas relações de crédito e consumo digital, publicado pela Thomson Reuters/Revista dos Tribunais. São Paulo, 2022.

Por certo, é possível relacionar que o mínimo existencial está para proteção do consumidor superendividado como a vulnerabilidade está para a existência do Código de Defesa do Consumidor, ou seja, a razão do direito do consumidor é o reconhecimento da vulnerabilidade. Da mesma forma, para tutelar o consumidor superendividado, o mínimo existencial (preservação de) é o sentido basilar da existência da Lei 14.181/2021.

É de extrema importância, para efetivar a atualização do Código de Defesa do Consumidor, que o mínimo existencial contemple valor que garanta sobrevivência digna ao consumidor. O Decreto 11.150/2022 além de estabelecer valor inferior à linha da pobreza, desconsidera o Código de Defesa do Consumidor e afronta a Constituição Federal ao ignorar o dever de proteção imposto ao Estado (entenda-se Estado-Judiciário, Estado-Legislativo, Estado-Executivo) em promover a defesa do consumidor como um direito e garantia fundamental.

O artigo 3º, do Decreto em comento, ao elencar o mínimo existencial equivalente a 25% do salário mínimo vigente na data de sua publicação, transcreve que o consumidor é capaz de ter atendidas suas necessidades básicas com o valor de R$ 303. Como se não bastasse o ínfimo valor compreendido no Decreto, este é limitado à época da publicação, sendo que o § 2º, do mesmo artigo, descreve que o reajuste anual do salário mínimo não implica em atualização do valor do mínimo existencial.

A situação ainda se agrava quando o artigo 4º exclui na aferição da preservação e do não comprometimento do mínimo existencial as dívidas as parcelas das dívidas, entre outras, que sejam decorrentes de empréstimos e financiamentos com garantias reais; contratos de crédito garantidos por meio de fiança ou com aval; operação de crédito consignado regido por lei específica;

O Decreto 11.150/2022 não é uma tentativa de regulamentar o mínimo existencial apresentado pela Lei 14.181/2021, inserido no ordenamento jurídico brasileiro pelo Código de Defesa do Consumidor, trata-se de uma manobra para esvaziar a efetividade da tutela aos consumidores superendividados, é um ato negacionista ao dever constitucional de proteção do Estado aos consumidores, é uma ordem atípica, descomprometida com a constitucionalidade e às normas-guias estruturadas como princípios.

Em uma releitura da obra *Os Miseráveis*, o destino dos consumidores superendividados é semelhante ao de Jean Valjean, muitos são desempregados e passam condenados, aprisionados à dí(vida). O mínimo existencial, ao ser definido na linha da miserabilidade, deixa de reconhecer a vulnerabilidade e revela o desamparo aos mais pobres. *Não vejo outro enredo mais oportuno, quando o Poder Executivo, na exceção legislativa que lhe cabe, deixa de definir um mínimo digno para se viver e regula a miserabilidade existencial.* Em uma passagem da clássica obra, aqui se transcreve: *"certos pensamentos são como orações, há momentos em que, seja qual for a posição do corpo, a alma está, sempre, de joelhos"*. Eis um sentimento para traduzir a vulnerabilidade do consumidor superendividado diante da regulada miserabilidade existencial.

# "PACOTE DO VENENO" E AS ORIENTAÇÕES DA ONU EM MATÉRIA DE PRODUÇÃO SUSTENTÁVEL

*Luciane Klein Vieira*

Doutora em Direito (área: Internacional) pela Universidad de Buenos Aires (UBA). Professora do programa de pós-graduação em Direito da Universidade do Vale do Rio dos Sinos (Unisinos). Diretora para o Mercosul do Brasilcon.

*Victória Maria Frainer*

Mestranda bolsista Capes/Proex em Direito Público pela Universidade do Vale do Rio dos Sinos (Unisinos) e advogada.

A defesa dos consumidores conta, desde 1985, com um instrumento internacional de *soft law,* de grande potencial, que orienta a formulação de ações, legislação e políticas públicas nos Estados membros da Organização das Nações Unidas (ONU): as Diretrizes das Nações Unidas de Proteção ao Consumidor. O documento foi atualizado por primeira vez em 1999, oportunidade em que o consumo sustentável foi incluído no rol de objetivos e metas a serem perseguidos, objetivando o suprimento das necessidades de bens e serviços das gerações presentes e futuras, de modo tal que seja sustentável do ponto de vista econômico, social e ambiental. Em 2015, as diretrizes foram revisadas novamente, para contemplar as modificações ocorridas no mundo do consumo, sobretudo aquelas derivadas do aumento do comércio eletrônico, do superendividamento do consumidor e dos impactos no meio ambiente, ocasião que teve importante atuação brasileira no processo de revisão.[1] No mesmo ano, os Estados membros da ONU adotaram a Agenda 2030 para o Desenvolvimento Sustentável, um ambicioso e necessário plano de ação, no qual um de seus Objetivos de Desenvolvimento Sustentável (ODS) é a mudança nos padrões atuais de produção e consumo (ODS 12).

Sobre o tema, cabe destacar que o Brasil é reconhecido por ter uma das legislações consumeristas mais avançadas do mundo, no sentido da implementação das orientações das Nações Unidas. Contudo, algumas ações ultimamente adotadas pelo país colocam em dúvida se, de fato, a saúde do consumidor, o seu direito à informação (clara, verídica

---

1. Com participação do Brasil, ONU aprova novas diretrizes para relações de consumo. *Revista Consultor Jurídico*. 24 dez. 2015. Disponível em: https://www.conjur.com.br/2015-dez-24/onu-aprova-novas-diretrizes-melhorar-relacoes-consumo. Acesso em: 19 jul. 2022; CIPRIANO, Ana Cândido Muniz. A defesa do consumidor ganha importância em âmbito internacional. Revista Consultor Jurídico. 31 jul. 2019. Disponível em: https://www.conjur.com.br/2019-jul-31/garantias-consumo-defesa-consumidor-ganha-importancia-ambito-internacional. Acesso em: 19 jul. 2022.

e acessível), além do direito fundamental ao meio ambiente equilibrado estão sendo observados[2] conforme orienta a organização internacional em referência.

Por exemplo, a título de informação, até junho de 2022, o Brasil já havia aprovado o registro de 326 agrotóxicos, componentes e afins, conforme dados do Ministério da Agricultura, Pecuária e Abastecimento (Mapa).[3] Para fins de comparação, no ano de 2015 foram autorizados somente 139 registros, já em 2021, o número foi para 562, demonstrando o constante aumento das concessões.

Aliado a esse preocupante cenário, após 20 anos tramitando na Câmara dos Deputados, o texto-base do Projeto de Lei (PL) 6.299/2002 foi finalmente aprovado, em 9 de fevereiro de 2022, em regime de urgência.[4] A proposta original partiu do Senado Federal (526/1999), iniciativa do senador Blairo Maggi, sendo que o PL retornou para pauta após um requerimento de urgência apresentado em 16 de dezembro de 2021 pelo deputado Luiz Nishimori (PL/PR), também relator do projeto. O texto agora tramita sob o número 1.459/2022, no Senado Federal.

Apelidado de "Pacote do Veneno", vez que tramita com 46 outras proposições apensadas, o texto aprovado foi mais ambicioso que a proposta inicial, na medida em que pretende revogar, entre outros dispositivos, a principal norma do país sobre a matéria, a Lei 7.802, de 11 de julho de 1989, almejando tornar-se um novo marco regulatório. Assim, conforme a ementa, o PL "dispõe sobre a pesquisa, a experimentação, a produção, a embalagem e a rotulagem, o transporte, o armazenamento, a comercialização, a utilização, a importação, a exportação, o destino final dos resíduos e das embalagens, o registro, a classificação, o controle, a inspeção e a fiscalização de pesticidas, de produtos de controle ambiental e afins (...)".[5] É estruturado em 16 capítulos, dispostos da forma que segue: Capítulo I – Disposições Preliminares (artigos 1º a 3º); Capítulo II – Dos Órgãos Registrantes (artigo 4º); Capítulo III – Das Competências (artigos 5º a 11); Capítulo IV – Dos Procedimentos de Registro (artigos 12 a 25); Capítulo V – Das Alterações, da Reanálise e da Análise dos Riscos de Pesticidas e de Produtos de Controle Ambiental (artigos 26 a 33); Capítulo VI – Da Repressão às Infrações Contra a Ordem Econômica (artigos 34 e 35); Capítulo VII – Do Controle de Qualidade (artigos 36 a 38); Capítulo VIII – Da Comerciali-

---

2. VIEIRA, Luciane Klein; FRAINER, Victória Maria. *A implementação das Diretrizes das Nações Unidas de Proteção ao Consumidor em matéria de consumo sustentável, no direito brasileiro*. São Leopoldo: Casa Leiria, 2022.
3. BRASIL. Ministério da Agricultura, Pecuária e Abastecimento. Informações Técnicas. Disponível em: https://www.gov.br/agricultura/pt-br/assuntos/insumos-agropecuarios/insumos-agricolas/agrotoxicos/RegistrosConcedidos200020222.xlsx. Acesso em: 19 jul. 2022.
4. Os detalhes da tramitação bicameral podem ser consultados em: https://www.congressonacional.leg.br/materias/materias-bicamerais/-/ver/pls-526-1999.
5. BRASIL. Câmara dos Deputados. Texto aprovado em 9 de fevereiro de 2022 do Projeto de Lei 6.299, de 2002. Dispõe sobre a pesquisa, a experimentação, a produção, a embalagem e a rotulagem, o transporte, o armazenamento, a comercialização, a utilização, a importação, a exportação, o destino final dos resíduos e das embalagens, o registro, a classificação, o controle, a inspeção e a fiscalização de pesticidas, de produtos de controle ambiental e afins; altera a Lei Delegada 8, de 11 de outubro de 1962; revoga as Leis 7.802, de 11 de julho de 1989, e 9.974, de 6 de junho de 2000, partes de anexos das Leis 6.938, de 31 de agosto de 1981, e 9.782, de 26 de janeiro de 1999, e dispositivo da Lei 12.873, de 24 de outubro de 2013; e dá outras providências. Disponível em: https://www.camara.leg.br/proposicoesWeb/prop_mostrarintegra?codteor=2135466. Acesso em: 19 jul. 2022.

zação, das Embalagens, dos Rótulos e das Bulas (artigos 39 a 45); Capítulo IX – Do Armazenamento e do Transporte (artigos 46 e 47); Capítulo X – Da Inspeção e da Fiscalização (artigo 48); Capítulo XI – Da Responsabilidade Civil e Administrativa (artigo 49 a 55); Capítulo XII – Dos Crimes e das Penas (artigos 56 e 57); Capítulo XIII – Do Sistema Unificado de Informação, Petição e Avaliação Eletrônica (artigo 58); Capítulo XIV – Da Criação da Taxa de Avaliação e de Registro (artigo 59); Capítulo XV – Da Destinação dos Valores Arrecadados com a Taxa de Avaliação e de Registro (artigos 60 a 62); Capítulo XVI – Disposições Finais e Transitórias (artigos 63 a 67).

Entre as preocupações que circundam o PL estão os riscos para o meio ambiente, a saúde daqueles que manipulam os agrotóxicos, além do acesso à informação e a saúde dos consumidores que, como destinatários finais, consomem os alimentos produzidos a base de agrotóxicos.

Entre as principais mudanças, sem a intenção de esgotar a reflexão, cita-se a troca do termo "agrotóxico" por "pesticida" e "produto de controle ambiental". Nesse sentido, o primeiro refere-se aos produtos a serem utilizados em plantações, pastagens ou em florestas plantadas, enquanto o segundo refere-se aos produtos destinados a florestas nativas. Na Lei 7.802/89, por outro lado, a divisão não existia e todos os produtos eram tidos como agrotóxicos.

Com isso, se antes a autorização para uso era dos órgãos federais responsáveis pelos setores de agricultura, saúde e meio ambiente (art. 8º do Decreto 4.047/02), com o PL, os pesticidas tornam-se objeto de decisão do Mapa, enquanto os produtos de controle ambiental são do órgão federal responsável pelo setor do meio ambiente. A mudança gerou preocupação[6] diante da diminuição do poder decisório e participação do Ministério da Saúde e de órgãos reguladores, como a Agência Nacional de Vigilância Sanitária (Anvisa) e o Instituto Brasileiro do Meio Ambiente e dos Recursos Naturais Renováveis (Ibama).

Outra proposição do "Pacote do Veneno" envolve as condutas das autoridades competentes ante o alerta ou desaconselhamento do uso de agrotóxico por organizações internacionais das quais o país faça parte. A Lei 7.802/89 determina o dever de serem tomadas as providências referidas, sob pena de responsabilidade. Já o texto do PL é confuso e um tanto permissivo, o que se denota a partir da leitura do art. 28, conforme o qual "o órgão federal registrante poderá instaurar procedimento para reanálise do produto", enquanto no § 14 do artigo 3º, a autoridade competente deverá "tomar providências de reanálise dos riscos considerando aspectos econômicos e fitossanitários e a possibilidade de uso de produtos substitutos", ambos sem prever algum tipo de penalização em caso de inércia. Um detalhe importante quanto ao procedimento de reanálise, o PL dispõe que enquanto não está finalizado, os pedidos de registros que usam o mesmo ingrediente ativo em pesticidas (§ 2º do artigo 29) ou em produtos de

---

6. Fundação Oswaldo Cruz (Fiocruz). Comunicado do GT Agrotóxicos e Saúde da Fiocruz aos Senadores da República e à população: gravidade para a saúde pública decorrente da aprovação do PL 6.299/2002. 14 de fevereiro de 2022. Disponível em: https://agencia.fiocruz.br/sites/agencia.fiocruz.br/files/u35/comunicado_fiocruz_senado_2022-4.pdf. Acesso em: 19 jul. 2022.

controle ambiental (§ 2º do artigo 30) poderão ser deferidos, uma medida que pode ser tomada à revelia dos impactos ambientais e da própria saúde do consumidor.

Ainda, as razões para a vedação da importação e da produção de determinados agrotóxicos passariam a contar com uma cláusula aberta derivada da expressão "riscos inaceitáveis", na medida em que o PL não especifica quais seriam estes riscos ou o que se entenderia como aceitável. Atualmente, a legislação define claramente que todos os agrotóxicos com características teratogênicas, carcinogênicas ou mutagênicas e que repercutam em distúrbios hormonais ou em danos ao aparelho reprodutor serão proibidos.

Em relação aos prazos de conclusão para análise do requerimento de registro, cabe destacar que antes não existia um prazo fixo para manifestação dos órgãos federais, o que mudou desde a Lei 13.874/19 e o Decreto 10.178/19 que a regulamenta, que prevê como regra o prazo máximo de 60 dias para conclusão do processo administrativo e decisão sobre aprovação ou não do registro.[7] O PL, por sua vez, dispõe que a conclusão da análise do requerimento do registro deve observar uma série de prazos máximos (§ 1º, do artigo 3º), sendo o maior deles de 24 meses, sob pena de responsabilidade (§ 4º do artigo 12). Por fim, na ausência de manifestação conclusiva do órgão registrante e diante da circunstância de ter o solicitante cumprido com os requisitos da lei, será expedida uma autorização temporária ou um registro especial temporário enquanto se aguarda a decisão final, outra medida de teor duvidoso do projeto, que permite o uso de um agrotóxico sem a chancela definitiva do órgão competente, revelando uma falta de comprometimento com os danos presentes e futuros que possivelmente possam vir a ser causados no meio ambiente e na saúde do consumidor.

Portanto, percebe-se que a atuação brasileira dos últimos anos, no que se refere ao fomento da produção e do consumo sustentável, parece estar na contramão das orientações das Nações Unidas, e distante de uma agricultura alternativa, que preze pela redução do uso de agrotóxicos, medida que inclusive é uma exigência para o ingresso de produtos brasileiros em mercados estrangeiros, a exemplo dos requerimentos provenientes dos países europeus. Ao contrário, parece que estamos tomando medidas cada vez mais concretas no sentido da crescente liberalização do uso de produtos químicos que colocam em risco a nossa própria saúde, a saúde do povo brasileiro, na condição de consumidor e que contribuem para o aumento das emissões de gases de efeito estufa e outros poluentes que terminam por agredir o meio ambiente e por incrementar o aquecimento global. Estas e outras reflexões deveriam pelo menos estar presentes no processo de tomada de decisão no âmbito do Congresso Nacional, a fim de impedir a aprovação do projeto de lei que tramita com o pseudônimo de "Pacote do Veneno", como medida de saúde coletiva em prol da preservação ambiental.

---

7. BRASIL. Decreto 10.178, de 18 de dezembro de 2019. Disponível em: http://www.planalto.gov.br/ccivil_03/_ato2019-2022/2019/decreto/D10178.htm. Acesso em: 15 jul. 2022.

# *SHARENTING* EXIGE PROTEÇÃO DAS CRIANÇAS COMO CONSUMIDORAS POR EQUIPARAÇÃO

*Joseane Suzart Lopes da Silva*
Professora da FDUFBA e Promotora de Justiça do Consumidor do MPBA.

O excesso de compartilhamento em rede de informações sobre as crianças, realizado pelos próprios genitores ou representantes legais, exige uma atenta análise do setor jurídico, sobretudo quando envolve fins econômicos, eis que são sujeitos sem capacidade e poder de discernimento. A utilização dos dados pessoais dos infantes, com a finalidade mercantil ou o desiderato de obtenção de retorno financeiro, denomina-se *sharenting* comercial, publicitário ou monetizado, e requer especial atenção dada a gravidade do problema.[1] Dados existentes sobre o tema desvelam-se alarmantes, pois, segundo a *AVG Digital Diaries*, desde 2010, as crianças encontravam-se na *web* nas mais tenras idades e 81% destas já possuíam "pegada digital" quando atingiam dois anos de idade.[2] Pesquisa realizada pela empresa de tecnologia *Nominet* registrou que, no Reino Unido, aproximadamente 200 fotos de crianças, com menos de 5 anos, são postadas anualmente e que ao atingirem tal faixa etária, terão mais de 1.500 imagens disseminadas *online*.[3]

O uso excessivo de mídias sociais pelos pais para a disseminação de conteúdo baseado em seus filhos foi examinado, em 2011, por Katusha Sol e Martje van Ankeren que apresentaram opinião sobre o fenômeno.[4] Nesse mesmo ano, o psicanalista francês Serge Tisseron referiu-se à "extimidade" como a revelação voluntária dos sujeitos em ambientes de sociabilidade ou perante terceiros, como nas redes sociais, expondo a sua intimidade ou identidade pessoal, para o enriquecimento pessoal a partir do outro.[5] O jornalista americano Steven Leckart, em 2012, utilizou o termo *oversharenting* para abordar a "tendência, por parte dos pais, de compartilhar muitas informações e fotos de seus filhos online".[6] Em 2015, a *CBS New York divulgou* o vídeo

---

1. SOL, Katusha; ANKEREN, Martje van. *Willempje wil geen Facebookpagina*. 2011. Disponível em: www.nrc.nl. Acesso em: 23 jun. 2021.
2. O estudo foi realizado com 2200 mães que vivem nos Estados Unidos, Canadá, Inglaterra, França, Alemanha, Itália, Espanha, Austrália, Nova Zelândia e Japão. Disponível em: https://now.avg.com/digital-abilities-overtake-key-development-milestones-for-todays-connected-children. Acesso em: 19 jul. 2021.
3. NOMINET. *Share with care*. 2016. Disponível em: https://parentzone.org.uk. Acesso em: 30 abr. 2021.
4. SOL, Katusha; ANKEREN, Martje van. Op. cit..
5. TISSERON, Serge. Intimité et extimité. In: CASILLI, Antonio A. (Org.). 88 – *Cultures du numérique*. Comunications, 2011, p. 84-89.
6. LECKART, Steven. Seção Words of the Week, do *The Wall Street Journal*. 2015.

intitulado *Sharenting' – A Growing Problem On Social Media?*, vindo a popularizar o tema.[7]

A partir da célere profusão do *sharenting*, o *Collings English Dictionary* incorporou o termo em seu acervo em 2016, definindo-o como a prática dos pais de uso regular das mídias sociais para comunicar informações detalhadas sobre seus filhos.[8] O assunto tem sido explorado e debatido por veículos de comunicação[9] e, em 2020, pesquisa Avast registrou a informação de que, em média, 26% dos pais publicam imagens ou vídeos dos filhos, em redes sociais, sem a consulta prévia destes, sendo que, no Brasil, este percentual atinge 33%.[10] A gravidade do fenômeno conduziu a União Europeia a instituir projeto-piloto destinado à proteção dos infantes. A questão também impulsionou a Organização das Nações Unidas a editar, em março de 2021, o Comentário 25 e, no item XII, constam necessárias e relevantes orientações para se evitar e combater a exploração econômica dos menores no ambiente virtual.[11]

O *sharenting*, designadamente comercial ou publicitário, engendra sérios prejuízos para as crianças que reverberam no campo material e moral e exigem imediatas e firmes providências. No âmbito interno, atinge a socialização e a autoimagem de seres em tenra idade, e, na seara externa, viabiliza infrações penais, sobressaindo-se os sequestros digitais, aliciamentos, estupros e a pedofilia. Inquestionáveis consequências negativas podem advir para o seu saudável desenvolvimento físico, psíquico e emocional, visto que parte do tempo, para o lazer e o descanso, termina sendo substituído pela prática.[12] A educação e as atividades físicas – essenciais, respectivamente, para a futura formação profissional e a saúde – são atingidas.[13] A perda da chance de se ter uma infância equilibrada e harmônica, as dificuldades de, na fase adulta, conseguirem eliminar os dados disseminados, além da exposição a crimes, são preocupantes aspectos que vindicam medidas. Ademais, a destinação dos recursos financeiros, angariados pelos pais ou representantes legais, em prol de objetivos que não os contemplam, é outro ponto a ser seriamente observado.[14]

---

7. STEINBERG, Stacey B. Sharenting: Children's privacy in the age of social media. *Emory Law Journal*, Atlanta, v. 66, p. 839-884, 2017, p. 883.
8. STEINBERG, Stacey B. Sharenting: Children's privacy in the age of social media. *Emory Law Journal*, Atlanta, v. 66, p. 839-884, 2017, p. 883.
9. DN LIFE. *Sharenting*: Adolescentes não querem que pais partilhem fotos e vídeos sobre eles. Portugal, 2019. Disponível em: https://life.dn.pt/estudo-eu-kids online-miudos-entre-os-9-e-os-17-anos-explicaram-tudo-o-que-fazemonline/familia/348942/. Acesso em: 10 nov. 2020. Cf.: "*Sharenting*": por que a exposição dos filhos nas redes sociais não é necessariamente algo ruim. G1. Disponível em: https://g1.globo.com/economia/tecnologia/noticia/2020/01/13/sharenting-por-que-a-exposicao-dos-filhos-nas-redes-sociais--nao-e-necessariamente-algo-ruim.ghtml. Acesso em: 13 dez. 2020.
10. AVAST. *Sharenting Survey Results*. 2020. Disponível em: https://www.avast.com. Acesso em: 30 jul. 2021.
11. Conferir: *UN Committee on the Rights of the Child's General Comment on children's right in relation to the digital environment*.
12. BLUM-ROSS, A.; LIVINGSTONE, S. Sharenting: parent blogging and the boundaries of the digital self. *Popular Communication*, Londres, v. 15, n. 2, p. 110-125, maio 2017.
13. Cf. DONOVAN, Sheila. "Sharenting": The Forgotten Children of the GDPR. *Peace Human Rights Governance*, 4 (1), março de 2020, p. 35-39.
14. STEINBERG, Stacey B. Op. cit.

A alegação de que, no Brasil, inexistem normas jurídicas que disciplinem a problemática não poderá ser justificativa para a inércia dos órgãos públicos competentes e da sociedade civil, que não devem quedar-se inertes, eis que, como visto alhures, existem diplomas normativos que possibilitam prementes diligências. As crianças, submetidas ao compartilhamento exagerado de informações pessoais, em ambientes virtuais, são consumidoras por equiparação e se encontram imersas em ofertas/publicidades, explicitamente, abusivas. A responsabilidade civil deverá ser atribuída, em caráter solidário e objetivo, não somente aos genitores, mas, também, é preciso agir perante os fornecedores de produtos e as plataformas digitais. Aquelas são sujeitos hipervulnerabilizados, cujos direitos da personalidade e o melhor interesse são aviltados ao alvedrio da Constituição Federal, do ECA, do Código Civil Pátrio, bem como do CDC, Marco Civil da Internet e da LGPD. O Ministério Público e o Conselho Tutelar devem, respectivamente, cumprir as suas missões na prevenção e no combate do *sharenting* monetizado.[15]

Com o propósito de resguardar as crianças no ambiente publicitário, o legislador infraconstitucional previu, como abusiva, toda e qualquer divulgação que se aproveite da deficiência de julgamento e de experiência destes seres em desenvolvimento, conforme o § 2º do art. 37 da Lei 8.078/90.[16] O intento normativo foi preservar os valores essenciais vigentes em determinada sociedade, cuja transgressão causará impactos negativos para a coletividade como um todo.[17] O *sharenting* remunerado corresponde a uma modalidade de divulgação de produtos e/ou serviços que se utiliza dos dados pessoais dos infantes ao alvedrio do seu melhor interesse e sem considerar as peculiaridades do crescimento físico e intelectual. Há a "dessacralização da intimidade",[18] da privacidade de sujeitos em fase inicial de vivência,[19] além de outros direitos personalíssimos, e a desconsideração da "autodeterminação informativa" no ambiente virtual.[20]

A liberdade de expressão ou de manifestação dos sujeitos, incluindo-se os pais, conquanto consagrada no artigo 5º, inciso IX, da Constituição Federal de 1988, não apresenta caráter absoluto e, no setor publicitário, suscita limites e fiscalização. Nessa senda, no caso do *sharenting*, não há que se questionar que os genitores es-

---

15. SILVA, Joseane Suzart Lopes da Silva. *Direito do Consumidor Contemporâneo*. Análise Crítica do CDC e de Importantes Leis Especiais. Rio de Janeiro: Lumen Juris, 2020, p. 470-479.
16. Sobre o assunto, examinar: MOMBERGER, Noemi Friske. *A publicidade dirigida às crianças e aos adolescentes*: regulamentações e restrições. Porto Alegre: Memória Jurídica, 2002. HENRIQUES, Isabella Vieira Machado. *Publicidade Abusiva dirigida à criança*. Curitiba: Juruá, 2008.
17. MARQUES, Claudia Lima. Comentário ao art. 37 do CDC. In: MARQUES, Claudia Lima; BENJAMIM, Antonio Herman V.; MIRAGEM, Bruno. *Comentários ao Código de Defesa do Consumidor*. 5. ed. rev. atual. e ampl. São Paulo: RT, 2016, p. 884.
18. BOLESINA, Iuri. *O direito à extimidade*: as inter-relações entre identidade, ciberespeço e privacidade. Empório do Direito, 2017, p. 213.
19. ALLEN, Anita L. Protecting one's own privacy in a big data economy. *Harvard Law Review*, v. 130, p. 71-78, dez. 2016. p. 73.
20. VIANA, Rafael Souza; SANTANA, Héctor Valverde. O compartilhamento de dados e informações pessoais de consumidores: o abuso dos fornecedores e as propostas apresentadas no PLS 181/2014. *Revista Brasileira de Políticas Públicas*, v. 7, n. 1, p. 238-253, p. 246.

tariam totalmente autorizados a realizarem as divulgações que desejarem sem, em contrapartida, observarem os malefícios causados para as crianças e as normas que as protegem.[21] Apesar de o CDC não conter regras que tratem, especificamente, do tema, a análise do conceito de consumidor equiparado e dos princípios regentes possibilita a conclusão de que o compartilhamento de dados pessoais dos infantes, para fins de oferta, ainda que velada de bens, deverá ser evitado e combatido. Ora, estes seres podem ser considerados consumidores *by standard* ou *in abstracto*, de acordo com o 17 do CDC, na condição de "vítimas do evento".[22] Os genitores, que se utilizam deste expediente publicitário, encaixam-se na definição de fornecedor albergada pelo artigo 3º, *caput*, deste microssistema.

Sob a ótica principiológica, importante ressaltar que não se trata de simples conjunto normativo apenas voltado para a regulamentação das relações jurídicas estabelecidas entre consumidores e fornecedores, mas, também, de acordo com o artigo 1º, um conglomerado jurídico de natureza pública e interesse social. Isso significa afirmar que o objetivo do CDC não é tão somente a pacificação dos problemas entre um destinatário final e certo empreendedor, estendendo a proteção para sujeitos fragilizados – como as crianças no *sharenting* – inseridos no contexto mercadológico. O princípio da vulnerabilidade ou *favor debilis* tem previsão no artigo 4º, inciso I, da Lei 8.078/90, e é considerado o núcleo basilar do microssistema consumerista. Dúvidas não pairam que há uma desmedida exploração da "hipervulnerabilidade" dos menores por parte dos genitores que compartilham os dados pessoais destes no contexto da disponibilização de produtos e/ou serviços no ambiente digital.[23] Transgridem também os princípios da harmonia e da solidariedade, que devem primar nas relações econômicas e familiares.[24]

As crianças, na condição de consumidoras vítimas da exposição desmedida e monetizada por parte dos pais, possuem direitos básicos absurdamente violados, que dizem respeito à vida, saúde e à segurança. São bens essenciais sem os quais os indivíduos não podem manter o seu estado vital regular, tendo o legislador infraconstitucional previsto a sua imprescindível proteção contra os riscos provocados por práticas no fornecimento de produtos e serviços considerados perigosos ou nocivos. Nota-se ainda transgressão à prerrogativa de proteção contra a publicidade abusiva e demais expedientes arbitrários.[25] Aproveitam-se os fornecedores, incluindo-se os

---

21. PLIEGO, María Suárez. *Qué es Oversharing, la sobreexposición en redes que nos persigue*. 2018. Disponível em: http://www.iniseg.es/blog/ciberseguridad/oversharing-conocelo-y-frenalo/. Acesso em: 06 out. 2020.
22. SILVA, Joseane Suzart Lopes da. *Sharenting* comercial viola dados pessoais e direitos da personalidade das crianças. *Revista Consultor Jurídico*, Coluna Direito Civil Atual, 31 de janeiro de 2022.
23. NISHIYAMA, Adolfo Mamoru; DENSA, Roberta. A Proteção dos Consumidores Hipervulneráveis: os portadores de deficiência, os idosos, as crianças e os adolescentes. *Revista de Direito do Consumidor*, v. 76, p. 13-45, out./dez. 2010.
24. PERLINGIERI, Pietro. *O direito civil na legalidade constitucional*. Tradução: Maria Cristina de Cicco. Rio de Janeiro: Renovar, 2008, p. 850.
25. Sobre a temática, examinar: CALAIS-AULOY, J. Le contrôle de la publicité déloyale en France. In *Unfair Advertising and Comparative Advertising*. Publicité Déloyale et Publicité Comparative. Bruxelas Story Scientia, 83-92, 1988.

pais dos menores, da sua idade e conhecimento, para lhes impingir a disseminação indevida dos seus dados pessoais na Internet, incidindo a prática abusiva prevista no artigo 39, inciso IV, do CDC. A exploração dos infantes, por meio de contratos firmados entre os pais e as empresas, ultraja também a boa-fé, colocando-os em desvantagem exagerada, já que a sua incolumidade física, psíquica e moral termina sendo afetada.[26]

Não há que se questionar a impossibilidade de imediata proteção dos infantes à vista desta prática aviltante, especialmente, na sua vertente econômica, uma vez que, leciona Adriano De Cupis, os direitos personalíssimos "independem de qualquer preceito escrito para serem protegidos".[27] A futura atualização normativa deverá prever novas prerrogativas, mas o contexto normativo existente é um manancial a ser manejado para posturas enérgicas e imediatas. Conclui-se que a instituição de disposições normativas específicas para o tratamento da problemática, constitui-se de inquebrantável relevância. Contudo, os órgãos públicos competentes devem, de modo urgente e enérgico, responsabilizar os detentores do poder familiar, que aviltam os direitos da personalidade de seres em desenvolvimento, as empresas e plataformas digitais, que se aproveitam da oferta/publicidade abusiva exploradora de consumidores, por equiparação, hipervulnerabilizados.

---

26. BOURGOIGNIE, T. *Éléments pour une Théorie du Droit de la Consommation*. Paris: Dalloz, 1988, 135.
27. DE CUPIS, Adriano. *I diritti della personalità*. Milão: Giuffrè, 1961, t. II, p. 24.

# DANOS DECORRENTES DE VIOLAÇÃO À LGPD POR PROFISSIONAL LIBERAL

*Flávio Henrique Caetano de Paula Maimone*

Doutorando e Mestre em Direito Negocial pela UEL (Universidade Estadual de Londrina). Diretor do Brasilcon, associado titular do Iberc e advogado.

*Bruno Ponich Ruzon*

Mestre em Direito Negocial. Especialista em Direito do Estado pela Universidade Estadual de Londrina. Sócio da Felizardo e Ruzon Advogados Associados.

A Lei Geral de Proteção de Dados Pessoais (Lei 13.709/18) tem sido objeto de contínuo e necessário estudo, seja pela importância da proteção de dados pessoais e da privacidade, seja por representar uma legislação que está inserida em todas as áreas do Direito, notadamente se relacionando com o Direito do Consumidor, uma vez que os titulares de dados, em inúmeras situações e relações jurídicas, serão também consumidores.

Além disso, o Código de Defesa do Consumidor (Lei 8.078/90) foi importante fonte de inspiração para os autores do anteprojeto da LGPD, cujo texto guarda semelhanças na estrutura normativa e em alguns de seus dispositivos.[1]

É o caso do artigo 64 da Lei Geral de Proteção de Dados Pessoais em consonância com o artigo 7º do CDC. Ambos trazem uma abertura para aplicação simultânea de outros diplomas legais, em um mesmo caso concreto, sob orientação da Constituição Federal, especificamente para concretização de um ou mais direitos fundamentais envolvidos.[2] Como o direito fundamental de promoção da defesa do consumidor (artigo 5º, XXXII, CF) e o direito fundamental à proteção de dados pessoais (artigo 5º, LXXIX, CF). Trata-se do diálogo das fontes.[3]

---

1. Nesse sentido: MENDES, Laura Schertel; DONEDA, Danilo. Reflexões iniciais sobre a nova Lei Geral de Proteção de Dados. *Revista de Direito do Consumidor*, São Paulo, v. 120, ano 27, p. 471, nov./dez. 2018.
2. MAIMONE, Flávio Henrique Caetano de Paula. *Responsabilidade civil na LGPD*: Efetividade na proteção de dados pessoais. Indaiatuba, SP: Editora Foco, 2022.
3. Claudia Lima Marques nos ensina que o diálogo das fontes oferece novo olhar para o conflito entre dispositivos legais: "1) *A unidade e coerência do ordenamento jurídico nacional*, visto como sistema brasileiro de fontes (sistema é um 'todo construído' com uma 'lógica', que será retirada da Constituição Federal, em especial dos direitos fundamentais e dos valores protegidos pela cláusula pétrea do Art. 60 § 4º); 2) *A convergência e complementaridade dos campos de aplicação das diversas fontes*, que não são mais campos de aplicação totalmente coincidentes (material e subjetivamente), de forma que não pode haver revogação, derrogação ou ab-rogação (a revogação expressa é cada vez mais rara no ordenamento jurídico brasileiro e o legislador geralmente indica a aplicação simultânea das leis, 'no que couber', ou quando a relação também

Outra semelhança está na prevenção de danos. Enquanto o Código de Defesa do Consumidor estabelece a prevenção efetiva de danos como direito básico do consumidor (artigo 6º, VI), a Lei Geral de Proteção de Dados Pessoais a disciplina como princípio (artigo 6º, VIII). Seja princípio, seja direito básico, tem-se na prevenção um dever para o agente de tratamento ou para o fornecedor.

Referido dever do sujeito superavitário da relação jurídica exige um comportamento compatível com o comando normativo, ou seja, um agir que evite a ocorrência de danos aos sujeitos deficitários, aos vulneráveis (sejam titulares de dados pessoais, sejam consumidores).

De acordo com a LGPD, esse comportamento é descrito como a "adoção de medidas para prevenir a ocorrência de danos em virtude do tratamento de dados pessoais" (artigo 6º, VIII). Ou seja, o agente de tratamento de dados tem (ou deve ter, pois dele é exigido) informações e mecanismos de oferecer e prestar serviços com segurança e adequado controle de qualidade, a fim de evitar acidentes de consumo, tais quais potenciais vazamentos de dados. Não basta ao agente que ele próprio não cause o vazamento. Mais do que isso, é exigida a adoção prévia de medidas que sejam efetivamente capazes de evitar a ocorrência de danos.

Esta noção é complementada por outro princípio da LGPD, qual seja, o estipulado no inciso X do mesmo artigo 6º: "responsabilização e prestação de contas: demonstração, pelo agente, da adoção de medidas eficazes e capazes de comprovar a observância e o cumprimento das normas de proteção de dados pessoais e, inclusive, da eficácia dessas medidas".

Como alhures mencionado, a estrutura normativa da LGPD também recebeu inspirações do CDC. Nesse sentido, ao lado dos princípios da Lei Geral, a sua estrutura normativa fomenta constante diálogo de um princípio com um fundamento e/ou outros dispositivos legais. Constrói-se uma teia interconectada para fortalecimento da efetividade dos propósitos normativos. Seara em que se insere a prevenção de danos presente no dever imposto ao agente de tratamento para adotar medidas de segurança aptas à proteção dos dados contra tratamentos ilícitos ou inadequados de dados, inclusive quando ainda se está diante da concepção do produto ou serviço, nos termos do artigo 46, § 2º, somando-se aos incisos VIII e X do artigo 6º da mesma lei.

A par dessa teia interconectada, tal qual antes citado, a LGPD abre-se para além de suas fronteiras. Reconhece sua insuficiência para o escopo normativo e textualmente liga-se a diversas normas. De forma que, ao prever o diálogo das fontes, a LGPD

---

envolve sujeito de direito protegido ou se a lei/fonte é mais favorável ao sujeito protegido constitucionalmente); 3) *A necessidade de dar efeito útil ('escutar'/considerar) às várias fontes adaptando o sistema conforme os valores constitucionais, colmatando as lacunas ao reunir em microssistemas as fontes que convergem para a mesma finalidade, ou através de uma interpretação sistêmica, teleológica ou mesmo históricas das leis gerais e especiais*" (grifos originais). MARQUES, Claudia Lima. A teoria do "diálogo das fontes" hoje no Brasil e seus novos desafios: uma homenagem à magistratura brasileira. In: MARQUES, Claudia Lima; MIRAGEM, Bruno (Coord.). *Diálogo das fontes*: novos estudos sobre a coordenação e aplicação das normas no direito brasileiro. São Paulo: Thomson Reuters Brasil, 2020. p. 17-72.

permite (e até estimula) ao intérprete que não se resuma na própria Lei Geral, uma vez que a melhor solução para o caso concreto pode estar na construção conjunta de aplicação de duas ou mais leis.

Pode-se afirmar que é o caso de danos causados a titulares de dados que, ao mesmo tempo, se revestem da condição de consumidores (sejam em sentido estrito, sejam por equiparação, como é o caso do previsto no artigo 17 do CDC, ou seja, das vítimas do evento danoso).

Destarte, ao se verificar situação jurídica em que, a despeito de ausência de contratações anteriores, sejam expostos dados pessoais de consumidores de forma indevida (e a tal ponto de macular imagem ou de violar outros direitos da personalidade de consumidores/titulares de dados) causando danos, se estará diante da responsabilidade civil.

Quando se fala em responsabilidade civil na LGPD, tem-se diversidade de posicionamentos acerca de seu regime.[4] Caso se entenda que o regime é o da responsabilidade objetiva[5] e se tendo presente a disposição do artigo 45 que remete à aplicação ao CDC, pode-se ter um novo dilema. E se um profissional liberal, como um médico, contratado na forma privada, expuser dados sensíveis de consumidores titulares de dados?

A LGPD estabelece a responsabilidade civil objetiva. O CDC, igualmente, dispõe que há dever de responder independentemente de culpa, à exceção de danos causados por profissionais liberais, que somente respondem caso se verifique culpa (artigo 14, § 4º, CDC).

No exemplo aqui imaginado, o médico que cause danos por erro médico deverá ter sua culpa investigada e demonstrada para ser responsabilizado. Todavia, se este

---

4. Dentre as diversas correntes, destacamos: a) Responsabilidade proativa: BODIN DE MORAES, Maria Celina; QUEIROZ, João Quinelato de. Autodeterminação informativa e responsabilização proativa: novos instrumentos de tutela da pessoa humana na LGPD. *Cadernos Adenauer* xx (2019), n. 3. Proteção de dados pessoais: privacidade versus avanço tecnológico. Rio de Janeiro: Fundação Konrad Adenauer, outubro 2019; b) Responsabilidade objetiva por risco: MARTINS, Guilherme Magalhães; FALEIROS JÚNIOR, José Luiz de Moura. Compliance digital e responsabilidade civil na Lei Geral de Proteção de Dados. In: MARTINS, Guilherme Magalhães; ROSENVALD, Nelson (Coord.). *Responsabilidade civil e novas tecnologias*. Indaiatuba, SP: Editora Foco, 2020. p. 263-297; c) responsabilidade objetiva por falha no dever de segurança: CRAVO, Daniela Copetti; KESSLER, Daniela Seadi; DRESCH, Rafael de Freitas Valle. Responsabilidade Civil na portabilidade de dados. In: MARTINS, Guilherme Magalhães; ROSENVALD, Nelson (Coord.). *Responsabilidade civil e novas tecnologias*. Indaiatuba, SP: Editora Foco, 2020. p. 185-201; d) Responsabilidade subjetiva: GUEDES, Gisela Sampaio da Cruz; MEIRELES, Rose Melo Vencelau. Término do Tratamento de Dados. In: FRAZÃO, Ana; TEPEDINO, Gustavo; OLIVA, Milena Donato (Coord.). *Lei geral de proteção de dados pessoais e suas repercussões no direito brasileiro* [livro eletrônico]. 2. ed. São Paulo: Thomson Reuters Brasil, 2020; e) Coexistência entre subjetiva e objetiva: SCHREIBER, Anderson. Responsabilidade Civil na Lei Geral de Proteção de Dados Pessoais. In: DONEDA, Danilo et al. *Tratado de proteção de dados pessoais*. Rio de Janeiro: Forense, 2021. p. 330-349.
5. As diferentes compreensões do tema são enfrentadas na obra acima referida: *Responsabilidade civil na LGPD*: Efetividade na proteção de dados pessoais, publicada pela Editora Foco. Podem, ainda, ser visitadas no artigo: https://www.migalhas.com.br/coluna/migalhas-de-responsabilidade-civil/368236/responsabilidade-de-civil-por-tratamento-inadequado-de-dados-pessoais.

mesmo médico, além deste erro, ainda expuser dados sensíveis do paciente, como será a sua responsabilização? Será necessária a aferição de culpa para responsabilização dos danos decorrentes dessa exposição de dados?

Para responder à questão sobre o regime jurídico da responsabilidade civil de médico/agente de tratamento de dados em uma relação de consumo, defendemos a submissão da situação ao diálogo das fontes.

Com efeito, CDC e LGPD estatuem o dever de prevenção de danos, fortalecendo, ao menos em casos sob a égide de tais normas, a função preventiva da responsabilidade civil. Portanto, para nortear a resposta, em diálogo das fontes, deve-se ter em mente a prevenção de danos, que é princípio e direito básico. Neste, ao lado do termo prevenção, tem-se outro: efetiva. É necessária, por conseguinte, que seja construída a efetiva prevenção de danos.

Em uma relação de consumo com potenciais danos decorrentes de tratamento ilícito ou inadequado de dados pessoais, há o dever de efetiva prevenção de danos (CDC), com a "adoção de medidas" (LGPD) aptas à referida prevenção.

Acresça-se que o guia interpretativo da aplicação do método do diálogo das fontes deve ser o respeito ao direito fundamental envolvido.

No exemplo dado, estamos diante de (ao menos) dois direitos fundamentais, como já rememorado.

Devemos, portanto, interpretar o regime jurídico de responsabilidade civil para o fim de oferecer efetividade à proteção dos direitos fundamentais envolvidos, para o fim de impor ao médico que é agente de tratamento de dados sensíveis um dever de adoção de medidas aptas e capazes de garantir, com segurança, a prevenção da ocorrência de danos.

Então, como chegar à resposta? Talvez seja o caso de buscarmos a resposta, ainda em diálogo das fontes, com auxílio de outro princípio, o da isonomia.

No CDC, o fator de discrímen eleito pelo legislador para excepcionar o profissional liberal, que responde somente mediante culpa, parece guardar relação com a própria natureza de suas atividades (de risco) que, em geral, podem configurar uma obrigação de meio, da qual pode acontecer dano. Justifica-se a exigência do elemento subjetivo para determinar o dever de ressarcimento. Na investigação proposta, todavia, o dano não decorre da atividade fim do profissional liberal, mas de atividade de tratamento de dados pessoais, como de qualquer outro agente de tratamento.

Sem este fator de discrímen a autorizar um tratamento normativo diferenciado, poderia um profissional liberal responder independentemente de culpa quando causar danos a consumidores decorrentes de violação à LGPD?

Algo a se investigar, mas parece ser através da teoria do diálogo das fontes o caminho para uma resposta adequada à indagação proposta.

# CRÉDITO CONSIGNADO CONTRATADO SEM A SOLICITAÇÃO DO CONSUMIDOR

*Ricardo Morishita Wada*

Doutor em Direito pela PUC-SP. Professor de Direito do Consumidor no IDP-Brasília.

O crédito consignado foi instituído pela Lei 10.820, de 17 de dezembro de 2003. Seu objetivo é assegurar condições de adimplemento de obrigações e oferta de crédito em condições mais acessíveis aos consumidores.

A engenharia jurídica que permite assegurar o adimplemento da obrigação está na autorização para que o fornecedor de crédito desconte as prestações diretamente na folha de pagamento ou remuneração dos consumidores.

É a fonte pagadora que realiza o pagamento dos valores referentes aos empréstimos, financiamentos, cartões de crédito e operações de arrendamento mercantil concedidos por instituições financeiras.

O consumidor deve manifestar sua vontade na contratação, seja na modalidade tradicional de empréstimos, com prazo e parcelas definidas ou nos casos de contratação mediante cartão de crédito consignado.

No caso da utilização do cartão de crédito, embora muito parecido com a utilização normal, terá a fatura descontada de forma total ou parcial na folha de pagamento ou aposentadoria do consumidor.

O cartão de crédito representa um instrumento importante para as relações de consumo, pois confere muita rapidez em todo processo de contratação. No entanto, sabe-se que exatamente por isso é o que também representa o maior risco para os consumidores.[1]

Compreender de forma adequada, informada e consciente os efeitos do pagamento parcial é um grande desafio para os consumidores, pois envolve uma complexa operação de contratação de crédito.[2]

Há um grande contraste entre a simplicidade da contratação do crédito utilizando cartão. O simples pagamento parcial da fatura, por exemplo, implica na contratação

---

1. Enquanto a taxa de crédito pessoal consignado INSS varia entre 1,18% a.m a 1,86%a.m., a taxa do cartão de crédito consignado varia entre 2,46% a.m a 16,08% a.m. Disponível em: https://www.bcb.gov.br/estatisticas/reporttxjuros?parametros=tipopessoa:1;modalidade:218;encargo:101 e https://www.bcb.gov.br/estatisticas/reporttxjuros?parametros=tipopessoa:1;modalidade:215;encargo:101. Acesso em: 14 jul. 2021.
2. Disponível em: https://www.bcb.gov.br/cidadaniafinanceira/cartaodecredito. Aceso em: 07 jul. 2021.

do crédito, que envolve o pagamento de juros e encargos financeiros, consoante previsão nos contratos celebrados.

O eixo que estrutura as normas de proteção ao consumidor centra-se na pessoa do consumidor, consoante previsão como direito fundamental no artigo 5º, XXXII da Constituição da República. Compreende-se também que a atividade econômica e empresarial deve incluir a defesa do consumidor nos seus preceitos, pois se trata de um dos princípios da ordem econômica constitucional, nos termos do artigo 170, V, da Carta Fundamental.

Vale dizer, os serviços devem nascer com a preocupação e o cuidado com o consumidor. Logo, a informação, transparência e a boa-fé devem ser consideradas antes e durante a conformação dos produtos e serviços, juntamente com sua sustentabilidade, rentabilidade e interesse do empreendimento. É a proteção do consumidor *by design*.

Neste sentido, a Lei 14.181, de 1º de julho de 2021, que altera o Código de Defesa do Consumidor para aperfeiçoar a disciplina do crédito e da prevenção e tratamento ao Superendividamento, reestruturou no ordenamento a nova arquitetura protetiva do consumidor nas contratações de crédito.

Reconhece-se como direito do básico do consumidor a garantia de práticas de crédito responsável.[3] Numa acepção ampla é possível considerar responsável, minimamente, aquela contratação que cumpre com as obrigações previstas na lei.

A violação do dever de crédito responsável, entre outras, acarreta a redução dos juros, encargos ou qualquer acréscimo ao principal do crédito, entre outras medidas, a ser implementada judicialmente, consoante prevê o artigo 54-D, parágrafo único do Código de Defesa do Consumidor.

Em junho de 2020, o Banco Central do Brasil lançou um estudo sobre o denominado "endividamento de risco no Brasil"[4] e apontou que entre junho de 2016 até dezembro de 2019, 4,6 milhões de tomadores de crédito encontravam-se em situação de endividamento de risco.[5]

Considerou-se, para fins do estudo realizado pelo Bacen,[6] que o endividamento de risco ocorre quando o consumidor se enquadra em duas ou mais hipóteses graves, indicativas do risco. Elas podem ser: a) o inadimplemento das parcelas superior a 90 dias; b) comprometimento da renda com pagamento das dívidas acima de 50%; c) contratação de mais de uma modalidade de crédito, tais como cheque especial, crédito pessoal sem consignação ou crédito rotativo; e d) renda disponível após o pagamento das parcelas abaixo da linha de pobreza

---

3. Vide art. 6º, XI, incluído pela Lei 14.181, de 1º de julho de 2021.
4. Disponível em: https://www.bcb.gov.br/content/cidadaniafinanceira/documentos_cidadania/serie_cidadania/serie_cidadania_financeira_6_endividamento_risco.pdf. Acesso em: 07 jun. 2021.
5. Antes da pandemia global da Covid-19.
6. Idem. p. 6.

A conclusão[7] da investigação realizada pela autoridade financeira que despertou atenção foi que "a população de renda média – entre R$ 2.000 e R$ 10 mil – e com idade acima de 54 anos mostra-se financeiramente mais vulnerável", encontrando-se em situação de endividamento de risco.

Foi estabelecida também uma convergência entre o endividamento de risco e o superendividamento, o que exige, conforme recomendado pela autoridade monetária e financeira, medidas de prevenção e tratamento do endividamento de risco do consumidor.

No ranking de reclamações do Banco Central do Brasil, o número de reclamações reguladas consideradas procedentes em relação à oferta ou prestação de informações sobre crédito consignado de forma inadequada ocupa o primeiro lugar, com 6.798 registros,[8] no primeiro trimestre de 2021.

No mesmo sentido, a Secretaria Nacional do Consumidor, segundo informa seu site de notícias, firmou compromisso com a Federação Brasileira dos Bancos (Febraban) e a Associação Brasileira de Bancos (ABBC) para aplicar com maior rigor as punições aos infratores, tendo em vista o aumento de mais de 100% das reclamações dos consumidores em relação ao crédito consignado.[9]

Os esforços empreendidos pela Senacon, Febraban e ABBC são importantes e o sistema de Autorregulação como medida de responsabilidade e compromisso setorial podem resultar em avanços significativos para a política de proteção ao consumidor.

No entanto, a proteção do consumidor precisa assegurar efetividade para o dia a dia do consumidor. É necessário que ela seja capaz de trazer uma solução para o sujeito da proteção, notadamente para aqueles especialmente vulneráveis, como os idosos e aposentados.

Necessário recordar que a previsão do artigo 39, IV do CDC prescreve aos idosos uma especial tutela na contratação de produto ou serviço. Declara-se a abusividade do fornecedor que prevaleça da condição de hipervulnerabilidade[10] do consumidor idoso para obrigar ou impor um produto ou serviço.

A nova tutela trazida pela Lei do Superendividamento, especialmente o art. 54-C, inciso IV, reitera a preocupação do legislador com os idosos.[11] O assédio ou a

---

7. Ibidem. p. 27.
8. Disponível em: https://www.bcb.gov.br/ranking/index.asp?rel=outbound&frame=1. Acesso em: 07 jul. 2021.
9. Disponível em: https://www.defesadoconsumidor.gov.br/portal/ultimas-noticias/1859-secretaria-nacional-do-consumidor-firma-compromisso-com-bancos-para-evitar-fraudes-no-credito-consignado. Acesso em: 07 jul. 2021.
10. Vide MARQUES, Claudia Lima; MIRAGEM, Bruno. *O novo direito privado e a proteção dos vulneráveis*. São Paulo: RT, 2012. Livro eletrônico.
11. A proibição estabelecida pelo art. 54-C, IV é geral, isto é, não se destina apenas a tutela contra o assédio do consumidor hipervulnerável, mas a todos os consumidores. E, também, importante registrar que não tutela apenas o idoso, mas reproduz a tutela dos sujeitos que gozam de uma especial proteção como o analfabeto, doente e o que se denomina "estado de vulnerabilidade agravada" e ainda se a contratação, isto é, o incentivo para venda envolver prêmio para o fornecedor.

pressão para contratar o fornecimento de serviços ou crédito reconhece a condição de vulnerabilidade agravada e estabelece com clareza os limites a serem respeitados.

A oferta precisa ser cuidadosa, mais informativa que apelativa, mais cerimoniosa que invasiva, guardar distância de respeito daquele que recebe a oferta. O órgão australiano de proteção ao consumidor e concorrência[12] considera o assédio de consumo como sendo a perturbação ou tormento persistente ao consumidor. Ele também entende que ocorre o abuso ou excesso quando a frequência, natureza ou conteúdo das abordagens são calculadas para intimidar, desmoralizar, cansar ou exaurir a pessoa.

A caracterização do assédio é sempre um desafio, mas desde a edição da Resolução 4.539, de 24 de novembro de 2016, pelo Banco Central do Brasil, o caminho para proteção ao consumidor parece ter ficado mais claro e também mais direto.

A política institucional de relacionamento com clientes e usuários de produtos e serviços financeiros utiliza mecanismos de regulação responsiva e prescreve a obrigação dos fornecedores de serviços financeiros serem transparentes na relação com o consumidor.

O assédio de consumo deve ser endereçado nos procedimentos, rotinas e operações realizadas pelas instituições. O artigo 5º da Resolução Bacen estabelece a obrigação das instituições assegurarem a consistência de rotinas e de procedimentos operacionais quanto ao relacionamento com os clientes, entre outras, aquelas relacionadas aos requisitos de segurança de produtos e serviços.

Espera-se, legitimamente, que os produtos financeiros não acarretem danos aos consumidores (artigo 8º do CDC). Não se trata apenas dos riscos relacionados à fraude, furto de identidades e outros mais afetos às transações eletrônicas, mas também a segurança do consumidor nas ofertas de crédito realizadas.

Notadamente, a contratação de crédito inadequada, que não respeite os limites existentes, pode afetar a vida do consumidor. O impacto não é pequeno, pois o endividamento de risco, superendividamento e a perda do acesso ao mercado de crédito representa uma das mais impactantes exclusões na sociedade de consumo.

É por esta razão que a política de relacionamento com o cliente precisa prever e endereçar de forma satisfatória, isto é, com consistência e adequação, as rotinas e procedimentos operacionais que evitem o assédio de consumo na oferta e contratação de crédito.

A transparência da política de relacionamento com o cliente exige que os conflitos de interesse fiquem claros e que as decisões que endereçam sua solução precisam ser legítimas, justas e equitativas para os consumidores.

Merece especial atenção o inciso XIII, do artigo 5º, da referida resolução. Nele constam de forma expressa os sistemas de metas e incentivos, eventualmente uti-

---

12. Disponível em: https://www.accc.gov.au/publications/advertising-selling/advertising-and-selling-guide/other-prohibited-sales-practices/harassment-and-coercion. Acesso em: 07 jul. 2021.

lizados pela instituição, para o desempenho de empregados e terceiros que atuem em seu nome.

É possível considerar que o assédio de consumo e outras práticas abusivas possam ser incentivadas quando há um apetite ao risco exacerbado ou inconsequente. Se o sistema de metas e incentivos ao desempenho forem muito agressivos, parece correto assentir que a instituição assume o risco de lesão aos consumidores.

A análise das políticas de relacionamento pode marcar um novo momento nas ações regulatórias que afetam imensamente a vida dos consumidores. O escrutínio da política de relacionamento pode ser crucial para o avanço no combate aos excessos e abusos no mercado de consumo.

Há outra linha de medidas que foram elaboradas para assegurar aos consumidores a efetividade dos seus direitos. Trata-se das medidas que produzem efeitos imediatamente e representam incentivos proporcionais às eventuais e injustas agressões que o consumidor pode sofrer.

O envio de produto ou serviço sem a solicitação do consumidor é uma destas medidas. Prevista no artigo 39, III do CDC, o envio de serviço sem solicitação do consumidor é considerado uma prática comercial abusiva.[13] O consumidor não é considerado nesta relação, pois sua manifestação de vontade não é relevante para que o fornecedor execute o contrato.

Como o serviço não foi solicitado, muitas vezes o consumidor nem nota que houve a contratação e até mesmo a cobrança ou débito dos valores. No caso de crédito consignado, o fato de valores serem depositados não torna óbvia ou imediata a percepção do consumidor. Nos casos de consumidores com saldo devedor na conta, o que foi creditado serviu apenas para saldar outras dívidas existentes. Ficou apenas o dissabor do débito e do financiamento não pretendido ou contratado.

É usual que o consumidor idoso, aposentado, que sofreu um imenso impacto na sua renda quando se aposentou, especialmente em tempos de pandemia, tenha ainda a necessidade do crédito. Isto não significa que ele possa receber o serviço sem sua escolha e manifestação. O envio de produto ou serviço sem solicitação retira do consumidor idoso a possibilidade e a liberdade de escolher e devolve, como contrapartida, apenas o dever de pagar por um crédito que muitas vezes sequer teve a possibilidade de usufruir.

A limitação da liberdade é grave. Fonte geradora de insegurança jurídica, pode acarretar inúmeros prejuízos aos consumidores e, em especial, aos consumidores idosos e aposentados.

---

13. NERY JUNIOR, Nelson; NERY, Rosa Maria de Andrade. *Leis civis e processuais civis comentadas*. 4. ed. São Paulo: RT, 2015. Livro eletrônico.

Por esta razão, o legislador de proteção do consumidor considerou que o produto ou serviço enviado sem solicitação do consumidor, nos termos do artigo 39, III do CDC, é equiparado à amostra grátis,[14] inexistindo obrigação de pagamento.[15]

O abuso de direito ocorre porque uma das partes não pode ou consegue se opor ao interesse do fornecedor. Sua condição de desequilíbrio é notória e, por isso, a necessidade da intervenção legislativa.

Os meios para controlar o abuso, ao que parece, não têm produzido os efeitos esperados. Transfere-se ao hipervulnerável o ônus de desafazer o contrato celebrado sem seu consentimento ou mesmo manifestação.

Compreende-se que a complexidade da operação e a participação de vários atores aumentam imensamente o risco de abusos ou excessos. Entretanto, até o momento, é o consumidor que tem suportado todos os aspectos negativos do abuso.

Desobrigar o consumidor do pagamento do crédito realizado sem solicitação parece um importante incentivo para reequilibrar a relação de oferta de crédito consignado aos aposentados. O risco da atividade não pode ser suportado pelos aposentados, que possuem direitos reconhecidos e declarados por diversas leis e em especial pelo Código de Defesa do Consumidor.

O remédio é amargo, mas pode ajudar no reequilíbrio dos incentivos dessa relação. Trata-se de disposição expressa do parágrafo único do artigo 39 do CDC, norma de ordem pública e interesse social (artigo 1º do CDC). Zippellius[16] nos lembra que "as normas jurídicas não servem para o conhecimento do mundo, mas para a ordenação da actuação. Isto significa que estas normas acabam por ser, no fundo, normas práticas, portanto regras de actuação".

É urgente atuar na proteção dos consumidores aposentados. O tempo importa e muito, especialmente num momento de pandemia. Trata-se de uma ação que nos dará a medida de nossa evolução como sociedade, instituições e pessoas.

---

14. Importante não confundir o conceito de amostra grátis previsto no Decreto 7.212/2010, que prevê, para fins de isenção do IPI que o produto tenha valor diminuto ou nenhum valor comercial. No regime do microssistema das relações de consumo, a desobrigação de pagamento, não importa o valor que seja, decorre da abusividade praticada pelo fornecedor.
15. BENJAMIN, Antonio H. et al. *Manual de Direito do Consumidor*. 7. ed. São Paulo: RT, 2016.
16. ZIPPELLIS, Reinhold. *Teoria do Método Jurídico*. São Paulo: Saraiva, 2016.

# Anotações